国家注册审核员考试辅导用书

质量管理体系基础考试宝典

张崇澧 编著

紧扣考试大纲
跟进最新动态
剖析考点知识
同步练习强化
真题精确解读

机械工业出版社

本书是国家注册审核员考试辅导用书，是根据《质量管理体系基础考试大纲》和中国认证认可协会（CCAA）认证人员基础知识系列教材编写的。本书对考试大纲、基础知识教材的内容和要求进行了深度剖析，内容架构合理，分为质量管理体系标准、质量管理领域专业知识、法律法规和其他要求三部分。本书通过考点知识讲解、同步练习强化（含历年真题）、答案点拨解析，全方位地强化考生的应试能力。

　　本书适合作为参加国家注册审核员考试的考生用书，同时也适合作为制造业企业管理人员提高工作能力用书。

图书在版编目（CIP）数据

质量管理体系基础考试宝典/张崇澧编著. —北京：机械工业出版社，2022.2（2023.10重印）
国家注册审核员考试辅导用书
ISBN 978-7-111-70041-8

Ⅰ.①质⋯　Ⅱ.①张⋯　Ⅲ.①质量管理体系 – 中国 – 资格考试 – 自学参考资料　Ⅳ.①F273.2

中国版本图书馆 CIP 数据核字（2022）第 007326 号

机械工业出版社（北京市百万庄大街 22 号　邮政编码 100037）
策划编辑：李万宇　　　　　责任编辑：李万宇　王彦青
责任校对：张　征　张　薇　封面设计：马精明
责任印制：单爱军
北京虎彩文化传播有限公司印刷
2023 年 10 月第 1 版第 2 次印刷
169mm×239mm·44 印张·2 插页·829 千字
标准书号：ISBN 978-7-111-70041-8
定价：198.00 元

电话服务　　　　　　　　　网络服务
客服电话：010-88361066　　机 工 官 网：www.cmpbook.com
　　　　　010-88379833　　机 工 官 博：weibo.com/cmp1952
　　　　　010-68326294　　金 书 网：www.golden-book.com
封底无防伪标均为盗版　机工教育服务网：www.cmpedu.com

前　　言

　　本书是根据《质量管理体系基础考试大纲》和中国认证认可协会（CCAA）认证人员基础知识系列教材编写的。本书对考试大纲、基础知识教材的内容和要求进行了深度剖析，通过考点知识讲解、同步练习强化（含历年真题）、答案点拨解析，全方位地强化考生的应试能力。

　　本书的内容结构为：

　　一、考试大纲要求。在每章的开始，说明考试大纲的要求，帮助考生学习时把握方向。

　　二、考点知识讲解。考点知识建立在考试趋势分析的基础上，力求内容简明清晰、重点突出，确保考生能高效率地理解和掌握考点知识。

　　三、同步练习强化。在对历年命题总结的基础上，本着前瞻性和预测性，围绕考点知识，精心选题，同时收录历年真题，使考生巩固所学知识，掌握各类考题，做好自我考核，提高考试命中率。

　　四、答案点拨解析。对练习题和历年真题中的难点、重点进行深度剖析，以求达到使考生醍醐灌顶、豁然开朗之功效。

　　本书正文（含标准、法律法规）中加波浪线的段落是重点段落，**粗黑体字是关键词/关键字/含义易混淆的字、词**，意在帮助考生关注重点、疑难点。练习题中有"真题"字样的，是历年考试的真题。鉴于标准的更新，一些真题内容有些过时，但代表了一种出题的思路，针对这种情况，对此类真题仍然收录，但进行了改进，注明"真题改进"。对考试改革后的真题，会加上阴影。

　　因为质量管理领域专业知识的考试是以中国认证认可协会（CCAA）组织编写的《质量管理方法与工具》一书作为出题参考课本，所以本书第2部分质量管理领域专业知识中讲解的质量管理方法与工具的分类、定义、作用以及要点，都引用了《质量管理方法与工具》一书中的内容。同时尽量按《质量管理方法与工具》一书的编排顺序安排本部分的章节顺序。考生在复习质量管理领域专业知识时，应以《质量管理方法与工具》一书为准，本书仅供参考。

　　在收录真题的过程中，因各种原因，难免有疏漏，书中内容也难免有不尽如人意的地方，恳请读者给予批评和指正。

　　为了帮助考生跟进考试动态，解决阅读中的疑惑，特设置一个微信号（yu6815），或扫描下面的二维码，欢迎考生联系相关人员，联系时须提供购书证据，可获得考前优惠答疑、相关资料等助考服务。

出奇制胜，捷足先登，固然令人羡慕，但笔者觉得考试更需要有"扎硬寨，打死仗"的精神，扎扎实实，勤奋努力，方能百战百胜。

　　最后，预祝各位考生考试大捷，实现梦想！加油！

　　考生可访问我们的公众号和抖音号，里面为大家提供了有关的考试知识。

　　公众号：崇澧审核员考试加油站。

　　抖音号：58022418695（崇澧）。

　　电子题库购买，可加我们的微信号：zzyiso。

张崇澧

2023 年 10 月

目　　录

第2部分 质量管理领域专业知识

第3部分　法律法规和其他要求

第 1 部分

质量管理体系标准

ISO 9000 族质量管理体系国际标准介绍

考试大纲要求

了解 ISO 9000 系列标准发展概况。

考点知识讲解

1.1 ISO 9000 族国际标准的产生和发展

1.1.1 ISO 组织简介

国际标准化组织（ISO，International Organization for Standardization）的前身是国际标准化协会（ISA），该协会成立于1926年，1942年因第二次世界大战而解体。1946年10月14日，中国、美国、英国、法国、苏联等25个国家的代表在英国伦敦开会，决定成立新的标准化机构——ISO。1947年2月23日 ISO 正式成立。

ISO 下设技术委员会（TC，Technical Committee）和分技术委员会（SC，Subcommittee）。分技术委员会下面是工作组（WG，Working Group）。ISO 的技术委员会负责制定国际标准。

ISO 的中央秘书处设在瑞士。

1.1.2 ISO/TC 176 质量管理和质量保证技术委员会

ISO/TC 176 质量管理和质量保证技术委员会是 ISO 组织中专门负责制定质量管理和质量保证领域国际标准及相关文件的。ISO/TC 176 成立于1979年，是在原 ISO/CERTICO 第二工作组"质量保证"的基础上成立的。ISO/TC 176 下设3 个分技术委员会：SC 1 概念和术语、SC 2 质量体系和 SC 3 支持技术。

ISO/TC 176 制定的一系列关于质量管理的国际标准、技术规范、技术报告，统称为 ISO 9000 族标准。

我国是国际标准化组织（ISO）的正式成员国，我国对口 ISO/TC 176 技术委员会的是国家标准化管理委员会（SAC，Standardization Administration of China）下设的 SAC/TC 151 全国质量管理和质量保证标准化技术委员会。

1.1.3　ISO 9000 族标准的历史沿革

1. 1987 版 ISO 9000 系列标准（问世）

1986 年，ISO/TC 176 发布了 ISO 8402《质量管理和质量保证　术语》，1987 年又发布了 ISO 9000《质量管理和质量保证标准　选择和使用指南》、ISO 9001《质量体系　设计、开发、生产、安装和服务的质量保证模式》等 5 项标准，这 6 项标准被称为 1987 版 ISO 9000 系列标准。

2. 1994 版 ISO 9000 族标准（第 1 次修订，有限修改）

从 1990 年开始，ISO/TC 176 对 ISO 9000 系列标准进行了修订，这次修订保持了 1987 版标准的基本结构和总体思路，只对标准内容做技术性局部修改。到 1994 年，ISO/TC 176 完成了对系列标准的第一次修订工作，发布了 ISO 8402《质量管理和质量保证　术语》、ISO 9000-1《质量管理和质量保证 第 1 部分：选择和使用指南》、ISO 9004-1《质量管理和质量体系要素　第 1 部分：指南》等 16 个国际标准，这些标准统称为 1994 版 ISO 9000 族标准。"ISO 9000 族标准"的概念就是从这个时候出现的。

3. 2000 版 ISO 9000 族标准（第 2 次修订，彻底修改）

ISO/TC 176 在充分总结了前两个版本标准的长处和不足的基础上，从 1997 年开始，对标准总体结构和技术内容两个方面进行了彻底修改。1997 年，正式提出八项质量管理原则，作为 2000 版 ISO 9000 族标准的理论基础。2000 年 12 月 15 日，ISO/TC 176 正式发布了 2000 版的 ISO 9000 族标准。

2000 版 ISO 9000 族标准包括 ISO 9000：2000《质量管理体系　基础和术语》、ISO 9001：2000《质量管理体系　要求》、ISO 9004：2000《质量管理体系　业绩改进指南》、ISO 19011：2002《质量和（或）环境管理体系审核指南》等标准。

2000 版 ISO 9000 族标准以质量管理的八项原则作为理论基础，采用了以过程为基础的质量管理体系模式，更重视质量管理体系的有效性和持续改进，减少了对形成文件的程序的强制性要求。2000 版 ISO 9001 标准的最大特点是用过程方法模式代替了 1994 版的 20 个要素的模式。

4. 2008 版 ISO 9000 族标准（第 3 次修订，修正）

ISO/TC 176/SC 2/WG 18 对 ISO 9001：2000 标准进行有限修正后，于 2008 年 11 月 15 日正式发布 2008 版 ISO 9001《质量管理体系　要求》国际标准。所

谓"修正"是指"对规范性文件内容的特定部分的修改、增加或删除"。

5. 2015 版 ISO 9000 族标准（第 4 次修订）

ISO 9001：2015 于 2015 年 9 月 23 日发布，其主要技术变化为采用 ISO/IEC 导则第 1 部分 ISO 补充规定的附件 SL 中给出的高层结构，以及采用基于风险的思维等。

ISO/TC 176 发布的 ISO 9000 族标准的构成见第 3 章 3.1.6 节表 3-1。

1.2　ISO 9000 族标准在中国

1.2.1　中国采用国际标准的方式

根据 GB/T 1.2—2020《标准化工作导则　第 2 部分：以 ISO/IEC 标准化文件为基础的标准化文件起草规则》的规定，国家标准化文件与对应 ISO/IEC 标准化文件的一致性程度分为：等同、修改和非等效三种情况。其中，**等同、修改属于采用 ISO/IEC 标准化文件。**

1）等同（identical，用"IDT"表示）。等同是指文本结构相同，技术内容相同，只做最小限度的编辑性改动。

2）修改（modified，用"MOD"表示）。国家标准化文件与对应 ISO/IEC 标准化文件的一致性程度为"修改"时，说明至少存在下述情况之一：

① 结构调整，并且清楚地说明了这些调整。

② 技术差异，并且清楚地说明了这些差异及其产生的原因。

一致性程度为"修改"时，可包含编辑性改动。

3）非等效（not equivalent，用"NEQ"表示）。此种情况不属于采用 ISO/IEC 标准化文件。国家标准化文件与对应 ISO/IEC 标准化文件的一致性程度为"非等效"时，至少存在下述情况之一：

① 结构调整，并且没有清楚地说明这些调整。

② 技术差异，并且没有清楚地说明这些差异及其产生的原因。

③ 只保留了数量较少或重要性较小的 ISO/IEC 标准化文件的条款。

提请考生注意的是，在 2001 年之前旧的规定中，还有一种"等效"的情况，所谓"等效（equivalent）"是指主要技术内容相同，技术上只有很小差异，编写方法不完全相对应。"等效"用"EQV"表示。

1.2.2　中国采用 ISO 9000 族标准简介

1988 年，我国发布**等效采用** 1987 版 ISO 9000 系列国际标准的 GB/T 10300《质量管理和质量保证》系列国家标准，并于 1989 年起在全国实施。

1992 年，我国决定**等同采用** ISO 9000 系列国际标准，制定并发布 GB/T 19000—1992（IDT ISO 9000：1987）系列标准。

1994 年，我国发布 1994 版与国际标准等同的 GB/T 19000 族标准。

2000 年，我国发布 2000 版与国际标准等同的 GB/T 19000 族标准。

2003 年，我国发布实施 GB/T 19011—2003（IDT ISO 19011：2002）《质量和（或）环境管理体系审核指南》标准。

2008 年，我国发布 GB/T 19001—2008（IDT ISO 9001：2008）标准，GB/T 19001—2008 于 2009 年 3 月 1 日实施。

2013 年，我国发布实施 GB/T 19011—2013（IDT ISO 19011：2012）标准。

2016 年 12 月 30 日，我国发布等同 ISO 9001：2015 标准的国家标准 GB/T 19001—2016，GB/T 19001—2016 于 2017 年 7 月 1 日实施。

1.3　其他与质量管理体系基础有关的知识

1.3.1　与认证认可管理有关的机构

1. 中国国家认证认可监督管理委员会

中国国家认证认可监督管理委员会（CNCA，Certification and Accreditation Administration of the People's Republic of China），为国家市场监督管理总局管理。

2018 年 9 月，中国机构编制网正式发布《国家市场监督管理总局职能配置、内设机构和人员编制规定》，对外保留国家认证认可监督管理委员会牌子。原有国家认证认可监督管理委员会的相关业务职能由认证监督管理司和认可与检验检测监督管理司承担。

认证监督管理司的职能：拟订实施认证和合格评定监督管理制度，规划指导认证行业发展并协助查处认证违法行为，组织参与认证和合格评定国际或区域性组织活动。

认可与检验检测监督管理司的职能：拟订实施认可与检验检测监督管理制度，组织协调检验检测资源整合和改革工作，规划指导检验检测行业发展并协助查处认可与检验检测违法行为，组织参与认可与检验检测国际或区域性组织活动。

2. 中国合格评定国家认可委员会

中国合格评定国家认可委员会（CNAS，China National Accreditation Service for Conformity Assessment）是根据《中华人民共和国认证认可条例》的规定，由中国国家认证认可监督管理委员会（CNCA）批准设立并授权的国家认可机构，统一负责对认证机构、实验室和检验机构等相关机构的认可工作。

3. 中国认证认可协会

中国认证认可协会（CCAA，Chinese Certification and Accreditation Association）成立于 2005 年 9 月 27 日，是由认证认可行业的认可机构、认证机构、认证培训机构、认证咨询机构、实验室、检测机构和部分获得认证的组织等单位会员和个人会员组成的非营利性、全国性的行业组织。CCAA 依法接受业务主管单位国家市场监督管理总局、登记管理机关民政部的业务指导和监督管理。

中国认证认可协会的主要业务为：认证人员注册、培训开发、会员服务、自律监管、参与制定或修订技术标准和开展国内外认证认可业务交流合作等。为加强认证认可行业自律监管和推进规范化管理，中国认证认可协会成立了行业自律与诚信建设工作委员会和人员注册技术与申投诉委员会；承担了全国认证认可标准化技术委员会（SAC/TC261）秘书处日常工作；与中国国家认证认可监督管理委员会共同主办了由国家市场监督管理总局主管的《中国认证认可》杂志，该杂志为中国认证认可行业的指导性刊物。

1.3.2 标准制定工作的基础性国家标准体系

1. 标准制定工作的基础性国家标准体系的构成

GB/T 1《标准化工作导则》、GB/T 20000《标准化工作指南》、GB/T 20001《标准编写规则》、GB/T 20002《标准中特定内容的起草》、GB/T 20003《标准制定的特殊程序》和 GB/T 20004《团体标准化》共同构成了支撑标准制定工作的基础性国家标准体系。

GB/T 1《标准化工作导则》是指导我国标准化活动的基础性和通用性的标准，旨在确立普遍适用于标准化文件起草、制定和组织工作的准则。

2. GB/T 1.1—2020《标准化工作导则 第 1 部分：标准化文件的结构和起草规则》

GB/T 1.1 的目的是确立适用于起草各类标准化文件需要遵守的总体原则和相关规则。

GB/T 1.1 确立了标准化文件的结构及其起草的总体原则和要求，并规定了文件名称、层次、要素的编写和表述规则以及文件的编排格式。

1）标准化文件中的层次。

按照文件内容的从属关系，可以将文件划分为若干层次。文件可能具有的层次见表 1-1。

2）标准的构成要素。

① 要素的分类。

按照功能，可以将文件内容划分为相对独立的功能单元——要素。从不同的维度，可以将要素分为不同的类别。

表 1-1　标准化文件的层次及其编号

层次	编号示例
部分	××××.1
章	5
条	5.1
条	5.1.1
段	［无编号］
列项	列项符号："——"和"·"；列项编号：a)、b) 和 1)、2)

a. 按照要素所起的作用，可分为：

a) 规范性要素（界定文件范围或设定条款的要素）。

b) 资料性要素（给出有助于文件的理解或使用的附加信息的要素）。

b. 按照要素存在的状态，可分为：

a) 必备要素。

b) 可选要素。

② 要素的构成和表述。

要素的内容由条款和/或附加信息构成。规范性要素主要由条款构成，还可包括少量附加信息；资料性要素由附加信息构成。

条款类型分为：要求、指示、推荐、允许和陈述。条款可包含在规范性要素的条文、图表脚注、图与图题之间的段或表内的段中。

附加信息的表述形式包括：示例、注、脚注、图标脚注，以及"规范性引用文件"和"参考文献"中的文件清单和资源信息清单、"目次"中的目次列表和"索引"中的索引列表等。除了图表脚注之外，它们宜表述为对事实的陈述，不应包含要求或指示型条款，也不应包含推荐或允许型条款。

构成要素的条款或附加信息通常的表述形式为条文。当需要使用文件自身其他位置的内容或其他文件中的内容时，可在文件中采取引用或提示的表述形式。为了便于文件结构的安排和内容的理解，有些条文需要采取附录、图、表、数学公式等表述形式。

表 1-2 中界定了文件中各要素的类别、构成，给出了各要素所允许的表述形式。

③ 要素的选择。

规范性要素中范围、术语和定义和核心技术要素是必备要素，其他是可选要素，其中术语和定义内容的有无可根据具体情况进行选择。不同功能类型标准具有不同的核心技术要素。规范性要素中的可选要素可根据所起草文件的具体情况在表 1-2 中选取，或者进行合并或拆分，要素的标题也可调整，还可设置其他技术要素。

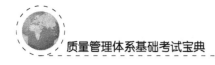
表1-2　文件中各要素的类别、构成及表述形式

要素	要素的类别		要素的构成	要素所允许的表述形式
	必备或可选	规范性或资料性		
封面	必备	资料性	附加信息	标明文件信息
目次	可选			列表（自动生成的内容）
前言	必备			条文、注、脚注、指明附录
引言	可选			条文、图、表、数学公式、注、脚注、指明附录
范围	必备	规范性	条款、附加信息	条文、表、注、脚注
规范性引用文件	必备/可选	资料性	附加信息	清单、注、脚注
术语和定义	必备/可选	规范性	条款、附加信息	条文、图、数学公式、示例、注、引用、提示
符号和缩略语	可选	规范性	条款、附加信息	条文、图、表、数学公式、示例、注、脚注、引用、提示、指明附录
分类和编码/系统构成	可选			
总体原则和/或总体要求	可选			
核心技术要素	必备			
其他技术要素	可选			
参考文献	可选	资料性	附加信息	清单、脚注
索引	可选			列表（自动生成的内容）

　　资料性要素中的封面、前言、规范性引用文件是必备要素，其他是可选要素，其中规范性引用文件内容的有无可根据具体情况进行选择。资料性要素在文件中的位置、先后顺序以及标题均应与表1-2所呈现的相一致。

　　3）标准化文件的类别。

　　我国的标准化文件包括标准、标准化指导性技术文件，以及文件的某个部分等类别。国际标准化文件包括标准、技术规范（TS）、可公开提供规范（PAS）、技术报告（TR）、指南（Guide），以及文件的某个部分等类别。

　　《国家标准化指导性技术文件管理规定》，指导性技术文件（GB/Z）发布后三年内必须复审，以决定是否继续有效、转化为国家标准或撤销。指导性技术文件转化为国家标准时，应当在国家标准的前言中予以说明。

　　4）标准化文件的表述原则。

　　①一致性原则。每个文件内或分为部分的文件各部分之间，其结构以及要素的表述宜保持一致，为此：

a. 相同的条款宜使用相同的用语，类似的条款宜使用类似的用语。

　　b. 同一个概念宜使用同一个术语，避免使用同义词。

　　c. 相似内容的要素的标题和编号宜尽可能相同。

　　② 协调性原则。起草的文件与现行有效的文件之间宜相互协调，避免重复和不必要的差异，为此：

　　a. 针对一个标准化对象的规定宜尽可能集中在一个文件中。

　　b. 通用的内容宜规定在一个文件中，形成通用标准或通用部分。

　　c. 文件的起草宜遵守基础标准和领域内通用标准的规定，如有适用的国际文件宜尽可能采用。

　　d. 需要使用文件自身其他位置的内容或其他文件中的内容时，宜采取引用或提示的表述形式。

　　③ 易用性原则。文件内容的表述宜便于直接应用，并且易于被其他文件引用或剪裁使用。

　　3. GB/T 20000.1—2014《标准化工作指南　第1部分：标准化和相关活动的通用术语》

　　GB/T 20000.1 界定了标准化和相关活动的通用术语及其定义。

　　下面方框里面的内容是 GB/T 20000.1 里的条款/术语摘选。

3.1　标准化

　　为了在既定范围内获得最佳秩序，促进共同效益，对现实问题或潜在问题确立共同使用和重复使用的条款以及编制、发布和应用文件的活动。

　　注1：标准化活动确立的条款，可形成标准化文件，包括标准和其他标准化文件。

　　注2：标准化的主要效益在于为了产品、过程或服务的预期目的改进它们的适用性，促进贸易、交流以及技术合作。

4　标准化的目的

　　注：标准化的一般目的是基于3.1的定义。标准化可以有一个或更多特定目的，以使产品、过程或服务适合其用途。这些目的可能包括但不限于品种控制、可用性、兼容性、互换性、健康、安全、环境保护、产品防护、相互理解、经济绩效、贸易。这些目的可能相互重叠。

5.1　规范性文件

　　为各种活动或其结果提供规则、指南或特性的文件。

　　注1："规范性文件"是诸如标准、规范、规程和法规等文件的通称。

　　注2："文件"可理解为记录有信息的各种媒介。

5.2　标准化文件

　　通过标准化活动制定的文件。

注："标准化文件"是诸如标准、技术规范、可公开获得规范、技术报告等文件的通称。

5.3 标准

通过标准化活动，按照规定的程序经协商一致制定，为各种活动或其结果提供规则、指南或特性，供共同使用和重复使用的文件。

注1：标准宜以科学、技术和经验的综合成果为基础。

注2：规定的程序指制定标准的机构颁布的标准制定程序。

注3：诸如国际标准、区域标准、国家标准等，由于它们可以公开获得以及必要时通过修正或修订保持与最新技术水平同步，因此它们被视为构成了公认的技术规则。其他层次上通过的标准，诸如专业协（学）会标准、企业标准等，在地域上可影响几个国家。

5.5 规范

规定产品、过程或服务应满足的技术要求的文件。

注1：适宜时，规范宜指明可以判定其要求是否得到满足的程序。

注2：规范可以是标准、标准的一个部分或标准以外的其他标准化文件。

5.6 规程

为产品、过程或服务全生命周期的有关阶段推荐良好惯例或程序的文件。

注：规程可以是标准、标准的一个部分或标准以外的其他标准化文件。

7.6 规范标准

规定产品、过程或服务需要满足的要求以及用于判定其要求是否得到满足的证实方法的标准。

7.7 规程标准

为产品、过程或服务全生命周期的相关阶段推荐良好惯例或程序的标准。

注：规程标准汇集了便于获取和使用信息的实践经验和知识。

7.8 指南标准

以适当的背景知识给出某主题的一般性、原则性、方向性的信息、指导或建议，而不推荐具体做法的标准。

11.9 修正

对规范性文件内容的特定部分的更改、增加或删除。

注：修正的结果一般是发布单独的规范性文件的修正案。

11.10 修订

对规范性文件实质内容和表述的全面必要的更改。

注：修订的结果是发布规范性文件的新版本。

1.3.3　PDCA 循环

1. 质量改进的基本过程——PDCA 循环

PDCA（策划-实施-检查-处置）是质量改进的基本过程。

PDCA 循环（见图1-1）最早由统计质量控制的奠基人 W. A. 休哈特提出，戴明将其介绍到日本并由日本人进一步充实了 PDCA 循环的内容，也被称为戴明环。

1）PDCA 循环的内容。

PDCA 循环，可分为4 个阶段8 个步骤（见图1-2）。4 个阶段反映了人们的认识过程，是必须遵循的；8 个步骤则是具体的工作程序，不应强求任何一次循环都要有8 个步骤。PDCA 循环的具体工作步骤可增可减，视所要解决问题的具体情况而定。

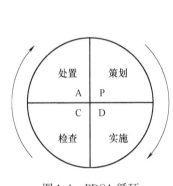

图 1-1　PDCA 循环

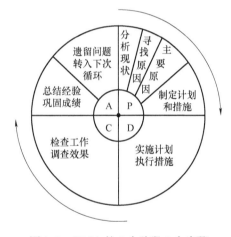

图 1-2　PDCA 的 4 个阶段 8 个步骤

第一阶段为策划阶段，即 P 阶段。在这一阶段，以提高质量、降低消耗为目的，通过分析诊断，制定改进的目标，确定达到这些目标的具体措施和方法。

这个阶段的工作内容包括4 个步骤：

第1 步：分析现状，找出存在的质量问题。

第2 步：寻找原因，分析产生质量问题的各种影响因素。

第3 步：找出影响质量的主要原因（称为主因或要因）。

第4 步：针对影响质量的主要原因，制定计划和措施。计划和措施的拟定过程必须明确以下几个问题：

① Why（为什么），说明为什么要制定这些计划和措施。

② What（干到什么程度），预计要达到的目标。

③ Where（哪里干），在什么地点执行这些计划和措施。

④ Who（谁来干），由哪个部门、哪个人来执行。

⑤ When（什么时候干），说明工作的进度，何时开始，何时完成。

⑥ How（怎样干），说明如何完成此项任务，即措施的内容。

以上六点，称为5W1H技术。

第二阶段为实施阶段，即 D 阶段。在这一阶段，按照已制定的计划内容，克服各种阻力，扎扎实实地去做，以实现质量改进的目标。

这个阶段只有一个步骤：

第5步：实施计划、执行措施，即按照计划和措施，认真地去执行。

第三阶段为检查阶段，即 C 阶段。在这一阶段，对照计划要求，检查工作、调查验证执行的效果，及时发现计划过程中的经验和问题。

这个阶段只有一个步骤：

第6步：检查工作、调查效果，即根据计划的要求，检查实际执行的结果，看是否达到预期的目的。

第四阶段为处置阶段，即 A 阶段。在这一阶段，要对成功的经验加以肯定，形成标准；对于失败的教训，也要认真地总结。

这个阶段包括两个步骤：

第7步：总结经验，巩固成绩。根据检查的结果进行总结，把成功的经验和失败的教训纳入有关的标准、规定和制度之中，巩固已经取得的成绩，同时防止重蹈覆辙。

第8步：遗留问题，转入下次循环。这次循环尚未解决的问题，转到下一个循环中去解决。

2）PDCA 循环的特点。

① 大环套小环，互相促进（环中有环）。

在一个企业中，既有全厂性整体性的 PDCA 循环，又有各部门、各科室、各车间的 PDCA 循环。大环是小环的母体或依据，小环则是大环的分解和保证（见图1-3）。

在 PDCA 4 个阶段中，每个阶段也可能有它本身的小 PDCA 循环。

② 不断上升的循环（螺旋上升）。

PDCA 循环是周而复始地进行循环的，而且，每循环一次就上升一个台阶，使得质量问题不断得到解决和提高（见图1-4）。

③ PDCA 循环是一个完整的循环（闭环管理）。

PDCA 循环的 4 个阶段，并非是截然分开的，而是紧密衔接连成一体的，各阶段之间还存在着一定的交叉现象。在实际工作中，往往是边计划、边实施、边实施、边检查，边检查、边总结、边调整计划。

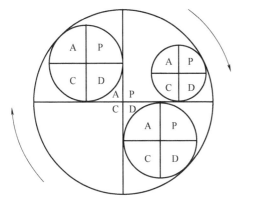

图 1-3　大环套小环

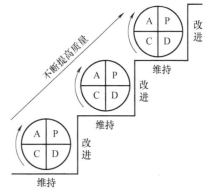

图 1-4　不断上升的循环

PDCA 形成了封闭的循环，这些循环过程会不断地循环下去。每循环一次，质量管理水平都会上一个台阶。

④ 推动 PDCA 循环，关键在于处置阶段。

所谓处置，是指总结经验，肯定成绩，纠正错误，以利再战，这是 PDCA 循环所以能上升、前进的关键。如果只有前 3 个阶段，没有将成功的经验和失败的教训纳入有关标准、制度和规定中，就不能巩固成绩、吸取教训，也就不能防止同类问题的再度发生。因此，推动 PDCA 循环，一定要始终如一，抓住处置这个阶段。

2. GB/T 19001 中的 PDCA 循环

PDCA 循环能够应用于所有过程以及整个质量管理体系。

可以将 GB/T 19001 中的 PDCA 循环简要描述如下：

1）策划（Plan）：根据顾客的要求和组织的方针，建立体系的目标及其过程，确定实现结果所需的资源，并识别和应对风险和机遇。

2）实施（Do）：执行所做的策划。

3）检查（Check）：根据方针、目标、要求和所策划的活动，对过程以及形成的产品和服务进行监视和测量（适用时），并报告结果。

4）处置（Act）：必要时，采取措施提高绩效。

 同步练习强化

1. 单项选择题

1）ISO 9000 族标准是由（　　　）技术委员会制定的。

A. ISO/TC 176　　　　　　　　　　B. ISO/TC 207

C. ISO/TC 9000

D. ISO/TC 9001

2）国家标准化管理委员会的英文缩写是（　　）。

A. SAC

B. CCAA

C. CNAS

D. CNCA

3）我国对口 ISO/TC 176 技术委员会的是国家标准化管理委员会下设的（　　）全国质量管理和质量保证标准化技术委员会。

A. SAC/TC 207

B. SAC/TC 151

C. SAC/TC 9000

D. SAC/TC 9001

4）1994 版 ISO 9000 族标准中的术语标准代号为（　　）。

A. ISO 8402

B. ISO 9000

C. ISO 9001

D. ISO 9004

5）从（　　）版开始，使用"ISO 9000 族标准"的概念。

A. 1987

B. 1994

C. 2000

D. 2008

6）（　　）年，我国决定等同采用 ISO 9000 系列国际标准。

A. 1988

B. 1994

C. 1992

D. 2000

7）国家标准化文件与对应 ISO/IEC 标准化文件的一致性程度分为：等同、修改和非等效。三种方式的符号分别是（　　）。

A. MOD、IDT、NEQ

B. IDT、MOD、NEQ

C. IDT、EQV、NEQ

D. IDT、EQV、MOD

8）ISO 9000 族标准自问世以来，经历了（　　）次修订。

A. 2

B. 3

C. 4

D. 5

9）标准由各类要素构成，根据 GB/T 1.1—2020《标准化工作导则　第 1 部分：标准化文件的结构和起草规则》要求，以下关于标准要素的描述不正确的是（　　）。（真题改进）

A. 可分为必备要素和可选要素

B. 范围、术语和定义和核心技术要素是必备要素

C. 封面、前言、规范性引用文件是必备要素

D. 引言是必备要素

10）根据 GB/T 20000.1—2014 标准，（　　）是规定产品、过程或服务应满足的技术要求的文件。（真题）

A. 规范

B. 规程

C. 指南

D. 规范性文件

11）根据 GB/T 20000.1—2014 标准，（　　）是为产品、过程或服务全生命周期的有关阶段推荐良好惯例或程序的文件。

A. 规范
B. 规程
C. 指南
D. 规范性文件

12）根据 GB/T 20000.1—2014 标准，（　　）是对规范性文件实质内容和表述的全面必要的更改。

A. 修订
B. 修正
C. 换版
D. 重新发布

13）GB/T 19001《质量管理体系　要求》标准的最新版为（　　）。（真题）

A. 2016 版
B. 2008 版
C. 2018 版
D. 2015 版

14）PDCA 循环中的 A 代表（　　）。（真题）

A. 实施
B. 检查
C. 处置
D. 策划

15）指导性技术文件（　　）年复审，以决定是否继续有效，转化为国家标准或撤销。

A. 3
B. 5
C. 10
D. 15

16）QC 小组讨论小组活动失败的教训属于 PDCA 的（　　）阶段。

A. A
B. C
C. D
D. P

17）某 QC 小组在验证问题的原因时，制订了验证计划，按照验证计划实施验证，检查验证的结果，并将验证过程中的经验纳入企业《质量改进指南》。实际上，这也是一轮 PDCA 循环，体现了 PDCA（　　）的特点。

A. 改进上升
B. 大环套小环
C. 持续不断
D. 每个阶段都不能少

18）PDCA 循环也可称作（　　）。

A. 朱兰环
B. 甘特环
C. 戴明环
D. 石川环

19）质量改进的基本过程是 PDCA 循环，其中 C 的内容是（　　）。

A. 总结经验教训、实施标准化、按标准执行

B. 对过程和产品进行监视和测量，并报告成果

C. 制定方针、目标、计划等

D. 按计划具体落实对策

2. 多项选择题

1）根据 GB/T 1.1—2020《标准化工作导则 第 1 部分：标准化文件的结构和起草规则》，下面哪些是标准的规范性要素？（ ）

A. 范围 　　　　　　　　　　　　B. 术语和定义

C. 核心技术要素 　　　　　　　　D. 规范性引用文件

2）根据 GB/T 1.1—2020《标准化工作导则 第 1 部分：标准化文件的结构和起草规则》，下面哪些是标准的资料性要素？

A. 封面 　　　　　　　　　　　　B. 前言

C. 规范性引用文件 　　　　　　　D. 范围

3）支撑标准制定工作的基础性国家标准体系由哪些标准构成？（ ）

A. GB/T 1、GB/T 20000 　　　　　B. GB/T 20001、GB/T 20002

C. GB/T 19001、GB/T 19000 　　　D. GB/T 20003、GB/T 20004

4）根据 GB/T 1.1—2020《标准化工作导则 第 1 部分：标准化文件的结构和起草规则》，下面哪些是标准的必备要素？

A. 范围、术语和定义 　　　　　　B. 封面、前言

C. 引言 　　　　　　　　　　　　D. 规范性引用文件

5）PDCA 具有下列哪些特点？（ ）（真题）

A. 自我改进 　　　　　　　　　　B. 闭环管理

C. 环中有环 　　　　　　　　　　D. 螺旋上升

6）关于 PDCA 循环的说法，正确的有（ ）。

A. PDCA 循环是指策划、实施、检查和处置

B. PDCA 循环的四个阶段一个也不能少

C. PDCA 循环是逐步上升的循环

D. PDCA 循环中的任一阶段也可再包括一个小的 PDCA 循环

7）国际标准化文件包括（ ），以及文件的某个部分等类别。

A. 标准

B. 技术规范（TS）

C. 可公开提供规范（PAS）

D. 技术报告（TR）、指南（Guide）

3. 判断题

1）国家标准化文件与对应 ISO/IEC 标准化文件的一致性程度分为：等同、修改和非等效。其中，等同、非等效属于采用 ISO/IEC 标准化文件。 （ ）

2）中国认证认可协会（CCAA）是经国家认证认可监督管理委员会授权，依法从事认证人员注册的机构，开展管理体系审核员、产品认证检查员、服务认证审查员等注册工作。 （ ）

3）每项标准或系列标准（或一项标准的不同部分）内，标准的文体和术语应保持一致。　　　　　　　　　　　　　　　（　　）（真题）

答案点拨解析

1. 单项选择题

题号	答案	解　析
1	A	见本书1.1.2节
2	A	见本书1.1.2节
3	B	见本书1.1.2节
4	A	见本书1.1.3节之2
5	B	见本书1.1.3节之2
6	C	见本书1.2.2节
7	B	见本书1.2.1节
8	C	见本书1.1.3节
9	D	结合本书1.3.2节之2之2）之③与表1-2来理解
10	A	见本书1.3.2节之3，GB/T 20000.1标准5.5条款
11	B	见本书1.3.2节之3，GB/T 20000.1标准5.6条款
12	A	见本书1.3.2节之3，GB/T 20000.1标准11.10条款
13	A	见本书1.2.2节
14	C	见本书1.3.3节之1
15	A	见本书1.3.2节之2之3），《国家标准化指导性技术文件管理规定》，指导性技术文件（GB/Z）发布后三年内必须复审，以决定是否继续有效、转化为国家标准或撤销
16	A	讨论小组活动失败的教训属于总结，应该是处置阶段的工作内容
17	B	见本书1.3.3节之1之2）之①
18	C	见本书1.3.3节之1
19	B	见本书1.3.3节之1之1）

2. 多项选择题

题号	答案	解　析
1	ABC	见本书1.3.2节之2之2）表1-2
2	ABC	见本书1.3.2节之2之2）表1-2
3	ABD	见本书1.3.2节之1

（续）

题号	答案	解 析
4	ABD	结合本书 1.3.2 节之 2 之 2）之③与表 1-2 来理解
5	BCD	见本书 1.3.3 节之 1 之 2）
6	ABCD	见本书 1.3.3 节
7	ABCD	见本书 1.3.2 节之 2 之 3）

3. 判断题

题号	答案	解 析
1	×	见本书 1.2.1 节，国家标准化文件与对应 ISO/IEC 标准化文件的一致性程度分为：等同、修改和非等效三种情况。其中，等同、修改属于采用 ISO/IEC 标准化文件
2	√	通俗地讲，CNAS 负责认证机构的认可，CCAA 负责认证人员的注册等
3	√	见本书 1.3.2 节之 2 之 4）之①，一致性原则

第2章

GB/T 19000—2016 标准考点解读

 考试大纲要求

1）理解 GB/T 19000 标准中涉及的基本概念和质量管理原则。

2）理解 GB/T 19000 标准中的部分术语，包括：最高管理者、组织、组织环境、相关方、顾客、外部供方、改进、质量管理、质量控制、质量改进、过程、质量管理体系实现、程序、外包、合同、质量管理体系、工作环境、质量方针、质量、要求、法规要求、不合格、合格、质量目标、产品、服务、绩效、有效性、成文信息、验证、确认、顾客满意、特征、能力、监视、测量、试验、纠正、放行、纠正措施等。

说明：

1）下面方框中的内容为标准条款。加波浪线的段落是重点段落，粗黑体字是关键词/关键字/含义易混淆的字、词。这些是理解标准的重点。

2）鉴于 GB/T 19000 标准在试卷中占分比例不大，为了帮助考生合理安排时间，就相关条款的考试出题频率进行了说明。

2.1 引言（标准条款：引言）

> **引言**
>
> 本标准为质量管理体系提供了基本概念、原则和术语，为质量管理体系的其他标准**奠定了基础**。本标准旨在帮助使用者理解质量管理的基本概念、原则和术语，以便能够有效和高效地实施质量管理体系，并**实现**质量管理体系其他标准的**价值**。
>
> 本标准是在汇集了当前公认的有关质量的基本概念、原则、过程和资源的框架的基础上来准确定义质量管理体系，以帮助组织实现其目标。本标准适用于所有组织，无论其规模、复杂程度或经营模式，旨在**增强**组织在满足顾客和相关方的需求和期望方面，以及在实现其产品和服务满意方面的**义务**

和承诺意识。

本标准包含七项质量管理原则以支持在 2.2 中所述的基本概念。在 2.3 中，针对每一项质量管理原则，通过"概述"介绍每一个原则；通过"依据"解释组织要重视这一原则的原因；通过"主要益处"说明应用这一原则的结果；通过"可开展的活动"给出组织应用这一原则能够采取的措施。

本标准在发布之时，包括了 ISO/TC 176 起草的全部质量管理和质量管理体系标准和基于这些标准的其他特定领域的质量管理体系标准中应用的术语和定义，这些术语和定义按照概念的顺序排列。

在本标准的最后，提供了按字母顺序排列的术语的中英文索引。附录 A 是一套按概念次序形成的概念体系图。

 考点知识讲解

此条款的考试出题频率很低，属于低频考点。

1. GB/T 19000《质量管理体系 基础和术语》的作用

1）GB/T 19000 标准为质量管理体系提供了基本概念、原则和术语，为质量管理体系的其他标准奠定了基础。

2）GB/T 19000 标准旨在帮助使用者理解质量管理的基本概念、原则和术语，以便能够有效和高效地实施质量管理体系，并实现质量管理体系其他标准的价值。

3）GB/T 19000 标准是在汇集了当前公认的有关质量的基本概念、原则、过程和资源的框架的基础上来准确定义质量管理体系，以帮助组织实现其目标。

4）GB/T 19000 标准旨在增强组织在满足顾客和相关方的需求和期望方面，以及在实现其产品和服务满意方面的义务和承诺意识。

2. 对"七项质量管理原则"描述的说明

针对七项质量管理原则，用"概述""依据""主要益处""可开展的活动"四个方面描述每一项质量管理原则。

1）通过"概述"介绍每一个原则。

2）通过"依据"解释组织要重视这一原则的原因。

3）通过"主要益处"说明应用这一原则的结果。

4）通过"可开展的活动"给出组织应用这一原则能够采取的措施。

七项质量管理原则及其具体的描述见本书 2.3.3 节。

同步练习强化

1. 单项选择题

1）GB/T 19000 标准旨在帮助使用者理解质量管理的基本概念、原则和术语，以便能够有效和高效地实施质量管理体系，并实现质量管理体系其他标准的（　　）。

A. 要求　　　　　　　　　　　　　B. 价值

C. 目的　　　　　　　　　　　　　D. 条款

2）GB/T 19000 标准是在汇集了当前公认的有关质量的基本概念、原则、过程和资源的框架的基础上来准确定义质量管理体系，以帮助组织实现其（　　）。

A. 要求　　　　　　　　　　　　　B. 价值

C. 目标　　　　　　　　　　　　　D. 战略

3）GB/T 19000 标准旨在增强组织在满足顾客和相关方的需求和期望方面，以及在实现其产品和服务满意方面的（　　）。

A. 认识和实施能力　　　　　　　　B. 义务和承诺意识

C. 实施和控制能力　　　　　　　　D. 责任和能力意识

4）针对每一项质量管理原则，通过"概述"（　　）每一个原则，通过"依据"解释组织要重视这一原则的（　　），通过"主要益处"说明应用这一原则的（　　），通过"可开展的活动"给出组织应用这一原则（　　）采取的措施。

A. 介绍、原因、好处、需要　　　　B. 介绍、原因、结果、能够

C. 描述、依据、结果、能够　　　　D. 介绍、原因、结果、需要

2. 多项选择题

1）GB/T 19000 标准为质量管理体系提供了（　　），为质量管理体系的其他标准奠定了基础。

A. 原理　　　　　　　　　　　　　B. 基本概念

C. 原则　　　　　　　　　　　　　D. 术语

2）GB/T 19000 标准旨在帮助使用者理解质量管理的基本概念、原则和术语，以便能够（　　）地实施质量管理体系，并实现质量管理体系其他标准的价值。

A. 有效　　　　　　　　　　　　　B. 高效

C. 正确　　　　　　　　　　　　　D. 全面

3）GB/T 19000 标准是在汇集了当前公认的有关（　　）的基础上来准确定义质量管理体系，以帮助组织实现其目标。

A. 质量的基本概念、原则   B. 过程和资源的框架

C. 理念   D. 知识

4）GB/T 19000 标准旨在增强组织（　　）方面的义务和承诺意识。

A. 满足顾客和相关方的需求和期望

B. 提高顾客满意

C. 实现产品和服务满意

D. 提高产品和服务质量

答案点拨解析

1. 单项选择题

1）B，2）C，3）B，4）B。

2. 多项选择题

1）BCD，2）AB，3）AB，4）AC。

2.2　范围（标准条款1）

1　范围

本标准表述的质量管理的基本概念和原则一般适用于：

——通过实施质量管理体系寻求持续成功的**组织**。

——对组织稳定提供符合其要求的产品和服务的能力寻求信任的**顾客**。

——对在供应链中其产品和服务要求能得到满足寻求信任的**组织**。

——通过对质量管理中使用的术语的共同理解，寻求促进相互沟通的**组织和相关方**。

——依据 GB/T 19001 的要求进行合格评定的**组织**。

——质量管理的培训、评价和咨询的**提供者**。

——相关标准的**起草者**。

本标准给出的术语和定义适用于 SAC/TC 151 起草的所有质量管理和质量管理体系标准。

考点知识讲解

此条款的考试出题频率很低，属于低频考点。

条款的要求很明确，无需过多解释。

同步练习强化

多项选择题

GB/T 19000 标准表述的质量管理的基本概念和原则一般适用（　　）。

A. 对组织稳定提供符合其要求的产品和服务的能力寻求信任的顾客

B. 对在供应链中其产品和服务要求能得到满足寻求信任的组织

C. 依据 GB/T 19001 的要求进行合格评定的组织

D. 通过实施质量管理体系寻求持续成功的组织

答案点拨解析

多项选择题

ABCD。

2.3　基本概念和质量管理原则（标准条款2）

2.3.1　总则（标准条款2.1）

> **2.1　总则**
>
> 　　本标准表述的质量管理的概念和原则，可**帮助**组织**获得**应对与最近数十年截然不同的环境所提出的挑战的**能力**。当前，组织的工作所面临的环境表现出如下特性：变化加快、市场全球化以及知识作为主要资源出现。质量的影响已经超出了顾客满意的范畴，它也可直接影响到组织的声誉。
>
> 　　社会教育水平的提高、需求的增长，使得相关方的影响力在增强。**本标准通过提出建立质量管理体系的基本概念和原则，为组织更加广阔地进行思考提供了一种方式**。
>
> 　　所有的概念、原则及其相互关系应被看成一个整体，而不是彼此孤立的。没有哪一个概念或原则比另一个更重要。在应用时，进行适当地权衡是至关重要的。

考点知识讲解

　　此条款的考试出题频率很低，属于低频考点。

本条款主要讲述建立质量管理体系的基本概念和原则的必要性和作用。

建立质量管理体系的基本概念和原则的必要性主要表现在以下几个方面：

1）组织的工作所面临的环境变了，表现出如下特性：变化加快、市场全球化以及知识作为主要资源出现。

2）质量的影响已经超出了顾客满意的范畴，它也可直接影响到组织的声誉。

3）社会教育水平的提高、需求的增长，使得相关方的影响力在增强。

建立质量管理体系的基本概念和原则的作用：

1）GB/T 19000 标准表述的质量管理的概念和原则可帮助组织获得应对与最近数十年截然不同的环境所提出的挑战的能力。（帮助组织获得应对挑战的能力）

2）GB/T 19000 标准通过提出建立质量管理体系的基本概念和原则，为组织更加广阔地进行思考提供了一种方式。（为组织提供思考的方式）

 同步练习强化

1. 单项选择题

1）GB/T 19000 标准通过提出建立质量管理体系的基本概念和原则，为组织更加广阔地进行思考提供了一种（　　　）。

A. 思路　　　　　　　　　　　　B. 方式

C. 思想　　　　　　　　　　　　D. 模式

2）GB/T 19000 标准表述的质量管理的（　　　）可帮助组织获得应对与最近数十年截然不同的环境所提出的挑战的能力。

A. 术语和原则　　　　　　　　　B. 概念和原则

C. 概念、原则和术语　　　　　　D. 原理和原则

2. 多项选择题

按照 GB/T 19000 标准的说法，当前，组织的工作所面临的环境表现出如下特性（　　　）。

A. 变化加快　　　　　　　　　　B. 市场全球化

C. 知识作为主要资源出现　　　　D. 人才成为关键

 答案点拨解析

1. 单项选择题

1）B，2）B。

2. 多项选择题

ABC。

2.3.2　基本概念（标准条款2.2）

2.2　基本概念

2.2.1　质量

一个关注质量的组织倡导一种通过满足顾客和其他有关相关方的需求和期望来实现其价值的**文化**，这种文化将反映在其行为、态度、活动和过程中。

组织的产品和服务质量取决于**满足顾客**的能力，以及对有关相关方的有意和无意的影响。

产品和服务的质量不仅包括其预期的功能和性能，而且还涉及顾客对其价值和受益的感知。

2.2.2　质量管理体系

质量管理体系包括组织确定其目标以及为获得期望的结果确定其过程和所需资源的**活动**。

质量管理体系管理相互作用的过程和所需的资源，以向有关相关方**提供价值**并**实现结果**。

质量管理体系能够使最高管理者通过考虑其决策的长期和短期影响而**优化资源**的利用。

质量管理体系**给出**了在提供产品和服务方面，针对预期和非预期的结果确定所采取措施的**方法**。

2.2.3　组织环境

理解组织环境是一个过程。这个过程**确定**了影响组织的宗旨、目标和可持续性的各种**因素**。它既需要考虑内部因素，例如：组织的价值观、文化、知识和绩效，还需要考虑外部因素，例如：法律、技术、竞争、市场、文化、社会和经济环境。

组织的宗旨可被表述为包括其愿景、使命、方针和目标。

2.2.4　相关方

相关方的概念扩展了仅关注顾客的观点，而考虑所有有关相关方是至关重要的。

识别相关方是理解组织环境的过程的组成部分。有关相关方是指若其需求和期望未能满足，将对组织的持续发展产生重大风险的那些相关方。为降低这些风险，组织需确定向有关相关方提供何种必要的**结果**。

组织的成功，有赖于吸引、赢得和保持有关相关方的支持。

2.2.5　支持

2.2.5.1　总则

最高管理者对质量管理体系和全员积极参与的支持，能够：

——提供充分的人力和其他资源。

——监视过程和结果。

——确定和评估风险和机遇。

——采取适当的措施。

负责任地获取、分配、维护、提高和处置资源，以支持组织实现其目标。

2.2.5.2　人员

人员是组织内不可缺少的资源。组织的绩效取决于体系内人员的工作表现。

通过对**质量方针**和**组织所期望的结果**的共同理解，可使组织内人员积极参与并协调一致。

2.2.5.3　能力

当所有人员理解并应用所需的技能、培训、教育和经验，履行其岗位职责时，质量管理体系是最有效的。为人员提供拓展必要能力的机会是**最高管理者**的职责。

2.2.5.4　意识

意识来源于人员认识到自身的**职责**，以及他们的行为如何有助于实现组织的**目标**。

2.2.5.5　沟通

经过策划并有效开展的内部（如整个组织内）和外部（如与有关相关方）沟通，可提高人员的**参与程度**并更加**深入地理解**：

——组织环境。

——顾客和其他有关相关方的需求和期望。

——质量管理体系。

 考点知识讲解

基本概念中，"质量""组织环境"这两个基本概念的考试出题频率较高，其他基本概念的考试出题频率较低。

基本概念体现本质，质量管理的基本概念体现了质量管理的本质，是质量管理的原点。GB/T 19000 标准中包括"质量""质量管理体系""组织环境""相关方"4 个基本概念，以及"支持"这个基本概念之下的 4 个基本概念——

"人员""能力""意识""沟通"。

1. 质量

1）组织的价值是通过满足顾客和其他有关相关方的需求和期望来实现的，组织应该倡导这样一种质量文化，并将这种文化反映在组织的行为、态度、活动和过程中。

2）组织的产品和服务质量取决于满足顾客的能力，产品和服务质量在满足顾客要求的同时，还要考虑对有关相关方的有意和无意的影响，包括正面影响和负面影响。

3）产品和服务的质量不仅包括其预期的功能和性能，而且还涉及顾客对其价值和受益的感知。通俗地讲，就是顾客购买产品的目的不仅是使用，还有"觉得有面子"的目的。

2. 质量管理体系

质量管理体系的概念包括以下 4 个方面：

1）确定 2 个活动。质量管理体系包括组织确定其目标的活动，以及组织为获得期望的结果确定其过程和所需资源的活动。

2）向相关方提供价值并实现结果。质量管理体系管理相互作用的过程和所需的资源，以向有关相关方提供价值并实现结果。

3）优化资源的利用。质量管理体系能够使最高管理者通过考虑其决策的长期和短期影响而优化资源的利用。

4）给出采取措施的方法。在提供产品和服务方面，针对预期和非预期的结果，质量管理体系要给出如何采取措施的方法。

3. 组织环境

1）理解组织环境是一个过程。在这个过程中，要确定影响组织的宗旨、目标和可持续性的各种内部、外部因素。组织环境是组织的制约因素，组织应通过内部调整来适应。

内部因素有组织的价值观、文化、知识和绩效等；外部因素有法律、技术、竞争、市场、文化、社会和经济环境等。

2）组织的宗旨可用愿景、使命、方针和目标来表述。

4. 相关方

1）相关方这个概念是对仅关注顾客的观点的扩展，考虑所有有关相关方是至关重要的。

2）理解组织环境的过程包括识别相关方。有关相关方是指若其需求和期望未能满足，就将对组织的持续发展产生重大风险的那些相关方。为降低这些风险，组织需确定向有关相关方提供何种必要的结果。

3）组织的成功，有赖于吸引、赢得和保持有关相关方的支持。

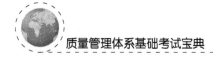

5. "支持" 概念下的最高管理者的作用

1）最高管理者通过以下 4 个方面支持质量管理体系，支持全员积极参与：

① 提供充分的人力和其他资源。

② 监视过程和结果。

③ 确定和评估风险和机遇。

④ 采取适当的措施。

2）最高管理者负责任地获取、分配、维护、提高和处置资源，以支持组织实现其目标。

6. 人员

1）人员是组织内不可缺少的资源。组织的绩效取决于体系内人员的工作表现。

2）通过对质量方针和组织所期望的结果的共同理解，可使组织内人员积极参与并协调一致。

7. 能力

1）当所有人员理解并应用所需的技能、培训、教育和经验，履行其岗位职责时，质量管理体系是最有效的。

2）为人员提供拓展必要能力的机会是最高管理者的职责。

8. 意识

意识来源于人员认识到自身的职责，以及认识到他们的行为如何有助于实现组织的目标。

9. 沟通

经过策划并有效开展的内部（如整个组织内）和外部（如与有关相关方）沟通，可提高人员的参与程度并更加深入地理解：

1）组织环境。

2）顾客和其他有关相关方的需求和期望。

3）质量管理体系。

提请考生对照看一下 GB/T 19000 标准中的 "2.2.3 组织环境" "2.2.5.1 总则" "2.2.5.3 能力" "2.2.5.4 意识" 与 GB/T 19001 标准中的相应条款 "4.1 理解组织及其环境" "5.1.1（领导作用和承诺）总则" "7.2 能力" "7.3 意识"，做题时不要混淆。

 同步练习强化

1. 单项选择题

1）组织的产品和服务质量取决于满足（　　　）能力，以及所受到的有关的

相关方的有意和无意的影响。（真题）

  A. 顾客   B. 要求

  C. 市场   D. 顾客期望

  2）根据 GB/T 19000 标准对"质量"这个基本概念的描述，产品和服务的质量不仅包括其（   ）的功能和性能，而且还涉及顾客对其（   ）和受益的感知。

  A. 固有，价值   B. 预期，价值

  C. 固有，体念   D. 预期，体念

  3）根据 GB/T 19000 标准对"质量管理体系"这个基本概念的描述，质量管理体系管理相互作用的过程和所需的资源，以向有关（   ）提供价值并实现结果。

  A. 相关方   B. 顾客

  C. 顾客和相关方   D. 顾客或相关方

  4）根据 GB/T 19000 标准对"质量管理体系"这个基本概念的描述，质量管理体系给出了在提供产品和服务方面，针对预期和非预期的结果确定所采取措施的（   ）。

  A. 要求   B. 方法

  C. 方法和要求   D. 方法和控制要求

  5）根据 GB/T 19000 标准对"相关方"这个基本概念的描述，识别相关方是理解组织环境的过程的组成部分。有关相关方是指若其需求和期望未能满足，将对组织的持续发展产生（   ）的那些相关方。为降低这些风险，组织需确定向有关相关方提供何种必要的（   ）。

  A. 重大风险，结果   B. 风险，产品和服务

  C. 重大风险，产品和服务   D. 风险，结果

  6）根据 GB/T 19000 标准对"支持"这个基本概念的描述，（   ）负责任地获取、分配、维护、提高和处置资源，以支持组织实现其目标。

  A. 最高管理者   B. 相关管理者

  C. 总经理   D. 组织

  7）根据 GB/T 19000 标准对"人员"这个基本概念的描述，通过对质量（   ）和组织所期望的结果的共同理解，可使组织内人员积极参与并协调一致。

  A. 目标   B. 方针

  C. 方针和目标   D. 意识

  8）根据 GB/T 19000 标准对"意识"这个基本概念的描述，意识来源于人员（   ）自身的职责，以及他们的行为如何有助于实现组织的目标。

  A. 认识到   B. 知晓

C. 了解 　　　　　　　　　　　　D. 明确

9）根据 GB/T 19000 标准对"相关方"这个基本概念的描述，组织的成功，有赖于吸引、赢得和保持有关（　　）的支持。

A. 相关方 　　　　　　　　　　　B. 顾客

C. 顾客和相关方 　　　　　　　　D. 外部供方

10）根据 GB/T 19000 标准对"组织环境"这个基本概念的描述，（　　）组织环境是一个过程。这个过程确定了影响组织的宗旨、目标和可持续性的各种因素。

A. 理解 　　　　　　　　　　　　B. 确定

C. 认识 　　　　　　　　　　　　D. 了解

11）对于大多数组织，应视外部环境为（　　）。（真题）

A. 可控因素 　　　　　　　　　　B. 制约因素

C. 易变因素 　　　　　　　　　　D. 不变因素

2. 多项选择题

1）一个关注质量的组织倡导一种通过满足顾客和其他有关相关方的需求和期望来实现其价值的文化，这种文化将反映在其（　　）中。

A. 行为 　　　　　　　　　　　　B. 态度

C. 活动 　　　　　　　　　　　　D. 过程

2）下面关于"质量管理体系"这个基本概念，正确的说法是（　　）。

A. 质量管理体系包括组织确定其目标以及为获得期望的结果确定其过程和所需资源的活动

B. 质量管理体系管理相互作用的过程和所需的资源，以向有关顾客提供价值并实现结果

C. 质量管理体系能够使最高管理者通过考虑其决策的长期和短期影响而优化资源的利用

D. 质量管理体系给出了在提供产品和服务方面，针对预期和非预期的结果确定所采取措施的方法

3）关于理解"组织环境"的基本概念，以下哪些说法是正确的？（　　）（真题）

A. 理解组织的环境是一个过程。这个过程确定了影响组织的宗旨、目标和可持续性的各种因素

B. 组织环境需要考虑内部因素，还需要考虑外部因素

C. 组织的宗旨可被表述为其愿景、使命、方针和目标

D. 组织的宗旨可被表述为价值观和信仰

4）根据 GB/T 19000 标准对"支持"这个基本概念的描述，最高管理者通

过以下哪些方面支持质量管理体系和全员积极参与?（　　）

A. 提供充分的人力和其他资源　　　　B. 监视过程和结果

C. 确定和评估风险和机遇　　　　　　D. 采取适当的措施

5）根据 GB/T 19000 标准对"能力"这个基本概念的描述，当所有人员理解并应用所需的（　　），履行其岗位职责时，质量管理体系是最有效的。为人员提供拓展必要能力的机会是最高管理者的职责。

A. 技能、培训　　　　　　　　　　　B. 教育、经验

C. 意识、培训　　　　　　　　　　　D. 知识、经验

6）根据 GB/T 19000 标准对"沟通"这个基本概念的描述，经过策划并有效开展的内部（如整个组织内）和外部（如与有关相关方）沟通，可提高人员的参与程度并更加深入地理解（　　）。

A. 组织环境

B. 顾客和其他有关相关方的需求和期望

C. 质量管理体系

D. 质量管理体系及其过程

7）根据 GB/T 19000 标准对"组织环境"这个基本概念的描述，理解组织的环境是一个过程。这个过程确定了影响组织的（　　）的各种因素。

A. 宗旨、目标　　　　　　　　　　　B. 实现预期结果的能力

C. 可持续性　　　　　　　　　　　　D. 战略

8）根据 GB/T 19000 标准对"组织环境"这个基本概念的描述，组织的宗旨可被表述为包括其（　　）。

A. 愿景　　　　　　　　　　　　　　B. 使命

C. 方针　　　　　　　　　　　　　　D. 目标

3. 判断题

根据 GB/T 19000 标准对"质量管理体系"这个基本概念的描述，质量管理体系管理相互作用的过程和所需的资源，以向有关顾客提供价值并实现结果。

（　　）

 答案点拨解析

1. 单项选择题

1）A，2）B，3）A，4）B，5）A，6）A，7）B，8）A，9）A，10）A，11）B。

解析：第 11 题，从"组织环境"这个基本概念来理解，环境应是组织的制约因素。可控因素是指通过组织的行为来调节环境；制约因素是指通过组织的

内部调整来适应环境；易变因素是指组织无法预知，只能被动接受；不变因素是指组织将永远以此为基础来确立自己的行为。

2. 多项选择题

1）ABCD，2）ACD，3）ABC，4）ABCD，5）AB，6）ABC，7）AC，8）ABCD。

3. 判断题

×。

解析：在"以向有关顾客提供价值并实现结果"这句话中，"顾客"应为"相关方"。

2.3.3　质量管理原则（标准条款2.3）

2.3　质量管理原则

2.3.1　以顾客为关注焦点

2.3.1.1 概述

质量管理的首要关注点是满足顾客要求并且努力超越顾客期望。

2.3.1.2　依据

组织只有赢得和保持顾客和其他有关相关方的信任才能获得持续成功。与顾客相互作用的每个方面，都提供了为顾客创造更多价值的机会。理解顾客和其他相关方当前和未来的需求，有助于组织的持续成功。

2.3.1.3　主要益处

主要益处可能有：

——提升顾客价值。

——增强顾客满意。

——增进顾客忠诚。

——增加重复性业务。

——提高组织的声誉。

——扩展顾客群。

——增加收入和市场份额。

2.3.1.4　可开展的活动

可开展的活动包括：

——识别从组织获得价值的直接顾客和间接顾客。

——理解顾客当前和未来的需求和期望。

——将组织的目标与顾客的需求和期望联系起来。

——在整个组织内沟通顾客的需求和期望。

——为满足顾客的需求和期望，对产品和服务进行策划、设计、开发、生产、交付和支持。

——测量和监视顾客满意情况，并采取适当的措施。

——在有可能影响到顾客满意的有关相关方的需求和适宜的期望方面，确定并采取措施。

——主动管理与顾客的关系，以实现持续成功。

2.3.2　领导作用

2.3.2.1　概述

<u>各级领导</u>建立统一的宗旨和方向，并<u>创造</u>全员积极参与实现组织的质量<u>目标的条件</u>。

2.3.2.2　依据

统一的宗旨和方向的建立，以及全员的积极参与，能够使组织将战略、方针、过程和资源协调一致，以实现其目标。

2.3.2.3 主要益处

主要益处可能有：

——提高实现组织质量目标的有效性和效率。

——组织的过程更加协调。

——改善组织各层级、各职能间的沟通。

——开发和提高组织及其人员的能力，以获得期望的结果。

2.3.2.4　可开展的活动

可开展的活动包括：

——在整个组织内，就其使命、愿景、战略、方针和过程进行沟通。

——在组织的所有层级创建并保持共同的价值观，以及公平和道德的行为模式。

——培育诚信和正直的文化。

——鼓励在整个组织范围内履行对质量的承诺。

——确保各级领导者成为组织中的榜样。

——为员工提供履行职责所需的资源、培训和权限。

——激发、鼓励和表彰员工的贡献。

2.3.3　全员积极参与

2.3.3.1　概述

整个组织内各级<u>胜任</u>、<u>经授权</u>并<u>积极参与</u>的人员，是提高组织创造和提供价值能力的必要条件。

2.3.3.2 依据

为了有效和高效地管理组织，各级人员得到尊重并参与其中是极其重要的。通过表彰、授权和提高能力，促进在实现组织的质量目标过程中的全员积极参与。

2.3.3.3 主要益处

主要益处可能有：

——组织内人员对质量目标有更深入的理解，以及更强的加以实现的动力。

——在改进活动中，提高人员的参与程度。

——促进个人发展、主动性和创造力。

——提高人员的满意程度。

——增强整个组织内的相互信任和协作。

——促进整个组织对共同价值观和文化的关注。

2.3.3.4 可开展的活动

可开展的活动包括：

——与员工沟通，以增强他们对个人贡献的重要性的认识。

——促进整个组织内部的协作。

——提倡公开讨论，分享知识和经验。

——让员工确定影响执行力的制约因素，并且毫无顾虑地主动参与。

——赞赏和表彰员工的贡献、学识和进步。

——针对个人目标进行绩效的自我评价。

——进行调查以评估人员的满意程度，沟通结果并采取适当的措施。

2.3.4 过程方法

2.3.4.1 概述

将活动作为相互关联、功能连贯的**过程组成的体系**来理解和管理时，可更加**有效和高效**地**得到**一致的、可预知的**结果**。

2.3.4.2 依据

质量管理体系是由相互关联的过程所组成。理解体系是如何产生结果的，能够使组织尽可能地完善其体系并优化其绩效。

2.3.4.3 主要益处

主要益处可能有：

——提高关注关键过程的结果和改进的机会的能力。

——通过由协调一致的过程所构成的体系，得到一致的、可预知的结果。

——通过过程的有效管理、资源的高效利用及跨职能壁垒的减少，尽可能提升其绩效。

——使组织能够向相关方提供关于其一致性、有效性和效率方面的信任。

2.3.4.4　可开展的活动

可开展的活动包括：

——确定体系的目标和实现这些目标所需的过程。

——为管理过程确定职责、权限和义务。

——了解组织的能力，预先确定资源约束条件。

——确定过程相互依赖的关系，分析个别过程的变更对整个体系的影响。

——将过程及其相互关系作为一个体系进行管理，以有效和高效地实现组织的质量目标。

——确保获得必要的信息，以运行和改进过程并监视、分析和评价整个体系的绩效。

——管理可能影响过程输出和质量管理体系整体结果的风险。

2.3.5　改进

2.3.5.1　概述

成功的组织**持续关注**改进。

2.3.5.2　依据

改进对于组织保持当前的绩效水平，对其内外部条件的变化做出反应，并创造新的机会，都是非常必要的。

2.3.5.3 主要益处

主要益处可能有：

——提高过程绩效、组织能力和顾客满意。

——增强对调查和确定根本原因及后续的预防和纠正措施的关注。

——提高对内外部风险和机遇的预测和反应能力。

——增加对渐进性和突破性改进的考虑。

——更好地利用学习来改进。

——增强创新的动力。

2.3.5.4　可开展的活动

可开展的活动包括：

——促进在组织的所有层级建立改进目标。

——对各层级人员进行教育和培训，使其懂得如何应用基本工具和方法实现改进目标。

——确保员工有能力成功地促进和完成改进项目。

——开发和展开过程，以在整个组织内实施改进项目。

——跟踪、评审和审核改进项目的策划、实施、完成和结果。

——将改进与新的或变更的产品、服务和过程的开发结合在一起予以考虑。

——赞赏和表彰改进。

2.3.6 循证决策

2.3.6.1 概述

基于数据和信息的**分析和评价**的决策，更有可能产生**期望**的结果。

2.3.6.2 依据

决策是一个复杂的过程，并且总是包含某些不确定性。它经常涉及多种类型和来源的输入及其理解，而这些理解可能是主观的。重要的是理解因果关系和潜在的非预期后果。对事实、证据和数据的分析可导致决策更加客观、可信。

2.3.6.3 主要益处

主要益处可能有：

——改进决策过程。

——改进对过程绩效和实现目标的能力的评估。

——改进运行的有效性和效率。

——提高评审、挑战和改变观点和决策的能力。

——提高证实以往决策有效性的能力。

2.3.6.4 可开展的活动

可开展的活动包括：

——确定、测量和监视关键指标，以证实组织的绩效。

——使相关人员能够获得所需的全部数据。

——确保数据和信息足够准确、可靠和安全。

——使用适宜的方法对数据和信息进行分析和评价。

——确保人员有能力分析和评价所需的数据。

——权衡经验和直觉，基于证据进行决策并采取措施。

2.3.7 关系管理

2.3.7.1 概述

为了**持续成功**，组织需要管理与有关相关方（如供方）的关系。

2.3.7.2 依据

有关相关方影响组织的绩效。当组织管理与所有相关方的关系，以尽可能有效地发挥其在组织绩效方面的作用时，持续成功更有可能实现。对供方及合作伙伴网络的关系管理是尤为重要的。

2.3.7.3　主要益处

主要益处可能有：

——通过对每一个与相关方有关的机会和限制的响应，提高组织及其有关相关方的绩效。

——对目标和价值观，与相关方有共同的理解。

——通过共享资源和人员能力，以及管理与质量有关的风险，增强为相关方创造价值的能力。

——具有管理良好、可稳定提供产品和服务的供应链。

2.3.7.4　可开展的活动

可开展的活动包括：

——确定有关相关方（如供方、合作伙伴、顾客、投资者、雇员或整个社会）及其与组织的关系。

——确定和排序需要管理的相关方的关系。

——建立平衡短期利益与长期考虑的关系。

——与有关相关方共同收集和共享信息、专业知识和资源。

——适当时，测量绩效并向相关方报告，以增加改进的主动性。

——与供方、合作伙伴及其他相关方合作开展开发和改进活动。

——鼓励和表彰供方及合作伙伴的改进和成绩。

 考点知识讲解

GB/T 19000 标准中，是用"概述""依据""主要益处""可开展的活动"四个方面描述每一项质量管理原则的。其中，"概述"方面考试出题频率较高，其他方面考试出题频率较低。

七项质量管理原则，包括：

1）以顾客为关注焦点。

2）领导作用。

3）全员积极参与。

4）过程方法。

5）改进。

6）循证决策。

7）关系管理。

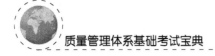

在 GB/T 19000 标准中,用"概述""依据""主要益处""可开展的活动"四个方面描述每一项质量管理原则,通过"概述"介绍每一个原则;通过"依据"解释组织要重视这一原则的原因;通过"主要益处"说明应用这一原则的结果;通过"可开展的活动"给出组织应用这一原则能够采取的措施。

标准中的这些描述很清晰,容易理解,无需再做讲解。请考生注意已标在标准中的关键词/字,以及重要段落。

 同步练习强化

1. 单项选择题

1)GB/T 19001 标准中提到的质量管理原则不包括( )。(真题)

A. 以顾客为关注焦点   B. 管理的系统方法

C. 领导作用   D. 改进

2)在"以顾客为关注焦点"的质量管理原则中,质量管理的首要关注点是满足顾客要求并且努力( )。(真题)

A. 满足顾客未来需求和期望

B. 超越顾客的要求

C. 超越顾客期望

D. 满足顾客和其他相关方的需求和期望

3)质量管理原则中的"领导作用"是指( )建立统一的宗旨和方向,并且创造全员积极参与实现组织的质量目标的条件。(真题)

A. 领导   B. 高层领导

C. 最高管理者   D. 各级领导

4)"将活动作为相互关联、功能连贯的过程组成的体系来理解和管理时,可更加有效和高效地得到一致的、可预知的结果。"说的是哪项管理原则( )(真题)

A. 过程方法   B. 改进

C. 管理的系统方法   D. 循证决策

5)以下关于"关系管理"的描述,正确的是( )。(真题)

A. 关系管理的核心就是让顾客满意

B. 关系管理就是组织与顾客搞好关系

C. 关系管理是为了持续成功,组织需要管理与供方等相关方的关系

D. 关系管理是组织为了产品质量的目的,需要对包括供方在内的相关方实施管理

6)质量管理原则中的"领导作用"是指各级领导建立统一的( ),并创造全员积极参与实现组织的质量目标的条件。

A. 方针和目标　　　　　　　　　　B. 宗旨和方向

C. 目标和方案　　　　　　　　　　D. 准则和要求

7）质量管理原则中的"全员积极参与"是指（　　）内各级胜任、经授权并积极参与的人员，是提高组织创造和提供价值能力的必要条件。

A. 整个组织　　　　　　　　　　　B. 组织

C. 质量管理体系　　　　　　　　　D. 组织质量管理体系

8）将（　　）作为相互关联、功能连贯的过程组成的体系来理解和管理时，可更加有效和高效地得到一致的、可预知的（　　）。

A. 质量管理体系，结果　　　　　　B. 活动，结果

C. 运行，目标　　　　　　　　　　D. 运行，结果

9）质量管理原则中的"改进"是指（　　）持续关注改进。

A. 成功的组织　　　　　　　　　　B. 实施质量管理体系的组织

C. 最高管理者　　　　　　　　　　D. 各级领导

10）质量管理原则中的"循证决策"是指基于数据和信息的分析和评价的决策，更有可能产生（　　）的结果。

A. 要求　　　　　　　　　　　　　B. 期望

C. 预知　　　　　　　　　　　　　D. 合格

11）质量管理原则中的"以顾客为关注焦点"是指质量管理的首要关注点是满足顾客（　　）并且努力超越顾客期望。

A. 要求　　　　　　　　　　　　　B. 需求和期望

C. 需求　　　　　　　　　　　　　D. 期望

2. 多项选择题

1）质量管理原则中的"全员积极参与"是指整个组织内各级（　　）的人员，是提高组织创造和提供价值能力的必要条件。

A. 胜任　　　　　　　　　　　　　B. 经授权

C. 具备能力　　　　　　　　　　　D. 积极参与

2）将活动作为（　　）的过程组成的体系来理解和管理时，可更加有效和高效地得到一致的、可预知的结果。

A. 相互关联　　　　　　　　　　　B. 相互作用

C. 功能连贯　　　　　　　　　　　D. 相互依赖

 答案点拨解析

1. 单项选择题

1）B，2）C，3）D，4）A，5）C，6）B，7）A，8）B，9）A，10）B，

11）A。

2. 多项选择题

1）ABD，2）AC。

2.3.4 运用基本概念和原则建立质量管理体系（标准条款2.4）

2.4 运用基本概念和原则建立质量管理体系

2.4.1 质量管理体系模式

2.4.1.1 总则

组织具有与人相同的许多特性，是一个具有生存和学习能力的社会有机体。两者都具有适应的能力，并且由相互作用的**系统**、**过程**和**活动**组成。为了适应变化的环境，均需要具备应变能力。组织经常通过创新实现突破性改进。组织的质量管理体系模式可以表明，不是所有的体系、过程和活动都可以被预先确定。因此，在复杂的**组织环境**中，其质量管理体系需要具有**灵活性**和**适应性**。

2.4.1.2 体系

组织试图理解内外部环境，以识别有关**相关方**的需求和期望。这些信息被用于质量管理体系的建立，从而实现组织的**可持续发展**。一个过程的输出可成为其他过程的输入，并联结成整个网络。虽然不同组织的质量管理体系，通常看起来是由相类似的过程所组成，但每个组织及其质量管理体系都是独特的。

2.4.1.3 过程

组织拥有可被确定、测量和改进的过程。这些过程**相互作用**以产生与组织的目标相一致的结果，并跨越职能界限。某些过程可能是关键的，而另外一些则不是。过程具有相互关联的活动和输入，以实现输出。

2.4.1.4 活动

组织的人员在过程中协调配合，开展他们的日常活动。依靠对组织**目标**的理解，某些活动可被预先规定。而另外一些活动则是由于对**外界刺激**的反应，来确定其性质并予以执行。

2.4.2 质量管理体系的建立

质量管理体系是通过**周期性改进**，随着时间的推移而进化的动态系统。无论其是否经过正式策划，每个组织都有质量管理活动。本标准为如何建立正规的体系，以管理这些活动提供了指南。确定组织中现存的活动和这些活动对组织环境的**适宜性**是必要的。本标准和 GB/T 19001 及 GB/T 19004 一起，可用于帮助组织建立一个完善的质量管理体系。

正规的质量管理体系为策划、完成、监视和改进质量管理活动的**绩效**提供了框架。质量管理体系无需复杂化，而是要准确地反映组织的需求，在建立质量管理体系的过程中，本标准中给出的基本概念和原则可提供有价值的指南。

质量管理体系策划不是一劳永逸的，而是一个持续的过程。质量管理体系的**计划**随着组织的学习和环境的变化而逐渐完善。计划要考虑组织的所有质量活动，并确保覆盖本标准的全部指南和 GB/T 19001 的要求。该计划经批准后实施。

定期监视和评价**质量管理体系的计划**的**执行情况**及其**绩效状况**，对组织来说是非常重要的。经过深思熟虑的指标，更有利于监视和评价活动的开展。

审核是一种**评价**质量管理体系**有效性**的**方法**，以识别风险和确定是否满足要求。为了有效地进行审核，需要收集有形和无形的证据。在对所收集的证据进行分析的基础上，采取纠正和改进的措施。所获取的知识可能会带来创新，使质量管理体系的绩效达到更高的水平。

2.4.3　质量管理体系标准、其他管理体系和卓越模式

全国质量管理和质量保证标准化技术委员会（SAC/TC 151）起草的质量管理体系标准、其他管理体系标准以及组织卓越模式中表述的质量管理体系方法是**基于普遍的原则**，这些方法均能够帮助组织识别风险和机遇并包含改进指南。在当前的环境中，许多因素，例如：创新、道德、诚信和声誉均可作为质量管理体系的参数。有关质量管理标准（如 GB/T 19001）、环境管理标准（如 GB/T 24001）和能源管理标准（如 GB/T 23331），以及其他管理标准和组织卓越模式已经涉及了这些问题。

全国质量管理和质量保证标准化技术委员会（SAC/TC 151）起草的质量管理体系标准为质量管理体系提供了一套综合要求和指南。GB/T 19001 为质量管理体系规定了要求，GB/T 19004 在质量管理体系更宽范围的目标下，为持续成功和改进绩效提供了指南。**质量管理体系的指南**包括：GB/T 19010、GB/T 19012、GB/T 19013、GB/Z 27907、ISO 10008、GB/T 19022 和 GB/T 19011。**质量管理体系技术支持指南**包括：GB/T 19015、GB/T 19016、GB/T 19017、GB/T 19024、GB/T 19025、ISO 10018 和 GB/T 19029。**支持质量管理体系的技术文件**包括：GB/T 19023 和 GB/Z 19027。**某些特定行业的标准**也提供了质量管理体系的要求，如 GB/T 18305。

组织的管理体系中具有不同作用的部分，包括其质量管理体系，可以整合成为一个单一的管理体系。当质量管理体系与其他管理体系整合后，与组

织的质量、成长、资金、营利、环境、职业健康和安全、能源、安保等方面有关的目标、过程和资源，可以更加有效和高效地实现和应用。组织可以依据若干个标准的要求，如 GB/T 19001、GB/T 24001、GB/T 22080 和 GB/T 23331 对其管理体系进行一体化审核。

注：ISO 手册《管理体系标准的一体化应用》可提供帮助。

考点知识讲解

GB/T 19000 标准 2.4 条款"运用基本概念和原则建立质量管理体系"并不在《质量管理体系基础考试大纲》中，在本书中讲解这一条款是为了帮助理解 GB/T 19001 标准。

作者已在 GB/T 19000 标准 2.4.1 条款"质量管理体系模式"、2.4.2 条款"质量管理体系的建立"的标准条文中划了重点，考生可以看看。本节下面的真题，是 2021 年考试改革前历次考试真题，供考生参考。

GB/T 19000 标准 2.4.3 条款"质量管理体系标准、其他管理体系和卓越模式"对质量管理和质量管理体系标准进行了分类，本书结合 GB/T 19001 标准讲解质量管理和质量管理体系标准的分类，请考生详见本书第 3 章 3.1.6 节。

同步练习强化

1. 单项选择题

1）在组织的质量管理体系模式中可以认识到，不是所有的体系、过程和活动都可以被预先确定，因此，组织需要具有灵活性，以适应复杂的（　　）。（真题）

　　A. 市场环境　　　　　　　　　　B. 内部和全部的变化

　　C. 组织环境　　　　　　　　　　D. 变化需要

2）正规的质量管理体系为策划、执行、监视和改进质量管理活动的（　　）提供了框架。（真题）

　　A. 有效性　　　　　　　　　　　B. 有效性和效率

　　C. 符合性和有效性　　　　　　　D. 绩效

3）组织具有与人相同的许多特性，是一个具有生存和学习能力的社会有机体。两者都具有适应的能力，并且由相互作用的（　　）组成。

　　A. 系统　　　　　　　　　　　　B. 过程

　　C. 活动　　　　　　　　　　　　D. A＋B＋C

4）组织试图理解内外部环境，以识别有关（　　）的需求和期望。这些信息被用于质量管理体系的建立，从而实现组织的可持续发展。

　　A. 顾客　　　　　　　　　　　　　　B. 相关方

　　C. 顾客和相关方　　　　　　　　　　D. 顾客或相关方

5）组织拥有可被确定、测量和改进的过程。这些过程（　　）以产生与组织的目标相一致的结果，并跨越职能界限。

　　A. 相互作用　　　　　　　　　　　　B. 相互关联

　　C. 相互依赖　　　　　　　　　　　　D. 相互关联和相互依赖

6）组织的人员在过程中协调配合，开展他们的日常活动。依靠对组织（　　）的理解，某些活动可被预先规定。而另外一些活动则是由于对（　　）的反应，来确定其性质并予以执行。

　　A. 目标，外界刺激　　　　　　　　　B. 方针，组织环境

　　C. 目标，组织环境　　　　　　　　　D. 方针，外界刺激

7）定期监视和评价质量管理体系的计划的执行情况及其（　　）状况，对组织来说是非常重要的。经过深思熟虑的指标，更有利于监视和评价活动的开展。

　　A. 绩效　　　　　　　　　　　　　　B. 结果

　　C. 效率　　　　　　　　　　　　　　D. 有效性和效率

8）（　　）是一种评价质量管理体系有效性的方法，以识别风险和确定是否满足要求。

　　A. 认证　　　　　　　　　　　　　　B. 审核

　　C. 内部审核　　　　　　　　　　　　D. 合格评定

2. 判断题

对质量管理体系进行评价的方法就是内部审核。　　　　　　（　　）（真题）

 答案点拨解析

1. 单项选择题

1）C，2）D，3）D，4）B，5）A，6）A，7）A，8）B。

解析：第 1 题，见 GB/T 19000 标准 2.4.1.1 "在复杂的组织环境中，其质量管理体系需要具有灵活性和适应性"。

第 2 题，见 GB/T 19000 标准 2.4.2 "正规的质量管理体系为策划、完成、监视和改进质量管理活动的绩效提供了框架"。

2. 判断题

×。

解析：见 GB/T 19000 标准 2.4.2 "审核是一种评价质量管理体系有效性的方法，以识别风险和确定是否满足要求"。审核不仅仅只有内部审核。

2.4 术语和定义（标准条款 3）

GB/T 19000《质量管理体系 基础和术语》标准共给出了 138 个术语（其中包括 ISO/IEC 导则第 1 部分 ISO 的补充规定附件 SL 中的基本术语和 ISO 9000 族其他标准的术语等），分为 13 类，其构成情况见表 2-1。

列入《质量管理体系基础考试大纲》的有 40 个术语，见表 2-1。

表 2-1 GB/T 19000 标准术语构成

类别	类别名称	术语数	术 语 名 称	列入考试大纲的术语
1	有关人员的术语	6	最高管理者、质量管理体系咨询师、参与、积极参与、技术状态管理机构、调解人	最高管理者（1个）
2	有关组织的术语	9	组织、组织环境、相关方、顾客、供方、外部供方、调解过程提供方、协会、计量职能	组织、组织环境、相关方、顾客、外部供方（5个）
3	有关活动的术语	13	改进、持续改进、管理、质量管理、质量策划、质量保证、质量控制、质量改进、技术状态管理、<技术状态管理>更改控制、<项目管理>活动、项目管理、技术状态项	改进、质量管理、质量控制、质量改进（4个）
4	有关过程的术语	8	过程、项目、质量管理体系实现、能力获得、程序、外包、合同、设计和开发	过程、质量管理体系实现、程序、外包、合同（5个）
5	有关体系的术语	12	体系、基础设施、管理体系、质量管理体系、工作环境、计量确认、测量管理体系、方针、质量方针、愿景、使命、战略	质量管理体系、工作环境、质量方针（3个）
6	有关要求的术语	15	客体、质量、等级、要求、质量要求、法律要求、法规要求、产品技术状态信息、不合格、缺陷、合格、能力 capability、可追溯性、可信性、创新	质量、要求、法规要求、不合格、合格（5个）
7	有关结果的术语	11	目标、质量目标、成功、持续成功、输出、产品、服务、绩效、风险、效率、有效性	质量目标、产品、服务、绩效、有效性（5个）
8	有关数据、信息和文件的术语	15	数据、信息、客观证据、信息系统、文件、成文信息、规范、质量手册、质量计划、记录、项目管理计划、验证、确认、技术状态纪实、特定情况	成文信息、验证、确认（3个）

（续）

类别	类别名称	术语数	术语名称	列入考试大纲的术语
9	有关顾客的术语	6	反馈、顾客满意、投诉、顾客服务、顾客满意行为规范、争议	顾客满意（1个）
10	有关特性的术语	7	特性、质量特性、人为因素、能力 competence、计量特性、技术状态、技术状态基线	特性、能力（2个）
11	有关确定的术语	9	确定、评审、监视、测量、测量过程、测量设备、检验、试验、<项目管理>进展评价	监视、测量、试验（3个）
12	有关措施的术语	10	预防措施、纠正措施、纠正、降级、让步、偏离许可、放行、返工、返修、报废	纠正、放行、纠正措施（3个）
13	有关审核的术语	17	审核、多体系审核、联合审核、审核方案、审核范围、审核计划、审核准则、审核证据、审核发现、审核结论、审核委托方、受审核方、向导、审核组、审核员、技术专家、观察员	不列入《质量管理体系基础考试大纲》

注意，以下术语与列入考试大纲的术语有关联，或在理解 GB/T 19001 时很重要，所以考生最好能掌握：供方、管理、持续改进、质量策划、质量保证、设计和开发、基础设施、愿景、使命、战略、客体、法律要求、缺陷、可追溯性、创新、风险、效率、质量计划、质量特性、人为因素、确定、评审、检验、降级、让步、偏离许可、返工、返修等。

本书就上述术语进行考点知识讲解，并做好同步练习强化。

关于"术语"的考试出题，一般是从"术语"的"定义、示例、注"中抽取关键词/字，出成单选题/多选题，或者将"定义、示例、注"合在一起出成多选题。有时将"术语"的定义故意改几个关键词/字，出成判断题，如把"或"字改成"和"字。

组织环境、相关方、质量策划、质量、要求、法律要求、创新、质量目标、产品、服务、质量计划、验证、确认、投诉、质量特性、人为因素、检验这些术语，考试出题频率较高。

2.4.1　有关人员的术语（标准条款3.1）

3.1　有关人员的术语

3.1.1　最高管理者 top management

在最高层**指挥**和**控制**组织（3.2.1）的一个人**或**一组人。

注1：最高管理者在组织内有授权和提供资源的权力。

注2：如果管理体系（3.5.3）的范围仅覆盖组织的一部分，在这种情况下，最高管理者是指管理和控制组织的这部分的一个人或一组人。

注3：这是 ISO/IEC 导则 第1部分 ISO 补充规定的附件 SL 中给出的 ISO 管理体系标准中的通用术语及核心定义之一。

 同步练习强化

1. 单项选择题

最高管理者是指在最高层指挥和控制组织的（　　　）。

A. 一个人　　　　　　　　　　　　　B. 一个人或一组人

C. 最高领导　　　　　　　　　　　　D. 最高负责人

2. 多项选择题

下面关于最高管理者正确的是（　　　）。

A. 最高管理者是指在最高层指挥和控制组织的一个人或一组人

B. 最高管理者在组织内有授权和提供资源的权力

C. 如果管理体系的范围仅覆盖组织的一部分，在这种情况下，最高管理者是指管理和控制组织的这部分的一个人或一组人

D. 组织的最高领导人就是最高管理者

 答案点拨解析

1. 单项选择题

B。

2. 多项选择题

ABC。

2.4.2　有关组织的术语（标准条款3.2）

3.2　有关组织的术语

3.2.1　组织 organization

为实现**目标**（3.7.1），由职责、权限和相互关系构成自身功能的一个人或一组人。

注1：组织的概念包括，但不限于代理商、公司、集团、商行、企事业单位、行政机构、合营公司、协会（3.2.8）、慈善机构或研究机构，或上述组织的部分或组合，无论

是否为法人组织，公有的或私有的。

注2：这是 ISO/IEC 导则第1部分 ISO 补充规定的附件 SL 中给出的 ISO 管理体系标准中的通用术语及核心定义之一，最初的定义已经通过修改注1被改写。

3.2.2　组织环境 context of the organization

对<u>组织</u>（3.2.1）建立和实现<u>目标</u>（3.7.1）的**方法**有影响的内部和外部因素的**组合**。

注1：组织的目标可能涉及其<u>产品</u>（3.7.6）和<u>服务</u>（3.7.7）、投资和对其相关方（3.2.3）的行为。

注2：组织环境的概念，除了适用于营利性组织，还同样能适用于非营利或公共服务组织。

注3：在英语中，这一概念常被其他术语，如 "business environment" "organizational environment" 或 "ecosystem of an organization" 所表述。

注4：了解<u>基础设施</u>（3.5.2）对确定组织环境会有帮助。

3.2.3　相关方 interested party，stakeholder

可影响决策**或**活动、受决策**或**活动所影响、或自认为受决策**或**活动影响的<u>个人</u>**或**组织（3.2.1）。

示例：<u>顾客</u>（3.2.4）、所有者、组织内的人员、<u>供方</u>（3.2.5）、银行、监管者、工会、合作伙伴以及可包括竞争对手或相对立的社会群体。

注：这是 ISO/IEC 导则　第1部分 ISO 补充规定的附件 SL 中给出的 ISO 管理体系标准中的通用术语及核心定义之一，最初的定义已经通过增加示例被改写。

3.2.4　顾客 customer

能够**或**实际接受为其提供的，**或**按其要求提供的<u>产品</u>（3.7.6）或<u>服务</u>（3.7.7）的<u>个人</u>**或**组织（3.2.1）。

示例：消费者、委托人、最终使用者、零售商、内部<u>过程</u>（3.4.1）的产品或服务的接收人、受益者和采购方。

注：顾客可以是组织内部的或外部的。

3.2.5　供方 provider，supplier

提供<u>产品</u>（3.7.6）**或**<u>服务</u>（3.7.7）的<u>组织</u>（3.2.1）。

示例：产品或服务的制造商、批发商、零售商或商贩。

注1：供方可以是组织内部的或外部的。

注2：在合同情况下，供方有时称为"承包方"。

3.2.6　外部供方 external provider，external supplier

<u>组织</u>（3.2.1）以外的<u>供方</u>（3.2.5）。

示例：<u>产品</u>（3.7.6）或<u>服务</u>（3.7.7）的制造商、批发商、零售商或商贩。

考点知识讲解

1. 组织

1）组织可以是一组人，也可以是一个人。

2）组织不是人员简单的数量聚集，而是为实现目标而建立。组织内职责、权限和相互关系要确定。

3）组织可以是正式的法人组织，也可以是非正式组织，可以是公有的，也可以是私有的。

4）组织的概念包括，但不限于代理商、公司、集团、商行、企事业单位、行政机构、合营公司、协会、慈善机构或研究机构，或上述组织的部分或组合。

2. 组织环境

组织环境是指"对组织建立和实现目标的方法有影响的内部和外部因素的组合"。请注意"内部和外部的组合"前面的"对组织建立和实现目标的方法有影响的"这句话。

3. 相关方

1）考生请注意"相关方"术语以及示例中的"或"字。

2）相关方可以是个人，也可以是组织。

4. 顾客

1）考生请注意"顾客"术语以及示例中的"或"字。顾客是指那些能够或实际接受产品或服务的个人或组织，所接受的产品或服务可以是预先为顾客生产或设计完成的，也可以是应顾客要求定制的。

2）顾客可以是个人，也可以是组织；顾客可以是组织外部的，也可以是组织内部的，如下道工序是上道工序的顾客。

5. 供方

供方是指"提供产品或服务的组织"。供方可以是组织内部的或外部的，如企业内部，一车间向二车间提供零件，一车间就是二车间的供方。在合同情况下，供方有时称为"承包方"。

6. 外部供方

外部供方是指"组织以外的供方"。

 同步练习强化

1. 单项选择题

1）组织是指为实现（   ），由职责、权限和相互关系构成自身功能的一个人或一组人。

　　A. 目标　　　　　　　　　　　　　B. 战略

　　C. 组织宗旨　　　　　　　　　　　D. 组织方针

　　2）组织环境指对组织（　　　）的方法有影响的内部和外部因素的组合。（真题）

　　A. 经营和决策　　　　　　　　　　B. 质量管理

　　C. 建立和实现目标　　　　　　　　D. 持续改进

　　3）相关方是指可影响（　　　）、受（　　　）影响，或自认为受到（　　　）影响的个人或组织。（　　　）（真题）

　　A. 决策或活动　　　　　　　　　　B. 决策和活动

　　C. 活动或过程　　　　　　　　　　D. 活动和过程

　　4）顾客是指"能够或实际接受为其提供的，或按其要求提供的（　　　）的个人或组织"。

　　A. 产品和服务　　　　　　　　　　B. 产品或服务

　　C. 产品　　　　　　　　　　　　　D. 服务

2. 多项选择题

　　1）下面关于"组织"，正确的是（　　　）。

　　A. 组织是为实现目标，由职责、权限和相互关系构成自身功能的一个人或一组人

　　B. 组织是为实现目标，由职责、权限和相互关系构成自身功能的一组人

　　C. 代理商、商行、企事业单位、行政机构、协会或慈善机构，或上述组织的部分或组合

　　D. 非正式组织、私有的组织不属于 GB/T 19000 标准里"组织"的范畴

　　2）关于组织环境描述准确的是（　　　）。（真题）

　　A. 组织环境的概念，除了适用于营利性组织，还同样能适用于非营利或公共服务组织

　　B. 对组织建立和实现目标的方法有影响的内外部因素的组合

　　C. 对策划、实现质量方针的方法有影响的内外部结果的组合

　　D. 了解基础设施对确定组织环境会有帮助

　　3）下面说法哪些是正确的？（　　　）

　　A. 供方是指"提供产品或服务的组织"

　　B. 供方是指"提供产品和服务的组织"

　　C. 供方可以是组织内部的或外部的；在合同情况下，供方有时称为"承包方"

　　D. 外部供方是指"组织以外的供方"

　　4）组织是指为实现目标，由（　　　）构成自身功能的一个人或一组人。

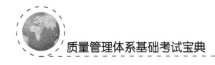

A. 职责　　　　　　　　　　　　B. 权限

C. 组织结构　　　　　　　　　　D. 相互关系

5）术语"组织"是指为实现目标，由（　　）构成自身功能的一个人或一组人。（真题）

A. 相互关系　　　　　　　　　　B. 经济利益

C. 权限　　　　　　　　　　　　D. 职责

 答案点拨解析

1. 单项选择题

1）A，2）C，3）A，4）B。

2. 多项选择题

1）AC，2）ABD，3）ACD，4）ABD，5）ACD。

2.4.3　有关活动的术语（标准条款3.3）

3.3　有关活动的术语

3.3.1　改进 improvement

提高绩效（3.7.8）的活动。

注：活动可以是循环的或一次性的。

3.3.2　持续改进 continual improvement

提高绩效（3.7.8）的循环活动。

注1：为改进（3.3.1）制定目标（3.7.1）和寻找机会的过程（3.4.1）是一个通过利用审核发现（3.13.9）和审核结论（3.13.10）、数据（3.8.1）分析、管理（3.3.3）评审（3.11.2）或其他方法的持续过程，通常会产生纠正措施（3.12.2）或预防措施（3.12.1）。

注2：这是ISO/IEC导则　第1部分ISO补充规定的附件SL中给出的ISO管理体系标准中的通用术语及核心定义之一，最初的定义已经通过增加注1被改写。

3.3.3　管理 management

指挥和控制组织（3.2.1）的协调活动。

注1：管理可包括制定方针（3.5.8）和目标（3.7.1），以及实现这些目标的过程（3.4.1）。

注2：在英语中，术语"management"有时指人，即具有领导和控制组织的职责和权限的一个人或一组人。当"management"以这样的意义使用时，均应附有某些修饰词以避免与上述"management"的定义所确定的概念相混淆。例如：不赞成使用"management shall……"，而应使用"top management（3.1.1）shall……"。另外，当需要表达有关

人的概念时，应该采用不同的术语，如：managerial or managers。

3.3.4　质量管理 quality management

关于质量（3.6.2）的管理（3.3.3）。

注：质量管理可包括**制定**质量方针（3.5.9）和质量目标（3.7.2），以及通过质量策划（3.3.5）、质量保证（3.3.6）、质量控制（3.3.7）和质量改进（3.3.8）实现这些质量目标的过程（3.4.1）。

3.3.5　质量策划 quality planning

质量管理（3.3.4）的一部分，致力于**制定**质量目标（3.7.2）并**规定**必要的运行过程（3.4.1）和相关资源以实现质量目标。

注：编制质量计划（3.8.9）可以是质量策划的一部分。

3.3.6　质量保证 quality assurance

质量管理（3.3.4）的一部分，致力于**提供**质量要求（3.6.5）会得到满足的**信任**。

3.3.7　质量控制 quality control

质量管理（3.3.4）的一部分，致力于**满足**质量**要求**（3.6.5）。

3.3.8　质量改进 quality improvement

质量管理（3.3.4）的一部分，致力于**增强**满足质量要求（3.6.5）的能力。

注：质量要求可以是有关任何方面的，如有效性（3.7.11）、效率（3.7.10）或可追溯性（3.6.13）。

考点知识讲解

这里只对一些易混淆的地方做些讲解。

1）质量管理是指在质量方面指挥和控制组织的协调的活动。通常包括制定质量方针和质量目标，以及通过质量策划、质量保证、质量控制和质量改进实现这些质量目标的过程。质量策划、质量保证、质量控制和质量改进都是质量管理的一部分，它们与质量管理构成从属关系。

2）质量控制是"质量管理的一部分，致力于满足质量要求"。质量保证是"质量管理的一部分，致力于提供质量要求会得到满足的信任"。

质量控制是通过相关的作业技术和活动，根据质量标准，监视质量环上各个环节的工作，使其在受控状态下运行，从而及时排除和解决所产生的问题，保证满足质量要求。质量控制职能的核心在于预防，关键是使所有过程和活动始终处于完全受控状态。质量控制的方式有统计质量控制、技术控制等。

质量保证是企业对顾客所做的一种质量担保，使顾客确信企业产品或服务的质量满足其规定的要求，其核心是提供充分的信任。证实质量保证的方法可包括组织的自我的合格声明、提供体系或产品的合格证据、外部的审核合格结论以及国家质量认证机构提供的认证证书等。

组织必须有效地实施质量控制，在此基础上才能提供质量保证。质量保证也可以反过来促进更有效的质量控制。

3) 质量策划是"质量管理的一部分，致力于制定质量目标并规定必要的运行过程和相关资源以实现质量目标"。编制质量计划可以是质量策划的一部分。需要注意的是：质量策划是活动，质量计划是文件。

质量计划是"对特定的客体，规定由谁及何时应用所确定的程序和相关资源的规范"。现有的质量管理体系文件是针对现有的产品编制的，当某一特定的合同、产品或项目的特定要求与现有产品不同时，就需要编制质量计划，将这些特定的合同、产品或项目的特定要求与现有的质量管理体系文件联系起来。

4) 质量改进是"质量管理的一部分，致力于增强满足质量要求的能力"。质量要求可以是有关任何方面的，如有效性、效率或可追溯性。质量改进可通过循环活动或单个活动来实现。

 同步练习强化

1. 单项选择题

1) 改进是指"提高（　　　）的活动"，活动可以是循环的或一次性的。

A. 绩效　　　　　　　　　　　　B. 产品和服务质量

C. 质量管理体系效率　　　　　　D. 效率和有效性

2) 持续改进是指"提高（　　　）的循环活动"。

A. 绩效　　　　　　　　　　　　B. 产品和服务质量

C. 质量管理体系效率　　　　　　D. 效率和有效性

3) 管理是指"指挥和控制组织的协调活动"，管理可包括制定方针和目标，以及实现这些目标的（　　　）。

A. 活动　　　　　　　　　　　　B. 过程

C. 系统　　　　　　　　　　　　D. 体系

4) 质量管理可包括制定质量方针和质量目标，以及通过质量策划、质量保证、质量控制和质量改进实现这些质量目标的（　　　）。

A. 活动　　　　　　　　　　　　B. 过程

C. 系统　　　　　　　　　　　　D. 体系

5) 质量策划是质量管理的一部分，致力于制定（　　　）并规定必要的（　　　）以实现质量目标。

A. 质量目标，运行过程和相关资源　　　　B. 质量方针，质量管理体系

C. 质量目标，活动和资源　　　　D. 质量方针，文件和资源

6）致力于制定质量目标并规定必要的运行过程和相关资源以实现质量目标的活动是（　　）。（真题）

A. 质量计划　　　　B. 质量策划

C. 质量控制　　　　D. 质量保证

7）致力于提供质量要求会得到满足的信任的活动是（　　）。

A. 质量计划　　　　B. 质量策划

C. 质量控制　　　　D. 质量保证

8）质量管理的一部分，致力于满足质量要求的活动是（　　）。

A. 质量计划　　　　B. 质量策划

C. 质量控制　　　　D. 质量保证

9）质量改进是质量管理的一部分，致力于增强满足（　　）的能力。

A. 产品和服务的质量　　　　B. 产品或服务的质量

C. 质量要求　　　　D. 顾客要求

10）根据质量标准，监视各个环节的工作，使其在受控状态下运行，及时排除和解决所产生的问题，保证满足质量要求。这个活动属于（　　）。

A. 质量计划　　　　B. 质量策划

C. 质量控制　　　　D. 质量保证

11）组织向顾客提供其获得的质量管理体系认证证书。这个活动属于（　　）。

A. 质量计划　　　　B. 质量策划

C. 质量控制　　　　D. 质量保证

12）质量改进是质量管理的一部分，致力于增强满足质量要求的能力。质量要求可以是有关任何方面的，如有效性、效率或（　　）。

A. 可追溯性　　　　B. 效益

C. 服务　　　　D. 产品

13）下列关于质量策划与质量计划的说法正确的是（　　）。

A. 质量计划是一个过程或活动

B. 编制质量计划的过程也是一个策划过程

C. 只要有质量活动就应进行策划，就需要编制质量计划

D. 质量策划是一个文件

2. 多项选择题

1）关于持续改进，为改进制定目标和寻找机会的过程是一个通过利用（　　）的持续过程，通常会产生纠正措施或预防措施。

A. 审核发现和审核结论　　　　　B. 数据分析

C. 管理评审和其他方法　　　　　D. 管理评审或其他方法

2）质量管理可包括制定质量方针和质量目标，以及通过（　　）实现这些质量目标的过程。

A. 质量策划、质量保证　　　　　B. 质量控制、质量改进

C. 质量计划、质量保证　　　　　D. 质量控制、持续改进

3. 判断题

1）质量策划是质量管理的一部分，致力于制定质量目标并规定充分的运行过程和相关资源以实现质量目标。　　　　　　　　　　　　　（　　）

2）当组织已经建立比较完善的质量管理体系时，可应用质量策划对质量管理体系进一步补充完善。　　　　　　　　　　　　　　　　　（　　）

3）编制质量计划可以是质量策划的一部分。　　　　　　　（　　）

 答案点拨解析

1. 单项选择题

1）A，2）A，3）B，4）B，5）A，6）B，7）D，8）C，9）C，10）C，11）D，12）A，13）B。

解析：第13题，质量策划是活动，质量计划是文件。编制质量计划可以是质量策划的一部分。质量计划的对象是特定事项。所以 B 选项是对的。

2. 多项选择题

1）ABD，2）AB。

3. 判断题

1）×，2）×，3）√。

解析：第2题，质量计划的对象是特定事项，是对质量管理体系的进一步补充完善。

2.4.4 有关过程的术语（标准条款3.4）

> **3.4 有关过程的术语**
>
> **3.4.1 过程 process**
>
> 利用输入**实现预期结果**的相互关联**或**相互作用的**一组活动。**
>
> 注1：过程的"预期结果"称为输出（3.7.5），还是称为产品（3.7.6）或服务（3.7.7），随相关语境而定。
>
> 注2：一个过程的输入通常是其他过程的输出，而一个过程的输出又通常是其他过程的输入。

注 3：两个或两个以上相互关联和相互作用的连续过程也可作为一个过程。

注 4：组织（3.2.1）通常对过程进行策划，并使其在受控条件下运行，以**增加价值**。

注 5：不易或不能经济地确认其输出是否合格（3.6.11）的过程，通常称之为"**特殊过程**"。

注 6：这是 ISO/IEC 导则　第 1 部分 ISO 补充规定的附件 SL 中给出的 ISO 管理体系标准中的通用术语及核心定义之一，最初的定义已经被改写，以避免过程和输出之间循环解释，并增加了注 1 至注 5。

3.4.3　质量管理体系实现 quality management system realization

建立、形成文件、实施、保持和持续改进质量管理体系（3.5.4）的**过程**（3.4.1）。

［源自 GB/T 19029—2009，3.1，改写，注已被删除］

3.4.5　程序 procedure

为进行某项**活动或过程**（3.4.1）所规定的**途径**。

注：程序可以形成文件，也可以不形成文件。

3.4.6　外包 outsource

安排外部组织（3.2.1）承担组织的**部分职能或过程**（3.4.1）。

注 1：虽然外包的职能或过程是在组织的管理体系（3.5.3）范围内，但是外部组织是处在范围之外。

注 2：这是 ISO/IEC 导则　第 1 部分 ISO 补充规定的附件 SL 中给出的 ISO 管理体系标准中的通用术语及核心定义之一。

3.4.7　合同 contract

有约束力的协议。

3.4.8　设计和开发 design and development

将对客体（3.6.1）的要求（3.6.4）转换为**对其更详细的要求**的一组过程（3.4.1）。

注 1：形成的设计和开发输入的要求，通常是研究的结果，与形成的设计和开发输出（3.7.5）的要求相比较，可以用更宽泛和更通用的含意予以表达。通常，这些要求以**特性**（3.10.1）来规定。在一个项目（3.4.2）中，可以有多个设计和开发阶段。

注 2：在英语中，单词"design"和"development"与术语"design and development"有时是同义的，有时用于规定整个设计和开发的不同阶段。在法语中，单词"conception"和"développement"与术语"conception et développement"有时是同义的，有时用于规定整个设计和开发的不同阶段。

注 3：可以使用修饰词表述设计和开发的性质［如：产品（3.7.6）设计和开发、服务（3.7.7）设计和开发或过程设计和开发］。

考点知识讲解

这里只对一些易混淆的地方做些讲解。

1）考生最好结合 GB/T 19001 标准 0.3 条款"过程方法",理解 GB/T 19000 标准中的"过程"术语,见本书第 3 章 3.1.3 节、3.1.4 节。

2）"特殊过程"是指"不易或不能经济地确认其输出是否合格的过程"。"不易确认"是指检验起来比较困难;"不能经济地确认"是指如果要进行检验,成本很高,如破坏性试验。可以结合 GB/T 19001 标准 8.5.1f) 条款来理解,见本书第 3 章 3.7.5 节。

3）程序是指"为进行某项活动或过程所规定的途径",程序可以形成文件,也可以不形成文件。

4）对外包而言,外部组织虽然处在组织的质量管理体系的范围之外,但外包的职能或过程是在组织的质量管理体系范围内。

5）"设计和开发"是指"将对客体的要求转换为对其更详细的要求的一组过程"。如果产品和服务的详细要求没有被确定或未被顾客或其他相关方规定,而后续的生产和服务提供过程又需要这些产品和服务的详细要求时,组织就应该建立和实施产品和服务的设计和开发过程,将顾客的要求或/和其他相关方的要求转化为可供生产和服务提供过程使用的产品和服务的详细要求。在一个项目中,可以有多个设计和开发阶段。

6）设计和开发输入的要求,代表着使用者的要求,很多情况下是用感性的"非专业化"的语言来表达,如"产品要小巧玲珑"等。设计和开发输出的要求代表着对最终产品的技术要求,往往需要用更为详细、确切和专业的术语来表达。通常,这些要求以特性来规定。

 同步练习强化

1. 单项选择题

1）过程是指"利用输入实现（   ）的相互关联或相互作用的一组活动"。

A. 预期结果   B. 输出

C. 产品和服务   D. 目标

2）"建立、形成文件、实施、保持和持续改进质量管理体系的过程"称为（   ）。

A. 质量策划   B. 质量管理体系的策划

C. 质量管理体系实现　　　　　　　　D. 质量计划

3）程序是指"为进行某项（　　　）所规定的途径"。

A. 活动或过程　　　　　　　　　　　B. 活动和过程

C. 活动　　　　　　　　　　　　　　D. 过程

4）外包是指"安排外部组织承担组织的部分（　　　）"。

A. 职能和过程　　　　　　　　　　　B. 职能或过程

C. 过程和活动　　　　　　　　　　　D. 过程或活动

5）合同是指"有约束力的（　　　）"。

A. 文件　　　　　　　　　　　　　　B. 协议

C. 成文信息　　　　　　　　　　　　D. 记录

6）设计和开发是指"将对客体的要求转换为对其更详细的要求的（　　　）"。

A. 一组过程　　　　　　　　　　　　B. 过程

C. 活动　　　　　　　　　　　　　　D. 一组活动

2. 多项选择题

下面关于"过程"的描述，哪些是正确的？（　　　）

A. 过程是指利用输入实现预期结果的相互关联和相互作用的一组活动

B. 过程的"预期结果"称为输出，还是称为产品或服务，随相关语境而定

C. 两个或两个以上相互关联和相互作用的连续过程也可作为一个过程

D. 组织通常对过程进行策划，并使其在受控条件下运行，以增加价值

3. 判断题

1）不易和不能经济地确认其输出是否合格的过程，通常称之为"特殊过程"。　　　　　　　　　　　　　　　　　　　　　　　　　　（　　　）

2）对外包而言，外部组织处在组织的质量管理体系的范围之内，但外包的职能或过程是在组织的质量管理体系范围之外。　　　　　　　（　　　）

3）程序是为进行某项活动所规定的途径。　　　　　　　　　（　　　）

答案点拨解析

1. 单项选择题

1）A，2）C，3）A，4）B，5）B，6）A。

2. 多项选择题

BCD。

3. 判断题

1）×，2）×，3）×。

2.4.5 有关体系的术语（标准条款3.5）

3.5 有关体系的术语

3.5.1 体系 system

系统。

相互关联**或**相互作用的**一组要素**。

3.5.2 基础设施 infrastructure

<组织>组织（3.2.1）运行所必需的设施、设备和**服务**（3.7.7）的系统（3.5.1）。

3.5.3 管理体系 management system

组织（3.2.1）建立方针（3.5.8）和目标（3.7.1）以及实现这些目标的**过程**（3.4.1）的相互关联**或**相互作用的**一组要素**。

注1：一个管理体系可以针对单一的领域或几个领域，如质量管理（3.3.4）、财务管理或环境管理。

注2：**管理体系要素**规定了组织的结构、岗位和职责、策划、运行、方针、惯例、规则、理念、目标，以及实现这些目标的过程。

注3：管理体系的范围可能包括整个组织，组织中可被明确识别的职能或可被明确识别的部门，以及跨组织的单一职能或多个职能。

注4：这是ISO/IEC导则 第1部分ISO补充规定的附件SL中给出的ISO管理体系标准中的通用术语及核心定义之一，最初的定义已经通过修改注1至注3被改写。

3.5.4 质量管理体系 quality management system

管理体系（3.5.3）中关于质量（3.6.2）的部分。

3.5.5 工作环境 work environment

工作时所处的一组**条件**。

注：条件包括物理的、社会的、心理的和环境的因素（如温度、光照、表彰方案、职业压力、人因工效和大气成分）。

3.5.8 方针 policy

<组织>由最高管理者（3.1.1）正式发布的组织（3.2.1）的**宗旨和方向**。

注：这是ISO/IEC导则 第1部分ISO补充规定的附件SL中给出的ISO管理体系标准中的通用术语及核心定义之一。

3.5.9 质量方针 quality policy

关于质量（3.6.2）的方针（3.5.8）。

注1：通常，质量方针与组织（3.2.1）的总方针相一致，可以与组织的愿景（3.5.10）和使命（3.5.11）相一致，并为制定质量目标（3.7.2）提供框架。

注 2：本标准中提出的质量管理原则可以作为制定质量方针的基础。

3.5.10　愿景 vision

＜组织＞由最高管理者（3.1.1）发布的对组织（3.2.1）的**未来展望**。

3.5.11　使命 mission

＜组织＞由最高管理者（3.1.1）发布的组织（3.2.1）**存在的目的**。

3.5.12　战略 strategy

实现长期或总目标（3.7.1）的**计划**。

 考点知识讲解

这里只对一些易混淆的地方做些讲解。

1. 体系、管理体系和质量管理体系

体系、管理体系和质量管理体系构成了三个层次上的属种关系。

1）体系是指"相互关联或相互作用的一组要素"。就质量管理体系而言，要素也就是构成质量管理体系的过程。

2）管理体系是指"组织建立方针和目标以及实现这些目标的过程的相互关联或相互作用的一组要素"。管理体系的建立首先应针对管理体系的内容建立相应的方针和目标，然后建立实现这些目标的过程的相互关联或相互作用的一组要素。管理体系可按照管理的对象不同分为不同的管理体系，如质量管理体系、环境管理体系等。

管理体系要素规定了组织的结构、岗位和职责、策划、运行、方针、惯例、规则、理念、目标，以及实现这些目标的过程。

3）质量管理体系是建立质量方针和质量目标，并建立实现这些目标的过程的相互关联或相互作用的一组要素。

2. 方针、质量方针、愿景、使命

1）方针是指"由最高管理者正式发布的组织的宗旨和方向"。质量方针是最高管理者在质量方面正式发布的组织的宗旨和方向。

2）质量方针应与组织的总方针相一致，也可以与组织的愿景和使命相一致（也可以不一致）。组织的总方针除质量外还会涉及环境、安全、发展战略等方面，组织的质量方针应与总方针相适应。

愿景是指"由最高管理者发布的对组织的未来展望"。使命是指"由最高管理者发布的组织存在的目的"。

3）质量管理原则是制定质量方针的基础。

4）质量方针是宏观的，但不能空洞无内容。质量方针为制定质量目标提供了框架，质量目标在质量方针的框架下建立并为实现方针提供具体途径，两者保持一致，相辅相成。

3. 工作环境

请考生结合 GB/T 19001 标准 7.1.4 条款"过程运行环境"一起看，见本书第 3 章 3.6.4 节。

 同步练习强化

1. 单项选择题

1）体系是指"相互关联或相互作用的一组（   ）"。

A. 过程   B. 要素

C. 活动   D. 活动或过程

2）基础设施是指"组织运行所必需的设施、设备和（   ）的系统"。

A. 服务   B. 通讯

C. 运输   D. 信息

3）管理体系是指"组织建立方针和目标以及实现这些目标的过程的（   ）的一组要素"。

A. 相互关联或相互依赖

B. 相互作用或相互依赖

C. 相互关联或相互作用

D. 相互关联、相互依赖或相互作用

4）工作环境是指"工作时所处的（   ）"。

A. 条件   B. 一组条件

C. 要素   D. 一组要素

5）方针是指"由最高管理者正式发布的组织的（   ）"。

A. 愿景和方向   B. 使命和愿景

C. 宗旨和方向   D. 宗旨和使命

6）工作环境是指"工作时所处的一组条件"。条件包括物理的、社会的、心理的和（   ）的因素。

A. 人为   B. 环境

C. 安全   D. 健康

7）质量方针与组织的总方针相一致，可以与组织的愿景和使命相一致，并为制定质量目标提供（   ）。

A. 框架   B. 依据

C. 方向   D. 指南

8）战略是指"实现长期或总目标的（　　）"。

A. 方向

B. 指南

C. 引导

D. 计划

2. 多项选择题

下面对"管理体系"的描述，哪些是正确的？（　　）

A. 管理体系是指"组织建立方针和目标以及实现这些目标的过程的相互关联或相互作用的一组要素"

B. 一个管理体系可以针对单一的领域或几个领域，如质量管理、财务管理或环境管理

C. 管理体系要素规定了组织的结构、岗位和职责、策划、运行、方针、惯例、规则、理念、目标，以及实现这些目标的过程

D. 管理体系的范围可能包括整个组织，组织中可被明确识别的职能或可被明确识别的部门，以及跨组织的单一职能或多个职能

3. 判断题

1）质量方针要与组织的总方针相一致，还必须与组织的愿景和使命相一致，并为制定质量目标提供框架。　　　　　　　　　　　　　　　　　　　　（　　）

2）愿景是由最高管理者发布的组织存在的目的。　　　　　　　　　　（　　）

3）使命是由最高管理者发布的对组织的未来展望。　　　　　　　　　（　　）

 答案点拨解析

1. 单项选择题

1）B，2）A，3）C，4）B，5）C，6）B，7）A，8）D。

2. 多项选择题

ABCD。

3. 判断题

1）×，2）×，3）×。

2.4.6　有关要求的术语（标准条款3.6）

> **3.6　有关要求的术语**
>
> **3.6.1　客体 object，entity，item**
>
> 　　可感知或可想象到的**任何事物**。
>
> 　　示例：产品（3.7.6）、服务（3.7.7）、过程（3.4.1）、人员、组织（3.2.1）、体系（3.5.1）、资源。

注：客体可能是**物质的**（如一台发动机、一张纸、一颗钻石）、**非物质的**（如转换率、一个项目计划）或**想象的**（如组织未来的状态）。

[源自：GB/T 15237.1—2000，3.1.1，改写]

3.6.2 质量 quality

客体（3.6.1）的一组**固有特性**（3.10.1）满足**要求**（3.6.4）的**程度**。

注1：术语"质量"可使用形容词来修饰，如差、好或优秀。

注2："固有"（其对应的是"赋予"）是指存在于客体（3.6.1）中。

3.6.4 要求 requirement

明示的、通常隐含的**或必须履行的需求或期望**。

注1："通常隐含"是指组织（3.2.1）和相关方（3.2.3）的惯例或一般做法，所考虑的需求或期望是不言而喻的。

注2：规定要求是经明示的要求，如：在成文信息（3.8.6）中阐明。

注3：特定要求可使用限定词表示，如：产品（3.7.6）要求、质量管理（3.3.4）要求、顾客（3.2.4）要求、质量要求（3.6.5）。

注4：要求可由不同的相关方或组织自己提出。

注5：为实现较高的顾客满意（3.9.2），可能有必要满足那些顾客既没有明示也不是通常隐含或必须履行的期望。

注6：这是ISO/IEC导则 第1部分ISO补充规定的附件SL中给出的ISO管理体系标准中的通用术语及核心定义之一，最初的定义已经通过增加注3至注5被改写。

3.6.6 法律要求 statutory requirement

立法机构规定的强制性要求（3.6.4）。

3.6.7 法规要求 regulatory requirement

立法机构**授权的部门**规定的强制性要求（3.6.4）。

3.6.9 不合格 nonconformity

不符合。

未满足要求（3.6.4）。

注：这是ISO/IEC导则 第1部分ISO补充规定的附件SL中给出的ISO管理体系标准中的通用术语及核心定义之一。

3.6.10 缺陷 defect

与**预期**或**规定用途**有关的不合格（3.6.9）。

注1：区分缺陷与不合格的概念是重要的，这是因为其中有**法律内涵**，特别是与产品（3.7.6）和服务（3.7.7）**责任问题**有关。

注2：顾客（3.2.4）希望的预期用途可能受供方（3.2.5）所提供的信息（3.8.2）的性质影响，如操作或维护说明。

3.6.11 合格 conformity

符合。

满足要求 (3.6.4)。

注1：在英语中，"conformance"一词与本词是同义的，但不赞成使用。在法语中，"compliance"也是同义的，但不赞成使用。

注2：这是 ISO/IEC 导则 第1部分 ISO 补充规定的附件 SL 中给出的 ISO 管理体系标准中的通用术语及核心定义之一，最初的定义已经通过增加注1被改写。

3.6.13 可追溯性 traceability

追溯<u>客体 (3.6.1) 的历史、应用情况**或**所处位置的能力</u>。

注1：当考虑产品 (3.7.6) 或服务 (3.7.7) 时，可追溯性可涉及：

——原材料和零部件的来源。

——加工的历史。

——产品或服务交付后的分布和所处位置。

注2：在计量学领域中，采用 ISO/IEC 指南 99 中的定义。

3.6.15 创新 innovation

<u>实现或重新分配**价值**的、新的或变化的客体</u> (3.6.1)。

注1：以创新为结果的活动通常需要管理。

注2：创新通常具有重要影响。

 考点知识讲解

这里只对一些易混淆的地方做些讲解。

1. 客体、要求、质量

1) 客体。客体是指"可感知或可想象到的任何事物"。客体可以是产品、服务、过程、体系、人、组织、体系、资源等。客体可以是物质的（如一台发动机、一张纸、一颗钻石），也可以是非物质的（如转换率、一个项目计划）或想象的（如组织未来的状态）。

质量管理的对象是客体，各项活动的对象也是客体。管理始于客体、终于客体。

2) 要求。要求是指"明示的、通常隐含的或必须履行的需求或期望"。从定义中可知，要求可分为"明示的要求""通常隐含的要求"和"必须履行的要求"三大类：

① "明示的要求"可以理解为规定的要求。如在文件、合同中阐明的要求或顾客明确提出的要求。明示的要求可以是以书面方式规定的要求，也可以是以口头方式规定的要求。

② "通常隐含的要求"是指组织、顾客和其他相关方的惯例或一般做法，所考虑的需求或期望是不言而喻的。例如：餐饮行业顾客吃饭等待时间要尽量

短，化妆品对顾客皮肤的保护性的要求。一般情况下，顾客或相关的文件（如标准）中不会对这类要求给出明确的规定，组织应根据其自身产品的用途和特性进行识别，并做出规定。

③"必须履行的要求"是指法律法规的要求和强制性标准的要求。如我国对与人身、财产的安全有关的产品，发布了相应的法律法规和强制性的行政规章或制定了代号为"GB"的强制性标准，如食品卫生安全法、GB 9744《载重汽车轮胎》等，组织必须执行这类文件和标准。

无论是明示、隐含或必须履行的要求，对于提高顾客满意度，满足顾客期望都是必要的。为实现较高的顾客满意，可能有必要满足那些顾客既没有明示也不是通常隐含或必须履行的期望。

"要求"可以由组织、组织的顾客、其他相关方提出。组织的不同相关方对同一产品的要求可能是不相同的，例如：对汽车来说，顾客要求美观、舒适、轻便、省油、安全，但社会要求不对环境产生污染。组织在确定与产品有关要求时，应充分考虑并兼顾各方面的要求。

"要求"可以涉及很多不同的方面，当需要特指时，可以采用限定词表示，如产品要求、质量管理体系要求、顾客要求、法律法规要求等。

质量要求是在质量方面明示的、通常隐含的或必须履行的需求或期望，例如产品质量要求、服务质量要求。

3）程度。程度是特性满足的一种度量。质量对于同一品种来说有不同档次，度量必须在同一等级上进行。等级是指对功能用途相同，但质量要求不同的客体所做的分类或分级。

在进行质量的比较时，应注意在同一"等级"的基础上比较。等级高并不意味着质量一定好，等级低也并不意味着质量一定差。

4）对"质量"的理解：

①"质量"表述的是客体的一组固有特性满足要求的程度，其定义本身没有"好"或"不好"的含义。如果其固有特性满足要求的程度越高，其"质量"越好，反之则"质量"越差，因此，"质量"可使用形容词来修饰，以表明固有特性满足要求的程度。

②组织的产品和服务质量取决于满足顾客的能力，以及对相关方有意和无意的影响。

③产品和服务的质量不仅包括其预期的功能和性能，而且还涉及顾客对其价值和利益的感知。

④"固有特性"是指某事物中本来就有的特性，尤其是那种永久的特性，如螺栓的直径、机器的生产率或接通电话的时间等技术特性。"赋予特性"不是固有特性，不是某事或某物中本来就有的，而是完成产品后因不同的要求而对

产品所增加的特性，如产品的价格等特性。人为赋予的特性不属于"质量"所关注的范畴，例如价格、所有者。

2. 法律要求、法规要求

1）法律要求是指"立法机构规定的强制性要求"，而法规要求是指"立法机构授权的部门规定的强制性要求"。法律、法规要求都是强制性的。中国的立法机构是全国人大，全国人大才能制定法律，如《中华人民共和国产品质量法》；国家行政法规是授权国务院组织制定并批准公布，如《建设项目环境保护管理条例》。

2）在 GB/T 19001 标准 1 条款"范围"的"注 2"中，明确说明"法律法规要求可称作法定要求"。

3. 不合格、缺陷

1）不合格是指"未满足要求"。缺陷是指"与预期或规定用途有关的不合格"。

2）"缺陷"是一种特定范围内的"不合格"，往往涉及产品责任，有法律内涵，应当慎用。有些"缺陷"只有在使用时才发现，如汽车出厂时都经过检验，但最后在使用中发现了缺陷，此时一般采取召回的方式处理。

3）顾客希望的预期用途可能受供方所提供的信息的性质影响，如操作或维护说明。

 同步练习强化

1. 单项选择题

1）客体是指"可感知或可想象到的任何事物"，客体可能是物质的、非物质的或（　　　）。

A. 主观的　　　　　　　　　　　　B. 想象的

C. 规定的　　　　　　　　　　　　D. 预期实现的

2）质量的定义是：客体的一组固有特性满足（　　　）的程度。（真题）

A. 要求　　　　　　　　　　　　　B. 顾客要求

C. 相关方要求　　　　　　　　　　D. 法律法规要求

3）依据 GB/T 19000 标准中"要求"的定义，以下说法错误的是（　　　）。（真题）

A. 要求包括明示的、通常隐含的或必须履行的需求或期望

B. 要求就是指在文件中阐明的要求

C. 通常隐含的要求是指惯例或一般做法，所考虑的需求或期望是不言而喻的

D. 要求可以由不同的相关方或组织自己提出

4）法律要求是（　　）强制性要求。

A. 标准规定的   B. 立法机构规定的

C. 立法机构授权规定的   D. 约定俗成的

5）法规要求是指"立法机构授权的部门规定的（　　）要求"。

A. 强制性   B. 非强制性

C. 推荐性   D. 建议性

6）缺陷是指"与（　　）有关的不合格"。

A. 满足要求   B. 预期或规定用途

C. 质量要求   D. 要求和期望

7）创新是新的或者变化的实体实现或重新（　　）。（真题）

A. 定位作用   B. 合理管理

C. 分配价值   D. 使用价值

2. 多项选择题

1）关于"可追溯性"，下列描述正确的是（　　）

A. 可追溯性是追溯客体的历史、应用情况和所处位置的能力

B. 当考虑产品或服务时，可追溯性可涉及原材料和零部件的来源

C. 当考虑产品或服务时，可追溯性可涉及加工的历史

D. 当考虑产品或服务时，可追溯性可涉及产品或服务交付后的分布和所处位置

2）关于创新，下列描述正确的是（　　）。（真题）

A. 创新通常具有重要影响

B. 创新是实现或重新分配价值的、新的或变化的客体

C. 通常，以创新为结果的活动需要管理

D. 创新通常是改进的一种形式之一

3. 判断题

要求是指"明示的、通常隐含的和必须履行的需求或期望"。   （　　）

答案点拨解析

1. 单项选择题

1）B，2）A，3）B，4）B，5）A，6）B，7）C。

2. 多项选择题

1）BCD，2）ABCD。

解析：第2题，由 GB/T 19001 标准 10.1 条款的"注"知道 D 选项是对的，

其他选项见定义。

3. 判断题

×。

2.4.7　有关结果的术语（标准条款3.7）

3.7　有关结果的术语

3.7.1　目标 objective

要实现的结果。

注1：目标可以是战略的、战术的或操作层面的。

注2：目标可以涉及不同的领域（如财务的、职业健康与安全的和环境的目标），并可应用于不同的层次，如战略的、组织（3.2.1）整体的、项目（3.4.2）的、产品（3.7.6）和过程（3.4.1）的。

注3：可以采用其他的方式表述目标，例如：采用预期的结果、活动的目的或运行准则作为质量目标（3.7.2），或使用其他有类似含意的词（如目的、终点或标的）。

注4：在质量管理体系（3.5.4）环境中，组织（3.2.1）制定的质量目标（3.7.2）与质量方针（3.5.9）**保持一致**，以实现特定的结果。

注5：这是 ISO/IEC 导则　第 1 部分 ISO 补充规定的附件 SL 中给出的 ISO 管理体系标准中的通用术语及核心定义之一。原定义已通过修改注 2 被改写。

3.7.2　质量目标 quality objective

关于质量（3.6.2）的目标（3.7.1）。

注1：质量目标通常依据组织（3.2.1）的质量方针（3.2.4）制定。

注2：通常，在组织（3.2.1）的相关职能、层级和过程（3.4.1）分别制定质量目标。

3.7.6　产品 product

在组织和顾客（3.2.4）之间**未发生任何交易**的情况下，组织（3.2.1）能够产生的输出（3.7.5）。

注1：在供方（3.2.5）和顾客之间未发生任何必要交易的情况下，可以实现产品的生产。但是，当产品交付给顾客时，通常包含服务（3.7.7）因素。

注2：通常，产品的主要要素是有形的。

注3：硬件是有形的，其量具有计数的特性（3.10.1）（如轮胎）。流程性材料是有形的，其量具有连续的特性（如燃料和软饮料）。硬件和流程性材料经常被称为货物。软件由信息（3.8.2）组成，无论采用何种介质传递（如计算机程序、移动电话应用程序、操作手册、字典、音乐作品版权、驾驶执照）。

3.7.7　服务 service

至少有一项活动必须在组织（3.2.1）和顾客（3.2.4）之间进行的组织的输出（3.7.5）。

注1：通常，服务的主要要素是无形的。

注2：通常，服务包含与顾客在接触面的活动，除了确定顾客的要求（3.6.4）以提供服务外，可能还包括与顾客建立持续的关系，如银行、会计师事务所，或公共组织（如学校或医院）等。

注3：服务的提供可能涉及，例如：

——在顾客提供的有形产品（3.7.6）（如需要维修的汽车）上所完成的活动。

——在顾客提供的无形产品（如为准备纳税申报单所需的损益表）上所完成的活动。

——无形产品的交付［如知识传授方面的信息（3.8.2）提供］。

——为顾客创造氛围（如在宾馆和饭店）。

注4：通常，服务由顾客体验。

3.7.8 绩效 performance

可测量的结果。

注1：绩效可能涉及定量的或定性的结果。

注2：绩效可能涉及活动（3.3.11）、过程（3.4.1）、产品（3.7.6）、服务（3.7.7）、体系（3.5.1）或组织（3.2.1）的管理（3.3.3）。

注3：这是 ISO/IEC 导则 第1部分 ISO 补充规定的附件 SL 中给出的 ISO 管理体系标准中的通用术语及核心定义之一，最初的定义已经通过修改注2被改写。

3.7.9 风险 risk

不确定性的影响。

注1：影响是指偏离预期，可以是正面的或负面的。

注2：**不确定性**是一种对某个事件，或是事件的局部的**结果或可能性**缺乏理解或知识方面的信息（3.8.2）的情形。

注3：通常，风险是通过有关可能事件（GB/T 23694—2013 中的定义，4.5.1.3）和后果（GB/T 23694—2013 中的定义，4.6.1.3）或两者的组合来**描述其特性**的。

注4：通常，风险是以某个事件的后果（包括情况的变化）及其发生的可能性（GB/T 23694—2013 中的定义，4.6.1.1）的组合来表述的。

注5："风险"一词有时仅在有负面后果的可能性时使用。

注6：这是 ISO/IEC 导则 第1部分 ISO 补充规定的附件 SL 中给出的 ISO 管理体系标准中的通用术语及核心定义之一，最初的定义已经通过增加注5被改写。

3.7.10 效率 efficiency

得到的结果与所使用的资源之间的关系。

3.7.11 有效性 effectiveness

完成策划的活动并得到策划结果的程度。

注：这是 ISO/IEC 导则 第1部分 ISO 补充规定的附件 SL 中给出的 ISO 管理体系标准中的通用术语及核心定义之一。

考点知识讲解

这里只对一些易混淆的地方做些讲解。

1. 目标、质量目标

1）目标。目标是指"要实现的结果"。目标可以是战略目标、战术目标或是操作层面的目标。目标可涉及不同领域（如财务、健康与安全、环境目标），并可应用于不同层面（如战略的、组织整体的、项目的、产品和过程的）。目标可用多种方式表述，例如：采用预期的结果、活动的目的或运行准则作为质量目标，或使用其他有类似含意的词（如目的、终点或标的）。

2）对"质量目标"的理解：

① 质量目标是指"关于质量的目标"。质量目标通常依据质量方针制定。在质量管理体系环境中，组织制定的质量目标与质量方针保持一致，以实现特定的结果。

② 通常，应对组织内的相关职能、层次和过程分别制定质量目标。

③ 结合 GB/T 19001 标准 6.2 条款"质量目标及其实现的策划"来理解质量目标这个术语，见本书第 3 章 3.5.2 节。

2. 产品、服务

1）产品和服务都是输出的一种形式，二者的区别主要在于"是否与顾客接触"。产品是指在组织和顾客之间未发生接触的情况下，组织生产的输出。而服务是指至少有一项活动必须在组织和顾客之间的接触面上进行的输出。需要说明的是，当产品交付给顾客时，通常包含服务因素。

2）输出是指"过程的结果"。各行业组织的输出通常都包含有产品和服务内容，但是因行业的特点不同，产品和服务的占比不同。组织的输出是归属产品还是服务，要取决于其主要特性。如画廊卖一幅画是产品，而委托绘画则是服务。在零售店购买的汉堡包是产品，而在饭店订一份汉堡包则是服务。

3）通常，产品的主要要素是有形的。产品通常有三种类别，即硬件、流程性材料和软件。软件由信息组成，通常是无形产品并可以方法、论文或程序的形式存在。硬件通常是有形产品，其量具有可计数的特性。流程性材料通常是有形产品，如液体、气体等，其量具有可连续计量的特性。硬件和流程性材料经常被称为货物。

4）通常，服务的主要要素是无形的。有些服务活动的过程和活动的结果是同时发生和同步运行的。有形产品的提供和使用可能成为服务的一部分，但有形产品在这里仅仅被视为服务的手段或外壳。服务具有同时性、无形性、非重复性、异质性、易逝性、非储存性、非运输性等特性。

5）有些服务组织除了提供服务外，可能还包括建立与顾客间持续的关系，例如：银行、会计师事务所或学校、医院等组织需要与顾客建立一个较长期、持续的关系。

6）服务的提供可能涉及以下活动：

① 在顾客提供的有形产品（如维修的汽车）上所完成的活动。

② 在顾客提供的无形产品（如为准备纳税申报单所需的损益表）上所完成的活动。

③ 无形产品的交付（如知识传授方面的信息提供）。

④ 为顾客创造氛围（如在宾馆和饭店）。

⑤ 服务通常由顾客体验。

7）通常，服务是需要由顾客体验的，在接触过程中，组织和顾客可能由人员或物体来代表。

3. 绩效、效率、有效性

1）绩效是指"可测量的结果"。绩效可能涉及定量的或定性的结果。绩效可能涉及活动、过程、产品、服务、体系或组织的管理。

2）效率是指"得到的结果与所使用的资源之间的关系"。效率实际就是投入与产出的比值。得到的结果圆满，使用的资源比较少，效率就高；反之，效率就低。

3）有效性是指"完成策划的活动并得到策划结果的程度"。有效性就是"所做的事情的正确程度"。首先，你是否完成了？其次，你是否达到了目的？两方面都做到了，有效性就好；否则，有效性就差。有效性强调"事情的正确程度"。有效性就是正确地做事。

 同步练习强化

1. 单项选择题

1）关于质量目标，以下说法不正确的是（   ）。（真题）

A. 质量目标可以表述为各职能、层次和过程质量方面拟实现的结果

B. 质量目标可以是战略性目标，也可以是操作层面指标

C. 质量目标应是量化、可考评的

D. 质量目标应与质量方针一致

2）在组织和顾客之间未发生任何交易的情况下，组织能够产生的输出是（   ）。（真题）

A. 产品   B. 过程

C. 服务   D. 活动

3）下列关于"服务"描述不正确的是（　　　）。（真题）

A. 服务的主要要素可以是无形的也可以是有形的

B. 服务通过与顾客接触的活动来确定顾客要求

C. 通常，服务的输出包括有形或无形的产品

D. 服务可能涉及为顾客创造气氛

4）至少有一项活动必须在组织和顾客之间进行的组织的输出是（　　　）。

A. 产品　　　　　　　　　　　　　B. 服务

C. 活动　　　　　　　　　　　　　D. 信息

5）绩效是"可测量的结果"，绩效可能涉及（　　　）的结果。

A. 定量　　　　　　　　　　　　　B. 定性

C. 定量的或定性　　　　　　　　　D. 可量化

6）风险是"不确定性的影响"，不确定性是一种对某个事件，或是事件的局部的（　　　）缺乏理解或知识方面的信息的情形。

A. 结果　　　　　　　　　　　　　B. 结果或可能性

C. 可能性　　　　　　　　　　　　D. 结果和可能性

7）下面关于"风险"说法正确的是（　　　）。

A. 风险通常是以某个事件的后果（包括情况的变化）及其发生的可能性的组合来表述的

B. 风险通常是以某个事件的后果（包括情况的变化）来表述的

C. 风险通常是以某个事件的后果（包括情况的变化）及其发生的可能性以及发现的可能性的组合来表述的

D. 风险通常是以某个事件的发生的可能性来表述的

8）术语"产品"的概念为（　　　）。（真题）

A. 过程的结果

B. 组织的一切输出

C. 在组织和顾客之间未发生任何交易下组织能够产生的输出

D. 至少有一项活动在组织和顾客之间进行的组织的输出

2. 多项选择题

下列关于质量目标说法正确的是（　　　）。

A. 目标可以是战略的、战术的或操作层面的。

B. 可用预期结果、活动的目的表述质量目标

C. 可用运行准则作为质量目标

D. 可使用其他有类似含意的词作为质量目标，如目的、终点或标的

3. 判断题

1）有效性是指得到的结果与所使用的资源之间的关系。　　　　　　　　（　　　）

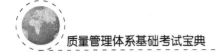

2）效率是指完成策划的活动并得到策划结果的程度。　　（　　）

答案点拨解析

1. 单项选择题

1）C，2）A，3）A，4）B，5）C，6）B，7）A，8）C。

解析：第1题，由 GB/T 19001 标准 6.2.1 条款知道，质量目标可测量，但测量不是量化，所以 C 选项是错误的。其他选项可结合 GB/T 19000 标准 3.7.1 条款、3.7.2 条款来理解。

2. 多项选择题

ABCD。

3. 判断题

1）×，2）×。

2.4.8　有关数据、信息和文件的术语（标准条款3.8）

3.8　有关数据、信息和文件的术语

3.8.1　数据 data

关于客体（3.6.1）的事实。

3.8.2　信息 information

有意义的数据（3.8.1）。

3.8.5　文件 document

信息（3.8.2）及其载体。

示例：记录（3.8.10）、规范（3.8.7）、程序文件、图样、报告、标准。

注1：**载体**可以是纸张，磁性的、电子的、光学的计算机盘片，照片或**标准样品**，或它们的组合。

注2：一组文件，如若干个规范和记录，英文中通常称为"documentation"。

注3：某些要求（3.6.4）（如易读的要求）与所有类型的文件有关，而另外一些对规范（如修订受控的要求）和记录（如可检索的要求）的要求可能有所不同。

3.8.6　成文信息 documented information

组织（3.2.1）需要控制和保持的信息（3.8.2）及其载体。

注1：成文信息可以任何格式和载体存在，并可来自任何来源。

注2：成文信息可涉及：

——管理体系（3.5.3），包括相关过程（3.4.1）。

——为组织运行产生的信息（一组文件）。

——结果实现的证据［记录（3.8.10）］。

注 3：这是 ISO/IEC 导则　第 1 部分 ISO 补充规定的附件 SL 中给出的 ISO 管理体系标准中的通用术语及核心定义之一。

3.8.7　规范 specification

阐明要求（3.6.4）的**文件**（3.8.5）。

示例：质量手册（3.8.8）、质量计划（3.8.9）、技术图纸、程序文件、作业指导书。

注 1：规范可能与活动有关［如程序文件、过程（3.4.1）规范和试验（3.11.8）规范］或与产品（3.7.6）有关（如产品规范、性能规范和图样）。

注 2：规范可以陈述要求，也可以附带设计和开发（3.4.8）实现的结果。因此，在某些情况下，规范也可以作为记录（3.8.10）使用。

3.8.8　质量手册 quality manual

组织（3.2.1）的质量管理体系（3.5.4）的**规范**（3.8.7）。

注：为了适应某个组织（3.2.1）的规模和复杂程度，质量手册在其详略程度和编排格式方面可以不同。

3.8.9　质量计划 quality plan

对特定的客体（3.6.1），规定由谁及何时应用程序（3.4.5）和相关资源的**规范**（3.8.7）。

注 1：这些程序通常包括所涉及的那些质量管理（3.3.4）过程（3.4.1）以及产品（3.7.6）和服务（3.7.7）实现过程。

注 2：通常，质量计划引用质量手册（3.8.8）的部分内容或程序文件（3.8.5）。

注 3：质量计划通常是质量策划（3.3.5）的结果之一。

3.8.10　记录 record

阐明所取得的结果或提供所完成活动的证据的**文件**（3.8.5）。

注 1：记录可用于正式的可追溯性（3.6.13）活动，并为验证（3.8.12）、预防措施（3.12.1）和纠正措施（3.12.2）提供证据。

注 2：通常，记录不需要控制版本。

3.8.12　验证 verification

通过提供客观证据（3.8.3）对**规定要求**（3.6.4）已得到满足的认定。

注 1：验证所需的客观证据可以是检验（3.11.7）结果或其他形式的确定（3.11.1）结果，如变换方法进行计算或文件（3.8.5）评审。

注 2：为验证所进行的活动有时被称为鉴定过程（3.4.1）。

注 3："已验证"一词用于表明相应的状态。

3.8.13　确认 validation

通过提供客观证据（3.8.3）对**特定的预期用途或应用要求**（3.6.4）已得到满足的认定。

注 1：确认所需的客观证据可以是试验（3.11.8）结果或其他形式的确定（3.11.1）

结果，如变换方法进行计算或文件（3.8.5）评审。

注2："已确认"一词用于表明相应的状态。

注3：确认所使用的条件可以是实际的或是模拟的。

 考点知识讲解

这里只对一些易混淆的地方做些讲解。

1. 关于数据、信息、文件的说明

1）"数据"这个术语是其他术语的基础。"数据"是指"关于客体的事实"。

2）"信息"是"有意义的数据"。数据里有意义的，才是信息。

3）"文件"是"信息及其载体"。信息是无形的，信息加上载体，才形成文件。

2. 文件、成文信息、规范、记录

1）"文件"是"信息及其载体"。文件类型很多，记录、规范、程序文件、图样、报告、标准都是文件，记录是证据性文件。载体可以是纸张，磁性的、电子的、光学的计算机盘片，照片或标准样品，或它们的组合。这里要注意的是"标准样品"也是文件载体。

针对文件的管理要求，有些要求，如"易读性"的要求，是对所有类型文件的通用要求；而有些要求只与某类文件有关。

2）成文信息是"组织需要控制和保持的信息及其载体"。成文信息可涉及：

① 管理体系，包括相关过程。如质量管理体系的范围、体系概况、宗旨和方向、相关过程及其顺序等。

② 为组织运行产生的信息（一组文件）。如程序文件、作业文件、规程、图样、标准等一系列文件。

③ 结果实现的证据（记录）。

成文信息可以任何格式和载体存在，并可来自任何来源。

3）规范是指"阐明要求的文件"。规范的类型有质量手册、质量计划、技术图纸、程序文件、作业指导书等。规范可能与活动有关或与产品有关。规范可以陈述要求，也可以附带设计和开发实现的结果。因此，在某些情况下，规范也可以作为记录使用。

4）记录是"阐明所取得的结果或提供所完成活动的证据的文件"。记录可用于正式的可追溯性活动，并为验证、预防措施和纠正措施提供证据。通常，记录不需要控制版本。

可以结合 GB/T 19001 标准 7.5 条款"成文信息"理解这些术语,见本书第 3 章 3.6.10 节。

3. 质量计划

质量计划是"对特定的客体,规定由谁及何时应用所确定的程序和相关资源的规范"。通常,质量计划引用质量手册的部分内容或程序文件。质量计划通常是质量策划的结果之一。需要注意的是:质量策划是活动,质量计划是文件。

现有的质量管理体系文件是针对现有的产品编制的,当某一特定的合同、产品或项目的特定要求与现有产品不同时,就需要编制质量计划,将这些特定的合同、产品或项目的特定要求与现有的质量管理体系文件联系起来。

4. 验证、确认

1)验证是基于客观证据的一种活动,目的是通过这种活动表明相应的过程、产品或服务是否达到了规定的要求。如设计验证是对设计输出满足输入要求的认定,采购产品的验证是对采购品满足采购要求的认定。

验证所需的客观证据可以是检验结果或其他形式的确定结果,如变换方法进行计算或文件评审。设计方案评审、工艺文件审签、产品检验、试验及演示、变换方法计算、与类似的经证实的设计结果进行比较等,都是验证的方式。

为验证所进行的活动有时被称为鉴定。

2)确认是基于客观证据的一种活动,目的是通过这种活动表明相应的过程、产品或服务是否达到了特定的预期用途或应用要求。如设计确认是证实设计的产品满足规定的使用要求或已知的预期用途要求。

确认所需的客观证据可以是试验结果或其他形式的确定结果,如变换方法进行计算或文件评审。鉴定会、展销会、研究报告的专家评审、教材试用、药品临床试验、服装展示、样机试用、产品定型、变换方法计算、与类似的经证实的设计结果进行比较、工艺评审、设备认可等,都是确认的方式。

确认所使用的条件可以是实际的或是模拟的。

3)必须指出的是,设计和开发的验证和确认之间有关联,甚至有重叠。有时验证做完的同时,确认也做完了。如对新设计的汽车样车进行碰撞试验是设计验证活动,也可以是设计确认活动。

 同步练习强化

1. 单项选择题

1)文件是指"信息及其（　　）"。

A. 格式 　　　　　　　　　　　　　　B. 载体

C. 形式　　　　　　　　　　　　D. 要求

2）成文信息是指"组织需要控制和保持的（　　）"。

A. 信息及其载体　　　　　　　　B. 文件和记录

C. 文件　　　　　　　　　　　　D. 记录

3）对特定的客体，规定由谁及何时应用程序和相关资源的规范是（　　）。（真题）

A. 质量手册　　　　　　　　　　B. 产品开发计划

C. 质量计划　　　　　　　　　　D. 项目管理计划

4）设计和开发活动中的"变换方法进行计算"的活动是（　　）。（真题）

A. 设计输出　　　　　　　　　　B. 设计评审

C. 设计验证　　　　　　　　　　D. 设计控制

5）对样机进行的型式试验是（　　）。（真题）

A. 设计输出　　　　　　　　　　B. 设计评审

C. 设计验证　　　　　　　　　　D. 设计确认

6）确认是"通过提供客观证据对（　　）已得到满足的认定"。

A. 特定的预期用途或应用要求　　B. 规定要求

C. 顾客要求和期望　　　　　　　D. 顾客和其他相关方要求

2. 判断题

验证是通过提供客观证据对特定的预期用途或应用要求已得到满足的认定。

（　　）

 答案点拨解析

1. 单项选择题

1）B，2）A，3）C，4）C，5）D，6）A。

解析：第5题，型式试验的依据是产品标准，产品标准中的试验条件是按产品使用环境设置或模拟，所以型式试验是设计确认手段之一。

2. 判断题

×。

2.4.9　有关顾客的术语（标准条款3.9）

3.9　有关顾客的术语

3.9.2　顾客满意 customer satisfaction

　顾客（3.2.4）对其期望已被满足程度的**感受**。

注 1：在产品（3.7.6）或服务（3.7.7）交付之前，组织（3.2.1）有可能不了解顾客的期望，甚至顾客也在考虑之中。为了实现较高的顾客满意，可能有必要满足那些顾客既没有明示，也不是通常隐含或必须履行的期望。

注 2：投诉（3.9.3）是一种满意程度低的最常见的表达方式，但没有投诉并不一定表明顾客很满意。

注 3：即使规定的顾客要求（3.6.4）符合顾客的愿望并得到满足，也不一定确保顾客很满意。

（源自：ISO 10004：2012，3.3，改写。注已被修改。）

3.9.3　投诉 complaint

<顾客满意>就产品（3.7.6）、服务（3.7.7）或投诉处理过程（3.4.1），表达对组织（3.2.1）的不满，**无论是否**明确地期望得到答复或解决问题。

（源自：ISO 10002：2014，3.2，改写，术语"服务"已包括在定义中。）

3.9.6　争议 dispute

<顾客满意>提交给调解过程提供方（3.2.7）的对某一投诉（3.9.3）的不同意见。

注：一些组织（3.2.1）允许顾客（3.2.4）首先向调解过程提供方表示其不满，这种不满意的表示如果反馈给组织就变为投诉；如果在调解过程提供方未进行干预的情况下组织未能解决，这种不满意的表示就变为争议。许多组织都希望顾客在采取外部争议解决之前，首先向组织表达其不满意。

（源自：GB/T 19013—2009，3.6，改写。）

 考点知识讲解

1）顾客满意是指顾客对其期望已被满足程度的感受。顾客满意是顾客的一种心理感受，很大程度上取决于顾客本身，而不是完全取决于组织及其产品和服务。即使规定的顾客要求符合顾客的愿望并得到满足，也不一定确保顾客很满意。要做到顾客满意，最有效的办法就是要及时与顾客沟通，了解顾客的感受，然后根据当时顾客的实际感受，来调整组织自身的行为，最终尽快达到顾客满意。

在产品或服务交付之前，组织有可能不了解顾客的期望，甚至顾客也在考虑之中。所以为了实现较高的顾客满意，可能有必要满足那些顾客既没有明示，也不是通常隐含或必须履行的期望。

2）投诉是顾客主动向组织表达不满的方式，是一种满意程度低的最常见的表达方式。有时顾客投诉，并不期望得到答复或解决问题，只是一种情绪表达，但处理不好，就可能激发矛盾。需要注意的是，没有投诉也不一定表明顾客很满意。

3）GB/T 19000 标准中的"争议"这个术语，与我们平常的理解有一定不同，它是指提交给调解过程提供方的对某一投诉的不同意见。顾客向组织反馈不满意是投诉。如果组织不能解决而被提交到调解过程提供方（如消费者协会），这种不满意的表示就变成了争议。

 同步练习强化

1. 单项选择题

1）顾客满意是指"顾客对其（　　）已被满足程度的感受"。

A. 要求　　　　　　　　　　　　　　B. 期望

C. 需求和期望　　　　　　　　　　　D. 要求和期望

2）争议是指"提交给调解过程提供方的对某一（　　）的不同意见"。

A. 投诉　　　　　　　　　　　　　　B. 产品

C. 服务　　　　　　　　　　　　　　D. 产品和/或服务

2. 多项选择题

下面关于"顾客满意"，哪些是正确的？（　　　）

A. 顾客满意是顾客对其期望已被满足程度的感受

B. 在产品或服务交付之前，组织有可能不了解顾客的期望，甚至顾客也在考虑之中

C. 为了实现较高的顾客满意，可能有必要满足那些顾客既没有明示，也不是通常隐含或必须履行的期望

D. 只要规定的顾客要求符合顾客的愿望并得到满足，就能确保顾客满意

3. 判断题

投诉是对组织的产品或投诉处理过程不满意的表示，不包括期望得到回复或解决的明示的或隐含的表示。　　　　　　　　　　　（　　）（真题）

 答案点拨解析

1. 单项选择题

1）B，2）A。

2. 多项选择题

ABC。

3. 判断题

×。

2.4.10　有关特性的术语（标准条款 3.10）

3.10　有关特性的术语

3.10.1　特性 characteristic

可区分的**特征**。

注 1：特性可以是固有的或赋予的。

注 2：特性可以是定性的或定量的。

注 3：有各种类别的特性，如：

a) 物理的（如机械的、电的、化学的或生物学的特性）。

b) 感官的（如嗅觉、触觉、味觉、视觉、听觉）。

c) 行为的（如礼貌、诚实、正直）。

d) 时间的（如准时性、可靠性、可用性、连续性）。

e) 人因工效的（如生理的特性或有关人身安全的特性）。

f) 功能的（如飞机的最高速度）。

3.10.2　质量特性 quality characteristic

与**要求**（3.6.4）有关的、**客体**（3.6.1）的**固有特性**（3.10.1）。

注 1：固有意味着本身就存在的，尤其是那种永久的特性（3.10.1）。

注 2：赋予客体（3.6.1）的特性（3.10.1）（如客体的价格）不是它们的质量特性。

3.10.3　人为因素 human factor

对所考虑的**客体**（3.6.1）有影响的**人的特性**（3.10.1）。

注 1：特性可以是物理的、认知的或社会的。

注 2：人为因素可对管理体系（3.5.3）产生重大影响。

3.10.4　能力　competence

应用知识和技能实现**预期结果**的**本领**。

注 1：经证实的能力有时是指资格。

注 2：这是 ISO/IEC 导则　第 1 部分 ISO 补充规定的附件 SL 中给出的 ISO 管理体系标准中的通用术语及核心定义之一，最初的定义已经通过增加注 1 被改写。

 考点知识讲解

这里只对一些易混淆的地方做些讲解。

1. 特性、质量特性

1) 特性是指"可区分的特征"。质量特性是指"与要求有关的、客体的固有特性"。质量特性是客体的固有特性，与要求有关。赋予客体的特性（如客体的价格）不是质量特性。

2）特性可以是固有的或赋予的。"固有特性"是指某事物中本来就有的特性，尤其是那种永久的特性。"赋予特性"不是固有特性，不是某事或某物中本来就有的，而是完成产品后因不同的要求而对产品所增加的特性，如产品的价格等。

不同产品的固有特性与赋予特性是不尽相同的。某些产品的赋予特性可能是另一些产品的固有特性，例如，供货时间及运输方式对硬件产品而言属于赋予特性，但对运输服务而言就属于固有特性。

3）特性可以是定性的或定量的。

2. 能力

1）GB/T 19000 标准的前言中提到：由于两种不同语言上的差异，术语 3.6.12 capability 与 3.10.4 competence 均译为"能力"，但其定义却不同。在 GB/T 19000 族标准中，术语 3.6.12 能力（capability）特指组织、体系或过程的能力，而 3.10.4 能力（competence）则特指人员的能力。

2）这里的能力（GB/T 19000 标准 3.10.4）是指"应用知识和技能实现预期结果的本领"。要说一个人有能力，就要具备两个条件：

① 有知识和技能。

② 能应用这些知识和技能解决实际问题。

两个条件，缺一不可。没有知识和技能，就谈不上应用。可是有了知识和技能，并不等于你就能应用了。所以，要了解一个人是否具备某种能力，首先，要看他是否掌握某种知识，通常可通过考试来确定；其次，看他是否具备某种技能，是否能应用这种知识和技能来解决实际问题，这方面仅通过考试是难以做出准确判断的，只有通过观察他应用知识和技能解决实际问题的过程，才能做出相对准确的结论。

经证实的能力有时是指资格。

 同步练习强化

1. 单项选择题

1）特性是指"可区分的（　　　）"。

A. 特征　　　　　　　　　　　　　B. 事务

C. 要求　　　　　　　　　　　　　D. 事实

2）质量特性是指"与要求有关的、客体的（　　　）"。

A. 赋予特性　　　　　　　　　　　B. 特性

C. 固有特性　　　　　　　　　　　D. 特征

3）人为因素是对所考虑的客体有影响的（　　　）。（真题）

A. 人为参与 　　　　　　　　　 B. 人为误差

C. 人为的作用 　　　　　　　　 D. 人的特性

4）人员能力是指"应用知识和技能实现（　　）的本领"。

A. 目标 　　　　　　　　　　　　 B. 目的

C. 要求 　　　　　　　　　　　　 D. 预期结果

2. 判断题

固有特性是内在特性，也包括了人们所赋予的特性。　　　　　（　　）（真题）

答案点拨解析

1. 单项选择题

1）A，2）C，3）D，4）D。

2. 判断题

×。

2.4.11　有关确定的术语（标准条款 3.11）

3.11　有关确定的术语

3.11.1　确定 determination

查明一个或多个特性（3.10.1）及特性值的**活动**。

3.11.2　评审 review

对客体（3.6.1）实现所规定目标（3.7.1）的**适宜性、充分性或有效性**（3.7.11）的**确定**（3.11.1）。

示例：管理评审、设计和开发（3.4.8）评审、顾客（3.2.4）要求（3.6.4）评审、纠正措施（3.12.2）评审和同行评审。

注：评审也可包括**确定效率**（3.7.10）。

3.11.3　监视 monitoring

确定（3.11.1）体系（3.5.1）、过程（3.4.1）、产品（3.7.6）、服务（3.7.7）或活动的**状态**。

注 1：确定状态可能需要检查、监督或密切观察。

注 2：通常，监视是在不同的阶段或不同的时间，对客体（3.6.1）状态的确定。

注 3：这是 ISO/IEC 导则　第 1 部分 ISO 补充规定的附件 SL 中给出的 ISO 管理体系标准中的通用术语及核心定义之一，最初的定义和注 1 已经被改写，并增加了注 2。

3.11.4　测量 measurement

确定数值的过程（3.4.1）。

注1：根据 GB/T 3358.2，确定的数值通常是量值。

注2：这是 ISO/IEC 导则 第1部分 ISO 补充规定的附件 SL 中给出的 ISO 管理体系标准中的通用术语及核心定义之一，最初的定义已经通过增加注1被改写。

3.11.7　检验 inspection

对符合（3.6.11）**规定要求**（3.6.4）的**确定**（3.11.1）。

注1：显示合格的检验结果可用于**验证**（3.8.12）的目的。

注2：检验的结果可表明合格、**不合格**（3.6.9）或合格的程度。

3.11.8　试验 test

按照要求（3.6.4）对**特定的预期用途或应用**的确定（3.11.1）。

注：显示合格（3.6.11）的试验结果可用于**确认**（3.8.13）的目的。

 考点知识讲解

这里只对一些易混淆的地方做些讲解。

1. 评审

评审是指"对客体实现所规定目标的适宜性、充分性或有效性的确定"。评审也可包括确定效率。适宜性——是否与实现规定目标相适应；充分性——是否足够满足实现规定目标的要求；有效性——是否能达成实现规定目标的预期结果。

2. 监视、测量

1）监视是通过检查、监督或密切观察，确定监视对象的状态。监视对象有体系、过程、产品、服务或活动。通常，监视是在不同的阶段或不同的时间，对客体状态的确定。

2）测量是确定数值的过程，确定的数值通常是量值。

3）质量管理体系、过程或活动都必须进行监视，但只在部分具有量值要求的地方进行测量。

3. 检验、试验

1）检验是指"对符合规定要求的确定"。产品检验是对产品质量特性是否符合规定要求所做的技术性检查活动，涉及观察、测量、试验等，在生产过程中必不可少。

检验的结果可表明合格、不合格或合格的程度。显示合格的检验结果可用于验证的目的。

2）试验是检验的方式之一，试验是针对特定预期用途或应用要求的满足程度的确定。显示合格的试验结果可用于确认的目的。

同步练习强化

1. 单项选择题

1) 查明一个或多个特性及特性值的活动是（　　　）。

　A. 检验　　　　　　　　　　　　　B. 监视

　C. 确定　　　　　　　　　　　　　D. 测量

2) 评审是对客体实现所规定目标的适宜性、充分性或有效性的（　　　）。

　A. 确定　　　　　　　　　　　　　B. 检查

　C. 监视　　　　　　　　　　　　　D. 检验

3) 监视是通过检查、监督或密切观察，确定体系、过程、产品、服务或活动的（　　　）。

　A. 运行状态　　　　　　　　　　　B. 合格状态

　C. 动态　　　　　　　　　　　　　D. 状态

4) 评审是对客体实现所规定目标的适宜性、充分性或有效性的确定，评审也可包括确定（　　　）。

　A. 效率　　　　　　　　　　　　　B. 符合性

　C. 结果　　　　　　　　　　　　　D. 状态

5) 通常，监视是在不同的阶段或不同的时间，对（　　　）状态的确定。

　A. 体系　　　　　　　　　　　　　B. 客体

　C. 过程　　　　　　　　　　　　　D. 产品

6) 测量是确定（　　　）的过程。

　A. 数值　　　　　　　　　　　　　B. 量值

　C. 合格　　　　　　　　　　　　　D. 状态

7) 检验是对符合规定要求的确定。检验的结果可表明合格、不合格或合格的（　　　）。（真题）

　A. 性质　　　　　　　　　　　　　B. 原因

　C. 分类　　　　　　　　　　　　　D. 程度

8) 试验是按照要求对特定的预期用途或应用的确定，显示合格的试验结果可用于（　　　）的目的。

　A. 确认　　　　　　　　　　　　　B. 验证

　C. 评审　　　　　　　　　　　　　D. 认可

9) 检验是对符合规定要求的确定。显示合格的检验结果可用于（　　　）的目的。

　A. 确认　　　　　　　　　　　　　B. 验证

C. 评审   D. 认可

2. 判断题

测量是确定量值的过程。   （   ）

答案点拨解析

1. 单项选择题

1）C，2）A，3）D，4）A，5）B，6）A，7）D，8）A，9）B。

2. 判断题

×。

2.4.12 有关措施的术语（标准条款3.12）

3.12　有关措施的术语

3.12.2　纠正措施 corrective action

为消除不合格（3.6.9）的原因并防止再发生所采取的措施。

注1：一个不合格可以有若干个原因。

注2：采取纠正措施是为了防止再发生，而采取预防措施（3.12.1）是为了防止发生。

注3：这是ISO/IEC导则　第1部分ISO补充规定的附件SL中给出的ISO管理体系标准中的通用术语及核心定义之一，最初的定义已经通过增加注1和注2被改写。

3.12.3　纠正 correction

为消除已发现的不合格（3.6.9）所采取的措施。

注1：纠正可与纠正措施（3.12.2）一起实施，或在其之前或之后实施。

注2：返工（3.12.8）或降级（3.12.4）可作为纠正的示例。

3.12.4　降级 regrade

为使不合格（3.6.9）产品（3.7.6）或服务（3.7.7）符合不同于原有的要求（3.6.4）而对其等级（3.6.3）的变更。

3.12.5　让步 concession

对使用或放行（3.12.7）不符合规定要求（3.6.4）的产品（3.7.6）或服务（3.7.7）的许可。

注：通常，让步仅限于在规定的时间或数量内及特定的用途，对含有限定的不合格（3.6.9）特性（3.10.1）的产品和服务的交付。

3.12.6　偏离许可 deviation permit

产品（3.7.6）或服务（3.7.7）实现前，对偏离原规定要求（3.6.4）的许可。

注：偏离许可通常是在限定的产品和服务数量或期限内并针对特定的用途。

3.12.7 放行 release

对进入一个过程（3.4.1）的下一阶段或下一过程的许可。

注：在英语中，就软件和文件（3.8.5）而言，单词"release"通常是指软件或文件本身的版本。

3.12.8 返工 rework

为使不合格（3.6.9）产品（3.7.6）或服务（3.7.7）符合要求（3.6.4）而对其采取的措施。

注：返工可影响或改变不合格的产品或服务的某些部分。

3.12.9 返修 repair

为使不合格（3.6.9）产品（3.7.6）或服务（3.7.7）满足预期用途而对其采取的措施。

注1：不合格的产品或服务的成功返修未必能使产品符合要求（3.6.4），返修可能需要连同让步（3.12.5）。

注2：返修包括对以前是合格的产品或服务，为重新使用所采取的修复措施，如作为维修的一部分。

注3：返修可影响或改变不合格的产品或服务的某些部分。

3.12.10 报废 scrap

为避免不合格（3.6.9）产品（3.7.6）或服务（3.7.7）原有的预期使用而对其采取的措施。

示例：回收、销毁。

注：对不合格服务的情况，通过终止服务来避免其使用。

 考点知识讲解

这里只对一些易混淆的地方做些讲解。

1. 纠正、纠正措施

纠正、纠正措施的区别与联系见本书第3章3.9.2节。

2. 返修、返工

1）返修是指"为使不合格产品或服务满足预期用途而对其采取的措施"。不合格产品或服务的成功返修未必能使产品符合要求。返修可能需要连同让步。返修包括对以前是合格的产品或服务，为重新使用所采取的修复措施，如作为维修的一部分。

返工是指"为使不合格产品或服务符合要求而对其采取的措施"。

2）返修与返工不同，返修后通常还是不合格品，但可以使用。比如一台电

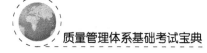

视机返修后能够收看，但其外观可能在返修时刮花了。

3）返工的目的是使不合格品成为合格品，但返工后的结果并不一定达到预期的目的，所以应对返工品进行验证，以证实其是否符合规定的要求。

3. 偏离许可、让步

1）偏离许可是指"产品或服务实现前，对偏离原规定要求的许可"。偏离许可通常是在限定的产品和服务数量或期限内并针对特定的用途。

让步是指"对使用或放行不符合规定要求的产品或服务的许可"。通常，让步仅限于在商定的时间或数量内及特定的用途，对含有限定的不合格特性的产品和服务的交付。

2）"偏离许可"是在产品生产前，允许其偏离原规定的许可。而"让步"是在产品生产后，对其中的不合格品的一种处理措施。

3）"偏离许可""让步"都是一次性的，并限定一定的数量和时间期限。"偏离许可""让步"的结果一定不能影响预期的使用目的。"偏离许可""让步"不能违反适用的法律法规的规定。例如，锅炉压力容器的耐压强度是不允许偏离许可或让步的，因为这可能导致人身和财产的安全问题。

4. 降级、报废

1）降级是指"为使不合格产品或服务符合不同于原有的要求而对其等级的变更"。

2）报废是指"为避免不合格产品或服务原有的预期使用而对其所采取的措施"。回收、销毁均属此范畴。在服务行业，对不合格服务的情况，是通过终止服务来避免其使用。

 同步练习强化

1. 单项选择题

1）为消除已发现的不合格所采取的措施是（　　）。

A. 纠正　　　　　　　　　　　　B. 返工

C. 返修　　　　　　　　　　　　D. 改进

2）降级是指"为使不合格产品或服务符合不同于原有的要求而对其等级的（　　）"。降级可作为（　　）的示例。

A. 下调，纠正　　　　　　　　　B. 变更，纠正

C. 降低，让步　　　　　　　　　D. 变更，让步

3）（　　）仅限于在规定的时间或数量内及特定的用途，对含有限定的不合格特性的产品和服务的交付。

A. 偏离许可　　　　　　　　　　B. 放行

C. 让步　　　　　　　　　　　　　　　D. 返工

4）产品或服务实现前，对偏离原规定要求的许可是（　　　）。

A. 偏离许可　　　　　　　　　　　　　B. 放行

C. 让步　　　　　　　　　　　　　　　D. 返工

5）放行是指"对进入一个过程的下一阶段或下一过程的（　　　）"

A. 许可　　　　　　　　　　　　　　　B. 认定

C. 合格评定　　　　　　　　　　　　　D. 确认

6）为使不合格产品或服务符合要求而对其采取的措施是（　　　）。

A. 返工　　　　　　　　　　　　　　　B. 返修

C. 纠正　　　　　　　　　　　　　　　D. 纠正措施

7）为使不合格产品或服务满足预期用途而对其采取的措施是（　　　）。

A. 返工　　　　　　　　　　　　　　　B. 返修

C. 纠正　　　　　　　　　　　　　　　D. 纠正措施

8）为避免不合格产品或服务原有的预期使用而对其采取的措施是（　　　）。回收可作为（　　　）的示例。

A. 返工　　　　　　　　　　　　　　　B. 返修

C. 纠正　　　　　　　　　　　　　　　D. 报废

9）采取（　　　）是为了防止再发生。

A. 纠正　　　　　　　　　　　　　　　B. 纠正措施

C. 返工　　　　　　　　　　　　　　　D. 返修

10）为使不合格产品或服务满足预期用途而对其采取的措施称之为（　　　）。（真题）

A. 让步　　　　　　　　　　　　　　　B. 返修

C. 返工　　　　　　　　　　　　　　　D. 报废

2. 多项选择题

下面关于"返修"的描述，哪些是正确的？（　　　）

A. 为使不合格产品或服务满足预期用途而对其采取的措施是返修

B. 不合格的产品或服务的成功返修未必能使产品符合要求，返修可能需要连同让步

C. 返修包括对以前是合格的产品或服务，为重新使用所采取的修复措施，如作为维修的一部分

D. 返修可影响或改变不合格的产品或服务的某些部分

3. 判断题

1）偏离许可是指对使用或放行不符合规定要求的产品或服务的许可。（　　　）

2）不合格的产品或服务的成功返修一定能使产品符合要求。（　　　）

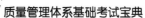
答案点拨解析

1. 单项选择题

1）A，2）B，3）C，4）A，5）A，6）A，7）B，8）D，9）B，10）B。

2. 多项选择题

ABCD。

3. 判断题

1）×，2）×。

第 3 章

GB/T 19001—2016（ISO 9001：2015）标准考点解读

 考试大纲要求

1）理解 GB/T 19001 中过程方法的内涵，包括 PDCA 循环、基于风险的思维。

2）掌握 GB/T 19001 中第 0.1～0.4、1、4、5、6、7、8、9、10 章的内容，理解 GB/T 19001 中附录 A 的内容。

说明：

1）下面方框中的内容为标准条款。加波浪线的段落是重点段落，粗黑体字是关键词/关键字/含义易混淆的字、词，这些是理解标准的重点。

2）GB/T 19001 标准附录中与标准正文相关的条款，放在正文中一并讲解。

3.1 引言（标准条款：引言）

3.1.1 总则（标准条款 0.1、附录 A.1）

> 引言
> **0.1 总则**
> 采用质量管理体系是组织的一项**战略决策**，能够帮助其提高**整体绩效**，为推动**可持续发展**奠定良好基础。
> 组织根据本标准实施质量管理体系的潜在益处是：
> a）稳定提供满足顾客要求以及适用的法律法规要求的产品和服务的能力。
> b）促成增强顾客满意的机会。
> c）应对与组织环境和目标相关的风险和机遇。
> d）证实符合规定的质量管理体系要求的能力。

本标准可用于内部和外部各方。

实施本标准**并非需要**：

——统一不同质量管理体系的架构。

——形成与本标准条款结构相一致的文件。

——在组织内使用本标准的特定术语。

本标准规定的质量管理体系要求是对产品和服务要求的**补充**。

本标准采用**过程方法**，该方法**结合**了"策划—实施—检查—处置"（PDCA）循环和基于风险的思维。

过程方法使组织能够策划过程及其相互作用。

PDCA循环使组织能够确保其过程得到充分的资源和管理，确定改进机会并采取行动。

基于风险的思维使组织能够确定可能导致其过程和质量管理体系偏离策划结果的各种因素，采取预防控制，最大限度地**降低不利影响**，并最大限度地利用出现的机遇（见A.4）。

在日益复杂的动态环境中持续满足要求，并针对未来需求和期望采取适当行动，这无疑是组织面临的一项挑战。为了实现这一目标，组织可能会发现，除了**纠正**和**持续改进**，还有必要采取各种形式的改进，如**突破性变革**、**创新**和**重组**。

在本标准中使用如下助动词：

"应（shall）"表示要求。

"宜（should）"表示建议。

"可（may）"表示允许。

"能（can）"表示可能或能够。

"注"的内容是理解和说明有关要求的指南。

A.1 结构和术语

为了更好地与其他管理体系标准保持一致，与此前的版本（GB/T 19001—2008）相比，本标准的章条结构（即章条顺序）和某些术语发生了变更。

本标准未要求在组织质量管理体系的成文信息中应用本标准的结构和术语。

本标准的结构旨在对相关要求进行连贯表述，而不是作为组织的方针、目标和过程的文件结构范例。若涉及组织运行的过程以及出于其他目的而保持信息，则质量管理体系成文信息的结构和内容通常在更大程度上取决于使用者的需要。

无需在规定质量管理体系要求时以本标准中使用的术语代替组织使用的术语，组织可以选择使用适合其运行的术语（例如：可使用"记录""文件"或"协议"，而不是"成文信息"；或者使用"供应商""伙伴"或"卖方"，而不是"外部供方"）。本标准与此前版本之间的主要术语差异见表 A.1。

表 A.1　GB/T 19001—2008 和 GB/T 19001—2016 之间的主要术语差异

GB/T 19001—2008	GB/T 19001—2016
产品	产品和服务
删减	未使用（见 A.5 对适用性的说明）
管理者代表	未使用（分配类似的职责和权限，但不要求委任一名管理者代表）
文件、质量手册、形成文件的程序、记录	成文信息
工作环境	过程运行环境
监视和测量设备	监视和测量资源
采购产品	外部提供的产品和服务
供方	外部供方

 考点知识讲解

1. 采用质量管理体系是组织的一项战略决策

采用质量管理体系是组织的一项战略决策，能够帮助其提高整体绩效，为推动可持续发展奠定良好基础。

2. 实施质量管理体系的潜在益处

1）稳定提供满足顾客要求以及适用的法律法规要求的产品和服务的能力。

2）促成增强顾客满意的机会。

3）应对与组织环境和目标相关的风险和机遇。

4）证实符合规定的质量管理体系要求的能力。

3. GB/T 19001 标准可用于组织的内外部各方

GB/T 19001 标准可以用于组织内部，通过建立、实施、保持和持续改进质量管理体系，提升提供持续满足要求的产品和服务，并向组织及其顾客提供信任；也可以被组织相关的外部用于对组织质量管理体系的评价或认证，如顾客应用本标准进行第二方审核；还可以用于外部第三方机构评价组织的质量管理体系的符合性。

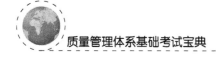

4. 实施 GB/T 19001 标准注意事项

GB/T 19001 标准特别强调了三个不要求统一的事项：

1）不要求所有组织要有统一的质量管理体系结构。

2）不要求形成与 GB/T 19001 标准条款结构相一致的文件。

3）不要求在组织内使用本标准的特定术语。组织可选择使用适合其运行的特有术语，例如可使用"记录""文件""协议"等，而不必用本标准所讲的"成文信息"这一术语；或使用"供应商""伙伴""卖方"等术语，而不必用本标准所讲的"外部供方"这一术语。

GB/T 19001 标准附录 A.1 也明确强调：

1）GB/T 19001 标准未要求在组织质量管理体系的成文信息中应用本标准的结构和术语。

2）GB/T 19001 标准的结构旨在对相关要求进行连贯表述，而不是作为组织的方针、目标和过程的文件结构范例。

5. GB/T 19001 标准规定的质量管理体系要求是对产品和服务要求的补充

GB/T 19001 标准所规定的质量管理体系要求是对产品和服务要求的补充，不能替代。质量管理体系要求与产品和服务要求是两类不同的要求；质量管理体系要求是通用的，适用于所有行业的任何组织，无论其提供何种类型的产品或服务；产品和服务要求是针对产品和服务特性的要求，是具体产品和服务特有的，不具有通用性。

6. 过程方法的应用

GB/T 19001 标准采用过程方法，该方法结合了"策划—实施—检查—处置"（PDCA）循环和基于风险的思维。也就是说，过程方法 = PDCA 循环 + 基于风险的思维。

过程方法使组织能够策划过程及其相互作用。

PDCA 循环使组织能够确保其过程得到充分的资源和管理，确定改进机会并采取行动。

基于风险的思维使组织能够确定可能导致其过程和质量管理体系偏离策划结果的各种因素，采取预防控制，最大限度地降低不利影响，并最大限度地利用出现的机遇。

过程方法、PDCA 循环和基于风险的思维的理解将在本章 2.1.3 节详细讲解。

7. 组织应当采取各种形式的改进

在日益复杂的动态环境中持续满足要求，并针对未来需求和期望采取适当行动，这无疑是组织面临的一项挑战。为了实现这一目标，组织可能会发现，除了纠正和持续改进，还有必要采取各种形式的改进，如突破性变革、创新和重组。

8. GB/T 19001 标准中的助动词以及"注"

GB/T 19001 标准中，"应（shall）"表示要求，"宜（should）"表示建议，"可以（may）"表示允许，"能（can）"表示可能或能够。"注"是理解和说明有关要求的指南，不是要求，不具有约束力，也不能作为审核评价的判据。

 同步练习强化

1. 单项选择题

1）采用质量管理体系是组织的一项战略决策，能够帮助其提高整体绩效，为（　　）奠定良好基础。（真题）

　　A. 实现战略目标　　　　　　　　　B. 推动可持续发展

　　C. 向组织和顾客提供信任　　　　　D. 应对组织的风险

2）GB/T 19001—2016 标准规定的质量管理体系要求是对产品和服务要求的（　　）。（真题）

　　A. 取代　　　　　　　　　　　　　B. 融合

　　C. 补充　　　　　　　　　　　　　D. B + C

3）基于风险的思维使组织能够确定可能导致其过程和质量管理体系偏离策划结果的各种因素，采取预防控制，最大限度地降低不利影响，并最大限度地（　　）。（真题）

　　A. 利用出现的机遇　　　　　　　　B. 采取控制措施

　　C. 面对挑战　　　　　　　　　　　D. 采用预防工具

4）下列关于 GB/T 19001—2016 标准采用的方法，描述最适当的是（　　）。（真题）

　　A. 采用过程方法，将 PDCA（策划、实施、检查、处置）循环与基于风险的思维结合

　　B. 采用风险管理办法，将 PDCA（策划、实施、检查、处置）循环与过程方法相结合

　　C. 采用基于风险管理的 PDCA（策划、实施、检查、处置）循环方法

　　D. 采用基于 PDCA（策划、实施、检查、处置）循环的过程方法

5）GB/T 19001—2016 标准中提出，在日益复杂的动态环境持续满足要求，并对未来需求的期望采取适当行动，这无疑是组织面临的一项挑战，为了实现这一目标，组织可能会发现，除了纠正措施和持续改进，还有必要采取各种形式的改进，比如（　　）。（真题）

　　A. 突破性变革、创新和重组　　　　B. 预防措施

C. 卓越绩效　　　　　　　　　　　　D. 六西格玛管理

6）采用质量管理体系是组织的一项（　　），能够帮助其提高（　　），为推动可持续发展奠定良好基础。

A. 战略决策，整体效率　　　　　　　B. 战略决策，整体绩效

C. 决定和措施，整体绩效　　　　　　D. 决定和措施，整体效率

7）按照 GB/T 19001 的说法，基于风险的思维使组织能够确定可能导致其过程和质量管理体系偏离策划结果的各种因素，采取（　　），最大限度地（　　），并最大限度地利用出现的机遇。

A. 预防控制，降低不利影响　　　　　B. 控制措施，降低不利影响

C. 预防控制，减少风险　　　　　　　D. 控制措施，减少风险

8）针对 GB/T 19001 标准关于成文信息的管理要求，以下说法正确的是（　　）。

A. GB/T 19001 标准未提及质量手册、程序文件，所以不必编写质量手册和程序文件

B. 组织已有的《文件控制程序》和《记录控制程序》必须更名为《成文信息的控制程序》

C. 新版标准结构是组织的方针、目标和过程的文件结构的范本

D. 在规定质量管理体系要求时无需以新版标准中使用的术语取代组织使用的术语

2. 多项选择题

1）GB/T 19001—2016 标准哪些条款与战略有关？（　　）。（真题）

A. 4.1 理解组织及其环境　　　　　　B. 5.1 领导作用和承诺

C. 5.2.1 制定质量方针　　　　　　　D. 9.3 管理评审

2）以下关于"根据 GB/T 19001—2016 标准实施质量管理体系具有潜在益处"的不恰当的描述是（　　）。（真题）

A. 稳定提供符合顾客要求以及适用的法律法规要求的产品和服务的能力

B. 稳定提供符合顾客要求以及适用的法律法规要求的产品能力

C. 统一了不同质量管理体系的基本结构

D. 实现了组织适用术语与标准特定术语的一致性

3）GB/T 19001—2016 标准采用的过程方法，该方法结合了（　　）。（真题）

A. "策划—实施—检查—处置"（PDCA）循环

B. 风险管理

C. 基于风险的思维

D. 管理的系统方法

4）实施 GB/T 19001—2016 标准并非意味着需要（　　）。（真题）

A. 统一不同质量管理体系的架构

B. 在组织内使用 GB/T 19001 标准的特定术语

C. 形成与 GB/T 19001 标准条款结构相一致的文件

D. 必须形成质量手册

5）按照 GB/T 19001 的说法，在日益复杂的动态环境中持续满足要求，并针对未来需求和期望采取适当行动，这无疑是组织面临的一项挑战。为了实现这一目标，组织可能会发现，除了纠正和持续改进，还有必要采取各种形式的改进，如（　　　）。（真题）

A. 突破性变革　　　　　　　　　B. 创新

C. 纠正措施　　　　　　　　　　D. 重组

6）关于 GB/T 19001—2016 标准，不恰当的描述有（　　　）。（真题）

A. GB/T 19001 标准结构是组织的方针、目标和过程的文件结构的范本

B. 统一了不同质量管理体系的架构

C. 在组织内要使用 GB/T 19001 标准的特定术语

D. 要形成与 GB/T 19001 标准条款结构相一致的文件

3. 判断题

1）GB/T 19001—2016 标准规定的质量管理体系要求是对产品和服务要求的补充。 （　　）（真题）

2）GB/T 19001—2016 要求在组织质量管理体系的成文信息中应用 GB/T 19001—2016 的结构和术语。 （　　）

3）GB/T 19001—2016 标准的结构旨在对相关要求进行连贯表述，并且作为组织的方针、目标和过程的文件结构范例。 （　　）

4）实施 GB/T 19001 标准的益处就是稳定提供满足所有相关方要求的产品和服务。 （　　）（真题）

5）GB/T 19001 标准规定的质量管理体系要求就是对产品和服务要求。 （　　）

6）GB/T 19001 的要求是指对产品和服务的要求。 （　　）（真题）

 答案点拨解析

1. 单项选择题

1）B，2）C，3）A，4）A，5）A，6）B，7）A，8）D。

解析：第 1 题，GB/T 19001 标准 0.1 第一段话：采用质量管理体系是组织的一项战略决策，能够帮助其提高整体绩效，为推动可持续发展奠定良好基础。

第 2 题，GB/T 19001 标准 0.1：本标准规定的质量管理体系要求是对产品和服务要求的补充。

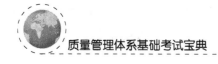

第3题，GB/T 19001 标准 0.1：基于风险的思维使组织能够确定可能导致其过程和质量管理体系偏离策划结果的各种因素，采取预防控制，最大限度地降低不利影响，并最大限度地利用出现的机遇。

第4题，GB/T 19001 标准 0.1：本标准采用过程方法，该方法结合了"策划-实施-检查-处置"（PDCA）循环和基于风险的思维。

2. 多项选择题

1）ABCD，2）BCD，3）AC，4）ABC，5）ABD，6）ABCD。

解析：第1题，GB/T 19001 标准 4.1 理解组织及其环境：组织应确定与其宗旨和战略方向相关并影响其实现质量管理体系预期结果的能力的各种外部和内部因素。5.1.1：b）确保制定质量管理体系的质量方针和质量目标，并与组织环境相适应，与战略方向相一致。5.2.1 制定质量方针：a）适应组织的宗旨和环境并支持其战略方向。9.3 管理评审、9.3.1 总则：最高管理者应按照策划的时间间隔对组织的质量管理体系进行评审，以确保其持续的适宜性、充分性和有效性，并与组织的战略方向保持一致。标准条款里都有"战略"这个关键词。

第2题，见 GB/T 19001 标准 0.1。

第3题，见 GB/T 19001 标准 0.1。本标准采用过程方法，该方法结合了PDCA（策划、实施、检查、处置）循环与基于风险的思维。

第4题，见 GB/T 19001 标准 0.1。标准要求不一定要形成质量手册，但 D 选项与其他选项不是一个层面。GB/T 19001 标准只规定了 3 个不要求统一的事项。

第5题，见 GB/T 19001 标准 0.1。

3. 判断题

1）√，2）×，3）×，4）×，5）×，6）×。

解析：第1题，GB/T 19001 标准 0.1：本标准规定的质量管理体系要求是对产品和服务要求的补充。

第2、3题均能在 GB/T 19001 标准 A.1 中找到答案。

第5题，GB/T 19001 标准所规定的质量管理体系要求是对产品和服务要求的补充，不能替代。质量管理体系要求与产品和服务要求是两类不同的要求。

3.1.2　质量管理原则（标准条款 0.2）

> **0.2　质量管理原则**
>
> 　　本标准是在 GB/T 19000 所阐述的质量管理原则基础上制定的。每项原则的介绍均包含概述、该原则对组织的重要性的依据、应用该原则的主要益处示例以及应用该原则提高组织绩效的典型措施示例。

质量管理原则是：

——以顾客为关注焦点。

——领导作用。

——全员积极参与。

——过程方法。

——改进。

——循证决策。

——关系管理。

考点知识讲解

质量管理原则是对质量管理实践经验和理论的总结，尤其是对 ISO 9000 族标准实施的经验和理论研究的总结。它是质量管理的最基本、最通用的一般性规律，适用于所有类型的产品和组织，是质量管理的理论基础。GB/T 19001 标准是遵循质量管理原则而制定的，是质量管理原则的具体应用。

质量管理原则的理解详见本书 2.3 节。

同步练习强化

1. 单项选择题

1）GB/T 19001 标准中提到的质量管理原则不包括（　　　）。（真题）

A. 以顾客为关注焦点　　　　　　　B. 管理的系统方法

C. 领导作用　　　　　　　　　　　D. 改进

2）GB/T 19001 标准所阐述的质量管理体系原则不包括（　　　）。（真题）

A. 以顾客为关注焦点、过程方法

B. 领导作用、循证决策

C. 管理的系统方法、与供方互利的关系

D. 全员积极参与、关系管理、改进

2. 多项选择题

1）GB/T 19001 标准中，关于质量管理原则的描述，以下哪些是不正确的？（　　　）。（真题）

A. 循证决策　　　　　　　　　　　B. 关系管理

C. 与供方互利的关系　　　　　　　D. 基于事实的决策方法

2）GB/T 19001 标准中，关于质量管理原则的描述，以下哪些描述是不正

确的？（　　）（真题）

    A. 以顾客为关注焦点

    B. 互利的供方关系

    C. 基于事实的决策方法

    D. 全员积极参与

3）以下（　　）是质量管理原则。（真题）

A. 领导作用	B. 改进
C. 管理的系统方法	D. 关系管理

 答案点拨解析

1. 单项选择题

1）B，2）C。

2. 多项选择题

1）CD，2）BC，3）ABD。

3.1.3　过程方法—总则（标准条款0.3-0.3.1）

0.3　过程方法

0.3.1　总则

    本标准倡导在建立、实施质量管理体系以及提高其有效性时采用过程方法，通过满足顾客要求增强顾客满意，采用过程方法所需考虑的具体要求见4.4。

    将相互关联的过程作为一个体系加以理解和管理，有助于组织**有效和高效地实现其预期结果**。这种方法使组织能够对其体系的过程之间相互关联和相互依赖的关系进行有效控制，以提高组织的整体绩效。

    过程方法包括按照组织的质量方针和战略方向，对各过程及其相互作用进行系统的规定和管理，从而实现预期结果。可通过采用PDCA循环（见0.3.2）以及始终**基于风险的思维**（见0.3.3）对过程和整个体系进行管理，旨在有效利用机遇并防止发生不良结果。

    在质量管理体系中应用过程方法能够：

    a）理解并持续满足要求。

    b）从增值的角度考虑过程。

    c）获得有效的过程绩效。

    d）在评价数据和信息的基础上改进过程。

单一过程的各要素及其相互作用如图 1 所示。每一过程均有特定的监视和测量检查点以用于控制，这些检查点根据相关的风险有所不同。

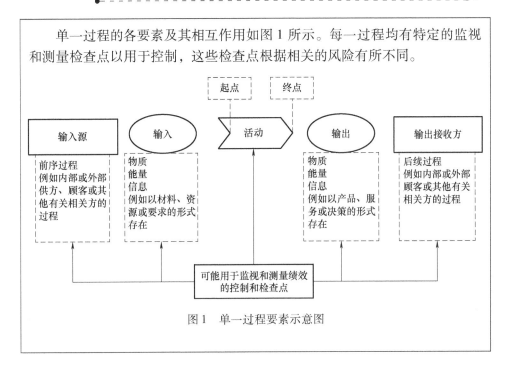

图 1　单一过程要素示意图

 考点知识讲解

1. 过程方法结合了 PDCA 循环和基于风险的思维

GB/T 19001 标准采用过程方法，该方法结合了"策划-实施-检查-处置"（PDCA）循环和基于风险的思维，这是过程方法的内涵。所以，在 GB/T 19001 标准 0.3 节过程方法的主题之下，分别以总则、PDCA 循环、基于风险的思维三部分阐述过程方法。

GB/T 19001 标准倡导在建立、实施质量管理体系以及提高其有效性时采用过程方法，通过满足顾客要求增强顾客满意。

GB/T 19001 标准的"4.4 质量管理体系及其过程"是采用过程方法所需满足的具体要求，描述了一个组织应用过程方法建立质量管理体系的基本步骤。

2. 过程方法要点

1）过程方法将相互关联的过程作为一个体系加以理解和管理，有助于组织有效和高效地实现其预期结果。

2）过程方法能够使组织对其体系的过程之间相互关联和相互依赖的关系进行有效控制，以增强组织整体绩效。

3）过程方法包括按照组织的质量方针和战略方向，对各过程及其相互作用系统地进行规定和管理（注意：不能使用"管理的系统方法"这样的表述），从而实现预期结果。

4）可通过采用 PDCA 循环以及始终基于风险的思维对过程和完整的体系进行管理，旨在有效利用机遇并防止发生非预期结果。

3. 过程方法带来的好处

1）理解并持续满足要求。

2）从增值的角度考虑过程。

3）获得有效的过程绩效。

4）在评价数据和信息的基础上改进过程。

4. 单一过程的各要素及其相互作用

单一过程的各要素及其相互作用见 GB/T 19001 标准中图 1。组织在对每一个过程进行策划时，要确定过程的输入源、输入、输出、输出接收方以及为了达到预期结果所需开展的活动，也要确定监视和测量过程绩效的控制和检查点。

输入源是前序过程，例如内部或外部供方、顾客或其他有关相关方的过程；输入是以材料、资源或要求的形式存在的物质、能量、信息；输出是以产品、服务或决策的形式存在的物质、能量、信息；输出接收方是后续过程，例如内部或外部顾客或其他有关相关方的过程。考生请注意标准中的"或"字。

控制和检查点可设置在输入源、输入、活动、输出、输出接收方，每一过程的监视和测量检查点会因过程的风险不同而不同。

 同步练习强化

1. 单项选择题

1）单一过程要素图中，以产品、服务或决策的形式存在的物质、能量、信息，称之为（　　）。（真题）

A. 输入源   B. 输入

C. 输出   D. 输出接收方

2）单一过程要素图中，以材料、资源或要求的形式存在的物质、能量、信息，称之为（　　）。（真题）

A. 输入源   B. 输入

C. 输出   D. 输出接收方

3）以下关于过程方法的描述不正确的是（　　）。（真题）

A. GB/T 19001—2016 标准倡导在建立、实施质量管理体系以及提高其有效性时采用过程方法，通过满足顾客要求增强顾客满意

B. 在实现组织预期结果的过程中，系统地管理相互关联的过程有助于提高组织的有效性

C. 过程方法使组织能够对体系中的相互关联和相互依赖的过程进行有效控制，以提高组织整体绩效

D. 过程方法包括按照组织的质量方针和战略方向，对各过程及其相互作用，系统地进行规定和管理，从而实现预期结果

4）在单一过程要素示意图中，每一过程均有特定的监视和测量检查点，以用于控制，这些检查点可包括（　　　）。（真题）

A. 输入、活动、输出

B. 输入源、输入、活动、输出、输出接收方

C. 输入、活动起点、活动终点、输出

D. 供方、输入、活动、输出、顾客

5）应用过程方法可通过采用 PDCA 循环以及始终（　　　）对过程和体系进行整体管理，旨在有效利用机遇并防止发生不良结果。（真题）

A. 进行持续改进　　　　　　　　B. 进行风险识别

C. 坚持防范风险　　　　　　　　D. 基于风险的思维

6）过程方法强调了将相互关联的过程作为一个体系加以理解和管理，有助于组织（　　　）实现其预期结果。（真题）

A. 有效地　　　　　　　　　　　B. 高效地

C. 能够　　　　　　　　　　　　D. 有效和高效地

7）GB/T 19001 单一过程要素图中，前序过程，例如内部或外部供方、顾客或其他有关相关方的过程，称之为（　　　）。

A. 输入源　　　　　　　　　　　B. 输入

C. 输出　　　　　　　　　　　　D. 输出接收方

8）GB/T 19001 单一过程要素图中，后续过程，例如内部或外部顾客或其他有关相关方的过程，称之为（　　　）。

A. 输入源　　　　　　　　　　　B. 输入

C. 输出　　　　　　　　　　　　D. 输出接收方

9）采用过程方法所需考虑的具体要求见 GB/T 19001 标准（　　　）条款。

A. 8.1　　　　　　　　　　　　B. 4.4

C. 6　　　　　　　　　　　　　D. 9.1

2. 多项选择题

1）过程方法的要点包括（　　　）。

A. 过程方法将相互关联的过程作为一个体系加以理解和管理，有助于组织有效和高效地实现其预期结果

B. 过程方法能够使组织对其体系的过程之间相互关联和相互依赖的关系进行有效控制，以增强组织整体绩效

C. 过程方法包括按照组织的质量方针和战略方向，对各过程及其相互作用，系统地进行规定和管理，从而实现预期结果

D. 可通过采用 PDCA 循环以及始终基于风险的思维对过程和完整的体系进行管理，旨在有效利用机遇并防止发生非预期结果

2）过程方法带来的好处包括（　　　）。

A. 理解并持续满足要求

B. 从增值的角度考虑过程

C. 获得有效的过程绩效

D. 在评价数据和信息的基础上改进过程

3）GB/T 19001 标准采用过程方法，该方法结合了（　　　）。（真题）

A. 领导作用 　　　　　　　　　　　B. 过程改进

C. 基于风险的思维 　　　　　　　　D. PDCA

 答案点拨解析

1. 单项选择题

1）C，2）B，3）B，4）B，5）D，6）D，7）A，8）D，9）B。

2. 多项选择题

1）ABCD，2）ABCD，3）CD。

3.1.4　PDCA 循环（标准条款 0.3.2）

0.3.2　PDCA 循环

PDCA 循环能够应用于所有过程以及整个质量管理体系。图 2 表明了本标准第 4 章至第 10 章是如何构成 PDCA 循环的。

PDCA 循环可以简要描述如下：

——策划（Plan）：根据顾客的要求和组织的方针，建立体系的目标及其过程，确定实现结果所需的资源，并识别和应对风险和机遇。

——实施（Do）：执行所做的策划。

——检查（Check）：根据方针、目标、要求和所策划的活动，对过程以及形成的产品和服务进行监视和测量（适用时），并报告结果。

——处置（Act）：必要时，采取措施提高绩效。

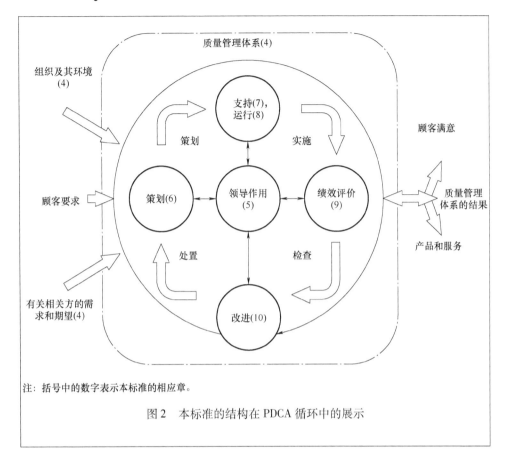

注：括号中的数字表示本标准的相应章。

图 2　本标准的结构在 PDCA 循环中的展示

 考点知识讲解

1. PDCA 循环应用范围

PDCA 循环适用于所有的过程，比如产品设计过程、采购过程，也适用于作为一个整体的质量管理体系。

GB/T 19001 标准框架就是按照 PDCA 的思路设计的。标准的第 4 章、第 5 章、第 6 章是策划 P 的过程，第 7 章、第 8 章是实施 D 的过程，第 9 章是检查 C 的过程，第 10 章是处置 A 的过程。

2. GB/T 19001 标准中图 2 的说明

1）GB/T 19001 标准中图 2 表明了 GB/T 19001 标准第 4 章至第 10 章是如何构成 PDCA 循环的。

2）大圆圈左边的三个单向箭头，说明组织在建立质量管理体系，确定输入要求时，首先要考虑顾客要求，同时也要考虑组织所处的环境以及组织利益相关方的需求和期望。

3）大圆圈的右边是质量管理体系的输出，说明通过质量管理体系的运行，将实现质量管理体系策划的结果、产品和服务以及达到顾客满意。质量管理体系与质量管理体系的输出之间有一个双向箭头，表明它们之间存在双向信息流。

4）中心的小圆圈"领导作用"与四周的小圆圈之间是双向箭头，表明它们之间存在双向信息流，也表明过程的运行离不开领导的参与与支持。

5）上下左右 4 个小圆圈之间的 4 个箭头表明了这些过程的内在逻辑顺序，形成了封闭的 PDCA 循环（策划 P、支持和运行 D、绩效评价 C、改进 A），表明这些过程会不断循环下去。每循环一次，质量管理水平都会上一个台阶。

6）小圆圈"改进"处于大圆圈的边界上，大圆圈的箭头表明质量管理体系的改进是一个循环过程，没有止境。

3. PDCA 循环的具体描述

PDCA 循环的具体描述详见标准原文。这些描述，考生需要记住。

 同步练习强化

1. 单项选择题

1）GB/T 19001 标准框架就是按照 PDCA 的思路设计的。GB/T 19001 标准的第 7 章、第 8 章是 PDCA 的（　　　）过程。

A. P　　　　　　　B. D　　　　　　　C. C　　　　　　　D. A

2）PDCA 循环中的"策划（P）"是指根据顾客的要求和组织的方针，建立体系的目标及其过程，确定实现结果所需的资源，并（　　　）。

A. 定义要形成的产品和服务　　　　B. 识别和应对风险和机遇

C. 计划需要开展的培训工作　　　　D. 明确组织各部门的职责和权限

3）PDCA 循环中的"检查（C）"是指根据方针、目标、要求和（　　　），对过程以及形成的产品和服务进行监视和测量（适用时），并（　　　）。

A. 所策划的准则，报告结果　　　　B. 所策划的活动，报告结果

C. 所策划的准则，适时采取措施　　D. 所策划的活动，适时采取措施

2. 多项选择题

1）下列哪些是 GB/T 19001 标准基本结构示意的 PDCA 循环图中输入的要求？（　　　）。（真题）

A. 相关方的需求和期望　　　　　　B. 组织及其环境

C. 质量管理体系的结果　　　　　　D. 顾客要求

2）下列哪些是 GB/T 19001 标准基本结构示意的 PDCA 循环图中输出的要求？（　　　）。

A. 质量管理体系的结果 　　　　　　B. 顾客满意

C. 相关方的需求和期望 　　　　　　D. 产品和服务

3）PDCA 循环中的"检查（C）"是指根据（　　　），对过程以及形成的产品和服务进行监视和测量（适用时），并报告结果。

A. 方针 　　　　　　　　　　　　　B. 目标

C. 要求 　　　　　　　　　　　　　D. 所策划的活动

 答案点拨解析

1. 单项选择题

1）B，2）B，3）B。

2. 多项选择题

1）ABD，2）ABD，3）ABCD。

解析：第 1、2 题，见 GB/T 19001 标准 0.3.2 中图 2。

3.1.5　基于风险的思维（标准条款 0.3.3、附录 A.4）

0.3.3　基于风险的思维

基于风险的思维（见附录 A.4）是实现质量管理体系有效性的基础。本标准以前的版本已经隐含基于风险思维的概念，例如：采取预防措施消除潜在的不合格，对发生的不合格进行分析，并采取与不合格的影响相适应的措施，防止其再发生。

为满足本标准的要求，组织需策划和实施应对风险和机遇的措施。应对风险和机遇，为提高质量管理体系有效性、获得改进结果以及防止不利影响奠定基础。

某些有利于实现预期结果的情况可能导致机遇的出现，例如：有利于组织吸引顾客、开发新产品和服务、减少浪费或提高生产率的一系列情形。利用机遇所采取的措施也可能包括考虑相关风险。风险是不确定性的影响，不确定性可能有正面的影响，也可能有负面的影响。风险的正面影响可能提供机遇，但并非所有的正面影响均可提供机遇。

附录 A.4　基于风险的思维

本标准以前的版本中已经隐含基于风险的思维的概念，如有关策划、评审和改进的要求。本标准要求组织理解其组织环境（见 4.1），并以确定风险作为策划的基础（见 6.1）。这意味着将基于风险的思维应用于策划和实施质

量管理体系过程（见4.4），并有助于确定成文信息的范围和程度。

　　质量管理体系的主要用途之一是作为预防工具。因此，本标准并未就"预防措施"设置单独条款或子条款，预防措施的概念是通过在质量管理体系要求中融入基于风险的思维来表达的。

　　由于在本标准中使用基于风险的思维，因而一定程度上减少了规定性要求，并以基于绩效的要求替代。在过程、成文信息和组织职责方面的要求比GB/T 19001—2008具有更大的灵活性。

　　虽然6.1规定组织应策划应对风险的措施，**但并未要求运用正式的风险管理方法或将风险管理过程形成文件。组织可以决定是否采用超出本标准要求的更多风险管理方法，如通过应用其他指南或标准。**

　　在组织实现其预期目标的能力方面，并非质量管理体系的全部过程表现出相同的风险等级，并且不确定性的影响对于各组织不尽相同。根据6.1的要求，组织有责任应用基于风险的思维，并采取应对风险的措施，包括是否保留成文信息，以作为其确定风险的证据。

 考点知识讲解

1. "基于风险的思维"说明

1）基于风险的思维是实现质量管理体系有效性的基础。

2）GB/T 19001标准要求组织理解其组织环境，并以确定风险作为策划的基础。这意味着将基于风险的思维应用于策划和实施质量管理体系过程，并有助于确定成文信息的范围和程度。

3）质量管理体系的主要用途之一是作为预防工具。因此，GB/T 19001标准并未就"预防措施"设置单独条款或子条款，预防措施的概念是通过在质量管理体系要求中融入基于风险的思维来表达的。

4）由于在GB/T 19001标准中使用基于风险的思维，因而一定程度上减少了规定性要求，并以基于绩效的要求替代。

5）在组织实现其预期目标的能力方面，并非质量管理体系的全部过程表现出相同的风险等级，并且不确定性的影响对于各组织不尽相同。

6）风险是不确定性的影响，不确定性可能有正面的影响，也可能有负面的影响。风险的正面影响可能提供机遇，但并非所有的正面影响均可提供机遇。

2. 策划和实施应对风险和机遇的措施

1）为满足GB/T 19001标准的要求，组织需策划和实施应对风险和机遇的措施。应对风险和机遇，为提高质量管理体系有效性、获得改进结果以及防止不利影响奠定基础。

2）虽然 GB/T 19001 标准 6.1 规定组织应策划应对风险的措施，但并未要求运用正式的风险管理方法或将风险管理过程形成文件。当然组织也可以采用比本标准要求更广泛的风险管理方法，比如可参照 ISO 31000《风险管理——指南》进行风险管理。

3）根据 GB/T 19001 标准 6.1 的要求，组织有责任应用基于风险的思维，并采取应对风险的措施，包括是否保留成文信息，以作为其确定风险的证据。

4）某些有利于实现预期结果的情况可能导致机遇的出现，例如，开发新产品有风险，但新产品一旦成功，就会为组织带来丰厚的利润（机遇）。不过，需记住的是，抓住机遇的同时，一定要考虑相关联的风险，因此利用机遇所采取的措施也可能包括考虑相关风险。

 同步练习强化

1. 单项选择题

1）风险是不确定性的影响，不确定性可能是正面或负面的影响。风险的正面影响可能提供（　　）。（真题）

A. 改进机会 　　　　　　　　　　B. 机遇

C. 预防措施的机会 　　　　　　　D. 新的挑战

2）机遇的出现可能意味着某种（　　）的局面，例如：有利于组织吸引顾客、开发新产品和服务，减少浪费或提高生产率的一系列情形。（真题）

A. 迎接新挑战 　　　　　　　　　B. 有利于实现质量方针和目标

C. 实现质量管理有效性 　　　　　D. 有利于实现预期结果

3）在策划质量管理体系时，确定需要应对的风险和机遇时，正确的是（　　）。（真题）

A. 用风险管理指南

B. 用风险评估技术

C. 将风险管理过程形成文件

D. 并不要运用正式的风险管理方法

4）关于风险和机遇，以下说法正确的是（　　）。（真题）

A. 组织应运用正式的风险管理方法对其质量管理体系各过程的风险进行管理

B. 组织应将风险和机遇识别和评价的结果以及所采取的风险应对措施形成文件

C. 组织的质量管理体系的所有过程的风险等级都是相同的

D. 并非所有的风险都要规避和消除

5）GB/T 19001 标准要求组织理解其组织环境，并以确定（　　）作为策划的基础。

A. 顾客要求　　　　　　　　　　　　B. 风险

C. 相关方的需求和期望　　　　　　　D. 质量管理体系的结果

6）由于在 GB/T 19001 标准中使用基于风险的思维，因而一定程度上减少了规定性要求，并以基于（　　）的要求替代。

A. 产品和服务　　　　　　　　　　　B. 顾客

C. 绩效　　　　　　　　　　　　　　D. 相关方

7）在 GB/T 19001 中，（　　）的概念是通过在质量管理体系要求中融入基于风险的思维来表达的。

A. 预防措施　　　　　　　　　　　　B. 纠正措施

C. 改进　　　　　　　　　　　　　　D. 过程

2. 多项选择题

1）依据 GB/T 19001 标准，应对风险和机遇可为（　　）奠定基础。（真题）

A. 提高质量管理体系有效性　　　　　B. 获得改进结果

C. 创造利润　　　　　　　　　　　　D. 防止不利影响

2）根据 GB/T 19001 标准基于风险的思维，下列哪些是正确的（　　）？

A. 需要设置专门的"预防措施"条款

B. 组织应实施应对风险和机遇的措施

C. 组织应确定风险作为策划的基础

D. 增加了规定性要求

 答案点拨解析

1. 单项选择题

1）B，2）D，3）D，4）D，5）B，6）C，7）A。

解析：第 1 题，见 GB/T 19001 标准 0.3.3 最后一段话。

第 2 题，见 GB/T 19001 标准 0.3.3 第三段话的开始。

第 3 题，见 GB/T 19001 标准 A.4 第四段话。

第 4 题，GB/T 19001 标准 0.3.3 第三段话中说"利用机遇所采取的措施也可能包括考虑相关风险"，所以 D 选项是对的。没有规定要将风险应对措施形成文件，所以 B 选项是错的。从 GB/T 19001 标准 A.4 中，知道 A、C 选项是错的。

第 5 题，见 GB/T 19001 标准 A.4 第一段话。

第 6 题，见 GB/T 19001 标准 A.4 第三段话。

2. 多项选择题

1）ABD，2）BC。

3.1.6　与其他管理体系标准的关系（标准条款0.4、附录B）

0.4　与其他管理体系标准的关系

本标准采用ISO制定的管理体系标准框架，以提高与其他管理体系标准的**协调一致性**（见A.1）。

本标准使组织能够使用过程方法，并结合PDCA循环和基于风险的思维，将其质量管理体系与其他管理体系标准要求进行协调**或**一体化。

本标准与GB/T 19000和GB/T 19004存在如下关系：

——GB/T 19000《质量管理体系　基础和术语》为正确理解和实施本标准**提供必要基础**。

——GB/T 19004《追求组织的持续成功　质量管理方法》为选择超出本标准要求的组织**提供指南**。

附录B给出了SAC/TC 151制定的其他质量管理和质量管理体系标准（等同采用ISO/TC 176质量管理和质量保证技术委员会制定的国际标准）的详细信息。

本标准不包括针对环境管理、职业健康和安全管理或财务管理等其他管理体系的特定要求。

在本标准的基础上，已经制定了若干行业特定要求的质量管理体系标准。其中的某些标准规定了质量管理体系的附加要求，而另一些标准则仅限于提供在特定行业应用本标准的指南。

本标准的章条内容与之前版本（GB/T 19001—2008/ISO 9001：2008）章条内容之间的对应关系见ISO/TC 176/SC 2（国际标准化组织/质量管理和质量保证技术委员会/质量体系分委员会）的公开网站：www.iso.org/tc176/sc02/public。

附录B

（资料性附录）

SAC/TC 151制定的其他质量管理和质量管理体系标准

本附录描述的标准由SAC/TC 151制定（等同采用ISO/TC 176质量管理和质量保证技术委员会制定的国际标准），旨在为应用本标准的组织提供支持信息，并为组织选择追求超越本标准要求的目标提供指南。本附录所列文件中包含的指南或要求并不增加或修改本标准的要求。

本标准条款与其他相关标准之间的关系见表 B.1。

本附录不包括参考 GB/T 19000 族而制定的行业特定要求的质量管理体系标准。

本标准系 SAC/TC 151 所制定 GB/T 19000 族（等同采用 ISO 9000 族）的三个核心标准之一。

——GB/T 19000/ISO 9000《质量管理体系　基础和术语》为正确理解和实施本标准提供必要的基础。在制定本标准过程中考虑到了 GB/T 19000 详细描述的质量管理原则。这些原则本身不作为要求，但构成本标准所规定要求的基础。GB/T 19000 还规定了应用于本标准的术语、定义和概念。

——本标准（GB/T 19001/ISO 9001）规定的要求旨在为组织的产品和服务提供信任，从而增强顾客满意。正确实施本标准也能为组织带来其他预期利益，如改进内部沟通，更好地理解和控制组织的过程。

——GB/T 19004/ISO 9004《追求组织的持续成功　质量管理方法》为组织选择超出本标准的要求提供指南，关注能够改进组织整体绩效的更加广泛的议题，GB/T 19004 包括自我评价方法指南，以便组织能够对其质量管理体系的成熟度进行评价。

在组织实施或寻求改进其质量管理体系、过程或相关活动的过程中，以下简要介绍的标准可以为其提供帮助。

——GB/T 19010/ISO 10001《质量管理　顾客满意　组织行为规范指南》，为组织确定其在满足顾客需求和期望方面的满意程度提供指南。实施该标准可以增强顾客对组织的信心，使组织对顾客的预期更加准确，从而降低误解和投诉的可能性。

——GB/T 19012/ISO 10002《质量管理　顾客满意　组织处理投诉指南》，通过确认和理解投诉方的需求和期望，并解决所接到的投诉，为组织提供了有关投诉处理过程的指南，该标准提供了一个开放、有效和易于应用的投诉过程，包括人员培训，并且也为小企业提供指南。

——GB/T 19013/ISO 10003《质量管理　顾客满意　组织外部争议解决指南》，为组织有效和高效地解决有关产品投诉的外部争议提供了指南。当投诉不能在组织内部解决时，争议解决是一种补偿途径。大多数投诉可以在组织内部成功解决，无需更多的冲突过程。

——GB/Z 27907/ISO 10004《质量管理　顾客满意　监视和测量指南》，为组织采取增强顾客满意的措施，并识别顾客所关注的产品、过程和属性的改进机会提供了指南。这些措施能够增强顾客忠诚，避免顾客流失。

——GB/T 19015/ISO 10005《质量管理体系 质量计划指南》，为组织制定和实施质量计划，作为满足相关过程、产品、项目或合同要求的手段，形成支持产品实现的工作方法和实践提供了指南。制定质量计划的益处在于能使相关人员增加可以满足质量要求并有效控制相应过程的信心，推动其积极参与。

——GB/T 19016/ISO 10006《质量管理体系 项目质量管理指南》，可适用于从小到大、从简单到复杂、从单独的项目到项目组合中组成部分的各种项目。既可供项目管理人员使用，也可供需要确保其组织应用质量管理体系标准相关实践的人员使用。

——GB/T 19017/ISO 10007《质量管理体系 技术状态管理指南》，帮助组织在整个寿命周期内对产品的技术和管理状态应用技术状态管理。技术状态管理可用于满足本标准规定的产品标识和可追溯要求。

——GB/T 19018/ISO 10008《质量管理 顾客满意 企业-消费者电子商务交易指南》，指导组织如何有效和高效地实施企业-消费者电子商务交易系统（B2C ECT），从而为增加顾客对此电子商务交易的信心奠定基础，提高组织满足顾客要求的能力，以减少投诉和争议。

——GB/T 19022/ISO 10012《测量管理体系 测量过程和测量设备的要求》，为测量过程管理以及支持和证明符合计量要求的测量设备的计量确认提供了指南。该标准规定测量管理体系的质量管理准则，以确保满足计量要求。

——GB/T 19023/ISO/TR 10013《质量管理体系文件指南》，为编制和保持质量管理体系所需的文件提供了指南。该标准能用于质量管理体系相关标准以外的管理体系，如：环境管理体系和安全管理体系。

——GB/T 19024/ISO 10014《质量管理 实现财务和经济效益的指南》专门为最高管理者制定。该标准为通过应用质量管理原则实现财务和经济效益提供了指南。其有利于促进组织应用管理原则以及选择持续成功的方法和工具。

——GB/T 19025/ISO 10015《质量管理培训指南》，为组织解决培训相关问题提供了帮助和指南。该标准能用于质量管理体系相关标准涉及"教育"与"培训"事宜时所需的指南。所谓"培训"包括所有类型的教育和培训。

——GB/Z 19027/ISO/TR 10017《GB/T 19001—2000 的统计技术指南》，解释了依据在明显稳定条件下也可观察到过程状态和结果的变量的统计技术。采用统计技术可以更好地利用获得的数据进行决策，从而有助于持续改进产品和过程质量，实现顾客满意。

——GB/T 19028/ISO 10018《质量管理 人员参与和能力指南》，提供了影响人员参与和能力方面的指南。质量管理体系取决于胜任人员的积极主动参与，以及这些人员的组织管理方式。其对所需知识、技能、行为、工作环境的识别、发展和评价至关重要。

——GB/T 19029/ISO 10019《质量管理体系咨询师的选择及其服务使用的指南》，指导如何选择质量管理体系咨询师以及使用其服务。该标准为质量管理体系咨询师的能力评价过程提供了指南，帮助组织获得满足其需求和期望的咨询服务。

——GB/T 19011/ISO 19011《管理体系审核指南》，就审核方案管理、管理体系审核的策划和实施以及审核员和审核组能力评价提供了指南。该标准适用于审核员、实施管理体系的组织以及实施管理体系审核的组织。

表 B.1 本标准条款与其他质量管理和质量管理体系标准之间的关系

其他标准	本标准条款						
	4	5	6	7	8	9	10
GB/T 19000/ISO 9000	全部内容	全部内容	全部内容	全部内容	全部内容	全部内容	全部内容
GB/T 19004/ISO 9004	全部内容	全部内容	全部内容	全部内容	全部内容	全部内容	全部内容
GB/T 19010/ISO 10001					8.2.2, 8.5.1	9.1.2	
GB/T 19012/ISO 10002					8.2.1	9.1.2	10.2.1
GB/T 19013/ISO 10003						9.1.2	
GB/Z 27907/ISO 10004						9.1.2, 9.1.3	
GB/T 19015/ISO 10005		5.3	6.1, 6.2	全部内容	全部内容	9.1	10.2
GB/T 19016/ISO 10006	全部内容	全部内容	全部内容	全部内容	全部内容	全部内容	全部内容
GB/T 19017/ISO 10007					8.5.2		
ISO 10008	全部内容	全部内容	全部内容	全部内容	全部内容	全部内容	全部内容
GB/T 19022/ISO 10012				7.1.5			
GB/T 19023/ISO/TR 10013				7.5			
GB/T 19024/ISO 10014	全部内容	全部内容	全部内容	全部内容	全部内容	全部内容	全部内容
GB/T 19025/ISO 10015				7.2			
GB/T 19027/ISO/TR 10017			6.1	7.1.5		9.1	
ISO 10018	全部内容	全部内容	全部内容	全部内容	全部内容	全部内容	全部内容
GB/T 19029/ISO 10019					8.4		
GB/T 19011/ISO 19011						9.2	

注："全部内容"表示本标准中该条款的全部内容与其他的相应标准相关。

考点知识讲解

1. GB/T 19001 标准与其他管理体系标准的关系

1）GB/T 19001 标准采用高层结构（HLS）。GB/T 19001 标准采用 ISO 制定的管理体系标准框架，以提高与其他管理体系标准的兼容性。

ISO 制定的管理体系标准框架，也就是 ISO/IEC 导则第 1 部分 ISO 补充规定的附件 SL 中提出的管理体系标准"高层结构"。所有的管理体系标准都应遵循"高层结构"的格式。

2）过程方法有利于质量管理体系与其他管理体系整合。GB/T 19001 标准使组织能够使用过程方法，并结合 PDCA 循环和基于风险的思维，将其质量管理体系与其他管理体系标准要求进行协调或一体化。

3）GB/T 19001 标准与 GB/T 19000 和 GB/T 19004 的关系。

GB/T 19000、GB/T 19001、GB/T 19004 是 ISO 9000 族的三个核心标准，它们的作用及关系如下：

——GB/T 19000《质量管理体系　基础和术语》为正确理解和实施 GB/T 19001 提供必要基础。在制定 GB/T 19001 标准过程中考虑到了 GB/T 19000 详细描述的质量管理原则。这些原则本身不作为要求，但构成 GB/T 19001 标准所规定要求的基础。GB/T 19000 还规定了应用于 GB/T 19001 标准的术语、定义和概念。

——GB/T 19001《质量管理体系　要求》规定的要求旨在为组织的产品和服务提供信任，从而增强顾客满意。正确实施 GB/T 19001 标准也能为组织带来其他预期利益，如改进内部沟通，更好地理解和控制组织的过程。三个核心标准中，只有 GB/T 19001 能作为质量管理体系认证的标准。

——GB/T 19004《追求组织的持续成功　质量管理方法》为选择超出 GB/T 19001 标准要求的组织提供指南。GB/T 19004 关注能够改进组织整体绩效的更加广泛的议题，GB/T 19004 包括自我评价方法指南，以便组织能够对其质量管理体系的成熟度进行评价。

4）GB/T 19001 标准附录 B 给出了 SAC/TC 151 质量管理和质量保证技术委员会制定的其他质量管理和质量管理体系标准的详细信息。在组织实施或寻求改进其质量管理体系、过程或相关活动的过程中，这些标准可以为其提供帮助。GB/T 19001 标准表 B.1 说明了 GB/T 19001 标准与这些标准的关系。

考生至少要记住这些标准的代号、名称以及这些标准的作用。这些标准中的某些重要内容也需记住，具体详见第 4 章。

2. 质量管理和质量管理体系标准分类

质量管理和质量管理体系标准可以分为以下几类（见表3-1）：

1）核心标准。

2）质量管理体系的指南。

3）质量管理体系技术支持指南。

4）支持质量管理体系的技术文件。

5）用于某些特殊行业的质量管理体系的要求。

这样分类见 GB/T 19000—2016 标准 2.4.3 条款。以往的考题中出现了标准分类的情况，实际上很好掌握。顾客满意、测量体系、管理体系审核这些标准属于质量管理体系的指南标准，支持质量管理体系的技术文件就两个——文件指南、统计技术指南。核心标准、特殊行业标准很明确，其余都是质量管理体系技术支持指南标准。

表 3-1 质量管理和质量管理体系标准构成与分类

类　别	标　准
核心标准	GB/T 19000/ISO 9000《质量管理体系　基础和术语》
	GB/T 19001/ISO 9001《质量管理体系　要求》
	GB/T 19004/ISO 9004《质量管理　组织的质量　实现持续成功指南》
质量管理体系的指南	GB/T 19010/ISO 10001《质量管理　顾客满意　组织行为规范指南》
	GB/T 19012/ISO 10002《质量管理　顾客满意　组织处理投诉指南》
	GB/T 19013/ISO 10003《质量管理　顾客满意　组织外部争议解决指南》
	GB/T 19014/ISO 10004《质量管理 顾客满意 监视和测量指南》（代替 GB/Z 27907）
	GB/T 19018/ISO 10008《质量管理　顾客满意　企业—消费者电子商务交易指南》
	GB/T 19022/ISO 10012《测量管理体系　测量过程和测量设备的要求》
	GB/T 19011/ISO 19011《管理体系审核指南》
质量管理体系技术支持指南	GB/T 19015/ISO 10005《质量管理　质量计划指南》
	GB/T 19016/ISO 10006《质量管理　项目质量管理指南》
	GB/T 19017/ISO 10007《质量管理　技术状态管理指南》
	GB/T 19024/ISO 10014《质量管理　实现财务和经济效益的指南》
	GB/T 19025/ISO 10015《质量管理培训指南》
	GB/T 19028/ISO 10018《质量管理　人员参与和能力指南》
	GB/T 19029/ISO 10019《质量管理体系咨询师的选择及其服务使用的指南》

（续）

类　别	标　准
支持质量管理 体系的技术文件	GB/T 19023/ISO/TR 10013《质量管理体系文件指南》
	GB/Z 19027/ISO/TR 10017《GB/T 19001—2000 的统计技术指南》
用于某些特殊行业的 质量管理体系的要求	ISO 13485《医疗器械质量管理体系　用于法规的要求》

 同步练习强化

1. 单项选择题

1）为正确理解和实施 GB/T 19001—2016 标准提供必要基础的标准是（　　）。（真题）

　　A. ISO 10001《质量管理　顾客满意　组织行为规范指南》

　　B. ISO 9004《追求组织的持续成功　质量管理方法》

　　C. ISO 9000《质量管理体系　基础和术语》

　　D. ISO 19011《管理体系审核指南》

2）GB/T 19004《追求组织的持续成功 质量管理方法》为选择超出 GB/T 19001 标准要求的组织提供（　　）。（真题）

　　A. 审核依据　　　　　　　　　　B. 更高要求

　　C. 指南　　　　　　　　　　　　D. 要求

3）GB/T 19001—2016 标准使组织能够使用过程方法，并结合 PDCA 循环和基于风险的思维，将其质量管理体系要求与其他管理体系标准要求进行（　　）。（真题）

　　A. 协调或一体化　　　　　　　　B. 融合

　　C. 整合　　　　　　　　　　　　D. 协调

4）GB/T 19001—2016 标准采用 ISO 制定的管理体系标准框架，以提高与其他管理体系标准的（　　）。

　　A. 相似性　　　　　　　　　　　B. 融合性

　　C. 协调一致性　　　　　　　　　D. 整合

2. 多项选择题

1）以下（　　）标准是 ISO 9000 族的技术支持指南标准。（真题）

　　A. GB/T 19015　　　　　　　　　B. GB/T 19016

　　C. GB/T 19025　　　　　　　　　D. GB/T 19011

2）不能用于质量管理体系认证的标准是（　　）。（真题）

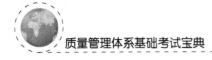

A. ISO 9002   B. 1SO 9004

C. ISO 9001   D. ISO 9000

3. 判断题

1）在制定 GB/T 19001—2016 标准过程中考虑到了 GB/T 19000 详细描述的质量管理原则，使得这些原则成为 GB/T 19001 标准的要求。   （   ）

2）GB/T 19004 标准可用于认证、法律法规和合同的目的。（   ）（真题）

 答案点拨解析

1. 单项选择题

1）C，2）C，3）A，4）C。

解析：这些题目均能在 GB/T 19001 标准 0.4 中找到答案。第 3 题的答案是"协调或一体化"，注意其中的"或"字。

2. 多项选择题

1）ABC，2）ABD。

3. 判断题

1）×，2）×。

解析：这些题目，在 GB/T 19001 标准附录 B 中关于 GB/T 19000 标准的描述中能找到答案。

3.2 范围、规范性引用文件、术语和定义（标准条款 1、2、3，附录 A.2）

---

1 范围

本标准为下列组织规定了质量管理体系要求：

a）需要证实其具有稳定提供满足**顾客要求**及适用法律法规要求的产品和服务的能力。

b）通过体系的有效应用，包括体系改进的过程，以及保证符合**顾客要求**和适用的法律法规要求，旨在增强顾客满意。

本标准规定的所有要求是通用的，旨在适用于各种类型、不同规模和提供不同产品和服务的组织。

注 1：本标准中的术语"产品"或"服务"仅适用于**预期**提供给顾客**或**顾客所要求的产品和服务。

注 2：法律法规要求可称作法定要求。

2　规范性引用文件

下列文件对于本文件的应用是必不可少的。凡是注日期的引用文件，仅注日期的版本适用于本文件。凡是不注日期的引用文件，其最新版本（包括所有的修改单）适用于本文件。

GB/T 19000—2016《质量管理体系　基础和术语》。

3　术语和定义

GB/T 19000—2016 界定的术语和定义适用于本文件。

附录 A.2　产品和服务

GB/T 19001—2008 使用的术语"产品"包括所有的输出类别。**本标准**则使用"产品和服务"。"产品和服务"包括所有的输出类别（**硬件、服务、软件和流程性材料**）。

特别包含"服务"，旨在强调在某些要求的应用方面，产品和服务之间存在的差异，服务的特性表明，至少有一部分输出是在与顾客的接触面上实现的。这意味着在提供服务之前不一定能够确认其是否符合要求。

在大多数情况下，"产品和服务"一起使用。由组织向顾客提供的或外部供方提供的大多数输出包括产品和服务两方面。例如：有形或无形产品可能涉及相关的服务，而服务也可能涉及相关的有形或无形产品。

 考点知识讲解

1. GB/T 19001 标准的适用范围

GB/T 19001 标准的"范围"是指标准的适用范围。GB/T 19001 标准可用于有以下两个需求的组织：

1）需要证实其具有稳定提供满足顾客要求及适用法律法规要求的产品和服务的能力。

2）通过体系的有效应用，包括体系改进的过程，以及保证符合顾客要求和适用的法律法规要求，旨在增强顾客满意。

GB/T 19001 标准所讲的法律法规要求可称作法定要求，"适用的法律法规"仅指与产品和服务的符合性有关的法律法规，不包括组织应遵守的其他通用法律法规。

2. GB/T 19001 标准的通用性

GB/T 19001 标准规定的所有要求是通用的，旨在适用于各种类型、不同规模和提供不同产品和服务的组织。

3. 产品和服务

1）GB/T 19001—2016 标准中的术语"产品"或"服务"仅适用于预期提供给顾客**或**顾客所要求的产品和服务。考生请注意其中的"预期""或"字。

2）GB/T 19001—2016 标准中的术语"产品"或"服务"不包括在产品和服务形成过程中不期望得到的结果（非预期结果），如对环境产生影响的污染、废料，这些非预期结果是环境管理体系需要控制的。

3）GB/T 19001—2008 使用的术语"产品"包括所有的输出类别，GB/T 19001—2016 标准则使用"产品和服务"。"产品和服务"包括所有的输出类别（硬件、服务、软件和流程性材料）。

4）在某些要求的应用方面，产品和服务之间存在的差异，服务的特性表明，至少有一部分输出是在与顾客的接触面上实现的。这意味着在提供服务之前不一定能够确认其是否符合要求。

5）在大多数情况下，"产品和服务"一起使用。由组织向顾客提供的或外部供方提供的大多数输出包括产品和服务两方面。例如：有形或无形产品可能涉及相关的服务，而服务也可能涉及相关的有形或无形产品。

4. 规范性引用文件

GB/T 9000—2016 为 GB/T 19001—2016 的规范性引用文件。

5. 术语和定义

GB/T 9000—2016 界定的术语和定义适用于 GB/T 19001—2016。

 同步练习强化

1. 单项选择题

1）在 GB/T 19001—2016 标准中，术语"产品"或"服务"仅适用于（   ）的产品和服务。（真题）

A. 提供给顾客或顾客所要求　　　　　B. 预期提供给顾客或顾客所要求

C. 预期提供给顾客　　　　　　　　　D. 顾客所要求

2）组织通过质量管理体系的有效应用，包括体系改进的过程，以及保证符合顾客要求和适用的法律法规要求，旨在（   ）。

A. 提高产品和服务的质量　　　　　　B. 通过认证

C. 增强顾客满意　　　　　　　　　　D. 得到顾客的认可

3）针对"产品和服务"，表述不正确的是（   ）。（真题）

A. 在大多数情况下，"产品和服务"一起使用

B. 产品和服务包括所有的输出类别

C. 产品和服务包括硬件、服务、软件和流程性材料

D. 产品和服务不存在差异

2. 多项选择题

1）GB/T 19001—2016 标准为下列（　　）组织规定了质量管理体系要求。（真题）

A. 需要证实其具有稳定提供满足顾客要求和适用法律法规要求的产品和服务的能力

B. 通过体系的有效应用，包括体系改进的过程，以及保证符合顾客和适用的法律法规要求，旨在增强顾客满意

C. 需要证实其具有稳定提供满足相关方要求和适用法律法规要求的产品和服务的能力

D. 通过体系的有效应用，包括体系改进的过程，以及保证符合相关方和适用的法律法规要求，旨在增强顾客和相关方满意

2）GB/T 19001 标准规定的所有要求旨在适用于（　　）的组织。（真题）

A. 正规的大、中型建立管理体系　　　　B. 不同规模

C. 提供不同产品和服务　　　　　　　　D. 各种类型

 答案点拨解析

1. 单项选择题

1）B，2）C，3）D。

2. 多项选择题

1）AB，2）BCD。

3.3　组织环境（标准条款 4）

GB/T 19001 标准第 4 章组织环境，包括 4.1 理解组织及其环境，4.2 理解相关方的需求和期望，4.3 确定质量管理体系的范围，4.4 质量管理体系及其过程。

3.3.1　理解组织及其环境（标准条款 4.1）

> **4　组织环境**
>
> **4.1　理解组织及其环境**
>
> 组织应确定与其**宗旨和战略方向**相关并影响其实现质量管理体系**预期**结果的能力的各种外部和内部因素。

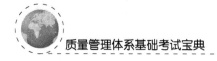
组织应对这些内部和外部因素的**相关信息**进行**监视和评审**。

注1：这些因素可能包括需要考虑的正面和负面要素或条件。

注2：考虑来自于国际、国内、地区和当地的各种法律法规、技术、竞争、市场、文化、社会和经济环境的因素，有助于理解外部环境。

注3：考虑与组织的价值观、文化、知识和绩效等有关的因素，有助于理解内部环境。

 考点知识讲解

1. 组织环境的定义

GB/T 19000 标准 3.2.2 条款对组织环境进行了定义。组织环境是指对组织建立和实现目标的方法有影响的内部和外部因素的组合。

组织的目标可能涉及其产品和服务、投资和对其相关方的行为。组织环境的概念，除了适用于营利性组织，还同样能适用于非营利或公共服务组织。在英语中，组织环境可用商业环境或组织生态系统来表述。了解基础设施对确定组织环境会有帮助。

2. 组织环境的界定

需要组织确定、监视和评审的组织环境（各种外部和内部因素），仅是与下面两个方面相关的外部和内部因素：

1）与组织宗旨和战略方向相关。

2）影响组织实现质量管理体系预期结果的能力。

3. 组织环境的分类

1）组织环境分为外部环境和内部环境。

——考虑来自于国际、国内、地区和当地的各种法律法规、技术、竞争、市场、文化、社会和经济环境的因素，有助于理解外部环境。

——考虑与组织的价值观、文化、知识和绩效等有关的因素，有助于理解内部环境。

2）环境因素（各种外部和内部因素）可能包括需要考虑的正面和负面要素或条件。

4. 组织环境的管理

1）确定。组织应确定与其宗旨和战略方向相关并影响其实现质量管理体系预期结果的能力的各种外部和内部因素。要保证所建立的质量管理体系与这些环境因素相适宜。

2）监视和评审。组织应对这些内部和外部因素的相关信息进行监视和评审。通过监视和评审，感知内部和外部环境因素的变化以便及时应对。

 同步练习强化

1. 单项选择题

1）审核员在一家机械制造厂与公司领导交谈，了解到近一年该企业的外界环境变化非常快，原来提供的产品在市场上呈现衰退期，市场份额下降，顾客流失严重，但企业未对此进行评审，此情景适用于 GB/T 19001 标准的（　　）款。（真题）

A. 4.1　　　　　　　　　　　　B. 4.2

C. 6.1　　　　　　　　　　　　D. 6.3

2）组织在确定与其目标和战略方向相关并影响其实现质量管理体系预期结果的能力的各种外部和内部因素时可以不考虑下列哪个因素（　　）？（真题）

A. 技术和文化　　　　　　　　B. 市场和竞争

C. 环境监测能力　　　　　　　D. 知识和绩效

3）我国的财税政策发生变革，意味着组织所面临的（　　）发生了变化。（真题）

A. 内部环境　　　　　　　　　B. 外部环境

C. 具体环境　　　　　　　　　D. 行业环境

4）组织的环境是多变的，应对这些内部和外部因素的相关信息进行（　　）。（真题）

A. 监测　　　　　　　　　　　B. 评审

C. 跟踪　　　　　　　　　　　D. 监视和评审

5）组织应确定与其宗旨和战略方向相关并影响其实现质量管理体系（　　）的能力的各种外部和内部的因素。（真题）

A. 绩效　　　　　　　　　　　B. 结果

C. 预期结果　　　　　　　　　D. 及其过程

6）理解组织及其环境，下列描述不正确的是（　　）。（真题）

A. 组织确定与其目标和战略方向相关并影响其实现质量管理体系预期结果能力的各种外部和内部因素

B. 最高管理者应通过对其建立、实施质量管理体系并持续改进其有效性承诺提供证据

C. 组织应对这些确定的内部和外部因素的相关信息进行监视

D. 组织应对这些确定的内部和外部因素的相关信息进行评审

7）外部因素和内部因素的共同点是（　　）。（真题）

A. 政治因素   B. 环境因素

C. 文化   D. 组织价值观

2. 多项选择题

1）关于组织的环境描述准确的是（   ）。（真题）

A. 组织环境的概念，除了适用于营利性组织，还同样能适用于非营利性或公共服务组织

B. 对建立和实现目标的方法有影响的内外部因素的组合

C. 对策划、实现质量方针的方法有影响的内外部结果的组合

D. 影响其实现质量管理体系预期结果的能力的各种内部和外部因素

2）需要组织确定、监视和评审的各种外部和内部因素，仅是与下面哪些方面相关的外部和内部因素？（   ）

A. 与组织宗旨和战略方向相关

B. 与组织的产品和服务相关

C. 影响组织实现质量管理体系预期结果的能力

D. 影响顾客满意度

3）考虑与组织的（   ）等有关的因素，有助于理解组织内部环境。

A. 价值观、文化   B. 市场、经济环境

C. 知识、绩效   D. 竞争、战略

 答案点拨解析

1. 单项选择题

1）A，2）C，3）B，4）D，5）C，6）B，7）C。

解析：第2题，答案见 GB/T 19001 标准4.1之注2、注3。

第6题 B 选项不属于 GB/T 19001 标准4.1。

第7题，外部因素有法律法规、技术、竞争、市场、文化、社会和经济环境等，内部因素有价值观、文化、知识和绩效等。内、外部因素都含有文化。

2. 多项选择题

1）ABD，2）AC，3）AC。

解析：第1题答案见 GB/T 19000 标准3.2.2，以及 GB/T 19001 标准4.1。

3.3.2 理解相关方的需求和期望（标准条款4.2、附录 A.3）

> **4.2 理解相关方的需求和期望**
>
> 由于相关方对组织稳定提供符合顾客要求及适用法律法规要求的产品和服务的能力具有影响**或**潜在影响，因此，组织应**确定**：

a）与质量管理体系有关的**相关方**。

b）与质量管理体系有关的**相关方的要求**。

组织应**监视和评审**这些相关方的信息及其相关要求。

附录 A.3　理解相关方的需求和期望

4.2 规定的要求包括了组织确定与质量管理体系有关的相关方，并确定来自这些相关方的要求。然而，4.2 并不意味着因质量管理体系要求的扩展而超出了本标准的范围。正如范围中所述，本标准适用于需要证实其有能力稳定地提供满足顾客要求以及相关法律法规要求的产品和服务，并致力于增强顾客满意的组织。

本标准未要求组织考虑其确定的与质量管理体系无关的相关方。有关相关方的某个特定要求是否与其质量管理体系相关，需要由组织自行判断。

 考点知识讲解

1. 相关方的定义

GB/T 19000 标准 3.2.3 条款对相关方进行了定义。相关方是指可影响决策或活动，被决策或活动所影响，或自认为被决策或活动影响的个人或组织。

相关方可以是组织内部的，也可以是组织外部的。典型的相关方有：顾客、所有者、组织内的员工、供方、银行、监管者、工会、合作伙伴以及可包括竞争对手或相对立的社会群体。

2. 与质量管理体系有关的相关方的界定

与质量管理体系有关的相关方，对组织稳定提供符合顾客要求及适用法律法规要求的产品和服务的能力具有影响或潜在影响。

GB/T 19001 标准并不要求组织考虑其已判定与质量管理体系无关的利益相关方。有关相关方的某个特定要求是否与组织质量管理体系相关，需要由组织自行判断。

3. 相关方的管理

1）确定与质量管理体系有关的相关方。

2）确定与质量管理体系有关的相关方的要求。要把这些要求落实到组织的质量管理体系中去。

3）监视和评审相关方的信息及其相关要求。通过监视和评审，感知变化以便及时应对。

同步练习强化

1. 单项选择题

1）由于相关方对组织稳定提供符合顾客要求及适用法律法规要求的产品和服务的能力具有（　　　），因此组织应按 GB/T 19001 标准 4.2 的要求对相关方进行管理。

A. 重大影响   B. 影响或潜在影响

C. 绝对影响   D. 重大和绝对影响

2）物流公司 C 拟在某城市港口建立危险化学品的进口供货基地，该公司对周边商户、居民社区、道路、河道与水库、地区气候等信息进行调研，并分析法律法规对于危险化学品存储和运输的要求，该场景适用于 GB/T 19001—2016 标准的哪个条款（　　　）？（真题）

A. 5. 1. 2   B. 6. 1

C. 4. 2   D. 与 GB/T 19001—2016 不相关

3）相关方的要求是多变的，应对相关方的信息及其相关要求进行（　　　）。

A. 监测   B. 评审

C. 跟踪   D. 监视和评审

2. 多项选择题

1）GB/T 19001 标准 4.2 对相关方进行管理的内容包括（　　　）。

A. 确定与质量管理体系有关的相关方

B. 对相关方进行现场监视和评审

C. 确定与质量管理体系有关的相关方的要求

D. 监视和评审相关方的信息及其相关要求

2）组织的质量管理要求可以由（　　　）提出。（真题）

A. 潜在顾客   B. 组织自己

C. 环境与安全主管   D. 不同相关方

 答案点拨解析

1. 单项选择题

1）B，2）C，3）D。

2. 多项选择题

1）ACD，2）ABD。

解析：第 2 题，这里的相关方是指与质量管理体系有关的相关方，按题意，应该是把环境与安全主管看成与质量管理体系无关。严格说来，这个题目不严谨，易产生歧义。

3.3.3 确定质量管理体系的范围（标准条款 4.3、附录 A.5）

4.3 确定质量管理体系的范围

组织应确定质量管理体系的**边界和适用性**，以确定其范围。

在确定范围时，组织应考虑：

a）4.1 中提及的各种外部和内部因素。

b）4.2 中提及的相关方的要求。

c）组织的产品和服务。

如果本标准的全部要求适用于组织确定的质量管理体系范围，组织应实施本标准的全部要求。

组织的质量管理体系范围应作为成文信息，可获得并得到**保持**。该范围应描述所覆盖的产品和服务类型，如果组织确定本标准的某些要求不适用于其质量管理体系范围，应说明理由。

只有当所确定的不适用的要求**不影响**组织确保其产品**和服务合格的能力或责任**，对增强顾客满意也不会产生影响时，方可声称符合本标准的要求。

附录 A.5 适用性

本标准在其要求对组织质量管理体系的适用性方面不使用"删减"一词。然而，组织可根据其规模和复杂程度、所采用的管理模式、活动领域以及所面临风险和机遇的性质，对相关要求的适用性进行评审。

在 4.3 中有关适用性方面的要求，规定了在什么条件下，组织能确定某项要求不适用于其质量管理体系范围内的过程。只有不实施某项要求不会对提供合格的产品和服务造成不利影响，组织才能决定该要求不适用。

 考点知识讲解

1. 确定质量管理体系的边界和适用性

1）边界是组织实行质量管理职责和权限的界线，包括职能边界、地理边界、产品和服务边界。组织根据管理的需要可人为设定质量管理体系的边界。如有些企业的质量管理体系不包括财务部。质量管理体系边界并不是一成不变的，可以随着组织的管理需要变化。

2）适用性，是指 GB/T 19001 标准的要求是通用的，但由于不同组织的实际情况，有可能有些要求并不适用。组织可根据其规模和复杂程度、所采用的管理模式、活动领域以及所面临风险和机遇的性质，对相关要求的适用性进行评审。只有不实施某项要求不会对提供合格的产品和服务造成不利影响，组织才能决定该要求不适用。

只有当所确定的不适用的要求满足下面两个条件时，组织方可声称符合GB/T 19001标准的要求：

① 不影响组织确保其产品和服务合格的能力或责任。

② 对增强顾客满意也不会产生影响。

对确定的适用的全部要求要通过质量管理体系的运行予以实施。

3）GB/T 19001—2016标准对组织质量管理体系的适用性方面不使用"删减"一词。组织的质量管理活动如果确实不存在某个过程，那么可以说与这个过程相应的GB/T 19001标准的要求不适用，而不要说删除GB/T 19001标准的某个要求。

2. 确定质量管理体系的范围

1）确定质量管理体系的范围时要考虑的因素。

根据确定的质量管理体系的边界和适用性，确定质量管理体系的范围。确定质量管理体系的范围时，要考虑下面三个因素：

① GB/T 19001标准4.1中提及的各种外部和内部因素，如法律法规要求。

② GB/T 19001标准4.2中提及的相关方的要求。

③ 组织的产品和服务。除了考虑本组织产品和服务外，外包方的职能和过程、外部供应活动、过程、产品及服务也应纳入组织的质量管理体系范围内。

2）质量管理体系范围应形成文件。

组织的质量管理体系范围应作为成文信息，可获得并得到保持。该范围应描述所覆盖的产品和服务类型，如果组织确定本标准的某些要求不适用于其质量管理体系范围，应说明理由。

 同步练习强化

单项选择题

1）在确定质量管理体系审核范围时，需要考虑（   ）。（真题）

　A. 组织的产品和服务　　　　　　　　B. 相关方要求

　C. 影响组织的内外部因素　　　　　　D. 以上都是

2）组织在确定质量管理体系的范围时，以下哪些不属于GB/T 19001标准中需要考虑的因素（   ）。（真题）

　A. 地理位置　　　　　　　　　　　　B. 相关方的要求

C. 组织的产品和服务　　　　　　　　D. 各种内部和外部因素

3）当组织声称符合 GB/T 19001—2016 标准时，以下说法正确的是（　　）。（真题）

A. 在任何情况下，GB/T 19001—2016 标准的所有要求均须符合

B. 组织可确定不适用要求，所确定的不适用要求不影响组织确保其产品和服务合格的能力或责任，对增强顾客满意也不会产生影响

C. 组织确定的不适用要求仅限于 GB/T 19001—2016 标准第 8 章，否则不能声称符合 GB/T 19001—2016 标准

D. B + C

4）组织可根据其（　　），对 GB/T 19001 标准相关要求的适用性进行评审。

A. 规模和复杂程度　　　　　　　　B. 所采用的管理模式、活动领域

C. 所面临风险和机遇的性质　　　　D. 以上全部

5）只有不实施 GB/T 19001 标准某项要求不会对提供合格的产品和服务造成不利影响，组织才能决定该要求（　　）。

A. 可删除　　　　　　　　　　　　B. 不适用

C. 可选择性使用　　　　　　　　　D. 可做参考

6）下面关于组织的质量管理体系范围，不正确的说法是（　　）。

A. 组织的质量管理体系范围应形成成文信息并保留

B. 质量管理体系的范围应描述所覆盖的产品和服务类型

C. 如果 GB/T 19001 标准的某些要求不适用于组织的质量管理体系范围，则应说明理由

D. 质量管理体系的范围可提供给顾客

7）关于组织的质量管理体系范围描述错误的是（　　）。（真题）

A. 应作为成文信息得到保持　　　　B. 可获得

C. 可以根据组织的需要任意删减　　D. 描述所覆盖的产品和服务类型

8）组织确定质量管理体系范围时，不考虑（　　）。（真题）

A. 内部和外部因素　　　　　　　　B. 成文信息的编写要求

C. GB/T 19001 标准 4.2 的要求　　　D. 组织的产品和服务

 答案点拨解析

单项选择题

1）D，2）A，3）B，4）D，5）B，6）A，7）C，8）B。

解析：第 1 题，体系范围、认证范围、审核范围既有区别，又有联系。体

系范围最大,由组织确定,包括了其边界和适用性;认证范围由组织提出申请,由认证机构进行评审并与组织沟通后初步确定,经过现场审核后由认证机构最终确定,包括了组织的场所、认证覆盖的产品和服务、涉及的过程和活动;审核范围由认证机构根据审核目的确定,通常包括受审核方的实际位置、组织单元、产品和服务及其过程、所覆盖的时期。审核范围的确定是以体系范围为基础的,所以也要考虑影响组织的内外部因素、组织的相关方要求、组织的产品和服务。

第6题,组织的质量管理体系范围应形成成文信息并保持。注意是"保持",不是"保留"。保持、保留的区别见本章 3.6.10 节。

3.3.4 质量管理体系及其过程(标准条款 4.4)

4.4 质量管理体系及其过程

4.4.1 组织应按照本标准的要求,**建立、实施、保持**和**持续改进**质量管理体系,包括所需过程及其相互作用。

组织应**确定**质量管理体系所需的过程及其在整个组织中的**应用**,且应:

a)确定这些过程所需的输入和期望的输出。

b)确定这些过程的顺序和相互作用。

c)确定和应用所需的准则和方法(包括监视、测量和相关绩效指标),以确保这些过程有效的运行和控制。

d)确定这些过程所需的资源并确保其可获得。

e)分配这些过程的职责和权限。

f)按照 6.1 的要求应对风险和机遇。

g)评价这些过程,实施所需的变更,以确保实现这些过程的预期结果。

h)改进过程和质量管理体系。

4.4.2 在必要的范围和程度上,组织应:

a)**保持**成文信息以支持过程运行。

b)**保留**成文信息以确信其过程按策划进行。

 考点知识讲解

1. 按 GB/T 19001 标准的要求建立、实施、保持和持续改进质量管理体系

1)组织应按照 GB/T 19001 标准的要求,建立、实施、保持和持续改进质量管理体系,包括所需过程及其相互作用。

2)组织应确定质量管理体系所需的过程及其在整个组织中的应用。

3）组织在确定质量管理体系所需的过程及其在整个组织内的应用时，应按照 GB/T 19001 标准 6.1 的要求应对风险和机遇。

2. 建立质量管理体系的总体思路

GB/T 19001 标准运用 P-D-C-A 的模式，对质量管理体系过程及其应用做出了规定：

1）P，包括 a）~f）条：

——确定这些过程所需的输入和期望的输出。

——确定这些过程的顺序和相互作用。

——确定所需的准则和方法（包括监视、测量和相关绩效指标）。

——确定这些过程所需的资源。

——分配这些过程的相关的职责权限。

——按照 GB/T 19001 标准 6.1 的要求确定需要应对的风险和机遇。

2）D，包括 c）、d）、f）、g）条：

——应用准则和方法，确保过程的有效运行和控制。

——获得所需资源。

——实施风险和机遇应对措施。

——实施所需的变更。

3）C，包括 g）条：评价这些过程，以确保实现这些过程的预期结果。

4）A，包括 h）条：改进过程和质量管理体系。

3. 保持、保留成文信息

在必要的范围和程度上，组织应保持、保留成文信息。也就是说，要充分考虑组织的规模、产品、类型、人员的素质能力，进而确定管理体系文件的多少和详略程度。

1）保持支持过程运行的成文信息，是指用于支持、指导、控制过程运行的规范性文件，如手册、程序文件、作业指导书等。

2）保留确信过程按策划要求进行的成文信息，是指为了证实某一过程有效实施，或为某一项活动提供证据的证据性文件，如记录等。

 同步练习强化

1. 单项选择题

1）组织应按照 GB/T 19001 标准的要求，建立、实施、（　　　）和持续改进质量管理体系，包括所需过程及其（　　　）。

A. 保持，相互作用　　　　　　　　B. 监视，相互顺序

C. 监视，相互作用　　　　　　　　D. 保持，相互顺序

2）组织应确定质量管理体系所需的过程及其在整个组织中的应用，应评价这些过程，实施（　　）变更，以确保实现这些过程的（　　）。

　　A. 所有的，预期结果　　　　　　　　B. 所需的，预期结果

　　C. 必要的，最终实现　　　　　　　　D. 必要的，预期结果

2. 多项选择题

组织确定质量管理体系所需的过程及其在整个组织中的应用，应（　　）。（真题）

　　A. 按照 6.1 的要求应对风险和机遇

　　B. 确定这些过程所需的资源并确保可获得

　　C. 确定和应用所需的准则和方法

　　D. 实施所有的变更

3. 判断题

组织应当评价质量管理体系所需的过程，实施所需的变更，以确保实现这些过程的预期结果，并将过程绩效以及产品和服务的合格情况输入管理评审。

（　　）（真题）

 答案点拨解析

1. 单项选择题

1）A，2）B。

2. 多项选择题

ABC。

解析：选项 D 是错的，GB/T 19001 标准 4.4.1 g）要求的是"实施所需的变更"。建议考生最好记住 GB/T 19001 标准 4.4.1a）～h）这 8 个条款。

3. 判断题

√。

解析：GB/T 19001 标准 4.4.1g）评价这些过程，实施所需的变更，以确保实现这些过程的预期结果；GB/T 19001 标准 9.3.2 管理评审的输入之 c）3）过程绩效以及产品和服务的合格情况作为管理评审的输入之一。

3.4　领导作用（标准条款5）

　　GB/T 19001 标准第 5 章领导作用，明确了最高管理者在质量管理体系中的作用，包括：5.1 领导作用和承诺，5.2 方针，5.3 组织的岗位、职责和权限。

3.4.1　领导作用和承诺—总则（标准条款 5.1-5.1.1）

5.1　领导作用和承诺

5.1.1　总则

　　最高管理者应通过以下方面，**证实**其对质量管理体系的领导作用和承诺：

　　a）对质量管理体系的有效性负责。

　　b）**确保制定**质量管理体系的质量方针和质量目标，并与组织环境相适应，与战略方向相一致。

　　c）确保质量管理体系要求融入组织的业务过程。

　　d）促进使用过程方法和基于风险的思维。

　　e）**确保**质量管理体系所需的资源是可获得的。

　　f）沟通有效的质量管理和符合质量管理体系要求的重要性。

　　g）确保质量管理体系实现其预期结果。

　　h）促使人员积极参与，指导和支持他们为质量管理体系的有效性做出贡献。

　　i）推动改进。

　　j）支持其他相关管理者在其职责范围内发挥领导作用。

　　注：本标准使用的"业务"一词可广义地理解为涉及组织存在目的的核心活动，无论是公有、私有、营利或非营利组织。

 考点知识讲解

1. "最高管理者"的定义

　　GB/T 19000 标准 3.1.1 对"最高管理者"的定义是：在最高层指挥和控制组织的一个人或一组人。

　　最高管理者不仅限于组织最高权限的一位领导，可以是组织最高管理层的若干领导。管理职责可以大家共同承担，关键是职责要清楚，分工要明确。

2. 领导作用和承诺

　　组织最高管理者应承诺建立和实施质量管理体系并在其中发挥领导作用。这些领导作用和承诺通过以下 10 个方面予以证实：

　　1）对质量管理体系的有效性负责。

　　2）确保制定质量管理体系的质量方针和质量目标，并与组织环境相适应，与战略方向相一致。

3）确保质量管理体系要求融入组织的业务过程。

4）促进使用过程方法和基于风险的思维。

5）确保质量管理体系所需的资源是可获得的。

6）沟通有效的质量管理和符合质量管理体系要求的重要性。

7）确保质量管理体系实现其预期结果。

8）促使人员积极参与，指导和支持他们为质量管理体系的有效性做出贡献。

9）推动改进。

10）支持其他相关管理者在其职责范围内发挥领导作用。

建议考生记住这 10 个方面。

 同步练习强化

1. 单项选择题

1）依据 GB/ T 19001 标准，关于"领导作用"，以下说法正确的是（   ）。（真题）

A. 最高管理者应制定质量方针和目标

B. 最高管理者审批质量手册

C. 最高管理者应支持其他相关管理者在其职责范围内的领导作用

D. 最高管理者应合理授权相关人员为质量管理体系的有效性承担责任

2）最高管理者应证明其对质量管理体系的领导作用和承诺，以下说法不正确的是（   ）。（真题）

A. 确保质量管理体系要求与组织的业务过程相结合

B. 积极参与，指导和支持员工努力提高质量管理体系的有效性

C. 使用管理的系统方法

D. 对质量管理体系的有效性负责，推动改进

3）某企业总经理在全体职工大会上说明建立一个征集、评审、完善/深化、转化、应用合理化建议的机制的重大意义，动员广大员工积极参加合理化建议相关活动，为企业献计献策。该情况符合 GB/T 19001—2016 标准的哪项要求？（   ）（真题）

A. 5. 1. 1h)　　　　　　　　　　B. 6. 2. 2

C. 5. 3d)　　　　　　　　　　　D. 7. 3d)

4）最高管理者（   ）质量管理体系的质量方针和质量目标，并与（   ）相适应，与战略方向相一致。

A. 制定，组织环境　　　　　　　B. 确保制定，组织环境

C. 批准，组织规模　　　　　　　　　　D. 批准，组织环境

2. 多项选择题

1）能证实最高管理者对质量管理体系的领导作用和承诺的活动是（　　　）。（真题）

A. 确保制定质量方针和质量目标，并与组织环境相适应，与战略方向相一致

B. 确保质量管理体系要求融入组织的业务过程

C. 促进使用过程方法和基于风险的思维

D. 推动改进，支持其他相关管理者在其职责范围内发挥领导作用

2）最高管理者通过以下哪些方面证实领导作用和承诺？（　　　）

A. 对质量管理体系的符合性负责

B. 确保质量管理体系所需的资源是可获得的

C. 沟通有效的质量管理和符合质量管理体系要求的重要性

D. 确保质量管理体系实现其质量目标

3. 判断题

依据 GB/T 19001 标准，最高管理者应证实其对质量管理体系的领导作用和承诺。　　　　　　　　　　　　　　　　　　（　　　）（真题）

 答案点拨解析

1. 单项选择题

1）C，2）C，3）A，4）B。

解析：第 1 题，A 选项是错的。最高管理者要确保制定质量方针和质量目标，应制定质量方针（见 GB/T 19001 标准 5.2.1 制定质量方针），但不一定要亲自制定质量目标。

2. 多项选择题

1）ABCD，2）BC。

3. 判断题

√。

3.4.2　以顾客为关注焦点（标准条款 5.1.2）

5.1.2　以顾客为关注焦点

最高管理者应通过**确保**以下方面，**证实**其以顾客为关注焦点的领导作用和承诺：

a）**确定**、**理解**并**持续地满足**顾客要求以及适用的法律法规要求。

b）**确定**和**应对**风险和机遇，这些风险和机遇可能**影响**<u>产品和服务合格</u>以及增强顾客满意的**能力**。

c）始终**致力于**增强顾客满意。

 考点知识讲解

最高管理者不一定要亲自做，但应通过确保以下方面，证实其以顾客为关注焦点的领导作用和承诺：

1）确定、理解并持续地满足顾客要求以及适用的法律法规要求。

2）确定和应对风险和机遇，这些风险和机遇可能影响产品和服务合格以及增强顾客满意的能力。

3）始终致力于增强顾客满意。

 同步练习强化

1. 单项选择题

1）最高管理者应确保确定、理解并持续地（　　）顾客要求以及适用的法律法规要求，以证实其以顾客为关注焦点的领导作用和承诺。

A. 实现 　　　　　　　　　　　　B. 满足

C. 满足并超越 　　　　　　　　　D. 超越

2）最高管理者为了证实其以顾客为关注焦点的领导作用和承诺，最高管理者应确保确定和应对风险和机遇，这些风险和机遇可能影响产品和服务合格以及（　　）的能力。

A. 实现质量管理体系预期结果 　　B. 增强顾客满意

C. 稳定提供符合顾客要求 　　　　D. 满足法律法规要求

2. 多项选择题

1）最高管理者通过确保以下哪些方面证实其以顾客为关注焦点的领导作用和承诺？（　　）

A. 确定、理解并持续地满足顾客要求以及适用的法律法规要求

B. 确定进行顾客满意度调查，持续满足顾客要求

C. 确定和应对风险和机遇，这些风险和机遇可能影响产品和服务合格以及增强顾客满意的能力

D. 始终致力于增强顾客满意

2）最高管理者为了证实其以顾客为关注焦点的领导作用和承诺，最高管理

者应确保确定、理解并持续地满足（　　　）。

A. 顾客要求
B. 适用的法律法规要求
C. 顾客的需求和期望
D. 相关方的需求和期望

3. 判断题

最高管理者应亲自确定、理解并持续地满足顾客要求以及适用的法律法规要求，证实其以顾客为关注焦点的领导作用和承诺。　　　　　　　（　　　）

 答案点拨解析

1. 单项选择题

1）B，2）B。

2. 多项选择题

1）ACD，2）AB。

3. 判断题

×。

3.4.3　质量方针（标准条款 5.2）

> **5.2　方针**
>
> **5.2.1　制定质量方针**
>
> 　　最高管理者应**制定、实施和保持**质量方针，质量方针应：
>
> a）适应组织的宗旨和环境并支持其战略方向。
>
> b）为建立质量目标提供框架。
>
> c）包括满足适用要求的承诺。
>
> d）包括持续改进质量管理体系的承诺。
>
> **5.2.2　沟通质量方针**
>
> 　　质量方针应：
>
> a）可获取并**保持成文信息**。
>
> b）在组织内得到沟通、理解和应用。
>
> c）**适宜时**，可为有关相关方所获取。

 考点知识讲解

1. 质量方针内容上的要求

最高管理者应制定、实施和保持质量方针。质量方针在内容上应做到一个

"适应"、一个"支持"、一个"框架"、两个"承诺":

1)一个"适应":适应组织的宗旨和环境。组织的宗旨是其经营的总方针、总目标,质量方针是为实现组织宗旨服务的,应在组织宗旨的基础上建立质量方针。质量方针的制定离不开组织的环境、行业特点,一定要考虑组织的内、外部环境。

2)一个"支持":支持组织的战略方向。

3)一个"框架":为建立质量目标提供框架。质量方针是宏观的,但不能空洞无内容。质量方针应能为质量目标的建立、评审提供框架。质量目标是质量方针展开的具体化,质量目标应与质量方针相对应,并依据质量方针逐层展开、分解。

4)两个"承诺":满足适用要求的承诺、持续改进质量管理体系的承诺。要求是指顾客的要求和适用的法律法规的要求。

2. 质量方针实施上的要求

1)可获取并保持成文信息。质量方针应作为成文信息以正式的形式表述、发布、管理和维护。

2)在组织内得到沟通、理解和应用。

3)适宜时,可为有关相关方所获取;如不适宜,可以不给有关相关方。考生要注意"适宜时"这个关键词。

 同步练习强化

1. 单项选择题

GB/T 19001 标准对沟通质量方针提出了要求,下列描述不正确的是(   )。(真题)

A. 质量方针应在组织内得到沟通

B. 质量方针应作为形成文件的信息,可获得并保持

C. 质量方针应在组织内得到理解和应用

D. 适宜时,质量方针应通过销售合同与顾客沟通

2. 多项选择题

1)最高管理者应制定、实施和保持质量方针,质量方针应(   )。

A. 适应组织的宗旨和环境

B. 适应组织的规模和环境

C. 支持组织的战略方向,为组织建立质量目标提供框架

D. 承诺满足适用要求,承诺持续改进质量管理体系

2)组织应做好质量方针的沟通,质量方针应(   )。

A. 可获取并保持成文信息

B. 在组织的相关方内得到沟通、理解和应用

C. 在组织内得到沟通、理解和应用

D. 可为有关相关方随时获取。

 答案点拨解析

1. 单项选择题

D。

2. 多项选择题

1）ACD，2）AC。

3.4.4　组织的岗位、职责和权限（标准条款5.3）

> **5.3　组织的岗位、职责和权限**
>
> 最高管理者应**确保**组织相关岗位的职责、权限得到**分配、沟通和理解**。
>
> 最高管理者应**分配**职责和权限，以：
>
> a）确保质量管理体系符合本标准的要求。
>
> b）确保各过程获得其预期输出。
>
> c）报告质量管理体系的绩效以及改进机会（见10.1），特别是向最高管理者报告。
>
> d）确保在整个组织中推动以顾客为关注焦点。
>
> e）确保在策划和实施质量管理体系变更时保持其完整性。

 考点知识讲解

1. 最高管理者分配职责和权限

最高管理者应分配职责和权限。分配职责和权限的目的是4个"确保"加1个"报告"。

1）4个"确保"：

① 确保质量管理体系符合本标准的要求。

② 确保各过程获得其预期输出。

③ 确保在整个组织中推动以顾客为关注焦点。

④ 确保在策划和实施质量管理体系变更时保持其完整性。

2）1个"报告"：报告质量管理体系的绩效以及改进机会，特别是向最高

管理者报告。

上述职责和权限，可分配给一人承担，也可分配给多人承担。

2. 最高管理者应确保相关岗位的职责、权限得到沟通和理解

最高管理者应确保组织相关岗位的职责、权限得到分配、沟通和理解。要确保每一个人都知道他们要做的事情（职责）和他们可以做的事情（权限），并使他们明白这些职责和权限之间的相互关系。

分配职责、权限时，要保证"事事有人做"，而不是"人人有事做"。没事做的人可以下岗。一个岗位，可由多人承担，如进料检验这个岗位，可能有多名质检员。一个人也可以承担多种岗位，如某人既负责培训，又负责招聘。

岗位设置，从某种角度讲，意味着分工，分工主要以专门化为原则。专门化，有利于提高工作效率。

分配职责、权限时，一般来说责任大，权限就大，否则没办法开展工作。但职责不等于职级。有些职务是礼仪性质的，位高权不大。比如很多企业为了工作需要，把销售员都叫销售总监。但有些岗位，职级不大，但职责大，权限大，"小官大贪"就是这样来的。

 同步练习强化

1. 单项选择题

1）（　　）应确保组织相关岗位的职责、权限得到（　　）、沟通和理解。

A. 总负责人，分配　　　　　　　　　　B. 最高管理者，分配

C. 最高管理者，规定　　　　　　　　　D. 总负责人，规定

2）关于岗位、职责和权限，以下说法正确的是（　　）。（真题）

A. 对于过程较为复杂，规模较大的组织，某一种岗位可由多人承担

B. 一人担当多种岗位不应被允许

C. 对岗位授权的原则取决于岗位的职级，职级越高，权限范围越大

D. 各岗位和职责的定义应以资源利用最小化为基本原则

3）以下对产品质量特性无直接影响的人员是（　　）。（真题）

A. 产品检验人员　　　　　　　　　　　B. 产品制造人员

C. 产品开发人员　　　　　　　　　　　D. 工艺设计人员

4）餐厅内摆放的大大小小绿色植物上面落上一些灰尘，餐厅经理说绿色植物的清洁应归总务部管，总务部经理认为绿色植物摆放在餐厅，就应该由餐厅负责清洁，相关文件中规定了总务部负责室外的绿化、清洁，对室内部分由谁负责未做出规定。请问不符合 GB/T 19001 哪个条款？（　　）（真题）

A. 8.1　　　　　　B. 5.3　　　　　　C. 8.5.1　　　　　　D. 5.1.1

2. 多项选择题

1）认证机构最高管理层应分派以下（　　）职责和权限。（真题改进）

A. 确保认证机构的政策在组织的各个层次上得到理解、实施和保持

B. 确保质量管理体系符合 GB/T 19001 标准的要求，确保各过程获得其预期输出

C. 向最高管理层报告质量管理体系的绩效以及改进机会

D. 应为认证机构的活动制定政策和目标，并形成文件

2）最高管理者分配职责和权限的目的包括（　　）。

A. 确保质量管理体系符合顾客要求、法律法规要求

B. 确保各过程获得其预期输出，确保在整个组织中推动以顾客为关注焦点

C. 确保在策划和实施质量管理体系时保持其完整性

D. 报告质量管理体系的绩效以及改进机会，特别是向最高管理者报告

 答案点拨解析

1. 单项选择题

1）B，2）A，3）A，4）B。

解析：第 3 题，"质量不是检验出来的"，当质检员检验产品时，质量特性已经形成，所以 A 选项是对的。

第 4 题，谁负责餐厅内绿色植物的清洁，没有明确做出规定，这是职责分配问题。

2. 多项选择题

1）BC，2）BD。

解析：第 1 题，认证机构作为一个组织，也可以实施 GB/T 19001 标准，其最高管理层应按 GB/T 19001 标准的要求分配职责和权限。

3.5　策划（标准条款 6）

GB/T 19001 标准第 6 章策划是质量管理体系中的策划（P）过程，包括：6.1 应对风险和机遇的措施，6.2 质量目标及其实现的策划，6.3 变更的策划。

3.5.1　应对风险和机遇的措施（标准条款 6.1）

6.1　应对风险和机遇的措施

6.1.1　在**策划**质量管理体系时，组织应**考虑**到 4.1 所提及的因素和 4.2 所提及的要求，并**确定**需要应对的风险和机遇，以：

---

a）确保质量管理体系能够实现其预期结果。

b）增强有利影响。

c）预防**或**减少不利影响。

d）实现改进。

6.1.2　组织应策划：

a）应对这些风险和机遇的措施。

b）如何：

1）在质量管理体系过程中整合并实施这些措施（见4.4）。

2）评价这些措施的有效性。

应对措施应与风险和机遇对产品和服务**符合性**的**潜在影响**相适应。

注1：应对风险可选择规避风险，为寻求机遇承担风险，消除风险源，改变风险的可能性或后果，分担风险，**或通过信息充分的决策而保留风险**。

注2：机遇可能导致采用新实践、推出新产品、开辟新市场、赢得新顾客、建立合作伙伴关系，利用新技术和其他可行之处，**以应对组织或其顾客的需求**。

 考点知识讲解

1. 策划质量管理体系时的要求，确定需要应对的风险和机遇

在策划质量管理体系时，组织应做到3点：

1）考虑到 GB/T 19001 标准4.1 所提及的组织的环境因素。

2）考虑到 GB/T 19001 标准4.2 所提及的相关方的要求。

3）确定需要应对的风险和机遇。

从上面可看到，GB/T 19001 标准4.1、4.2 是确定风险和机遇的两个输入因素。

2. 确定风险和机遇的目的

确定风险和机遇的目的有4个：

1）确保质量管理体系能够实现其预期结果。

2）增强有利影响。

3）预防或减少不利影响。

4）实现改进。

3. 策划应对风险和机遇的措施

策划应对风险和机遇的措施时，要做到3个方面：

1）针对确定的风险和机遇，组织应策划应对这些风险和机遇的措施。应对措施应与风险和机遇对产品和服务符合性的潜在影响相适应。

风险的应对措施可包括：选择规避风险，为寻求机遇承担风险，消除风险源，改变风险的可能性或后果，分担风险，或通过信息充分的决策而保留风险。

机遇可能导致采用新实践、推出新产品、开辟新市场、赢得新顾客、建立合作伙伴关系，利用新技术和其他可行之处，以应对组织或其顾客的需求。

2）要考虑如何在质量管理体系过程中整合并实施这些应对风险和机遇的措施。

3）要考虑如何评价应对风险和机遇的措施的有效性。

组织应实施策划好的应对风险和机遇的措施，并评价这些措施的效果。当发现措施未能解决风险或未能有效把握机遇时，应重新确定措施，必要时应重新分析风险。

4. GB/T 19001—2016 标准的各类策划

1）GB/T 19001 标准 6.1.2 风险和机遇措施的策划。

2）GB/T 19001 标准 6.2 质量目标及其实现的策划。

3）GB/T 19001 标准 6.3 质量管理体系变更的策划。

4）GB/T 19001 标准 8.1 运行的策划。

5）GB/T 19001 标准 8.3.2 设计和开发策划。

6）GB/T 19001 标准 9.2.2 内部审核方案策划。

其中 GB/T 19001 标准第 6 章策划，属于质量管理体系总策划。

 同步练习强化

1. 单项选择题

1）下列针对应对风险和机遇的选项描述错误的是（　　　）。（真题）

A. 规避风险，为寻求机遇而承担风险

B. 消除风险源

C. 改变风险发生的可能性或后果

D. 分担风险或基于信息而做出决策的维持风险

2）机遇可能导致采用新实践、推出新产品、开发新市场、建立合作伙伴关系，利用新技术和其他可行之处，以应对（　　　）的需求。（真题）

　　A. 组织　　　　　　　　　　　　B. 顾客

　　C. 组织或其顾客　　　　　　　　D. 组织和其顾客

3）质量管理体系（　　　）时，组织应考虑 GB/T 19001 标准 4.1 中提及的因素和 4.2 中提到的要求，并确定需要应对的风险的机遇。（真题）

　　A. 策划　　　　　B. 实施　　　　　C. 检查　　　　　D. 改进

4）关于组织的利益相关方对组织的质量管理体系的需求和期望，以下说法正确的是（　　　）。（真题）

A. 他们通常与顾客需求和期望是一致的，因此只要满足顾客需求和期望，

其他相关方也可满足

B. 各相关方的需求和期望可作为对于持续满足顾客和法律法规要求的风险评估的输入

C. 当各相关方需求和期望有冲突时以顾客要求为准

D. 以上都对

5）组织应对风险和机遇的措施应与其对产品和服务符合性的（   ）相适应。（真题）

A. 有效性   B. 预期结果

C. 潜在影响   D. 整体绩效

6）以下描述中，关于质量管理体系策划未包括（   ）。（真题）

A. 质量目标及实现的策划   B. 应对风险和机遇的措施

C. 制定质量方针   D. 变更的策划

7）在策划（   ）时，组织应考虑所处环境的因素和相关方的要求，并确定需要应对的风险和机遇。（真题）

A. 质量目标   B. 质量管理体系

C. 产品实现过程   D. 质量方针

8）应对风险和机遇的措施应与风险和机遇对产品和服务（   ）的潜在影响相适应。（真题）

A. 符合性   B. 适宜性

C. 有效性   D. 充分性

2. 多项选择题

1）依据 GB/T 19001—2016 标准 6.1.1 条款要求，在策划质量管理体系时，组织应考虑到（   ）。（真题）

A. 组织的环境   B. 相关方的要求

C. 需要应对的风险和机遇   D. 组织的产品和服务类别

2）GB/T 19001—2016 标准哪些条款与策划有关？（   ）。（真题）

A. 4.1 理解组织及其环境   B. 5.1 领导作用和承诺

C. 5.2 制定质量方针   D. 9.3 管理评审

3）组织在策划质量管理体系时，要确定需要应对的风险和机遇，以（   ）。

A. 确保质量管理体系能够实现其预期结果

B. 增强有利影响

C. 预防和减少不利影响

D. 实现改进

4）组织针对确定的风险和机遇，应策划（   ）。

A. 应对这些风险和机遇的措施

B. 如何评价风险和机遇

C. 如何在质量管理体系过程中整合并实施这些应对风险和机遇的措施

D. 如何评价应对风险和机遇的措施的有效性

3. 判断题

GB/T 19001—2016 标准 6.1.1 条款是对"应对风险和机遇的措施"的策划要求，6.1.2 条款是对"应对风险和机遇的措施"的实施要求。（　　　）（真题）

 答案点拨解析

1. 单项选择题

1）D，2）C，3）A，4）B，5）C，6）C，7）B，8）A。

解析：第 1 题，D 选项是错的，见 GB/T 19001 标准 6.1.2 注 1。

第 4 题，A、C 明显错误。

第 6 题，GB/T 19001 标准 6 质量管理体系策划包括 6.1 应对风险和机遇的措施、6.2 质量目标及其实现的策划、6.3 变更的策划。"制定质量方针"属于 GB/T 19001 标准 5 "领导作用"。

2. 多项选择题

1）ABC，2）ABC，3）ABD，4）ACD。

解析：第 2 题，管理评审在 GB/T 19001 标准第 6 章策划之后。在策划输入时应考虑到组织的环境、领导作用和承诺、质量方针等。严格地说，这个题目不严谨。

第 3 题，C 选项"预防和减少不利影响"应该是"预防或减少不利影响"。

3. 判断题

×。解析：GB/T 19001 标准 6.1.1 是确定风险和机遇的目的，6.1.2 是风险和机遇措施的策划。

3.5.2　质量目标及其实现的策划（标准条款 6.2）

> **6.2　质量目标及其实现的策划**
>
> 　6.2.1　组织应针对**相关职能、层次和质量管理体系所需的过程**建立质量目标。
>
> 　质量目标应：
>
> 　a）与质量方针保持一致。
>
> 　b）可测量。

c）考虑适用的要求。

d）与产品和服务合格以及增强顾客满意相关。

e）予以监视。

f）予以沟通。

g）适时更新。

组织应**保持**有关质量目标的成文信息。

6.2.2　策划如何实现质量目标时，组织应**确定**：

a）要做什么。

b）需要什么资源。

c）由谁负责。

d）何时完成。

e）如何评价结果。

 考点知识讲解

1. 在相关职能、层次和过程建立目标

组织应针对相关职能、层次和质量管理体系所需的过程建立质量目标。质量目标建立在哪些职能部门，由其与质量方针的框架关系决定。质量目标分解到哪一层次（指管理层次，如公司—生产车间—班组），视具体情况而定，通常应展开到可实现、可检查的层次，关键是能确保质量目标的落实和实现。质量管理体系由不同的过程构成，需要建立过程的目标。

质量目标展开时，不必要求"横到边""纵到底"，也就是说，不要求同一层次的部门、岗位都要建立质量目标（横到边），也不要求一定要将质量目标展开到个人（纵到底），有时展开到部门或班组就行了。建立过程目标时，不是所有的过程都要建立目标，只要针对质量管理体系所需的过程。

职能目标、层次目标、过程目标之间有关联，甚至有重叠，要处理好它们之间的关系。

2. 质量目标内容上的要求

标准条款 a）~ d）条款是质量目标内容上的 4 个要求：

1）质量目标应与质量方针保持一致。质量目标应建立在质量方针的基础上，应在质量方针给定的框架内展开。如某公司的质量方针提出"服务及时"，其相应的质量目标可规定服务的及时率为 90%。

2）质量目标应是可测量的。测量不是量化，测量可以定量也可以定性，如考评、测评、评价等。

3）建立质量目标时应考虑适用的要求，包括顾客的要求、法律法规的要求等。

4）质量目标应与产品和服务合格以及增强顾客满意相关。也就是说，目标应当包含产品和服务的质量目标以及体现顾客满意程度方面的目标。

3. 质量目标管理上的要求

标准条款 e)~g) 条款是质量目标管理上的 3 个要求：

1）予以监视。对质量目标的实现情况应进行监视，对于没有达到预期的质量目标，组织应分析其原因，必要时调整目标或采取改进措施实现目标。

2）予以沟通。进行内、外部沟通，以便相关人员了解质量目标的要求，理解如何才能实现质量目标。

3）适时更新。质量目标不是静态的，需要根据当前的组织环境、相关方的需求和持续改进的要求进行更新。

4. 质量目标要形成文件

要将质量目标形成文件并保持，文件的形式可以多样化。

5. 策划实现质量目标的措施

策划实现质量目标的措施时，应确定以下 5 个基本方面的内容：

1）要做什么（采取什么措施）。

2）需要什么资源。

3）由谁负责。

4）何时完成。

5）如何评价结果。

表 3-2 是一个质量目标实施计划。

表 3-2　质量目标实施计划

序号	目标	方法措施	负责人	资源需求	启动时间	完成时间	评价方法
1	客户验货一次通过率≥98%	1）在顾客验货前，由 QA 对出货进行抽检，抽检的 AQL 值要比顾客小一个等级	QA 质检员	……	2021 年 8 月	一直进行下去，直到另有规定	每个月统计一次客户验货一次通过率
		2）对去年的客户验货情况进行统计，找出主要的不合格项目，制定措施加以解决	品管部经理	……	2021 年 7 月 5 日	① 2021 年 7 月 10 日制定措施 ② 2021 年 8 月 30 日进行效果验证	① 2021 年 7 月 11 日检查措施制定情况 ② 2021 年 9 月 1 日对 7 月份、8 月份的客户验货一次通过率进行统计分析
2	……						

同步练习强化

1. 单项选择题

1）关于质量目标，以下说法不正确的是（　　　）。（真题）

A. 质量目标可以表述为各职能、层次和过程质量方面拟实现的结果

B. 质量目标可以是战略性目标，也可以是操作层面指标

C. 质量目标应是量化、可考评的

D. 质量目标应与质量方针一致

2）审核员在现场审核时，询问针对公司的质量目标如何实现时，公司管理部门拿出一份体系管理方案，适合这一情景的是（　　　）。（真题）

A. 6.2.1　　　　　　　　　　　　　B. 6.2.2

C. 6.3　　　　　　　　　　　　　　D. 5.2

3）组织应在相关职能、层次和质量管理体系所需的（　　　）建立质量目标。（真题）

A. 范围　　　　　　　　　　　　　B. 边界

C. 活动　　　　　　　　　　　　　D. 过程

4）某公司根据质量方针制定了质量目标，要求每年一次交验合格率提高一个百分点，但是连续两年没有实现，审核员发现该目标虽然基本符合企业情况，但是缺少如何实现目标的具体措施，以致造成目标没有实现。这一情况不符合GB/T 19001 标准（　　　）。（真题）

A. 6.2.1　　　　　　　　　　　　　B. 6.2.2

C. 10.2.1　　　　　　　　　　　　D. 8.7.1

5）组织应（　　　）有关质量目标的成文信息。

A. 保留　　　　　　　　　　　　　B. 制定

C. 保持　　　　　　　　　　　　　D. 保持和保留

2. 多项选择题

1）策划如何实现质量目标时，组织应确定（　　　）。（真题）

A. 考虑到适用的要求　　　　　　　B. 采取的措施和需要的资源

C. 由谁负责及何时完成　　　　　　D. 如何评价结果

2）组织应建立质量目标，质量目标应（　　　）。

A. 与质量方针保持一致

B. 可测量，予以监视，予以沟通

C. 考虑适用的要求，适时更新

D. 与产品和服务合格以及增强顾客满意相关

3. 判断题

组织应针对每个职能、层次和质量管理体系的每个过程建立质量目标。

（　　）

答案点拨解析

1. 单项选择题

1）C，2）B，3）D，4）B，5）C。

解析：第 1 题，质量目标可测量，但测量不是量化，所以 C 选项是错误的。其他选项要结合 GB/T 19000—2016 标准 3.7.1、3.7.2 条款来理解。

2. 多项选择题

1）BCD，2）ABCD。

3. 判断题

×。

3.5.3　变更的策划（标准条款 6.3）

6.3　变更的策划

当组织**确定**需要对质量管理体系进行变更时，变更应按所策划的方式实施（见 4.4）。

组织应**考虑**：

a）变更目的及其潜在后果。

b）质量管理体系的完整性。

c）资源的可获得性。

d）职责和权限的分配**或**再分配。

考点知识讲解

1. 变更应按所策划的方式实施

1）当组织确定需要对质量管理体系进行变更时，变更应按所策划的方式实施。质量管理体系变更要先策划，然后按策划的方式实施。变更实施的过程见 GB/T 19001 标准 4.4 质量管理体系及其过程。

2）在策划管理体系变更时要考虑以下 4 点：

① 变更目的及其潜在后果。为什么要变更？变更会对质量管理体系产生什么后果？

② 质量管理体系的完整性。变更会对质量管理体系的完整性产生什么影响？

③ 资源的可获得性。变更需要什么资源，能否获得资源？

④ 职责和权限的分配或再分配。变更是否牵涉到职责和权限的变化，是否需要对职责和权限进行分配或再分配？

2. GB/T 19001—2016 标准涉及变更的条款

GB/T 19001—2016 标准涉及变更的条款共有 6 处：

1）6.3 变更的策划（质量管理体系变更的策划）。

2）7.5.3.2c）更改控制（成文信息的更改）。

3）8.1 运行的策划和控制：组织应控制策划的变更（运行控制策划的变更），评审非预期变更的后果，必要时，采取措施减轻不利影响。

4）8.2.4 产品和服务要求的更改。

5）8.3.6 设计和开发更改。

6）8.5.6 更改控制（生产和服务提供的更改）。

 同步练习强化

1. 单项选择题

1）依据 GB/T 19001 标准，"变更的策划" 属于下列哪个（　　）？（真题）

A. 质量目标及其实现的策划　　　　　　B. 采取的措施和需要的资源

C. 应对风险和机遇的措施的策划　　　　D. 质量管理体系策划

2）组织对质量管理体系进行变更时，以下不正确的考虑是（　　）。（真题）

A. 变更目的及其潜在后果　　　　　　　B. 质量管理体系的完整性

C. 资源的可获得性　　　　　　　　　　D. 职责和权限的固化

3）组织对质量管理体系进行变更时，以下哪项不需要考虑（　　）。（真题）

A. 变更目的及其潜在后果

B. 质量管理体系的完整性

C. 资源的可获得性

D. 供应商质量管理体系的变化

4）随着市场形势的变化，某机械制造企业调整产品结构，更新组织结构，优化业务流程，重新配置资源，此情景符合（　　）。（真题）

A. 设计开发更改　　　　　　　　　　　B. 组织职能调整

C. 质量管理体系变更策划　　　　　　　D. 过程绩效

5）当组织确定需要对质量管理体系进行变更时，变更应按（　　）实施。

A. 文件的规定

B. 所策划的方式

C. 最高管理者的部署

D. 本标准（GB/T 19001）的要求

2. 多项选择题

1）当组织确定需要对质量管理体系进行变更时，变更应按策划的方式实施，组织应考虑到（　　）。（真题）

A. 变更目的及其潜在后果　　　　　B. 质量管理体系的有效性

C. 资源的可获得性　　　　　　　　D. 责任和权限的分配或再分配

2）当组织确定需要对质量管理体系进行变更时，组织对变更进行策划时应考虑（　　）。（真题）

A. 产品的价格变化

B. 质量管理体系的完整性

C. 资源的可获得性及职责和权限的分配或再分配

D. 变更目的及潜在后果

 答案点拨解析

1. 单项选择题

1）D，2）D，3）D，4）C，5）B。

2. 多项选择题

1）ACD，2）BCD。

3.6　支持（标准条款7）

GB/T 19001 标准第 7 章支持规定了为了达到预期目标，有效实施和运作质量管理体系所需的必要条件，主要包括：资源、能力、意识、沟通和成文信息。

3.6.1　资源—总则（标准条款 7.1-7.1.1）

> **7.1　资源**
>
> **7.1.1　总则**
>
> 　　组织应**确定**并提供**所需的资源**，以建立、实施、**保持**和**持续改进**质量管理体系。
>
> 　　组织应**考虑**：
>
> 　　a）现有内部资源的能力和局限。
>
> 　　b）需要从**外部供方**获得的资源。

考点知识讲解

1. 资源的界定

人员（GB/T 19001 标准 7.1.2）、基础设施（GB/T 19001 标准 7.1.3）、过程运行环境（GB/T 19001 标准 7.1.4）、监视和测量资源（GB/T 19001 标准 7.1.5）、组织的知识（GB/T 19001 标准 7.1.6）5 项资源作为最基础的资源在 GB/T 19001—2016 标准中规定了强制性要求。其他资源，如资金、信息等未在 GB/T 19001—2016 标准中明确要求，当然，组织也有必要关注这些资源。

2. 组织应确定并提供所需的资源

组织应确定并提供所需的资源，目的是建立、实施、保持和持续改进质量管理体系。

3. 确定并提供所需的资源考虑的 2 个因素

1）现有内部资源的能力和局限。分析、评估现有内部资源的能力，看看现有资源能不能满足要求。

2）需要从外部供方获得的资源。确定在现有资源基础上需增加哪些资源，以及哪些资源需要从外部供方获得。

同步练习强化

1. 单项选择题

1）组织应确定并提供所需的资源，以建立、实施、保持和持续改进质量管理体系，组织应考虑现有内部资源的能力，还要考虑从（　　　）。（真题）

    A. 相关方获得资源　　　　　　　　B. 外部合作伙伴获得资源

    C. 外部供方获得的资源　　　　　　D. 外部获得资源

2）组织应（　　）并提供所需的资源，以建立、实施、（　　）和持续改进质量管理体系。

    A. 策划，维护　　　　　　　　　　B. 确定，保持

    C. 计划，保持　　　　　　　　　　D. 计划，维护

2. 多项选择题

1）属于 GB/T 19001 标准中控制的资源有（　　　）。（真题）

    A. 成文信息　　　　　　　　　　　B. 产品设计开发人员

    C. 生产设备　　　　　　　　　　　D. 通信技术

2）组织确定并提供所需的资源应考虑（　　　）。

    A. 现有的内部资源　　　　　　　　B. 现有内部资源的能力和局限

C. 外部能获得的资源　　　　　　　　　D. 需要从外部供方获得的资源

 答案点拨解析

1. 单项选择题

1）C，2）B。

2. 多项选择题

1）BCD，2）BD。

解析：第 1 题，人员、基础设施、过程运行环境、监视和测量资源、组织的知识 5 项资源是 GB/T 19001—2016 标准 7.1 资源中强制性的要求，资金、信息这些资源不是强制性要求。

3.6.2　人员（标准条款 7.1.2）

> **7.1.2　人员**
>
> 　　组织应确定并配备**所需的人员**，以有效实施质量管理体系，**并运行和控制其过程**。

 考点知识讲解

　　"确定"是策划过程，"配备"是实施过程。组织应确定并配备所需的人员，目的是有效实施质量管理体系，并运行和控制其过程。

　　"所需的人员"是指运行和控制过程以及有效实施质量管理体系所需的合适人员。人员的范围包括组织内的人员（含正式职工、临时工作人员）和外聘人员，还包括因现有人员有限，需要从外部供方获得的人员，如外协加工人员、服务外包人员等。

 同步练习强化

1. 单项选择题

1）组织应确定并配备（　　　），以有效实施质量管理体系，并运行和控制其过程。（真题）

　　A. 有能力的人员　　　　　　　　　　B. 有知识的人员

　　C. 所需的人员　　　　　　　　　　　D. 有技能的人员

2）组织应（　　　）所需的人员，以有效实施质量管理体系，并（　　　）

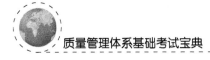

其过程。

    A. 识别并配备，控制和改进　　　　B. 确定并配备，运行和控制

    C. 确定并配备，控制和改进　　　　D. 识别并准备，运行和控制

2. 多项选择题

组织应确定并配备所需的人员，以（　　　　）。

    A. 有效实施质量管理体系　　　　　B. 建立质量管理体系

    C. 运行其过程　　　　　　　　　　D. 控制其过程

 答案点拨解析

1. 单项选择题

1）C，2）B。

2. 多项选择题

ACD。

3.6.3　基础设施（标准条款7.1.3）

> **7.1.3　基础设施**
>
> 　　组织应**确定**、**提供**并**维护**所需的基础设施，以运行过程，并获得合格产品和服务。
>
> 　　基础设施可包括：
>
> 　　a）建筑物和相关设施。
>
> 　　b）设备，包括硬件和软件。
>
> 　　c）运输资源。
>
> 　　d）信息和通信技术。

 考点知识讲解

1. 基础设施的内涵

基础设施指组织运行所必需的设施、设备和服务的系统。

基础设施因组织、产品和服务的不同而不同，可包括下面4类：

1）建筑物（如办公楼、厂房、仓库、实验室等）和相关的设施（如水、电、气供应及通风、空调、防尘、防静电、电梯、计算机联网等设施）。

2）设备，包括硬件和软件。此处的设备泛指各类装备，可以是与过程相关的各种生产设备和控制软件、办公设备及软件、工具、辅具、生产和服务提供所需的专用器具、交付后的维护网点等。

3）运输资源。运输资源包括运输车辆、集装箱、输送带等。

4）信息和通信技术。如电话、传真、计算机网络等。

这4类设备，考生最好记住。

2. 设施的确定、提供和维护的目的

组织确定、提供并维护所需的基础设施，目的是运行过程，并获得合格产品和服务。

3. 设施的确定、提供和维护

组织应根据产品和服务的特点确定、提供并维护所需的基础设施。

1）"确定"基础设施（策划过程）。根据产品和服务需要，确定所需的基础设施，适时提出配置要求。

2）"提供"基础设施（实施过程）。包括基础设施的购置、验收等。

3）"维护"基础设施（实施过程）。通过一系列的维护保养管理制度，保持基础设施的能力。如生产设备日常保养、定期保养、维修等。

 同步练习强化

1. 单项选择题

1）（　　）属于 GB/T 19001 要求组织确定、提供并维护的信息和通信技术。（真题）

    A. 智能化生产设备　　　　　　　　B. 监视和测量资源

    C. 服务业用于网上采购的互联网系统　　D. 保安监控系统

2）GB/T 19001 标准要求组织应确定并提供建立、实施、保持和持续改进质量管理体系所需的资源。以下对基础设施资源描述不正确的是（　　）。（真题）

    A. 建筑物和相关设施　　　　　　　　B. 设备，包括硬件和软件

    C. 运输资源、信息和通信技术　　　　D. 设备操作人员

3）组织应确定、提供并维护所需的基础设施，以运行过程并获得（　　）。（真题）

    A. 过程绩效　　　　　　　　　　　　B. 体系绩效

    C. 合格产品　　　　　　　　　　　　D. 合格产品和服务

4）审核员 2021 年 3 月 2 日在设备部审核时，发现公司的 Q/SH-0234《设备润滑管理制度》规定了 A 类设备换油周期为 180 天，审核员随机抽查了 5 台多级泵，其中编号为 1911 和 1912 的多级泵上次换油时间为 2020 年 6 月 23 日。设备管理员说："因为原来的设备管理员调离本岗位，我今年上个月刚接手此工

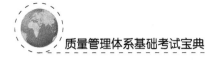

作，A类设备实在太多，所以还来不及对多级泵进行换油"。这种情况不符合GB/T 19001—2016标准（　　）。（真题）

A. 7.1.3　　　　　　　　　　　B. 8.5.1

C. 10.2.1　　　　　　　　　　D. 8.5.4

2. 多项选择题

1）组织应（　　）所需的基础设施，以运行过程，并获得合格产品和服务。

A. 识别、提供　　　　　　　　B. 确定、提供

C. 维护　　　　　　　　　　　D. 维护、保养

2）组织应确定、提供并维护所需的基础设施，以（　　）。

A. 运行过程　　　　　　　　　B. 控制过程

C. 获得合格产品和服务　　　　D. 保持质量管理体系有效运行

 答案点拨解析

1. 单项选择题

1）C，2）D，3）D，4）A。

解析：第4题，审核员在2021年3月2日抽查编号为1911和1912的多级泵（属于A类设备），发现其上次换油时间为2020年6月23日，此后一直没换油。而公司Q/SH-0234《设备润滑管理制度》规定A类设备换油周期为180天。公司没有按规定的周期对设备进行换油维护，不符合GB/T 19001—2016标准7.1.3。

2. 多项选择题

1）BC，2）AC。

3.6.4　过程运行环境（标准条款7.1.4）

> **7.1.4　过程运行环境**
>
> 组织应**确定**、**提供**并**维护**所需的环境，以运行过程，并获得合格产品和服务。
>
> 注：适宜的过程运行环境可能是**人为因素**与**物理因素**的结合。例如：
>
> a) 社会因素（如非歧视、安定、非对抗）。
>
> b) 心理因素（如减压、预防过度疲劳、稳定情绪）。
>
> c) 物理因素（如温度、热量、湿度、照明、空气流通，卫生、噪声）。
>
> 由于所提供的产品和服务不同，这些因素可能存在显著差异。

考点知识讲解

1. 过程运行环境的内涵

适宜的过程运行环境可能是人文因素和物理因素的组合。人为因素是指对所考虑的客体有影响的人的特性。特性可以是物理的、认知的或社会的。人为因素可对管理体系产生重大影响。

人文因素和物理因素的组合，可细分为：

1）社会因素（如无歧视、和谐稳定、无对抗）。

2）心理因素（如减压、预防过度疲劳、稳定情绪）。

3）物理因素（如温度、热量、湿度、照明、空气流通、卫生、噪声）。

物理因素固然对产品和服务质量影响很大，但社会和心理因素也不应忽视，尤其在服务行业中，如一线服务人员的心态直接影响到服务提供质量。

2. 过程运行环境的确定、提供和维护的目的

组织应确定、提供并维护所需的环境，目的是运行过程，并获得合格产品和服务。

3. 过程运行环境的确定、提供和维护

组织应根据产品和服务的特点确定、提供并维护相应的过程运行环境。

1）"确定"过程运行环境（策划过程）。组织应结合自身的产品和服务要求，确定所需的过程运行环境。

2）"提供"过程运行环境（实施过程）。为满足过程运行环境的要求，有时需要通过增加基础设施或采取其他措施的方式解决。

3）"维护"过程运行环境（实施过程）。制定相关的管理制度，对过程运行环境进行管理，确保这些过程运行环境处于受控状态，且始终能满足要求。

 同步练习强化

1. 单项选择题

1）为确保产品和服务合格而确定、提供和维护的运行过程所需的环境不包括（　　　）。（真题）

　　A. 社会因素　　　　　　　　　　B. 生理因素

　　C. 心理因素　　　　　　　　　　D. 物理因素

2）过程运行环境中的心理因素，描述不正确的是（　　　）。（真题）

　　A. 舒缓心理压力　　　　　　　　B. 预防过度疲劳

　　C. 美化服务场景　　　　　　　　D. 保证情绪稳定

3）以下不属于物理因素的有（　　　）。（真题）

A. 温度 　　　　　　　　　　　　B. 减压

C. 空气流通 　　　　　　　　　　D. 照明

4）以下不属于物理因素的有（　　　）。（真题）

A. 温度 　　　　　　　　　　　　B. 卫生

C. 非歧视 　　　　　　　　　　　D. 照明

5）在食品厂车间，审核员发现窗户敞开，窗外是一条市政路，车流量较大，烟尘滚滚。车间主任解释说："天太热了，车间又没有空调，没办法，只能开窗通风"这种情况不符合 GB/T 19001—2016 标准（　　　）。（真题）

A. 7. 1. 3 　　　　　　　　　　　B. 7. 1. 4

C. 10. 2. 1 　　　　　　　　　　D. 8. 5. 1d)

6）列车客运公司承诺并规定空调列车冬季温度不低于 18℃，但 2020 年 12 月 22 日北京南至上海虹桥的 G×××列车 5 号车厢内的温度显示 14.8℃，现场询问，旅客纷纷抱怨。这种情况不符合 GB/T 19001—2016 标准（　　　）。（真题）

A. 7. 1. 4 　　　　　　　　　　　B. 7. 1. 3

C. 10. 2. 1 　　　　　　　　　　D. 8. 5. 1d)

7）组织应确定、提供并维护所需的环境，以运行过程并获得（　　　）。

A. 过程绩效 　　　　　　　　　　B. 体系绩效

C. 合格产品 　　　　　　　　　　D. 合格产品和服务

8）组织应确定、提供并维护（　　　），以运行过程，并获得合格产品和服务。

A. 过程运行环境 　　　　　　　　B. 工作现场环境

C. 所需的环境 　　　　　　　　　D. 生产环境

2. 多项选择题

1）过程运行环境中的社会因素，表述正确的是（　　　）。（真题）

A. 无对抗 　　　　　　　　　　　B. 保护个人情感

C. 和谐稳定（安定） 　　　　　　D. 无歧视

2）适宜的过程运行环境可能是（　　　）与（　　　）的结合。

A. 人文因素 　　　　　　　　　　B. 社会因素

C. 物理因素 　　　　　　　　　　D. 心理因素

3）过程运行环境中的心理因素，表述正确的是（　　　）。

A. 减压 　　　　　　　　　　　　B. 预防过度疲劳

C. 无歧视 　　　　　　　　　　　D. 稳定情绪

3. 判断题

1）因为 GB/T 19001 标准 7.1.4 过程运行环境主要关注的是产品和服务符

合要求，因此过程运行环境不包括温度、噪声、天气和照明等因素。

　　　　　　　　　　　　　　　　　　　　　　　（　　）（真题）

　　2）适宜的过程运行环境可能是社会因素与物理因素的结合。（　　）

 答案点拨解析

1. 单项选择题

1）B，2）C，3）B，4）C，5）B，6）A，7）D，8）C。

解析：第 2 题，美化服务场景是物理因素。

第 3 题，减压是心理因素。

第 6 题，G×××列车 5 号车厢内的温度显示为 14.8℃，与列车客运公司承诺的不符，说明列车客运公司没有做好环境的维护。

2. 多项选择题

1）ACD，2）AC，3）ABD。

解析：第 1 题，保护个人情感不属于社会因素。

3. 判断题

1）×，2）×。

3.6.5　监视和测量资源（标准条款 7.1.5）

7.1.5　监视和测量资源

7.1.5.1　总则

　　当利用监视**或**测量来验证产品和服务符合要求时，组织应确定并提供所需的资源，以确保结果有效和可靠。

　　组织应确保所提供的资源：

　　a）适合所开展的监视和测量活动的特定类型。

　　b）得到维护，以确保持续适合其用途。

　　组织应**保留**适当的成文信息，作为监视和测量资源适合其用途的证据。

7.1.5.2　测量溯源

　　当要求测量溯源时，或组织认为测量溯源是信任测量结果有效的基础时，**测量设备应**：

　　a）对照能溯源到国际或国家标准的测量标准，按照规定的时间间隔或在使用前进行校准和（或）检定，当不存在上述标准时，应**保留**作为校准或验证依据的成文信息。

　　b）予以识别，以确定其状态。

---

c) 予以保护，防止由于调整、损坏或衰减所导致的校准状态和随后的测量结果的失效。

当发现测量设备不符合预期用途时，组织应**确定**以往测量结果的**有效性**是否受到不利影响，**必要时**应采取适当的措施。

 考点知识讲解

1. 监视和测量资源管理的目的

当利用监视或测量来验证产品和服务符合要求时，组织应确定并提供所需的资源，目的是确保结果有效和可靠。"确定"属于策划过程，"提供"属于实施过程。

2. 监视和测量资源的内涵

标准中的监视和测量资源是特指验证产品和服务符合要求的监视和测量资源。为实现监视和测量过程所必需的人员、监视和测量设备、监视和测量方法、监视和测量环境或它们的任意集合，称为监视和测量资源。监视和测量设备不等于监视和测量资源，监视和测量设备只是监视和测量资源的一个关键部分。

监视和测量设备又可分为：

1）监视设备。监视是指确定体系、过程、产品、服务或活动的状态，包括检查、监督或密切观察等。监视设备如烟雾传感器、电子眼等。监视设备得出的可能是非量化的结论。

2）测量设备：测量是指确定数值的过程。测量设备是指为实现测量过程所必需的测量仪器、软件、测量标准、标准物质或辅助设备或它们的组合。在测量过程中，测量设备用来确定量值。

有些设备具有监视和测量两种功能，应按使用情况决定是按测量设备控制，还是按监视设备控制。

监视设备和测量设备用途有所不同，管理要求也有所区别，测量设备要进行校准或检定（有测量溯源要求时），而监视设备只需进行确认即可。

3. 对监视和测量资源的要求

对监视和测量资源的要求有3条：

1）适合所开展的监视和测量活动的特定类型。

2）得到维护，以确保持续适合其用途。这里的维护是指校准、检定、维修、保护、保养等。

3）组织应保留适当的成文信息，作为监视和测量资源适合其用途的证据，如校准标签、校准证书等。考生要注意是"保留"适当的成文信息，不是"保持"。

4. 测量溯源

这是针对测量设备提出的要求。当要求测量溯源时，或组织认为测量溯源是信任测量结果有效的基础时，测量设备要满足以下要求：

1）对照能溯源到国际或国家标准的测量标准，按照规定的时间间隔或在使用前进行校准和（或）检定。

2）没有检定规程和校准标准时，应自行建立校准规范等，保留作为校准或验证依据的成文信息。注意是"保留"作为校准或验证依据的成文信息，不是"保持"。

3）要有标识，以便确定状态。标识不仅仅指校准状态标识，还包括限用、禁用等状态标识。

4）要实施适当的保护，以防止可能使校准状态和随后的测量结果失效的调整、损坏或衰减。

5）当发现测量设备不符合预期用途时，应确定以往测量结果的有效性是否受到不利影响，如果有影响（也即必要时），则应采取适当的措施。

对被测产品，并非一定要重新测量，但对其有效性必须评价。如评价认为应该对被测产品进行重测，则应按评价要求的范围追回被测产品进行重新测量。

 同步练习强化

1. 单项选择题

1）利用监视或测量活动来验证产品和服务符合要求时，组织应（　　）。（真题）

A. 提供经过检定合格的监视和测量设备

B. 提供高精度的监视和测量设备

C. 在恒温恒湿条件下实施监视和测量活动

D. 确定并提供所需的资源，以确保监视和测量的结果有效和可靠

2）对监视和测量资源，以下描述不正确的是（　　）。（真题）

A. 测量资源应适合特定类型的测量活动

B. 监视和测量资源应得到适当的维护，以确保持续适合其用途

C. 监视资源应按规定的时间间隔或在使用前进行校准和（或）检定（验证）

D. 组织应保留作为监视和测量资源适合其用途的证据的成文信息

3）审核员审核受审核方的监视和测量设备校准情况时，抽样的样本应来源于（　　）。（真题）

A. 所有的监视和测量设备

B. 用于验证产品和服务符合要求的监视和测量设备

C. 正在使用的监视和测量设备

D. 所有暂时不用的监视和测量设备

4）为了确保测量结果的有效，可引用 GB/T 19001—2016 的标准要求，测量设备应实施以下控制（　　）。（真题）

A. 建立测量设备台账

B. 编制测量设备周检计划

C. 按规定时间间隔或在使用前进行校准和（或）检定

D. 以上全部

5）当利用监视或测量来验证产品和服务符合要求时，组织应确定并提供所需的资源，以下你认为不正确的是（　　）。（真题）

A. 适合所进行的监视和测量活动的特定类型

B. 得到维护，确保持续适合其用途

C. 保留适当的成文信息，作为适合其用途的证据

D. 保持适当的成文信息，作为其实施的证据

6）当利用监视或测量来验证产品和服务是否符合要求时，你认为正确的是（　　）。（真题）

A. 监视测量一定是使用测量设备

B. 监视测量一定是使用测量表单

C. 监视测量要保持成文信息

D. 监视测量应保留适当的成文信息

7）审核员在食品包装车间审核，看见工人用 1 台电子秤称量待包装的食品。审核员看见食品包装袋上注明每袋食品的质量为 50g ± 0.5g，审核员抽查现场已称完质量的 2 袋，发现称量值分别是 48.30g 和 48.35g。工人解释说："每袋的质量都是够的，只是这台秤不准。"审核员看见秤上贴的校准标签表明是在校准周期内的，但该秤在不称量食品时确实不能归零。这种情况不符合 GB/T 19001—2016 标准（　　）。（真题）

A. 7.2   B. 8.5.1b)

C. 7.1.5.2c)   D. 8.5.4

8）审核员在某饮料厂存放原液和添加剂的仓库审核，仓库内环境整洁，管理规定明确，出入库记录清楚，遵守了先进先出的原则。审核员看到仓库内明显位置上挂着一个温湿度计，温度显示为 18.7℃，湿度显示为 56%，仓库负责人向审核员介绍说："原液和添加剂的贮存对温度和湿度的要求比较高，仓库的温度应保持在 15 ~ 20℃，湿度应保持在 50% ~ 60% 之间，我们每隔 3h 就要查看

一下温湿度计，温湿度不符合要求，马上就要采取措施。"审核员问："这个温湿度计检定或校准过吗？"仓库负责人说："我不知道呀，这不由我们负责，这个温湿度计是质检部计量室给我们配的，我们只管用。"审核员来到质检部计量室核查，发现计量设备台账上没有登记这个温湿度计，问计量室主任："原液和添加剂仓库的那个温湿度计检定过吗？"计量室主任说："没有，那个温度计不是直接用于试验或检测产品，我们认为用不着进行检定或校准，如果坏了，再买一个新的换上就行了。"这种情况不符合 GB/T 19001—2016 标准（　　）。（真题）

 A. 7.2   B. 8.5.1b)

 C. 7.1.5.2c)   D. 7.1.5.2a)

9）审核员审核实验室发现产品试验需要有环境温度和湿度要求，但该室未配备温度计和湿度计。这种情况不符合 GB/T 19001—2016 标准（　　）。（真题）

 A. 7.1.3   B. 8.5.1b)

 C. 7.1.5.2   D. 7.1.5.1

10）对高压电力变压器进行出厂检验时，用高压试验器做耐压试验，最大电压达到100kV。审核员查监视和测量仪器的控制时，要求抽查该试验器的检定或校准证书，计量室主任说："有，每次我们都把表头拆下来送去检定，"随后拿来该表头的检定证书，审核员看到均在有效期内。这种情况不符合 GB/T 19001—2016 标准（　　）。（真题）

 A. 7.2   B. 8.5.1b)

 C. 7.1.5.2c)   D. 7.1.5.2a)

11）在车间现场审核过程中，发现产品检验中用于探测照明等级，序号626799，型号 LX1020BS 的照度计没有校准鉴定（状态）的标识，又询问负责检定设备管理的部门，也不能提供校准的证据。部门介绍平时用的时间很少，因此没有定期检定。这种情况不符合 GB/T 19001—2016 标准（　　）。（真题）

 A. 7.2   B. 8.5.1b)

 C. 7.1.5.2c)   D. 7.1.5.2a)

12）当利用监视或测量来验证产品和服务符合要求时，组织应确定并提供（　　），以确保结果（　　）。

 A. 监视和测量资源，满足要求   B. 所需的资源，有效和可靠

 C. 监视和测量设备，有效和可靠   D. 监视和测量资源，有效和可靠

13）对照能溯源到国际或国家标准的测量标准，按照规定的时间间隔或在使用前进行校准和（或）检定，当不存在上述标准时，应（　　）作为校准或验证依据的成文信息。

 A. 保持   B. 保留

 C. 编写   D. 编写和保持

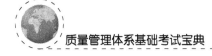

14) 当发现测量设备不符合预期用途时，组织应确定以往测量结果的有效性是否（　　），必要时应采取适当的措施。

A. 受到影响　　　　　　　　　　B. 受到不利影响

C. 不符合要求　　　　　　　　　D. 符合要求

2. 多项选择题

1) 对监视和测量资源描述正确的是（　　）。（真题）

A. 得到适当的维护，以确保持续适合其用途

B. 当存在测量溯源标准时，可以不保留作为标准或检定依据的成文信息

C. 适合特定类型的监视和测量活动

D. 保留作为监视和测量资源适合其用途的证据的成文信息

2) 依据 GB/T 19001 标准 7.1.5 条款，以下错误的是（　　）。（真题）

A. 测量设备只要按期检定并有权威机构发放的检定合格证书就说明该测量设备符合预期用途

B. 该条款要求对测量设备"予以识别，以确定其状态"就是要确定其校准状态

C. 监视和测量资源也包括人

D. 测量溯源的对象是所有的监视和测量设备

3) 当要求测量溯源时，或组织认为测量溯源是信任测量结果有效的基础时，测量设备要满足（　　）要求。

A. 对照能溯源到国际或国家标准的测量标准，按照规定的时间间隔或在使用前进行校准和（或）检定

B. 没有能溯源到国际或国家标准的测量标准时，应保留作为校准或验证依据的成文信息

C. 要有校准状态标识，以便确定状态

D. 予以保护，以防止可能使校准状态和随后的测量结果失效的调整、损坏或衰减

3. 判断题

1) 当发现测量设备不符合预期用途时，组织应确定以往测量结果的有效性是否受到不利影响，并应采取适当的措施。　　　　　　　　　　（　　）

2) 当利用监视和测量来验证产品和服务符合要求时，组织应确定并提供所需的资源，以确保结果满足要求。　　　　　　　　　　　　　　（　　）

 答案点拨解析

1. 单项选择题

1）D，2）C，3）B，4）C，5）D，6）D，7）C，8）D，9）D，10）D，

11）D，12）B，13）B，14）B。

解析：第 2 题，GB/T 19001—2016 标准 7.1.5.2 针对的是有测量溯源要求的测量设备，监视设备没必要进行定期检定/校准，所以 C 选项是错误的。

第 3 题，GB/T 19001 标准 7.1.5.1 界定的监视和测量资源是指用于验证产品和服务符合要求的监视和测量资源，所以 B 选项是对的。

第 4 题，GB/T 19001—2016 标准 7.1.5 没有要求一定要建立测量设备台账、测量设备周检计划。

第 5 题，GB/T 19001—2016 标准 7.1.5.1 要求保留适当的成文信息，作为监视和测量资源适合其用途的证据。注意是"保留"不是"保持"。所以 D 选项是错的。

第 6 题，监视测量不一定使用测量设备，可能使用监视设备，所以 A 选项是错的；监视测量不一定使用测量表单，照相等也行；是"保留"不是"保持"，见上面第 5 题的解析。

第 7 题，电子秤在不称量食品时不能归零，说明保护工作做得不好，不符合 GB/T 19001—2016 标准 7.1.5.2c）。

第 8 题，仓库现场使用的温湿度计，未进行检定或校准，不符合 GB/T 19001—2016 标准 7.1.5.2a）。

第 9 题，实验室做产品试验有环境温度和湿度要求，但实验室未配备温度计和湿度计。不符合 GB/T 19001—2016 标准 7.1.5 1。

第 10 题，只对测量设备上的标头检定，没有对整个测量设备进行检定，不符合 GB/T 19001—2016 标准 7.1.5.2a）。

第 11 题，型号 LX1020BS 照度计没有定期校准/检定，不符合 GB/T 19001—2016 标准 7.1.5.2a）。

2. 多项选择题

1）ACD，2）ABD，3）ABD。

解析：第 2 题，测量设备型号、规格要符合其预期用途，不只是检定合格，所以 A 选项是错的；测量设备的状态标识不只是校准状态标识，还有限用标识等，所以 B 选项是错的；测量溯源的对象是有测量溯源等要求的测量设备，所以 D 选项是错的。

第 3 题，C 选项是错的，测量设备的状态标识不只是校准状态标识。

3. 判断题

1）×，2）×。

解析：第 1 题，正确的是：必要时应采取适当的措施。

第 2 题，"当利用监视和测量来验证产品和服务符合要求时"这句话中的"监视和测量"应为"监视或测量"；"以确保结果满足要求"应是"以确保结果有效和可靠"。

3.6.6 组织的知识（标准条款7.1.6、附录A.7）

7.1.6 组织的知识

组织应确定**必要的**知识，以运行过程，并获得合格产品和服务。

这些知识应予以**保持**，并能在**所需的范围内**得到。

为应对不断变化的需求和发展**趋势**，组织应审视现有的知识，**确定**如何**获取**或接触更多必要的知识和**知识更新**。

注1：组织的知识是组织特有的知识，通常从其经验中获得，是为实现组织目标所使用和共享的信息。

注2：组织的知识可基于：

a）内部来源（如知识产权、从经验获得的知识、从失败和成功项目汲取的经验和教训、获取和分享未成文的知识和经验，以及过程、产品和服务的改进结果）。

b）外部来源（如标准，学术交流、专业会议、从顾客或外部供方收集的知识）。

附录A.7 组织的知识

本标准在7.1.6中要求组织确定并管理其拥有的知识，以确保其过程的运行，并能够提供合格的产品和服务。

引入组织的知识这一要求，其目的是：

a）避免组织损失其知识，如：

——由于员工更替。

——未能获取和共享信息。

b）鼓励组织获取知识，如：

——总结经验。

——专家指导。

——标杆比对。

 考点知识讲解

1. 组织的知识的定义及界定

1）组织的知识的定义：组织的知识是组织特有的知识，通常从其经验中获得，是为实现组织目标所使用和共享的信息。

2）组织的知识的界定：是组织中运行过程，并获得合格产品和服务的知识。

2. 组织的知识的来源

1）内部来源。如知识产权、从经验获得的知识、从失败和成功项目汲取的经验和教训、获取和分享未成文的知识和经验，以及过程、产品和服务的改进结果。

2）外部来源。如标准，学术交流、专业会议、从顾客或外部供方收集的知识。

3. 组织的知识的管理目的

引入组织的知识这一要求的目的是：

1）避免组织损失其知识，如由于员工更替，未能获取和共享信息。

2）鼓励组织获取知识，如总结经验，专家指导，标杆比对，这些都是获取的途径。

4. 组织的知识的管理要求

1）确定。确定必要的知识，目的是运行过程，并获得合格产品和服务。请注意是"必要的知识"。

2）保持。保持知识，并能在所需的范围内得到。请注意是"所需的范围内"。

3）更新。为应对不断变化的需求和发展趋势，应审视现有的知识，确定如何获取或接触更多必要的知识和知识更新。请注意其中的"审视""获取或接触""必要的知识""知识更新"。

 同步练习强化

1. 单项选择题

1）公司的许多核心工艺技术掌握在一些资深专家手里，公司没有机制要求这些专家将其掌握的核心技术总结出来、形成文件或指导、传承给年青的技术人员，这些专家退休后他们掌握的核心技术如何传承是个问题。以上描述适用于 GB/T 19001—2016 标准哪个条款要求（　　）。（真题）

A. 7.5.1　　　　　　　　　　　B. 7.1.6

C. 8.5.4　　　　　　　　　　　D. 7.5.2

2）组织的知识可以从外部来源获得，以下不是外部来源获得的知识是（　　）。（真题）

A. 学术交流　　　　　　　　　　B. 标准

C. 专业会议　　　　　　　　　　D. 从经验获得的知识

3）组织的知识来源于内部时，可以考虑（　　）。（真题）

A. 学术交流　　　　　　　　　　B. 标准

C. 专业会议　　　　　　　　　　D. 过程、产品和服务的改进结果

4）组织的知识是组织特有的知识，通常从其（   ）中获得。（真题）

A. 经验 　　　　　　　　　　　B. 项目

C. 理论 　　　　　　　　　　　D. 学习

5）依据 GB/T 19001—2016 标准 7.1.6 条款要求，组织应确定（   ），以运行过程，并获得合格产品和服务。（真题）

A. 专业知识 　　　　　　　　　B. 管理知识

C. 必要的知识 　　　　　　　　D. 更新的知识

6）审核员在某机械制造公司与公司领导交谈，了解到公司已对专业技术进行了识别并要求技术部门人员及时整理归档技术资料，审核员询问对老技工掌握的技术、经验是如何管理的，公司领导说："他们退休后，所掌握的经验技术就带走了，如何传承确实是个问题，我们目前也没有好办法。"这种情况不符合GB/T 19001—2016 标准（   ）。（真题）

A. 7.2 　　　　　　　　　　　B. 7.1.6

C. 7.5.3 　　　　　　　　　　D. 7.5.2

7）组织的知识是组织特有的知识，通常从其经验中获得，是为实现组织目标所使用和共享的（   ）。

A. 知识 　　　　　　　　　　　B. 信息

C. 经验 　　　　　　　　　　　D. 教训

8）组织应确定必要的知识，以运行过程，并获得（   ）。

A. 过程绩效 　　　　　　　　　B. 体系绩效

C. 合格产品 　　　　　　　　　D. 合格产品和服务

9）为应对不断变化的需求和发展趋势，组织应（   ）现有的知识，确定如何获取或接触更多必要的知识和知识更新。

A. 评审 　　　　　　　　　　　B. 审视

C. 更新 　　　　　　　　　　　D. 增多

10）组织的知识应予以（   ），并能在所需的范围内得到。

A. 保持 　　　　　　　　　　　B. 保存

C. 保留 　　　　　　　　　　　D. 保持和保留

11）组织确定所需的知识的目的是（   ）。（真题）

A. 予以保留 　　　　　　　　　B. 申请专利保护

C. 运行过程并获得合格产品和服务 　　　D. 满足组织的评奖要求

2. 多项选择题

1）组织的知识可以基于外部来源，以下哪些是知识的外部来源？（   ）。（真题）

A. 标准

B. 从顾客或外部供方收集的知识

C. 专业会议

D. 获取和分享未成文的知识和经验

2）以下属于组织的知识有（　　　　）。（真题）

A. 订阅的专业期刊　　　　　　　　B. 购买的科技成果

C. 员工经验分享　　　　　　　　　D. 质量事故数据库

3）GB/T 19001 标准要求组织进行知识管理，鼓励组织获取知识，可以通过（　　　）。（真题）

A. 总结经验　　　　　　　　　　　B. 专家指导

C. 标杆对比　　　　　　　　　　　D. 风险应对

4）GB/T 19001 标准要求组织进行知识管理，避免组织损失其知识，下面（　　　）可能损失知识。

A. 员工更替

B. 未能获取和共享信息

C. 向外发布知识专利信息

D. 把认证证书复印件提供给顾客

3. 判断题

1）组织的知识应予以保持，并能在整个组织范围内得到。　　　　　　　（　　　）

2）为应对不断变化的需求和发展趋势，组织应审视现有的知识，确定如何获取更多的知识和知识更新。　　　　　　　　　　　　　　　　（　　　）

 答案点拨解析

1. 单项选择题

1）B，2）D，3）D，4）A，5）C，6）B，7）B，8）D，9）B，10）A，11）C。

解析：第 6 题，老技工所掌握的技术、经验，在其退休后就带走了，没有传承下来，说明组织的知识管理没做好。

2. 多项选择题

1）ABC，2）ABCD，3）ABC，4）AB。

3. 判断题

1）×，2）×。

解析：第 2 题，应是获取或接触更多必要的知识和知识更新。注意"必要的"几个字。

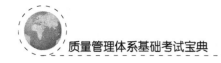
3.6.7　能力（标准条款7.2）

> **7.2　能力**
>
> 　组织应：
>
> 　a）**确定**在其控制下工作的人员所需具备的能力，这些人员从事的工作影响质量管理体系绩效和有效性。
>
> 　b）**基于**适当的教育、培训或经验，**确保**这些人员是胜任的。
>
> 　c）**适用时**，采取措施以**获得**所需的能力，并**评价**措施的有效性。
>
> 　d）**保留**适当的成文信息，作为人员能力的证据。
>
> 　注：适用措施可包括对在职人员进行培训、辅导或重新分配工作，或者聘用、外包胜任的人员。

　考点知识讲解

1. 对有能力要求的人员范围的界定

标准里对能力有要求的人员要同时满足以下两点：

1）在组织控制下工作。

2）从事的工作影响质量管理体系绩效和有效性。

在组织控制下工作的人员，包括与组织有劳动合同的人员，也包括临时聘用人员、代表组织工作的外包方人员等。只要从事的工作影响质量管理体系绩效和有效性，都要具备相应能力。

2. 人员能力的基本要求

人员能力是基于适当的教育、培训或经验这3个方面（注意其中的"或"字），从3个方面评定人员的能力：

1）教育，即与岗位职责相应的教育背景，如学历等。

2）培训，即在专业工作中接受过的专门培训。

3）经验，从相似工作的经历中获得的技术、方法、技巧等。

3. 人员能力的管理

1）确定。一是确定哪些人员需要具备能力，也就是对人员的范围的界定；二是确定这些人员要具备什么能力。

2）确保。基于适当的教育、培训或经验，配备胜任的人员。如果不胜任，就要采取适用的措施，使人员获得所需的能力。这些措施可以是培训、辅导或重新分配工作，或者聘用、外包胜任的人员。

3）评价。要评价确保人员胜任的措施的有效性。如培训后的考试，对招聘人员的转正考核等。

4）保留。保留适当的成文信息，作为人员能力的证据，如培训记录、考试试卷等。注意标准中的"保留""适当的"这些关键词。

 同步练习强化

1. 单项选择题

1）精密仪表制造集团公司中从事影响质量管理体系绩效和有效性的人员不包括（　　）。（真题）

  A. 物流转运司机   B. 外聘生产临时工

  C. 有线电视维护人员   D. 车间清洁工

2）从事影响质量管理体系绩效和有效性的工作人员所需能力，可以通过采取措施获得所需能力，这里的措施不包括（　　）。（真题）

  A. 在职人员进行培训   B. 辅导或重新分配工作

  C. 工作经历   D. 招聘胜任的人员

3）一个生产型上市企业，下列不属于组织控制范围内从事影响质量绩效工作的人员有（　　）。（真题）

  A. 股票持有人   B. 文件资料管理人员

  C. 售后服务人员   D. 产品的设计开发人员

4）某公司生产现场新购置了一台数控机床来满足生产要求以及质量要求，公司派操作人员专门外出去参加培训，掌握操作技能。此情景适用于 GB/T 19001—2016 标准哪个条款要求（　　）。（真题）

  A. 7.3   B. 7.1.2

  C. 7.2   D. 7.1.6

5）确定人员所需能力应从下列哪些方面考虑？（　　）（真题）

  A. 经验   B. 培训

  C. 教育   D. 以上都是

6）适用时，组织应采取措施获得所需人员的能力，采取的适当措施不包括（　　）。（真题）

  A. 辅导或重新分配工作   B. 制定岗位能力说明书

  C. 聘用、外包胜任的人员   D. 在职人员进行培训

7）组织应确定其控制范围内的人员需具备的能力，下列关于人员的描述正确的是（　　）。（真题）

  A. 这些人员是指在质量管理体系中承担任何任务的人员

  B. 这些人员是指从事影响产品要求符合性工作的人员

C. 这些人员是指从事的工作影响质量管理体系绩效和有效性的人员

D. 以上都是

8）"某车间新分配的操作人员不会操作生产设备"。请判断不符合 GB/T 19001—2016 标准哪个条款要求（　　）。

A. 5.3   B. 7.1.2

C. 7.2   D. 8.5.1

9）组织在适用时，采取措施以（　　）所需的能力，并（　　）措施的有效性。

A. 培养，保证   B. 获得，评价

C. 提高，确保   D. 改进，提高

10）组织应（　　）适当的成文信息，作为人员能力的证据。

A. 保留   B. 保持

C. 建立   D. 保管

11）GB/T 19001 标准对（　　）的能力提出要求。（真题）

A. 在组织交往范围内有联系的人员

B. 组织内所有的正式或临时工作员工

C. 所有与组织工作有关的人员

D. 在组织控制范围内，与质量管理体系绩效和有效性有关的人员

2. 多项选择题

1）组织应确定并提供有效实施质量管理体系并运行和控制其过程所需要的人员。这里的人员按 GB/T 19001—2016 标准，以下说法不准确的是（　　）。（真题）

A. 管理体系的内审员

B. 从事影响质量管理体系绩效和有效性的人员

C. 组织控制下的所有人员

D. 可能直接或间接影响产品符合要求的人员

2）GB/T 19001—2016 标准里对能力有要求的人员是指（　　）。

A. 在组织控制下工作

B. 组织里的所有人员

C. 从事的工作影响质量管理体系绩效和有效性

D. 组织里财务部以外的人员，因为财务部不在组织质量管理体系范围内

3. 判断题

1）组织必须提供适宜的培训以确保从事影响产品和服务要求符合性工作的人员具备胜任工作的能力。　　　　　　　　　　　　　　　　（　　）（真题）

2）GB/T 19001—2016 标准要求组织应确定在其控制下工作的人员所需具备

的能力，这些人员从事的工作影响组织的业绩。　　　　　　　　　（　　）

 答案点拨解析

1. 单项选择题

1）C，2）C，3）A，4）C，5）D，6）B，7）C，8）C，9）B，10）A，11）D。

解析：第 1 题，选项 A、B、D 都是和生产有关的人员，其工作影响质量管理体系绩效和有效性。

2. 多项选择题

1）ACD，2）AC。

3. 判断题

1）×，2）×。

解析：第 1 题，"从事影响产品和服务要求符合性工作的人员"的表述不符合标准。

第 2 题，"从事的工作影响组织的业绩"的表述不符合标准。

3.6.8　意识（标准条款 7.3）

> **7.3　意识**
>
> 　　组织应**确保**在其控制下工作的人员**知晓**：
>
> 　　a）质量方针。
>
> 　　b）相关的质量目标。
>
> 　　c）他们对质量管理体系有效性的贡献，包括改进绩效的益处。
>
> 　　d）不符合质量管理体系要求的后果。

 考点知识讲解

1. 对"意识"有要求的人员

对"意识"有要求的人员是在组织控制下的相关工作人员，包括组织内的人员和组织指定的外部人员（如外包人员），这些人应具有相应的质量意识。

GB/T 19001 标准 7.2 对能力有要求的人员是在组织控制下，从事的工作影响质量管理体系绩效和有效性的人员。请注意二者的区别。

2. "意识"条款对组织管理上的要求

组织应确保在其控制下工作的人员知晓意识的内容和要求。注意标准中的

"确保""知晓"这些关键词。

3. 意识的内容和要求

意识的内容和要求包括 4 个方面，组织应确保在其控制下工作的人员知晓：

1）质量方针。

2）相关的质量目标。不要求知晓组织全部的质量目标，但要知晓与自己岗位相关的质量目标。

3）他们对质量管理体系有效性的贡献，包括改进绩效的益处。

4）不符合质量管理体系要求的后果。

 同步练习强化

1. 单项选择题

1）组织应确保受其控制的工作人员知晓，他们对质量管理体系有效性的贡献，包括（   ）。（真题）

A. 失效模式后果分析　　　　　　　B. 改进绩效的益处

C. 知识分享　　　　　　　　　　　D. 体系的绩效

2）GB/T 19001—2016 标准 7.3 条款特指人员意识，要求组织应确保其控制范围内相关工作人员知晓（   ）。（真题）

A. 员工的高超技术　　　　　　　　B. 员工对企业的贡献

C. 不符合质量管理体系要求的后果　D. 企业高质量高效益

3）组织应（   ）在其控制下工作的人员（   ）质量意识。

A. 培养，认识到　　　　　　　　　B. 确保，知晓

C. 教育，知晓　　　　　　　　　　D. 确保，意识到

2. 多项选择题

1）GB/T 19001—2016 标准 7.3 条款指人员意识，要求组织应确保其控制范围内工作人员知晓（   ）。（真题）

A. 质量方针

B. 相关的质量目标

C. 不符合质量管理体系要求的后果

D. 他们对质量管理体系有效性的贡献，包括改进绩效的益处

2）组织应确保在控制范围内的工作人员知晓（   ）。（真题）

A. 质量方针和相关质量目标

B. 他们对质量管理体系有效性的贡献，包括改进绩效的益处

C. 不符合质量管理体系要求的后果

D. 应对风险的措施

3. 判断题

组织应确保在其控制下，从事的工作影响质量管理体系绩效和有效性的人员知晓质量意识。　　　　　　　　　　　　　　　　　　　　（　　）

 答案点拨解析

1. 单项选择题

1）B，2）C，3）B。

2. 多项选择题

1）ABCD，2）ABC。

3. 判断题

×。解析：这里"从事的工作影响质量管理体系绩效和有效性的人员"的表述不符合标准。

3.6.9　沟通（标准条款 7.4）

> **7.4　沟通**
>
> 组织应**确定**与质量管理体系相关的内部和外部沟通，包括：
>
> a）沟通什么。
>
> b）何时沟通。
>
> c）与谁沟通。
>
> d）如何沟通。
>
> e）谁来沟通。

 考点知识讲解

1. 沟通的范围

沟通的范围是与质量管理体系相关的内部和外部沟通，应做好沟通范围的策划（也就是确定）。

2. 沟通的要求

组织在确定沟通过程时，要确定沟通的 5 项要素：

1）沟通什么（沟通的内容）。

2）何时沟通（沟通的时机）。

3）与谁沟通（沟通的对象）。

4）如何沟通（沟通的方式）。

5) 谁来沟通（沟通的责任人）。

考生一定要记住沟通的 5 要素。

 同步练习强化

1. 单项选择题

组织应确定与质量管理体系相关的内部和外部沟通，包括（　　）。

（真题）

A. 沟通什么和何时沟通　　　　　B. 与谁沟通和如何沟通

C. 谁负责沟通　　　　　　　　　D. 以上部是

2. 多项选择题

组织应确定与质量管理体系相关的内部和外部沟通，包括（　　）。

A. 沟通什么，何时沟通，与谁沟通　　B. 与顾客、供应商沟通

C. 与其他相关方沟通　　　　　　　　D. 如何沟通，谁来沟通

3. 判断题

GB/T 19001—2016 标准 7.4 条款是对内部沟通的要求，8.2.1 条款是对外部沟通的要求。　　　　　　　　　　　　　　　　　　（　　）（真题）

 答案点拨解析

1. 单项选择题

D。

2. 多项选择题

AD

3. 判断题

×。解析：GB/T 19001—2016 标准 7.4 包括内部和外部沟通。

3.6.10　成文信息（标准条款 7.5、附录 A.6）

7.5　成文信息

7.5.1　总则

组织的质量管理体系应包括：

a）本标准要求的成文信息。

b）组织所确定的、为确保质量管理体系有效性所需的成文信息。

注：对于不同组织，质量管理体系成文信息的多少与详细程度可以不同，取决于：

——组织的规模，以及活动、过程、产品和服务的类型。

——过程及其相互作用的复杂程度。

——人员的能力。

7.5.2　创建和更新

在创建和更新成文信息时，组织应**确保适当的**：

a）标识和说明（如标题、日期、作者、索引编号）。

b）形式（如语言、软件版本、图表）和载体（如纸质的、电子的）。

c）评审和批准，以保持**适宜性**和**充分性**。

7.5.3　成文信息的控制

7.5.3.1　应**控制**质量管理体系和本标准所要求的成文信息，以**确保**：

a）在需要的场合和时机，均可获得并适用。

b）予以妥善保护（如防止泄密、不当使用或缺失）。

7.5.3.2 为**控制**成文信息，**适用时**，组织应进行下列活动：

a）分发、访问、检索和使用。

b）存储和防护，包括保持可读性。

c）更改控制（如版本控制）。

d）保留和处置。

对于组织**确定**的策划和运行质量管理体系所必需的来自外部的成文信息，组织应进行**适当识别**，并予以**控制**。

对所**保留**的、作为符合性证据的成文信息应予以**保护**，防止非预期的更改。

注：对成文信息的"访问"可能意味着仅允许查阅，或者意味着允许查阅并授权修改。

附录 A.6　成文信息

作为与其他管理体系标准相一致的共同内容，本标准有"成文信息"的条款，内容未做显著变更或增加（见 7.5），本标准的文本尽可能与其要求相适应。因此，"成文信息"适用于所有的文件要求。

在 GB/T 19001—2008 中使用的特定术语如"文件""形成文件的程序""质量手册"或"质量计划"等，在本标准中表述的要求为"保持成文信息"。

在 GB/T 19001—2008 中使用"记录"这一术语表示提供符合要求的证据所需要的文件，现在表述的要求为"保留成文信息"。组织有责任确定需要保留的成文信息及其存储时间和所用载体。

"保持"成文信息的要求并不排除基于特殊目的，组织也可能需要"保留"同一成文信息，如保留其先前版本。

若本标准使用"信息"一词，而不是"成文信息"（如在 4.1 中"组织应对这些内部和外部因素的相关信息进行监视和评审"），则并未要求将这些信息形成文件。在这种情况下，组织可以决定是否有必要或适合保持成文信息。

1. GB/T 19001—2016 标准成文信息说明

1）GB/T 19001—2016 减少了对管理体系文件的"限定性"要求，用"成文信息"取代了 GB/T 19001—2008 中"文件"和"记录"的表述，不再硬性提出"形成文件的程序""质量手册"等规定要求，文件可以有多种表现形式。

① 在 GB/T 19001—2008 中使用的特定术语如"文件""形成文件的程序""质量手册"或"质量计划"等，在 GB/T 19001—2016 中表述的要求为"保持成文信息"。

② 在 GB/T 19001—2008 中使用"记录"这一术语表示提供符合要求的证据所需要的文件，GB/T 19001—2016 中表述的要求为"保留成文信息"。组织有责任确定需要保留的成文信息及其存储时间和所用载体。

③"保持"成文信息的要求并不排除基于特殊目的，组织也可能需要"保留"同一成文信息，如保留其先前版本。

④ GB/T 19001—2016 标准使用"信息"一词，而不是"成文信息"的地方，并不要求将这些信息形成文件。在这种情况下，组织可以决定是否有必要或适合保持成文信息。

2）"成文信息"是一个大的概念，企业从方便管理出发，有必要对成文信息进行分类、分层。至于成文信息分类、分层后叫什么名字，由企业自定。也就是说，你仍然可以把文件分成质量手册、程序文件、作业指导书；你可以把文件叫作制度，也可以叫作程序文件；你同样也可以把证据类文件叫作记录。总之，只要有效、方便就行。

3）成文信息从作用上分，可分为规范性文件、证据性文件。我们平常所说的质量手册、程序文件、作业指导书等都是规范性文件，而记录属于证据性文件（表格是规范性文件，当表格填写了内容后，变为证据性文件，则称为记录）。

4）很多企业，企业制度写一套文件，推行 GB/T 19001 时写一套文件，推行标准化时写一套文件，推行 3C 认证时写一套文件，产品出口商检时又写一套文件，整个企业文件系统乱七八糟。实际上应该对这些文件进行整合，形成一套完整的文件系统。

按管理对象来分，可将文件分为技术标准、管理标准、工作标准；按文件层次来分，可将文件分为管理手册、程序文件、其他作业文件。一份文件，比如供应商管理程序，在 GB/T 19001 系统内是程序文件，在标准化系统内是管理标准，但都是同一份文件，只是从不同的角度来区分而已。就像一位少女，从性别看，她是女性；从年龄看，她是少女。

不要认为写有"标准"字样的东西才是标准，××管理程序、××作业指导书等，都可以是标准。

2. 质量管理体系要求的成文信息

质量管理体系要求的成文信息包括两个方面：

1）GB/T 19001—2016 标准要求的成文信息。

在标准中凡是有"保持（maintain）成文信息""保留（retain）成文信息"的地方，则需根据标准要求形成成文信息。GB/T 19001—2016 标准共有 25 处要求形成成文信息（3 处"保持"、2 处"保持和保留"、18 处"保留"，除此之外，还有 2 处要求形成文件的信息，见表 3-3），这些成文信息中，有些是必需的，有些根据需要设置。考生最好记住哪些要"保持"，哪些要"保留"，以往有这样的考题。

表 3-3　GB/T 19001—2016 标准要求的成文信息

序号	条款	要求的成文信息	保持成文信息	保留成文信息	成文信息
1	4.3	组织的质量管理体系范围应作为成文信息，可获得并得到保持	√		
2	4.4.2	在必要的范围和程度上，组织应： a）保持成文信息以支持过程运行 b）保留成文信息以确信其过程按策划进行	√	√	
3	5.2.2	质量方针应： a）可获得并保持成文信息	√		
4	6.2.1	组织应保持有关质量目标的成文信息	√		
5	7.1.5.1	组织应保留适当的成文信息，作为监视和测量资源适合其用途的证据		√	
6	7.1.5.2	a）对照能溯源到国际或国家标准的测量标准，按照规定的时间间隔或在使用前进行校准和（或）检定，当不存在上述标准时，应保留作为校准或验证依据的成文信息		√	
7	7.2	保留适当的成文信息，作为人员能力的证据		√	

（续）

序号	条款	要求的成文信息	保持成文信息	保留成文信息	成文信息
8	8.1	e）在必要的范围和程度上，确定并保持、保留成文信息，以： 1）确信过程已经按策划进行 2）证实产品和服务符合要求	√	√	
9	8.2.3.2	适用时，组织应保留与下列方面有关的成文信息： a）评审结果 b）产品和服务的新要求		√	
10	8.3.2	j）证实已经满足设计和开发要求所需的成文信息			√
11	8.3.3	组织应保留有关设计和开发输入的成文信息		√	
12	8.3.4	f）保留这些活动的成文信息		√	
13	8.3.5	组织应保留有关设计和开发输出的成文信息		√	
14	8.3.6	组织应保留下列方面的成文信息： a）设计和开发变更 b）评审的结果 c）变更的授权 d）为防止不利影响而采取的措施		√	
15	8.4.1	对于这些活动和由评价引发的任何必要的措施，组织应保留成文信息		√	
16	8.5.1	a）可获得成文信息，以规定以下内容： 1）拟生产的产品、提供的服务或进行的活动的特征 2）拟获得的结果			√
17	8.5.2	当有可追溯要求时，组织应控制输出的唯一性标识，且应保留所需的成文信息以实现可追溯		√	
18	8.5.3	若顾客或外部供方的财产发生丢失、损坏或发现不适用情况，组织应向顾客或外部供方报告，并保留所发生情况的成文信息		√	
19	8.5.6	组织应保留成文信息，包括有关更改评审的结果、授权进行更改的人员以及根据评审所采取的必要措施		√	

178

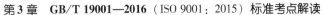
（续）

序号	条款	要求的成文信息	保持成文信息	保留成文信息	成文信息
20	8.6	组织应保留有关产品和服务放行的成文信息。成文信息应包括： a）符合接收准则的证据 b）可追溯到授权放行人员的信息		√	
21	8.7.2	组织应保留下列成文信息： a）描述不合格 b）描述所采取的措施 c）描述获得的让步 d）识别处置不合格的授权		√	
22	9.1.1	组织应评价质量管理体系的绩效和有效性。组织应保留适当的成文信息，以作为结果的证据		√	
23	9.2.2	f）保留成文信息，作为实施审核方案以及审核结果的证据		√	
24	9.3.3	组织应保留成文信息，作为管理评审结果的证据		√	
25	10.2.2	组织应保留成文信息，作为下列事项的证据： a）不合格的性质以及随后所采取的措施 b）纠正措施的结果		√	

2）组织所确定的、为确保质量管理体系有效性所需的成文信息。除 GB/T 19001—2016 标准要求的成文信息外，组织可以根据自身产品、服务及过程的实际情况增加适当的成文信息。

质量管理体系成文信息的多少和详略程度，取决于：

——组织的规模，以及活动、过程、产品和服务的类型。

——过程及其相互作用的复杂程度。

——人员的能力。

3. 成文信息创建和更新的要求

创建就是编写新文件，更新就是对文件进行修改。在创建和更新成文信息时，组织应确保适当的：

1）标识和说明（如标题、日期、作者、索引编号）。

2）形式（如语言、软件版本、图表）和载体（如纸质的、电子的）。

3）评审和批准，以保持适宜性和充分性。适宜性是指文件符合组织的实

际，可操作，充分性是指该规定的都作了规定。评审是保证文件的正确性，批准意味着从行政上赞同文件的实施。

4. 成文信息的控制目的

应控制质量管理体系和 GB/T 19001 标准所要求的成文信息（请注意，这里的成文信息包括质量管理体系、GB/T 19001 标准所要求的成文信息），以确保满足以下 2 个目的：

1）在需要的场合和时机，均可获得并适用。

2）予以妥善保护（如防止泄密、不当使用或缺失）。

5. 成文信息的控制要求

为控制成文信息，适用时，组织应进行下列 4 项活动：

1）分发、访问、检索和使用。

2）存储和防护，包括保持可读性。

3）更改控制（如版本控制）。文件更改要进行适当的评审和批准。为了方便使用，文件更改应标明修订状态和版本。

4）保留和处置。保留文件时，应防止作废文件的非预期使用。对失去使用价值的文件要进行处置。

6. 外来文件的控制

对于组织确定的策划和运行质量管理体系所必需的来自外部的成文信息，组织应进行适当识别，并予以控制。请注意，这里的来自外部的成文信息仅指策划和运行质量管理体系所必需的外来文件，要做好确定、适当识别、控制——确定需要哪些外来文件，识别是否有效版本，哪些地方可用，控制就是要做好分发、防护等。

7. 记录类证据性文件的控制

对需要保留的作为符合性证据的成文信息应予以保护，目的是防止非预期的更改。

 同步练习强化

1. 单项选择题

1）GB/T 19001 标准中表示的保留成文信息指的是（   ）。（真题）

A. 程序文件   B. 作业文件

C. 记录   D. 图纸

2）在创建和更新成文信息时，组织应确保以下相关事项得到适当安排，以下不正确的是（   ）。（真题）

A. 标识和说明

B. 方针和战略

C. 形式和载体

D. 评审和批准，以确保适宜性和充分性

3）控制成文信息，适用时组织应关注的活动不包括（　　）。（真题）

A. 编制和更新　　　　　　　　　　B. 分发、访问、检索和使用

C. 存储和防护　　　　　　　　　　D. 保留和处置

4）关于成文信息，下列哪些信息是组织应该保留的（　　）。（真题）

A. 实现可追溯性所需的成文信息

B. 有关设计和开发输入的成文信息

C. 有关产品和服务放行的成文信息

D. 以上都是

5）组织应对所确定的策划和运行质量管理体系所需的来自外部的成文信息进行适当的（　　），并予以控制。（真题）

A. 发放并使用　　　　　　　　　　B. 授权并修改

C. 识别　　　　　　　　　　　　　D. 标识

6）某旅游服务企业依据 GB/T 24421—2009 建立了服务标准体系，将全部质量管理体系文件纳入该体系，同时规定标准体系内文件按照 GB/T 1.1—2009 标准要求编写，审核发现质量管理体系文件的编写并不符合该项规定。不符合 GB/T 19001—2016 的哪项要求？（　　）（真题）

A. 4.4.2　　　　　　　　　　　　　B. 7.5.2

C. 8.1 e)　　　　　　　　　　　　　D. 8.5.5

7）在创建和更新成文信息时，应进行评审和批准，以保持（　　）。（真题）

A. 充分性和有效性　　　　　　　　B. 有效性和适宜性

C. 适宜性和充分性　　　　　　　　D. 适宜性和符合性

8）针对 GB/T 19001—2016 标准中 7.5 条款"成文信息"中包含的质量管理体系成文信息，以下不正确的理解是（　　）。（真题）

A. 标准要求的成文信息

B. 为确保质量管理体系有效性所需的成文信息

C. 文件数量多少，详略程度各企业可以不同

D. 不需要质量手册

9）针对组织确定的来自外部的质量管理体系所需成文信息，你认为正确的是（　　）。（真题）

A. 只考虑国家标准　　　　　　　　B. 只考虑上级来文

C. 适当识别并加以控制　　　　　　D. 识别

10）某组织的企管部负责管理组织所有文件，审核员在企管部发现，文件

管理部提供的外来文件清单上所列的文件中有 5 份作废版本的文件。由于文件管理人员不知道哪些文件应发放到哪些部门和人员使用，因此，只要其他部门的人员来要，文件管理人员就复印一份给他们，也没有相应的发放记录，审核员到技术部和生产部审核时，发现这两个部门都存在作废文件和有效文件混用的情况。这种情况不符合 GB/T 19001 标准（   ）。（真题）

A. 7.5.3.2

B. 8.5.1

C. 8.5.6

D. 8.1

11）审核员在办公室看见该办公室使用的公司管理文件汇编中，有 15 份文件均为第二版，查阅受控文件清单上表明其中有 8 份文件已是第三版。于是审核员问你们对作废文件怎么处理。办公室文件管理员说："收回销毁或盖作废章"。审核员看了一下 15 份文件上都没有作废标识。这种情况不符合 GB/T 19001 标准（   ）。（真题）

A. 8.5.1

B. 7.5.3.2

C. 8.5.6

D. 8.1

12）审核员在某建筑施工单位的工程管理部审核，看见办公桌上放着一套《施工规范大全》。审核员一边翻看一边问部门负责人："这些规范中哪些是对你们适用的"部门负责人说："具体是哪些规范我也不清楚，好在这套书内容很全面。"审核员发现《施工规范大全》中有些规范已经作废。这种情况不符合 GB/T 19001 标准（   ）。（真题）

A. 7.5.3.2

B. 8.5.1

C. 8.5.6

D. 8.1

13）对所保留的、作为符合性证据的成文信息应予以（   ），防止（   ）。

A. 保护，非正常使用

B. 保护，非预期的更改

C. 保持，非预期的更改

D. 保持，非正常使用

2. 多项选择题

1）在创建和更新成文信息时，组织应确保适当的（   ）。（真题）

A. 标识和符号

B. 形式

C. 评审和批准，以保持适宜性和充分性

D. 标识和说明

2）对于不同组织，质量管理体系成文信息的多少与详细程度可以不同，取决于（   ）。

A. 组织的规模

B. 活动、过程、产品和服务的类型

C. 人员的能力

D. 过程及其相互作用的复杂程度

3）组织应控制质量管理体系和 GB/T 19001 标准所要求的成文信息，以确保（　　　）。

 A. 在受控条件下进行生产和服务提供

 B. 予以妥善保护（如防止泄密、不当使用或缺失）

 C. 追溯到授权放行人员的信息

 D. 在需要的场合和时机，均可获得并适用

4）为控制成文信息，适用时，组织应进行（　　　）活动。

 A. 分发、访问、检索和使用　　　　　B. 保留和处置

 C. 更改控制（如版本控制）　　　　　D. 存储和防护，包括保持可读性

3. 判断题

1）组织应确保策划和运行质量管理体系所需的来自外部的成文信息得到批准并控制其发放。　　　　　　　　　　　　　　　　　　　（　　　）（真题）

2）组织只要依据 GB/T 19001 标准 7.5.2c）条款的要求对文件进行评审和批准就能保证文件是充分的和适宜的。　　　　　　　　　　（　　　）（真题）

3）GB/T 19001 要求的成文信息就是组织的质量管理体系成文信息。　（　　　）

 答案点拨解析

1. 单项选择题

1）C，2）B，3）A，4）D，5）C，6）B，7）C，8）D，9）C，10）A，11）B，12）A，13）B。

解析：第 3 题，选项 A 编制和更新属于 GB/T 19001 标准 7.5.2 创建和更新的活动，不属于 7.5.3 成文信息的控制活动。

第 4 题，选项 A 属于 GB/T 19001 标准 8.5.2，选项 B 属于标准 8.3.3，选项 C 属于标准 8.6，这些成文信息都应该保留，见本节表 3-3。

第 8 题，GB/T 19001—2016 标准中没有规定不需要质量手册。需不需要质量手册由组织自己决定。

第 12 题，工程管理部的负责人不清楚现场使用的《施工规范大全》中哪些是适用的，且《施工规范大全》中有些规范已经作废。说明企业对来自外部的成文信息，没有进行适当识别并予以控制。所以不符合 GB/T 19001—2016 标准 7.5.3.2。第 10 题、第 11 题类似。

2. 多项选择题

1）BCD，2）ABCD，3）BD，4）ABCD。

3. 判断题

1）×，2）×，3）×。

解析：第 1 题，对来自外部的成文信息，组织应适当识别并予以控制，而

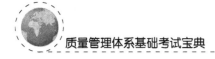

不是批准并控制分发。

第 2 题，评审和批准不一定能保证文件是充分和适宜的，与审核人水平有关，并且标准中是"保持"而不是"保证"。

第 3 题，组织的质量管理体系成文信息包括 GB/T 19001 要求的成文信息，以及为确保质量管理体系有效性所需的成文信息。

3.7 运行（标准条款 8）

GB/T 19001 标准第 8 章运行对产品和服务提供的全过程规定了要求，包括产品和服务要求的确定过程、设计和开发过程、对外部提供的控制过程、生产和服务提供过程等。

3.7.1 运行的策划和控制（标准条款 8.1）

> **8.1 运行的策划和控制**
>
> 为满足产品和服务提供的要求，并实施第 6 章所确定的措施，组织应通过以下措施对所需的过程（见 4.4）进行**策划、实施**和**控制**：
>
> a）**确定**产品和服务的要求。
>
> b）**建立**下列内容的准则：
>
> 1）过程。
>
> 2）产品和服务的接收。
>
> c）**确定**所需的资源以使产品和服务符合要求。
>
> d）按照准则实施过程控制。
>
> e）在必要的范围和程度上，**确定**并保持、保留成文信息，以：
>
> 1）确信过程已经按策划进行。
>
> 2）证实产品和服务符合要求。
>
> 策划的输出应适合于组织的运行。
>
> 组织应**控制**策划的变更，评审非预期变更的后果，必要时，采取措施减轻不利影响。
>
> 组织应确保外包过程受控（见 8.4）。

 考点知识讲解

1. 运行策划和控制的对象

运行策划和控制的对象是 GB/T 19001 标准 4.4 确定的所需的过程。对这些所需的过程进行策划、实施和控制，目的是满足产品和服务提供的要求，并实施 GB/T 19001 标准第 6 章所确定的措施。这里所说的控制就是要使策划和实施的过程处于受控状态。

在整体策划质量管理体系时，组织确定了体系所需过程及其在整个组织内的应用，这是组织在战略层面的策划。所涉及的过程包括了产品、服务提供过程和管理过程两类。GB/T 19001 标准 8.1 运行策划和控制是针对具体产品和服务的策划和控制，是实施层面的策划，是质量管理体系过程的一个重要组成部分。

GB/T 19001 标准 8.1 运行策划和控制是对产品和服务提供全过程的策划和控制的总体要求。组织应确定产品和服务提供所必需的操作过程，包括任何外部提供的过程。

2. 运行策划和控制的措施

GB/T 19001 标准 8.1 中 a）、b）、c）、e）条款是策划的要求；d）和 e）条款是实施的要求。策划和实施都应得到控制。

策划和控制的措施包括：

1）确定产品和服务的要求。组织应该根据顾客的需求、国家的法律法规等，针对产品和服务制定具体的、有针对性的产品和服务要求。

2）建立过程准则（有效运行的控制准则），建立产品和服务的接收准则。可以是作业指导书、工艺标准、检验规范、服务规范，也可以是样板或模板等。

3）确定使产品和服务符合要求所需的资源，如人力资源、基础设施、运行环境等，该条款是 GB/T 19001 标准 7.1 条款要求的具体体现。

4）按照上面确定的准则实施过程控制。

5）在必要的范围和程度上，确定并保持、保留成文信息，以：

① 确信过程已经按策划进行。

② 证实产品和服务符合要求。

3. 运行策划和控制的要求

1）策划的输出应适合于组织的运行。策划的输出可以是文件的形式，也可以是实物的形式等，只要适合于组织的运行就行。

2）组织应控制策划的变更，评审非预期变更的后果，必要时，采取措施减轻不利影响。也就是三点要求：一是对策划的变更进行控制，二是对非预期变更的后果进行评审，三是如果经过评审发现非预期更改可能造成不利影响，那么在实施更改的同时就需采取必要的措施减轻不利影响。

3）组织应确保外包过程受控。具体控制方式可以参照 GB/T 19001 标准 8.4 的要求。

同步练习强化

1. 单项选择题

1）审核员在审核产品检验时发现，受审核方没有规定产品检验要求。不符合 GB/T 19001 标准哪个条款要求（　　）。（真题）

　A. 8.5.1　　　　　　　　　　　B. 8.6

　C. 7.5.2　　　　　　　　　　　D. 8.1

2）GB/T 19001—2016 标准的 8.1 运行的策划和控制规定：策划的输出应适于（　　）。（真题）

　A. 组织的产品和服务　　　　　B. 组织的规模

　C. 组织的环境的变化　　　　　D. 组织的运行

3）GB/T 19001—2016 标准中 8.1 运行的策划和控制条款规定了：为满足产品和服务提供的要求，并实施第 6 章所确定的措施，组织应（　　）。（真题）

　A. 对产品和服务设计和开发期间以及后续所做的更改进行适当的识别、评审和控制

　B. 控制策划的变更，评审非预期变更的后果，必要时，采取措施减轻不利影响

　C. 对生产和服务提供的更改进行必要的评审和控制

　D. 以上都不是

4）为满足产品和服务提供的要求，并实施 GB/T 19001—2016 标准第 6 章所确定的措施，组织应通过以下哪些措施对所需的过程进行策划、实施和控制？（　　）（真题）

　A. 确定产品和服务的要求

　B. 确定所需的资源以使产品和服务符合要求

　C. 按照准则实施过程控制

　D. 以上都是

5）"机械公司的工艺员正在编写轴承的工艺卡片"，最适用于这一情景的条款是（　　）。（真题）

　A. 7.5.2　　　　　　　　　　　B. 8.1 b)

　C. 8.5.1 a)　　　　　　　　　　D. 8.5.1 b)

6）审核员在检测室抽查产品检测报告，共有 5 项指标的检测结果，而国家标准（GB×××—2005）规定该产品的检测项目应为 8 项。审核员询问检测室主任："你们的检测项目为什么比国家标准规定少了 3 项？"检测室主任说："按要求应该是 8 项，而我们是按工厂的检验规程要求办的。"接着出示了该检验规

程，发现确实少了 3 项要求。这一情况，不符合 GB/T 19001 标准（　　　）。（真题）

A. 8.6　　　　　　　　　　　　　　B. 8.1 b）

C. 8.5.1c）　　　　　　　　　　　　D. 8.5.1 a）

7）审核员到质检科查看某产品的成品检验，从两个月的检验记录中抽查了 8 份，看到检验项目和方法均符合检验规范。审核员问质检科长："这种产品是否有国家或行业标准？"科长说："有"，并向审核员提供了此产品的 GB 3906—1991 标准。审核员将检验规范与 GB 3906—1991 标准核对后，发现检验规范中缺少 GB 3906—1991 标准中要求的出厂试验必须做的"操作试验 5 次"和"绝缘电阻"项目，检验记录表中没有这两项检验项目。科长解释说："操作试验我们都做的，但是没有进行记录，至于'绝缘电阻'，我们一直就没有出现过什么问题，所以就免检了"。这一情况，不符合 GB/T 19001 标准（　　　）。（真题）

A. 8.6　　　　　　　　　　　　　　B. 8.1 b）

C. 8.5.1c）　　　　　　　　　　　　D. 8.5.1 a）

8）在某萤石矿审核时，审核员抽查东采区 2020 年 8 月开始实施的采掘工程情况，在《工程施工方案》中要求采掘方建立"工程日志及监测检验记录"，审核员请该采区的负责人出示工程日志及检验记录，其未能提供 8 月 10 日至 30 日的工程日志和监测检验记录，称该采区与原西采区基本一样，大家都很熟悉，有时未记录也是正常的。这一情况，不符合 GB/T 19001 标准（　　　）。（真题）

A. 8.6　　　　　　　　　　　　　　B. 8.1 b）

C. 8.5.1　　　　　　　　　　　　　D. 8.1 e）

9）在连铸车间审核发现《连铸坯检验规程》ZY-LG-02 中的第二部分连铸坯的检验标准规定：连铸坯鼓肚缺陷允许高度不超过边长的正偏差，连铸坯端部的切斜不超过 22mm。此规定与企业执行的标准 YB/T 2011—2004《连续铸钢方坯和矩形坯》中的"连铸坯端部的切斜不超过 20mm"的要求不一致。这一情况，不符合 GB/T 19001 标准（　　　）。（真题）

A. 8.6　　　　　　　　　　　　　　B. 8.1 b）

C. 8.5.1c）　　　　　　　　　　　　D. 8.1 e）

10）在型材厂检验科审核时，专业审核员看到检验员正在按《检验规程》进行检验，测试 9 项指标。该型材产品国家标准规定出厂检验应测 13 项指标。这一情况，不符合 GB/T 19001 标准（　　　）。（真题）

A. 8.6　　　　　　　　　　　　　　B. 8.1 b）

C. 8.5.1c）　　　　　　　　　　　　D. 8.1 e）

11）在质检部，审核员问："公司是否有文件具体规定自行车中轴成品检验的抽样数？"质检部经理递过来一份编号为 WI0302 的《成品检验规程》，审核员注意到该检验规程第 4.2.2 条规定"各种自行车零件的车铣品按表 4.1 中规定的批量大小随机抽样。"审核员又查到表 4.1 中自行车中轴的"批量范围"中只规定了"501～10000"的抽样数，就问："自行车中轴批量≤500 和 >10000 时，检验员如何抽样？"质检部经理说："检验员会根据经验减少或加大成品检验的抽样数，我们的检验员都有经验，还从来没有出现过顾客退货的情况。"这一情况，不符合 GB/T 19001 标准（　　　）。（真题）

A. 8.6

B. 8.1 b)

C. 8.5.1 c)

D. 8.1 e)

12）审核员在成品车间审核时，发现 A 产品装配后直接包装出厂，检验员一般不作检查，就问检验员，检验员说："按照合同这批产品全部由顾客验收，对不合格的产品顾客当场拒收，因此没有必要再制定产品接收准则并实施检验。"这一情况，不符合 GB/T 19001 标准（　　　）。（真题）

A. 8.6

B. 8.1 b)

C. 8.5.1 c)

D. 8.1 e)

13）为满足产品和服务提供的要求，并实施 GB/T 19001—2016 标准第 6 章所确定的措施，组织应采取措施对所需的过程进行策划、实施和（　　　）。

A. 保持

B. 控制

C. 保持和持续改进

D. 控制和持续改进

14）按照 GB/T 19001 标准 8.1 的要求，组织应在必要的范围和程度上，确定并保持、保留成文信息，以（　　　），以及证实产品和服务符合要求。

A. 确信过程已经按策划进行

B. 证实最高管理者的领导作用和承诺

C. 支持过程运行

D. 满足顾客要求

15）组织应控制策划的变更，评审（　　　）的后果，必要时，采取措施减轻不利影响。

A. 预期变更

B. 非预期变更

C. 运行变更

D. 实施

2. 多项选择题

为满足产品和服务提供的要求，并实施 GB/T 19001—2016 标准第 6 章所确定的措施，组织应通过以下（　　　）措施对所需的过程进行策划、实施和控制。

A. 确定产品和服务的要求

B. 确定所需的资源以使产品和服务符合要求

C. 建立过程准则以及产品和服务的接收准则

D. 按照准则实施过程控制

3. 判断题

1）GB/T 19001—2016 标准 8.1 条款运行的策划和控制是对生产和服务提供过程的策划和控制。 （ ）（真题）

2）按照 GB/T 19001 标准 8.1 的要求，组织应在必要的范围和程度上，确定并保留成文信息，以确信过程已经按策划进行，以及证实产品和服务符合要求。 （ ）

 答案点拨解析

1. 单项选择题

1）D，2）D，3）B，4）D，5）B，6）B，7）B，8）C，9）B，10）B，11）B，12）B，13）B，14）A，15）B。

解析：第 1 题，没有规定产品检验要求，说明没有按 GB/T 19001—2016 标准 8.1 b）的要求建立产品和服务的接收准则。

这里对一些易混淆的条款做个说明：

1）没有使用适宜的设备，不符合 GB/T 19001 标准之 8.5.1 d）；设备管理中有问题，不符合 GB/T 19001 标准之 7.1.3。

2）产品放行检验、验证无章可循，不符合 GB/T 19001 标准之 8.1b）；有产品放行检验、验证规定但不执行，不符合 GB/T 19001 标准之 8.6。

3）生产和服务过程中未按要求实施监视和测量活动，不符合 GB/T 19001 标准之 8.5.1c）；没有监视和测量活动的准则，不符合 GB/T 19001 标准之 8.1b）。

4）监测设备的管理有问题，不符合 GB/T 19001 标准之 7.1.5；生产过程中使用的监测设备不适宜，不符合 GB/T 19001 标准之 8.5.1b）。

5）生产过程中的人员不胜任，不符合 GB/T 19001 标准之 8.5.1e）；人员管理中的问题，可能不符合 GB/T 19001 标准之 7.1.2 或 7.2 或 7.3。

6）生产过程有了作业指导书未执行或执行不到位，不符合 GB/T 19001 标准之 8.5.1；因没有作业指导书或作业指导书不正确而导致错误，不符合 GB/T 19001 标准之 8.1b）。

7）顾客抱怨不处理，不符合 GB/T 19001 标准之 10.2.1。

8）重复发生同类不合格，不符合 GB/T 19001 标准之 10.2.1。

第 5 题，这是过程运行准则，所以是 B 选项。

第 6 题，国家标准（GB ×××—2005）规定工厂产品的检测项目为 8 项，而工厂的产品检验规程中少了 3 项要求。说明建立产品和服务接收准则时有问题，所以是 B 选项。

第 7 题与第 6 题类似。

第 8 题，有要求但执行不到位，所以是 C 选项。

第 9 题，连铸车间《连铸坯检验规程》第二部分规定连铸坯端部的切斜不超过 22mm，与标准 YB/T 2011—2004《连续铸钢方坯和矩形坯）中的"连铸坯端部的切斜不超过 20mm"不一致。说明建立产品准则时有问题，所以是 B 选项。

第 10 ~ 12 题有类似问题。

2. 多项选择题

ABCD。

3. 判断题

1）×，2）×。

第 1 题，GB/T 19001—2016 标准 8.1 条款运行的策划和控制是指对标准 4.4 条款所需的过程进行策划和控制。

第 2 题，其中的"确定并保留成文信息"应是"确定并保持、保留成文信息"。

3.7.2 产品和服务的要求（标准条款 8.2）

8.2 产品和服务的要求

8.2.1 顾客沟通

与顾客沟通的内容应包括：

a）提供有关产品和服务的信息。

b）处理问询、合同或订单，包括变更。

c）获取有关产品和服务的顾客反馈，包括顾客投诉。

d）处置或控制顾客财产。

e）关系重大时，制定应急措施的特定要求。

8.2.2 产品和服务要求的确定

在**确定**向顾客提供的产品和服务的要求时，组织应**确保**：

a）产品和服务的要求得到规定，包括：

1）适用的法律法规要求。

2）组织认为的必要要求。

b）提供的产品和服务能够满足所声明的要求。

8.2.3 产品和服务要求的评审

8.2.3.1 组织应确保**有能力**向顾客提供满足要求的产品和服务。在承诺向顾客提供产品和服务之前，组织应对如下各项要求进行评审：

a）顾客规定的要求，包括对交付及交付后活动的要求。

---

b）顾客虽然没有明示，但规定的用途或已知的预期用途所必需的要求。

c）组织规定的要求。

d）适用于产品和服务的法律法规要求。

e）与以前表述不一致的合同或订单要求。

组织应确保与以前规定不一致的合同或订单要求已得到解决。

若顾客没有提供成文的要求，组织在接受顾客要求前应对顾客要求进行确认。

注：在某些情况下，如网上销售，对每一个订单进行正式的评审可能是不实际的，作为替代方法，可评审有关的产品信息，如产品目录。

8.2.3.2　适用时，组织应保留与下列方面有关的成文信息：

a）评审结果。

b）产品和服务的新要求。

8.2.4　产品和服务要求的更改

若产品和服务要求发生更改，组织应**确保**相关的成文信息得到**修改**，并确保相关人员知道**已更改的要求**。

考点知识讲解

1. 与顾客沟通的内容

与顾客沟通的内容包括 5 个方面：

1）提供有关产品和服务的信息。

2）处理问询、合同或订单，包括变更。

3）获取有关产品和服务的顾客反馈，包括顾客投诉。

4）处置或控制顾客财产。比如发现顾客提供的模具损坏了，此时就需要与顾客进行沟通，看看如何处理损坏的模具。

5）关系重大时，制定应急措施的特定要求。针对重大事项的应急措施，比如在顾客的生产线上发现组织提供的零件轴径偏大，此时组织可与顾客沟通协商，采取在顾客处对零件轴径进行再加工的应急措施，所产生的费用由组织承担。

沟通的实施见 GB/T 19001 标准 7.4。

2. 产品和服务要求的确定

在确定向顾客提供的产品和服务的要求时，组织应确保以下 2 点：

1）产品和服务的要求得到规定。要求包括两个方面：一是适用的法律法规要求；二是组织认为的必要要求，如标准的要求、顾客规定的要求、组织主动

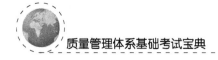

承诺的附加的要求等。这里确定的产品和服务的要求是设计和开发输入的主要内容，是产品和服务提供过程中产品特性输入的重要内容，其准确性、合理性和可实现性将直接影响后续的最终产品和服务。

2）提供的产品和服务能够满足所声明的要求。比如组织承诺顾客购买后 7 天内无条件退货，那么组织就要满足这一要求。

3. 产品和服务要求的评审

1）评审的目的。确保组织有能力向顾客提供满足要求的产品和服务。

2）评审的时机。在承诺向顾客提供产品和服务之前。如在投标、接收合同或订单、接收合同或订单的修改以及广告公开发布之前进行。

3）评审的内容。评审的内容包括：

① 顾客规定的要求，包括对交付及交付后活动的要求。也就是说既有产品和服务本身的要求（如功能性能、可靠性、外观、价格、数量等），也包括交付的要求（如交付方式、交货期、包装等），以及交付后活动的要求（如三包、培训、售后服务等）。

② 顾客虽然没有明示，但规定的用途或已知的预期用途所必需的要求。这类要求也称为"通常隐含的要求"，是指组织、顾客和其他相关方的惯例或一般作法。这类需求或期望一般来说是不言而喻的。如餐饮服务应考虑等候时间等。

③ 组织规定的要求。组织自己确定的附加要求，如组织在说明书、合同等文件中明确的责任义务，这些责任义务不是法律强制规定的。如组织承诺对抽油烟机中的电动机进行 10 年保修。

④ 适用于产品和服务的法律法规要求。如产品的安全性、食品的卫生要求等。

⑤ 与以前表述不一致的合同或订单要求。在与顾客的多次洽谈中，顾客的要求可能表述得不一致。

4）评审的要求。评审的要求包括：

① 确保与以前规定不一致的合同或订单要求已得到解决。在与顾客的多次洽谈中，顾客的要求可能表述得不一致，通过评审，确保表述不一致的条款已得到解决。如在签订通过招投标所确定的项目的合同之前，要对以往投标书上发生了变化的内容进行及时评审与调整。

② 如果顾客没有提供成文的要求，组织应确保在接受顾客的要求前对顾客的要求进行确认。也就是说，对顾客口头订单或要求的评审方式是对其进行确认。例如：组织在接受电话订单时，可以采取在电话洽谈时复述客户要求、请其确认的方式评审，并做好记录；客运站售票员在出票之前向旅客口头核实时间、地点、等级等，得到顾客的确认后才可以出票；餐厅的服务员在顾客点完菜并将其记录在点菜单上后，再向顾客复述记录下的菜品，得到顾客的确认后

下单。

③ 在某些情况下，如网上销售，对每一个订单进行正式的评审可能是不实际的，顾客一旦在网上点击确认订单即刻生效，组织根本来不及对订单进行评审。作为替代方法，组织可在产品目录或广告发布前进行评审，确保发布的信息是充分和准确无误的，且组织有能力履行承诺。也就是说，在网上信息发布前评审所发布的信息属实，组织完全可以实现网上发布的承诺。

④ 适用时，组织应保留评审结果、产品和服务的新要求（包括顾客变更的要求等）两方面的成文信息。

4. 产品和服务要求更改的控制

若产品和服务要求发生更改，组织应确保相关的成文信息得到修改，并确保相关人员知道己更改的要求。如合同签订后发生变更，组织就要确保对合同进行修改，并将修改的信息及时传递给计划、采购、生产等相关部门，避免因信息传达不及时造成损失。

 同步练习强化

1. 单项选择题

1）"技术部得到了顾客反馈的对产品质量的意见和建议"最适用于这一情景的 GB/T 19001 标准的条款是（　　）。（真题）

A. 7.4　　　　　　　　　　　　B. 8.2.1

C. 8.2.2　　　　　　　　　　　D. 8.2.3

2）组织应确保有能力向顾客提供满足要求的产品和服务，（　　）组织应进行评审。（真题）

A. 在发生贸易前

B. 在发生贸易后

C. 在承诺向顾客提供产品和服务之前

D. 在承诺向顾客提供产品和服务后

3）组织与顾客沟通时，除了获取有关产品和服务的顾客反馈外，还包括（　　）。（真题）

A. 提供有关产品和服务的信息

B. 关系重大时，制定有关应急措施的特定要求

C. 处置或控制顾客财产

D. 以上都是

4）依据 GB/T 19001—2016 标准，组织与顾客沟通的内容不包括（　　）。（真题）

A. 关系重大时，制定有关应急措施的特定要求

B. 处置或控制顾客财产

C. 外包方的环境污染

D. 获取有关产品和服务的顾客反馈

5）"京东购物网首页上声明：凡在京东网上购物，均可使用京东白条：30天内免任何手续费"。此声明属于下列哪个要求（　　　）。（真题）

A. 适用的法律法规要求　　　　　　B. 组织认为的必要要求

C. 组织必须履行的要求　　　　　　D. 组织隐含的要求

6）"北京市某地铁车站入口处张贴着北京市轨道交通网络示意图"。最适用于这一情景的条款是（　　　）。（真题）

A. 7.4　　　　　　　　　　　　　　B. 8.2.1

C. 8.5.1　　　　　　　　　　　　　D. 8.5.5

7）"某职业培训机构在其官网上公告了由政府有关部门颁发的培训资质证书、职业培训课程名称和培训计划表"。最适用于这一情景的条款是（　　　）。（真题）

A. 8.2.1　　　　　　　　　　　　　B. 8.3.3

C. 8.5.1　　　　　　　　　　　　　D. 8.5.5

8）审核员在销售科询问科长："你们的销售情况是否需要登记？"科长说："我们有销售台账，每笔售货都必须登记。"审核员抽查了销售台账一个月的登记，并与科长共同数了下，共发生23次，而合同评审只有21份。审核员问：为何少了2份，科长很着急，迅速与经办人核对。经办人说：这2笔是我们的老客户，非常信任，更何况都是我们的常规产品。这种情况，不符合 GB/T 19001 标准（　　　）。（真题）

A. 8.2.3.1　　　　　　　　　　　　B. 8.2.3.2

C. 8.2.2　　　　　　　　　　　　　D. 8.5.1h)

9）审核员审核顾客满意监视过程，接受审核的人员拿出了一摞顾客满意调查表说："我们每个月都给顾客发放调查表，顾客填写后再给我们寄回，基本百分之百回收"，审核员抽取了3分调查表，发现顾客对产品运输过程发生外观损坏提出了意见，审核员询问对此如何进行处理的，接受审核的人员回答说："我们已经向运输部门和产品包装部门提出了要求，现在已经进行了改进"。审核员现场与该顾客电话进行沟通，但该顾客并不知情。这种情况，不符合 GB/T 19001 标准（　　　）。（真题）

A. 10.2.1　　　　　　　　　　　　B. 10.3

C. 8.2.1c)　　　　　　　　　　　　D. 8.5.1h)

10）审核员查合同评审时，销售科长说："本厂产品均为一般小型家用电器，均在电器城零售，没有什么特殊合同需要评审，因此，我们从未评审过"，

这时在场的管理者代表说"供应科对每一份采购合同均评审过"，随即打电话到供应科调来评审记录。这种情况，不符合 GB/T 19001 标准（　　　）。（真题）

A. 8.2.3.1　　　　　　　　　　　B. 8.2.3.2

C. 8.2.2　　　　　　　　　　　　D. 8.5.1h)

11）在销售部，审核员抽查 7 份顾客调查表，发现其中有 2 份是顾客抱怨："购买产品后发现质量有问题，找不到联系的部门和人员。"销售部经理解释："因为销售人员经常外出，顾客找不到人是难免的"。这种情况，不符合 GB/T 19001 标准（　　　）。（真题）

A. 10.2.1　　　　　　　　　　　B. 10.3

C. 8.2.1c)　　　　　　　　　　　D. 8.5.1h)

12）在某仪器制造公司销售科审核时，审核员注意到一份编号为 CHN-08-2020 拟印合同文本中，有一段手写的文字："原要求 40m 长的附件电缆改为 50m 长"。销售部长说："您看，这旁边是甲乙双方的签字，我已经关照生产部门了。"审核员在审核仓库时看到一张卡："××九芯电缆，长 40m，共 100 根，合同号 CHN-08-2020。"仓库保管员说："这 100 根电缆作为附件随仪器发给客户。"这种情况，不符合 GB/T 19001 标准（　　　）。（真题）

A. 8.2.3.1　　　　　　　　　　　B. 8.2.3.2

C. 8.2.4　　　　　　　　　　　　D. 8.2.1

13）产品和服务要求发生更改时，组织应确保相关的成文信息得到（　　　），并确保相关人员知道已更改的要求。

A. 评审与修改　　　　　　　　　B. 修改

C. 评审　　　　　　　　　　　　D. 控制

2. 多项选择题

1）依据 GB/T 19001 标准 8.2.3 条款，组织应评审的产品和服务的要求包括（　　　）。（真题）

A. 顾客规定的要求，包括对交付及交付后活动的要求

B. 顾客虽然没有明示，但规定的用途或已知的预期用途所必需的要求

C. 对外部供方的采购要求

D. 与先前表述存在差异的合同或订单要求

2）组织应确保有能力向顾客提供满足要求的产品和服务。在承诺向顾客提供产品和服务之前，组织应评审下列哪些要求（　　　）。（真题）

A. 顾客规定的要求，包括对交付及交付后活动的要求

B. 顾客虽然没有明示，但规定的用途或已知的预期用途所必需的要求

C. 组织规定的要求和适用于产品和服务的法律法规要求

D. 由产品和服务所导致的潜在失效后果

3）组织在确定向顾客提供产品和服务的要求时，应满足下列哪些要求？（   ）（真题）

A. 产品和服务的要求得到规定

B. 提供的产品和服务能够满足所声明的要求

C. 获取有关产品和服务的顾客反馈，包括顾客投诉

D. 关系重大时的应急响应和准备

4）组织在确定向顾客提供的产品和服务的要求时，组织应确保产品和服务的要求得到规定，包括（   ）。

A. 适用的法律法规要求　　　　　　B. 顾客的要求

C. 组织认为的必要要求　　　　　　D. 相关方的要求

5）组织应做好产品和服务要求的评审，适用时，应保留下列哪些成文信息？（   ）

A. 评审结果　　　　　　　　　　　B. 与顾客沟通的情况

C. 产品和服务的新要求　　　　　　D. 更改结果

 答案点拨解析

1. 单项选择题

1）B，2）C，3）D，4）C，5）B，6）B，7）A，8）A，9）C，10）A，11）C，12）C，13）B。

解析：第1题，GB/T 19001标准7.4是沟通策划的总要求，这里是具体的顾客沟通，所以是B选项。

第5题，这个要求不是法律法规的要求，是组织认为的必要要求，所以是B选项。

第6题，在车站入口处张贴北京市轨道交通网络示意图，是向顾客提供有关的服务信息，是沟通的一种方式。所以是B选项。

第7题与第6题类似。

第8题，销售台账中当月共签订销售合同23份，而合同评审记录仅21份，说明有2份合同没有评审，所以是A选项。

第9题，顾客对产品运输造成的外观损伤进行了反馈，组织也通知了运输部门和产品包装部门进行了改进，但顾客不知情。说明对顾客的反馈做得不好，所以是C选项。

第10题，合同评审不是对采购合同进行评审，而是对销售合同进行评审。公司没有对小型家用电器的销售合同进行评审，所以是A选项。

第11题，顾客投诉问题，找不到联系人，所以是C选项。

第 12 题，CHN-08-2020 销售合同中要求附件电缆长度由 40 米长改为 50 米长，但仓库接收到的合同中电缆仍为长 40 米。说明没有将合同更改的要求通知到仓库，所以是 C 选项。

2. 多项选择题

1）ABD，2）ABC，3）AB，4）AC，5）AC。

第 3 题，选项 C、D 属于 GB/T 19001 标准 8.2.1 顾客沟通。

3.7.3　产品和服务的设计和开发（标准条款 8.3）

8.3　产品和服务的设计和开发

8.3.1　总则

组织应建立、实施和保持**适当的**设计和开发过程，以确保后续的产品和服务的提供。

8.3.2　设计和开发策划

在**确定**设计和开发的各个**阶段和控制**时，组织应考虑：

a）设计和开发活动的性质、持续时间和复杂程度。

b）所需的过程阶段，包括适用的设计和开发评审。

c）所需的设计和开发验证、确认活动。

d）设计和开发过程涉及的职责和权限。

e）产品和服务的设计和开发所需的内部、外部资源。

f）设计和开发过程参与人员之间接口的控制需求。

g）顾客及使用者参与设计和开发过程的需求。

h）对后续产品和服务提供的要求。

i）顾客和其他有关相关方所期望的对设计和开发过程的控制水平。

j）证实已经满足设计和开发要求所需的成文信息。

8.3.3　设计和开发输入

组织应针对所设计和开发的具体类型的产品和服务，**确定必需的要求。**组织应考虑：

a）功能和性能要求。

b）来源于以前类似设计和开发活动的信息。

c）法律法规要求。

d）组织承诺实施的标准或行业规范。

e）由产品和服务性质所导致的潜在的失效后果。

针对设计和开发的目的，输入应是充分和适宜的，且应完整、清楚。

相互矛盾的设计和开发输入应得到解决。

组织应**保留**有关设计和开发输入的成文信息。

8.3.4 设计和开发控制

组织应对设计和开发过程进行**控制**，以确保：

a）规定拟获得的结果。

b）实施评审活动，以评价设计和开发的结果满足要求的能力。

c）实施验证活动，以确保设计和开发输出满足输入的要求。

d）实施确认活动，以确保形成的产品和服务能够满足规定的使用要求或预期用途。

e）针对评审、验证和确认过程中确定的问题采取必要措施。

f）**保留**这些活动的成文信息。

注：设计和开发的评审、验证和确认具有不同目的。根据组织的产品和服务的具体情况，可以单独或以任意组合进行。

8.3.5 设计和开发输出

组织应**确保**设计和开发输出：

a）满足输入的要求。

b）满足后续产品和服务提供过程的需要。

c）**包括或引用**监视和测量的要求，适当时，包括接收准则。

d）规定产品和服务特性，这些特性对于预期目的、安全和正常提供是必需的。

组织应**保留**有关设计和开发输出的成文信息。

8.3.6 设计和开发更改

组织应对产品和服务在设计和开发期间以及后续所做的更改进行适当的**识别、评审**和**控制，对满足要求不会产生不利影响**。

组织应**保留**下列方面的成文信息：

a）设计和开发更改。

b）评审的结果。

c）更改的授权。

d）为防止不利影响而采取的措施。

 考点知识讲解

1. 产品和服务的设计和开发说明

1）组织应建立、实施和保持适当的设计和开发过程，目的是确保后续的产品和服务的提供。

2）设计和开发是指将对客体的要求转换为对其更详细的要求的一组过程。如果产品和服务的详细要求没有被确定或未被顾客或其他相关方规定，而后续的生产和服务提供过程又需要这些产品和服务的详细要求时，组织就应该建立和实施产品和服务的设计和开发过程，将顾客的要求或/和其他相关方的要求转化为可供生产和服务提供过程使用的产品和服务的详细要求。

2. 设计和开发策划

在确定设计和开发的各个阶段和控制时，组织应考虑以下 10 个要素：

1）设计和开发活动的性质、持续时间和复杂程度。如是新产品的设计或是派生产品的设计，设计的持续时间，以及设计的复杂程度。

2）所需的过程阶段，包括适用的设计和开发评审。要根据产品类型、复杂程度、开发方式，明确设计和开发的阶段。硬件产品的设计和开发阶段一般包括：决策阶段、设计阶段、试制阶段、投产鉴定阶段、持续改进阶段。同时，还应明确规定适合于每个设计和开发阶段的评审活动。

3）所需的设计和开发验证、确认活动。

4）设计和开发过程涉及的职责和权限。

5）产品和服务的设计和开发所需的内部、外部资源。

6）设计和开发过程参与人员之间接口的控制需求。设计和开发工作涉及很多人员、部门，应对这些人员、部门的接口进行控制，使得这些人员、部门能够有效沟通和联络。

7）顾客及使用者参与设计和开发过程的需求。顾客或用户参与设计和开发，有利于提高产品和服务的质量，组织在有条件的情况下，应尽量让顾客或用户参与到设计和开发过程中来，要明确参与的方式和程度。

8）对后续产品和服务提供的要求。设计和开发时要考虑如何满足后续生产和服务提供的要求。比如在设计评审时，评审的内容中增加可制造性（DFM）/可装配性（DFA）方面的内容。

9）顾客和其他有关相关方所期望的对设计和开发过程的控制水平。比如有些顾客要求必须进行小批量试制并送给其样品供其批准。

10）证实已经满足设计和开发要求所需的成文信息。也就是说，要确定设计和开发过程中应形成哪些成文信息，以证实设计和开发过程符合相应的要求。如设计和开发的评审、验证、确认活动，都要保留记录。

3. 设计和开发输入

1）设计和开发输入的内容。

组织应针对所设计和开发的具体类型的产品和服务，确定必需的要求。应考虑以下 5 个方面：

① 功能和性能要求。功能是产品在使用条件下的作用，如电冰箱的功能是

冷冻和冷藏物品。性能是产品达到功能应具有的特性，如冰箱的制冷效果与效率是其性能的表现。不同冰箱的功能是相同或相近的，但其性能可能是千差万别的。

② 来源于以前类似设计和开发活动的信息。

③ 法律法规要求。

④ 组织承诺实施的标准或行业规范。有些标准和行业规范不是国家强制性规定的，但企业为了超越顾客的期望，愿意遵守这些标准和行业规范。这些标准和行业规范也就成了设计输入的一部分。

⑤ 由产品和服务性质所导致的潜在的失效后果。将因产品和服务的性质可能导致的潜在失效后果作为设计和开发的输入，可以提醒设计者在设计和开发过程中引入避免这些失效后果的措施。

2）设计和开发的输入的要求。有下面3个要求：

① 针对设计和开发的目的，输入应是充分和适宜的，且应完整、清楚。

② 相互矛盾的设计和开发输入应得到解决。

③ 组织应保留有关设计和开发输入的成文信息。

4. 设计和开发控制

组织应对设计和开发过程进行控制，目的是确保以下6方面：

1）规定拟获得的结果。要明确设计和开发每一阶段应达到的预期结果。

2）实施评审活动，以评价设计和开发的结果满足要求的能力。评审的定义是对客体实现所规定目标的适宜性、充分性或有效性的确定。评审也可包括确定效率。

3）实施验证活动，以确保设计和开发输出满足输入的要求。验证的定义是通过提供客观证据对规定要求已得到满足的认定。验证所需的客观证据可以是检验结果或其他形式的确定结果，如变换方法进行计算或文件评审。为验证所进行的活动有时被称为鉴定过程。

4）实施确认活动，以确保形成的产品和服务能够满足规定的使用要求或预期用途。确认的定义是通过提供客观证据对特定的预期用途或应用要求已得到满足的认定。确认所需的客观证据可以是试验结果或其他形式的确定结果，如变换方法进行计算或文件评审。确认所使用的条件可以是实际的或是模拟的。

5）针对评审、验证和确认过程中确定的问题采取必要措施。

6）保留设计和开发控制的成文信息。

设计和开发的评审、验证和确认具有不同目的。根据组织的产品和服务的具体情况，可以单独或以任意组合进行。

必须指出的是，设计和开发的评审、验证和确认之间有关联，甚至有重叠。有时验证做完的同时，确认也做完了。

表 3-4 总结了设计和开发评审、验证、确认的区别，图 3-1 所示为设计和开发评审、验证、确认的关系。

表 3-4　设计和开发评审、验证、确认的区别

项目	设计和开发评审	设计和开发验证	设计和开发确认
目的	评价设计结果（包括阶段结果）满足要求的能力	证实设计输出（包括阶段输出）满足设计输入的要求	证实产品和服务满足规定的使用要求或预期用途
对象	阶段的设计结果	设计输出文件、图纸、样品等	通常是向顾客提供的产品或样品
时机	在设计适当阶段	设计输出（包括阶段）前	只要可行，应在产品交付或产品和服务实施之前
方法	会议评审和（或）设计文件传递评审	与成功的类似设计比较，变换方法计算证实计算结果正确性，试验，文件发布前的评审	模拟使用条件运作予以证实，用户试用，型式试验
实施人员	与该设计阶段有关职能的代表	通常是设计和开发人员，也可以请顾客参加	可行时要有顾客或其代表参与
记录	评审结果及必要的措施	验证结果及必要的措施	确认结果及必要的措施

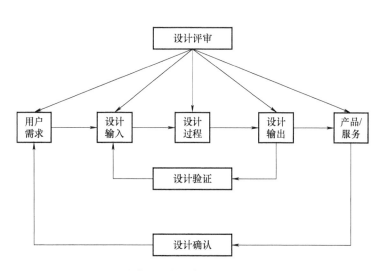

图 3-1　设计和开发评审、验证、确认的关系

5. 设计和开发输出

1）设计和开发输出的内容要求。组织应确保设计和开发输出的内容满足以下 4 个方面的要求：

① 满足输入的要求。

② 满足后续产品和服务提供过程的需要。设计和开发输出的内容可以包括用于采购、生产、安装、检验和服务方面的要求。

③ 包括或引用监视和测量的要求，适当时，包括接收准则。可在设计输出文件中引用 GB/T 19001 标准 8.1 策划的监视和测量要求及准则，也可以在设计开发输出的文件中直接明确监视和测量的依据和方法。

④ 规定产品和服务特性，这些特性对于预期目的、安全和正常提供是必需的。最好用醒目的方式将那些对产品正常使用至关重要的特性和对产品安全性有影响的安全特性标识出来。如机电产品，在图纸上用分级标志将重要质量特性标识出来；药品使用说明书中，对药品的禁忌作醒目的说明。

2）组织应保留有关设计和开发输出的成文信息。设计和开发输出的成文信息形式多种多样，硬件制造业通常包括图纸、技术要求，计算书、说明书、采购清单、验收标准等。

6. 设计和开发更改

1）更改的时机。设计和开发的更改有可能发生在设计和开发期间，也可能发生在设计和开发活动之后。

2）对更改的识别、评审和控制要求（更改的 3 个要点）。组织应对产品和服务在设计和开发期间以及后续所做的更改进行适当的识别、评审和控制，目的是确保这些更改对满足要求不会产生不利影响。要注意，识别、评审和控制是针对设计和开发更改的。

① 识别。设计和开发的更改通常是针对已完成的设计和开发的输出进行，也可能针对设计和开发某阶段的输出进行，这种阶段性的输出应该是已经过评审和批准的。组织需要根据实际准确识别设计和开发的更改。

② 评审。更改影响的评审，评审更改对产品其他组成部分的影响和对已交付产品的影响。如对设备中某一部件尺寸的更改，将会导致与之配合的其他部件尺寸的更改，以至于影响到设备性能的改变；同时也可能会影响到已交付的同型号设备对这一部件的互换性。更改的影响可能会涉及合同、工艺、采购、售后服务，评审时应予以注意。

③ 控制。适当时，对设计更改实施评审、验证和确认活动。应根据产品特点，更改类型、复杂程度及内容，更改影响大小等，决定采取哪些活动。如简单的更改，可能不需要评审、验证和确认三种活动都有。

3）更改的记录要求。组织应保留与更改有关的成文信息，包括 4 个方面：

① 设计和开发更改（更改的内容）。

② 评审的结果。

③ 更改的授权（更改的审批）。

④ 为防止不利影响而采取的措施。

请考生注意，在做选择题的时候，要选择那些与标准表述一致的答案。如答案中有"更改的授权""更改的审批"，你就要选择"更改的授权"，因为这是标准的表述。

 同步练习强化

1. 单项选择题

1）对样机进行的型式试验是（　　　）。（真题）

A. 设计输出　　　　　　　　　　　B. 设计评审

C. 设计验证　　　　　　　　　　　D. 设计确认

2）依据 GB/T 19001—2016 标准 8.3.4 条款，以下错误的是（　　　）。（真题）

A. 组织对设计和开发过程进行控制的活动就是评审、验证和确认

B. 评审活动是为了评价设计和开发的结果满足要求的能力

C. 验证活动是为了确保设计与开发的输出满足设计和开发输入要求

D. 确认活动是为了确保形成产品和服务能够满足规定的使用要求或预期用途要求

3）依据 GB/T 19001—2016 标准，针对设计和开发的（　　　），设计和开发输入应是充分和适宜的，且应完整、清楚。（真题）

A. 输出　　　　　　　　　　　　　B. 评审

C. 目的　　　　　　　　　　　　　D. 控制

4）以下不是设计和开发控制活动的是（　　　）。（真题）

A. 实施评审活动　　　　　　　　　B. 实施更改活动

C. 实施验证活动　　　　　　　　　D. 实施确认活动

5）"旅游公司正在设计新开发的邮船出国长途旅游方案，尤其是考虑了老人的特殊情况"。最适用于这一情景的条款是（　　　）。（真题）

A. 8.1　　　　　　　　　　　　　　B. 8.3.3

C. 8.5.1　　　　　　　　　　　　　D. 8.6

6）以下哪些活动是组织设计和开发过程控制的目的？（　　　）（真题）

A. 实施评审活动，以评价设计和开发的结果满足要求的能力

B. 实施验证活动，以确保设计和开发输出满足输入的要求

C. 实施确认活动，以确保形成的产品和服务能够满足规定的使用要求或预期用途要求

D. 以上都是

7）组织应对产品和服务设计和开发期间以及后续所做的更改进行适当的识

别、评审和控制。其目的是（　　）。（真题）

A. 以确保基于风险的思维方式，减少对产品和服务所带来的影响

B. 以确保设计和开发的产品和服务满足要求

C. 以确保更改对满足要求不会产生不利影响

D. 以上都是

8）下列哪项成文信息，不是组织在设计和开发更改时应保留的？（　　）（真题）

A. 设计和开发确认信息　　　　　　B. 评审的结果

C. 更改的授权　　　　　　　　　　D. 为防止不利影响而采取的措施

9）大宇工程建设公司承包了广发大厦的全套设计和施工工程，在施工前，监理机构的专业监理工程师发现基础钢筋比常规设计的直径小了0.5mm，随后向该公司的设计处提出疑问，设计处经核对后承认计算错误，并解释说："因为采用了计算机辅助设计，因此一般情况下不再做核对计算，这次出错，也可能是用错了计算机的软件"。这种情况，不符合GB/T 19001标准（　　）。（真题）

A. 8.3.2c)　　　　　　　　　　　B. 8.3.4c)

C. 8.3.3　　　　　　　　　　　　D. 8.3.6

10）审核员在某企业的销售部审核，查看到了销售部一季度顾客意见反馈表，其中70%反映HT-3型控制柜存在问题。销售部长说："已将问题反映到技术部，但没有处理，只要顾客要求，我们就给予退换。这个情况已对我们销售产生影响。"在技术部，审核员要求查看HT-3型控制柜的设计资料，技术部负责人说："HT-3型控制柜是改型设计的产品，原来的控制柜门尺寸和外观都比较粗笨，经研究批准后，去年年底对柜门进行了改型设计，尺寸和外观都比以前更精致了，但是改型设计时忽视了对里面操作盘的影响，现在确实存在着不便于操作的问题，我们正打算进一步改进设计。"审核员查看了HT-3型控制柜的设计更改资料，发现对改型设计评审的记录里确实没有涉及对操作系统可能造成的影响。这种情况，不符合GB/T 19001标准（　　）。（真题）

A. 8.3.2c)　　　　　　　　　　　B. 8.3.4c)

C. 8.3.3　　　　　　　　　　　　D. 8.3.6

11）玩具公司在2012年有两个新产品上市，审核员在组装现场审核时发现，玩具外壳颜色有明显的差异，生产部主任解释说："这种产品刚生产，技术部没有向我们提供色样，我们正和技术部沟通此事呢。"审核员到技术部查阅该玩具的相关开发资料，果然没有玩具外壳颜色的适当信息。这种情况，不符合GB/T 19001标准（　　）。（真题）

A. 8.3.2c)　　　　　　　　　　　B. 8.3.4c)

C. 8.3.5b)　　　　　　　　　　　D. 8.5.1a)

12）某大型超市增加了餐饮服务项目，针对该服务项目企业编制了项目开发计划，现场审核时，审核员询问项目开发计划是如何编制的，接受审核的主管人员回答说："我们发动大家共同想办法、出主意，最后把大家的意见进行了汇总和筛选，形成了这个计划。"但审核员查阅了所有的该项目的开发文件，发现未包括相关的卫生要求。这种情况，不符合 GB/T 19001 标准（　　）。（真题）

A．8.3.3c）　　　　　　　　　　B．8.3.4c）

C．8.3.5b）　　　　　　　　　　D．8.5.1a）

13）审核员 2021 年 3 月 1 日在公司技质部查阅设计控制管理时发现：2020年为一个加拿大魁北克的客户设计的改型 PR-R 管材，由于去年夏季小批量试用时客户提出要求增加耐压强度而更改了性能参数，大批量投产后满足了耐压强度要求，但是最近连续收到了改型的 PR-R 管材因魁北克地区冬季低温管材裂纹渗漏的信息。这种情况，不符合 GB/T 19001 标准（　　）。（真题）

A．8.1　　　　　　　　　　　　B．8.5.6

C．8.3.3　　　　　　　　　　　D．8.3.6

14）在某危改住宅小区的施工工地，工人正在进行钢筋绑扎。工地监理发现某部位钢筋直径偏细，于是要求停工并向设计院询问。设计院经核对后承认出现了计算错误，并说由于是计算机辅助软件设计的，很准确，设计人员一般情况下就不再核对计算了，可能是计算机软件出错了。这种情况，不符合 GB/T 19001 标准（　　）。（真题）

A．8.3.3c）　　　　　　　　　　B．8.3.4c）

C．8.3.5b）　　　　　　　　　　D．8.5.1a）

15）组织应建立、实施和（　　）适当的设计和开发过程，以确保后续的（　　）。

A．改进，产品和服务的提供　　　B．保持，产品和服务的提供

C．改进，设计和开发输出　　　　D．保持，设计和开发输出

16）依据 GB/T 19001—2016 标准 8.3.3 条款，组织应针对所设计和开发的具体类型的产品和服务，确定（　　）要求。

A．特定的　　　　　　　　　　　B．必需的

C．所有的　　　　　　　　　　　D．产品和服务

17）组织应对产品和服务在设计和开发期间以及后续所做的更改进行适当的识别、评审和（　　），以确保这些更改对满足要求不会产生不利影响。

A．验证、确认　　　　　　　　　B．控制

C．批准　　　　　　　　　　　　D．会签

18）客户代表对样车进行试驾，此种模拟和试用是进行（　　）的方法。

（真题）

  A. 设计确认　　　　　　　　B. 设计验证

  C. 设计评审　　　　　　　　D. 设计输出

2. 多项选择题

1）组织应对设计开发过程进行控制，以确保（　　）。（真题）

A. 确定拟获得的结果

B. 实施评审、验证、确认活动

C. 针对评审、验证、确认过程中所确定的问题采取必要措施

D. 保留设计开发过程控制活动的成文信息

2）在确定设计和开发的各个阶段和控制时，组织应考虑（　　）。

A. 所需的过程阶段，包括适用的设计和开发评审；所需的设计和开发验证、确认活动

B. 法律法规要求

C. 顾客和其他有关相关方所期望的对设计和开发过程的控制水平

D. 证实已经满足设计和开发要求所需的成文信息

3）组织应针对所设计和开发的具体类型的产品和服务，确定必需的要求。组织应考虑（　　）。

A. 功能和性能要求，来源于以前类似设计和开发活动的信息

B. 所需的设计和开发验证、确认活动

C. 法律法规要求，组织承诺实施的标准或行业规范

D. 由产品和服务性质所导致的潜在的失效后果

4）组织应确保设计和开发输出（　　）。

A. 满足输入的要求，满足后续产品和服务提供过程的需要

B. 满足法律法规要求

C. 包括或引用监视和测量的要求，适当时，包括接收准则

D. 规定产品和服务特性，这些特性对于预期目的、安全和正常提供是必需的

3. 判断题

1）对新设计的汽车样车进行碰撞试验是设计验证活动，也可以是设计确认活动。　　　　　　　　　　　　　　　　　　（　　）（真题）

2）GB/T 19001—2016 标准 8.3.6 条款设计和开发更改的对象是针对设计完成后已交付生产或使用中发现的问题所进行的更改。　　（　　）（真题）

3）GB/T 19001—2016 标准 8.3.3 条款设计和开发输入强调，组织应针对所设计和开发的具体类型的产品和服务，确定必需的要求。组织应考虑满足后续产品和服务提供过程的需要。　　　　　　　　　　　　（　　）

答案点拨解析

1. 单项选择题

1）D，2）A，3）C，4）B，5）B，6）D，7）C，8）A，9）B，10）D，11）C，12）A，13）D，14）B，15）B，16）B，17）B，18）A。

解析：第 1 题，型式试验的依据是产品标准，产品标准中的试验条件是按产品使用环境设置或模拟，所以型式试验是设计确认手段之一。

第 5 题，旅游公司在设计新旅游方案时，考虑了老人的特殊情况，属于 GB/T 19001 标准 8.3.3 条款设计和开发输入。

第 9 题，基础钢筋直径比常规设计小了 0.5mm，原因是大宇工程建设公司设计处未对设计结果进行核对计算，说明该公司未进行设计验证活动。

第 10 题，HT-3 型控制柜设计更改资料中，没有发现更改对操作系统产生影响的评审记录，说明企业设计和开发更改没搞好。

第 11 题，组装现场玩具外壳颜色有明显的差异，是因为技术部没有提供玩具外壳颜色的信息给组装现场所致，说明设计和开发输出没搞好，不符合 GB/T 19001 标准 8.3.5b）。

第 12 题，所有项目设计文件中，都没有包括相关的卫生要求（法律法规要求），说明设计和开发输入时没有考虑法律法规要求。

第 13 题，改型 PR-R 管材出问题，说明设计和开发更改没搞好。

第 14 题，某部位钢筋直径偏细，原因是设计院未对设计结果进行核对计算。说明该公司未进行设计验证活动。

2. 多项选择题

1）ABCD，2）ACD，3）ACD，4）ACD。

解析：第 2 题，B 选项属于 GB/T 19001 标准 8.3.3 设计和开发输入需要考虑的，而这里是 8.3.2 设计和开发策划。

第 3 题，B 选项属于 GB/T 19001 标准 8.3.2 设计和开发策划需要考虑的，而这里是 8.3.3 设计和开发输入。

3. 判断题

1）√，2）×，3）×。

第 1 题，设计和开发的评审、验证和确认之间有关联，甚至有重叠。有时验证做完的同时，确认也做完了。碰撞试验是设计验证活动，碰撞试验的条件模拟使用环境，所以碰撞试验也可以是设计确认活动。

第 2 题，更改的对象是产品和服务在设计和开发期间以及后续所做的更改。

第 3 题，满足后续产品和服务提供过程的需要是设计和开发输出的要求。

3.7.4 外部提供的过程、产品和服务的控制（标准条款8.4、附录A.8）

8.4 外部提供的过程、产品和服务的控制

8.4.1 总则

组织应确保外部提供的过程、产品和服务符合要求。

在下列情况下，组织应**确定**对外部提供的过程、产品和服务实施的**控制**：

a）外部供方的产品和服务将构成组织自身的产品和服务的一部分。

b）外部供方代表组织直接将产品和服务提供给顾客。

c）组织决定由外部供方提供过程或部分过程。

组织应基于外部供方按照要求提供过程、产品和服务的能力，**确定**并**实施**对外部供方的**评价**、**选择**、**绩效监视**以及**再评价**的准则。对于这些活动和由评价引发的任何必要的措施，组织应保留成文信息。

8.4.2 控制类型和程度

组织应**确保**外部提供的过程、产品和服务不会对组织稳定地向顾客交付合格产品和服务的能力产生不利影响。

组织应：

a）确保外部提供的过程保持在其质量管理体系的控制之中。

b）规定对外部供方的控制及其输出结果的控制。

c）**考虑**：

1）外部提供的过程、产品和服务对组织稳定地满足顾客要求和适用的法律法规要求的能力的潜在影响。

2）由外部供方实施控制的有效性。

d）确定必要的验证或其他活动，以确保外部提供的过程、产品和服务满足要求。

8.4.3 提供给外部供方的信息

组织应确保在与外部供方沟通之前所确定的要求是充分和适宜的。

组织应与外部供方沟通以下要求：

a）需提供的过程、产品和服务。

b）对下列内容的批准：

1）产品和服务。

2）方法、过程和设备。

3）产品和服务的放行。

c）能力，包括所要求的人员资格。

---

d）外部供方与组织的互动。

e）组织使用的对外部供方绩效的控制和监视。

f）组织或其顾客拟在外部供方现场实施的验证或确认活动。

附录 A.8　外部提供过程、产品和服务的控制

在 8.4 中提出了所有形式的外部提供过程、产品和服务，如是否通过：

a）从供方采购。

b）关联公司的安排。

c）将过程分包给外部供方。

外包总是具有服务的基本特征，因为这至少要在供方与组织之间的接触面上实施一项活动。

由于过程、产品和服务的性质，外部提供所需的控制可能存在很大差异。对外部供方以及外部提供的过程、产品和服务，<u>组织可以应用基于风险的思维来确定适当的控制类型和控制程度。</u>

考点知识讲解

1. 外部提供的过程、产品和服务的控制的总要求

1）外部提供过程、产品和服务的 3 种情形。在下列情况下，组织应确定对外部提供的过程、产品和服务实施的控制：

① 外部供方的产品和服务将构成组织自身的产品和服务的一部分。如原材料、零部件采购，采购的产品一般都是供应商按照国家、行业或其企业标准生产的，或者按照采购企业技术要求进行定制生产的。

② 外部供方代表组织直接将产品和服务提供给顾客。这是外包的一种，外部供方直接面对顾客。此种外包不能免除组织向顾客提供合格产品和服务的责任。如空调制造公司 A 将空调安装的任务委托给一家空调售后服务公司 B，由 B 公司直接为用户提供空调安装服务。

③ 组织决定由外部供方提供过程或部分过程。此种情况，外部供方一般不直接面对顾客。如零件的电镀外包、委托设计院进行产品设计等。

2）组织对外部供方的控制要求：

① 组织应确保外部提供的过程、产品和服务符合要求。

② 确定对外部供方的评价、选择、绩效监视以及再评价的准则。组织应基于外部供方按照要求提供过程、产品和服务的能力，确定并实施对外部供方的评价、选择、绩效监视以及再评价的准则。

③ 对于评价、选择、绩效监视以及再评价这些活动和由评价引发的任何必要的措施，组织应保留成文信息，如供应商评价记录、供应商绩效考核记录等。

2. 对外部供方的控制类型和程度

1）决定对外部供方控制类型和程度的 2 个要素：

组织对不同的外部供方，控制类型和程度是不同的，决定对外部供方控制类型和程度的 2 个因素是：

① 外部提供的过程、产品和服务对组织稳定地满足顾客要求和适用的法律法规要求的能力的潜在影响。对于一些对最终产品或过程有重要影响的外部供方的控制，应适当从严。

② 由外部供方实施控制的有效性。对于管理水平较差的外部供方的控制应适当从严。

2）对外部供方的控制类型和程度的要求：

组织对不同的外部供方，控制类型和程度是不同的，其目的是确保外部提供的过程、产品和服务不会对组织稳定地向顾客交付合格产品和服务的能力产生不利影响。为此要做到以下 4 个方面：

① 确保外部提供的过程保持在组织质量管理体系的控制之中。尽管外部供方不在组织结构中，但要确保外部提供过程在组织的质量管理体系之中，即所有外部供方提供的过程都要纳入组织的质量管理体系进行管理。

② 根据决定对外部供方控制类型和程度的 2 个要素，选择对外部供方的控制类型和程度，见上面 1）。

③ 规定对外部供方的控制及其输出结果的控制，如对外部供方进行现场审核，要求外部供方出货前要做好检验等。

④ 确定必要的验证或其他活动，以确保外部提供的过程、产品和服务满足要求，如进行进货检验，或在供方货源处进行验证等。

组织可以应用基于风险的思维来确定适当的控制类型和控制程度。

3. 提供给外部供方的信息

1）提供给外部供方的信息应是充分和适宜的。组织应确保在与外部供方沟通之前所确定的要求（指采购要求之类）是充分和适宜的。也就是说，该规定的都有规定，规定的东西，外部供方能做得到。

2）组织与外部供方沟通的内容要求。包括：

① 需提供的过程、产品和服务。要对需要外部供方提供的产品、服务和过程做详细的说明。如采购零部件时，采购订单上要说明零部件名称、规格、型号、数量、交付方式等。

② 对下列内容的批准要求：

a）对产品和服务的批准要求。即对采购的产品和服务应接受的试验、测试、分析和确认所依据的验收准则或检验标准的确定，如汽车业生产件批准程序或验收准则。

b）对方法、过程和设备的批准要求。如要求外部供方的电镀、焊接方法必须按指定的工艺守则进行；要求供应商必须按 PPAP 生产件批准程序要求的过程进行生产件批准；为保证产品一致性或符合规定要求指定供应商使用特定设备。

c）对产品和服务的放行的批准。如规定在什么条件下才能放行产品和服务。

③ 能力，包括所要求的人员资格。如要求外部供方从事特殊工种的人员必须持证上岗。

④ 外部供方与组织的互动。如要外部供方明确与组织的接口部门、接口人。

⑤ 组织使用的对外部供方绩效的控制和监视。如组织对外部供方绩效控制和监视的方式、频次及要求。

⑥ 组织或其顾客拟在外部供方现场实施的验证或确认活动。当组织或组织的顾客提出要在供方的现场实施验证时，组织应与外部供方进行协商，并在合同或订单中明确说明验证和确认的安排。

 同步练习强化

1. 单项选择题

1）依据 GB/T 19001 标准，以下说法不正确的是（　　）。（真题）

A. 对适用于质量管理体系范围的全部要求，组织应予以实施

B. 质量管理体系应能确保实现预期的结果

C. 外包的活动由外包方控制，不在质量管理体系考虑控制的范围内

D. 考虑组织的业务过程、产品和服务的性质，组织质量管理体系可能覆盖多个场所

2）组织应考虑外部提供的过程、产品和服务对组织稳定地提供满足（　　）的能力的潜在影响。（真题）

A. 产品和服务　　　　　　　　　　B. 顾客要求

C. 适用的法律法规要求　　　　　　D. B + C

3）在监督审核中缩小审核范围的条件不包括（　　）。（真题）

A. 获证组织的主要区域、主要生产线、主要过程等不再继续符合认证标准和其他附加要求

B. 获证组织的认证范围内部分产品范围、现场、区域、生产线、主要过程等不再保持认证资格，组织申请缩小审核范围的

C. 获证组织将某污染较重的工序承包给相关方

D. 获证组织不再生产某类产品或不再提供某种服务

4）组织应确定外部供方的评价、选择、绩效监视以及再评价的准则，并加以实施，适合这一情景条款的是（　　　）。（真题）

A. 9.1.1　　　　　　　　　　　　B. 8.4.1

C. 8.4.2　　　　　　　　　　　　D. 4.1

5）审核员来到某中烟工业公司物资供应部，供应部经理介绍烟用物资主要包括接装纸、滤棒、香精香料等，公司选择的各家供方均通过招投标在国家烟草专卖局确定的供方名录内进行选定，并每年对其供方进行评价，不合格及时剔除，并拿出了对各家供方的评价记录，审核员查看了上一年度的评价结果，均合格，审核员又查看了近期对各生产厂的供货记录，发现接装纸有供应中断的情况发生，了解其原因是什么，供应部经理解释，该接装纸供应商在近期国家质量抽查中有一项卫生指标不合格，按照行业规定，此类情况发生，其所有在用物资一律停用，审核员询问对造成供货中断的这一风险是否事先进行了识别并制定了防范措施？供应部经理回答"这种情况很少发生，我们当初也没想到会发生这种情况，所以这次搞得很被动"。这种情况，不符合 GB/T 19001 标准（　　　）。（真题）

A. 9.1.1　　　　　　　　　　　　B. 8.4.1

C. 8.4.2　　　　　　　　　　　　D. 4.1

6）审核员在供应部抽查采购合同，抽查到的三份购买钢筋的合同（编号分别为 019、011 和 009）中"产品要求"一栏均写明"按国家标准"，审核员问供应部负责人，国家标准有无具体编号和名称，供应部负责人随即问采购员，采购员说："不清楚，设计部应该清楚。"供应部负责人立即拨打了设计科电话，但电话无人接听；供应部负责人很抱歉地说："过一会我告诉你具体的名称和编号"。这种情况，不符合 GB/T 19001 标准（　　　）。（真题）

A. 9.1.1　　　　　　　　　　　　B. 8.4.1

C. 8.4.2　　　　　　　　　　　　D. 8.4.3

7）审核员到某建筑工地审核时，问施工单位的项目负责人是如何对钢筋、水泥进行检验的。项目负责人说："本工程所用的钢筋、水泥全是甲方指定我们到 A 公司购买的，A 公司生产的钢筋、水泥各种型号都通过了产品认证，公司也通过了 QMS 认证，因此他们的质量是有保证的，我们只是点点数量，直接拿来用就可以了，出了问题甲方会负责的。"这种情况，不符合 GB/T 19001 标准（　　　）。（真题）

A. 9.1.1　　　　　　　　　　　　B. 8.4.1

C. 8.4.2d)　　　　　　　　　　　D. 8.4.3

8）审核员在物资管理部审核时了解到，近期从 A 化工厂采购了大批生产混凝土用的化工原料。审核员问对 A 厂是如何评价的，物资管理部长说："A 厂是顾客指定的，我们了解到他们的价格比其他厂便宜，虽然产品质量不太稳定，但有问题时他们也能给换货，所以我们决定今后就用这家了。"这种情况，不符合 GB/T 19001 标准（　　　）。（真题）

    A. 9.1.1　　　　　　　　　　　　B. 8.4.1

    C. 8.4.2　　　　　　　　　　　　D. 8.4.3

9）某组织的热处理过程是外包的，但不了解外包厂家热处理设备的能力及工艺方法。技术负责人介绍，外包厂家是一个军工企业，对产品质量控制得很严格，热处理设备据说也是很先进的，无需怀疑，质量很好，请审核员放心。这种情况，不符合 GB/T 19001 标准（　　　）。（真题）

    A. 8.4.2a)　　　　　　　　　　　B. 8.4.1

    C. 8.4.2b)　　　　　　　　　　　D. 8.4.3

10）清北艺术学校在另一个城市设立了分校，并利用当地某高级中学的场地、设施、器材、教师等开设了舞蹈课教学，审核员问及如何控制分校舞蹈课教学过程时，主管此项工作的教务主任说："听说那所高级中学条件还可以，由于与分校距离很远，舞蹈课就交给他们管了，详细情况就不太了解了"。这种情况，不符合 GB/T 19001 标准（　　　）。（真题）

    A. 8.4.2a)　　　　　　　　　　　B. 8.4.1

    C. 8.4.2b)　　　　　　　　　　　D. 8.4.3

11）物业公司拟对所管理的大厦的玻璃外墙进行清洁，在对外部供方评价时某保洁公司因没有劳动局的安全许可证明而落选。7 个月后该保洁公司却承担了该大厦玻璃外墙的清洁工作。经了解该保洁公司已获得了劳动局的安全许可证明，但物业公司在其承担前未对其重新评价，也未保留相关记录。这种情况，不符合 GB/T 19001 标准（　　　）。（真题）

    A. 8.4.2a)　　　　　　　　　　　B. 8.4.1

    C. 8.4.2b)　　　　　　　　　　　D. 8.4.3

12）审核员在采购部审核时，了解到近期连续从 A 化工厂采购了大批生产油品用的 D 添加剂。审核员发现 A 化工厂不在合格供方名录中，询问采购部部长原因，该部长说："A 化工厂是顾客指定的，他们的价格比其他厂家的价格便宜，虽然产品质量不太稳定，但若使用中发现问题 A 化工厂都能及时给予换货，我们只要打电话联系，他们就会上门服务，所以我们决定就用这家了。"这种情况，不符合 GB/T 19001 标准（　　　）。（真题）

    A. 8.4.2a)　　　　　　　　　　　B. 8.4.1

    C. 8.4.2b)　　　　　　　　　　　D. 8.4.3

13）对外部供方以及外部提供的过程、产品和服务，组织可以（　　　）来

确定适当的控制类型和控制程度。

    A. 根据外部供方规模的大小   B. 应用基于风险的思维

    C. 根据外部供方质量控制程度   D. 根据对外部供方的评价

    14）根据 GB/T 19001 标准 8.4.2，组织应确保外部提供的过程、产品和服务不会对组织（　　）向顾客交付合格产品和服务的（　　）产生不利影响。

    A. 持续地，能力   B. 稳定地，能力

    C. 持续地，工作   D. 稳定地，工作

2. 多项选择题

    1）GB/T 19001—2016 标准中 8.4.1 条款对下列哪些情况做出了控制规定（　　）。（真题）

    A. 外部供方的产品和服务将构成组织自身的产品和服务的一部分

    B. 外部供方代表组织直接将产品和服务提供给顾客

    C. 组织决定由外部供方提供的过程或部分过程

    D. 组织自身的产品和服务

    2）按照 GB/T 19001—2016 标准要求，组织应确保在与外部供方沟通之前，所确定的要求是（　　）。（真题）

    A. 有效的   B. 充分的

    C. 适宜的   D. 可信的

    3）组织应基于外部供方按照要求提供过程、产品和服务的能力，确定并实施对外部供方的（　　）的准则。对于这些活动和由评价引发的任何必要的措施，组织应保留成文信息。

    A. 评价、选择   B. 绩效监视、再评价

    C. 评价、批准   D. 绩效监视、考核

    4）组织对不同的外部供方，控制类型和程度是不同的。在确定对外部供方的控制类型和程度时，考虑的因素有（　　）。

    A. 产品质量控制的有效性

    B. 外部提供的过程、产品和服务对组织稳定地满足顾客要求和适用的法律法规要求的能力的潜在影响

    C. 由外部供方实施控制的有效性

    D. 产品交付的及时性

    5）根据 GB/T 19001 标准 8.4.3 的要求，组织与外部供方沟通的要求有（　　）。

    A. 需提供的过程、产品和服务

    B. 对产品和服务的放行的批准

    C. 外部供方与组织的互动

D. 组织使用的对外部供方绩效的控制和监视

3. 判断题

1）组织按照 GB/T 19001—2016 标准中 8.4 条款的要求就能够对外包过程进行有效的控制。 （ ）（真题）

2）外包的活动由外包方控制，不在组织的质量管理体系考虑控制的范围内。 （ ）

 答案点拨解析

1. 单项选择题

1）C，2）D，3）C，4）B，5）C，6）D，7）C，8）B，9）A，10）A，11）B，12）B，13）B，14）B。

解析：第 1 题，见 GB/T 19001 标准 8.4.2a）。

第 3 题，C 选项属于外包过程，应纳入质量管理体系的控制之中，不能去掉，见 GB/T 19001 标准 8.4.2a）。

第 5 题，供应商有一项卫生指标不合格，造成供货中断。企业在考虑对外部供方的控制类型和程度时，没有考虑到供货中断这一风险并制定相应的防范措施，不符合 GB/T 19001 标准 8.4.2c）1），所以答案是 C 选项。

第 6 题，在供应部抽查采购合同发现：编号分别为 019、011 和 009 的三份购买钢筋的合同中"产品要求"一栏都写明"按国家标准"，但供应部负责人和采购员都不清楚具体是什么标准。在这里，采购信息的充分性和适宜性不够，不符合 GB/T 19001 标准 8.4.3 组织应确保在与外部供方沟通之前所确定的要求是充分的和适宜的。

第 7 题，在工地审核发现，项目部没有对所采购的钢筋、水泥进行有效的验证，不符合 GB/T 19001 标准 8.4.2d）。

第 8 题，物资管理部在没有对 A 化工厂进行评价的情况下，就向其采购了大量混凝土外加剂用的化工原料。不符合 GB/T 19001 标准 8.4.1 "组织应基于外部供方按照要求提供过程、产品和服务的能力，确定并实施对外部供方的评价、选择、绩效监视以及再评价的准则"的要求。

第 9 题，组织的热处理过程是外包的，但因为外包厂是一家军工企业，就未对其进行控制，不符合 GB/T 19001 标准 8.4.2a）。

第 10 题，清北艺术学校未将分校舞蹈课教学纳入其质量管理体系的控制之中，不符合 GB/T 19001 标准 8.4.2a）。

第 11 题，物业公司在保洁公司承担清洁工作前未对其重新评价，也未保留相关记录。不符合 GB/T 19001 标准 8.4.1 "组织应基于外部供方按照要求提供过程、产品和服务的能力，确定并实施对外部供方的评价、选择、绩效监视以及再评价的准则。对于这些活动和由评价引发的任何必要的措施，组织应保留成文信息"的要求。

第12题，采购部在A化工厂未被评价为合格供方的情况下，就向A化工厂采购了大批生产油品用的D添加剂。不符合GB/T 19001标准8.4.1"组织应基于外部供方按照要求提供过程、产品和服务的能力，确定并实施对外部供方的评价、选择、绩效监视以及再评价的准则"的要求。

2. 多项选择题

1）ABC，2）BC，3）AB，4）BC，5）ABCD。

3. 判断题

1）×，2）×。

解析：第1题，GB/T 19001—2016标准中8.4条款对外包过程的有效控制提出了基本要求，但仅仅按8.4条款的要求控制外包过程是不够的，比如外包产品设计时，可能还需要按GB/T 19001—2016标准中8.3条款的要求对外包设计进行控制。

第2题，尽管外部供方不在组织结构中，但要确保外部提供过程在组织的质量管理体系之中，即所有外部供方提供的过程都要纳入组织的质量管理体系进行管理。

3.7.5　生产和服务提供—生产和服务提供的控制（标准条款8.5-8.5.1）

8.5　生产和服务提供

8.5.1　生产和服务提供的控制

组织应在受控条件下进行生产和服务提供。

适用时，受控条件应包括：

a）可获得成文信息，以规定以下内容：

1）拟生产的产品、提供的服务或进行的活动的特性。

2）拟获得的结果。

b）可获得和使用适宜的监视和测量资源。

c）在适当阶段实施监视和测量活动，以验证是否符合过程或输出的控制准则以及产品和服务的接收准则。

d）为过程的运行提供适宜的基础设施，并保持适宜的环境。

e）配备胜任的人员，包括所要求的资格。

f）若输出结果不能由后续的监视或测量加以验证，应对生产和服务提供过程实现策划结果的能力进行确认，并定期再确认。

---

g) 采取措施防范人为错误。

h) 实施放行、交付和交付后的活动。

 考点知识讲解

组织应在受控条件下进行生产和服务提供。

适用时（也就是根据实际情况，策划并确定适当的受控条件），受控条件应包括：

1）获得表述产品、服务或活动特性的成文信息。产品、服务或活动特性的信息描述了产品、服务和活动的要求，生产和服务人员只有获得了这些信息才会明白自己应该做什么，应该达到什么要求，如图样、工艺规程、作业指导书、服务规范、生产指令单等文件以及样板、图片、视频中包含产品、服务和活动特性的信息。

2）获得表述结果的成文信息。结果的范畴比较宽泛，超出了产品、活动和服务过程特性本身，也可用其他特征描述，如生产率、合格率、损耗率等。

不是每种作业活动都必须有指导文件，这与作业的复杂性、所形成产品特征的重要性及人员的技能有关，但当缺少这些指导文件就可能影响产品或服务质量时，则必须保证编制并使用这些文件。

3）获得和使用适宜的监视和测量资源，对过程参数和产品特征进行监控。例如，配置一些工艺参数要求的温度表、压力表、温控仪或作为测量用的计算机硬件和软件；在一些服务行业，也可以使用红外线监控仪、摄像头等。

4）在适当阶段实施监视和测量活动，以验证是否符合过程或输出的控制准则以及产品和服务的接收准则。生产和服务过程的监视测量活动包括对产品特征、过程参数、作业人员、作业过程活动、工作环境等方面的监控。如按照工艺文件规定对热处理过程的温度、时间等参数进行监控，在检验工序对产品进行检查等。

5）为过程的运行使用适宜的基础设施，并保持适宜的环境。标准条款中"适宜"的含义指基础设施和过程环境的实际状态和各种参数能力满足过程要求的程度。

这里讲的设备和过程环境与 GB/T 19001 标准 7.1.3 基础设施、7.1.4 过程运行环境有关联性也有一定的区别。关联性表现为，本条款要求是 GB/T 19001标准 7.1.3、7.1.4 条款的展开，区别体现在关注点上，GB/T 19001 标准 7.1.3、7.1.4 条款是从设备和过程环境的确定、提供、维护角度提出的要求，而这里讲的基础设施和过程环境的"适宜"是从设备和过程环境的功能、精度及运行状况角度提出的要求。

6）配备胜任的人员，包括所要求的资格。

7）若输出结果不能由后续的监视或测量加以验证，应对生产和服务提供过程实现策划结果的能力进行确认，并定期再确认。

不是所有的过程都需要确认，标准中明确了只有输出结果不能由后续的监视或测量加以验证时，才需要进行过程能力确认和再确认。

8）采取措施防止人为错误。比如采用防错技术，有了防错技术，即使想做错都很难。比如，某个插头，只能插进唯一的孔位，其他孔位都插不进。

9）对产品和服务的放行、交付和交付后的活动进行控制。产品放行指企业内部的产品转序、入库。应对产品放行进行控制，控制措施可能包括对放行和交付前的产品和服务进行检验，如原材料、半成品和成品的放行。交付是指组织与顾客交接产品的有关活动。应规定向顾客交付产品的方式，保质保量地按时向顾客提交产品。对交付中的各种中间环节（如托运、运输、装卸），应通过签订合同、投保等方式，明确保护产品的质量责任。交付后的活动通常以售后服务（如零配件的供应、培训、定期检修等）形式出现。应对售后服务的要求做出规定。

 同步练习强化

1. 单项选择题

1）生产和服务提供的控制条件适用时包括（　　）。（真题）

A. 配备胜任的人员，包括所要求的资格

B. 采取措施防范人为错误

C. 可获得和使用适宜的监视和测量资源

D. 以上都是

2）"某机场公司的驳运车司机正在按航班信息和乘客人数的控制要求进行乘客驳运作业"。最适用于这一情景的条款是（　　）。（真题）

A. 7.1.3　　　　　　　　　　　　B. 8.1

C. 8.2.1　　　　　　　　　　　　D. 8.5.1

3）"现场加工人员领到了要加工零件的图纸"。此情景符合 GB/T19001—2016 标准哪个条款要求（　　）。（真题）

A. 7.5.3　　　　　　　　　　　　B. 8.1

C. 8.3.1　　　　　　　　　　　　D. 8.5.1

4）"某建筑公司的工程技术部向喷涂工人提供了油漆色标"。此情景符合 GB/T 19001—2016 标准哪个条款要求（　　）。（真题）

A. 7.1.3   B. 8.1

C. 8.5.1   D. 8.6

5）审核员在某企业机加工车间下料工序进行审核，操作工没能提供该工序作业指导书，审核员应该（　　　）。（真题）

 A. 开具不符合报告   B. 做出"未发现不符合"的结论

 C. 就此问题进一步追踪   D. 确定该操作工没有能力

6）"雨季旅游时，旅游团的导游给准备登山的旅客每人发放雨衣和登山棍"。最适用于这一情景的条款是（　　　）。（真题）

 A. 8.1   B. 8.5.1

 C. 8.5.3   D. 8.6

7）"儿童医院的医生给每位发烧来医院就诊的儿童测量体温，然后记录在病历卡上"。最适用于这一情景的条款是（　　　）。（真题）

 A. 8.1   B. 8.5.1 a)

 C. 8.5.1 b)   D. 8.5.1 c)

8）审核员在装配车间看见几个工人正在清洗零件，便问工人为什么要清洗零件，工人说："以前零件清洁度差，多次造成出厂后的产品损坏，现在领导在贯彻 GB/T 19001 标准后增加了清洁零件过程。"审核员看见清洗槽中的清洗液已经混有金属沫，就问工人这样的清洗液能将零件清洗干净吗？工人说："看样子是该换清洗液了，但是对清洗液的要求较高，要控制配比，有酸碱度、浊度、温度等多项要求，技术员跟我们也讲过好多次，可是我们总是记不全，有时就忘记测试和更换了。"这种情况，不符合 GB/T 19001 标准（　　　）。（真题）

 A. 8.1   B. 8.5.1 a)

 C. 8.5.1 b)   D. 8.5.1 c)

9）审核员对热处理工序进行审核时发现，作业指导书规定热处理温度为860℃±5℃，但生产现场实际温度为840℃，审核员询问操作工为什么会出现这种情况，操作工回答说："我们一直就是这样操作的，作业指导书规定的不对。"这种情况，不符合 GB/T 19001 标准（　　　）。（真题）

 A. 8.5.1   B. 7.5.2

 C. 8.5.1 b)   D. 8.5.1 c)

10）某公司对热处理工序进行了过程确认，审核员在现场审核时看到一份编号为 W2-053 标有"受控"标识的作业指导书，规定退火加热温度为800℃±20℃，但退火炉温度控制仪显示为830℃，工人回答说，温度高一些，对退火质量有保证。这种情况，不符合 GB/T 19001 标准（　　　）。（真题）

 A. 8.5.1   B. 7.5.2

 C. 8.5.1 b)   D. 8.5.1 c)

11）某零件表面处理工艺文件中规定：每筐限装该零件 10 件，在 80 ~ 90℃ 槽液中浸泡 20min，近期因蒸气不足，槽液温度最高也只能达到68℃，工长决定用延长浸泡时间来解决，即浸泡 30min，为保证产量，每筐装 15 件。在蒸气不足的情况下完成了生产任务。审核员问工艺员是否知道这一工艺更改，工艺员表示不知道。这种情况，不符合 GB/T 19001 标准（　　　）。（真题）

A. 8.5.1 　　　　　　　　　　B. 7.5.2

C. 8.5.1 b）　　　　　　　　　D. 8.5.1 c）

12）在某玩具包装车间，审核员发现 W18 玩具包装图表明包装底板的材料是银灰色波纹塑料板，而现场工人使用的是天蓝色硬纸板做的。车间主任解释说，塑料板上星期就用完了，货要得急，供应科一时买不来。和设计科沟通后，他们同意用纸板代替。审核员问"图纸和工艺书都没显示出来"，主任说"设计科科长说总工程师出差还没回来，更改单没法批准，图纸也没法改，先这样做，问题不大。"这种情况，不符合 GB/T 19001 标准（　　　）。（真题）

A. 8.5.1 　　　　　　　　　　B. 7.5.2

C. 8.5.1 b）　　　　　　　　　D. 8.5.1 c）

13）某企业《配胶作业指导书》（TLT- ZY-003）中规定配胶时其中某原料用量为 20g，但审核员查看了 2020 年 6 月 4 日配胶记录，发现该原料用量为 15g。负责人称目前夏季为 15g，冬季为 20g。这种情况，不符合 GB/T 19001 标准（　　　）。（真题）

A. 8.5.1 　　　　　　　　　　B. 7.5.2

C. 8.5.1 b）　　　　　　　　　D. 8.5.1 c）

14）在某萤石矿审核时，审核员抽查东采区 2020 年 8 月开始实施的采掘工程情况，在《工程施工方案》中要求采掘方建立工程日志及监测检验记录，审核员请该采区的负责人出示工程日志及检验记录，其未能提供 8 月 10 日至 30 日的工程日志和监测检验记录，称该采区与原西采区基本一样，大家都很熟悉，有时未记录也是正常的。这种情况，不符合 GB/T 19001 标准（　　　）。（真题）

A. 8.5.1 　　　　　　　　　　B. 7.5.2

C. 8.5.1 b）　　　　　　　　　D. 8.5.1 c）

15）造纸厂铜版纸 QMG-01 工艺指导书技术参数要求：当定量 ≥105g/m^2 时，超级压光工序线压力不得大于 2MPa，审核员 2021 年 3 月 9 日来到铜版车间看到，正在制造定量为 110 g/m^2 的铜版纸，超级压光工序压力为 3.0MPa，并基本稳定在这一压力上，审核员随即翻阅了最近一周定量 ≥105g/m^2 时的日监控记录，其线压力均在 2.5MPa 到 3.2MPa 之间。这种情况，不符合 GB/T 19001 标准（　　　）。（真题）

A. 8.5.1 　　　　　　　　　　B. 7.5.2

C. 8.5.1 b)　　　　　　　　　　　　　D. 8.5.1 c)

16）根据 GB/T 19001 标准 8.5.1，适用时，受控条件应包括在适当阶段实施（　　）活动，以验证是否符合（　　）的控制准则以及产品和服务的接收准则。

A. 监控，过程运行　　　　　　　　　　B. 监视和测量，过程或输出

C. 监视和测量，过程运行　　　　　　　D. 监控，过程或输出

17）根据 GB/T 19001 标准 8.5.1，适用时，受控条件应包括若输出结果不能由后续的（　　）加以验证，应对生产和服务提供过程实现（　　）结果的能力进行确认，并定期再确认。

A. 监视和测量，策划　　　　　　　　　B. 监视或测量，策划

C. 监视和测量，过程　　　　　　　　　D. 监视或测量，过程

18）若输出结果不能由后续的监视或测量加以验证，应对生产和服务提供过程实现策划结果的能力进行（　　）。（真题）

A. 评审　　　　　　　　　　　　　　　B. 评估

C. 确认　　　　　　　　　　　　　　　D. 验证

2. 多项选择题

1）根据 GB/T 19001—2016 标准，组织应在受控条件下进行生产和服务提供。适用时，下列哪些是受控条件（　　）？（真题）

A. 确定产品和服务的要求

B. 配备胜任的人员，包括所要求的资格

C. 可获得成文信息，以规定拟生产的产品、提供的服务或进行的活动的特性

D. 采取措施防止人为错误

2）根据 GB/T 19001—2016 标准，组织应在受控条件下进行生产和服务提供。适用时，下列哪些是受控条件？（　　）（真题）

A. 确定供应商的要求

B. 配备胜任的人员，包括所要求的资格

C. 可获得成文信息，以规定拟生产的产品、提供的服务或进行的活动的特性

D. 采取措施防止人为错误

 答案点拨解析

1. 单项选择题

1）D, 2）D, 3）D, 4）C, 5）C, 6）B, 7）D, 8）B, 9）A, 10）A, 11）A, 12）A, 13）A, 14）D, 15）A, 16）B, 17）B, 18）C。

解析：第3题，符合 GB/T 19001—2016 标准 8.5.1 a) 1)。

第4题，与第3题类似。

第5题，作业指导书不是必需的，因此应就此问题进一步追踪。

第6题，符合 GB/T 19001—2016 标准 8.5.1 d)。

第7题，符合 GB/T 19001—2016 标准 8.5.1 c)。

第8题，清洁零件的过程，对清洗液的要求较高，要控制配比，有酸碱度、浊度、温度等多项要求，因没有作业指导书，而工人又记不全，导致忘记测试和更换清洗液。不符合 GB/T 19001—2016 标准 8.5.1a) 1)，所以答案是 B 选项。

第9题，作业指导书规定热处理温度是 860℃±5℃，而生产现场实际温度为 840℃，说明生产现场不受控，不符合 GB/T 19001 标准 8.5.1 条款"组织应在受控条件下进行生产和服务提供"的要求。

第10题，作业指导书规定热处理工序退火加热温度为 800℃±20℃，但实际为 830℃，热处理工序不受控，不符合 GB/T 19001 标准 8.5.1 条款"组织应在受控条件下进行生产和服务提供"的要求。

第11题，作业现场槽液温度最高只能达到 68℃，浸泡 30min，每筐装 15 件，这些都与工艺文件的规定不符，作业现场不受控，不符合 GB/T 19001 标准 8.5.1 条款"组织应在受控条件下进行生产和服务提供"的要求。

第12题，W18 玩具包装图规定包装底板的材料是银灰色波纹塑料板，但现场工人使用的是天蓝色硬纸板，作业现场不受控，不符合 GB/T 19001 标准 8.5.1 条款"组织应在受控条件下进行生产和服务提供"的要求。

第13题，企业《配胶作业指导书》(TLT-ZY-003) 中规定配胶时某原料用量为 20g，但 2020 年 6 月 4 日的配胶记录显示该原料用量为 15g。配胶过程不受控，不符合 GB/T 19001 标准 8.5.1 条款"组织应在受控条件下进行生产和服务提供"的要求。

第14题，《工程施工方案》中要求采掘方建立工程日志及监测检验记录，但东采区的负责人不能提供工程日志和监测检验记录。不符合 GB/T 19001 标准 8.5.1c)。

第15题，造纸厂铜版纸 QMG-01 工艺指导书技术参数要求：当定量 ≥105g/m² 时，超级压光工序线压力不得大于 2MPa，但最近一周定量 ≥105g/m² 时的日监控记录显示，其线压力均在 2.5MPa 到 3.2MPa 之间。现场没有按工艺指导书作业，不符合 GB/T 19001 标准 8.5.1 条款"组织应在受控条件下进行生产和服务提供"的要求。

2. 多项选择题

1) BCD，2) BCD。

3.7.6　标识和可追溯性 （标准条款 8.5.2）

> **8.5.2　标识和可追溯性**
>
> 　　需要时，组织应采用适当的方法识别**输出**，以**确保产品和服务合格**。
>
> 　　组织应在生产和服务提供的**整个过程中**按照监视和测量要求**识别输出状态**。
>
> 　　当有可追溯要求时，组织应**控制**输出的唯一性标识，且应**保留**所需的成文信息以实现可追溯。

 考点知识讲解

1. 标识的分类，以及标识和可追溯性的要求

　　标识包括，过程输出标识（产品和服务标识）、监视和测量状态标识、可追溯性标识。考生请注意，标准中使用"输出"代替"产品"，使范围、对象有所扩展，过程的输出既可以是最终的产品和服务，也可以是某一过程的结果。考试时要按照 GB/T 19001 标准中的表述，而不是按照日常的习惯表述。

　　1）过程输出标识（产品和服务标识），是为了区别产品和服务，防止产品和服务的混淆，确保产品和服务合格。

　　可用标签、标牌、标记、钢印、条码、铭牌、流程卡、告示牌、区域、文件、证件、记录等进行标识。

　　2）监视和测量状态标识（检验状态标识），是为了区别同一产品的不同检验状态。监视和测量状态（检验状态）一般分为：未经检验、已检验待判定、检验合格、检验不合格。区分检验状态，是为了防止不同状态的混淆，尤其要防止未经检验或不符合要求的产品被错误地放行或使用。

　　检验状态标识可采用标记、标签、印章、颜色（如红色箱只装不合格品）、流转卡、记录等形式，还可以划分存放地点，用不同区域表明不同的检验状态。有些行业不适合用标签之类表明其检验状态，而需采用记录的方式。如物业公司对小区卫生进行检查后，用记录表明其卫生状态。

　　3）可追溯性标识。可追溯性是指追溯客体的历史、应用情况或所处位置的能力。当考虑产品或服务时，可追溯性可涉及原材料和零部件的来源、加工的历史、产品或服务交付后的发送和所处位置。为了实现可追溯性，要控制标识的唯一性，且应保留实现可追溯性所需的成文信息。

　　实现可追溯性可能会增加成本，但是出于合同要求、法规要求或组织自身质量控制的考虑，组织应明确规定需追溯的产品、追溯的起点和终点、追溯的

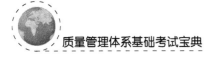

范围与程度、标识及记录的方式。追溯程度可以是分段追溯或全过程追溯、单个追溯或批次追溯、组织追溯或人员追溯等。

2. 标识的区别

表3-5是标识的区别。

表3-5 标识的区别

比较项目	产品和服务标识	监视和测量状态标识	可追溯性标识
目的	防止不同类型的产品或服务混淆	防止不同监视和测量状态的产品或服务混淆，防止误用不合格品	实现可追溯性
必要性	产品或服务容易发生混淆时才需要标识	在生产和服务提供的整个过程中，有监视和测量时必须标识	有可追溯性要求时才需要标识
可变性	标识不发生改变	监视和测量状态变化，标识也相应变化	是唯一性的，不可变

 同步练习强化

单项选择题

1）以下哪个属于 GB/T 19001 标准 8.5.2 条款中的唯一性标识。（   ）（真题）

A. 饮料加工厂加工的饮料上的生产日期和批次

B. 原材料内包装箱上的"高脚杯"的标识

C. 印刷厂的纸库中存放的两堆不同规格铜版纸的标牌上分别写明了它们的规格

D. 工人将自检不合格的产品放在红色手推车中

2）依据 GB/T 19001 标准对标识和可追溯性的要求，组织应在生产和服务的整个过程中按照监视和测量的要求识别（   ）状态。（真题）

A. 产品   B. 服务

C. 输出   D. A + B

3）根据 GB/T 19001 标准要求，组织应在生产和服务提供的整个过程中按照监视和测量要求识别（   ）。（真题）

A. 输出状态   B. 产品状态

C. 服务状态   D. 产品和服务状态

4）需要时，组织应采用适当的方法识别输出，其目的是（   ）。（真题）

A. 满足产品和服务的标识要求   B. 以确保产品和服务合格

C. 确保产品的可追溯性   D. 以上都是

5）农夫山泉矿泉水外包装上的条形码，属于下列哪种标识？（　　　）（真题）

　　A. 产品标识　　　　　　　　　　B. 可追溯性标识

　　C. 防护标识　　　　　　　　　　D. 唯一性标识

6）审核员在质检部审核，发现天平、台称、荧光分析仪等检测设备检定合格的标签良好，主任说，荧光分析仪是我们自己校准的。此时，检验员正好走过来，指着已检过的 5 个同样的试样，惊讶地说："你们没动过试样吧，刚才检出这 5 个试样中有 2 个不合格，现在不知道是哪 2 个了"。审核员和主任面面相觑。这种情况，不符合 GB/T 19001 标准（　　　）。（真题）

　　A. 8.5.2　　　　　　　　　　　　B. 8.5.4

　　C. 8.6　　　　　　　　　　　　　D. 8.7.1

7）审核员在审核成品仓库时发现有一些包装好的产品放在门边，审核员询问仓库保管员是些什么产品，仓库保管员回答说不清楚，旁边的销售科长肯定地回答："是顾客退回有质量问题的产品，昨天卸货太晚了还没来得及整理。"这种情况，不符合 GB/T 19001 标准（　　　）。（真题）

　　A. 8.5.2　　　　　　　　　　　　B. 8.5.4

　　C. 8.6　　　　　　　　　　　　　D. 8.7.1

8）在机加工车间，某机床后靠墙处放着三个工件，审核员问这是否是合格品，操作者答："不是我的班，可能是夜班的，是否合格我也不知道。"在场搬运工解释说："可能是昨天送库剩下的，等会我就运走。"询问当班检验员，检验员回答说："这三件产品有些问题要等张技术员处理，这两天他出差了，等他一回来就处理。"这种情况，不符合 GB/T 19001 标准（　　　）。（真题）

　　A. 8.5.2　　　　　　　　　　　　B. 8.5.4

　　C. 8.6　　　　　　　　　　　　　D. 8.7.1

9）根据 GB/T 19001 标准 8.5.2，需要时，组织应采用适当的方法识别（　　　），以确保产品和服务合格。

　　A. 产品和服务　　　　　　　　　　B. 输出

　　C. 过程的结果　　　　　　　　　　D. 产品和服务的状态

10）根据 GB/T 19001 标准 8.5.2，当有可追溯要求时，组织应（　　　）的唯一性标识，且应保留（　　　）成文信息以实现可追溯。

　　A. 控制产品，所需的　　　　　　　B. 控制输出，所需的

　　C. 控制输出，完整的　　　　　　　D. 控制产品，完整的

11）属于 GB/T 19001 标准条款 8.5.2 "标识"的是（　　　）。

　　A. 设备运行状态标识　　　　　　　B. 文件修订状态标识

　　C. 产品状态标识　　　　　　　　　D. 监视测量设备校准状态标识

答案点拨解析

单项选择题

1）A，2）C，3）A，4）B，5）A，6）A，7）A，8）A，9）B，10）B，11）C。

解析：第1题，解析：A中生产批次为唯一性标识。B为类别标识，C为规格标识，B、C属于产品标识范畴。D为不合格标识，属于检验状态标识。

第5题，扫码后，发现条形码里只有产品名称、规格、型号，属于产品标识。这个题目不严谨，有些企业，条形码里有产品名称、型号、生产批号，生产批号是唯一性标识，这样的条形码既是产品标识，也是唯一性标识。

第6题，检过的5个试样中有2个不合格，但未做好标识无法区分。不符合GB/T 19001标准8.5.2条款"组织应在生产和服务提供的整个过程中按照监视和测量要求识别输出状态"的要求。

第7题，成品仓库存放有顾客退回的有质量问题的产品，因没有检验状态标识导致仓库保管员不清楚是什么产品。不符合GB/T 19001标准8.5.2条款"组织应在生产和服务提供的整个过程中按照监视和测量要求识别输出状态"的要求。

第8题，机加工车间某机床后靠墙处放着的三个工件，因没有做好检验状态标识，导致现场操作者、搬运工均不能确定其是否合格。不符合GB/T 19001标准8.5.2条款"组织应在生产和服务提供的整个过程中按照监视和测量要求识别输出状态"的要求。

3.7.7　顾客或外部供方的财产（标准条款8.5.3）

> **8.5.3　顾客或外部供方的财产**
>
> 　　组织应爱护在组织控制下<u>或组织使用的</u>顾客或外部供方的财产。
> 对组织使用的或构成产品和服务一部分的顾客**和**外部供方财产，组织应予以<u>识别、验证、保护和防护</u>。
> 若顾客或外部供方的财产发生丢失、损坏**或**发现不适用情况，组织应向顾客或外部供方报告，并<u>保留</u>所发生情况的成文信息。
> 　　注：顾客或外部供方的财产可能包括材料、零部件、工具和设备以及场所、知识产权和个人资料。

考点知识讲解

1. 顾客或外部供方的财产的含义

顾客或外部供方的财产，是指在组织的控制下或组织使用的顾客或外部供方所拥有的有形财产和无形财产。这些财产的产权不是组织的。顾客或外部供方的财产可能包括材料、零部件、工具和设备以及场所、知识产权和个人资料。下面是一些顾客或外部供方的财产的例子：

1）顾客提供的原材料、零部件、包装材料。

2）顾客或外部供方提供的加工或监测设备、工艺装备、运输工具、软件。

3）顾客或外部供方的知识产权，包括顾客或外部供方提供的样品、产品图样、技术规范等。

4）顾客的个人信息，如银行使用的顾客的身份证号。

5）超级市场中顾客寄存的小包。

6）建筑业中，顾客提供的参与辅助施工的工人。

7）顾客提供的用于维修、维护或升级的产品。

8）服务提供过程中涉及的顾客的场所、环境，如家用电器上门维修时涉及顾客房屋、环境的爱护。

9）物业管理中业主委托保管的车辆等。

2. 顾客或外部供方的财产的控制要求

控制要求是"识别""验证""保护""防护"，以及异常的处理：

1）识别。要充分识别在组织的产品和服务提供过程中涉及的顾客或外部供方的财产，并告知组织的相关部门。必要时做好标识，以防止与组织财产混淆。

2）验证。财产的验证十分重要（如状态或物理条件，个人数据的准确性），组织应进行正规的验证。如洗衣店在接受顾客衣服时应检查有无破损、衣兜有无物品。

3）保护和防护。保护和防护的内容可包括：

① 提供适当的贮存条件，规定贮存期限，在贮存期间定期检查以防损坏。

② 对顾客或外部供方的财产专管专用，与组织自行采购的产品隔离存放。

③ 对顾客或外部供方提供的设备进行必要的定期维护和校准等。

4）若顾客或外部供方的财产发生丢失、损坏或发现不适用情况，组织应向顾客或外部供方报告，并保留所发生情况的成文信息。

同步练习强化

1. 单项选择题

1）下列哪项是 GB/T 19001—2016 标准 8.5.3 的题目（　　　）。（真题）

A. 顾客的财产　　　　　　　　　B. 外部供方的财产

C. 顾客和外部供方的财产　　　　D. 顾客或外部供方的财产

2）以下哪些不是顾客财产（　　　）。（真题）

A. 培训机构在上课前收集到的学员通讯录

B. 银行向储户索要的身份证复印件

C. 雨天，就餐者将自带的雨伞放在酒店门口的固定雨伞架上

D. 涂料公司向顾客提供的标准色卡

3）根据 GB/T 19001 标准 8.5.3 的要求，对组织使用的或构成产品和服务一部分的（　　　），组织应予以识别、验证、保护和防护。

A. 顾客或外部供方财产　　　　　B. 顾客和外部供方财产

C. 顾客财产　　　　　　　　　　D. 外部供方财产

4）根据 GB/T 19001 标准 8.5.3 的要求，若顾客或外部供方的财产发生丢失、损坏或发现不适用情况，组织应向顾客或外部供方报告，并（　　　）所发生情况的成文信息。

A. 保持　　　　　　　　　　　　B. 保留

C. 保存　　　　　　　　　　　　D. 保护

2. 多项选择题

1）GB/T 19001 标准中的顾客或外部供方的财产，是指下面那种情况下的顾客或外部供方所拥有的有形财产和无形财产。（　　　）

A. 在组织的控制下　　　　　　　B. 组织使用的

C. 组织拥有的　　　　　　　　　D. 组织购买的

2）根据 GB/T 19001 标准 8.5.3 的要求，对组织使用的或构成产品和服务一部分的顾客和外部供方财产，组织应予以（　　　）。

A. 识别、验证　　　　　　　　　B. 保护

C. 防护　　　　　　　　　　　　D. 检验、保管

3）以下哪些是顾客财产（　　　）。

A. 顾客提供的原材料、零部件

B. 顾客提供的技术规范

C. 快递公司运送的货物

D. 空调公司提供的安装配件

4）对组织使用的或构成产品和服务一部分的顾客财产，组织应予以（　　）。（真题）

A. 识别　　　　　　　　　　　　　B. 确认

C. 验证　　　　　　　　　　　　　D. 保护和防护

 答案点拨解析

1. 单项选择题

1）D，2）D，3）B，4）B。

解析：第2题，涂料公司向顾客提供的标准色卡是产品的一部分，不是顾客的财产。

2. 多项选择题

1）AB，2）ABC，3）ABC，4）ACD。

解析：第3题，空调公司提供的安装配件是产品的一部分，不是顾客的财产。

3.7.8　防护（标准条款8.5.4）

> **8.5.4　防护**
>
> 　　组织应在生产和服务提供期间对**输出**进行**必要防护**，以确保**符合要求**。
>
> 　　注：防护可包括标识、处置、污染控制、包装、储存、传输或运输以及保护。

 考点知识讲解

1. 防护的目的

确保输出符合要求。

2. 防护的对象

输出的结果。不仅仅针对最终的产品或服务，采购的物料、中间半成品等都需要防护。组织要识别哪些输出需要防护，如软件行业对其编制的程序代码的防护、设计单位对其图纸的防护等。

3. 防护的范围

生产和服务提供期间。包括内部生产和交付到顾客指定地点期间的所有产品和服务。

4. 防护的方法

防护可包括标识、处置、污染控制、包装、储存、传输或运输以及保护。

1）标识。建立并保持适当的防护标识，如易碎、防淋、防压标识、请勿倒置标识、堆码标识等。请注意，此处"标识"是指防护标识，请注意与 GB/T 19001 标准 8.5.2 条款"标识和可追溯性"中"标识"的区别。

2）处置。诸如在机加件上涂防锈油，防止零件生锈等防护措施。

3）污染控制。对那些在生产和服务提供过程中输出结果可能会受到污染的情况进行控制。

4）包装。应根据产品的特点和顾客的要求对产品选择包装材料，制定包装方法，重点是防止产品受损。

5）储存。这里涉及储存环境和设施条件，如场所的选择、确定，选择露天场地或库房是否需要空调等；还涉及储存活动的管理，如出入库规定、出入库手续、先进先出、库存物品的检查、物品的摆放、标识等。

6）传输或运输。针对不同产品的特性，选用适宜的运输方式、运输工具，采取妥善的运输方法，防止产品损坏。

当组织的"输出"是数据和信息时，就应当注意到数据和信息在传输过程中有丢失的风险，应采取有效措施防止在传输过程中失窃、失密或损坏。

7）保护。采取保护措施，包括适当的隔离、分类存放、维护等，使产品不变质、损坏、丢失或错用等。

 同步练习强化

1. 单项选择题

1）组织应在生产和服务提供期间对输出进行必要防护，下列哪些不属于输出防护（　　　）。（真题）

A. 爱奇艺公司上传到网上的收费电视节目

B. 食品厂用冷藏车运输水产品

C. 产品包装

D. 化工研究院通过百度云向顾客传输新产品配方信息

2）审核员在某厂包装车间审核时，看见一堆纸箱，箱上喷有防震、防潮字样。车间主任说："这是经销店退回的一批滞销的仪表，纸箱并没有破损。"审核员看着他们拆开纸箱，发现仪表四周垫有发泡垫块，但仪表裸装在内，且有些仪表已经损坏。这种情况，不符合 GB/T 19001 标准（　　　）。（真题）

A. 8.2.1 　　　　　　　　　　B. 8.5.4

C. 8.5.1 　　　　　　　　　　D. 10.2.1

3）在某食盐生产厂仓库检查时，审核员抽查包装膜仓库时发现包装膜直接存放在有尘土的水泥地面上，且墙壁有漏雨痕迹，并存放有非食品用的备件等。

这种情况，不符合 GB/T 19001 标准（　　）。（真题）

A. 8.2.1　　　　　　　　　　B. 8.5.4

C. 8.5.1　　　　　　　　　　D. 10.2.1

4）组织应在生产和服务提供期间对（　　）进行必要防护，以确保（　　）。

A. 产品和服务，满足顾客要求

B. 输出，符合要求

C. 输出，满足顾客要求

D. 产品和服务，符合要求

5）根据 GB/T 19001 标准 8.5.4 条款，防护可包括（　　）。

A. 标识、处置

B. 污染控制、包装、储存

C. 传输或运输、保护

D. 以上全部

2. 多项选择题

1）防护可包括（　　）。（真题）

A. 标识　　　　　　　　　　B. 处置

C. 污染控制　　　　　　　　D. 储存

2）GB/T 19001 标准中的防护涉及的是（　　）。（真题）

A. 原材料　　　　　　　　　B. 半成品

C. 基础设施　　　　　　　　D. 成品

 答案点拨解析

1. 单项选择题

1）A，2）B，3）B，4）B，5）D。

解析：第 1 题，这个题目不严谨。相比其他三项，A 选项比较合适。

第 2 题，包装车间现场有一批经销店退回的仪表，裸装在纸箱内，有些仪表已损坏。不符合 GB/T 19001 标准 8.5.4 条款"组织应在生产和服务提供期间对输出进行必要防护，以确保符合要求。"

第 3 题，在包装膜仓库，包装膜直接存放在有尘土的水泥地面上，且墙壁有漏雨痕迹，并存放有非食品用的备件等。不符合 GB/T 19001 标准 8.5.4 条款"组织应在生产和服务提供期间对输出进行必要防护，以确保符合要求。"

2. 多项选择题

1）ABCD，2）ABD。

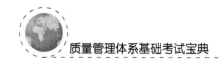

3.7.9 交付后的活动（标准条款8.5.5）

> **8.5.5 交付后的活动**
>
> 组织应满足与产品和服务相关的交付后活动的要求。
>
> 在确定**所要求的交付**后活动的**覆盖范围和程度**时，**组织应考虑：**
>
> a）法律法规要求。
>
> b）与产品和服务相关的潜在不良的后果。
>
> c）产品和服务的性质、使用和预期寿命。
>
> d）顾客要求。
>
> e）顾客反馈。
>
> 注：交付后活动可包括保证条款所规定的措施、合同义务（如维护服务等）、附加服务（如回收或最终处置等）。

 考点知识讲解

1. 关于"交付后活动"的说明

这里讲的"交付后的活动"与 GB/T 19001 标准 8.5.1h）条款中的"交付后的活动"的区别体现在关注点上，GB/T 19001 标准 8.5.1h）条款关注的是交付后活动要在受控条件下进行，而这里关注的是组织应满足交付后活动的要求。"交付后的活动"，在很多组织里称为"售后服务"。组织应满足与产品和服务相关的交付后活动的要求。

2. 交付后活动的内容

交付后活动可包括组织保证条款所规定的措施、合同义务（如维护服务等）、附加服务（如回收或最终处置等）。

3. 确定交付后活动的覆盖范围和程度时要考虑的因素

组织提供的交付后活动多，成本就高，风险也高；提供的交付后活动少，又会让顾客对组织失去信心。所以组织应根据自身情况提供适宜的交付后活动。组织在确定所要求的交付后活动的覆盖范围和程度时要考虑的因素有：

1）法律法规要求。有些售后活动，是法律法规规定的，组织必须严格执行。

2）与产品和服务有关的潜在不良后果。如煤气热水器中煤气泄漏报警器的定期更换、药品和食品使用后的反映或食物中毒后的处理。一般而言，潜在不良后果发生的概率高，提供的售后服务相对也就多一些。

3）产品和服务的性质、使用和预期寿命。比如对 VIP 用户，售后服务的项目就多一些。

4）顾客要求。"交付后活动"的要求可以是组织向顾客承诺提供的售后服务和维护，也可以是顾客向组织提出的要求，这些要求也是合同的一部分。如果组织答应了顾客的这些要求，就要按这些要求提供售后服务。

5）顾客反馈。顾客反馈多的问题，如果组织承诺免费解决，将有助于提高顾客的满意度、忠诚度。

 同步练习强化

1. 单项选择题

1）"某著名服装品牌在其天猫旗舰店的 2021 年新款服装销售网页上写明支持 7 天无理由退货"。最适用于这一情景的条款是（　　）。（真题）

　　A. 8.2.1　　　　　　　　　　　　B. 8.3.3
　　C. 8.5.1　　　　　　　　　　　　D. 8.5.5

2）"苏宁易购上的某品牌家电的销售网页上写明：购买此品牌电视机，加99 元可延保一年"。最适用于这一情景的条款是（　　）。（真题）

　　A. 8.2.1　　　　　　　　　　　　B. 8.3.3
　　C. 8.5.1　　　　　　　　　　　　D. 8.5.5

3）组织在确定所要求的交付后活动的覆盖范围和程度时，应考虑下列哪些活动（　　）。（真题）

　　A. 家电产品的三包协议　　　　　B. 家电产品中有毒化学物残留
　　C. 一次性 PET 饮水瓶废弃后的回收　　D. 以上都是

4）审核员来到一家生产汽轮机油过滤设备的企业审核，销售科长介绍："我们是采用美国技术生产的新产品，过滤效果良好，公司成立短短 2 年时间就已售出了约 300 多台，全国各大电厂均有我们的产品，深受广大用户的好评"，于是审核员询问销售科长："产品保修是多长时间，售出以后保修期间内出现故障如何解决"，销售科长说："我们公司的产品质量非常好，目前公司产品主要问题是供不应求，保修期内一般不会出现问题，因此目前公司还没有策划售后服务的问题。"这种情况，不符合 GB/T 19001 标准（　　）。（真题）

　　A. 8.2.1　　　　　　　　　　　　B. 8.3.3
　　C. 8.5.1　　　　　　　　　　　　D. 8.5.5

5）组织应满足与产品和服务相关的交付后活动的要求。在确定（　　）交付后活动的覆盖范围和程度时，组织应考虑法律法规要求等。

　　A. 所有的　　　　　　　　　　　B. 所要求的

C. 顾客要求的　　　　　　　　　D. 组织规定的

2. 多项选择题

组织应满足与产品和服务相关的交付后活动的要求。在确定所要求的交付后活动的覆盖范围和程度时，组织应考虑（　　　）。

A. 与产品和服务相关的潜在不良的后果

B. 法律法规要求

C. 产品和服务的性质、使用和预期寿命

D. 顾客要求、顾客反馈

 答案点拨解析

1. 单项选择题

1）D，2）D，3）D，4）D，5）B。

解析：第3题，A、B、C都是法律法规的要求，在确定交付后活动的覆盖范围和程度时都应考虑。

第4题，企业未对售后服务进行策划。不符合 GB/T 19001 标准 8.5.5 条款"组织应满足与产品和服务相关的交付后活动的要求"的规定。

2. 多项选择题

ABCD。

3.7.10　更改控制（标准条款8.5.6）

8.5.6　更改控制

　　组织应对生产或服务提供的更改进行必要的**评审和控制**，以**确保**持续地**符合要求**。

　　组织应保留成文信息，包括有关**更改评审的结果**、**授权进行更改的人员**以及根据**评审所采取的必要措施**。

 考点知识讲解

1. 关于本条款"更改控制"的说明

6.3 条款"变更的策划"讲的是质量管理体系的变更；8.3.6 条款"设计和开发更改"讲的是产品和服务设计的更改；本条款讲的是在生产或服务提供期间发生的影响符合要求的更改，如原材料变更、设备和工装变更、工艺方法变更、工艺参数变更等。组织应充分识别相应的变更。

2. 更改的控制要求

组织应对生产或服务提供的更改进行必要的评审和控制，目的确保持续地符合要求。

1）评审。评审更改对产品、服务、生产方式、设备、人员、技术、顾客等各方面的影响，是否需要采取必要的措施。

2）控制。更改控制的典型活动包括：实施前的确认或/和验证、适用时的批准（包括顾客授权实施相应措施）。

3. 更改的记录要求

组织应保留与更改有关的成文信息，内容包括 3 个方面：

1）更改评审的结果。

2）授权进行更改的人员。

3）根据评审所采取的必要措施。

 同步练习强化

1. 单项选择题

1）"更改控制"要求包括的典型活动是（　　　）。（真题）

  A. 上岗培训　　　　　　　　　B. 在变更实施之前进行的验证或确认

  C. 采取纠正措施　　　　　　　D. A＋B

2）依据 GB/T 19001—2016 标准"更改控制"的要求，组织保留的成文信息不包括（　　　）。（真题）

  A. 更改评审的结果　　　　　　B. 授权进行更改的人员

  C. 根据评审要求采取的必要措施　　D. 可追溯的信息

3）组织应对生产和服务提供的更改进行必要的评审和控制，其目的是（　　　）。（真题）

  A. 以确保变更管理

  B. 识别风险、并予以控制

  C. 以保持质量管理体系满足标准的要求

  D. 以确保持续地符合要求

4）组织在对生产和服务提供的更改进行必要的评审和控制时。应保留下列哪些成文信息（　　　）。（真题）

  A. 有关更改评审结果　　　　　B. 授权进行更改的人员

  C. 根据评审所采取的必要措施　　D. 以上都是

2. 多项选择题

根据 GB/T 19001 标准 8.5.6 要求，组织应对生产或服务提供的更改进行必

要的（　　　），以确保持续地符合要求。

　　A. 评审　　　　　　　　　　B. 控制

　　C. 确认、控制　　　　　　　D. 识别、验证

 答案点拨解析

1. 单项选择题

1）B，2）D，3）D，4）D。

2. 多项选择题

AB。

3.7.11　产品和服务的放行（标准条款8.6）

8.6　产品和服务的放行

　　组织应在适当阶段实施策划的安排，以**验证**产品和服务的要求已得到满足。

　　除非得到有关授权人员的批准，适用时得到顾客的批准，否则在策划的安排已圆满完成之前，不应向顾客放行产品和交付服务。

　　组织应保留有关产品和服务放行的成文信息。成文信息应**包括**：

　　a）符合接收准则的证据。

　　b）可追溯到授权放行人员的信息。

 考点知识讲解

　　1）组织应实施 GB/T 19001 标准 8.1 条款策划好的验证，目的是验证产品和服务的要求已得到满足。需注意的是，验证的过程、验收准则已在 GB/T 19001 标准 8.1 条款策划好，此处是实施。

　　验证活动，经常被通俗地称为"质量检验"。对于制造类企业，一般要进行进货检验、过程检验、成品检验。

　　2）只有策划的验证安排已圆满完成，验证的结果符合要求时，才能向顾客放行产品和交付服务。

　　3）如果由于某些原因，在策划的验证活动没有完成之前，就需要向顾客放行产品和交付服务时，则应得到组织内有关授权人员的批准，适用时（比如合同有规定）还需得到顾客的批准。

　　4）应保留有关产品和服务放行的成文信息。成文信息的内容包括：

① 符合接收准则的证据，如检验记录。

② 可追溯到授权放行人员的信息。成文信息应清楚地指明有权决定将产品和服务放行给顾客的人员。

 同步练习强化

1. 单项选择题

1）根据 GB/T 19001—2016 标准 8.6 条款，组织应在适当阶段实施策划的安排，目的是（　　）。（真题）

A. 确保产品和服务已满足要求

B. 确保产品和服务的结果得到证实

C. 确保产品和服务能持续满足要求

D. 验证产品和服务的要求已得到满足

2）根据 GB/T 19001—2016 标准，除非（　　），否则在策划的安排已圆满完成之前，不应向顾客放行产品和交付服务。（真题）

A. 得到有关授权人员的批准

B. 适用时得到顾客的批准

C. 必须得到顾客批准

D. A + B

3）审核员查某机械公司的成品检验记录，抽查了 5 份记录，发现应该检验为 5 项内容，记录只检验了 4 项，结论是合格。询问签名的王××，王说："最近检测第五项内容的仪器坏了，送去修理了，平时第五项都是合格的，问题不大。"这种情况，不符合 GB/T 19001 标准（　　）。（真题）

A. 8.1　　　　　　　　　　　B. 8.6

C. 8.5.1c)　　　　　　　　　D. 9.1.1

4）某公司为一特定用户生产塑料原料，双方协议中规定按 TTTP- M012 材料试验大纲进行出厂检验，合格后交货，但是抽查 2020 年 12 月 15 日批号为 15-12- 20 共 9.27t 塑料原料出厂检验报告时，发现缺少"燃烧残余"及"－400 ~ 800℃条件下弯曲强度测试"的检测数据，检验员说："由于年前任务紧，这些材料是老品种了，每次试验这两项都没问题，所以没有做，这批产品质量确实没问题，你只管放心好了"。这种情况，不符合 GB/T 19001 标准（　　）。（真题）

A. 8.7　　　　　　　　　　　B. 8.6

C. 8.5.1c)　　　　　　　　　D. 10.2.1

5）2020 年底审核员在质量检验中心审核时，了解到丙烯从前年初投产以来，按标准要求逐批对出厂指标进行检验，合格后放行。审核员看了丙烯产品

的企业标准（Q/SH0123），标准中明确规定生产稳定的情况下每季度至少进行一次型式试验，要求提供近半年来丙烯的型式检验报告，但检验中心主任解释说："近期工作很忙，所以没有及时进行检验，马上安排检验员将产品进行送检。"这种情况，不符合 GB/T 19001 标准（　　　）。（真题）

A. 8.1

B. 8.6

C. 8.5.1c)

D. 9.1.1

2. 多项选择题

下列哪些是组织应保留有关产品和服务放行的成文信息（　　　）。（真题）

A. 符合接收准则的证据

B. 可追溯到授权放行人员的信息

C. 描述获得的让步

D. 描述所采取的措施

3. 判断题

组织应在适当阶段实施 GB/T 19001 标准 8.6 条款策划的安排，以验证产品和服务的要求已得到满足。（　　　）

 答案点拨解析

1. 单项选择题

1）D，2）D，3）B，4）B，5）B。

解析：第3题，抽查机械公司成品检验记录5份，发现要求检验5项内容，实际只检验了4项。不符合 GB/T 19001 标准 8.6 条款"组织应在适当阶段实施策划的安排，以验证产品和服务的要求已得到满足"的要求。

第4题，抽查 2020 年 12 月 15 日批号为 15-12-20 共 9.27t 塑料原料出厂检验报告时，发现缺少"燃烧残余"及"－400～800℃条件下弯曲强度测试"的检测数据。不符合 GB/T 19001 标准 8.6 条款"组织应在适当阶段实施策划的安排，以验证产品和服务的要求已得到满足"的要求。

第5题，要求每季度至少进行一次丙烯的型式试验，但近半年来丙烯的型式检验都没有做。不符合 GB/T 19001 标准 8.6 条款"组织应在适当阶段实施策划的安排，以验证产品和服务的要求已得到满足"的要求。

2. 多项选择题

AB。

3. 判断题

×。

解析：验证的策划是 GB/T 19001 标准 8.1 条款的要求。

3.7.12 不合格输出的控制 （标准条款 8.7）

> **8.7 不合格输出的控制**
>
> 8.7.1 组织应**确保**对不符合要求的输出进行**识别**和**控制**，以**防止**非预期的使用或交付。
>
> 组织应根据不合格的性质及其对产品和服务符合性的影响采取适当措施。这也**适用于**在产品交付之后，以及在服务提供期间或之后发现的不合格产品和服务。
>
> 组织应通过下列一种或几种途径**处置**不合格输出：
>
> a）纠正。
>
> b）隔离、限制、退货或暂停对产品和服务的提供。
>
> c）告知顾客。
>
> d）获得让步接收的授权。
>
> 对不合格输出进行纠正之后应**验证**其是否符合要求。
>
> 8.7.2 组织应**保留**下列成文信息：
>
> a）描述不合格。
>
> b）描述所采取的措施。
>
> c）描述获得的让步。
>
> d）识别处置不合格的授权。

 考点知识讲解

1. 不合格输出控制的目的

组织应确保对不符合要求的输出进行识别和控制，目的是防止非预期的使用或交付。

识别就是找出不符合，一般由检验人员找出不符合。控制就是要对不符合进行适当的处置。

2. 不合格输出控制的对象

不合格输出控制的对象包括产品生产过程中、产品交付前、产品交付之后，以及在服务提供期间或提供之后发现的不合格产品和服务。

3. 不合格输出的处置

根据不合格的性质及其对产品和服务符合性的影响，对不合格输出采取适当的处置措施。对不合格输出的处置途径可包括以下一种或它们的组合：

1）纠正。如通过返工使不合格品成为合格品，调换已供产品，将不合格品改作他用或降级使用（降级的产品必须符合降低等级后的规定）、道歉、重新提供服务等。

2）隔离、限制、退货或暂停对产品和服务的提供。如对不合格品进行隔离、限制，以防误用；将供应商提供的不合格零件退回；停止发货，不让不合格品流出；停止服务，不让不合格服务继续发生等。

3）告知顾客。将不合格输出情况通知顾客，防止其使用不合格品。

4）获得让步接收的授权。获得授权后，让步放行或接收不合格品。

对不合格输出进行纠正之后应验证其是否符合要求。

4. 保留不合格输出控制的成文信息

应保留的成文信息包括下列内容：

1）描述不合格。可能涉及时间、地点、批次、产品编号、不合格描述等。

2）描述所采取的措施。对不合格输出采取的处置措施上面已讲。

3）描述获得的让步。

4）识别处置不合格的授权。记录应可以追溯到对采取这些措施实施判断和决定的授权人。

同步练习强化

1. 单项选择题

1）处理不合格过程输出、产品和服务的方法包括（　　）（真题）

A. 纠正缺陷　　　　　　　　　　B. 暂停产品和服务的提供

C. 获得放行产品或服务的授权　　D. A + B + C

2）对不合格输出进行纠正之后应验证其是否符合要求，是 GB/T 19001—2016 标准哪个条款提出的要求（　　）。（真题）

A. 8.3.6　　　　　　　　　　　　B. 8.5.6

C. 8.7.1　　　　　　　　　　　　D. 10.2.1

3）机加工车间审核时，在检验合格的产品中发现：编号为 FMC1106-05 的图纸中要求材质 13Cr/C95 浮箍壁厚在 13.88～14.18mm 范围内。对该尺寸的浮箍（产品编号 18#5）壁厚进行测量，结果显示，至少有三点壁厚分别为 13.6mm、13.7mm、14.2mm，车间主任说没关系，这个产品对公差要求不严格，不影响使用。这种情况，不符合 GB/T 19001 标准（　　）。（真题）

A. 8.3.6　　　　　　　　　　　　B. 8.5.6

C. 8.7.1　　　　　　　　　　　　D. 10.2.1

4）审核员在装修公司业务部审核，一位女同志推门进来，气冲冲地对业务经理说："我们家的卫生间又渗水了，把楼下住户的墙给损坏了，这才装修不到

2 个月都修了两次了，为什么还是这样呢？你今天必须给我彻底解决。"审核员问王经理，这个顾客的装修项目出了什么问题？经理说："这个客户装修时，要改造她家卫生间，在改造过程中破坏了防水层，当时我们没有发现，装修后在使用过程中，发生了渗水的情况，每次我们都派人去对楼下住户的墙进行了修复。"审核员问："既然是破坏了防水层，那为什么不重新做防水层呢？"经理说："要重新做防水层，那工作量就大了，再说我们公司也做不了防水，还要找专门做防水的公司来做，太麻烦了，先派人去修修再看吧。"审核员查看了相关的维修记录，确实只是对受损部位进行了局部修复。这种情况，不符合 GB/T 19001 标准（　　　）。（真题）

A. 8.3.6　　　　　　　　　　　　B. 8.5.6

C. 8.7.1　　　　　　　　　　　　D. 10.2.1

5）审核员在某手机生产厂审核成品试验站时发现有手机电磁辐射严重超标的情况，问是为什么？质检站长说，我们查了发现是有两批零件有问题造成的。审核员问知道是哪两批吗？质检站长说，由于该零件是关键零件，我们管理很严格，从电脑上查到了全部产品的编号，而且我们已经通知生产部门和销售部门，停止生产和销售使用这些零件的手机。审核员问发出过吗？质检处说我查过，已经发出 300 台，我们已决定只要顾客一提出来我们就退换。这种情况，不符合 GB/T 19001 标准（　　　）。（真题）

A. 8.3.6　　　　　　　　　　　　B. 8.5.6

C. 8.7.1　　　　　　　　　　　　D. 10.2.1

6）审核员在某企业审核时发现有一批产品的绝缘性能达不到标准要求，质检经理解释这是因为一批元件有问题造成的，公司已经查到全部产品的编号，通知生产和营销部门停止销售和使用该批产品，但目前已经发出 500 台，我们已经决定，只要顾客提出来我们就予以退换。这种情况，不符合 GB/T 19001 标准（　　　）。（真题）

A. 8.3.6　　　　　　　　　　　　B. 8.5.6

C. 8.7.1　　　　　　　　　　　　D. 10.2.1

7）审核员来到一家烟叶复烤公司工艺质量科审核，发现在上个月的复烤片烟水分检测记录中，有水分严重偏低，已产生烤焦情况的记录，审核员询问对这批烤焦的烟叶是如何处置的，工艺质量科长提供了就此次烟叶烤焦的情况，车间主任、班长和责任人的书面检查、通报批评和经济处罚的记录，以及原因分析会的记录等，但审核员进一步追踪该批烤焦的烟叶的最终去向时，科长无法明确说明其最终究竟是如何处置的，也提供不出相应的处置记录。这种情况，不符合 GB/T 19001 标准（　　　）。（真题）

A. 8.3.6　　　　　　　　　　　　B. 8.5.6

C. 8.7.1　　　　　　　　　　　　D. 10.2.1

8）2月2日审核员在石化公司的采购部审核时，从采购计划中抽查从某化工有限公司采购的 A 原料，发现硫含量检测结果不合格，询问采购部长这批原料后续的去向。部门说虽然硫不合格，但因为生产急需，已经先入罐，并提供了这批原料已于 1 月 10 日到货入了 2 号罐的记录。审核员查看发现该公司的《不合格输出控制程序》文件中规定："对不合格原料经过评审后，由质量部长做出处置的意见，涉及的部门按处置意见实施，并记录实施的结果"。审核员询问对该不合格原料的处理是否经质量部长同意，采购部长说："当时很急，我就说了算"。追问处置的记录，部门也无法提供。这种情况，不符合 GB/T 19001 标准（   ）。（真题）

A. 8. 3. 6   B. 8. 5. 6

C. 8. 7. 1   D. 10. 2. 1

9）组织应确保对不符合要求的输出进行（   ），以防止非预期的使用或交付。

A. 纠正和控制   B. 识别和控制

C. 纠正和验证   D. 控制和纠正

10）根据 GB/T 19001 标准 8.7.1 的要求，对不合格输出进行纠正之后应（   ）其是否符合要求。

A. 检验   B. 验证

C. 确认   D. 鉴定

11）"某餐厅服务员对顾客态度不好，引起投诉，领班责令其向顾客赔礼道歉。"最适用于这一情景的 GB/T 19001 标准的条款是（   ）。（真题）

A. 7. 4   B. 8. 2. 1

C. 8. 7   D. 10. 2

2. 多项选择题

1）组织应通过下列哪种途径处置不合格输出（   ）。（真题）

A. 纠正

B. 隔离、限制、退货或暂停对产品和服务的提供

C. 获得顾客批准

D. 获得让步接收的授权

2）根据 GB/T 19001 标准 8.7.1 的要求，组织应根据（   ），对不合格输出采取适当措施。

A. 不合格的性质   B. 不合格对产品和服务符合性的影响

C. 不合格的严重性   D. 不合格的发生范围

3）不合格输出控制的对象包括（   ）发现的不合格产品和服务。

A. 产品生产过程中   B. 产品交付前

C. 产品交付之后　　　　　　　　D. 在服务提供期间或提供之后

4）对不合格输出的控制，应保留下列哪些成文信息？（　　　）

A. 描述不合格　　　　　　　　　B. 描述所采取的措施

C. 描述获得的让步　　　　　　　D. 识别处置不合格的授权

3. 判断题

GB/T 19001 标准中 8.7 不合格输出控制的目的是防止不合格品的发生。

（　　　）

 答案点拨解析

1. 单项选择题

1）D，2）C，3）C，4）C，5）C，6）C，7）C，8）C，9）B，10）B，11）C。

解析：第 3 题，在检验合格的产品中，对产品编号为 18#5 的浮箍的壁厚进行测量，有三点壁厚分别为 13.6mm、13.7mm、14.2mm，与 FMC1106-05 图纸规定的壁厚为 13.88 ~ 14.18mm 的要求不一致。不符合 GB/T 19001 标准 8.7.1 条款"组织应确保对不符合要求的输出进行识别和控制，以防止非预期的使用或交付"。

第 4 题，装修过程中破坏了防水层导致漏水，而装修公司仅进行了局部修复，问题没有得到彻底解决，说明装修公司未针对问题采取与其影响相适应的措施。不符合 GB/T 19001 标准 8.7.1 条款"组织应根据不合格的性质及其对产品和服务符合性的影响采取适当措施。这也适用于在产品交付之后，以及在服务提供期间或之后发现的不合格产品和服务"的要求。

第 5 题，公司对已经发出的电磁辐射严重超标的 300 台手机没有采取有效的纠正行动。不符合 GB/T 19001 标准 8.7.1 条款"组织应根据不合格的性质及其对产品和服务符合性的影响采取适当措施。这也适用于在产品交付之后，以及在服务提供期间或之后发现的不合格产品和服务"的要求。

第 6 题，企业对已经发出的绝缘性能不达标的 500 台产品没有采取有效的纠正行动。不符合 GB/T 19001 标准 8.7.1 条款"组织应根据不合格的性质及其对产品和服务符合性的影响采取适当措施。这也适用于在产品交付之后，以及在服务提供期间或之后发现的不合格产品和服务"的要求。

第 7 题，审核员在工艺质量科审核时发现上个月的复烤片烟水分严重偏低导致烟叶烤焦，但针对这批烤焦的烟叶的处置，工艺质量科科长无法明确说明，也提供不出相应的处置记录。不符合 GB/T 19001 标准的 8.7.1 条款"组织应根据不合格的性质及其对产品和服务符合性的影响采取适当措施"

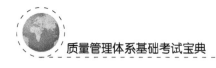

的要求。

第 8 题，采购部长对不合格原料的处置与其公司的《不合格输出控制程序》不一致。不符合 GB/T 19001 标准 8.7.1 条款"组织应根据不合格的性质及其对产品和服务符合性的影响采取适当措施"的要求。

2. 多项选择题

1）ABD，2）AB，3）ABCD，4）ABCD。

3. 判断题

×。

3.8 绩效评价（标准条款9）

GB/T 19001 标准第 9 章绩效评价是质量管理体系中的检查（C）过程，明确了对质量管理体系绩效评价的要求，包括 9.1 监视、测量、分析和评价、9.2 内部审核、9.3 管理评审。通过监视、测量、分析和评价，内部审核以及管理评审活动对质量管理体系的绩效进行评价。

3.8.1 监视、测量、分析和评价—总则（标准条款9.1-9.1.1）

> **9.1 监视、测量、分析和评价**
>
> **9.1.1 总则**
>
> 组织应**确定**：
>
> a）需要监视和测量什么。
>
> b）需要用什么**方法**进行监视、测量、分析和评价，以**确保结果有效**。
>
> c）**何时**实施监视和测量。
>
> d）**何时**对监视和测量的结果进行分析和评价。
>
> 组织应评价质量管理体系的绩效和有效性。
>
> 组织应保留**适当的**成文信息，以作为结果的证据。

 考点知识讲解

1. 监视、测量、分析和评价的确定

确定是策划活动，GB/T 19001 标准 9.1.1 条款是对 9.1 监视、测量、分析和评价的总体要求，组织应对监视、测量、分析和评价进行策划，确定：

1）需要监视和测量什么。监视和测量的对象，可以是产品和服务、质量管理体系过程、目标等。

监视是指确定体系、过程、产品、服务或活动的状态。通过监视活动确保监视对象处于检查、监督和控制之下。常用的监视方法有检查、监督或密切观察等。

测量是指确定数值的过程。通过测量活动，通常可以获得具体的数值或量值，在一个组织的质量管理体系中有很多活动是需要测量的，如在生产过程中测量恒温炉的温度。

2）需要用什么方法进行监视、测量、分析和评价，以确保结果有效。方法应能确保结果有效。

3）何时实施监视和测量。

4）何时对监视和测量的结果进行分析和评价。

2. 评价质量管理体系的绩效和有效性

组织应评价质量管理体系的绩效和有效性。

绩效是指可测量的结果。绩效可能涉及定量的或定性的结果。绩效可能涉及活动、过程、产品、服务、体系或组织的管理。

有效性是指完成策划的活动并得到策划结果的程度。

3. 保留监视、测量、分析和评价活动的成文信息

组织应保留适当的成文信息，以作为开展监视、测量、分析和评价活动结果的证据。须注意的是，这里讲的"适当的成文信息"，就是说并非所有的监视和测量活动都需要保留记录，如一些生产设备上的监视和测量仪表的数据并不一定需要全部记录下来。

 同步练习强化

1. 单项选择题

1）依据 GB/T 19001 标准，关于质量管理体系绩效评价说法错误的是（　　）。（真题）

A. 应评价质量管理体系的绩效

B. 应评价质量管理体系的有效性

C. 质量管理体系评价的结果应保留成文信息

D. 应评价外部供方的绩效

2）以下关于监视、测量、分析和评价描述不正确的是（　　）。（真题）

A. 组织应评价质量管理体系的预期结果

B. 组织应评价质量管理体系的绩效

C. 组织应评价质量管理体系的有效性

D. B + C

3）依据 GB/T 19001—2016 标准 9.1.1 条款，以下错误的是（   ）。（真题）

　　A. 组织应确定需要监视和测量的对象

　　B. 组织应确定监视和测量的时机

　　C. 组织应保存所有实施监视和测量活动的成文信息

　　D. 组织应确定适用的监视、测量、分析和评价的方法以确保结果有效

4）依据 GB/T 19001—2016 标准 9.1.1，组织应评价质量管理体系的（   ）。（真题）

　　A. 绩效和有效性　　　　　　B. 符合性和有效性

　　C. 适宜性、充分性和有效性　　D. 以上全部

2. 多项选择题

组织应对监视、测量、分析和评价进行策划，确定（   ）。

　　A. 需要监视和测量什么

　　B. 需要用什么方法进行监视、测量、分析和评价，以确保结果有效

　　C. 何时实施监视和测量

　　D. 何时对监视和测量的结果进行分析和评价

3. 判断题

根据 GB/T 19001 标准 9.1.1 的要求，组织应保留所有的监视和测量活动的成文信息，以作为结果的证据。（   ）

答案点拨解析

1. 单项选择题

1）D，2）A，3）C，4）A。

解析：第 1 题，说的是质量管理体系绩效评价的总体要求，属于 GB/T 19001 标准 9.1.1 的范畴，所以 D 选项是错误的。

2. 多项选择题

ABCD。

3. 判断题

×。

3.8.2　顾客满意（标准条款 9.1.2）

> **9.1.2　顾客满意**
> 组织应**监视**顾客对其需求和期望已得到满足的程度的**感受**。组织应确定**获**

取、监视和评审该信息的方法。

　　注：监视顾客感受的例子可包括顾客调查、顾客对交付产品或服务的反馈、顾客座谈、市场占有率分析、顾客赞扬、担保索赔和经销商报告。

 考点知识讲解

　　1）顾客满意是指顾客对其期望已被满足程度的感受。感受必须来自顾客的亲自体验，用推测、估计来监视顾客满意是不真实的。

　　在产品或服务交付之前，组织有可能不了解顾客的期望，甚至顾客也在考虑之中。为了实现较高的顾客满意，可能有必要满足那些顾客既没有明示，也不是通常隐含或必须履行的期望。

　　投诉是一种满意程度低的最常见的表达方式，但没有投诉并不一定表明顾客很满意。

　　即使规定的顾客要求符合顾客的愿望并得到满足，也不一定确保顾客很满意。

　　2）组织应监视顾客对其需求和期望已得到满足的程度的感受。

　　3）组织应确定获取、监视和评审顾客满意信息的方法。这里的顾客满意的信息是指顾客对其需求和期望已得到满足的程度的感受的信息。具体做法如下：

　　① 获取。采取适宜的方法获得顾客满意的信息，可以直接采用已有的质量记录，也可采用交谈、调查等方式。

　　② 监视。监视所有顾客的成本可能过高，所以组织应预先确定应监视多少顾客或哪类顾客。

　　监视顾客感受的例子可包括顾客调查、顾客对交付产品或服务的反馈、顾客座谈、市场占有率分析、顾客赞扬、担保索赔和经销商报告。

　　③ 评审。对获得的顾客满意的信息进行分析和评价，确定顾客满意度。

 同步练习强化

1. 单项选择题

1）监视顾客感受的例子可包括（　　）。（真题）

A. 服务的反馈　　　　　　　　B. 顾客会晤

C. 市场占有率分析　　　　　　D. 以上都是

2）依据 GB/T 19001—2016 标准 9.1.2 条款，以下错误的是（　　）。（真题）

A. 组织应监视顾客的需求和期望已得到满足程度的感受

B. 组织应确定获取顾客的需求和期望已得到满足的感受的程度的信息和方法

C. 组织应监视顾客关于组织是否满足其要求的感受的相关信息

D. A＋B

3）在销售部门，审核员问销售科长如何评价顾客满意，销售科长说，我们公司生产的产品质量很好，被国家主管部门评为免检产品，再加上我们售后服务非常出色，所以去年仅有两位顾客对我们产品有些抱怨，但谈不上投诉，为此我们目前没有必要再规定评价顾客满意的方法。这种情况，不符合 GB/T 19001 标准（　　　）。（真题）

A. 9.1.1   B. 9.1.2

C. 9.1.3   D. 8.5.1

4）某水泥生产企业每半年发放一次调查问卷，了解顾客满意程度，调查内容包括水泥产品质量、包装质量、送货服务质量等，满意等级从非常满意到很不满意分为五级，审核员注意到 2020 年下半年顾客满意率为 98％，2021 年上半年为 95％，2021 年下半年为 89％，近期调查 30％的顾客在"顾客建议"栏指出水泥袋有破损情况发生，但评价结论为顾客满意。这种情况，不符合 GB/T 19001 标准（　　　）。（真题改进）

A. 9.1.1   B. 9.1.2

C. 9.1.3   D. 8.5.1

5）组织应（　　　）顾客对其需求和期望已得到满足的程度的感受。

A. 调查   B. 监视

C. 调查和评价   D. 评价

6）组织应监视顾客对其需求和期望已得到满足的程度的感受。组织应（　　　）获取、监视和评审该信息的方法。

A. 控制   B. 确定

C. 实施   D. 处置

2. 多项选择题

1）组织应监视顾客对其需求和期望已得到满足的程度的感受。组织应确定（　　　）该信息的方法。

A. 获取   B. 监视

C. 评审   D. 收集

2）监视顾客感受的例子可包括（　　　）。

A. 顾客座谈   B. 市场占有率分析

C. 顾客赞扬   D. 担保索赔和经销商报告

答案点拨解析

1. 单项选择题

1）D，2）C，3）B，4）B，5）B，6）B。

解析：第3题，企业没有对顾客满意进行评价，不符合 GB/T 19001 标准9.1.2 条款"组织应监视顾客对其需求和期望已得到满足的程度的感受。组织应确定获取、监视和评审该信息的方法"的要求。

第4题，审核发现 2020 年下半年顾客满意率为 98%，2021 年上半年为 95%，下半年为 89%，满意程度越来越低。近期调查中 30% 的顾客在"顾客建议"栏指出水泥袋有破损情况发生，但评价结论为顾客满意。企业对顾客满意的监视和评审流于形式。不符合 GB/T 19001 标准9.1.2 条款"组织应监视顾客对其需求和期望已得到满足的程度的感受。组织应确定获取、监视和评审该信息的方法"的要求。

2. 多项选择题

1）ABC，2）ABCD。

3.8.3 分析与评价（标准条款9.1.3）

> **9.1.3 分析与评价**
>
> 组织应**分析**和**评价**通过监视和测量获得的适当的数据和信息。
>
> 应利用分析结果**评价**：
>
> a）产品和服务的符合性。
>
> b）顾客满意程度。
>
> c）质量管理体系的绩效和有效性。
>
> d）策划是否得到有效实施。
>
> e）针对风险和机遇所采取措施的有效性。
>
> f）外部供方的绩效。
>
> g）质量管理体系改进的需求。
>
> 注：数据分析方法可包括统计技术。

 考点知识讲解

1）组织应分析和评价通过监视和测量获得的适当的数据和信息。

2）组织应利用数据和信息的分析结果评价以下 7 个方面：

① 产品和服务的符合性。如通过产品合格率、服务满意程度等的汇总分析，可以评价产品和服务是否符合要求。

② 顾客满意程度。如通过对顾客满意程度的汇总分析，得出顾客在哪些方面满意，哪些方面不满意，进而帮助组织改进顾客不满意的方面。

③ 质量管理体系的绩效和有效性。如通过对质量目标完成情况、过程绩效指标统计结论、内部审核结论等方面的分析，评价质量管理体系的绩效和有效性。

④ 策划是否得到有效实施。如通过对各过程运行状况的总结分析，评价策划是否得到有效实施。

⑤ 针对风险和机遇所采取措施的有效性。如通过对风险和机遇应对措施的监测分析，评价风险和机遇应对措施的有效性。

⑥ 外部供方的绩效。如通过分析来料合格率、及时率等，得出供应商的绩效，进而帮助组织对供应商实施更有效的控制。

⑦ 质量管理体系改进的需求。针对分析中的问题，评价确定改进的需求。

3）数据分析方法可包括统计技术。常用的统计技术有：直方图、散布图、趋势图、过程能力分析、控制图、排列图、因果图、调查表、抽样检验方法等。

 同步练习强化

多项选择题

1）组织应分析和评价通过监视和测量获得的适当的数据和信息，应利用分析结果评价包括（　　）。（真题）

A. 针对风险和机遇所采取措施的有效性

B. 策划是否得到有效实施

C. 外部供方的绩效

D. 质量管理体系改进的需求

2）组织应分析和评价通过监视和测量获得的适当的数据和信息，应利用分析结果评价包括（　　）。（真题）

A. 质量管理体系的绩效和有效性

B. 策划是否得到有效实施

C. 应对风险和机遇所采取措施的有效性

D. 相关方满意程度

3）组织应分析和评价通过监视和测量获得的适当的数据和信息，应利用分析结果评价包括（　　）。

A. 产品和服务的符合性

B. 顾客满意程度

C. 过程的绩效和有效性

D. 策划是否得到有效实施

 答案点拨解析

多项选择题

1）ABCD，2）ABC，3）ABD。

3.8.4　内部审核（标准条款9.2）

> **9.2　内部审核**
>
> 9.2.1 组织应按照**策划的时间间隔**进行内部审核，以提供有关质量管理体系的下列信息：
>
> a）是否符合：
>
> 1）组织自身的质量管理体系要求。
>
> 2）本标准的要求。
>
> b）是否得到有效的实施和保持。
>
> 9.2.2　组织应：
>
> a）依据有关过程的重要性、对组织产生影响的变化和以往的审核结果，策划、制定、实施和保持审核方案，审核方案包括频次、方法、职责、策划要求和报告。
>
> b）规定每次审核的审核准则和范围。
>
> c）选择审核员并实施审核，以确保审核过程客观公正。
>
> d）确保将审核结果报告给相关管理者。
>
> e）及时采取适当的纠正和纠正措施。
>
> f）保留成文信息，作为实施审核方案以及审核结果的证据。
>
> 注：相关指南参见 GB/T 19011。

 考点知识讲解

1. 内部审核的时机与频次

组织应按照策划的时间间隔进行内部审核。一年可以进行一次或多次内部审核，要保证每个部门和区域每年至少审核一次。

2. 内部审核的目的

提供有关质量管理体系的下列信息：

① 质量管理体系是否符合组织自身的质量管理体系要求和 GB/T 19001 标准的要求（符合性）。

② 质量管理体系是得到有效的实施和保持（有效性）。

3. 内部审核的具体内容和要求

1）依据有关过程的重要性、对组织产生影响的变化和以往的审核结果，策划、制定、实施和保持审核方案，审核方案包括频次、方法、职责、策划要求和报告。

如果拟审核的过程复杂、区域面积广、重要程度高、对质量管理体系的符合性和有效性影响大，或运行状况问题多，则应加大对这些区域和活动的审核力度，或增加审核频次，或延长审核时间。在制定审核方案时要考虑到这些。

2）规定每次审核的审核准则和范围。准则可以是具体的标准或要求，范围可以是具体部门、产品、过程和设施。在一个特定的时间段内，通常应覆盖组织所有与质量相关的产品和服务、活动、过程以及质量管理体系标准的所有要求，但并非每次审核都需要覆盖所有的内容，只要确保在组织规定的时间段内能覆盖所有内容就可以了。

3）选择审核员并实施审核，以确保审核过程客观公正。审核人员最好是非从事受审活动的人员，并独立于受审核部门。但对于小型企业，审核员可能会审核自身的工作领域，但要想办法保证客观公正，比如可以让内审员与同行一起审核或让同行/上级评审审核结果。

4）确保将审核结果报告给相关管理者。

5）针对内审发现的不符合，及时采取适当的纠正和纠正措施。

6）保留成文信息，作为实施审核方案以及审核结果的证据，如审核计划、审核检查表、不符合报告、审核报告等。

 同步练习强化

1. 单项选择题

1）组织策划、制定、实施和保持内部审核方案，应依据（　　　）。（真题）

A. 有关过程的重要性　　　　　　　B. 对组织产生影响的变化

C. 以往的审核结果　　　　　　　　D. 以上都是

2）质量部经理向审核员出示了当年的审核方案，方案表明当年对每个部门审核一次，审核时间均相同，每个有关的过程也都安排了审核。审核员问，你们的审核方案是怎样确定的。经理说："三年前建立质量管理体系时，质量手册和程序文件都规定了每年要对每个部门进行一次审核，我们一直是这样做的。"审核员查了三年的记录，确实每年都按文件要求对每个部门进行了一次审核，而且没有漏掉有关过程。审核员又查了以前的审核报告，发现其中的不合格报告有 70% 都是在制造部的生产现场发现的。这种情况，不符合 GB/T 19001 标准（　　）。（真题）

A. 9.2.2a)　　　　　　　　　　B. 9.2.1

C. 10.2.1a)　　　　　　　　　　D. 10.2.2

3）依据 GB/T 19001 标准 9.2.2 的要求，组织应保留成文信息，作为实施（　　）以及审核结果的证据。

A. 审核　　　　　　　　　　　B. 审核方案

C. 审核过程　　　　　　　　　D. 审核工作

4）依据 GB/T 19001 标准，组织应（　　）进行内部审核。

A. 每年一次或多次　　　　　　B. 按照策划的时间间隔

C. 按照审核程序的要求　　　　D. 按照管理评审的决议

5）下面哪个不是质量管理体系的审核准则（　　）。（真题）

A. 相关法律法规和合同　　　　B. 受审核方的质量管理体系文件

C. GB/T 19001 标准　　　　　　D. GB/T 19004 标准

2. 多项选择题

1）依据 GB/T 19001—2016 标准，以下关于内部审核的描述正确的是（　　）。（真题）

A. 组织应确保将审核结果报告给相关管理者

B. 组织应编制形成文件的程序

C. 审核员不应审核自己的工作

D. 组织应保留作为实施审核方案以及审核结果的证据的成文信息

2）依据 GB/T 19001 标准 9.2.2 的要求，组织应依据有关过程的重要性、对组织产生影响的变化和以往的审核结果，（　　）审核方案。

A. 策划　　　　　　　　　　　B. 制定

C. 实施和保持　　　　　　　　D. 实施和修订

3）依据 GB/T 19001 标准，内部审核的要求包括（　　）。

A. 规定每次审核的审核准则和范围

B. 选择审核员并实施审核，以确保审核过程客观公正

C. 及时采取适当的纠正和纠正措施

D. 保留成文信息，作为实施审核方案以及审核结果的证据

4）依据 GB/T 19001 标准 9.2.2 的要求，组织应依据有关过程的重要性、对组织产生影响的变化和以往的审核结果，策划、制定、实施和保持审核方案，

审核方案包括（　　　）。

A. 频次 　　　　　　　　　　　B. 方法

C. 职责 　　　　　　　　　　　D. 策划要求和报告

3. 判断题

编制审核计划时由于审核员熟悉本部门的工作，所以尽量安排审核本部门。
（　　）（真题）

答案点拨解析

1. 单项选择题

1）D，2）A，3）B，4）B，5）D。

解析：第2题，企业当年的审核方案表明对每个部门都审核了一次，审核时间均相同。但以往的审核中，70%不合格报告都发生在制造部的生产现场。说明当年的审核方案并没有考虑以往的审核结果。不符合 GB/T 19001 标准9.2.2 条款"组织应：a）依据有关过程的重要性、对组织产生影响的变化和以往的审核结果，策划、制定、实施和保持审核方案，审核方案包括频次、方法、职责、策划要求和报告"的要求。

第5题，质量管理体系审核是符合性评价，GB/T 19004 是成熟度评价模型，不作为质量管理体系的审核准则。

2. 多项选择题

1）AD，2）ABC，3）ABCD，4）ABCD。

3. 判断题

×。

3.8.5　管理评审（标准条款9.3）

9.3　管理评审

9.3.1　总则

最高管理者应按照**策划的时间间隔**对组织的质量管理体系进行评审，以确保其持续的适宜性、充分性和有效性，并与组织的战略方向保持一致。

9.3.2　管理评审输入

策划和实施管理评审时应**考虑**下列内容：

a）以往管理评审所采取措施的情况。

b）与质量管理体系相关的内外部因素的变化。

c）下列有关质量管理体系**绩效**和**有效性**的信息，包括其趋势：

1）顾客满意和有关相关方的反馈。

2）质量目标的实现程度。

3）过程绩效以及产品和服务的合格情况。

4）不合格以及纠正措施。

5）监视和测量结果。

6）审核结果。

7）外部供方的绩效。

d）资源的充分性。

e）应对风险和机遇所采取措施的有效性（见 6.1）。

f）改进的机会。

9.3.3　管理评审输出

管理评审的输出应包括与下列事项相关的**决定和措施**：

a）改进的机会。

b）质量管理体系所需的变更。

c）资源需求。

组织应保留成文信息，作为管理评审**结果**的证据。

 考点知识讲解

1. 管理评审的时机与频次

最高管理者应按照策划的时间间隔进行管理评审。一般至少每隔 12 个月要进行一次，特殊情况下，如出现重大质量事故，应适时策划进行。

2. 管理评审的目的

管理评审的目的是确保质量管理体系持续的适宜性、充分性和有效性，并与组织的战略方向保持一致。适宜——是否仍适用于其用途；充分——是否仍然足够满足要求；有效——是否仍达成预期的结果；与战略方针一致——是否仍支持战略方针的实现。

3. 管理评审的输入

策划和实施管理评审时应考虑下列内容：

1）以往管理评审所采取措施的情况。

2）与质量管理体系相关的内外部因素的变化（GB/T 19001 标准 4.1 条款）。如法律法规的变化等。

3）下列有关质量管理体系**绩效**和**有效性**的信息，包括其趋势：

① 顾客满意和有关相关方的反馈（GB/T 19001 标准 9.1.2 条款）。

② 质量目标的实现程度（GB/T 19001 标准 6.2 条款）。

③ 过程绩效以及产品和服务的合格情况（GB/T 19001 标准 4.4、8.6 条款）。

④ 不合格以及纠正措施（GB/T 19001 标准 10.2 条款）。

⑤ 监视和测量结果（GB/T 19001 标准 9.1.1 条款）。

⑥ 审核结果（GB/T 19001 标准 9.2 条款）。

⑦ 外部供方的绩效（GB/T 19001 标准 8.4 条款）。

4）资源的充分性（GB/T 19001 标准 7.1 条款）。

5）应对风险和机遇所采取措施的有效性（GB/T 19001 标准 6.1 条款）。

6）改进的机会（GB/T 19001 标准 10.1 条款）。包括产品、过程、体系等改进的要求、建议。

4. 管理评审的输出

管理评审的输出应包括与下列事项相关的决定和措施：

1）改进的机会。如产品、服务的改进。

2）质量管理体系所需的变更。

3）资源需求。

组织应保留成文信息，作为管理评审结果的证据。

 同步练习强化

1. 单项选择题

管理评审的输出应包括与下列哪些事项相关的决定和措施（　　　）。（真题）

A. 改进的机会　　　　　　　　　B. 质量管理体系所需的变更

C. 资源需求　　　　　　　　　　D. 以上都是

2. 多项选择题

1）最高管理者应按照策划的时间间隔对组织的质量管理体系进行管理评审，以确保质量管理体系持续的（　　　），并与组织的战略方向保持一致。

A. 适宜性　　　　　　　　　　　B. 充分性

C. 符合性　　　　　　　　　　　D. 有效性

2）依据 GB/T 19001 标准，管理评审输入包括下列哪方面（　　　）的质量管理体系绩效和有效性的信息，包括其趋势。

A. 顾客满意和有关相关方的反馈

B. 不合格以及纠正措施

C. 过程绩效以及产品和服务的合格情况

D. 应对风险和机遇所采取措施的有效性

3）依据 GB/T 19001 标准，管理评审输入包括（　　　）。

A. 以往管理评审所采取措施的情况

B. 与质量管理体系相关的内外部因素的变化

C. 质量目标的实现程度

D. 应对风险和机遇所采取措施的有效性

 答案点拨解析

1. 单项选择题

D。

2. 多项选择题

1）ABD，2）ABC，3）ABCD。

3.9　改进（标准条款 10）

GB/T 19001 标准第 10 章改进是质量管理体系中的处置（A）过程，要求采取措施，提高绩效。包括 10.1 总则、10.2 不合格和纠正措施、10.3 持续改进。

3.9.1　总则（标准条款 10.1）

10.1　总则

组织应**确定**和**选择**改进机会，并采取**必要措施**，以**满足顾客要求和增强顾客满意**。

这应包括：

a）改进产品和服务，以满足要求并应对**未来的**需求和期望。

b）纠正、预防或减少不利影响。

c）改进质量管理体系的**绩效**和**有效性**。

注：改进的例子可包括纠正、纠正措施、持续改进、突破性变革、创新和重组。

 考点知识讲解

1. 改进的目的

本条款是改进的总要求。组织应确定和选择改进机会，并采取必要措施，目的是满足顾客要求和增强顾客满意。

2. 改进的范围

改进的范围包括 3 个方面：

1）改进产品和服务，以满足要求并应对未来的需求和期望。

2）纠正、预防或减少不利影响。

3）改进质量管理体系的绩效和有效性。

3. 改进的形式

改进的形式可包括纠正、纠正措施、持续改进、突破性变革、创新和重组。

GB/T 19000 标准 3.6.15 条款对创新的定义是"实现或重新分配价值的，新的或变化的客体"。创新是产生新的客体或原客体有较大幅度变化、变更，是新的或变更的客体对原客体实现价值或重新分配价值的过程。创新通常具有重要影响。通常，以创新为结果的活动需要管理。

 同步练习强化

1. 单项选择题

1）组织除了纠正和持续改进，还有必要采取各种形式的改进，比如突破性变革、（ ）和重组。（真题）

    A. 上市   B. 创新

    C. 知识管理   D. 以上全部

2）依据 GB/T 19001 标准 10.1 条款，改进的例子可包括（ ）。（真题）

    A. 纠正、纠正措施   B. 持续改进

    C. 突变、创新和重组   D. 以上全部

3）车间规定废品率不能大于 0.5%。审核员在审核时发现本月前 20 天，废品率均在 0.25% 到 0.35% 上下，但最近连续 5 天的废品率为 0.47%、0.48%、0.48%、0.49%、0.49%。审核员就问，你们的废品率已经连续 5 天接近 0.5% 了，对此情况车间采取了什么行动？车间主任说："是吗？有这样的情况吗？不过，0.49% 还在 0.5% 以下，问题不大。"这种情况，不符合 GB/T 19001 标准（ ）。（真题）

    A. 10.1a)   B. 10.1b)

    C. 10.2.1   D. 8.7.1a)

4）在车间审核，审核员了解到，公司要求车间的产品合格率为 95%，审核员看到最近三个月合格品率分别为 95.03%、95.02%、95.01%、94.9%、94.8%。审核员问车间主任指标完成情况，主任自信地说："几年来，我们这个指标都保持在 98% 以上，你说的情况我还从来没有注意到，不过也能达到 95%，也算是完成指标了，不影响奖金"。这种情况，不符合 GB/T 19001 标准（ ）。（真题）

    A. 10.1a)   B. 10.1b)

C. 10.2.1　　　　　　　　　　　D. 8.7.1a）

5）根据 GB/T 19001 标准的要求，组织应（　　）和（　　）改进机会，并采取必要措施，以满足顾客要求和增强顾客满意。

A. 发现，确定　　　　　　　　　B. 确定，选择

C. 确定，控制　　　　　　　　　D. 控制，实施

6）组织应确定和选择改进机会，并采取必要措施，以满足（　　）和增强（　　）。

A. 相关方要求，顾客满意度　　　B. 顾客要求，顾客满意

C. 顾客需求和期望，顾客满意度　D. 法律法规要求，顾客满意

2. 多项选择题

1）关于创新，下列描述正确的是（　　）。（真题）

A. 创新通常具有重要影响

B. 创新是新的或变更的客体实现或重新分配价值

C. 通常，以创新为结果的活动需要管理

D. 创新通常是改进的一种形式之一

2）根据 GB/T 19001 标准 10.1 条款的要求，组织应确定和选择改进机会，并采取必要措施，以满足顾客要求和增强顾客满意。这应包括（　　）。

A. 改进产品和服务，以满足要求并应对未来的需求和期望

B. 纠正、预防或减少不利影响

C. 持续改进质量管理体系的适宜性、充分性和有效性

D. 改进质量管理体系的绩效和有效性

 答案点拨解析

1. 单项选择题

1）B，2）D，3）B，4）B，5）B，6）B。

解析：第 3 题，车间最近连续 5 天废品率不断升高（0.47%、0.48%、0.48%、0.49%、0.49%），并已接近 0.5% 的上限，但车间主任不知情，也未采取相应的行动。不符合 GB/T 19001—2016 标准 10.1 条款"组织应确定和选择改进机会，并采取必要措施，以满足顾客要求和增强顾客满意。这应包括 b）纠正、预防或减少不利影响"的要求。

第 4 题，与第 3 题类似。

2. 多项选择题

1）ABCD，2）ABD。

解析：第 1 题，根据 GB/T 19001 标准 10.1 条款的注，D 选项是对的，根据

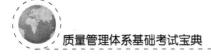
GB/T 19000 标准 3.6.15 条款，A、B、C 选项是对的。

3.9.2　不合格和纠正措施（标准条款 10.2）

> **10.2　不合格和纠正措施**
>
> 10.2.1　当出现不合格时，包括来自投诉的不合格，组织应：
>
> a）对不合格做出**应对**，并在适用时：
>
> 1）采取措施以**控制**和**纠正**不合格。
>
> 2）处置后果。
>
> b）通过下列活动，评价是否需要采取措施，以消除产生不合格的原因，避免其再次发生或者在其他场合发生：
>
> 1）评审和分析不合格。
>
> 2）确定不合格的原因。
>
> 3）确定是否存在或可能发生类似的不合格。
>
> c）实施所需的措施。
>
> d）评审所采取的纠正措施的有效性。
>
> e）需要时，更新在策划期间确定的风险和机遇。
>
> f）需要时，变更质量管理体系。
>
> 纠正措施应与不合格所产生的影响相适应。
>
> 10.2.2　组织应保留成文信息，作为下列事项的证据：
>
> a）不合格的性质以及随后所采取的措施。
>
> b）纠正措施的结果。

 考点知识讲解

1. 纠正与纠正措施

1）纠正是指为消除已发现的不合格所采取的措施。纠正可连同纠正措施一起实施，在其之前或之后。返工或降级可作为纠正的示例。

纠正措施是指为消除不合格的原因并防止再发生所采取的措施。一个不合格可以有若干个原因。采取纠正措施是为了防止再发生或者在其他场合发生。

这里的不合格包括不合格品和不合格项。

2）纠正和纠正措施是不一样的。纠正是针对不合格本身所采取的处置措施（就事论事，如对不合格品的返工、降级等），但该类不合格今后可能还会再发生。纠正是一种临时应急措施。而纠正措施则是为消除导致不合格的原因所采取的措施，采取纠正措施是为了防止再次出现同类不合格（举一反三）。两种措施最本质的区别在于原因，消除原因的措施是纠正措施，未涉及原因的措施只是纠正。纠正可以和纠正措施一同采取，也可以分开采取。

2. 不合格的应对

当出现不合格时，包括来自投诉的不合格，组织应对不合格做出应对，适用时包括：

1）采取措施控制和纠正不合格。

2）针对不合格产生的后果做出处置。

3. 纠正措施的要求

1）在评审和分析不合格，确定不合格的原因，确定是否存在或可能发生类似的不合格后，评价是否需要采取纠正措施，以消除产生不合格的原因，避免其再次发生或者在其他场合发生。

2）实施所需的纠正措施。纠正措施应与不合格所产生的影响相适应。

3）评审所采取的纠正措施的有效性。每项纠正措施完成后，都要对其有效性进行评审，看其是否能够防止不合格继续发生。

4）需要时，更新在策划期间确定的风险和机遇。如果不合格是由于风险和机遇识别及控制不力造成的，则要更新策划期间确定的风险和机遇。

5）需要时，变更质量管理体系。如对质量手册、程序文件和任何其他相关文件的修改。

4. 不合格和纠正措施管理中的记录要求

应保留成文信息，作为下列事项的证据：

1）不合格的性质以及随后所采取的措施。可包括不合格事实、发生的时间、地点、严重程度以及随后所采取的控制、纠正措施等。

2）纠正措施的结果。纠正措施及其结果的记录可包括原因分析、纠正措施的内容、完成情况、有效性评审的结论等。

 同步练习强化

1. 单项选择题

1）纠正措施应与（　　　）相适应。（真题）

A. 纠正　　　　　　　　　　B. 不合格的影响

C. 预防措施　　　　　　　　D. 组织规模

2）审核员在客户服务部查看今年一季度的用户投诉处理记录，发现其中有75%左右是要求退换仍在生产的 A 产品，销售科长说："主要是 A 产品上使用的一批关键零件质量不太好，我们退的退、换的换、赔的赔，既麻烦又蚀本，但是这种零件买来后只进行抽检，不能保证100%的合格，我们只好自认倒霉了。"

这种情况，不符合 GB/T 19001 标准（　　）。（真题）

A. 8.7.1　　　　　　　　　　B. 10.2.1

C. 8.2.1　　　　　　　　　　D. 9.1.2

3）审核员在一家家具厂的售后服务中心审核，看到近三个月内已有多家客户投诉，反映的都是送货上门的家具有表面碰伤或划伤的问题。审核员问售后服务中心经理："你们是如何处理的？"经理说："我们接到客户投诉后都做了详细的记录，每次我都亲自带人去，给客户更换好家具，并向他们道歉。客户对我们的处理结果还是满意的，如果以后再发生，我们还要继续这样处理。"这种情况，不符合 GB/T 19001 标准（　　）。（真题）

A. 8.7.1　　　　　　　　　　B. 10.2.1

C. 8.2.1　　　　　　　　　　D. 9.1.2

2. 多项选择题

1）根据 GB/T 19001 标准 10.2.1 的要求，当出现不合格时，包括来自投诉的不合格，组织应对不合格做出应对，并在适用时包括（　　）。

A. 采取措施以控制和纠正不合格　　B. 处置后果

C. 返工　　　　　　　　　　　　　D. 换货

2）根据 GB/T 19001 标准 10.2.1 的要求，通过下列（　　）活动，评价是否需要采取措施，以消除产生不合格的原因，避免其再次发生或者在其他场合发生。

A. 评审和分析不合格

B. 确定不合格的原因

C. 确定是否存在或可能发生类似的不合格

D. 确定不合格的严重程度

3）根据 GB/T 19001 标准 10.2.1 的要求，不合格和纠正措施的管理包括（　　）。

A. 对不合格做出应对

B. 评价是否需要采取措施，以消除产生不合格的原因，避免其再次发生或者在其他场合发生

C. 实施所需的措施

D. 评审所采取的纠正措施的有效性

4）根据 GB/T 19001 标准 10.2.2 的要求，应保留不合格和纠正措施的成文信息，作为下列（　　）事项的证据。

A. 不合格的性质以及随后所采取的措施

B. 纠正措施的结果

C. 原因分析

D. 纠正措施有效性评审结果

答案点拨解析

1. 单项选择题

1）B，2）B，3）B。

解析：第 2 题，用户投诉处理记录中 75% 左右要求退换 A 产品，但公司只对 A 产品采取了退、换、赔的处理方式，未采取纠正措施。不符合 GB/T 19001 标准 10.2.1b）的要求。

第 3 题，与第 2 题类似。

2. 多项选择题

1）AB，2）ABC，3）ABCD，4）AB。

3.9.3　持续改进（标准条款 10.3）

> **10.3　持续改进**
>
> 　　组织应持续改进质量管理体系的适宜性、充分性和有效性。
>
> 　　组织应**考虑**分析和评价的结果以及管理评审的**输出，以确定**是否存在**需求或机遇**，这些需求或机遇应作为持续改进的一部分加以应对。

考点知识讲解

1. 改进、持续改进的定义

1）GB/T 19000 标准 3.3.1 条款对"改进"的定义是"提高绩效的活动"。活动可以是循环的或一次性的。

2）GB/T 19000 标准 3.3.2 条款对"持续改进"的定义是"提高绩效的循环活动"。为改进制定目标和寻找机会的过程是一个通过利用审核发现和审核结论、数据分析、管理评审或其他方法的持续过程，通常会产生纠正措施或预防措施。

2. 持续改进的对象

质量管理体系的适宜性、充分性和有效性。

3. 持续改进的输入与要求

持续改进的输入包括分析和评价的结果（见 GB/T 19001 标准 9.1.3 条款）、管理评审的输出（见 GB/T 19001 标准 9.3.3 条款）。组织从这些输入中确定是否需要实施持续改进。

组织应考虑分析和评价的结果以及管理评审的输出，以确定是否存在需求或机遇，这些需求或机遇应作为持续改进的一部分加以应对。

 同步练习强化

1. 单项选择题

1）根据 GB/T 19001 标准 10.3 的要求，组织应持续改进质量管理体系的（　　）。

A. 适宜性　　　　　　　　　　B. 充分性

C. 有效性　　　　　　　　　　D. A + B + C

2）根据 GB/T 19001 标准 10.3 的要求，组织应考虑分析和评价的结果以及管理评审的输出，以确定是否存在持续改进的（　　）。

A. 需求和机遇　　　　　　　　B. 需求或机遇

C. 机会　　　　　　　　　　　D. 必要

2. 多项选择题

根据 GB/T 19001 标准 10.3 的要求，组织应考虑（　　），以确定是否存在需求或机遇，这些需求或机遇应作为持续改进的一部分加以应对。

A. 分析和评价的结果　　　　　B. 管理评审的输出

C. 顾客满意程度　　　　　　　D. 质量管理体系的绩效和有效性

 答案点拨解析

1. 单项选择题

1）D，2）B。

2. 多项选择题

AB。

第 4 章

其他质量管理体系标准考点解读

考试大纲要求

1）了解 GB/T 19004《追求组织的持续成功 质量管理方法》的结构、适用范围及与 GB/T 19000、GB/T 19001 标准的关系。

2）了解 GB/T 19000 系列标准的部分规范性文件和指南，如：

① GB/T 19022《质量管理体系 测量过程和测量设备的要求》。

② GB/T 19024《质量管理 实现财务和经济效益的指南》。

③ GB/T 19027《GB/T 19001—2000 的统计技术指南》。

④ GB/T 19015《质量管理体系 质量计划指南》。

⑤ GB/T 19016《质量管理体系 项目质量管理指南》。

⑥ GB/T 19017《质量管理体系 技术状态管理指南》。

4.1 GB/T 19004/ISO 9004《质量管理 组织的质量 实现持续成功指南》

GB/T 19004 标准最新版本是 GB/T 19004—2020/ISO 9004：2018《质量管理 组织的质量 实现持续成功指南》，2020 年 11 月 19 日发布，2021 年 6 月 1 日实施。

考点知识讲解

1. GB/T 19004 标准的作用

GB/T 19004 标准引言：

1）GB/T 19004 标准基于 GB/T 19000—2016 阐述的质量管理原则，为组织提供了在复杂、严峻和不断变化的环境中实现持续成功的指南。综合运用这些质量管理原则，能够为确立组织的价值观和战略奠定统一基础。

2）GB/T 19001—2016 关注对组织的产品和服务提供信心，GB/T 19004 标准关注对组织实现持续成功的能力提供信心。

3）最高管理者对组织满足顾客和其他有关相关方需求和期望的能力的关注，将增强组织实现持续成功的信心。GB/T 19004 标准阐述了对组织整体绩效的系统性改进，包括对有效和高效的管理体系的策划、实施、分析、评价和改进。

4）GB/T 19004 标准倡导自我评价，并提供了用于评审组织采用 GB/T 19004 标准中概念的程度的自我评价工具。

2. GB/T 19004 标准的结构

GB/T 19004 标准结构见图 4-1（GB/T 19004 标准中是图 1），该图包含了 GB/T 19004 标准所涉及的组织实现持续成功的必要要素。

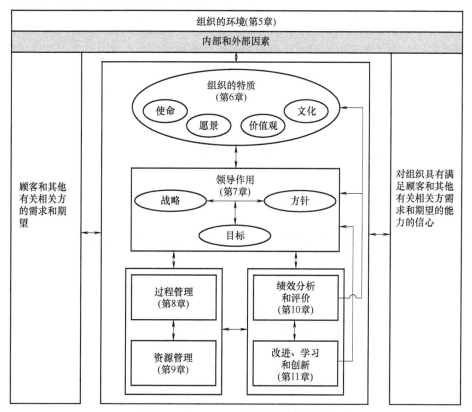

图 4-1　GB/T 19004 标准结构示意图

GB/T 19004 标准由引言、第 1 章范围、第 2 章规范性引用文件、第 3 章术语和定义、第 4 章组织的质量和持续成功、第 5 章组织的环境、第 6 章组织的特质、第 7 章领导作用、第 8 章过程管理、第 9 章资源管理、第 10 章组织绩效的分析和评价、第 11 章改进、学习和创新及附录组成。

GB/T 19004 标准的结构是按照 PDCA 的思路设计的，第 5 章 ~ 第 7 章是策划（P）的过程，第 8 章、第 9 章是实施（D）的过程，第 10 章是检查（C）的过程，第 11 章是处置（A）的过程。

GB/T 19004 标准条款结构见表4-1。

表 4-1　GB/T 19004 标准条款结构

一级条款（章）	二级条款	三级条款
引言		
1　范围		
2　规范性引用文件		
3　术语和定义		
4　组织的质量和持续成功	4.1　组织的质量	
	4.2　组织持续成功的管理	
5　组织的环境	5.1　总则	
	5.2　有关相关方	
	5.3　外部和内部因素	
6　组织的特质	6.1　总则	
	6.2　使命、愿景、价值观和文化	
7　领导作用	7.1　总则	
	7.2　方针和战略	
	7.3　目标	
	7.4　沟通	
8　过程管理	8.1　总则	
	8.2　过程的确定	
	8.3　过程的职责和权限	
	8.4　管理过程	
9　资源管理	9.1　总则	
	9.2　人员	9.2.1　总则
		9.2.2　人员的积极参与
		9.2.3　人员的授权和激励
		9.2.4　人员的能力
	9.3　组织的知识	
	9.4　技术	
	9.5　基础设施和工作环境	9.5.1　总则
		9.5.2　基础设施
		9.5.3　工作环境
	9.6　外部提供的资源	
	9.7　自然资源	

(续)

一级条款（章）	二级条款	三级条款
10 组织绩效的分析和评价	10.1 总则	
	10.2 绩效指标	
	10.3 绩效分析	
	10.4 绩效评价	
	10.5 内部审核	
	10.6 自我评价	
	10.7 评审	
11 改进、学习和创新	11.1 总则	
	11.2 改进	
	11.3 学习	
	11.4 创新	11.4.1 总则
		11.4.2 应用
		11.4.3 时机和风险
附录A（资料性附录）自我评价工具		

3. GB/T 19004 标准的适用范围

GB/T 19004 标准第1章范围：

1）GB/T 19004 标准为组织增强其实现持续成功的能力提供指南。GB/T 19004 标准与 GB/T 19000—2016 阐述的质量管理原则相一致。

2）GB/T 19004 标准提供了自我评价工具，以评审组织采用 GB/T 19004 标准中概念的程度。

3）GB/T 19004 标准适用于各种规模、不同类型和从事不同活动的任何组织。

4. GB/T 19004 与 GB/T 19001、GB/T 19000 标准的关系

1）GB/T 19004 与 GB/T 19001 的关系。

GB/T 19001—2016 标准 0.4 条款、附录 B 中是这样描述 GB/T 19004 与 GB/T 19001 的关系：

GB/T 19004 为选择超出 GB/T 19001 标准要求的组织提供指南。GB/T 19004 关注能够改进组织整体绩效的更加广泛的议题，GB/T 19004 包括自我评价方法指南，以便组织能够对其质量管理体系的成熟度进行评价。

GB/T 19004—2020 标准引言中是这样描述 GB/T 19004 与 GB/T 19001 的关系：

GB/T 19001—2016 关注对组织的产品和服务提供信心，GB/T 19004—2020

标准关注对组织**实现持续成功**的能力提供信心。

2）GB/T 19004 与 GB/T 19000 的关系。

GB/T 19004—2020 标准引言、1 范围中是这样描述 GB/T 19004 与 GB/T 19000 的关系：

GB/T 19004 标准基于 GB/T 19000—2016 阐述的质量管理原则，为组织提供了在复杂、严峻和不断变化的环境中实现持续成功的指南。综合运用这些质量管理原则，能够为确立组织的价值观和战略奠定统一基础。GB/T 19004 标准与GB/T 19000—2016 阐述的质量管理原则相一致。

5. 组织的质量和持续成功（GB/T 19004 标准 4 条款）

1）组织的质量（GB/T 19004 标准 4.1 条款）。

① GB/T 19004 关注组织的质量。**组织的质量**是指为实现持续成功，组织的固有特性满足其顾客和其他相关方需求和期望的程度。

提请注意的是，GB/T 19004 标准提及的"需求和期望"皆指"相关的需求和期望"，提及的"相关方"皆指"有关相关方"，提及的"相关方"皆包括顾客。

② 组织应超越其产品和服务质量以及顾客的需求和期望。为了实现持续成功，组织应关注对相关方需求和期望的预测并予以满足，从而增强相关方满意及综合体验。

③ 组织应运用质量管理七大原则，以实现持续成功。尤其应注意"以顾客为关注焦点"和"关系管理"原则，以满足相关方的不同需求和期望。

2）组织持续成功的管理（GB/T 19004 标准 4.2 条款）。

① 通过长期持续满足相关方的需求和期望，能够提高组织的质量并实现持续成功。

② 组织的环境不断变化，为了实现持续成功，最高管理者应：

a）定期监视、分析、评价和评审组织的环境，以识别所有的相关方，确定其需求和期望以及确定各相关方对组织绩效的潜在影响。

b）确定、贯彻和沟通组织的使命、愿景和价值观，并促进形成统一的文化。

c）确定短期和长期的风险和机遇。

d）确定、实施和沟通组织的方针、战略和目标。

e）确定相关过程并进行管理，使其在协调的体系中运行。

f）管理组织的资源，使过程能够达到预期结果。

g）监视、分析、评价和评审组织的绩效。

h）建立改进、学习和促进创新的过程，以支持组织增强应对环境变化的能力。

6. 组织的环境（GB/T 19004 标准 5 条款）

1）理解组织环境是一个过程。在这个过程中，要确定**组织实现持续成功能力**的影响因素。在确定组织的环境时，需考虑以下关键因素（见 GB/T 19004 标准 5.1 条款）：

① 相关方。

② 外部因素。

③ 内部因素。

2）有关相关方可以来自组织的外部和内部（包括顾客），并能对组织**实现持续成功的能力**产生影响（见 GB/T 19004 标准 5.2 条款）。

组织应确定以下相关方：

① 若其相关需求和期望未得到满足，将给组织的持续成功带来风险。

② 能为促进组织的持续成功提供机会。

3）GB/T 19004 标准中，外部因素是组织外部存在的、可能对组织**实现持续成功的能力**产生影响的因素（见 GB/T 19004 标准 5.3.1 条款）。请注意与 GB/T 19001 标准的区别与联系。

4）GB/T 19004 标准中，内部因素是组织内部存在的、可能对组织**实现持续成功的能力**产生影响的因素（见 GB/T 19004 标准 5.3.2 条款）。请注意与 GB/T 19001 标准的区别与联系。

5）在考虑外部和内部因素时，组织应考虑来自过去、现状和战略方向的相关信息。组织应确定哪些外部和内部因素能够为其持续成功带来风险，或为持续成功增加机遇（见 GB/T 19004 标准 5.3.3 条款）。

7. 组织的特质（GB/T 19004 标准 6 条款）

1）组织由其特质和环境界定。组织的特质由基于其**使命、愿景、价值观和文化**的特性确定，也就是说组织的特质包括其使命、愿景、价值观和文化（见 GB/T 19004 标准 6.1、6.2 条款）。使命、愿景、价值观和文化相互依存，它们之间的关系是动态的。组织的战略方向及其方针应与这些特质要素保持一致。

2）价值观：在形成组织文化中发挥作用以及确定什么对组织重要时的原则和/或思维模式，且支持组织的使命和愿景（见 GB/T 19004 标准 6.2 条款）。

3）文化：与组织的特质相关的信念、历史、伦理，以及所遵循的行为和态度（见 GB/T 19004 标准 6.2 条款）。

8. 过程管理（GB/T 19004 标准 8 条款）

1）为持续提供满足相关方需求和期望的输出，组织应确定必要的过程及其相互作用。

2）过程及其相互作用应根据组织的方针、战略和目标来确定，并应涉及以下方面（见 GB/T 19004 标准 8.2.1 条款）：

a）与产品和服务有关的运营。

b）满足相关方的需求和期望。

c）提供资源。

d）管理活动，包括监视、测量、分析、评审、改进、学习和创新。

3）对于每一过程，组织都应根据过程的性质和组织文化，指定一人或一个团队（通常称为过程负责人），按照规定的职责和权限，确定、保持、控制和改进过程以及与受其影响和对其有影响的其他过程的相互作用（见 GB/T 19004 标准 8.3 条款）。

9. 人员（GB/T 19004 标准 9.2 条款）

能胜任、积极参与、经授权和有激情的人员是组织的关键资源。组织应制定和实施吸引并留住具备现有或潜在能力，且可为组织做出突出贡献的人员的过程。应在组织的各层级，通过所策划、透明、有道德和有社会责任感的方法对人员进行管理（见 GB/T 19004 标准 9.2.1 条款）。

10. 组织绩效的分析和评价（GB/T 19004 标准 10 条款）

1）绩效指标（见 GB/T 19004 标准 10.2 条款）。使用绩效指标的步骤见图 4-2。

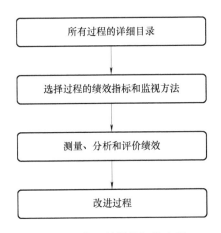

图 4-2　使用绩效指标的步骤

2）绩效评价（见 GB/T 19004 标准 10.4 条款）。<u>组织的绩效应从相关方需求和期望的视角来评价</u>。当发现偏离该需求和期望时，应识别和分析影响组织绩效的过程及其相互作用（见 GB/T 19004 标准 10.4.1 条款）。

组织的绩效结果应依照适宜的目标和预先确定的准则进行评价。在未达到目标时，应调查原因，并在必要时对组织的方针、战略和目标的展开情况以及组织资源的管理状况进行适当评审。同样，在超越了目标时，也应分析超越的原因，以保持绩效（见 GB/T 19004 标准 10.4.2 条款）。

3）标杆对比方法（见 GB/T 19004 标准 10.4.4 条款）：

a）确定标杆对比主题范围。

b）标杆对比合作伙伴的选择过程，以及任何必要的沟通和保密方针。

c）确定拟比较的特征指标以及拟使用的数据收集方法。

d）数据的收集和分析。

e）确定绩效差距和潜在的改进领域。

f）制定和监视相应的改进计划。

g）将获得的经验纳入组织知识库和学习的过程。

4）内部审核应评价组织管理体系的实施状况、有效性和效率（见 GB/T 19004 标准 10.5 条款）。

5）自我评价（见 GB/T 19004 标准 10.6 条款）。自我评价应用于确定组织在整体层面以及各过程的优势、劣势和最佳实践。自我评价能够帮助组织在必要时对改进和/或创新进行优先排序、策划并予以实施。

11. 改进、学习和创新（GB/T 19004 标准 11 条款）

1）改进、学习和创新是相互依存的，也是为组织持续成功做出贡献的关键环节。它们可以为产品、服务、过程和管理体系创建输入，并有助于实现预期结果。

2）组织将经历外部和内部因素以及相关方需求和期望的不断变化。改进、学习和创新可以为组织增强应对这些变化的能力提供支持，使组织能够达成其使命和愿景，支持组织实现持续成功（见 GB/T 19004 标准 11.1 条款）。

12. 自我评价工具（GB/T 19004 标准附录 A）

1）自我评价能够提供对组织绩效及其管理体系成熟度的总体认识，帮助组织识别改进和/或创新的领域，并确定后续措施的优先次序（见 GB/T 19004 标准附录 A.1）。

组织应使用自我评价来识别改进和创新的机会，确定优先次序并制定行动计划，将持续成功作为追求的目标。自我评价的输出应表明优势和劣势、相关风险和改进机会以及组织的成熟度等级，而且若重复进行，则应显示组织在一段时间的进展状况。

2）成熟度模型（见 GB/T 19004 标准附录 A.2）。

GB/T 19004 标准在其附录 A 中设置了质量管理体系成熟度自评工具，该工具基于 GB/T 19004 标准从第 5 章到第 11 章的条款内容开发，设置有从低到高 1～5 个成熟度等级，GB/T 19004 标准从第 5 章开始，每个子条款（总则除外）在该工具中都列明了不同成熟度等级的典型特征，组织可以应用该工具逐条开展自我评价，以确定自身的成熟度水平并识别改进方向。

自我评价工具使用 5 个成熟度等级，从等级 1（基本等级）到等级 5（最佳实践）。组织可扩展为更多的等级或根据需要进行修改。

表 4-2 是自我评价要素与成熟度等级相关准则的通用模型。组织应依照规定的准则评审其绩效，识别当前的成熟度等级，确定优势和劣势以及相关风险和改进机会。

表 4-2　自我评价要素与成熟度等级相关准则的通用模型

持续成功的成熟度等级					
关键要素	等级 1	等级 2	等级 3	等级 4	等级 5
要素 1	准则 1 基本等级				准则 1 最佳实践
要素 2	准则 2 基本等级				准则 2 最佳实践
要素 3	准则 3 基本等级				准则 3 最佳实践

所给出的较高等级的准则能够帮助组织理解需考虑的问题，并确定达到更高成熟度等级需进行的改进。

GB/T 19004 标准附录 A 给出了基于 GB/T 19004 标准的自我评价要素、自我评价准则。等级 3 ~ 等级 5 的评价要点是基于 GB/T 19004 标准适用条款所提供指南的渐进式概述。

3）自我评价由所有层级的过程负责人和管理人员实施，以获得对组织及其当前绩效的深入了解。

 同步练习强化

1. 单项选择题

1）GB/T 19004 标准基于 GB/T 19000—2016 阐述的质量管理原则，为组织提供了在复杂、严峻和不断变化的环境中实现（　　　）的指南。综合运用这些质量管理原则，能够为确立组织的价值观和战略奠定统一基础。

A. 战略目标　　　　　　　　　B. 持续成功

C. 可持续发展　　　　　　　　D. 满足顾客要求

2）GB/T 19004 标准关注的重点是（　　　）。（真题改进）

A. 关注对组织的产品和服务提供信心

B. 关注对组织实现持续成功的能力提供信心

C. 关注增强顾客满意

D. 关注组织满足法律法规要求的能力

3）从 GB/T 19004 标准结构示意图可以看出，针对顾客和其他有关相关方的需求和期望，通过实施 GB/T 19004 标准，能够获得（　　　）。

A. 对组织具有满足顾客和其他有关相关方需求和期望的能力的信心

B. 顾客和其他有关相关方满意的结果

C. 顾客和其他有关相关方满意的产品和服务

D. 证实组织满足顾客和其他有关相关方要求的证据

4）GB/T 19004 标准的第 10 章是（　　　　）。

A. 基础设施和工作环境　　　　B. 组织绩效的分析和评价

C. 改进、学习和创新　　　　　D. 资源管理

5）GB/T 19004 标准为组织增强其实现持续成功的能力提供（　　　　）。

A. 要求和措施　　　　　　　　B. 指导

C. 指南　　　　　　　　　　　D. 要求

6）GB/T 19004 标准中，组织的质量是指为（　　　　），组织的固有特性满足其顾客和其他相关方需求和期望的程度。

A. 实现顾客和其他相关方满意　　B. 实现持续成功

C. 实现持续改进　　　　　　　　D. 实现承诺

7）GB/T 19004 标准中要求，组织应超越其产品和服务质量以及顾客的需求和期望。为了实现持续成功，组织应关注对相关方需求和期望的（　　　　）并予以满足，从而增强相关方满意及综合体验。

A. 确定　　　　　　　　　　　B. 监视和评审

C. 预测　　　　　　　　　　　D. 控制

8）GB/T 19004 标准要求，组织应运用质量管理七大原则，以实现持续成功。尤其应注意（　　　　）原则，以满足相关方的不同需求和期望。

A. 以顾客为关注焦点　　　　　B. 领导作用

C. 关系管理　　　　　　　　　D. A + C

9）GB/T 19004 标准中，在确定组织的环境时，需要考虑的关键因素是（　　　　）、外部因素、内部因素。（真题改进）

A. 相关方　　　　　　　　　　B. 市场竞争者

C. 顾客期望　　　　　　　　　D. 顾客

10）GB/T 19004 标准中，外部因素是组织外部存在的、可能对组织（　　　　）产生影响的因素。

A. 实现持续成功的能力　　　　B. 实现质量管理体系预期结果的能力

C. 实现其宗旨和战略的能力　　D. 实现顾客满意的能力

11）根据 GB/T 19004 标准，在形成组织文化中发挥作用以及确定什么对组织重要时的原则和/或思维模式，且支持组织的使命和愿景的是（　　　　）。

A. 使命　　　　　　　　　　　B. 愿景

C. 价值观　　　　　　　　　　D. 文化

12）根据 GB/T 19004 标准，与组织的特质相关的信念、历史、伦理，以及所遵循的行为和态度是（　　　）。

A. 使命 　　　　　　　　　　　B. 愿景

C. 价值观 　　　　　　　　　　D. 文化

13）根据 GB/T 19004 标准，（　　　）应用于确定组织在整体层面以及各过程的优势、劣势和最佳实践。（　　　）能够帮助组织在必要时对改进和/或创新进行优先排序、策划并予以实施。

A. 自我评价 　　　　　　　　　B. 审核

C. 评审 　　　　　　　　　　　D. 监视和测量

14）根据 GB/T 19004 标准，组织将经历外部和内部因素以及相关方需求和期望的不断变化。（　　　）可以为组织增强应对这些变化的能力提供支持，使组织能够达成其使命和愿景，支持组织实现持续成功。

A. 自我评价 　　　　　　　　　B. 审核

C. 改进、学习和创新 　　　　　D. 纠正、持续改进和创新

15）根据 GB/T 19004 标准，自我评价工具采用成熟度模型，使用 5 个成熟度等级，从等级 1——基本等级，到等级 5——（　　　）。等级 3 到 5 的评价要点是基于 GB/T 19004 标准适用条款所提供指南的渐进式概述。

A. 最高等级 　　　　　　　　　B. 最佳实践

C. 卓越模式 　　　　　　　　　D. 合格模式

16）GB/T 19004 标准中，最高管理层将重点放在组织满足客户和其他相关方的需求和期望的能力上，这提供了实现（　　　）的信心。（真题）

A. 质量经营 　　　　　　　　　B. 产品与服务的质量

C. 持续成功 　　　　　　　　　D. 持续改进

2. 多项选择题

1）根据 GB/T 19004 标准，组织应确定以下哪些相关方？（　　　）

A. 若其相关需求和期望未得到满足，将给组织的持续成功带来风险

B. 能为促进组织的持续成功提供机会

C. 组织的顾客

D. 组织的外部供方

2）根据 GB/T 19004 标准，组织由其特质和环境界定。组织的特质包括（　　　）。

A. 使命 　　　　　　　　　　　B. 愿景

C. 价值观 　　　　　　　　　　D. 文化

3）根据 GB/T 19004 标准，确定过程时，并应涉及以下哪些方面？（　　　）

A. 与产品和服务有关的运营

B. 满足相关方的需求和期望

C. 提供资源

D. 管理活动，包括监视、测量、分析、评审、改进、学习和创新

3. 判断题

1）GB/T 19004 标准阐述了对组织整体绩效的系统性改进，包括对有效和高效的管理体系的策划、实施、分析、评价和改进。　　（　　）（真题）

2）根据 GB/T 19004 标准，能胜任、积极参与、经授权和有激情的人员是组织的关键资源。　　（　　）

3）根据 GB/T 19004 标准，组织的绩效应从组织的视角来评价。当发现偏离时，应识别和分析影响组织绩效的过程及其相互作用。　　（　　）

4）根据 GB/T 19004 标准，绩效评价能够提供对组织绩效及其管理体系成熟度的总体认识，帮助组织识别改进和/或创新的领域，并确定后续措施的优先次序。　　（　　）

5）GB/T 19004 关注对组织的产品和服务提供信心，GB/T 19001 标准关注对组织实现持续成功的能力提供信心。　　（　　）

 答案点拨解析

1. 单项选择题

1）B，2）B，3）A，4）B，5）C，6）B，7）C，8）D，9）A，10）A，11）C，12）D，13）A，14）C，15）B，16）C。

解析：第 1 题，见 GB/T 19004—2020 标准引言。

第 2 题，见 GB/T 19004—2020 标准引言。

第 3 题，见 GB/T 19004 标准图 1 的右边。

第 5 题，见 GB/T 19004 标准第 1 章范围。

第 6 题，见 GB/T 19004 标准 4.1 条款。

第 7 题，见 GB/T 19004 标准 4.1 条款。

第 8 题，见 GB/T 19004 标准 4.1 条款。

第 9 题，见 GB/T 19004 标准 5.1 条款。

第 10 题，见 GB/T 19004 标准 5.3.1 条款。

第 11 题，见 GB/T 19004 标准 6.2 条款。

第 12 题，见 GB/T 19004 标准 6.2 条款。

第 13 题，见 GB/T 19004 标准 10.6 条款。

第 14 题，见 GB/T 19004 标准 11.1 条款。

第 15 题，见 GB/T 19004 标准附录 A.2。

第16题，见 GB/T 19004 标准引言。

2. 多项选择题

1）AB，2）ABCD，3）ABCD。

解析：第1题，见 GB/T 19004 标准 5.2 条款。

第2题，见 GB/T 19004 标准 6.2 条款。

第3题，见 GB/T 19004 标准 8.2.1 条款

3. 判断题

1）√，2）√，3）×，4）×，5）×。

解析：第1题，见 GB/T 19004—2020 标准引言。

第2题，见 GB/T 19004 标准 9.2.1 条款。

第3题，见 GB/T 19004 标准 10.4.1 条款。

第4题，见 GB/T 19004 标准附录 A.1。

第5题，见 GB/T 19004—2020 标准引言。

4.2　GB/T 19022/ISO 10012《测量管理体系　测量过程和测量设备的要求》

GB/T 19022 标准最新版本是 GB/T 19022—2003/ISO 10012：2003《测量管理体系　测量过程和测量设备的要求》，2003 年 12 月 16 日发布，2004 年 3 月 1 日实施。这份标准发布的时间较早，其中有些术语及要求已被一些新标准取代，考点知识讲解中已考虑到这类情况。

 考点知识讲解

1. GB/T 19022 标准的作用

GB/T 19022 标准引言：

1）一个有效的测量管理体系确保测量设备和测量过程适应预期用途，它对实现产品质量目标和管理不正确测量结果的**风险**是重要的。

2）测量管理体系的**目标**是**管理**由于测量设备和测量过程可能产生的不正确结果而影响该组织的产品质量的**风险**。考生注意，这里讲的是"目标"而非"目的"。测量管理体系的根本目的是满足计量要求。

3）以下情况可以引用 GB/T 19022 标准：

——顾客在规定所要求的产品时。

——供方在规定所提供的产品时。

——立法和执法机构。

——测量管理体系的评定和审核。

4）GB/T 19022 标准包括测量管理体系的要求和实施指南两部分，可用于改进测量活动和提高产品质量。

2. GB/T 19022 标准的适用范围

GB/T 19022 标准 1 范围：GB/T 19022 标准规定了**测量过程和测量设备计量确认管理**的通用要求，并提供了指南，用于支持和证明**符合计量要求**。

GB/T 19001 标准附录 B：GB/T 19022/ISO 10012《测量管理体系　测量过程和测量设备的要求》，为**测量过程管理**以及支持和证明符合计量要求的测量设备的**计量确认**提供了指南。该标准规定测量管理体系的质量管理准则，以确保**满足计量要求**。

通俗地讲，GB/T 19022 标准就是为测量过程管理、测量设备的计量确认提供指南，目的是满足计量要求。

3. 有关测量过程和测量设备的术语

这里采用 GB/T 19000—2016 标准规定的术语。

1）GB/T 19000—2016 标准 3.11.6 测量设备：为实现测量过程所必需的测量仪器、软件、测量标准、标准物质**或**辅助设备**或**它们的组合。

2）GB/T 19000—2016 标准 3.10.5 计量特性：能影响测量结果的特性。测量设备通常有若干个计量特性。计量特性可作为校准的对象。

请注意"计量特性"与"计量要求"的区别，计量要求是从产品要求导出的，而计量特性是测量设备本身的特性。测量设备的计量特性包括测量范围、偏移、重复性、稳定性、分辨力等。

3）GB/T 19000—2016 标准 3.11.5 测量过程：确定量值的一组操作。

4）GB/T 19000—2016 标准 3.5.6 计量确认：为确保测量设备符合预期使用要求所需要的一组操作。计量确认通常包括：校准**或**检定（验证），各种必要的调整或维修（返修）及随后的再校准、与设备预期使用的计量要求相比较，以及所要求的封印和标签。只有测量设备已被证实适合于预期使用并形成文件，计量确认才算完成。预期使用要求包括：量程、分辨率和最大允许误差。计量要求通常与产品要求不同，并且不在产品要求中规定。

提请注意的是，校准只是计量确认的一部分。测量设备在确认有效前应处于有效的校准状态。

5）GB/T 19000—2016 标准 3.5.7 测量管理体系：实现**计量确认**和**测量过程控制**所必需的相互关联或相互作用的一组要素。

4. 测量管理体系总要求（GB/T 19022 标准 4 总要求）

1）满足计量要求是测量管理体系的根本目的。测量管理体系应确保满足规定的计量要求。规定的**计量要求**从产品要求导出。测量设备和测量过程都需要这些要求。要求可表示为最大允许误差、允许不确定度、测量范围、稳定性、分辨力、环境条件或操作者技能要求。

2）组织应规定根据 GB/T 19022 标准所确定的测量设备和测量过程。

3）**测量管理体系**由设计的**测量过程控制、测量设备的计量确认**和**必要的支持过程**构成。测量管理体系内的测量过程应受控。测量管理体系内所有的测量设备应经确认。

5. 计量确认（GB/T 19022 标准 7.1 计量确认）

1）GB/T 19022 标准 7.1.1 条款：应设计并实施计量确认，以确保测量设备的计量特性满足测量过程的计量要求。计量确认程序应当包括验证测量不确定度和（或）测量设备误差在计量要求规定的允许限内的方法。

测量设备的操作者应得到与测量设备计量确认状态有关的信息，包括所有限制和特殊要求。测量设备的计量特性应适宜其预期用途。

2）从 GB/T 19022 标准中的图 2 测量设备计量确认过程可以看出：计量确认过程包括校准、计量验证以及其他决定和措施。

3）从 GB/T 19022 标准附录 A 计量确认过程概述中可以知道：确认过程有两个输入（顾客的计量要求 CMR 和测量设备计量特性 MEMC）及一个输出，即测量设备确认状态。

① 顾客的计量要求 CMR。顾客的计量要求是顾客根据相应的生产过程规定的测量要求，因而取决于被测变量的规范。CMR 包括在验证产品符合顾客规范的要求加上由生产过程控制及它的输入而产生的要求。

② 测量设备计量特性 MEMC。由于设备计量特性 MEMC 常常是由校准（或几次校准）和（或）测试决定的，计量确认体系中的计量功能应规范并控制所有这类必要的活动。校准过程的输入是测量设备、测量标准和说明环境条件的程序。校准结果必须包括测量不确定度表述。

③ 验证和计量确认。校准后，在确认设备是否能满足预期用途前，将 MEMC 与 CMR 比较。这种 MEMC 与 CMR 直接比较，常常被称之为验证。确认体系的最后阶段是准备测量设备确认状态的标识，如标签、标志等。这以后，测量设备就能够用于被确认的目的。

4）GB/T 19022 标准 7.1.3 设备调整控制：在经确认的测量设备上，对影响其性能的调整装置进行封印或采取其他保护措施，以防止未经授权的改变。封印或保护装置的设计和实施应保证一旦改变将会被发现。

计量确认过程程序应包括当封印或保护装置被发现损坏、破损、转移或丢失时应采取的措施。

6. 测量过程（GB/T 19022 标准 7.2 测量过程）

1）GB/T 19022 标准 7.2.1 条款：每一个测量过程的完整规范应包括所有有

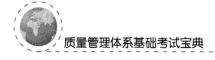

关设备的标识、测量程序、测量软件、使用条件、操作者能力和影响测量结果可靠性的其他因素。测量过程控制应根据形成文件的程序进行。

2）GB/T 19022 标准 7.2.2 测量过程设计：对每一测量过程，应识别有关的过程要素和控制。要素和控制限的选择要与不符合规定的要求时引起的风险相称。这些过程要素和控制应包括操作者、设备、环境条件、影响量和应用方法的影响。

在规定测量过程时，可能有必要确定：

——确保产品质量所需的测量。

——测量方法。

——规定进行测量所需要的设备。

——执行测量人员所要求的技能和资格。

可通过与其他已确认有效的过程结果比较，与其他测量方法的结果比较或通过过程特征的连续分析方法来确认有效的测量过程。

测量过程应设计成能防止出现错误的测量结果，并确保能迅速检测出存在的问题和及时采取纠正措施。

应确定和量化测量过程预期用途所要求的性能特性。特性的例子包括：

——测量不确定度。

——稳定性。

——最大允许误差。

——重复性。

——复现性（再现性）。

——操作者的技能水平。

其他特性对于某些测量过程可能是重要的。

7. 测量不确定度和溯源性（GB/T 19022 标准 7.3 测量不确定度和溯源性）

1）GB/T 19022 标准 7.3.1 测量不确定度：测量管理体系覆盖的每个测量过程都应评价测量不确定度。

应记录测量不确定度的评价。测量不确定度分析应在测量设备和测量过程的确认有效前完成。对所有已知的测量变化的来源应形成文件。测量结果的不确定度应当考虑测量设备校准的不确定度。

2）GB/T 19022 标准 7.3.2 溯源性：计量职能的管理者应确保所有测量结果都能溯源到 SI 单位标准。溯源通常是通过其本身溯源到国家测量标准的可靠的校准实验室来实现。例如，符合 GB/T 27025/ISO/IEC 17025 要求的实验室可以认为是可靠的。

对 SI 单位的溯源应通过相应基准或自然常数实现，自然常数的值与 SI 单位的关系是已知的，并被国际计量大会和国际计量委员会推荐。

在合同情况下，使用公认的标准只有在双方同意且不存在 SI 单位或不存在已被承认的自然常数时才使用。

测量结果的溯源记录应根据测量管理体系、顾客或法律法规要求的期限予以保存。

8. 不合格控制（GB/T 19022 标准 8.3 不合格控制）

1）GB/T 19022 标准中的不合格控制包括不合格测量管理体系、不合格测量过程、不合格测量设备的控制。

2）GB/T 19022 标准 8.3.1 不合格测量管理体系：计量职能应确保发现任何不合格，并立即采取措施。应当标识不合格要素以防止疏忽使用。在实施纠正措施前，可以采取临时措施（如相关工作计划）。

3）GB/T 19022 标准 8.3.2 不合格测量过程：

已知任何测量过程已产生或怀疑产生不正确的测量结果，应进行适当的标识，并停止使用直到已采取了适合的措施。

如果已识别一个不合格的测量过程，其使用者应确定潜在的后果，进行必要的纠正，并采取必要的纠正措施。

由于不合格而更改某个测量过程，在使用前应进行有效确认。

4）GB/T 19022 标准 8.3.3 不合格测量设备：

应将不合格测量设备从服务区中隔离或加以永久性标签或标志。应验证其不合格，并准备不合格报告。这类设备在消除其不合格的原因并重新确认合格之前，不能返回使用。

不能恢复其预期的计量特性的不合格测量设备，应有清楚的标志或用其他方式标识。这类设备用于其他用途完成计量确认后，应确保其改变后的状态能清楚地显示出来，并包含有使用限制的标识。

如果在调整或维修前计量验证的结果已表明测量设备不满足计量要求，危及测量结果的正确性，设备的使用者应确定潜在的后果，并采取必要的措施。这可能包括对用该不合格测量设备测量过的产品进行重新检查。

 同步练习强化

1. 单项选择题

1）测量管理体系的目标是管理由于测量设备和测量过程可能产生的不正确结果而影响该组织的产品质量的（　　　）。

A. 状况　　　　　　　　　　B. 风险

C. 状态　　　　　　　　　　D. 问题

2）GB/T 19022/ISO 10012《测量管理体系　测量过程和测量设备的要求》，

为测量过程管理以及支持和证明符合计量要求的测量设备的（　　）提供了指南。该标准规定测量管理体系的质量管理准则，以确保满足（　　）。

    A. 验证，规定要求   B. 校准（验证），计量要求

    C. 计量确认，计量要求   D. 验证，质量要求

3）计量确认是指为确保测量设备符合（　　）所需要的一组操作。

    A. 计量要求   B. 预期使用要求

    C. 要求   D. 规定要求

4）测量管理体系应确保满足规定的（　　）。

    A. 计量要求   B. 预期使用要求

    C. 要求   D. 规定要求

5）在经确认的测量设备上，对影响其性能的调整装置进行（　　）或采取其他保护措施，以防止未经授权的改变。

    A. 验证   B. 封印

    C. 检查   D. 监视

6）计量职能的管理者应确保所有测量结果都能溯源到（　　）。

    A. 国家测量标准   B. SI 单位标准

    C. 计量标准器   D. 国家计量标准

2. 多项选择题

1）计量确认是为确保测量设备符合预期使用要求所需要的一组操作。预期使用要求包括（　　）。

    A. 量程   B. 分辨率

    C. 偏移   D. 最大允许误差

2）规定的计量要求从产品要求导出。测量设备和测量过程都需要这些要求。要求可表示为最大允许误差、允许不确定度和（　　）要求。（真题）

    A. 测量范围   B. 稳定性

    C. 分辨力   D. 环境条件或操作者技能

3）测量管理体系由（　　）构成。测量管理体系内的测量过程应受控。测量管理体系内所有的测量设备应经确认。

    A. 设计的测量过程控制   B. 测量设备的计量确认

    C. 必要的支持过程   D. 操作者

4）测量设备计量确认过程包括（　　）。

    A. 校准   B. 比对

    C. 计量验证   D. 其他决定和措施

5）在规定测量过程时，可能有必要确定（　　）。

    A. 确保产品质量所需的测量   B. 测量方法

C. 规定进行测量所需要的设备　　　D. 执行测量人员所要求的技能和资格

6）不合格测量过程的控制包括（　　　）。

A. 对测量过程已产生或怀疑产生不正确的测量结果，应进行适当的标识，并停止使用直到已采取了适合的措施

B. 对不合格的测量过程，其使用者应确定潜在的后果，进行必要的纠正，并采取必要的纠正措施

C. 由于不合格而更改某个测量过程，在使用前应进行有效确认

D. 应将不合格测量设备从服务区中隔离或加以永久性标签或标志

3. 判断题

1）测量设备是指为实现测量过程所必需的测量仪器、软件、测量标准、标准物质、辅助设备以及它们的组合。（　　　）

2）测量管理体系覆盖的每个测量过程都应评价测量不确定度。（　　　）

 答案点拨解析

1. 单项选择题

1）B，2）C，3）B，4）A，5）B，6）B。

解析：第 1 题，见 GB/T 19022 标准引言。

第 2 题，见 GB/T 19001 标准附录 B。

第 3 题，见 GB/T 19000—2016 标准 3.5.6 计量确认。

第 4 题，见 GB/T 19022 标准 4 总要求。

第 5 题，见 GB/T 19022 标准 7.1.3 设备调整控制。

第 6 题，见 GB/T 19022 标准 7.3.2 溯源性。

2. 多项选择题

1）ABD，2）ABCD，3）ABC，4）ACD，5）ABCD，6）ABC。

解析：第 1 题，见 GB/T 19000—2016 标准 3.5.6 计量确认，注 3。

第 2 题，见 GB/T 19022 标准 4 总要求，指南。

第 3 题，见 GB/T 19022 标准 4 总要求。

第 4 题，见 GB/T 19022 标准中的图 2 测量设备计量确认过程。

第 5 题，见 GB/T 19022 标准 7.2.2 测量过程设计，指南。

第 6 题，见 GB/T 19022 标准 8.3.2 不合格测量过程。

3. 判断题

1）×，2）√。

解析：第 1 题，见 GB/T 19000—2016 标准 3.11.6 测量设备。

第 2 题，见 GB/T 19022 标准 7.3.1 测量不确定度。

4.3 GB/T 19024/ISO 10014《质量管理 实现财务和经济效益的指南》

GB/T 19024 标准最新版本是 GB/T 19024—2008/ISO 10014：2006《质量管理 实现财务和经济效益的指南》，2008 年 5 月 7 日发布，2008 年 12 月 1 日实施。这份标准发布的时间较早，其中所依据的 8 项质量管理原则已经在 2015 版 ISO 9000 族标准中发生了变化，所以就 GB/T 19024 标准中第 5 章管理原则的应用出考试试题的概率极低。但 GB/T 19024 标准的作用、适用范围，考生还是有必要了解的。

 考点知识讲解

1. GB/T 19024 标准的作用

GB/T 19024 标准引言：

1）GB/T 19024 标准为最高管理者提供了通过有效应用质量管理原则（质量管理原则在 GB/T 19024 标准中表述为"管理原则"）来实现财务和经济效益的指南。

2）GB/T 19024 标准旨在为最高管理者提供一些信息，以促进其有效地应用这些管理原则，并选择那些能确保组织达到持续成功的方法和工具。

3）GB/T 19024 标准给出的自我评价可作为一种分析差距和确定其优先次序的工具。

4）GB/T 19024 标准基于相互关联的质量管理原则，旨在开发有助于实现组织目标的过程。

5）采用质量管理原则是最高管理者的战略性决策，这将加强有效管理和实现财务与经济效益之间的关系。使用适宜的方法和工具有助于促进与财务和经济目标相一致的系统方法的开发。

2. GB/T 19024 标准的适用范围

1）GB/T 19024 标准 1 范围：GB/T 19024 标准提供了通过应用质量管理原则来实现财务和经济效益的指南。

GB/T 19024 标准旨在为组织的最高管理者提供指导，为 GB/T 19004 提供补充，从而提高组织的绩效。

GB/T 19024 标准列举了可实现的效益的示例，并识别了有助于获得这些效益的管理方法和工具。

2）GB/T 19001 标准附录 B：GB/T 19024/ISO 10014《质量管理 实现财务

和经济效益的指南》专门为最高管理者制定。该标准为通过应用质量管理原则实现财务和经济效益提供了指南。其有利于促进组织应用管理原则以及选择持续成功的方法和工具。

3. 实现财务和经济效益的整个过程模式的通用表示方法

实现财务和经济效益的整个过程模式的通用表示方法见图 4-3（GB/T 19024标准中图 1）。

输入是自我评价结果（应用质量管理原则的自我评价，含初始自我评价、综合自我评价），自我评价是基于成熟度模式（成熟度水平分 1～5 级，级别越高，水平越高）。输入通过 PDCA，得出的输出是财务和经济效益的实现。

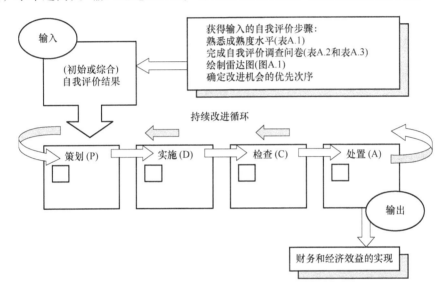

图 4-3　实现财务和经济效益的整个过程模式的通用图示

 同步练习强化

单项选择题

1）为帮助最高管理者通过应用质量管理原则来识别并实现财务和经济效益，可参照（　　）标准。（真题）

　A. GB/T 19024　　　　　　　　　　B. GB/T 19025

　C. GB/T 19016　　　　　　　　　　D. GB/Z 19027

2）根据 GB/T 19024 标准，采用质量管理原则是最高管理者的战略性决策，这将加强有效管理和实现财务与经济效益之间的（　　）。

　A. 平衡　　　　　　　　　　　　　B. 关系

C. 相互作用　　　　　　　　　D. 相互联系

3）下列哪个是 GB/T 19024 标准实现财务和经济效益的整个过程模式的通用表示方法图中的输入？（　　）

A. 质量管理原则　　　　　　　B. 自我评价结果

C. 财务和经济效益中的问题　　D. 成熟度水平

4）下列哪个是 GB/T 19024 标准实现财务和经济效益的整个过程模式的通用表示方法图中的输出？（　　）

A. 质量管理原则　　　　　　　B. 自我评价结果

C. 财务和经济效益的实现　　　D. 成熟度水平

 答案点拨解析

单项选择题

1）A，2）B，3）B，4）C。

解析：第 1 题，见 GB/T 19024 标准引言，或见 GB/T 19001 标准附录 B。

第 2 题，见 GB/T 19024 标准引言。

第 3、4 题，见 GB/T 19024 标准中图 1。

4.4　GB/Z 19027/ISO/TR 10017《GB/T 19001 的统计技术指南》

GB/Z 19027 是一个指导性技术文件，最新版本是 GB/Z 19027—2005/ISO/TR 10017：2003《GB/T 19001—2000 的统计技术指南》，2005 年 9 月 5 日发布。这份指导性技术文件发布的时间虽然较早，但其所讲的统计技术并不过时。

GB/Z 19027 指导性技术文件内容包括两部分：其一是识别了 GB/T 19001 各个条款中有可能应用的统计技术；二是概括性介绍了 12 类统计技术：描述性统计、试验设计、假设检验、测量分析、过程能力分析、回归分析、可靠性分析、抽样、模拟、统计过程控制图、统计容差法、时间序列分析。介绍了每一类统计技术的概念、用途、益处、局限性与注意事项、应用示例。

GB/Z 19027 只对所列出的统计技术作了概括性介绍，至于如何应用统计技术，考生要阅读本书的第 2 部分质量管理领域专业知识。

考点知识讲解

1. GB/Z 19027 的作用

GB/Z 19027 引言：

1）GB/Z 19027 旨在帮助组织在建立、实施、保持和改进符合 GB/T 19001 所要求的质量管理体系时，确定可使用的统计技术。

2）统计技术有助于变异的测量、表述、分析、解释和建模，甚至使用相对有限的数据，也能做到这一点。对数据进行统计分析有助于更好地理解变异的性质、程度和原因，从而有助于解决甚至预防由这些变异所可能引发的问题。

3）GB/Z 19027 旨在指导和帮助组织考虑和选择适合该组织需求的统计技术。而确定统计技术需求的准则以及所选择的统计技术是否适宜仍由组织自己作出最终决定。

2. GB/Z 19027 的适用范围

1）GB/Z 19027 第 1 章范围：

① GB/Z 19027 提供了选择适宜的统计技术的指南，这些统计技术对组织建立、实施、保持和改进符合 GB/T 19001 所要求的质量管理体系时可能有用。通过查找 GB/T 19001 涉及使用**定量数据**的要求，然后识别并表述适用于这些数据的统计技术即可达此目的。

② GB/Z 19027 不拟规定必须使用哪些统计技术，也不对如何应用这些统计技术提出建议。

③ GB/Z 19027 不拟用于合同、法规或认证/注册目的，也不拟用作是否符合 GB/T 19001 要求的强制性检查清单。组织使用统计技术的理由在于其应用应有助于提高质量管理体系的有效性。

2）GB/T 19001 标准附录 B：GB/Z 19027/ISO/TR 10017《GB/T 19001—2000 的统计技术指南》，解释了依据在**明显稳定条件**下也可观察到过程状态和结果的变量的统计技术。采用统计技术可以更好地利用获得的数据进行决策，从而有助于持续改进产品和过程质量，实现顾客满意。

3. 描述性统计（GB/Z 19027 标准 4.2 描述性统计）

1）概念（GB/Z 19027 标准 4.2.1 条款）。

① 描述性统计是指以揭示数据分布特性的方式汇总并表达**定量数据**的方法。

② 通常，组织所关心的数据特性是其中心值（最常用的是均值）和散布或离散程度（通常通过极差或标准差来度量）。另一个所关心的特性是数据的分布，对此有描述分布形态的定量测度（如描述对称性的偏度）。

③ 描述性统计提供的信息通常可通过各种图解法进行简明有效地传递。**图**

解法十分有用，通常用来揭示在定量分析中不易发现的数据的异常特征。图解法在调查或验证变量之间关系的数据分析中，以及在估计描述这些关系的参数中都有着广泛的应用。此外，图解法也以有效的方式在汇总和表示复杂数据或数据的关系中发挥着重要作用。常用的简单的图解法有趋势图、散布图、直方图等。

表4-3是常用的描述性统计技术。

表4-3　常用的描述性统计技术

名　　称	定　　义	作　　用
趋势图	趋势图（也称运行图），它是通过一段时间内所关心的特性值形成的图，来观察其随着时间变化的表现	1）展示一段时间内的产品特性结果 2）比较过程前后业绩水平
散布图	散布图也称为散点图，是用来分析研究两个对应变量之间是否存在相关关系的一种作图方法。它通过将两种对应的变量的数据点绘在平面坐标上，判断两组变量之间是否存在相关关系及相关的程度如何	1）用来发现和确认两组数据之间的关系并确定两组相关数据之间预期的关系 2）通过确定两组数据、两个因素之间的相关性，有助于寻找问题的可能原因
直方图	直方图是频数直方图的简称，就是将数据按其顺序分成若干间隔相等的组，在横坐标上以组距为底边，以落入各组的频数为高的若干长方形排列的图	1）直观地看出产品质量特性值的分布状态（平均值与分散情况），便于掌握产品质量分布情况 2）显示质量波动状态，判断工序是否稳定

图4-4是一趋势图（示意图）。

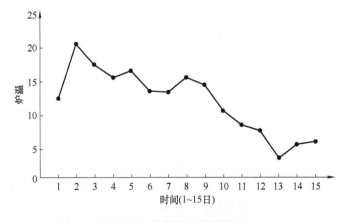

图4-4　趋势图（示意图）

④ 描述性统计技术还包括柱状图、面积图、圆形图、雷达图等。

2）用途（GB/Z 19027 标准 4.2.2 条款）。

描述性统计用于**汇总**和**表征**数据。它通常是对定量数据进行分析的初始步骤，并常常是使用其他统计方法的第一步。

在规定的误差界限和置信水平内，样本数据的特性可作为推断所抽取样本的总体特性的基础。

3）益处（GB/Z 19027 标准 4.2.3 条款）。

① 描述性统计提供了一种高效和相对简单地汇总和表征数据的方式，同时也提供了一种表达信息的便利方式。尤其是图解法，是一种非常有效的展示数据和传递信息的方法。

② 描述性统计可适用于包含数据使用的所有场合，它有助于数据的分析和解释，并可为决策提供有价值的帮助。

4）应用示例（GB/Z 19027 标准 4.2.5 条款）。

描述性统计适用于能收集到**定量数据**的几乎所有领域。它能提供有关产品、过程或质量管理体系的一些其他方面的信息，也可用于管理评审。

4. 试验设计［GB/Z 19027 标准 4.3 试验设计（DOE）］

1）概念（GB/Z 19027 标准 4.3.1 条款）。

① 试验设计是指以计划好的方式进行的调研，它依赖于对结果的统计评价，从而在规定的置信水平下得出结论。

② DOE 通常包括：对所调研的系统引入变化，并统计评价这些变化对系统的影响。

③ DOE 的目的可以是确认系统的某些特性，也可以是调查某个或多个因素对系统某些特性的影响。

④ 进行试验的**具体安排和方式**构成试验设计，这样的设计由其使用目的和试验条件决定。

以上是 GB/Z 19027 标准中对"试验设计"概念的解释，我想大多数人看了不知所云。我在这里通俗地解释一下。比如，有 10 个因子对产品质量有影响，每个因子取两个不同状态进行比较，那么就要进行 $2^{10} = 1024$ 个不同的试验。这么多试验，是不是让人崩溃？那么有没有一种方法，通过少量试验就能达到目的？答案是肯定的，有这样一种方法，就是试验设计。

2）用途（GB/Z 19027 标准 4.3.2 条款）。

DOE 可用于对产品、过程或体系的某些特性作出评价，其目的是针对某一规定的标准进行确认，或对几个系统进行比较评价。

DOE 对调查复杂的系统尤为有用，这些系统的输出可能受大量潜在因素的影响。试验的目标可以是使所关心的特性达到最大或最优，或减少其变异。

DOE 还可用来识别系统中更有影响的因素、其影响的大小以及因素间可能存在的相互关系（即交互效应），其结果可用来促进产品或过程的设计和开发，或用来控制或改进现有的系统。

经由设计的试验得到的信息可用于建立数学模型，在某些限制条件下，该模型将所关心的系统特性作为影响因子的函数，这样的模型可用于预测。

3）益处（GB/Z 19027 标准 4.3.3 条款）。

当与分别调查每个因素的影响相比时，DOE 的一个主要优点就是调查一个过程的多个因素的影响时效率更高且更经济。DOE 识别某些因素间交互效应的能力也使组织能深入了解过程。DOE 的这些优点在处理复杂过程（如包括大量具有潜在影响因素的过程）时尤为突出。

当对体系进行调查时，若两个或多个变量之间可能仅有偶然联系，则存在作出不正确假定因果关系的风险。通过运用恰当的试验设计原则可减少这种错误的风险。

4）应用示例（GB/Z 19027 标准 4.3.5 条款）。

DOE 常用于对产品或过程的评价，例如，确认医疗处理的效果，或评价几类处理的相对有效性。DOE 应用的工业示例包括依据一些规定的性能标准所做的产品确认试验。

DOE 广泛用来识别复杂过程的影响因素，从而控制或改进一些所关心的特性（如过程的产量、产品强度、耐久性、噪声水平等）的均值或减少变异。

5. 假设检验（GB/Z 19027 标准 4.4 假设检验）

1）概念（GB/Z 19027 标准 4.4.1 条款）。

假设检验是在规定的风险水平上确定一组数据（一般是来自样本的数据）是否符合已给定假设的统计方法。假设可能是关于某一特定统计分布或模型的假定，也可能是关于某一分布的参数值（如均值）。通俗地解释一下，假设检验的基本思想是：根据所获样本，运用统计分析方法，对总体参数的某个命题所构成的假设 H_0 作出接受或拒绝的判断。

假设检验的方法包括评价以数据形式存在的证据，从而决定是否应该拒绝关于统计模型或参数的给定假设。

许多统计技术明确或隐含地引用了假设检验，如抽样、SPC 图、试验设计、回归分析和测量分析。

2）用途（GB/Z 19027 标准 4.4.2 条款）。

假设检验的用途很广，它可使人们在规定的置信水平判断有关总体参数（来自样本的估计）的假设是否正确。因此，假设检验可用于检验总体参数是否符合特定标准，也可用来检验两个或多个总体的差别。假设检验在作出决策时也十分有用。

假设检验也可用于模型假定的检验，如检验总体的分布是否正态，样本数据是否随机等。

假设检验程序还可在规定的置信水平下，用来确定可能包含的所研究参数真值的取值范围（称为置信区间）。

3）益处（GB/Z 19027 标准 4.4.3 条款）。

假设检验允许以规定的置信水平对总体的某些参数做出判断。因此，假设检验可能有助于做出依赖于这些参数的决策。

假设检验还能对总体分布的性质以及就样本数据自身的特点做出判断。

4）应用示例（GB/Z 19027 标准 4.4.5 条款）。

当必须对某一参数或某个或多个总体（通过样本估计而来）的分布做出判断时，或对样本数据自身进行评价时，假设检验有着广泛的应用。例如，假设检验可用于以下方面：

——检验总体的均值（或标准差）是否达到给定值，如目标值或标准。

——当比较零件的不同批次时，检验两个（或多个）总体的均值是否不同。

——检验总体的缺陷率不超过给定值。

——检验两个过程的输出中缺陷品率的差异。

——检验样本数据是否是从单个总体中随机抽取的。

——检验总体的分布是否正态。

——检验对样本的某一观察结果是否为"离群值"，即有效性可疑的极值。

——检验某些产品或过程特性是否有改进。

——在规定的置信水平，确定接受假设或拒绝假设所需的样本量。

——利用样本数据，确定总体均值可能存在的置信区间。

6. 测量分析（GB/Z 19027 标准 4.5 测量分析）

1）概念（GB/Z 19027 标准 4.5.1 条款）。

① 测量分析（也称为测量不确定度分析或测量系统分析）是在系统运行的条件下，评价**测量系统不确定度**的一套方法。其测量误差的分析可使用与分析产品特性相同的方法。

② 测量不确定度是指利用可获得的信息，表征赋予被测量值分散性的非负参数。测量不确定度表明了这样一个事实，对给定的被测量和给定的被测量的测量结果，存在的不是一个值，而是分散在测量结果附近的无穷多个值，所以测量不确定度是一个区间。

测量不确定度一般由若干分量组成。其中一些分量可根据一系列测量值的统计分布，按测量不确定度的 A 类评定进行评定，并可用标准偏差表征。而另一些分量则可根据基于经验或其他信息获得的概率密度函数，按测量不确定度的 B 类评定进行评定，也用标准偏差表征。

测量不确定度的 A 类评定，简称 A 类评定，是指对在规定测量条件下测得的量值用统计分析的方法进行的测量不确定度分量的评定。

测量不确定度的 B 类评定，简称 B 类评定，是指用不同于测量不确定度 A 类评定的方法对测量不确定度分量进行的评定。评定基于以下信息：

——权威机构发布的量值。

——有证标准物质的量值。

——校准证书。

——仪器的漂移。

——经检定的测量仪器的准确度等级。

——根据人员经验推断的极限值等。

③ 重复性测量条件，简称重复性条件，是指相同测量程序、相同操作者、相同测量系统、相同操作条件和相同地点，并在短时间内对同一或相类似被测对象重复测量的一组测量条件。测量重复性（简称重复性），是指在一组重复性测量条件下的测量精密度。

④ 复现性测量条件，简称复现性条件，是指不同地点、不同操作者、不同测量系统，对同一或相类似被测对象重复测量的一组测量条件。测量复现性（简称复现性），是指在复现性测量条件下的测量精密度。

⑤ 测量精密度，简称精密度，是指在规定条件下，对同一或类似被测对象重复测量所得示值或测得值间的一致程度。测量精密度通常用不精密程度以数字形式表示，如在规定测量条件下的标准偏差、方差或变差系数。

2）用途（GB/Z 19027 标准 4.5.2 条款）。

只要收集数据就应考虑测量的不确定度。测量分析在规定的置信水平用来评价测量系统是否适合预期目的。测量分析可将各种来源的变差量化，如来自测量人员的变差，来自测量过程的变差、或来自测量仪器自身的变差。测量分析也可将来自测量系统的变差作为总过程变差、或总容许变差的一部分予以描述。

3）益处（GB/Z 19027 标准 4.5.3 条款）。

在选择测量仪器、或决定仪器是否有能力评价所检查的产品或过程参数时，测量分析提供了定量且经济有效的方式。

测量分析通过将测量系统自身各种来源的变差量化，为比较和解决测量中的差异奠定了基础。

4）应用示例（GB/Z 19027 标准 4.5.5 条款）。

——测量不确定度的确定。

——选择新仪器。

——确定某一特定方法的特性（正确度、精密度、重复性、再现性等）。测量分析可用来选择最适宜的测量方法，以保证产品质量。测量分析也使组织能针对各种测量方法对产品质量的影响来平衡其费用和有效性。

——比对测试。

7. 过程能力分析（GB/Z 19027 标准 4.6 过程能力分析）

1）概念（GB/Z 19027 标准 4.6.1 条款）。

① 过程能力（Process Capability）PC $= 6\sigma$。过程能力是过程在**受控状态**下的加工质量方面的能力，也就是过程在控制状态（稳态）下所表现出来的保证过程质量的能力。过程能力反映的是过程的固有属性，是衡量过程加工内在一致性的。

从定量的角度看，过程能力就是在诸因素处于控制状态下，过程所加工产品的质量特性值的波动幅度（分散性）。6σ 愈小，过程波动幅度愈小，过程愈稳定，从而过程能力就愈强。

过程能力分析，就是检查过程的**固有变异**和分布，从而估计其产生符合规范所允许变差范围的输出的能力。过程能力 6σ 用于衡量稳态下过程质量波动的大小，主要由过程内在质量因素影响，而与公差无关。

② 当过程处于统计控制状态，过程特性值服从正态分布 $N(\mu,\ \sigma^2)$ 时，将有 99.73% 的过程特性值落在 $\mu \pm 3\sigma$ 的范围内，其中，μ 是过程特性值的总体均值，σ 是过程特性值的总体标准差（受控状态下，等于过程固有变差。过程标准差 σ 可用样本的标准差 s 来估计），也即有 99.73% 的过程特性观测值落在上述 6σ 范围内，这几乎包括了全部观测值。故通常用统计控制状态下的 6 倍标准差（6σ）表示过程能力。

③ 过程能力指数（Process Capability Index，PCI）用来度量一个过程满足标准要求的程度。过程能力指数将实际的过程变异与规范允许的容差联系起来。过程能力指数是过程能力满足容差（公差）范围要求程度的量值，用容差范围和过程能力的比值来表达，一般用符号 C_p 表示。

$$C_p = \frac{容差范围}{过程能力} = \frac{T}{\mathrm{PC}} = \frac{T}{6\sigma}$$

$C_p = T/6\sigma$ 是在规范上下限之间具有良好中心定位的过程的理论能力的测度（此时，分布中心与规格中心重合）。

④ 另一个广泛使用的能力指数是 C_{pk}，它描述了可能中心定位或未能中心定位的过程的实际能力，C_{pk} 也适用于包含单侧规范限的情况。

$$C_{pk} = \min(C_{\mathrm{PU}}, C_{\mathrm{PL}}) = \min\left(\frac{\mathrm{USL} - \mu}{3\sigma}, \frac{\mu - \mathrm{LSL}}{3\sigma}\right)$$

也可利用偏移系数 k 求 C_{pk}。引入偏移量 ε 和偏移系数 k，令

$$\varepsilon = |M - \mu|$$

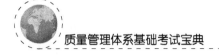
$$k = \frac{\varepsilon}{T/2} = \frac{2\varepsilon}{T}$$

式中，M 是规格中心（公差中心），$M = \dfrac{\text{USL} + \text{LSL}}{2}$，USL 是规格上限，LSL 是规格下限。

则有

$$C_{pk} = (1 - k) C_p$$

分布中心与规格中心不重合时，用 C_{pk} 表示过程能力指数。一般有 $C_p \geqslant C_{pk}$，当分布中心 μ 与规格中心 M 重合时，$C_p = C_{pk}$。当 C_{pk} 近似等于 C_p 时，说明过程已很好地趋中。

过程能力指数（C_p 或 C_{pk}）越大，表明加工质量越高，产品的合格率越大，不合格率越低。

当 $C_p = C_{pk} = 1$，由 $C_p = T/6\sigma = 1$，有 $T = 6\sigma$；$C_p = C_{pk}$，说明分布中心与规格中心重合，表明过程处于稳态，此时产品的质量特性值有 99.73% 落在 6σ 范围内，也即说明合格品率为 99.73%，不合格品率为 0.27%。

当产品质量特性值分布的平均值 μ（分布中心）与规格中心 M 不重合（有偏移）时，C_{pk} 减小，不合格品率将增大。分布中心与规范中心偏移越大，C_{pk} 值越小，不合格品率越大。

⑤ 单向公差，只有上限要求时的过程能力指数。

清洁度、噪声等是仅需控制上限的单向公差，其下限视为零。这时过程能力指数用单侧上限过程能力指数 C_{PU} 表示，计算如下：

$$C_{\text{PU}} = \frac{\text{USL} - \mu}{3\sigma}$$

⑥ 单向公差，只有下限要求时的过程能力指数。

零件的寿命等是仅需控制下限的单向公差，其上限可以看作无限大。这时过程能力指数用单侧下限过程能力指数 C_{PL} 表示，计算如下：

$$C_{\text{PL}} = \frac{\mu - \text{LSL}}{3\sigma}$$

⑦ 当过程数据涉及"计数"（如不合格品百分数或不合格数）时，过程能力以平均不合格品率或平均不合格率表示。

⑧ C_p（或 C_{pk}）值越大，表明加工质量越高，产品的合格率越大，但这时对设备和操作人员的要求也高，加工成本也越高，经济上未必可行，所以对于 C_p（或 C_{pk}）值的选择应根据技术与经济的综合分析来决定。表 4-4 是过程能力指数 C_p 值的评价参考。

表 4-4　过程能力指数 C_p 值的评价参考

过程能力指数	级别	过程能力评价	措　施
$C_p > 1.67$	I	过程能力过高（视具体情况而定）	1）提高产品质量要求。当过程质量特性为产品的关键或主要项目，提高质量要求有利于改进产品性能时，则采取缩小公差方式 2）放宽波动幅度，以降低成本或提高工效 3）降低设备、工装精度要求 4）简化质量检验工作，可考虑免检或放宽检验
$1.33 < C_p \leq 1.67$	II	过程能力充分	1）维持现状 2）对非关键过程的质量特性，应放宽波动幅度 3）简化质量检验工作，如把全数检验改为抽样检验或考虑采用放宽检查；减少抽样检验频次
$1 < C_p \leq 1.33$	III	过程能力尚可	1）采用过程控制方法（如控制图），维持过程生产条件，监督过程，及时发现异常波动 2）对产品按正常规定进行检验 3）C_p 值接近 1.0 时，出现不合格品的可能性增大，应对影响过程的主要因素严加控制 4）设法提高到 II 级
$0.67 < C_p \leq 1$	IV	过程能力不足	1）分析过程能力不足的原因，采取改进措施 2）在不影响最终产品性能和不增加装配困难的情况下，可以考虑放大公差范围 3）实行全数检验，剔除不合格品，或进行分级筛选
$C_p \leq 0.67$	V	过程能力严重不足	1）一般应停止加工，找出原因，采取措施，改进工艺，提高 C_p 值 2）必须进行全数检验，剔出不合格品

2）用途（GB/Z 19027 标准 4.6.2 条款）。

过程能力分析用来评价过程连续产生符合规范的输出的能力，并估计预期的不合格产品的数量。

过程能力分析适用于评价过程的任一部分（如某一特定机器）的能力。如"机器能力"的分析可用来评价特定设备或估算其对整个过程能力的贡献。

3）益处（GB/Z 19027 标准 4.6.3 条款）。

过程能力分析能评价过程的固有变异，估计预期的不合格品百分数。因此，它使组织能估计不合格所发生的费用，并做出有助于指导过程改进的决策。

确定过程能力的最低标准可指导组织选择能用于生产可接收产品的过程和设备。

4）局限性与注意事项（GB/Z 19027 标准 4.6.4 条款）。

能力概念仅适用于处于统计控制状态的过程。因此，过程能力分析应与控

制方法联合起来实施，以对控制进行持续验证。

不合格品百分数的估计受正态性假定的限制。当实践中不能实现严格的正态性时，应谨慎处理这样的估计，尤其是在过程具有高能力比的情况下更应如此。

当过程分布实质上非正态时，能力指数可能引起误导。不合格品百分数的估计应基于针对这些数据的适宜分布所开发的分析方法。同样地，在过程受可查明的系统变差原因（如工具磨损）限制的情形下，则必须使用专门方法计算和解释过程能力。

5）应用示例（GB/Z 19027 标准 4.6.5 条款）。

① 通过确保零件的变异与组装产品中允许的总容差相一致，过程能力可用来建立制造产品的合理加工规范。相反，当需要严格的容差时，零件的制造商需要达到规定的过程能力水平，以确保高产低耗。

② 较高的过程能力目标（如 $C_p \geq 2$）有时用在零件和分系统级，以使复杂系统达到所期望的累积质量和可靠性。

③ 机器能力的分析用来评价机器按规定要求生产或运行的能力，这有助于组织做出采购或修理机器的决定。

④ 汽车、航空航天、电子学。食品、医药以及医疗设备的制造商通常将过程能力作为评价供方和产品的主要准则。这使这些制造商可将对采购产品和材料的直接检验减至最少。

⑤ 一些制造业和服务业的公司通过跟踪过程能力指数，以识别过程改进的需求，或验证这些改进的有效性。

8. 回归分析（GB/Z 19027 标准 4.7 回归分析）

1）概念（GB/Z 19027 标准 4.7.1 条款）。

① 回归分析就是将所关心的特性（通常称为响应变量）的性能与潜在的原因（通常称为解释变量）联系起来。

② 这样一种关系可通过科学、经济、工程等学科的模型做出规定，或经验地得到。目的是帮助理解响应变差的潜在原因，并解释每个因素对该变差所起的作用有多大。通过统计将响应变量的变差与解释变量的变差联系起来，以及将预期和实际响应变量之间的偏差减至最小达到最佳拟合可做到这一点。

③ 散布图也是研究成对出现的两组数据之间关系的图示技术，通过散布图，可分析两组数据之间是否相关。如相关可进一步用回归分析法找出两者之间的近似函数关系。散布图可以帮助回归分析法确定函数的类型。

2）用途（GB/Z 19027 标准 4.7.2 条款）。

使用回归分析可：

——检验有关潜在解释变量对响应影响的假设，并针对解释变量的已知变化，使用这些信息描述所估计的响应变化。

——针对解释变量的具体值，预测响应变量值。

——针对给出的解释变量特定值，（在规定的置信水平）预测响应值的预期范围。

——估计响应变量和解释变量相关联的方向和程度（尽管这样的关联并不意味着因果关系）。例如，可以使用这些信息确定当变更某个因素而其他因素不变时所产生的影响，如改变温度对过程产量的影响。

3）益处（GB/Z 19027 标准 4.7.3 条款）。

回归分析可使组织深入了解各种因素与所关心的响应之间的关系，这样的了解有助于指导组织在研究和最终改进过程时做出决策。

回归分析也可对在分析中未测量或遗漏的因素对响应影响的大小和来源做出估计。这种信息可用来改进测量系统或过程。

4）应用示例（GB/Z 19027 标准 4.7.5 条款）。

① 回归分析用于产量、运行质量、循环时间、测试或检验失败的概率，以及过程缺陷的各种形态等生产特性的建模。回归分析也用来识别过程的最重要因素，以及它们对所关心的特性变差影响的大小和性质。

② 回归分析用来预测试验的结果，或预测对材料或生产条件中的变差进行的受控前瞻性或回溯性研究的结果。

③ 回归分析也用来验证测量方法的可替代性，例如，用非破坏性的或省时的方法取代破坏性的或耗时的方法。

④ 非线性回归的应用示例包括将药物浓度作为时间和反应量的函数来建模；将化学反应作为时间、温度和压力等的函数来建模。

9. 可靠性分析（GB/Z 19027 标准 4.8 可靠性分析）

1）概念（GB/Z 19027 标准 4.8.1 条款）。

① 可靠性分析就是将工程和分析方法应用于评价、预计和保证所研究的产品或系统在某一段时间无故障运行。

② 可靠性分析使用的技术通常需要使用统计方法处理不确定性、随机特性或在一段期间内发生故障等的概率。这种分析通常包括使用适宜的统计模型来表征所关心的变量，如故障前时间，或故障间隔时间。这些统计模型的参数可从实验室或工厂试验或从现场作业所获得的经验数据做出估计。

③ 可靠性分析还包括用于研究故障的物理性质和原因、以及预防或减少故障的其他技术（如失效模式和影响分析）。

2）用途（GB/Z 19027 标准 4.8.2 条款）。

可靠性分析用于下述目的：

① 基于来自有限期间并包括许多规定的试验单元数的试验所获得的数据，

验证规定的可靠性测度得到满足。

② 预测无故障运行的概率，或其他可靠性的测度，如故障率、零件或系统的平均故障间隔时间等。

③ 建立产品或服务性能的故障形态及运作情况的模型。

④ 提供对概率设计有用的设计参数（如应力和强度）方面的统计数据。

⑤ 识别关键或高风险的零件以及可能的故障模式和机理，并支持查找原因和采取预防措施。

可靠性分析所使用的统计技术允许对所开发的可靠性模型的参数估计值和用这些模型做出的预计结果设定统计置信水平。

3）益处（GB/Z 19027 标准 4.8.3 条款）。

可靠性分析提供了产品和服务抗故障或抗服务中断的性能的定量测度。可靠性活动与系统运行中风险的遏制密切相关。可靠性通常是感知产品或服务质量、以及顾客满意程度的影响因素。

在可靠性分析中使用统计技术的益处包括：

① 在规定的置信限内，具备预计和量化故障可能性以及其他可靠性测度的能力。

② 通过使用不同的冗余技术和降额策略，具备指导做出选择不同设计方案决策的能力。

③ 制定完成符合性试验的客观的接收或拒收准则，以证实可靠性要求得到满足。

④ 基于产品性能、服务和耗损数据的可靠性分析，具备策划最佳预防性维修和更换计划的能力。

⑤ 为经济地达到可靠性目标，改进设计的可能性。

4）应用示例（GB/Z 19027 标准 4.8.5 条款）。

① 验证零件或产品能满足规定的可靠性要求。

② 根据新产品引进时试验数据的可靠性分析，判断产品的寿命周期费用。

③ 基于对现货产品的可靠性分析，指导做出制造或购买现货产品的决策，并估计对交付目标和与预测故障有关的以后的费用的影响。

④ 基于试验结果、质量改进和可靠性增长，推测软件产品成熟度，并建立符合市场要求的软件投放目标。

⑤ 确定主要产品的耗损特性，以有助于改进产品的设计，或策划所要求的适宜的服务维修计划和工作。

5）关于 FMEA。

① FMEA 定义。

FMEA 失效模式和影响分析是在产品设计阶段和过程设计阶段，对构成产品的子系统、零件，对构成过程的各个工序逐一进行分析，找出所有潜在的失效模式，并分析其可能的后果，从而预先采取必要的措施，以提高产品的质量和可靠性的一种系统化的活动。FMEA 是一个以小组为导向的、系统的、定性的分析方法，适用于各种类型的组织。

② FMEA 的作用。FMEA 是一个风险评估工具，FMEA 的作用包括评估产品或过程的潜在失效风险、分析这些失效的原因和影响、记录预防和探测手段、建议采取措施以降低风险。

③ FMEA 的步骤。

AIAG-VDA《FMEA 手册》介绍了 FMEA 7 步法，见图 4-5。

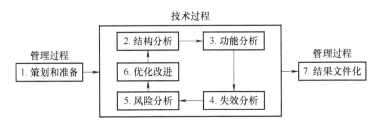

图 4-5　FMEA 7 步法

④ FMEA 中的一些注意事项。

a）产品的可靠性框图是用方框的形式表示产品中各单元之间的功能逻辑关系，产品原理图表示产品各单元的物理关系。

b）根据失效影响的严重度（S）、失效原因的发生度（O）、发现失效原因或失效模式的探测度（D），决定优化改进的措施优先度（AP）。

c）对优先度（AP）高的需要采取优化改进措施。优化改进措施包括：

——能阻止失效起因或失效模式的发生，或减少其发生概率。应尽可能选择此类措施。优化改进措施首先要关注高的严重度，其次是高的发生度。需注意的是，只有通过设计更改，才能降低严重度等级。

——虽不能阻止失效模式的发生，但能有效地减轻失效影响的严重度。汽车采用的安全带和安全气囊即属此类。

——虽不能阻止失效模式的发生，但能自动检测、隔离失效，切除失效部件，使系统在降级的情况下继续工作。

——虽不能阻止失效模式的发生，但能自动检测、隔离失效并报警，以便操作人员采取防范措施。

——虽不能阻止失效模式的发生，但能自动或人工检测、隔离失效并记录有关信息，以方便维修。

提出和实施优化改进措施以消除潜在的不合格是开发 FMEA 的根本目的，

因此应针对所分析出的失效原因积极采取纠正措施并落实。

⑤ DFMEA（设计 FMEA）。设计 FMEA 是在设计过程中采用的一种 FMEA 技术，用以保证已充分地考虑和指明设计中各种潜在的失效模式及其相关的起因/机理，并就此在设计上采取必要的预防措施。

⑥ PFMEA（过程 FMEA）。过程 FMEA 是在产品的制造和装配过程中采用的一种 FMEA 技术，用以保证已充分地考虑和指明制造和装配过程中各种潜在的失效模式及其相关的起因/机理，并就此采取必要的预防措施。

10. 抽样（GB/Z 19027 标准4.9 抽样）

1）概念（GB/Z 19027 标准4.9.1 条款）。

① 抽样是一种系统的统计方法，它通过研究总体有代表性的部分（即样本）来获取该总体的某些特性信息。

② 有各种抽样技术可以使用，如简单随机抽样、分层抽样、系统抽样、序贯抽样、跳批抽样等，抽样技术的选择取决于抽样的目的和抽样条件。

2）用途（GB/Z 19027 标准4.9.2 条款）。

① 从用途来分，抽样大致可分为不互斥的两大领域：验收抽样和调查抽样。

② 验收抽样是根据从某批交验产品中抽取和检验样本的结果，决定是否接受这批产品的活动。"验收抽样"一词常以"抽样检验"代替。

计数检验根据给定的技术标准，将单位产品简单的分成合格品或不合格品的检验；或是统计出单位产品中不合格数的检验。前一种检验又称为计件检验；后一种检验又称为计点检验。

计量检验根据给定的技术标准，将单位产品的质量特性（如质量、长度、强度等）用连续尺度测量出其具体数值并与标准对比的检验。

③ 调查抽样是为了估计总体中的一个或一个以上的特性状况或为了估计这些特性在总体中的分布状况而进行的计算研究活动。调查抽样通常与收集人们对某个主题的观点的民意测验相联系，调查抽样也同样能用于其他目的（如审核）的数据收集。

④ 在枚举研究中所使用的获取总体或部分总体特性方面的信息的探索性抽样是调查抽样的一种特别形式。生产抽样也是调查抽样的一种特别形式，可用于过程能力分析。

3）益处（GB/Z 19027 标准4.9.3 条款）。

① 正确设计的抽样方案与总体调查或100% 批检验相比，能节省时间、费用和劳动力。当产品检验包含破坏性试验时，抽样是获取相应信息的唯一切实可行的途径。

② 抽样提供了一种既经济有效又及时的方法，以获取有关总体的某一所关心的特性值或分布情况的初始信息。

4) 应用示例（GB/Z 19027 标准4.9.5条款）。

① 调查抽样的一个频繁应用是在市场调研中估计可能购买某一特定产品的人口的比率，另一个应用是在库存审计中估计满足规定准则的个体比率。

② 抽样用于对操作者、机器或产品的过程检查，以便监测变差并确定纠正及预防措施。

③ 验收抽样广泛用于工业领域，以便对接收的材料满足预先规定的要求提供某种程度的保证。

④ 通过散料抽样，能对散料（如矿物、液体和气体）组成成分的数量或性质作出估计。

5) 关于抽样检验的简述。

① 抽样检验的概念。

a) 抽样检验是按照规定的抽样方案，随机地从一批或一个过程中抽取少量个体组成样本进行的检验，根据样本检验的结果判定一批产品或一个过程是否可以被接收。

抽样检验一般用于下述情况：

——破坏性检验，如产品的寿命试验、材料的疲劳试验、零件的强度检验等。

——批量很大，全数检验工作量很大的产品的检验，如螺钉、销钉、垫圈、电阻等。

——测量对象是散料或流程性材料，如煤炭、矿石、水泥、钢水、整卷钢板的检验等。

——其他不适于使用全数检验或全数检验不经济的场合。

b) 按检验特性值的属性可以将抽样检验分为计数抽样检验和计量抽样检验两大类。

计数抽样检验又可分为计件抽样检验和计点抽样检验。计件抽样检验是根据被检样本中的不合格品数，推断整批产品的接收与否；而计点抽样检验是根据被检样本中的产品包含的不合格数，推断整批产品的接收与否。

计量抽样检验是通过测量被检样本中的产品质量特性的具体数值（如均值、标准差等）并与标准进行比较，进而推断整批产品的接收与否。

c) 按抽样的次数（程序）也即抽取样本的个数（不是指抽取的单位产品个数，即样本量），抽样检验又可以分为一次抽样检验、二次抽样检验、多次抽样检验和序贯抽样检验。

d) 按检验方案的制定原理分类，抽样检验可分为标准型抽样检验、挑选型抽样检验、调整型抽样检验。

标准型抽样检验就是同时保护生产方的质量要求和使用方的质量要求的抽

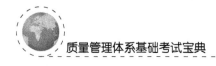

样检验。

挑选型抽样检验是指用预先规定的抽样方案对批进行初次检验，判为合格的批直接接收，判为不合格的批必须经过全数检验，将批中的不合格品一一挑出换成合格品后再提交检验的过程。

调整型抽样检验是由一组严格度不同的抽样方案（正常方案、加严方案和放宽方案）和一套转移规则组成的抽样体系。

② 名词术语。

a）单位产品：能被单独描述和考虑的一个事物。批量是指批中包含的单位产品的个数。

b）检验批：是提交进行检验的一批产品，也是作为检验对象而汇集起来的一批产品。通常检验批应由同型号、同等级和同种类（尺寸、特性、成分等），且生产条件和生产时间基本相同的单位产品组成。

根据生产方式或组批方式的不同，检验批又分为孤立批和连续批。其中孤立批是指脱离已生产或汇集的批系统，不属于当前检验批系列的批；连续批是指待检批可利用最近已检批所提供质量信息的连续提交检查批。

c）不合格：单位产品只要有一项规定的质量特性不符合标准要求，就称为不合格。

通常，按程度不同划分为 A 类不合格、B 类不合格和 C 类不合格三种类型。

——A 类不合格（致命不合格）：单位产品的极重要质量特性不符合规定，或者单位产品的质量特性极严重不符合规定，称为 A 类不合格。

A 类不合格指危及人身安全，易招致不安全因素的项目以及导致其基本功能失效的项目。

——B 类不合格（严重不合格）：单位产品的重要质量特性不符合规定，或者单位产品的质量特性严重不符合规定，称为 B 类不合格。

B 类不合格指不会危及人身安全，但可能导致功能失误或降低原有使用功能的项目。

——C 类不合格（轻微不合格）：单位产品的一般质量特性不符合规定，或者单位产品的质量特性轻微不符合规定，称为 C 类不合格。

C 类不合格指对产品的使用性能没有影响或只有轻微影响的项目。

d）不合格品：有一个或一个以上不合格的单位产品，称为不合格品。按不合格类型，不合格品可分为 A 类不合格品、B 类不合格品和 C 类不合格品三种类型。

——A 类不合格品（致命不合格品）：有一个或一个以上 A 类不合格，也可能还有 B 类和（或）C 类不合格的单位产品，称为 A 类不合格品。

——B 类不合格品（严重不合格品）：有一个或一个以上 B 类不合格，也可能还有 C 类不合格，但不包含 A 类不合格的单位产品，称为 B 类不合格品。

——C 类不合格品（轻微不合格品）：有一个或一个以上 C 类不合格，但不包含 A 类和 B 类不合格的单位产品，称为 C 类不合格品。

e）过程平均：在规定的时段或生产量内质量水平的平均。过程平均是过程处于统计控制状态期间的质量水平（不合格品百分数或每百单位产品不合格数）的平均。

f）接收质量限 AQL：当一个连续系列批被提交验收抽样时，可容忍的最差过程平均质量水平。它是对生产方的过程质量提出的要求，是允许的生产方过程平均（不合格品率）的最大值。

尽管具有质量与接收质量限同样差的批也可能以较高的概率被接收，但所指定的接收质量限并不表示接收质量限就是所希望的质量水平。GB/T 2828.1 中的抽样计划及其转移规则和暂停抽样检验规则是为鼓励供方具有比 AQL 一贯地好的过程平均而设计的。如果过程平均不比 AQL 一贯地好，就会有转移到加严检验，使接收准则变得更加严厉的风险。一旦进行加严检验，必须采取质量改进措施对过程质量进行改进，不然可能导致暂停抽样检验。

当为某个不合格或一组不合格指定一个 AQL 值时，它表明如果质量水平（不合格品百分数或每百单位产品不合格数）不大于指定的 AQL 时，抽样计划会接收绝大多数的提交批。抽样方案有以下特点：在给定的 AQL 处的接收概率依赖于样本量，一般来讲，大样本（样本量大）的接收概率要高于小样本（样本量小）的接收概率。

AQL 是抽样计划的一个参数，不应与反映制造过程操作水平的过程平均相混淆。在 GB/T 2828.1 抽样系统中，为避免过多的批不被接收，要求过程平均比 AQL 更小。

g）极限质量 LQ：对于被认为处于孤立状态的批，抽样检验时，限制在某一低接收概率的质量水平。

h）批不合格品百分数：批中的不合格品数 D 除以批量 N 再乘上 100，即：

$100p = 100D/N$，式中，p 是批不合格品率，p 等于批中的不合格品数 D 除以批量 N。

批不合格品百分数、批不合格品率常用于表示计件抽样检验的批质量。批质量是指单个提交检验批产品的质量。

i）批每百单位产品不合格数：批中的不合格数 D 除以批量 N 再乘上 100，即：

$100p = 100D/N$，式中，p 是每单位产品不合格数。

批每百单位产品不合格数常用于表示计点检验的批质量。

j）抽样方案。样本量和批接收准则的组合。一次抽样方案是样本量、接收

数和拒收数的组合。二次抽样方案是两个样本量、第一样本的接收数和拒收数及联合样本的接收数和拒收数的组合。

k）抽样计划。抽样方案和从一个抽样方案改变到另一抽样方案的规则的组合。

l）抽样系统。抽样方案或抽样计划及抽样程序的集合。其中，抽样计划带有改变抽样方案的规则，而抽样程序则包括选择适当的抽样方案或抽样计划的准则。GB/T 2828.1 是一个按批量范围、检验水平和 AQL 检索的抽样系统。

③ GB/T 2828.1《计数抽样检验程序　第 1 部分：按接收质量限（AQL）检索的逐批检验抽样计划》是常用的抽样检验标准，属于计数调整型抽样检验。

GB/T 2828.1 的目的是通过批不被接收使供方（生产方）在经济上和心理上产生的压力，促使其将过程平均质量水平值保持在规定的接收质量限以下，而同时给使用方接收劣质批的概率提供一个上限。GB/T 2828.1 指定的抽样计划可用于（但不限于）下述检验：

——最终产品。

——零部件和原材料。

——操作。

——在制品。

——库存品。

——维修操作。

——数据或记录。

——管理程序。

GB/T 2828.1 中的抽样计划主要适用于连续系列批。连续系列批的系列的长度足以允许使用转移规则。

一定条件下，GB/T 2828.1 的抽样方案也可用于孤立批的检验。

④ GB/T 2828.1 抽样方案检索要素的确定与抽样检验程序。

a）接收质量限 AQL 的确定。

接收质量限 AQL 是计数调整型抽样方案中的质量指标，是连续生产或连续采购过程中使用方对过程质量提出的要求。AQL 是可以接收和不可以接收的过程平均之间的界限值。当生产方的过程平均质量好于 AQL 时，产品批应被高概率接收，但当过程平均质量不满足 AQL 要求时，应确保产品批高概率拒收。

接收质量限 AQL 是使用方对连续生产过程提出的质量要求，在使用过程中不应与实际的过程质量相混淆。

AQL 共有 26 档：

0.010，0.015，0.025，0.040，0.065，0.10，0.15，0.25，0.40，0.65，1.0，1.5，2.5，4.0，3.5，10，15，25，40，65，100，150，250，400，

650，1000。

在选用时须注意：

当 AQL≤10 时，对计件、计点均适用，即 AQL 既可表征不合格品百分数，又可表征每百单位产品不合格数。

当 AQL > 10 时，则只能适用于计点数据，即 AQL 只能表征每百单位产品不合格数。

也就是说，对计件数据，AQL 可使用 0.010 至 10 共 16 档；对计点数据，AQL 可使用 0.010 至 1000 共 26 档。

计件检验是用样本中的不合格品数作为产品批的判定依据。计点抽样检验是用样本中的不合格数作为产品批的判定依据。所以，只规定 AQL = 0.65 之类是不明确的，应明确说明是不合格品的 AQL = 0.65 或是不合格的 AQL = 0.65。

选择 AQL 应遵循下面的原则：

——军用产品的 AQL 值比工业产品小一些，工业产品的 AQL 值要比民用产品的小一些。

——A 类不合格品（致命不合格品）的 AQL 值应比 B 类不合格品（严重不合格品）的 AQL 值小些，B 类不合格品的 AQL 值应比 C 类不合格品（轻微不合格品）的 AQL 值小些。

——检验项目越多，AQL 值越大。

——单项检验的 AQL 值应严于多项目检验。

——电气性能的检验 AQL 值应严于机械性能，其次是外观性能。

——原材料、零部件检验的 AQL 值比成品检验的 AQL 值小。

——订货方可根据要求提出满意的 AQL 值，但需考虑生产方的生产能力。AQL 值提的过严（过小），会使生产方的成本增加，故确定 AQL 值应与产品的质量和性能水平一致。

b）检验水平（IL）的选择。

检验水平规定了批量与样本量之间的关系。一般来说批量 N 越大，样本 n 也越大，但不是正比关系，大批量样本占的比例比小批量样本占的比例小。

抽样检验中，检验水平用于表征判断能力。检验水平高，判断能力强，即优于或等于 AQL 质量批的接收概率将有所提高，劣质批的接收概率，将有较明显的降低。但需注意的是，检验水平越高，检验样本量越大，检验费用也相应提高。

GB/T 2828.1 给出了 3 个一般检验水平，分别是 Ⅰ、Ⅱ、Ⅲ，还有 4 个特殊检验水平，分别是 S - 1、S - 2、S - 3、S - 4。数码越大，检验水平等级越高，判断能力越强；一般检验水平高于特殊检验水平。即判断能力：Ⅲ > Ⅱ > Ⅰ > S - 4 > S - 3 > S - 2 > S - 1。

选择检验水平应考虑以下几点：产品的复杂程度与价格，构造简单、价格低廉的产品检验水平应低些，检验费用高的产品应选择低检验水平；破坏性检验选低水平或特殊检验水平；生产的稳定性差或新产品应选高检验水平，批与批之间的质量差异性大必须选高检验水平，批内质量波动幅度小，可采用低检验水平。特殊检验水平一般用在检验费用极高或贵重产品的破坏性检验的场合，原则是宁愿增加对批质量误判的危险性，也要尽可能减少样本。

没有特别规定时，首先采用一般检验水平Ⅱ。

c) 检验严格度的规定。

通常有下列三种不同严格度的检验。

——正常检验。正常检验的设计原则是：当过程质量优于 AQL 时，应以很高的概率接收检验批，以保护生产方的利益。当与 AQL 相同时，批量越大，则接收概率越高。

——加严检验。加严检验是为保护使用方的利益而设立的。一般情况下，让加严检验的样本量同正常检验的样本量一致，以降低接收数。加严检验是带有强制性的。

——放宽检验。放宽检验的设计原则是：当批质量一贯很好时，为了尽快得到批质量的信息、情报并获得经济利益，以减少样本量为宜。因此，放宽检验的样本量要小，一般仅是正常检验样本量的40%。放宽检验是非强制性的。

在检验开始时，一般采用正常检验，加严检验和放宽检验应根据已检信息和转移规则选择使用。

d) 抽样方案类型的选取。

GB/T 2828.1 中规定了一次、二次和五次抽检方案类型，对于同一个 AQL 值和同一个样本量字码，采用任何一种抽检方案类型，其 QC 曲线基本上是一致的。选择抽样方案类型主要考虑的因素有：产品的检验和抽样的费用，一次抽样方案的平均样本量是固定的，而二次（和五次）的平均样本量低，与一次抽样方案相比节省样本量，但二次（和五次）抽样方案在所需的时间上、检验知识和复杂性都比一次抽样高。另外，从心理效果上讲二次（和五次）抽样比一次抽样好，因此往往使用方愿意采用二次或多次抽样方案。因此，选择抽样方案类型时应将上述因素综合加以考虑。

e) 检验批的组成。

计数调整型抽样方案检验批的组成可以是投产批、销售批、运输批，但每个批应该是同型号、同等级、同种类的产品，且由生产条件和生产时间基本相同的单位产品组成。批量的大小根据生产情况而定，但由于检验水平设计原则是批量 N 越大，样本量 n 越大，但 n/N 越小，即单位检验成本越低，所以大批交检经济性好，但如果出现错判或漏判，风险比较大。

f）抽样方案的检索。

抽样方案的检索首先根据批量 N 和检验水平从样本字码表中检索出相应的样本量字码，再根据样本量字码和接收质量限 AQL，利用抽检表检索抽样方案。

g）检验的严格度与转移规则。

检验的严格度，是指交验批所接受抽样检验的宽严程度。GB/T 2828.1 计数调整型抽样系统，通常有三种不同严格度的检验：正常检验、加严检验与放宽检验。

上述三种检验的检验严格度不同，从一种检验状态向另一种状态转变的规则称为转移规则。图 4-6 所示为 GB/T 2828.1 转移规则简图。

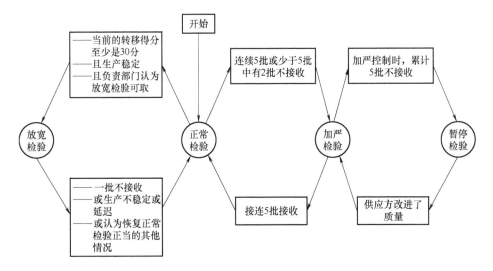

图 4-6　GB/T 2828.1 转移规则简图

h）检验判定。

从批中抽取方案规定的样本量，对每个样本进行检验，把检验中发现的不合格品数（或不合格数）或累计不合格品数（或累计不合格数）与方案规定的判定数组进行比较，就可对批做出判定。

一次抽样方案的形式为

$$[n, Ac] 或 [n, Ac, Re]$$

其中，n 是所抽取的样本量；Ac 是接收数；Re 是拒收数，$Re = Ac + 1$。

设 d 为样本中的不合格品数或不合格数，$d \leqslant Ac$，判批为接收；$d \geqslant Re$，判批为不接收。

i）检查后的处理。

——检查合格的批，样本中发现的不合格品要更换或返工。合格批整批接收，入库或转入下道工序。

——负责部门应决定怎样处置不接收的批。对不接收批中的产品可以报废、分选（替换或不替换不合格品）、返工、根据更明确的使用性准则再评定，或等待进一步信息再作处置。

11. 模拟（GB/Z 19027 标准 4.10 模拟）

1）概念（GB/Z 19027 标准 4.10.1 条款）。

① 模拟是通过计算机程序用数学方式表示（理论或经验的）系统，从而解决问题的方法的集合。

② 如果这种表达方式包括概率论的概念，尤其是包括随机变量，模拟则称为蒙特卡罗法。

2）用途（GB/Z 19027 标准 4.10.2 条款）。

① 从理论科学方面，如果不知道解决问题的综合理论，或如果知道，但不可能或难以解决，而通过计算机能获得解决方法时，则可使用模拟法。在经验方面，如果计算机程序能够充分地描述系统时，可使用模拟法。模拟在统计教学中也是一种有益的工具。

② 相对廉价的计算能力的发展正使模拟越来越多地应用于迄今还没有得到解决的问题。

3）益处（GB/Z 19027 标准 4.10.3 条款）。

① 在理论科学中，如果没有明确的解决问题的计算方法，或计算太繁琐以至不能直接进行，则可采用模拟法（特别是蒙特卡罗法）。同样，在经验方面，当经验调查是不可能的或花费太大时，可采用模拟法。模拟的益处在于它提供了一种省时经济的解决问题的办法，或它最终提供了解决问题的办法。

② 统计教学中使用模拟法能有效地解释随机变差。

4）应用示例（GB/Z 19027 标准 4.10.5 条款）。

大型项目（如太空计划）通常采用蒙特卡罗法。模拟的应用不受任何具体工业类型的限制，典型的应用领域包括统计容差法、过程模拟、系统的优化、可靠性理论和预计。一些具体的应用有：

——机械部件的变差建模。

——复杂部件的振动形态建模。

——确定最佳预防性维修计划。

——在设计和生产过程中为优化资源配置所进行的费用和其他分析。

12. 统计过程控制（SPC）图［GB/Z 19027 标准 4.11 统计过程控制（SPC）图］

（1）概念（GB/Z 19027 标准 4.11.1 条款）

1）SPC（统计过程控制）是应用统计技术对过程中的各个阶段进行评估和监控，建立并保持过程处于可接受的并且稳定的水平，从而保证产品或服务符合规定的要求的一种质量管理技术。

SPC（统计过程控制）的作用包括：

a）利用控制图分析过程的稳定性。

b）计算过程能力指数，评价过程满足技术要求的程度。

SPC图或控制图是将从过程定期收集的样本所获得的数据按顺序点绘而成的图。SPC图上标有过程稳定时描述过程**固有变异**的控制限。控制图的作用是帮助评价过程的**稳定性**，这可通过检查所点绘的数据与控制限的关系来实现。

任何反映所关心的产品或过程特性的变量（计量数据）或属性（计数数据）都可以绘制成图。在存在计量数据的情况下，一个控制图通常用来监控**过程中心**的变化，另一控制图则用于监控**过程变异**的变化。

2）计量控制图（此处参考了GB/T 17989.2—2020《控制图　第2部分：常规控制图》）。计量控制图的统计基础是**正态分布** $N(\mu, \sigma^2)$ ，它含有两个参数：均值 μ 与标准差 σ 。因此要控制计量值的过程波动需要二张控制图：一张用于控制均值，另一张用于控制标准差。根据样本量的大小和用于估计 μ 与 σ 的统计量的不同，计量控制图共有4对，它们是：

a）均值-极差控制图（ $\overline{X} - R$ 图）：精度尚可，使用方便， $n = 3 \sim 9$ 。

b）均值-标准差控制图（ $\overline{X} - s$ 图）：精度最高，计算量较大， $n \geq 10$ 。

c）中位数-极差控制图（ $\widetilde{X} - R$ 图）：精度较差，计算量较小， $n = 3 \sim 9$ 。

d）单值-移动极差控制图（ $X - R_m$ 图）：每次抽样仅能得到1个样本， $n = 1$ 。

3）计数控制图（此处参考了GB/T 17989.2—2020《控制图　第2部分：常规控制图》）。计数控制图根据背景不同又可分为两类：计件控制图与计点控制图。

a）计件控制图的统计基础是**二项分布** $b(n, p)$ 。它只含一个参数 p ， p 是不合格品率，控制不合格品率只需一张控制图。再根据使用时的样本是否相同，又有2类，它们是：

——不合格品率控制图（ p 图）：样本量由 p 决定，一般较大，可不相等。不合格品率也可以是交货延迟率、缺勤率、差错率等。

——不合格品数控制图（ np 图）：样本量由 p 决定，一般较大，且要相等（子组容量一致）。不合格品数也可以是交货延迟次数、缺勤次数、差错次数等。

b）计点控制图的统计基础是**泊松分布** $P(\lambda)$ ，它只含一个参数 λ ， λ 是单位产品上的不合格数，控制 λ 只需一张控制图。再根据使用的样本量（单位产品数）是否相同，又有2类，它们是：

——单位产品缺陷数（单位产品不合格数）控制图（ u 图）：样本量由 λ 决定，可不相等。

——缺陷数（不合格数）控制图（ c 图）：样本量由 λ 决定，但要相等（子组容量一致）。

要注意只有在样本量相等的场合，不合格品数 np 或不合格数 c 才具有可比性。

4）计量数据控制图的常规形式称为休哈特图（即上面 2）所说的计量控制图）。还有其他形式的控制图，每种控制图都有适合特定情况而应用的特点。例如，累积和控制图可提高检测过程发生小漂移的灵敏度；移动均值图（均匀或加权）可平滑掉短期变差，揭示长久趋势。

5）质量波动理论与控制图。

引起产品质量波动的因素包括偶然因素（普通因素）与异常因素（特殊因素，可查明因素）。偶然因素引起质量的正常波动（偶然波动），当一个过程只有偶然因素造成的正常波动时，我们称这个过程处于统计控制状态。统计控制状态是过程中只有偶因而无异因产生的变异的状态，生产过程处于统计控制状态的好处有：

a）对产品的质量有完全的把握。

b）生产的不合格品最少，生产最经济。

c）在统计控制状态下，能够实现全过程的预防，过程的变异最小。

异常因素引起质量的异常波动，一旦出现，过程输出结果的规律性将被破坏，从而使过程失控，使过程处于非统计控制状态。

那么如何识别异常波动呢？这就要借助一个工具，这个工具就是控制图。控制图是控制异常因素的工具，控制图上的控制界限能够区分正常波动和异常波动（即控制图上控制限可以用来识别偶然因素和异常因素），可以用控制图的控制界限来判断过程是否处于统计稳态。

请注意控制界限与规格界限（公差界限）的区别。控制界限是用来判断过程是否处于统计稳态，而规格界限是用来判断产品质量是否符合规定的技术要求。

6）控制图的原理与结构。

休哈特建议用界限 $\mu \pm 3\sigma$ 作为控制限来管理过程。这意味着：受控状态下，质量特性值落在 $\mu \pm 3\sigma$ 范围内的概率约为 99.73%，落在 $\mu \pm 3\sigma$ 以外的概率只有 0.27%。因此可用 $\mu \pm 3\sigma$ 作为上下控制界限，如果质量特性数据没有超越这一上、下界限，就认为过程的波动属正常波动，过程受控；如果超越了这一上、下界限，就认为过程的波动属异常波动，过程失控。这就是控制图的基本原理。

控制图的结构包括：

中心线 CL、上控制限 UCL、下控制限 LCL；

按照时间顺序的样本统计量数值的描点序列。

7）控制图的两种错误。

控制图的使用实际上是基于小概率原理的假设检验，因此必然存在发生两种错误的风险：

第一类错误：虚发警报（把正常的误断为异常），发生概率记为 α。

第二类错误：漏发警报（把异常的漏判为正常），发生概率记为 β。

为了限制两类错误发生的概率，根据 3σ 原理确定控制限的最优间距，并应用 8 项判异准则。

其中点出界就判异（准则 1），限制了第一类错误的风险 $\alpha \leqslant 0.27\%$；而补充的判异准则点在界内排列非随机（准则 2 ~ 8），则强调了对第二类风险 β 的限制。

8）控制图的 8 种判异准则。

控制图的判异准则有两类：

a）点出界就判异（准则 1）。控制图上点出界表明小概率事件发生，则过程出现异常。

b）界内点排列不随机判异（准则 2 ~ 8）。

控制图的判异准则见图 4-7。

9）分析用控制图与控制用控制图。

针对不同的使用阶段，控制图也可分为两类。

① 分析用控制图。

一个过程开始建立控制图时，几乎总不会恰巧处于受控状态，也即总存在异常波动。因此，一开始，总需要将失控状态（非稳态）调整到理想的受控状态（稳态）。这就是分析用控制图的阶段。分析用控制图主要用来：

a. 使过程受控（统计稳态）。

b. 使过程能力满足要求（技术稳态）。

如果满足了上述两点，就可将分析用控制图的控制限延长作为控制用控制图。这就进入控制用控制图阶段。

分析用控制图的调整过程即是质量不断改进的过程。一个合格的过程应当是过程处于统计控制状态并具有足够的过程能力。

② 控制用控制图。

控制用控制图是从分析用控制图转化而来。应用的目的是对生产过程进行持续的动态监控。发现异常，及时告警，以使前阶段所确定的技术稳态得以长期保持。

（2）用途（GB/Z 19027 标准 4.11.2 条款）

① SPC 图通常用来检测过程的变化。图中描绘的数据与控制限进行比较，可以是单值读数或诸如样本平均值的统计量。最简单的情况是：描绘点落在控

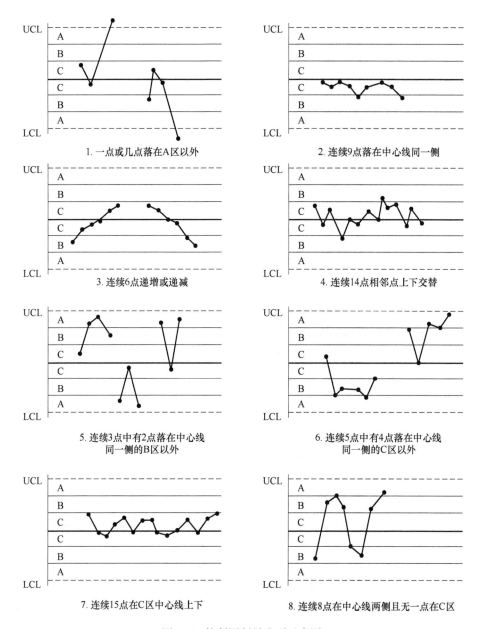

图4-7　控制图判异准则示意图

制限之外则表明过程可能出现了变化，这可能是由某些可查明原因引起的。这表明需要对失控读数的原因进行调查，以及在必要时对过程进行调整，将有助于长期保持过程稳定性和对过程加以改进。

② 通过采用附加准则解释所绘数据的趋势和形态，可改善控制图的使用，

以便更迅速地展示过程变化，或提高识别微小变化的灵敏度。

（3）益处（GB/Z 19027 标准 4.11.3 条款）

除了向使用者提供直观的数据外，控制图还能通过区分稳定过程的固有随机变差和可能因可查明原因（即具体原因可以查明）而产生的变差，便于使用者对过程变差做出适当的响应。这种可查明原因的及时查明和纠正有助于对过程加以改进。与过程有关的活动的控制图的作用和价值如下：

① 过程控制：计量控制图用来查明过程中心或过程变异的变化，并采取纠正措施，以保持或恢复过程稳定性。

② 过程能力分析：如果过程处于稳定状态，从控制图获得的数据可随后用于估计过程能力。

③ 测量系统分析：通过结合反映测量系统固有变异的控制限，控制图能显示测量系统是否有能力查明所关心的过程或产品的变异，控制图也能用于监控测量过程本身。

④ 因果分析：过程事件和控制图形态之间的相关性有助于判断可查明的根本性原因并策划有效措施。

⑤ 持续改进：控制图可用于监视过程变差，并有助于识别和表征变差的原因。当将控制图作为组织内持续改进的系统程序的组成部分时，控制图尤为有效。

（4）应用示例（GB/Z 19027 标准 4.11.5 条款）

① 汽车、电子、国防和其他行业的公司经常利用关键特性的控制图，实现和证实持续的过程稳定性和能力。如果接收了不合格产品，使用控制图可有助于明确风险并确定纠正措施的实施范围。

② 在工作现场可使用控制图解决问题。控制图可用于组织的各个层次，以识别问题并分析问题产生的根本原因。

③ 控制图用在加工工业，通过使员工分辨过程固有变差和可能因可查明原因引起的变差，从而减少不必要的过程干预（过度调整）。

④ 诸如平均响应时间、差错率和顾客抱怨频次等样本特性的控制图可用于测量、诊断和改进服务业的业绩。

13. 统计容差法（GB/Z 19027 标准 4.12 统计容差法）

1）概念（GB/Z 19027 标准 4.12.1 条款）。

统计容差法是基于某些统计原理确定容差的方法，它利用各零件相关尺寸的统计分布来确定组装件的总容差。常用的方法是统计尺寸链计算。

在制造业中，由于工序各种影响因素的存在，使一批制成品的参数跟规范上规定的质量指标不能完全相同，所产生的差别，称为加工误差。这一误差应控制在产品性能允许的范围内，这个允许变动的范围，称为公差或容差。公差大小是产品质量要求高低的重要标志之一。

2）用途（GB/Z 19027 标准 4. 12. 2 条款）。

① 当把多个零件装配为一个组装件时，这些组装件的装配性和互换性的关键因素或要求通常不再是单个零件的尺寸，而是组装件的总尺寸。

② 总尺寸的极值（即最大值或最小值），只有在所有零件的尺寸均处于其各自容差范围的最高点或最低点时才会出现。在容差链框架内，当总尺寸容差由各零件容差相加时，就称为算术总容差。

③ 为了统计确定总容差，假定组装件包括大量的零件，则处于单件容差范围一端的尺寸将与处于容差另一端的尺寸相平衡。例如，一个处于容差范围低端的单件尺寸能与处于容差范围高端的另一个尺寸（或几个尺寸的组合）相配合。从统计角度来讲，在某些情况下，总尺寸应是近似的正态分布，与单件尺寸的容差分布无关，因而可用来估计组装件的总尺寸的容差范围。当总尺寸容差给定时，可以据此来确定各零件容许的容差范围。

3）益处（GB/Z 19027 标准 4. 12. 3 条款）。

当一组单件容差给定时（不必相同），根据统计总容差计算所得出的总尺寸容差通常比从算术方法得出的总尺寸容差要小得多。

这表明当总尺寸容差给定时，统计容差法允许使用的单件尺寸容差的范围要比算术方法得出的大。这一点能给实际操作带来很大益处，因为容差范围越宽越有利于使用更简单的和更经济有效的生产方法。

4）应用示例（GB/Z 19027 标准 4. 12. 5 条款）。

统计容差法的理论常用于有相加关系或简单相减关系（如轴和孔）的零件装配中。使用统计容差法的工业部门包括机械、电子和化学工业。这一理论也用于计算机模拟中，以确定最佳容差。

14. 时间序列分析（GB/Z 19027 标准 4. 13 时间序列分析）

1）概念（GB/Z 19027 标准 4. 13. 1 条款）。

时间序列分析是研究按时间顺序收集到的一组观测结果的一种方法。这里的时间序列分析是指诸如以下应用中的分析技术：

——发现"滞后"形态，通过统计找出每一观察结果如何与它前面最接近的观察结果相关联，并在随后的每个滞后周期重复这一活动。

——发现周期性或季节性形态，以便了解过去的成因因素如何对将来产生重复影响。

——使用统计工具预测将来的观察结果，或弄清哪些因素在时间序列中对变差的影响最大。

时间序列分析中使用的技术可包括简单趋势图。趋势图这样的基本图已在前面"描述性统计"中的简单图解法中讲过。

2）用途（GB/Z 19027 标准 4.13.2 条款）。

① 时间序列分析用来描述时间序列数据的形态，识别离群值（即必须调查其有效性的极值），以有助于了解形态或作出调整，查明趋势的转折点。时间序列分析的另一个用途是用某一时间序列的形态解释另一个时间序列的形态，具有回归分析中的所有固有目标。

② 时间序列分析也用来预测时间序列的将来值，一般是将一些已知的上下限作为预测间隔。时间序列分析在控制领域具有广泛用途，且常用于自动过程。在这种情况下，以某一概率模型拟合以往的时间序列，预测将来值，然后通过尽可能小的变差来调整具体的过程参数，以保持设定目标的过程。

3）益处（GB/Z 19027 标准 4.13.3 条款）。

时间序列分析方法在策划、控制工程、识别过程变化、预测以及测量一些外部干扰或活动所产生的影响方面都十分有用。

当作出某一特定更改时，时间序列分析还能用于过程策划性能与时间序列预测值的比较。

使用时间序列方法可深入了解可能的因果形态。某些时间序列方法还能将系统（或可查明的）原因与偶然原因分开，并能将随时间序列出现的形态分解为周期性、季节性和趋势分量。

时间序列分析通常用于了解过程在特定条件下如何运转、以及什么调整可能对过程趋向某些目标值产生影响、或什么调整能减少过程变异。

4）应用示例（GB/Z 19027 标准 4.13.5 条款）。

① 时间序列分析适用于研究一段时间内性能的形态，如过程测量、顾客抱怨、不合格、生产率和测试结果。

② 预测应用包括预测备品配件、缺席情况、顾客订单、材料需求、电力消耗等。

③ 因果时间序列分析用于开发需求的预测模型。例如，在可靠性方面，用来预测在给定时间周期内的事件的数量以及事件间（如设备停机状态）时间间隔的分布。

 同步练习强化

1. 单项选择题

1）统计技术有助于（　　）的测量、表述、分析、解释和建模，甚至使用相对有限的数据，也能做到这一点。对数据进行统计分析有助于更好地理解（　　）的性质、程度和原因，从而有助于解决甚至预防由这些（　　）所可能引发的问题。

A. 产品   B. 变异

C. 数据   D. 波动

2）描述性统计是指以揭示数据分布特性的方式汇总并表达（　　）的方法。

A. 信息   B. 成文信息

C. 数据   D. 定量数据

3）回归分析是确定具有相关关系的变量之间的数学表达式的统计方法。回归分析的关键一步是建立回归方程。在实际应用中，通常是依据专业理论知识和以往的经验、（　　）的变化趋势来确定函数的类型［即 $F(x)$ 的曲线类型］。（真题）

A. 散布图   B. 直方图

C. 控制图   D. 排列图

4）以下哪种图示技术是研究成对出现的两组数据之间关系的？（　　）（真题）

A. 直方图   B. 趋势图

C. 散布图   D. 正态图

5）描述性统计适用于能收集到（　　）的几乎所有领域。它能提供有关产品、过程或质量管理体系的一些其他方面的信息，也可用于管理评审。

A. 信息   B. 可靠信息

C. 数据   D. 定量数据

6）测量分析（也称为测量系统分析）是在系统运行的条件下，评价测量系统（　　）的一套方法。

A. 变差   B. 误差

C. 不确定度   D. 波动

7）（　　）就是将所关心的特性（通常称为响应变量）的性能与潜在的原因（通常称为解释变量）联系起来。

A. 过程能力分析   B. 测量分析

C. 回归分析   D. 可靠性分析

8）可靠性分析就是将工程和分析方法应用于评价、预计和保证所研究的产品或系统在某一段时间（　　）。

A. 无故障运行   B. 可靠运行

C. 正常运行   D. 稳定运行

9）从用途来分，抽样大致可分为不互斥的两大领域：验收抽样和（　　）。

A. 简单随机抽样   B. 系统抽样

C. 调查抽样   D. 分层抽样

10）模拟是通过计算机程序用数学方式表示（理论或经验的）系统，从而解决问题的方法的集合。如果这种表达方式包括概率论的概念，尤其是包括随机变量，模拟则称为（　　）。

A. 戴明法
B. 田口法
C. 休哈特法
D. 蒙特卡罗法

11）任何反映所关心的产品或过程特性的变量（计量数据）或属性（计数数据）都可以绘制成图。在存在计量数据的情况下，一个控制图通常用来监控过程中心的变化，另一控制图则用于监控（　　）的变化。

A. 过程变异
B. 过程波动
C. 过程均值
D. 过程公差

12）SPC图通常用来检测过程的变化。图中描绘的数据与控制限进行比较，可以是单值读数或诸如样本平均值的统计量。最简单的情况是：描绘点落在控制限之外则表明过程可能出现了变化，这可能是由某些（　　）引起的。

A. 偶然原因
B. 可查明原因
C. 不明原因
D. 人为原因

13）用于分析过程不合格品率波动状况的图形是（　　）。（真题）

A. $\bar{x} - R$ 控制图
B. c 控制图
C. u 控制图
D. p 控制图

14）统计容差法是基于某些（　　）确定容差的方法，它利用各零件相关尺寸的统计分布来确定组装件的总容差。

A. 测量原理
B. 尺寸链
C. 统计原理
D. 公差原理

15）（　　）是研究按时间顺序收集到的一组观测结果的一种方法。

A. 雷达图
B. 时间序列分析
C. 排列图
D. 直方图

16）过程能力是过程在受控状态下的加工（　　）方面的能力，也就是过程在控制状态（稳态）下所表现出来的保证过程（　　）的能力。

A. 生产
B. 质量
C. 运行
D. 满足要求

17）过程能力指数反映（　　）。

A. 单个产品批质量满足技术要求的程度
B. 过程质量满足技术要求的程度
C. 生产过程的加工能力
D. 产品批的合格程度

18）设某质量特性 $X \sim N(\mu, \sigma^2)$，若公差幅度 $T = 8\sigma$，C_p 为（　　）。

A. 0.67　　　　　　　　　　　　B. 1.00

C. 1.33　　　　　　　　　　　　D. 1.67

19）某过程的过程能力指数为0.2，说明（　　　）。

A. 过程能力过高　　　　　　　　B. 过程能力充足

C. 过程能力不足　　　　　　　　D. 过程能力严重不足

20）当产品质量特性分布的均值 μ 与公差中心 M 不重合时，对不合格品率与 C_{pk} 的影响是（　　　）。

A. 不合格品率增大，C_{pk} 增大　　B. 不合格品率减小，C_{pk} 增大

C. 不合格品率增大，C_{pk} 减小　　D. 不合格品率减小，C_{pk} 减小

21）设某一过程的 $C_p = C_{pk} = 1$，则它代表的合格品率为（　　　）。

A. 95.45%　　　　　　　　　　　B. 97.72%

C. 99.73%　　　　　　　　　　　D. 99.87%

22）关于过程能力指数，以下说法错误的是（　　　）。（真题）

A. 随着过程的调整过程能力指数也会改变

B. 过程能力指数越高，过程不合格率越高

C. 在过程调整后应重新计算过程能力指数

D. 过程能力指数越高，过程不合格率越低

23）某零件的屈服强度界限设计要求为 480～520MPa，从 100 个样品中所得样品标准差 s 为 6.2MPa，则过程能力指数为（　　　）。（真题）

A. 2.150　　　　　　　　　　　　B. 3.225

C. 1.075　　　　　　　　　　　　D. 0.538

24）某生产过程，给定某质量特性值公差范围为 $T = 0.1$mm。已知过程标准差 $\sigma = 0.02$，则其过程能力指数 C_p 是（　　　）。（真题）

A. 0.83　　　　　　　　　　　　B. 1.00

C. 0.5　　　　　　　　　　　　　D. 1.67

25）审核发现某企业在过程稳定状态下测算得到的生产过程能力指数 $C_p = 1.67$，$C_{pk} = 0.6$，企业制定了多个可选的改进方案，你认为哪个是最有效的？（　　　）（真题）

A. 使产品的质量特性值更接近目标值

B. 使产品的质量特性值的波动更小

C. 使产品的质量特性值波动更小、同时更接近目标值

D. $C_p = 1.67$，过程能力指数已经足够大，不需要采取任何措施

26）下列关于过程能力的说法中，不正确的是（　　　）。

A. 指过程加工质量方面的能力

B. 指加工数量方面的能力

C. 是衡量过程加工内在一致性的

D. 过程能力决定于质量因素而与公差无关

27) 若产品质量特性的均值 μ 与公差中心 M 不重合，当 $|\mu - M|$ 增大时，（　　）。

A. 不合格品率增大，C_{pk} 增大

B. 不合格品率增大，C_{pk} 减小

C. 不合格品率减小，C_{pk} 增大

D. 不合品格率减小，C_{pk} 减小

28) 在解释 C_p 和 C_{pk} 的关系时，下列表述正确的是（　　）。

A. 规格中心与分布中心重合时，$C_p = C_{pk}$

B. C_{pk} 总是大于或等于 C_p

C. C_p 和 C_{pk} 之间没有关系

D. C_{pk} 总是小于 C_p

29) 若过程的 $C_p = C_{pk} = 1$，则过程不合格品率为（　　）。

A. 3.4ppm   B. 0.135%

C. 0.27%   D. 4.55%

30) 对于一个稳定的服从正态分布的生产过程，计算出它的过程能力指数 $C_p = 1.65$，$C_{pk} = 0.92$。这时对生产过程作出的以下判断中正确的有（　　）。

A. 生产过程的均值偏离公差中心太远，且过程的标准差太大

B. 生产过程的均值偏离公差中心太远，过程的标准差尚可

C. 生产过程的均值偏离公差中心尚可，但过程的标准差太大

D. 对于生产过程的均值偏离公差中心情况及过程的标准差都不能作出判断

31) 统计过程控制中可以用来识别异常因素的是（　　）。

A. 控制限   B. 公差限

C. 中心线   D. 样本量

32) 为控制平板玻璃单位面积的瑕疵数，应采用（　　）。

A. $\bar{X} - R$ 控制图   B. $X - R_m$ 控制图

C. p 控制图   D. u 控制图

33) 准时交货是顾客最关心的问题之一，为了监控准时交货率，宜采用（　　）

A. $\bar{X} - R$ 控制图   B. p 控制图

C. u 控制图   D. c 控制图

34) 若过程处于统计控制状态，则控制图中的点子不超出上、下控制限的概率是（　　）。

A. 95.4%   B. 99.0%

C. 99.73%   D. 99.90%

35）在控制图中，连续 8 点落在中心线两侧且无一点在 C 区，可以判定（   ）。

A. 过程出现异常   B. 过程处于统计控制状态

C. 过程能力充足   D. 过程的波动减小

36）统计过程控制主要包括（   ）两个方面的内容。

A. 应用分析用控制图和控制用控制图

B. 利用控制图分析过程的稳定性和利用过程能力指数评价过程质量

C. 评价过程性能和评价过程能力

D. 判断过程是否处于技术控制状态和评价过程性能

37）控制图中控制限的作用是（   ）。

A. 区分偶然波动与异常波动   B. 区分合格与不合格

C. 为改进公差限提供数据支持   D. 判断产品批是否可接收

38）从 SPC 的角度看，一个合格的过程应当具备的条件是（   ）。

A. 过程处于统计控制状态

B. 具有足够的生产能力

C. 过程处于统计控制状态并具有足够的过程能力

D. 过程处于统计控制状态但过程能力不足

39）适用控制图对过程进行监控时，将稳定的过程判为异常的可能性为（   ）。

A. α B. β

C. $1-\beta$ D. $1-\alpha$

40）在生产过程尚不稳定的情况下建立的控制图称为（   ）。（真题）

A. 计量型控制图   B. 分析用控制图

C. 生产用控制图   D. 控制用控制图

41）经验表明当出现波动的特殊因素时，控制图能有效地引起有关人员的注意；在系统或过程需要改进时，即需要减少普通因素所引起的波动时，控制图能反映出改进的情况。以下控制图形中属于存在普通因素控制图的是（   ）。（真题）

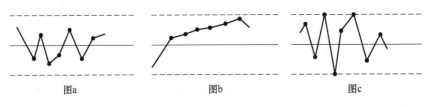

图a   图b   图c

A. 图 b + c   B. 图 a

C. 图 b
D. 图 c

42）控制图主要用来（　　）。

A. 识别异常波动
B. 判断不合格品

C. 消除质量变异
D. 减少质量变异

43）GB/T 2818.1 是一个按批量范围 N、检验水平 IL 和可接收质量限 AQL 检索的抽样系统，检验水平 IL 反映了批量（N）和样本（n）之间的关系。一般检验分为Ⅰ、Ⅱ、Ⅲ三个检验水平，无特殊要求时采用（　　）。（真题）

A. 检验水平Ⅰ
B. 检验水平Ⅱ

C. 检验水平Ⅲ
D. A + B + C

44）GB/T 2828.1 标准检验水平中的特殊检验水平一般用于（　　）的检验。（真题）

A. 破坏性或费用低
B. 非破坏性或费用低

C. 破坏性或费用高
D. 非破坏性或费用高

45）对批量 $N = 10000$ 的某批产品的检验结果是：

2 个产品分别有 1 个 A 类不合格、1 个 B 类不合格；

4 个产品分别有 1 个 B 类不合格；

1 个产品有 2 个 B 类不合格；

4 个产品分别有 1 个 B 类不合格、1 个 C 类不合格。

则其中 B 类不合格品数为（　　）。

A. 9
B. 11

C. 12
D. 4

46）对批量为 100 的产品批进行外观全数检验，发现 2 件产品上有 5 处不合格，该批产品的每百单位产品不合格数为（　　）。

A. 2
B. 5

C. 0.02
D. 0.05

47）随着过程质量水平的变化，计数调整型抽样检验不断调整的是检验的（　　）。

A. 水平
B. AQL

C. 抽样方案
D. 严格度

48）在计数调整型抽样方案中，用来规定批量和样本量之间关系的要素是（　　）。

A. AQL
B. 检验水平

C. 抽样类型
D. LQ

49）用计数调整型抽样方案对贵重产品进行破坏性检验，适宜选择的检验水平是（　　）。

A. 一般水平 I   B. 一般水平 II

C. 一般水平 III   D. 特殊水平

50) A 类不合格的可接收质量限 AQL 值应（   ）B 类不合格的 AQL 值。

A. 远远小于   B. 大于

C. 等于   D. 远远大于

51) 用计数调整型抽样方案进行正常检验，如果连续 3 批产品中有 2 批不接收，对下批产品应（   ）。

A. 使用加严检验   B. 继续使用正常检验

C. 使用放宽检验   D. 暂停抽样检验

52) 在进行 FMEA 分析时，确定建议措施时应优先选择的措施是（   ）。（真题）

A. 预防失效模式的发生   B. 加大检测数量和频率

C. 采用自动化检测的设备   D. 提高员工质量意识

53) FMEA 是一个（   ）的工具。

A. 过程分析   B. 资源共享

C. 风险评估   D. 项目策划

54) SPC 图（   ）。（真题）

A. 通过一段时间内所关心的特性值形成的图，来观察其随着时间变化的表现

B. 只适用于对连续生产的过程的计量数据的监控

C. 是将从过程定期收集的样本所获得的数据按顺序点绘成的图

D. A + C

55) SPC 图（   ）。

A. 是用一系列等宽不等高的长方形不间断地排列在一起的图形，用以描绘所关心的特性值的分布

B. 是研究成对出现的两组数据之间关系的图示技术，帮助分析两个变量之间的关系

C. 是将从过程定期收集的样本所获得的数据按顺序点绘而成的图

D. 是通过一段时间内所关心的特性值形成的图，来观察其随着时间变化的表现

56) 抽样检验的检验批由 N 个（   ）组成。（真题）

A. 样本   B. 总体样本

C. 单位产品   D. 部分产品

2. 多项选择题

1) 散布图是（   ）。（真题）

A. 描述性统计技术方法

B. 研究成对出现的两组数据之间关系的图示技术

C. 用一系列等宽不等高的长方形不间断地排列在一起的图形，用以描绘所关心的特性值的分布

D. 通过一段时间内所关心的特性值形成的图来观察其随着时间变化的表现。

2）下面关于 DOE 试验设计，正确的是（　　　）。

A. 试验设计是指以计划好的方式进行的调研，它依赖于对结果的统计评价，从而在规定的置信水平下得出结论

B. DOE 通常包括：对所调研的系统引入变化，并统计评价这些变化对系统的影响

C. DOE 的目的可以是确认系统的某些特性，也可以是调查某个或多个因素对系统某些特性的影响

D. 进行试验的具体安排和方式构成试验设计，这样的设计由其使用目的和试验条件决定

3）假设检验可用于（　　　）。

A. 当比较零件的不同批次时，检验两个（或多个）总体的均值是否不同

B. 检验总体的缺陷率不超过给定值

C. 检验样本数据是否是从单个总体中随机抽取的；检验总体的分布是否正态

D. 检验对样本的某一观察结果是否为"离群值"，即有效性可疑的极值；利用样本数据，确定总体均值可能存在的置信区间

4）测量分析可将各种来源的变差量化，如来自（　　　）。测量分析也可将来自测量系统的变差作为总过程变差、或总容许变差的一部分予以描述。（真题）

A. 测量人员的变差　　　　　　　B. 测量结果的变差

C. 测量仪器自身的变差　　　　　D. 测量过程的变差

5）测量系统分析 MSA 可用于（　　　）。

A. 测量不确定度的确定

B. 选择新仪器

C. 确定某一特定方法的特性（正确度、精密度、重复性、再现性等）

D. 比对测试

6）回归分析可用于（　　　）。

A. 预测试验的结果，或预测对材料或生产条件中的变差进行的受控前瞻性或回溯性研究的结果

B. 验证测量方法的可替代性，例如，用非破坏性的或省时的方法取代破坏性的或耗时的方法

C. 检验总体的分布是否正态

D. 当比较零件的不同批次时，检验两个（或多个）总体的均值是否不同

7）可靠性分析可用于（　　），推测软件产品成熟度、确定主要产品的耗损特性以有助于改进产品的设计，或策划所要求的适宜的服务维修计划和工作等场合。（真题）

A. 验证零件或产品能满足规定的可靠性要求

B. 新产品引进的试验数据的可靠性分析

C. 对现货产品的可靠性分析

D. 对抽样统计结果分析

8）以下各项中，属于控制图的有（　　）。（真题）

A. 排列图　　　　　　　　　　　　B. p 图

C. 直方图　　　　　　　　　　　　D. 单值移动极差图

9）设一瓶啤酒的净含量为 $640\text{mL} \pm 2\text{mL}$，生产出的一批瓶装啤酒的净含量 $X \sim N(640.32, 0.5^2)$，则这批啤酒净含量的（　　）。

A. $C_p = 1.33$　　　　　　　　　　B. $C_p = 0.67$

C. $C_{pk} = 1.12$　　　　　　　　　D. $C_{pk} = 1.33$

10）关于过程能力，以下说法正确的有（　　）。

A. 过程能力是指过程加工质量方面的能力

B. 过程能力通常用 6 倍标准差表示

C. 过程能力与公差无关

D. 过程能力数值越大越好

11）下列关于过程能力指数的叙述，正确的有（　　）。

A. 过程能力指数与公差无关

B. 过程能力指数用来度量一个过程满足标准要求的程度

C 过程能力指数越大，表明加工质量越高

D. 计算过程能力指数要求过程处于稳态

12）下述现象中属于偶然因素的是（　　）。

A. 仪表在合格范围内的测量误差　　B. 熟练与非熟练工人的操作差异

C. 实验室室温在规定范围内的变化　D. 机床的轻微振动

13）在统计过程控制中，异常因素的特点有（　　）。

A. 异常因素不是过程固有的　　　　B. 异常因素是偶然因素

C. 异常因素有时存在，有时不存在　D. 异常因素对过程输出的影响大

14）下述关于波动的说法中，正确的有（　　）。

A. 偶然波动是应采取针对性措施予以排除的

B. 偶然波动是不可避免的

C. 异常波动是应采取针对性措施予以排除的

D. 异常波动是不可避免的

15）生产过程处于统计控制状态的好处是（　　）。

A. 对过程质量可以实时监控　　　　　　B. 过程仅有偶因而无异因的变异

C. 过程不存在变异　　　　　　　　　　D. 生产过程质量得到大幅度提高

16）在零件长度的均值控制图上标有（　　）。

A. 零件长度的公差限　　　　　　　　　B. 上、下控制限

C. 零件子组的样本均值　　　　　　　　D. 中心线

17）电子元器件出厂检验部门从每批产品中抽取 100 件进行检验，并记录了不合格品数，利用这些数据可以绘制（　　）对生产线进行监控。

A. p 图　　　　　　　　　　　　　　　B. $\bar{X} - R$ 图

C. np 图　　　　　　　　　　　　　　D. c 图

18）控制图上点出界，则表明（　　）

A. 过程处于技术控制状态　　　　　　　B. 小概率事件发生

C. 过程未处于统计控制状态　　　　　　D. 过程可能存在异常因素

19）在常规控制图中，可以判异的情况有（　　）。

A. 连续 6 点在中心线同一侧

B. 连续 6 点递增

C. 连续 3 点落在中心线同一侧的 B 区之外

D. 连续 8 点落在中心线两侧，且无一在 C 区

20）过程处于统计控制状态时，下列表述中正确的是（　　）。

A. 产品全部合格

B. 只有偶因，而无异因产生的变异

C. 既有异因，亦有偶因产生的变异

D. 点子落在控制图上控制限外的概率很小

21）重复性测量条件，简称重复性条件，是指相同测量程序、（　　），并在短时间内对同一或相类似被测对象重复测量的一组测量条件。

A. 相同操作者　　　　　　　　　　　　B. 相同测量系统

C. 相同操作条件　　　　　　　　　　　D. 相同地点

22）计数调整型抽样检验适用于以下哪些情况（　　）。（真题）

A. 连续批产品

B. 进厂原材料、外购件、出厂成品、工序间在制品交接

C. 政府部门监督抽查

D. 工序管理和库存品复检

23）根据样本中产品外观的瑕疵点总数判断产品批是否接收的检验属于（　　）。

A. 计数检验　　　　　　　　　　　　　B. 计量检验

C. 计件检验   D. 计点检验

24）下列场合更适合直接使用抽样检验的是（　　）

A. 流程性产品   B. 破坏性检验

C. 过程很不稳定的产品   D. 检验成本昂贵

25）计数抽样方案用（　　）判断检验批是否可接收。

A. 批的不合格品率   B. 样本中的不合格品数

C. 批的不合格百分数   D. 样本中的不合格数

26）计数抽样中，衡量批质量水平的有（　　）。

A. 批不合格品率   B. 批不合格品百分数

C. 合格品数   D. 批每百单位产品不合格数

27）使用一次抽样方案（80，6）连续检验 10 批产品，样本中不合格品数分别为 3，4，5，3，3，2，5，4，3，5。则样本平均质量水平可表示为（　　）。

A. 不合格品百分数为 4.63   B. 不合格品百分数为 0.0463

C. 不合格品率为 4.63%   D. 每单位产品不合格数为 4.63

28）用 GB/T 2828.1 抽样方案（20，1）对一批产品进行验收，如果样本中发现有 2 个产品不合格，则（　　）。

A. 接收该批产品   B. 需继续抽样进行判断

C. 不接收该批产品   D. 对产品批进行降级、报废等处理

29）将抽样方案（80，0）改为方案（100，0）后，则下述正确的有（　　）。

A. 使用方风险增加   B. 生产方风险增加

C. 检验成本提高   D. 方案更严格

30）检索计数调整型 GB/T 2828.1 抽样方案，应事先规定（　　）

A. 样本量   B. 检验水平

C. 批量   D. 接收质量限 AQL

31）FMEA 分析的步骤包括（　　）。

A. 策划和准备   B. 结构分析、功能分析

C. 失效分析、风险分析   D. 优化改进

32）FMEA 的作用包括（　　）。

A. 评估产品或过程的潜在失效风险

B. 分析这些失效的原因和影响

C. 记录预防和探测手段

D. 建议采取措施以降低风险

33）依据 GB/T 2828.1—2012 标准，一次抽样方案是（　　）的组合。（真题）

A. 批量　　　　　　　　　　　B. 样本量

C. 接收数　　　　　　　　　　D. 拒收数

34）GB/Z 19027《GB/T 19001的统计技术指南》标准中涉及的统计技术包括（　　　）。（真题）

A. 描述性统计　　　　　　　　B. 假设检验

C. 测量分析　　　　　　　　　D. 可靠性分折

3. 判断题

1）描述性统计适用于能够收集到定量数据的几乎所有领域。

（　　　）（真题）

2）趋势图有时也称为运行图或折线图，它是通过一段时间内所关心的特性值形成的图，来观察其随着时间变化的表现。（　　　）（真题）

3）直方图的主要作用是可发现两组数据之间是相关或不相关的，如果相关可分析其相关的程度。（　　　）（真题）

4）过程能力分析，就是检查过程的总体变异和分布，从而估计其产生符合规范所允许变差范围的输出的能力。（　　　）

5）过程能力分析适用于评价过程的任一部分（如某一特定机器）的能力。如"机器能力"的分析可用来评价特定设备或估算其对整个过程能力的贡献。

（　　　）

6）过程能力用来度量一个过程满足要求的程度。（　　　）（真题）

7）对于任何生产过程，产品质量总是分散地存在着，若过程能力越高，则产品质量特性值的分散就会越小；若过程能力越低，则产品质量特性值的分散就会越大。（　　　）（真题）

8）当总尺寸容差给定时，统计容差法允许使用的单件尺寸容差的范围要比算术方法得出的小。（　　　）

9）从定量的角度看，过程能力就是在诸因素处于控制状态下，过程所加工产品的质量特性值的波动幅度。6σ愈小，过程波动幅度愈小，过程愈稳定，从而过程能力就愈强。（　　　）

10）过程能力用于衡量稳态下过程质量波动的大小，主要由过程内在质量因素影响，而与公差无关。（　　　）

11）用控制图来控制生产过程，可能出现将本来为正常状态判定为不正常，将不正常状态判为正常状态的二类错误。二类错误均会带来损失，同时减少二类错误的损失是不可能的。（　　　）（真题）

12）测量不确定度表明一个事实：对给定的被测量的测量结果不是一个值，而是分散在测量值附近的无穷多个值。（　　　）（真题）

13）测量不确定度的B类评定，是指对在规定测量条件下测得的量值用统

计分析的方法进行的测量不确定度分量的评定。　　　　　　　（　　）

14）复现性测量条件，是指不同地点、不同操作者、不同测量系统，对同一或相类似被测对象重复测量的一组测量条件。　　　　　　（　　）

15）AQL 是一个界限值，如果提交检验批的质量高于 AQL 时就绝对不能接收此批产品。　　　　　　　　　　　　　　　　　（　　）（真题）

16）雷达图是一种模仿电子雷达图像形状的一种图形，用来检查工作成就的一种带有警戒限的图。雷达图常用于多项指标的全面分析，具有完整、清晰和直观的优点。　　　　　　　　　　　　　　　　　　　（　　）

17）DFMEA 过程中，只有通过设计更改，才能降低严重度等级。　（　　）

 答案点拨解析

1. 单项选择题

题号	答案	解析
1	B	见 GB/Z 19027 引言
2	D	见 GB/Z 19027 标准 4.2.1 条款
3	A	这个是理解题，不能直接在标准中找到相关条文。通过散布图，可分析两组数据之间是否相关。如相关可进一步用回归分析法找出两者之间的近似函数关系。散布图可以帮助回归分析法确定函数的类型
4	C	见 GB/Z 19027 标准 4.2.1 条款
5	D	见 GB/Z 19027 标准 4.2.5 条款
6	C	见 GB/Z 19027 标准 4.5.1 条款
7	C	见 GB/Z 19027 标准 4.7.1 条款
8	A	见 GB/Z 19027 标准 4.8.1 条款
9	C	见 GB/Z 19027 标准 4.9.2 条款
10	D	见 GB/Z 19027 标准 4.10.1 条款
11	A	见 GB/Z 19027 标准 4.11.1 条款
12	B	见 GB/Z 19027 标准 4.11.2 条款
13	D	p 控制图，不合格品率控制图
14	C	见 GB/Z 19027 标准 4.12.1 条款
15	B	见 GB/Z 19027 标准 4.13.1 条款
16	B	见本书 4.4 节之 7 之 1）之①
17	B	见本书 4.4 节之 7 之 1）之③
18	C	$C_p = T/6\sigma = 8\sigma/6\sigma = 1.33$

（续）

题号	答案	解 析
19	D	见本书4.4节之7之1）之⑧表4-4
20	C	见本书4.4节之7之1）之④
21	C	见本书4.4节之7之1）之④
22	B	见本书4.4节之7之1）之④
23	C	过程标准差 σ 可用样本的标准差 s 来估计。 $C_p = \dfrac{\text{USL} - \text{LSL}}{6\sigma} = \dfrac{\text{USL} - \text{LSL}}{6s} = \dfrac{520 - 480}{6 \times 6.2} = 1.075$
24	A	$C_p = T/6\sigma = 0.1/(6 \times 0.02) = 0.83$
25	A	因为 $C_p = 1.67$，说明过程的标准差合适，但是 $C_{pk} = 0.6$，说明分布中心偏离规格中心，需要使特性值更接近目标值。A选项最有效
26	B	加工数量方面的能力是生产能力
27	B	见本书4.4节之7之1）之④，分布中心与规范中心偏移越大，C_{pk} 值越小，不合格品率越大
28	A	见本书4.4节之7之1）之④
29	C	见本书4.4节之7之1）之④
30	B	因为 $C_p = 1.65$，说明过程波动较小，过程的标准差尚可，不大。$C_{pk} = 0.92$，说明生产过程的均值偏离公差中心太远。B选项是对的
31	A	见本书4.4节之12之（1）5）
32	D	见本书4.4节之12之（1）之3）之b）。对某部件上的缺陷数进行监控可以使用 c 图或 u 图，当部件的面积保持不变时采用 c 控制图，当面积发生变化时需将面积换算为平均每单位面积的缺陷数后再使用 u 控制图
33	B	见本书4.4节之12之（1）之3）之a）
34	C	见本书4.4节之12之（1）之6）
35	A	见本书4.4节之12之（1）之8）图4-7 规则8
36	B	见本书4.4节之12之（1）之1）
37	A	见本书4.4节之12之（1）之5）
38	C	见本书4.4节之12之（1）之9），一个合格的过程应当是过程处于统计控制状态并具有足够的过程能力
39	A	见本书4.4节之12之（1）之7）
40	B	见本书4.4节之12之（1）之9）
41	B	见本书4.4节之12之（1）之8）控制图的8种判异准则，图b、图c异常，只有图a是正常的，也就是说图a中只有普通因素（偶然因素），而图b、图c存在特殊因素（异常因素）

（续）

题号	答案	解　析
42	A	控制图只能识别异常波动，不能消除和减少波动
43	B	见本书 4.4 节之 10 之 5）之④之 b）
44	C	见本书 4.4 节之 10 之 5）之④之 b）
45	A	见本书 4.4 节之 10 之 5）之②之 d），提示：此题考核不合格品统计规则的理解和应用，有一个或一个以上 B 类不合格，也可能有 C 类不合格，但是没有 A 类不合格的产品为 B 类不合格品
46	B	见本书 4.4 节之 10 之 5）之②之 i）。每百单位产品不合格数 =（批中的不合格数/批量）× 100 =（5/100）× 100 = 5
47	D	见本书 4.4 节之 10 之 5）之④之 g）。GB/T 2828.1 计数调整型抽样系统，有三种不同严格度的检验——正常检验、加严检验与放宽检验，根据要求调整
48	B	见本书 4.4 节之 10 之 5）之④之 b）
49	D	见本书 4.4 节之 10 之 5）之④之 b）
50	A	见本书 4.4 节之 10 之 5）之④之 a）
51	A	见本书 4.4 节之 10 之 5）之④之 g），当正在采用正常检验时，只要初次检验中连续 5 批或少于 5 批中有 2 批是不可接收的，则转移到加严检验
52	A	见本书 4.4 节之 9 之 5）之④之 c）
53	C	见本书 4.4 节之 9 之 5）之②
54	C	见本书 4.4 节之 3 之 1）表 4-3 或 GB/Z 19027 的 4.2.1 条款，趋势图：它是通过一段时间内所关心的特性值形成的图，来观察其随着时间变化的表现。见本书 4.4 节之 12 之（1）或 GB/Z 19027 标准 4.11.1 条款，控制图：SPC 图或控制图是将从过程定期收集的样本所获得的数据按顺序点绘而成的图。控制图上的参数有些是极差、百分率，严格意义上不叫产品特性值，是数据的统计量
55	C	同 54 题
56	C	见本书 4.4 节之 10 之 5）之②之 a）~b），抽样标准中将可单独描述和考察的事物定义为单位产品，检验批是由单位产品组成的

2. 多项选择题

题号	答案	解　析
1	AB	见 GB/Z 19027 标准 4.2.1 条款
2	ABCD	见 GB/Z 19027 标准 4.3.1 条款
3	ABCD	见 GB/Z 19027 标准 4.4.5 条款
4	ACD	见 GB/Z 19027 标准 4.5.2 条款

（续）

题号	答案	解 析
5	ABCD	见 GB/Z 19027 标准 4.5.5 条款
6	AB	见 GB/Z 19027 标准 4.7.5 条款
7	ABC	见 GB/Z 19027 标准 4.8.5 条款
8	BD	考生要明白常规控制图有几种
9	AC	由题意：USL = 642，LSL = 638，μ = 640.32，σ = 0.5，根据公式可得 $C_p = \dfrac{T}{6\sigma} = \dfrac{USL - LSL}{6\sigma} = \dfrac{642 - 638}{6 \times 0.5} = 1.33$ $C_{PU} = \dfrac{USL - \mu}{3\sigma} = \dfrac{642 - 640.32}{3 \times 0.5} = 1.12$ $C_{PL} = \dfrac{\mu - LSL}{3\sigma} = \dfrac{640.32 - 638}{3 \times 0.5} = 1.55$ $C_{pk} = \min(C_{PU}, C_{PL}) = \min(1.12, 1.55) = 1.12$
10	ABC	见本书 4.4 节之 7 之 1）之①
11	BCD	见本书 4.4 节之 7 之 1）
12	ACD	见本书 4.4 节之 12 之（1）之 5）
13	ACD	见本书 4.4 节之 12 之（1）之 5），以及本书 5.2.1 节之 2
14	BC	见本书 4.4 节之 12 之（1）之 5），以及本书 5.2.1 节之 2
15	ABD	见本书 4.4 节之 12 之（1）之 5）
16	BCD	见本书 4.4 节之 12 之（1）之 6），控制图的结构包括中心线 CL、上控制限 UCL、下控制限 LCL，以及按照时间顺序的样本统计量数值的描点序列。此处样本统计量是零件子组的样本均值
17	AC	根据题意，检验部门记录了不合格品数，且每批抽取的样本数量（100 件）一致，所以可以绘制 np 图；可以求出不合格品率，所以又可以绘制 p 图
18	BCD	见本书 4.4 节之 12 之（1）之 8）
19	BCD	见本书 4.4 节之 12 之（1）之 8）图 4-7
20	BD	见本书 4.4 节之 12 之（1）之 5）、6）
21	ABCD	见本书 4.4 节之 6 之 1）之③
22	ABD	见本书 4.4 节之 10 之 5）之③
23	AD	见本书 4.4 节之 10 之 5）之①之 b），是计数检验中的计点检验
24	ABD	见本书 4.4 节之 10 之 5）之①之 a）
25	BD	见本书 4.4 节之 10 之 5）之①之 b）
26	ABD	见本书 4.4 节之 10 之 5）之②之 h）、i）

（续）

题号	答案	解　　析
27	AC	这是计件检验，参照本书4.4节之10之5）之②之 h），计算样本不合格品率、样本不合格品百分数。样本不合格品率＝（样本中的不合格品总数/样本总量）＝37/（80×10）＝4.63%；样本不合格品百分数＝（样本中的不合格品总数/样本总量）×100＝4.63
28	CD	见本书4.4节之10之5）之④之 h）。根据题意，$Re = Ac + 1 = 2$，不合格品数 $d = 2 = Re$，所以判批为不接收。对这批产品要进行降级、报废等处理
29	BCD	检验样本量增加了，检验成本就提高了，而接收数 Ac 未变，说明检验方案更严了，生产方风险增大了
30	BCD	见本书4.4节之10之5）之④之 a）~e）
31	ABCD	见本书4.4节之9之5）之③
32	ABCD	见本书4.4节之9之5）之②
33	BCD	见本书4.4节之10之5）之②之 j）
34	ABCD	GB/Z 19027 介绍了12种统计技术：描述性统计、试验设计、假设检验、测量分析、过程能力分析、回归分析、可靠性分析、抽样、模拟、统计过程控制图、统计容差法、时间序列分析

3. 判断题

题号	答案	解　　析
1	√	见 GB/Z 19027 标准4.2.5 条款
2	√	见 GB/Z 19027 标准4.2.1 条款
3	×	所说的是散布图，不是直方图
4	×	见 GB/Z 19027 标准4.6.1 条款
5	√	见 GB/Z 19027 标准4.6.2 条款
6	×	过程能力指数用来度量一个过程满足标准要求的程度，而不是过程能力
7	√	过程能力 $PC = 6\sigma$。6σ 愈小，过程波动幅度愈小，过程愈稳定，从而过程能力就愈强。反之亦然
8	×	见 GB/Z 19027 标准4.12.3 条款
9	√	见本书4.4节之7之1）之①
10	√	见本书4.4节之7之1）之①
11	×	见本书4.4节之12之（1）之7），为了限制二类错误发生的概率，根据 3σ 原理确定控制限的最优间距，并应用8项判异准则：点出界就判异（准则1），限制了第一类错误的风险 $\alpha \leqslant 0.27\%$；而补充的判异准则"点在界内排列非随机"（准则2~8），则强调了对第二类风险 β 的限制

（续）

题号	答案	解　析
12	√	见本书 4.4 节之 6 之 1）之②
13	×	见本书 4.4 节之 6 之 1）之②，测量不确定度的 A 类评定，是指对在规定测量条件下测得的量值用统计分析的方法进行的测量不确定度分量的评定。B 类评定不需要统计分析方法
14	√	见本书 4.4 节之 6 之 1）之④
15	×	见本书 4.4 节之 10 之 5）之④之 a）。当生产方的过程平均质量好于 AQL 时，产品批应被高概率接收，但当过程平均质量不满足 AQL 要求时，应确保产品批高概率被拒收。请注意本书 4.4 节之 10 之 5）之②之 f）的说明：当为某个不合格或一组不合格指定一个 AQL 值时，它表明如果质量水平（不合格品百分数或每百单位产品不合格数）不大于指定的 AQL 时，抽样计划会接收绝大多数的提交批。考生注意这里的"质量水平"和我们平常理解的不一样
16	√	雷达图是一种描述性统计技术
17	√	见本书 4.4 节之 9 之 5）之④之 c）

4.5　GB/T 19015/ISO 10005《质量管理　质量计划指南》

GB/T 19015 标准最新版本是 GB/T 19015—2021/ISO 10005：2018《质量管理　质量计划指南》。

考点知识讲解

1. GB/T 19015 标准的作用

GB/T 19015 标准引言：

1）GB/T 19015 标准旨在为有质量计划需求的组织提供指南，既适用于已经建立质量管理体系的环境，也可用于单独的管理活动。

2）质量计划都提供了一种将过程、产品、服务、项目或合同的特定要求与工作方法和实践相关联的**途径**。质量计划与其他相关计划相容时最为有效。

2. 制定质量计划的益处

根据 GB/T 19015 标准引言，制定质量计划的益处包括：增强满足要求的信心，保证过程更加受控，激发相关人员的主动性，以及提供洞察创新和改进的机会。

3. GB/T 19015 标准的适用范围

GB/T 19015 标准第 1 章范围：

1）GB/T 19015 标准为质量计划的制定、评审、接受、应用和修改提供指南。

2）GB/T 19015 标准适用于任何预期输出（无论是过程、产品、服务、项目还是合同）以及任何类型或规模的组织的质量计划。

3）GB/T 19015 标准适用于无论是否建立了符合 GB/T 19001 要求的质量管理体系的组织。

4）GB/T 19015 标准提供指南，并不规定要求。

5）GB/T 19015 标准主要关注输出的提供，并不是质量管理体系开发的策划指南。

GB/T 19001—2016 标准附录 B：GB/T 19015/ISO 10005 为组织制定和实施质量计划，作为满足相关过程、产品、项目或合同要求的手段，形成支持产品实现的工作方法和实践提供了指南。制定质量计划的益处在于能使相关人员增加可以满足质量要求并有效控制相应过程的信心，推动其积极参与。

4. GB/T 19015 标准的结构

GB/T 19015 标准结构如下：

引言对本标准之前版本中所使用的一些基本概念和术语的变化做了解释说明。

- 第1章~第3章提供了基本信息（范围、规范性引用文件、术语和定义）。
- 第4章总结了如何应用质量计划。
- 第5章描述了制定质量计划的过程。
- 第6章描述了质量计划的典型内容。
- 第7章描述了质量计划的实施和控制。
- 附录 A 提供了质量计划的简单示例。
- 附录 B 提供了适用于质量计划的过程方法示意图。
- 附录 C 提供了本标准与 GB/T 19001—2016 条款之间的对照表。
- 附录 D 提供了本标准条款与 GB/T 19001—2016 质量管理原则之间的对照表。

5. 用于质量计划的过程方法示意图

在 GB/T 19015 标准的附录 B 中提供了适用于质量计划的过程方法示意图（见图4-8，在 GB/T 19015 标准中是附录 B 中的图 B.1）。

从图4-8中可以看出，要从输入源取得：

1）要求，包括顾客、法律法规和行业规范中的要求。

2）应用质量计划的其他相关方的需求信息。

3）其他相关质量计划。

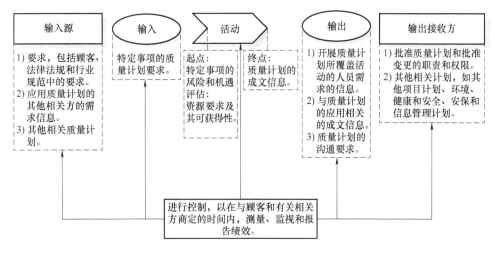

图 4-8　适用于质量计划的过程方法示意图

输入是特定事项的质量计划要求，是由输入源取得的东西转换而来的。

编制质量计划活动的起点是特定事项的风险和机遇评估、资源要求及其可获得性；终点是质量计划的成文信息。

输出包括：

1）开展质量计划所覆盖活动的人员需求的信息。

2）与质量计划的应用相关的成文信息。

3）质量计划的沟通要求。

输出接收方应开展的工作（包含其权责）及接收的信息包括：

1）批准质量计划和批准变更的职责和权限。

2）其他相关计划，如其他项目计划、环境、健康和安全、安保和信息管理计划。

要对输入源、输入、活动、输出、输出接收方进行控制，以在与顾客和有关相关方商定的时间内，测量、监视和报告绩效。

6. 术语解释

1）质量计划（方框中是 GB/T 19015 标准中的条款）。

3.2　质量计划 quality plan

对特定的客体，规定行动、职责和相关资源的规范。

［来源：GB/T 19000—2016，3.8.9，有修改，用"行动、职责和相关资源"代替"由谁及何时应用程序和相关资源"，并删除了注。］

2）特定事项（方框中是 GB/T 19015 标准中的条款）。

3.3 特定事项 specific case

<质量计划>质量计划（3.2）的对象。

注：特定事项可以是质量计划的过程、产品、服务、项目、合同或其他预期的输出。

为避免"过程、产品、服务、项目或合同"过于重复出现，GB/T 19015 标准使用术语"特定事项"来表达。

7. 如何应用质量计划（GB/T 19015 标准 4 条款）

也就是什么情况下需要质量计划，如何管理质量计划。主要有 3 点：

1) 为满足特定事项相关的需求和期望，有必要考虑制定质量计划（GB/T 19015 标准 4.1 条款）。

质量计划描述组织如何提供预期的输出，无论输出是过程、产品、服务、项目还是合同（在 GB/T 19015 标准中称为特定事项）。

为满足特定事项相关的需求和期望，有必要考虑制定质量计划。

在组织已经建立管理体系的情况下，如果顾客有要求或有其他理由认为质量计划有用，可能有必要制定质量计划。另一方面，如果尚未建立管理体系，则质量计划能够提供满足特定事项要求的框架。此外，质量计划还能帮助组织开发自身的管理体系及其过程。

组织应决定何处有质量计划的需求。在许多情况下，质量计划都可能是有用或必要的，例如：

① 为了表明组织的质量管理体系如何适用于特定事项。

② 为了满足顾客、其他相关方或组织自身的要求。

③ 为了开发和确认新的产品、服务或过程。

④ 为了在组织内和/或外证实如何满足要求。

⑤ 为了组织和管理满足要求和质量目标的活动。

⑥ 为了在满足质量目标过程中优化资源的利用。

⑦ 为了将不满足要求的风险降到最小。

⑧ 为了对新的或变更的组织、场所或合作安排的建立进行控制。

⑨ 作为监视和评价与质量要求符合性的依据时。

⑩ 已建立的管理体系缺项时。

2) 要求外部供方提供质量计划（GB/T 19015 标准 4.2 条款）。

3) 管理外部供方的质量计划（GB/T 19015 标准 4.3 条款）。

8. 质量计划制定的要求（GB/T 19015 标准 5 条款）

1) 要考虑质量计划的环境（GB/T 19015 标准 5.1 条款）。

① 理解质量计划的环境及其预期结果可为确定拟应对的风险和机遇奠定基础。

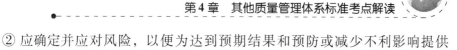

② 应确定并应对风险，以便为达到预期结果和预防或减少不利影响提供信心。

③ 应考虑改进的机会，例如，满足顾客期望或提高有效性和效率。创新的机会也很重要，例如，在提交质量计划草案作为提供产品和服务投标过程的组成部分时。

④ 一旦理解了质量计划的环境及其预期结果，即可确定质量计划的范围和目标，也可确定质量计划所需的形式和详细程度。

2）组织应确定质量计划的输入（GB/T 19015 标准 5.2 条款）。

3）组织应确定质量计划覆盖的范围（GB/T 19015 标准 5.3 条款）。

4）质量计划内容上的注意事项（GB/T 19015 标准 5.4.2 条款）。

① 质量计划应**陈述**如何实施**所要求的活动**，无论是直接陈述还是引用适宜的成文信息（如项目计划、作业指导书、检查表或软件应用）。

② 如果组织已建立了管理体系，则可以对现有的成文信息进行选择、调整或补充，以便在质量计划中使用或引用。

③ 如果某项要求导致偏离组织的管理体系，则应考虑偏离带来的相关风险和机遇；这类偏离应是合理的、达成一致并得到批准。

④ 质量计划可作为其他成文信息的组成部分，例如，项目质量计划通常包含在项目管理计划中。

5）编制质量计划时要考虑一致性和相容性（GB/T 19015 标准 5.4.3 条款）。

① 质量计划的内容和格式应与质量计划的范围、输入、使用者的需求和预期输出相一致。

② 质量计划的详略程度应与任何商定的要求、组织运行的方式和拟实施活动的复杂程度相一致。组织还应考虑与适用于特定事项的其他管理计划相容的需求。

9. 质量计划的实施和控制的要求（GB/T 19015 标准 7 条款）

1）质量计划的评审和接受（GB/T 19015 标准 7.1 条款）。

应对质量计划的充分性和有效性进行评审，且质量计划应得到授权人员或包括组织内相关职能的代表所组成的小组的正式批准。

在合同情况下，无论是作为合同签订前咨询过程的一部分还是在合同签订之后，组织可能需要向顾客提交质量计划，以得到其评审和接受。合同一旦签订，就应对质量计划进行评审，并适当时，进行修订，以反映对要求的更改。

2）质量计划的实施和监视（GB/T 19015 标准 7.2 条款）。

在实施和监视质量计划时，组织应考虑以下问题：

① 向所有相关人员发放质量计划。

② 做好应用质量计划的培训。

③ 监视与质量计划的符合性；组织负责监视各质量计划实施的符合性，包括：

a）已策划安排的运行监督。

b）关键节点评审。

c）审核。

无论由内部还是外部相关方进行监视，这种监视都将有助于：

——评价组织有效实施质量计划的承诺。

——评价质量计划的实际实施情况。

——确定在何处可能出现与特定事项要求有关的风险。

——在适当时采取纠正措施。

——发现质量计划和相关活动中的改进机会。

3）反馈和改进（GB/T 19015 标准 7.4 条款）。

适当时，组织应对质量计划应用过程中获得的经验进行评审和评价。组织还可以联合顾客、外部供方和其他相关方，对质量计划的应用情况进行评审。

组织应利用经验改进其质量计划和相应的管理体系。

 同步练习强化

1. 单项选择题

1）某公司针对顾客提出的非标产品质量要求，编制了质量计划，在编制质量计划时，可以参照（   ）来定制。（真题）

A. GB/T 19011   B. GB/T 19015

C. GB/T 19025   D. GB/T 19016

2）根据 GB/T 19015 标准，质量计划都提供了一种将过程、产品、服务、项目或合同的特定要求与工作方法和实践相关联的（   ）。

A. 途径   B. 方法

C. 措施   D. 方法和措施

3）制定质量计划的益处（作用）包括（   ）。

A. 降低质量管理体系运行成本   B. 有利于现场管理

C. 增强满足要求的信心   D. 以上全部

4）GB/T 19015 标准中适用于质量计划的过程方法示意图里面的"输入"是（   ）。

A. 组织或/和有关相关方的要求

B. 特定事项的质量计划要求

C. 顾客的要求

D. 应用质量计划的其他相关方的需求信息

5）GB/T 19015 标准中适用于质量计划的过程方法示意图里面的"活动"终点是（　　　）。

A. 质量计划的成文信息　　　　　B. 资源要求及其可获得性

C. 质量计划的沟通要求　　　　　D. 其他相关质量计划

6）对特定的客体，规定行动、职责和相关资源的规范是（　　　）。（真题改进）

A. 质量手册　　　　　　　　　　B. 产品开发计划

C. 质量计划　　　　　　　　　　D. 项目管理计划

7）质量计划的对象是（　　　）。

A. 特定事项　　　　　　　　　　B. 产品和/或服务

C. 顾客特定要求　　　　　　　　D. 特定合同

8）根据 GB/T 19015 标准，理解质量计划的（　　　）及其预期结果可为确定拟应对的风险和机遇奠定基础。一旦理解了质量计划的（　　　）及其预期结果，即可确定质量计划的范围和目标，也可确定质量计划所需的形式和详细程度。

A. 要求　　　　　　　　　　　　B. 环境

C. 需求和期望　　　　　　　　　D. 输入

9）质量计划的详略程度应与任何商定的（　　　）、组织运行的方式和拟实施活动的复杂程度相一致。组织还应考虑与适用于特定事项的其他管理计划相容的需求。（真题改进）

A. 有关相关方要求　　　　　　　B. 法律法规要求

C. 要求　　　　　　　　　　　　D. 以上全部

10）质量计划的内容和格式应与质量计划的范围、输入、（　　　）和预期输出相一致。

A. 使用者的需求　　　　　　　　B. 顾客需求

C. 组织需求　　　　　　　　　　D. 以上全部

11）根据 GB/T 19015 标准，组织负责监视各质量计划实施的符合性，包括已策划安排的运行监督、（　　　）、审核。

A. 监视　　　　　　　　　　　　B. 关键节点评审

C. 监视和测量　　　　　　　　　D. 分析和评价

12）根据 GB/T 19015 标准，质量计划应陈述如何实施所要求的（　　　），无论是直接陈述还是引用适宜的成文信息。

A. 活动　　　　　　　　　　　　B. 过程

C. 活动和过程   D. 措施

2. 多项选择题

1）根据 GB/T 19015 标准，制定质量计划的益处包括（　　）。

A. 增强满足要求的信心   B. 保证过程更加受控

C. 激发相关人员的主动性   D. 提供洞察创新和改进的机会

2）GB/T 19015 标准中适用于质量计划的过程方法示意图里面的"活动"起点是（　　），终点是质量计划的成文信息。

A. 特定事项的风险和机遇评估   B. 资源要求及其可获得性

C. 特定事项的质量计划要求   D. 其他相关质量计划

3）GB/T 19015 标准中适用于质量计划的过程方法示意图里面的输出是（　　）。

A. 开展质量计划所覆盖活动的人员需求的信息

B. 与质量计划的应用相关的成文信息

C. 质量计划的沟通要求

D. 职责和权限要求

4）根据 GB/T 19015 标准，对质量计划的实施进行监视。无论由内部还是外部相关方进行监视，这种监视都将有助于（　　）。

A. 评价质量计划的实际实施情况

B. 确定在何处可能出现与特定事项要求有关的风险

C. 在适当时采取纠正措施；发现质量计划和相关活动中的改进机会

D. 降低质量管理体系运行成本

3. 判断题

1）GB/T 19015 标准主要关注输出的提供，是质量管理体系开发的策划指南之一。   （　　）

2）根据 GB/T 19015 标准，应对质量计划的符合性和有效性进行评审，且质量计划应得到授权人员或包括组织内相关职能的代表所组成的小组的正式批准。   （　　）

3）GB/T 19015 标准提供指南，并不规定要求。   （　　）

4）制定质量计划时，不可以对现有的成文信息进行调整。   （　　）

 答案点拨解析

1. 单项选择题

1）B，2）A，3）C，4）B，5）A，6）C，7）A，8）B，9）C，10）A，11）B，12）A。

解析：第 2 题，见 GB/T 19015 标准引言。

第 3 题，见 GB/T 19015 标准引言。

第 4 题，见 GB/T 19015 标准附录 B 中图 B.1。

第 5 题，见 GB/T 19015 标准附录 B 中图 B.1。

第 6 题，见 GB/T 19015 标准 3.2 条款。

第 7 题，见 GB/T 19015 标准 3.3 条款。

第 8 题，见 GB/T 19015 标准 5.1 条款。

第 9 题，见 GB/T 19015 标准 5.4.3 条款。

第 10 题，见 GB/T 19015 标准 5.4.3 条款。

第 11 题，见 GB/T 19015 标准 7.2 条款。

第 12 题，见 GB/T 19015 标准 5.4.2 条款。

2. 多项选择题

1）ABCD，2）AB，3）ABC，4）ABC。

解析：第 1 题，见 GB/T 19015 标准引言。

第 2 题，见 GB/T 19015 标准附录 B 中图 B.1。

第 3 题，见 GB/T 19015 标准附录 B 中图 B.1。

第 4 题，见 GB/T 19015 标准 7.2 条款。

3. 判断题

1）×，2）×，3）√，4）×。

解析：第 1 题，见 GB/T 19015 标准第 1 章范围

第 2 题，见 GB/T 19015 标准 7.1 条款。

第 3 题，见 GB/T 19015 标准第 1 章范围

第 4 题，见 GB/T 19015 标准 5.4.2 条款。

4.6　GB/T 19016/ISO 10006《质量管理　项目质量管理指南》

GB/T 19016 标准最新版本是 GB/T 19016—2021/ISO 10006：2017《质量管理　项目质量管理指南》。

 考点知识讲解

1. GB/T 19016 标准引言

1）GB/T 19016 标准的作用。

GB/T 19016 标准为项目质量管理提供了指南，概述了质量管理原则和实践。这些原则和实践的应用对实现项目质量目标很重要，并影响项目

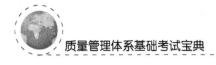

质量目标的实现。GB/T 19016 标准与 GB/T 19000—2016 和 GB/T 19001—2016 保持一致，并对 GB/T 37507—2019《项目管理指南》中的指南做了补充。

2）项目质量管理和项目质量管理体系两个概念的区别。

① **项目质量管理**包括：项目质量管理体系、项目管理职责、项目资源管理、项目产品/服务的实现、项目的测量、分析和改进。

② **项目质量管理体系**包括：项目环境和特性、项目质量管理原则、项目质量管理过程和项目质量计划。

3）项目质量管理的应用。

通常认为项目质量管理的应用有两个方面：在项目管理体系内所管理的**项目过程**；以产品和服务形式呈现的**项目输出的质量**。不满足这两个方面的任何一个，都可能对项目的产品和服务、项目的顾客和其他相关方以及项目组织产生重大影响。

4）项目过程和产品/服务质量的形成和保持要求采用系统的方法。该方法旨在确保顾客明示的和隐含的需求得到理解和满足，其他相关方的需求得到理解和评价，发起组织的质量方针在项目管理中得到考虑和落实。

2. GB/T 19016 标准的适用范围

1）GB/T 19016 标准第 1 章范围这样描述 GB/T 19016 标准的适用范围：

① GB/T 19016 标准提供了项目质量管理的应用指南。

② GB/T 19016 标准适用于在不同环境下承担复杂程度不同、规模大小不一、周期长短不等的单个项目到项目群或项目组合的一部分的组织，而与所涉及产品、服务或过程的类型无关，目的是通过实施项目质量管理，使项目的各相关方满意。为了适用于特定项目，可能需要对 GB/T 19016 标准做一些删减。

③ GB/T 19016 标准不是项目管理本身的指南，而是项目管理过程中关于质量的指南。GB/T 37507《项目管理指南》提供了项目管理和相关过程的指南。

2）GB/T 19001 附录 B 这样描述 GB/T 19016 标准的适用范围：GB/T 19016/ISO 10006《质量管理 项目质量管理指南》，可适用于从小到大、从简单到复杂、从单独的项目到项目组合中组成部分的各种项目。既可供项目管理人员使用，也可供需要确保其组织应用质量管理体系标准相关实践的人员使用。

3. GB/T 19016 标准的结构

GB/T 19016 标准的结构见表 4-5。

表 4-5　GB/T 19016 标准的结构

一级条款（章）	二级条款	三级条款
前言		
引言		
1　范围		
2　引用文件		
3　术语和定义		
4　项目质量管理体系	4.1　项目环境和特性	4.1.1　总则
		4.1.2　组织
		4.1.3　项目阶段和过程
		4.1.4　项目管理过程
	4.2　质量管理原则	
	4.3　项目质量管理过程	
	4.4　项目质量计划	
5　项目管理职责	5.1　最高管理者的承诺	
	5.2　战略过程	5.2.1　质量管理原则在战略过程中的应用
		5.2.2　以顾客为关注焦点
		5.2.3　领导作用
		5.2.4　全员积极参与
		5.2.5　过程方法
		5.2.6　改进
		5.2.7　循证决策
		5.2.8　关系管理
	5.3　管理评审和进展评价	5.3.1　管理评审
		5.3.2　进展评价
6　项目资源管理	6.1　与资源有关的过程	6.1.1　总则
		6.1.2　资源策划
		6.1.3　资源控制
	6.2　与人员有关的过程	6.2.1　总则
		6.2.2　项目组织结构的建立
		6.2.3　人员分配
		6.2.4　团队建设

（续）

一级条款（章）	二级条款	三级条款
7　项目产品/服务的实现	7.1　总则	
	7.2　相互依存的过程	7.2.1　总则
		7.2.2　项目启动和项目管理计划的制定
		7.2.3　相互作用的管理
		7.2.4　变更的管理
		7.2.5　过程和项目的关闭
	7.3　与范围有关的过程	7.3.1　总则
		7.3.2　方案设计
		7.3.3　范围的确定和控制
		7.3.4　活动的确定
		7.3.5　活动的控制
	7.4　与时间有关的过程	7.4.1　总则
		7.4.2　活动相关性的策划
		7.4.3　持续时间的估计
		7.4.4　进度计划的制定
		7.4.5　进度计划的控制
	7.5　与费用有关的过程	7.5.1　总则
		7.5.2　费用估算
		7.5.3　预算
		7.5.4　费用控制
	7.6　与沟通有关的过程	7.6.1　总则
		7.6.2　沟通的策划
		7.6.3　信息管理
		7.6.4　沟通的控制
	7.7　与风险有关的过程	7.7.1　总则
		7.7.2　风险识别
		7.7.3　风险评估
		7.7.4　风险处理
		7.7.5　风险控制
	7.8　采购过程	7.8.1　总则
		7.8.2　采购的策划和控制

（续）

一级条款（章）	二级条款		三级条款	
7 项目产品/服务的实现	7.8	采购过程	7.8.3	采购要求的文件
			7.8.4	外部供方的管理和开发
			7.8.5	签订合同
			7.8.6	合同控制
8 项目的测量、分析和改进	8.1	总则		
	8.2	测量和分析		
	8.3	改进	8.3.1	发起组织的改进
			8.3.2	项目组织的改进

4. 与项目有关的术语

1）项目（方框中是 GB/T 19016 标准中的条款）。

3.3 项目 project

为实现目标所开展的独特过程。

注1：项目通常包含一组有起止日期的、相互协调的受控活动（3.1），且符合包括时间、费用和资源的约束条件的特定要求。

注2：单个项目可作为一个较大项目结构中的组成部分，且通常规定开始和完成日期。

注3：在一些项目中，随着项目的进展，目标和范围会更新，产品或服务特性逐步确定。

注4：项目的输出可以是一个或几个产品或服务单元。

注5：项目组织通常是临时的，根据项目的生命周期建立。

注6：项目活动之间相互作用的复杂性与项目规模没有必然联系。

2）项目管理（方框中是 GB/T 19016 标准中的条款）。

3.4 项目管理 project management

为实现项目目标，对项目（3.3）各方面实施的策划、组织、监视、控制和报告以及对所有参与者的激励。

3）项目管理计划（方框中是 GB/T 19016 标准中的条款）。

3.5 项目管理计划 project management plan

规定满足项目（3.3）目标所必需事项的文件。

注1：项目管理计划应包括或引用项目质量计划（3.9）。

注2：适当时，项目管理计划还包括或引用其他计划，例如：与组织结构、资源、进度、预算、风险管理、环境管理、健康安全管理以及安保管理等有关的计划。

4）项目组织（方框中是 GB/T 19016 标准中的条款）。

3.6 项目组织 project organization

需要确定并与项目（3.3）各相关方沟通的，包含项目角色、职责、权限等级和边界的临时结构。

---

5. 项目质量管理体系（GB/T 19016 标准 4 项目质量管理体系）

1）项目的主要特性（GB/T 19016 标准 4.1.1 条款）。

项目的主要特性如下：

① 由过程和活动组成的阶段是独特且不重复的。

② 具有一定程度的风险和不确定性。

③ 在预定参数内（如质量相关的参数），期望交付规定的定量结果。

④ 在明确规定的费用和资源约束条件内，具有已策划的开始和完成日期。

⑤ 具有一个或几个产品或服务单元的输出。

⑥ 在项目期间，可以临时指派人员加入项目组织（项目组织可由发起组织指定且可随着项目的进展情况进行变更）。

⑦ 可能持续较长时间，并将随着时间的推移，经受内外部变化的影响。

2）组织（GB/T 19016 标准 4.1.2 条款）。

GB/T 19016 标准分别使用了发起组织和项目组织。

发起组织是决定承担项目的组织，可以是单一的组织、合资企业、联合体或其他任何可接受的结构。发起组织将项目分配给项目组织。

发起组织可以承担多个项目，每个项目应分配给不同的项目组织。

项目组织实施项目。项目组织可以是发起组织的一部分。项目组织与其他有关相关方（包括发起组织）之间应就项目过程明确划分职责和权限，并将其作为成文信息予以保持。

6. 几个重要的过程

1）与人员有关的过程（GB/T 19016 标准 6.2.1 条款）。

项目的质量和成功取决于参与的人员。因此，应特别关注与人员有关的过程的活动。

与人员有关的过程旨在营造让参与人员能够有效和高效地为项目做出贡献的环境。

与人员有关的过程是：

① 项目组织结构的建立。

② 人员分配。

③ 团队建设。

2）与时间有关的过程（GB/T 19016 标准 7.4.1 条款）。

与时间有关的过程旨在确定活动的相关性和持续时间，并确保及时完成项目。

与时间有关的过程包括：

① 活动相关性的策划。

② 持续时间的估计。

③ 进度计划的制定。

④ 进度计划的控制。

3）与费用有关的过程（GB/T 19016 标准 7.5.1 条款）。

与费用有关的过程旨在预测和管理项目费用，确保项目在预算范围内完成以及将有关费用的信息提供给发起组织。

与费用有关的过程包括：

① 费用估算。

② 预算。

③ 费用控制。

 同步练习强化

1. 单项选择题

1）（　　　）标准为项目质量管理提供了指南，概述了质量管理原则和实践。

A. GB/T 19011　　　　　　　　　B. GB/T 19015

C. GB/T 19025　　　　　　　　　D. GB/T 19016

2）项目质量管理体系包括（　　　）、项目质量管理原则、项目质量管理过程和项目质量计划。

A. 项目环境和特性　　　　　　　B. 项目管理职责

C. 项目资源管理　　　　　　　　D. 项目的确定

3）通常认为项目质量管理的应用有两个方面，一是在项目管理体系内所管理的（　　　），二是以产品和服务形式呈现的（　　　）。

A. 活动，质量　　　　　　　　　B. 项目过程，项目输出的质量

C. 过程，过程的输出　　　　　　D. 活动，产品和服务的质量

4）（　　　）是为实现目标所开展的独特过程。

A. 项目　　　　　　　　　　　　B. 质量计划

C. 项目管理计划　　　　　　　　D. 项目管理

5）根据 GB/T 19016 标准，（　　　）是决定承担项目的组织，可以是单一的组织、合资企业、联合体或其他任何可接受的结构。

A. 项目组织　　　　　　　　　　B. 发起组织

C. 投标组织   D. 招标组织

6）根据 GB/T 19016 标准，与人员有关的过程是项目组织结构的建立、人员分配以及（   ）。

A. 人员培训   B. 人力资源管理

C. 团队建设   D. 绩效考核

7）根据 GB/T 19016 标准，与费用有关的过程包括费用估算、预算以及（   ）。

A. 费用控制   B. 费用决算

B. 费用使用总结   D. 费用平衡

8）项目质量管理在项目中的应用有两个方面，包括项目输出的质量和（   ）。（真题改进）

A. 项目过程   B. 项目控制

C. 项目策划   D. 项目改进

2. 多项选择题

1）项目质量管理包括（   ），以及项目的测量、分析和改进。

A. 项目质量管理体系   B. 项目管理职责

C. 项目资源管理   D. 项目产品/服务的实现

2）根据 GB/T 19016 标准，与时间有关的过程包括（   ）。

A. 活动相关性的策划   B. 持续时间的估计

C. 进度计划的制定   D. 进度计划的控制

3. 判断题

根据 GB/T 19016 标准，项目组织是决定承担项目的组织，可以是单一的组织、合资企业、联合体或其他任何可接受的结构。

 答案点拨解析

1. 单项选择题

1）D，2）A，3）B，4）A，5）B，6）C，7）A，8）A。

解析：第 2 题，见 GB/T 19016 标准引言。

第 3 题，见 GB/T 19016 标准引言。

第 4 题，见 GB/T 19016 标准 3.3 条款。

第 5 题，见 GB/T 19016 标准 4.1.2 条款。

第 6 题，见 GB/T 19016 标准 6.2.1 条款。

第 7 题，见 GB/T 19016 标准 7.5.1 条款。

第 8 题，见 GB/T 19016 标准引言。

2. 多项选择题

1）ABCD，2）ABCD。

解析：第 1 题，见 GB/T 19016 标准引言。

第 2 题，见 GB/T 19016 标准 7.4.1 条款。

3. 判断题

×。

解析：第 1 题，见 GB/T 19016 标准 4.1.2 条款。

4.7　GB/T 19017/ISO 10007《质量管理　技术状态管理指南》

GB/T 19017 标准最新版本是 GB/T 19017—2020/ISO 10007：2017《质量管理　技术状态管理指南》，2020 年 11 月 19 日发布，2021 年 6 月 1 日实施。

考点知识讲解

1. GB/T 19017 标准引言

GB/T 19017 标准的作用：

1）GB/T 19017 标准旨在增强人们对技术状态管理的理解，促进技术状态管理的使用，并帮助组织应用技术状态管理提高其绩效。

2）技术状态管理是在产品和服务的整个寿命周期内，运用技术的和管理的手段，对技术状态标识和状况，以及有关的产品和服务技术状态信息进行管理的一种活动。

3）技术状态管理是将产品或服务的技术状态形成文件，并在其生命周期内的所有阶段，提供标识和追溯、其物理的和功能的要求的实现状况及获取准确信息。

4）组织可根据其规模以及产品或服务的复杂程度和性质来实施技术状态管理并反映特定生命周期阶段的需求。

5）技术状态管理可用于满足 GB/T 19001—2016 中 8.5.2 规定的产品和服务标识和可追溯性要求。

2. GB/T 19017 标准的适用范围

GB/T 19017 标准第 1 章范围这样描述 GB/T 19017 标准的适用范围：

① GB/T 19017 标准给出了在组织内进行技术状态管理的指南。

② GB/T 19017 标准适用于支持产品和服务从概念到处置的各个阶段。

GB/T 19001 标准附录 B 这样描述 GB/T 19017 标准的适用范围：GB/T 19017/ISO 10007 帮助组织在整个寿命周期内对产品的技术和管理状态应用技术

状态管理。技术状态管理可用于满足 GB/T 19001 标准规定的产品标识和可追溯要求。

3. GB/T 19017 标准的结构

GB/T 19017 标准引言：GB/T 19017 标准在描述技术状态管理过程之前，包括技术状态管理策划、技术状态标识、更改控制、技术状态记实和技术状态审核，列举了技术状态管理的职责和权限。就是说，技术状态管理过程包括技术状态管理策划、技术状态标识、更改控制、技术状态记实和技术状态审核。在此之前，要明确技术状态管理的职责和权限。

GB/T 19017 标准的结构见表 4-6。

表 4-6 GB/T 19017 标准的结构

一级条款（章）	二级条款	三级条款
前言		
引言		
1 范围		
2 规范性引用文件		
3 术语和定义		
4 技术状态管理职责	4.1 职责和权限	
	4.2 技术状态管理机构	
5 技术状态管理过程	5.1 总则	
	5.2 技术状态管理策划	
	5.3 技术状态标识	5.3.1 产品结构或服务能力与技术状态项的选择
		5.3.2 技术状态信息
		5.3.3 技术状态基线
	5.4 更改控制	5.4.1 总则
		5.4.2 更改需求的提出、标识和文件编制
		5.4.3 更改的评价
		5.4.4 更改的处理
		5.4.5 更改的实施和验证
	5.5 技术状态记实	5.5.1 总则
		5.5.2 成文信息
		5.5.3 报告
	5.6 技术状态审核	

（续）

一级条款（章）	二级条款	三级条款
附录 A（资料性附录） 技术状态管理计划的结构 和内容	A.1 总则	
	A.2 引言部分	
	A.3 方针	
	A.4 技术状态标识	
	A.5 更改控制	
	A.6 技术状态记实	
	A.7 技术状态审核	

4. GB/T 19017 标准有关技术状态的术语

1）技术状态（方框中是 GB/T 19017 标准中的条款）。

3.1 技术状态 configuration

在技术状态信息（3.5）中规定的产品或服务的相互关联的功能特性和物理特性。

2）技术状态基线（方框中是 GB/T 19017 标准中的条款）。

3.2 技术状态基线 configuration baseline

在**某一时间点**确立产品或服务特点并经批准的技术状态信息（3.5），作为产品或服务的整个生命周期内活动的参照基准。

3）技术状态项（方框中是 GB/T 19017 标准中的条款）。

3.3 技术状态项 configuration item

满足最终使用功能的某个技术状态（3.1）内的客体。

4）技术状态记实（方框中是 GB/T 19017 标准中的条款）。

3.4 技术状态记实 configuration status accounting

对技术状态信息（3.5）、建议更改的状况和已批准更改的实施状况所做的正式记录和报告。

5）技术状态信息（方框中是 GB/T 19017 标准中的条款）。

3.5 技术状态信息 configuration information

对产品或服务设计、实现、验证、运行和支持的要求。

5. 技术状态管理过程的要点

1）技术状态管理策划（GB/T 19017 标准 5.2 条款）。

技术状态管理策划的输出是技术状态管理计划。对于具体产品或服务，技术状态管理计划应：

① 形成文件并得到批准。

② 受控。

③ 确定需使用的技术状态管理成文信息。

④ 尽可能引用组织的相关成文信息。

⑤ 规定在产品或服务的生命周期中开展技术状态管理所需要的资源，以及职责和权限（包括问责）。

GB/T 19017 标准 5.1 条款要求技术状态管理计划应详细规定技术状态管理过程，并描述产品或服务生命周期中**任一项目**特定的成文信息及其应用范围。

GB/T 19017 标准附录 A 规定了技术状态管理计划的结构和内容，包括总则、引言部分、方针、技术状态标识、更改控制、技术状态记实、技术状态审核。

2）技术状态标识（GB/T 19017 标准 5.3 条款）。

GB/T 19017 标准 5.3.2 条款：技术状态信息包括定义和使用信息。通常包括：要求、规范、设计图样、零件清单、数据模型、试验规范、操作手册（用于调试、维护和运行），及有关停用和处置的所有具体要求。技术状态信息应是相关的并可追溯。组织应确定唯一的命名和编号方式。

GB/T 19017 标准 5.3.3 条款：技术状态基线由代表对产品或服务定义的经批准的技术状态信息所组成。技术状态基线及其经批准的更改，代表了现行有效的技术状态。

3）更改控制（GB/T 19017 标准 5.4 条款）。

更改控制包括更改需求的提出、标识和文件编制，更改的评价，更改的处理，更改的实施和验证。

4）技术状态记实（GB/T 19017 标准 5.5 条款）。

① GB/T 19017 标准 5.5.2.1 条款：在进行技术状态标识和更改控制活动期间，将产生技术状态记实成文信息。这些成文信息考虑了可见性和可追溯性，以及对不断演变的技术状态的高效管理。

② GB/T 19017 标准 5.5.3 条款：为了达到技术状态管理的目的，需要各种类型的技术状态记实报告。这样的报告可以覆盖单独的技术状态项或整个产品或服务。

通常，报告包括：

a. 包含在某一特定的技术状态基线内的技术状态信息清单。

b. 技术状态项及其技术状态基线清单。

c. 当前的版本修订状况及更改历史的详细情况。

d. 更改和让步的情况报告。

e. 交付技术状态和维护技术状态的详细情况（如零部件、追溯号码及其版本修订状况）。

5）技术状态审核（GB/T 19017 标准 5.6 条款）。

技术状态审核应根据成文信息进行，以确定产品或服务是否符合要求并与技术状态信息一致。

通常有两类技术状态审核：

① 功能技术状态审核。这是一种正式的审查，以验证技术状态项已经达到了在技术状态信息中规定的功能和性能特性。

② 物理技术状态审核。这是一种正式的审查，以验证技术状态项已经达到了在技术状态信息中规定的物理特性。

在技术状态项正式验收前，可要求进行技术状态审核。这种审核并不是要取代其他形式的验证、评审、试验或检验，但它可能受这些活动结果的影响。

 同步练习强化

1. 单项选择题

1）（　　）标准旨在增强人们对技术状态管理的理解，促进技术状态管理的使用，并帮助组织应用技术状态管理提高其绩效。

A. GB/T 19017　　　　　　　　B. GB/T 19015

C. GB/T 19025　　　　　　　　D. GB/T 19016

2）关于技术状态管理，下列说法不正确的是（　　）。（真题）

A. 技术状态管理可用于满足 GB/T 19001 中规定的产品识别和可追溯性要求

B. 组织可根据其规模以及产品的复杂程度和性质来实施技术状态管理

C. 技术状态管理适用于产品生产周期的每个阶段

D. 技术状态管理计划不一定形成文件

3）技术状态管理是将产品或服务的技术状态形成文件，并在其生命周期内的所有阶段，提供标识和追溯其（　　）的实现状况及获取准确信息。

A. 质量要求　　　　　　　　　B. 物理的和功能的要求

C. 顾客和其他相关方要求　　　　D. 顾客要求

4）（　　）是指在技术状态信息中规定的产品或服务的相互关联的功能特性和物理特性。

A. 技术状态　　　　　　　　　B. 技术状态基线

C. 技术状态项　　　　　　　　D. 技术状态记实

5）技术状态基线是在某一时间点确立产品或服务特点并经批准的（　　），作为产品或服务的整个生命周期内活动的参照基准。

A. 技术状态   B. 技术状态基线

C. 技术状态项   D. 技术状态信息

6）技术状态信息是指对产品或服务设计、实现、验证、运行和支持的（　　）。

A. 规范   B. 文件

C. 要求   D. 标准

2. 多项选择题

1）技术状态管理是在产品和服务的整个寿命周期内，运用技术的和管理的手段，对（　　）进行管理的一种活动。

A. 技术状态标识   B. 技术状态状况

C. 技术状态更改   D. 有关的产品和服务技术状态信息

2）技术状态管理过程包括技术状态管理策划和（　　）。

A. 技术状态标识   B. 更改控制

C. 技术状态记实   D. 技术状态审核

3）技术状态管理计划的结构和内容包括（　　），以及更改控制、技术状态记实、技术状态审核。

A. 总则   B. 引言部分

C. 方针   D. 技术状态标识

4）技术状态信息包括（　　），它们通常包括：要求、规范、设计图样、零件清单、数据模型、试验规范、操作手册（用于调试、维护和运行），及有关停用和处置的所有具体要求。

A. 使用要求   B. 定义

C. 顾客要求   D. 使用信息

5）技术状态更改控制包括（　　）。

A. 更改需求的提出、标识和文件编制

B. 更改的评价

C. 更改的处理

D. 更改的实施和验证

6）在进行技术状态标识和更改控制活动期间，将产生技术状态记实成文信息。这些技术状态记实成文信息考虑了（　　）。

A. 标识   B. 可见性

C. 可追溯性   D. 对不断演变的技术状态的高效管理

7）技术状态记实报告可以覆盖单独的技术状态项或整个产品或服务。通常，报告包括（　　）。

A. 包含在某一特定的技术状态基线内的技术状态信息清单

B. 技术状态项及其技术状态基线清单

C. 更改和让步的情况报告

D. 交付技术状态和维护技术状态的详细情况（如零部件、追溯号码及其版本修订状况）

8）根据 GB/T 19017 标准，通常有两类技术状态审核，包括（　　　）。

A. 性能技术状态审核　　　　　　B. 功能技术状态审核

C. 物理技术状态审核　　　　　　D. 化学技术状态审核

3. 判断题

技术状态管理计划应详细规定技术状态管理过程，并描述产品或服务生命周期中任一项目特定的成文信息及其应用范围。（　　　）

答案点拨解析

1. 单项选择题

1）A，2）D，3）B，4）A，5）D，6）C。

解析：第 2 题，根据 GB/T 19017 标准 5.2a）条款，技术状态管理计划应形成文件并得到批准，所以 D 选项是错的。再有，从计划的定义中知道，计划是文件的一种，所以说计划不一定形成文件肯定是错的。

第 3 题，见 GB/T 19017 标准引言。

第 4 题，见 GB/T 19017 标准 3.1 条款。

第 5 题，见 GB/T 19017 标准 3.2 条款。

第 6 题，见 GB/T 19017 标准 3.5 条款。

2. 多项选择题

1）ABD，2）ABCD，3）ABCD，4）BD，5）ABCD，6）BCD，7）ABCD，8）BC。

解析：第 1 题，见 GB/T 19017 标准引言。

第 2 题，见 GB/T 19017 标准引言。

第 3 题，见 GB/T 19017 标准附录 A。

第 4 题，见 GB/T 19017 标准 5.3.2 条款。

第 5 题，见 GB/T 19017 标准 5.4 条款。

第 6 题，见 GB/T 19017 标准 5.5.2.1 条款。

第 7 题，见 GB/T 19017 标准 5.5.3 条款。

第 8 题，见 GB/T 19017 标准 5.6 条款。

3. 判断题

√。

解析：第 1 题，见 GB/T 19017 标准 5.1 条款。

第2部分

质量管理领域专业知识

第 5 章
质量管理领域专业知识考点解读

 考试大纲要求

1）了解质量管理方法与工具的相关知识，包括：

① 质量管理方法与工具的内涵与作用、发展历程与应用现状、分类与选择常用的应用软件。

② 质量管理工具的统计理论与基础，如质量特性数据的分类及特征、典型的概率分布、统计量与抽样分布、基础统计方法。

③ 质量管理工具的基础方法与工具，如质量调查的基础方法与工具、质量数据资料分析的基础工具、质量非数据资料分析的基础工具。

④ 质量设计方法与工具，如任务分解法、产品质量先期策划、质量功能展开、实验设计、可靠性设计。

⑤ 质量评价方法与工具，如符合性评价模型、成熟度的典型评价方法、服务质量分析与评价的典型方法、顾客满意测评、质量经济性评价方法。

⑥ 质量改进方法与工具，如系统性的质量改进方法与工具、结构化的质量改进方法与工具、质量改进的推广工具。

2）了解风险管理的基础知识，如 ISO 31000 风险管理标准的基本内容。

3）了解质量管理自我评价的基础知识，如 GB/T 19580—2012《卓越绩效评价准则》中的自我评价方法。

说明：

1）因为质量管理领域专业知识的考试是以中国认证认可协会组织编写的《质量管理方法与工具》作为出题参考教材的，所以对质量管理方法与工具的分类、定义以及作用，都引用了《质量管理方法与工具》中的内容。同时，本书尽量按照《质量管理方法与工具》的编排顺序安排本章的章节顺序。

2）本章将《质量管理方法与工具》看作考试的工具书，本章引用该书时，将该书称作"工具书"。"引用或见工具书 1.1.1"表示引用或参考了《质量管理方法与工具》第一章第一节中的第一小节，以此类推。

5.1 质量管理方法与工具概述

 考点知识讲解

5.1.1 质量管理方法与工具的内涵及作用

1. 质量管理方法与工具的内涵

1）质量管理方法与工具的定义。质量管理方法与工具是在质量管理基本原理的指导下，通过成功的实践经验，积累总结出来的能够科学且经济有效地解决质量问题的通用方法与技术。质量管理方法与工具从性质上来看，应从属于质量管理**方法论**的范畴。

2）质量管理方法与工具的内涵。世界质量管理的发展经历了质量检验阶段、统计质量控制阶段和全面质量管理阶段。随着**"大质量观"**的出现，质量管理方法与工具的内涵不再局限于微观组织的质量管理领域，已经成为认证认可实施及提升工作的方法论及重要技术手段，质量管理方法与工具也不再是组织中质量工程师及技术人员的"专利"，已经成为致力于提高质量的广大公众以及宏观和微观各领域人员均可应用的问题解决技术。

2. 质量管理方法与工具的作用

1）质量管理方法与工具能使组织获得效益。

2）质量管理方法与工具是竞争制胜的法宝。质量管理方法与工具中的**统计技术的实质**是对数据资料的科学收集、科学处理和科学分析，进而提炼出有用的**信息**。信息是解决问题和管理决策的基础，是竞争制胜的法宝。

3）质量管理方法与工具促进组织过程及结果的改进与创新。

4）质量管理方法与工具是组织现代化管理水平的重要标志。

3. 质量管理方法与工具在各类组织中应用的基本前提

1）组织的基础管理工作比较扎实。组织职责权限清晰，各类过程基本稳定，人、机器、材料、方法、测量、环境（5M1E分析法）等因素已经进行了标准化，有正常的管理秩序。

2）人员接受过培训，具有灵活应用各种质量管理方法与工具的能力。

3）具备并有能力为质量管理方法与工具的应用提供条件。例如，质量管理工具应用必备的软件。

4. 我国各类组织采用质量管理方法与工具存在的主要问题

1）管理者存有疑虑。管理者必须明白，管理者对质量管理方法与工具的重

视程度决定应用质量管理方法与工具的质量。

2）缺乏系统的质量管理方法与工具的策划和需求分析。质量管理方法与工具运用的关键问题是其策划和需求的分析，这要比质量管理方法与工具的应用更为重要。

3）统计数据及信息资料质量低下，数据及非数据分析薄弱。

4）把应用质量管理方法与工具看成目的，忽视结果的分析与改进的结合。

5.1.2 质量管理方法与工具的发展历程和应用现状

1. 质量管理方法与工具的发展历程

1）工匠与行会时代（1200—1799 年）。最典型的方法与工具就是"标志与印封"。

2）产品质量检验时代（1800—1899 年）。重点是如何有效实施对产品、工序的检验、检查，以保证产品的质量。

3）过程质量控制时代（1900—1945 年）。最有代表性的方法与工具有两个：其一是美国"统计质量控制之父"W. A. 休哈特提出的统计过程控制（SPC）理论及相应的方法与工具载体——控制图；另外一个有代表性的方法是统计抽样检验，20 世纪初叶，H. F. 道奇与 H. G. 罗米格联合发表了关于统计抽样检验理论的一篇经典论文，标志着统计抽样检验方法的诞生。

4）全面质量管理与标准化阶段（1946—1990 年）。这一时期，质量管理方法与工具层出不穷，最典型的是日本"QC 新老七种工具"。

"老七种工具"包括调查表、分层法、直方图、散点图、排列图、因果图、控制图。这七种工具适用于生产现场、施工现场、服务现场质量问题的解决和改进。

"新七种工具"包括系统图、关联图、亲和图、矩阵图、矩阵数据分析法、PDPC 法、网络图。"新七种工具"不再局限于生产现场的应用。

5）大质量时代（1990 年至今）。质量管理方法与工具的发展进入了新的阶段，一方面，与企业的战略、项目管理等方面相关的方法与工具不断得到应用和发展，系统化、结构化的质量管理方法与工具得到开发和运用，如由摩托罗拉公司于 1986 年开发并实施的六西格玛管理。另外一方面，随着计算机算力的不断提升，一些需要复杂运算的质量管理方法与工具得到运用。

2. 质量管理方法与工具的应用现状

质量管理方法与工具的应用情况呈现以下几个方面的特点：

1）结构化、集成化的趋势。质量管理方法与工具不再单独使用；相反，以某种模式或逻辑组合应用。

2）特定行业的驱动效应明显。某些特定行业对质量管理方法与工具的应用和推广起到了至关重要的作用。例如汽车行业质量管理的五大工具，即统计过程控制（SPC）、测量系统分析（MSA）、潜在失效模式与后果分析（FMEA）、产品质量先期策划和控制计划（APQP）以及生产件批准程序（PPAP），随着其应用的扩展，已经推广到很多非汽车行业。

3）广泛应用计算机以及专业软件辅助计算与分析。例如，应用 Excel 以及 Minitab、JMP 等质量领域的专业软件。

4）在服务业领域不断得到应用。面向服务业的质量管理方法与工具不断涌现，如"服务蓝图""关键时刻""神秘顾客"等。

3. 质量大师

1）休哈特（Walter A. Shewhart）。休哈特是现代质量管理的奠基者，美国工程师、统计学家、管理咨询顾问，被人们尊称为"统计质量控制（SQC）之父"。1924 年 5 月，休哈特提出了世界上第一张控制图。

休哈特认为，产品质量不是检验出来的，而是生产出来的，质量控制的重点应放在制造阶段，从而应将质量管理从事后把关提前到事前控制。

PDCA（策划—实施—检查—处置）循环也是由休哈特提出的，随后被戴明采纳、宣传，获得普及，也被称为"戴明环"。

2）戴明（W. E. Deming）。戴明是美国质量专家。戴明的主要观点是，引起效率低下和不良质量的原因主要在于公司的管理系统而不在于员工。他总结出了质量管理 14 条原则，认为一个公司要想使其产品达到规定的质量水平，必须遵循这些原则。戴明的质量管理 14 条原则如下：

——建立改进产品和服务的长期目标；

——采用新观念；

——停止依靠检验来保证质量；

——结束仅仅依靠价格选择供应商的做法；

——持续地且永无止境地改进生产和服务系统；

——采用现代方法开展岗位培训；

——发挥主管的指导帮助作用；

——排除恐惧；

——消除不同部门之间的壁垒；

——取消面向一般员工的口号、标语和数字目标；

——避免单纯用量化定额和指标来评价员工；

——消除影响工作完美的障碍；

——开展强有力的教育和自我提高活动；

——使组织中的每个人都行动起来去实现转变。

3）朱兰（J. M. Juran）。朱兰博士是美国质量管理专家。朱兰博士认为，质量来源于顾客的需求，质量意味着免于不良，也就是说，没有造成返工、故障、

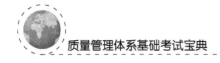

顾客不满意和顾客投诉等现象。朱兰博士的贡献如下：

① 朱兰博士把质量管理的三个普遍过程，即<u>质量策划、质量控制和质量改进称为构成质量管理的三部曲</u>（朱兰质量管理三部曲）。

② 提出"质量螺旋"理论。

③ 将经济概念中的帕累托原理（又称 20/80 原则）应用于质量问题。朱兰最早把帕累托原理引入质量管理，提出了"关键的少数，次要的多数"原理。

4）克劳士比（Philip B. Crosby）。克劳士比是美国质量管理专家、"零缺陷之父"。他的第一本书《质量免费》在很大程度上唤起了美国公司高层管理者对于质量的重视。

5）菲根堡姆（Armand Vallin Feigenbaum）。菲根堡姆是全面质量控制之父。1961 年，菲根堡姆提出的全面质量管理的概念，是以质量为中心，以全员参与为基础，旨在通过让顾客和所有相关方受益而达到长期成功的一种管理途径。

6）石川馨（Ishikawa Kaori）。石川馨是日本质量管理专家。他是因果图（鱼刺图）的发明者，日本质量管理小组（QC 小组）的奠基人之一。石川馨认为，<u>质量不仅指产品质量，还指全公司的工作质量</u>。广义上讲，质量不仅是产品质量，还包括工作质量、部门质量、人的质量等。

石川馨认为，日本推行的质量管理是经营思想的一次革命，其内容可以归纳为 6 项：①质量第一；②面向消费者；③<u>下道工序是顾客</u>；④用数据、事实说话；⑤尊重人的经营；⑥机能管理。

7）田口玄一（Genichi Taguchi）。田口玄一博士是日本质量管理专家，他把数理统计和经济学应用到了质量管理工程中，发展出独特的质量控制技术，如头脑风暴法、OA 方法等，创立了"质量工程方法（Quality Engineering Methods）"，又称"田口方法（Taguchi Methods）"。

田口玄一提出了以质量损失来评价质量水平的概念和减少质量损失的方法，在此基础上，引发了以减少质量波动、提高产品"健壮性"为目标的设计思想的重大变革，产生了极具创造性的以参数设计、容差设计方法为主的线外质量管理方法，以及以对质量特性、过程反馈控制和对过程诊断、调节等方法为主的线内质量管理方法。田口玄一的线内、线外质量管理方法在欧美被称为"田口方法"，其内容包括正交试验设计、商业数据分析、部门评价制度、质量工程学等，他开启了定量研究质量的道路。

5.1.3 质量管理方法与工具的分类和选择

1. 质量管理方法与工具的分类（见工具书 1.4.1）

1）根据分析数据的性质对质量管理方法与工具进行分类。

① 定性数据分析工具，如因果图、分层图、宏观环境分析（PEST 分析）

和 SWOT 分析。

② 定量数据分析工具，如平衡计分卡（BSC）与战略地图、实验设计、可靠性设计。

2）根据产品（服务或项目）实现的过程特点对质量管理方法与工具进行分类。这种分类原则结合了 PDCA 的质量管理方法，较为系统。

① 战略分析方法与工具，如 PEST 分析、SWOT 分析、BCG 矩阵（波士顿矩阵）、平衡计分卡与战略地图（BSCI）、标杆管理。

② 过程策划方法与工具，如过程方法、流程框架设计、流程分析工具、服务蓝图、业务流程重组（BPR）。

③ 风险识别及评估方法与工具，如风险管理框架、失效模式与影响分析（FMEA）、风险矩阵、故障树、人因可靠性分析（HRA）。

④ 项目策划及质量设计方法与工具，如任务分解法（WBS）、质量功能展开（QFD）。

⑤ 过程控制相关的方法与工具，如统计过程控制（SPC）、测量系统分析（MSA）、控制计划。

⑥ 检验及准入方法与工具，如计量型抽样检验、散料抽样检验。

⑦质量评价方法与工具，如符合性评价模型、成熟度的典型评价方法。

3）根据质量管理方法与工具形成和应用的历史时期分类。

①"老七种"工具包括调查表、分层法、因果图、排列图、散点图、直方图、控制图。

②"新七种"工具包括关联图、亲和图、矩阵图、系统图、网络图、矩阵数据分析法、PDPC 法。

随着科技和信息技术的不断发展，这些传统分类原则下的各类工具逐步变成了基础类工具。

2. 质量管理工具的组合使用及选择（见工具书 1.4.2）

1）质量管理方法与工具应用遵循的原则。

① 质量管理方法与工具的选择不能采取"以一概全"的策略。

② 质量管理方法与工具的选择应确保现有问题阐述、数据及期望的输出三者之间的兼容性。

2）质量管理方法与工具应用选择前的分析与确认。

① 在选择质量管理方法与工具之前，应进行初步的质量问题识别，以此作为选择的前提条件。具体确认内容如下：首先明确初步质量问题阐述；其次明确质量问题分析的范围；最后确认可用于支持质量问题的数据集合。

② 一旦质量问题阐述、分析评估范围和质量数据等得以明确，就可以正式

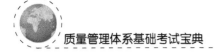

开始质量管理方法与工具的选择流程。在具体操作中，可以以下面九个指导性问题作为选择的基本思路，通过对每个问题的准确回答来筛选和确定最佳的一个或一组管理工具。

a）分析的目的是什么？

b）评估的范围是什么？是否很大、复杂且（或）关键？

c）所需评估的问题的性质是什么？是有形的危害还是对质量系统规程的偏差或不符等？

d）是否对风险及其原因非常清楚？是否还有实质性的未知信息？

e）导致风险的原因是相互独立的还是相互关联的？

f）现有的样本数据是否能体现总体？产品、工艺或系统目前处于生命周期的哪个阶段？

g）现有的质量数据是定性的还是定量的？

h）现有的方法或数据是否可以拥有诸如可能性、严重性以及可检测性等评估风险的关键属性？

i）分析评估结果需要递交的对象是谁？

3. 面向产品生命周期的质量管理方法与工具框架模型（见工具书 1.4.3）

对质量管理方法与工具的整体框架设计采用过程方法，以产品和服务的实现过程为主线，通过采用 PDCA 循环建立面向产品生命周期的质量管理方法与工具框架模型，以便将"质量管理方法与工具"与过程控制紧密的结合，实现全生命周期精准管理。

5.1.4 质量管理方法与工具的应用软件

1. 典型的商业软件

1）Minitab。Minitab 公司 1972 年成立于美国的宾夕法尼亚州立大学。Minitab 软件是现代质量管理统计的领先者，是全球六西格玛实施的共同语言。

2）JMP。JMP 是 SAS 公司（全球知名的软件公司之一）于 1989 年推出的一种交互式可视化统计分析的软件。

2. 特定领域的软件

1）特定领域的应用软件。

① 在统计过程控制（SPC）方面，最有代表性的软件是美国盈飞无限（Infinity QS）公司推出的 ProFicient 软件，该软件提供了丰富的 SPC 方法与工具。

② 在风险管理领域，由总部位于德国沃斯的 APIS 公司所开发的 IQ-RM/FMEA 软件是典型的代表。

2）大型企业所应用的质量管理平台。

同步练习强化

1. 单项选择题

1）过程质量控制时代，最有代表性的方法与工具有两个。其一是美国"统计质量控制之父"休哈特（Walter A. Shewhart）提出的统计过程控制（SPC）理论及相应的方法与工具载体——控制图；另外一个有代表性的方法是统计抽样检验，始于（　　）的一篇经典论文。

A. 道奇、罗米格　　　　　　　　B. 朱兰、罗米格

C. 菲根堡姆、道奇　　　　　　　D. 道奇、戴明

2）质量管理方法与工具的整体框架设计，是采用过程方法，以产品和服务的实现过程为主线，通过采用（　　）建立面向（　　）的质量管理方法与工具框架模型，以便将质量管理方法与工具与过程控制紧密的结合，实现全生命周期的精准管理。

A. PDCA 循环，产品生命周期　　B. PDCA 循环，全面质量管理

C. 基于风险的思维，PDCA 循环　D. 基于风险的思维，产品生命周期

3）在统计过程控制（SPC）方面，最有代表性的软件是美国盈飞无限（Infinity QS）公司推出的（　　）软件，该软件提供了丰富的 SPC 方法与工具。

A. Minitab　　　　　　　　　　B. JMP

C. ProFicient　　　　　　　　　D. IQ-RM/FME

4）PDCA（策划—实施—检查—处置）循环的观点是以下哪位质量大师提出的（　　）。（真题）

A. 戴明　　　　　　　　　　　　B. 休哈特

C. 朱兰　　　　　　　　　　　　D. 石川馨

5）（　　）是现代质量管理的奠基者，被人们尊称为"统计质量控制之父"。

A. 休哈特　　　　　　　　　　　B. 戴明

C. 朱兰　　　　　　　　　　　　D. 石川馨

6）"产品质量不是检验出来的，而是生产出来的"的质量观点是（　　）提出的。

A. 朱兰　　　　　　　　　　　　B. 戴明

C. 休哈特　　　　　　　　　　　D. 石川馨

7）认为"引起效率低下和不良质量的原因主要在于公司的管理系统而不在于员工"的质量专家是（　　）。

A. 朱兰　　　　　　　　　　　　B. 戴明

C. 石川馨   D. 克劳士比

8) "下道工序是顾客"是（   ）的主要观点。

A. 朱兰   B. 戴明

C. 石川馨   D. 克劳士比

9) 质量管理方法与工具中的统计技术的实质是对数据资料的科学收集、科学处理和科学分析，进而提炼出有用的（   ）。

A. 数据   B. 证据

C. 信息   D. 文件

10) 质量管理方法与工具在组织中应用的前提是（   ）。（真题）

A. 建立质量管理体系   B. 职责权限已确定

C. 相关关系矩阵   D. 输出矩阵

11) 管理者对质量管理方法与工具的重视程度决定应用质量管理方法与工具的（   ）。

A. 好坏   B. 质量

C. 程度   D. 程度和深度

12) 新老七种工具，最早是由（   ）提出来的。（真题）

A. 美国   B. 德国

C. 日本   D. 英国

13) 六西格玛管理是由（   ）开发并实施的。

A. 摩托罗拉公司   B. 本田公司

C. 通用公司   D. 西门子公司

14) 1961 年，（   ）提出了全面质量管理的概念。

A. 戴明   B. 朱兰

C. 菲根堡姆   D. 克劳士比

15) 质量管理方法与工具的选择应确保现有问题阐述、数据及期望的输出三者之间的（   ）。

A. 关联性   B. 相关性

C. 相互作用   D. 兼容性

2. 多项选择题

1) 根据质量管理方法与工具的发展历程，一般将质量管理分为（   ）。

A. 产品质量检验时代   B. 过程质量控制时代

C. 全面质量管理与标准化阶段   D. 大质量时代

2) "老七种工具"包括调查表、分层法、直方图、散点图，以及（   ）。

A. 排列图   B. 因果图

C. 系统图   D. 控制图

3）"新七种工具"包括（　　　　）、矩阵图、矩阵数据解析法、PDPC 法、网络图。

　A. 系统图　　　　　　　　　　　　B. 关联图

　C. 亲和图　　　　　　　　　　　　D. 控制图

4）汽车行业质量管理的五大工具是 SPC、FMEA 以及（　　　　）。

　A. APQP　　　　　　　　　　　　B. MSA

　C. 8D　　　　　　　　　　　　　　D. PPAP

5）根据分析数据的性质对质量管理方法与工具进行分类，定性数据分析工具有（　　　　）。

　A. PEST 分析　　　　　　　　　　B. SWOT 分析

　C. 分层图　　　　　　　　　　　　D. BSC 与战略地图

6）在选择质量管理方法与工具之前，要确认（　　　　），以此作为选择质量管理方法与工具的前提条件。

　A. 明确初步质量问题阐述

　B. 明确质量问题分析的范围

　C. 明确问题带来的风险

　D. 确认可用于支持质量问题的数据集合

7）质量管理方法与工具在各类组织中应用的基本前提包括（　　　　）。

　A. 组织职责权限清晰，过程基本稳定

　B. 5M1E 等因素已经进行了标准化，有正常的管理秩序

　C. 人员接受过培训，具有应用各种质量管理方法与工具的能力

　D. 具备并有能力为质量管理方法与工具的应用提供条件

8）我国各类组织采用质量管理方法与工具存在的主要问题有（　　　　）。

　A. 管理者存有疑虑

　B. 缺乏系统的质量管理方法与工具的策划和需求分析

　C. 统计数据及信息资料质量低下，数据及非数据分析薄弱

　D. 把应用质量管理方法与工具看成目的，忽视结果的分析与改进的结合

9）当今质量管理方法与工具的应用情况呈现出下面哪些特点？（　　　　）

　A. 结构化、集成化的趋势

　B. 特定行业的驱动效应明显

　C. 广泛应用计算机以及专业软件辅助计算与分析

　D. 在服务业领域不断得到应用

10）下列哪些质量管理方法与工具可以用于战略分析？（　　　　）

　A. PEST 分析、SWOT 分析　　　　B. BCG 矩阵、BSC 与战略地图

　C. 标杆管理　　　　　　　　　　　D. 流程分析工具、服务蓝图

11）下列哪些质量管理方法与工具可以用于过程策划（　　　）。

A. 流程框架设计、流程分析工具　　B. 服务蓝图、业务流程重组（BPR）

C. 失效模式与影响分析（FMEA）　　D. 标杆管理

12）质量评价方法与工具有（　　　）。

A. 符合性评价模型　　　　　　　　B. 成熟度评价

C. MSA 分析　　　　　　　　　　D. 计量型抽样检验

13）属于质量管理新七种工具的是（　　　）。（真题）

A. 关联图　　　　　　　　　　　　B. 因果图

C. 矩阵图　　　　　　　　　　　　D. 排列图

14）质量管理方法与工具的应用呈现（　　　）方面特点。

A. 结构化、集成化的趋势

B. 特定行业的驱动效应明显

C. 广泛应用计算机以及专业软件辅助计算与分析

D. 聚焦新老七大工具

15）以下属于新 QC 七大工具（手法）的有（　　　）。（真题）

A. 系统图、关联图　　　　　　　　B. 亲和图、矩阵图

C. 散点图、因果图　　　　　　　　D. 网络图

3. 判断题

质量管理方法与工具运用的关键问题是其策划和需求的分析，这要比质量管理方法与工具的应用更为重要。（　　　）

 答案点拨解析

1. 单项选择题

题号	答案	解　　析
1	A	见本书 5.1.2 节
2	A	见本书 5.1.3 节之 3
3	C	见本书 5.1.4 节之 2
4	B	见本书 5.1.2 节之 3 之 1）
5	A	见本书 5.1.2 节之 3 之 1）
6	C	见本书 5.1.2 节之 3 之 1）
7	B	见本书 5.1.2 节之 3 之 2）

（续）

题号	答案	解　　析
8	C	见本书5.1.2节之3之6)
9	C	见本书5.1.1节之2之2)
10	B	见本书5.1.1节之3之1)
11	B	见本书5.1.1节之4之1)
12	C	见本书5.1.2节之1之4)
13	A	见本书5.1.2节之1之5)
14	C	见本书5.1.2节之3之5)
15	D	见本书5.1.3节之2之1)之②

2. 多项选择题

题号	答案	解　　析
1	ABCD	见本书5.1.2节
2	ABD	见本书5.1.2节之1之4)
3	ABC	见本书5.1.2节之1之4)
4	ABD	见本书5.1.2节之2之2)
5	ABC	见本书5.1.3节之1之1)
6	ABD	见本书5.1.3节之2之2)
7	ABCD	见本书5.1.1节之3
8	ABCD	见本书5.1.1节之4
9	ABCD	见本书5.1.2节之2
10	ABC	见本书5.1.3节之1之2)之①
11	AB	见本书5.1.3节之1之2)之②
12	AB	见本书5.1.3节之1之2)之⑦
13	AC	见本书5.1.2节之1之4)
14	ABC	见本书5.1.2节之2
15	ABD	见本书5.1.2节之1之4)

3. 判断题

答案	解　　析
√	见本书5.1.1节之4之2)

5.2 质量管理工具的统计理论基础

 考点知识讲解

5.2.1 质量特性数据的分类及特征

1. 质量特性数据的类型

《质量管理方法与工具》这样定义质量特性数据：质量特性数据是指用来描述产品功能指标或性能指标的数据。在质量管理中遇到的数据可以分为两类：计量值数据与计数值数据。

1）计量值数据（又称连续型数据）：计量值数据是可以连续取值的数据，可以用测量仪器具体测量出小数点以下的数值。计量值数据包括长度、温度、容积、压力、重量、产量、时间、化学成分等，通常用量具、仪器、仪表进行测量来取得。

2）计数值数据（又称离散型数据或属性数据）：计数值数据是不能连续取值，只能以个数计算的数据，如不合格品数、疵点数、缺陷数等。这类数据即使用测量工具也得不到小数点以下的数据，只能得到 0 或 1、2、3…自然数。

计数值数据还可以细分为计件值数据和计点值数据，计件值数据是按件计数的数据，如不合格件数；计点值数据是按点（项）计数的数据，如疵点数、缺陷数等。

应注意的是，当数据以百分率表示时，要判断它是计量值数据还是计数值数据，这取决于给出数据的计算公式的分子。当分子是计量值数据时，则求得的百分率数据为计量值数据；当分子是计数值数据时，即使得到的百分率不是整数，它也应属于计数值数据，如不合格品率为计数值数据。

计量值数据和计数值数据随测量的结果而变化，都属于随机数据。质量特性数据表面上杂乱无章，仔细分析是有明显的特点的，它的主要特点有：

1）波动性。表现为不是一个固定的数据，数据是参差不齐的，呈现为波动状态。

2）规律性。表现为数据有一定的分布范围，并在其平均值附近出现的次数多。

2. 质量波动及波动特性

产品质量特性波动是指产品质量的特性值参差不齐的现象。产品质量的统计观点认为，过程质量在各种影响因素的制约下呈现波动性（变异性），但过程

370

质量的波动并非漫无边际，在一定范围内，过程质量的波动呈现统计规律性。

过程质量的波动分为正常波动（又称偶然波动）和异常波动。

正常波动是由随机因素或偶然因素（也称普通因素）造成的。这些因素在生产过程中始终存在，人们无法控制或难以控制，如机器开动时的轻微振动，检测仪器的微小差异。在这些因素的作用下，过程质量会产生经常性的波动，这种波动不可能从根本上消除，但由于波动的幅度往往比较小，对质量的影响很轻微，一般可以把这种正常波动看作背景噪声，听之任之。我们经常所说的"公差"就是承认这种波动的产物。可以说，这些因素是过程的固有因素。

随机因素或偶然因素造成的正常波动使过程输出结果呈现统计规律性并可预测（即稳态），且限制在一定范围之内。当一个过程只有随机因素或偶然因素造成的正常波动时，我们称这个过程处于统计控制状态，即受控状态（稳定状态）。处于统计控制状态的过程称为受控过程或稳定过程。

异常波动是由系统因素或异常因素（也称特殊因素）造成的。这些因素不是过程固有的，有时存在，有时不存在，一旦出现，过程输出结果的统计规律性将被破坏，从而使过程失控，使过程处于非统计控制状态，即失控状态/不稳定状态。

系统因素或异常因素使过程失控，如机器设备带病运转、操作者违章操作、车刀严重磨损等。这些因素引起的质量波动大小和作用方向一般具有周期性和倾向性，因此，这些因素比较容易查明、预防和消除。系统因素或异常因素也称为"可查明因素"。

质量管理的一项重要工作，就是要找出产品质量的波动规律，把正常波动控制在合理的范围内，消除系统原因引起的异常波动。

图5-1所示为随机因素、系统因素与正常波动、异常波动的关系。

$$\text{随机因素} \Rightarrow \text{正常波动} \begin{cases} \text{过程固有} \\ \text{对质量影响小} \\ \text{难以除去} \end{cases} \Rightarrow \text{一般可以听之任之}$$

$$\text{系统因素} \Rightarrow \text{异常波动} \begin{cases} \text{非过程固有} \\ \text{对质量影响大} \\ \text{不难除去} \end{cases} \Rightarrow \text{过程注意的对象}$$

图5-1 随机因素、系统因素与正常波动、异常波动的关系

5.2.2 典型的概率分布

1. 随机变量及其分布的概念

1）随机现象。在一定条件下，并不总是出现相同结果的现象称为随机现象。随机现象的特点有两个：随机现象的结果至少有两个；至于哪一个结果出

现，人们事先并不知道。

由随机现象的所有可能结果构成的集合称为样本空间，用 Ω 表示。例如，从一批产品中任意抽取 10 件，检验其中不合格品数目的样本空间为 $\Omega = \{0$ 到 10 之间的全体整数$\} = \{0,1,2,\cdots,10\}$。

随机现象的样本空间 Ω 中至少含有 2 个样本点。

2）随机变量。表示随机现象结果的变量称为随机变量。常用大写字母 X、Y、Z⋯表示随机变量，用相应的小写字母 x、y、z⋯表示它的具体取值。随机变量分为离散型随机变量和连续型随机变量。

若随机变量 X 只能取有限或可数个不同的值，则称 X 为离散型随机变量，如不合格品数即为离散型随机变量。若 X 能取某一区间上的任何值，也就说在这个区间上是连续的，则称 X 为连续型随机变量，如电子元件寿命即为连续型随机变量。

3）随机变量的分布。随机变量的取值是随机的，但存在规律性，这种规律性可以用分布来描述，分布包含以下两方面内容：

① 随机变量 X 可能取哪些值，或在哪个区间上取值？

② 随机变量 X 取这些值的概率是多少，或随机变量 X 在任一区间上取值的概率是多少？

由于随机变量可以分为离散型随机变量和连续型随机变量，因此其概率分布也有两类，一类是离散分布，另一类是连续分布。用分布列和分布函数描述离散型随机变量的分布，用密度函数和分布函数描述连续型随机变量的分布。

2. 常用的离散分布

常用的离散分布包括二项分布、超几何分布、泊松分布。

1）二项分布。二项分布产生的背景是：

① 每次试验仅有两个可能结果（这种试验称为伯努利（Bernoulli）试验）。例如，正面与反面、合格与不合格、命中与不命中、具有某特性与不具有某特性等，可统称为"成功"与"失败"。

② 重复进行 n 次这样的随机试验（n 重伯努利试验）。例如，把一枚硬币连抛 n 次、检验 n 个产品的质量等。

③ n 次试验之间相互独立，即每一次试验结果不对其他次试验结果产生影响。

④ 每次试验成功的概率均为 p，失败的概率均为 $1-p$。

在上述四个条件下，设 X 表示 n 次独立重复试验中"成功"出现的次数，显然 X 是可以取（0，1，$\cdots$，n）等 $n+1$ 个值的离散型随机变量，且 $X=x$ 的概率（即出现 x 次"成功"的概率）为

$$P(X=x) = \binom{n}{x} p^x (1-p)^{n-x}, x=0,1,2,\cdots,n$$

这一分布称为二项分布，记为 $b(n, p)$。

在稳定的加工过程中，产品的不合格品率或合格品率、n 次重复试验中某事件发生的次数等，都服从二项分布。

2）超几何分布。从有限 N 个物件（其中包含 M 个指定种类的物件）中不放回抽出 n 个物件，则成功抽出指定种类的物件的个数 X 服从超几何分布。超几何分布的模型是不放回抽样。

如一批产品共有 N 个，其中含有不合格品 M 个，现从中随机不放回地抽取 n 个（$n \leqslant N$），则其中不合格品的个数 X 服从超几何分布，记为 $X \sim h(n, N, M)$，其概率分布函数为

$$P(X = x) = \frac{C_M^x C_{N-M}^{n-x}}{C_N^n}, x = 0, 1, \cdots, \min(n, M)$$

3）泊松分布。在质量管理中，对计件产品只考察它是合格品，还是不合格品。对计点产品不仅考察其合格与否，还在不合格品场合，考察单位产品上的缺陷数，譬如在金属表面抛光时，常需考察每平方米面积上遗留的凹痕、斑点等缺陷数，由于这种缺陷是随机地、孤立地、间断地出现，故单位产品上的缺陷数 X 是一个随机变量，"$X = 0$" 表示产品合格，"$X \geqslant 1$" 表示产品不合格，在产品不合格时，还可考察出现 1 个缺陷（$X = 1$）、2 个缺陷（$X = 2$）……情况发生的概率，这一类随机变量是很多的，例如：

——在一定时间内，某操作系统发生的故障数；

——1 个铸件上的砂眼个数；

——1 m^2 玻璃上气泡的个数。

经研究，单位产品缺陷数 X 可取 0、1、2…非负整数值，并且取这些值的概率为

$$P(X = x) = \frac{\lambda^x}{x!} e^{-\lambda}, x = 0, 1, 2 \cdots$$

这个分布称为泊松分布，记为 $P(\lambda)$，其中 $e = 2.71828\cdots$ 为自然对数的底，λ 是单位产品上的平均缺陷数。

3. 常用的连续分布

由于连续型随机变量可以取某一区间或整个实数轴上的任意一个值，因此不能像离散型随机变量那样，列出每一个值及相应的概率，通常用概率密度函数 $f(x)$ 来描述连续型随机变量的分布情况。其概率密度函数应满足以下两个条件：

$$\begin{cases} f(x) \geqslant 0; \\ \int_{-\infty}^{+\infty} f(x) \mathrm{d}x = 1 \end{cases}$$

连续型随机变量的分布函数为概率密度函数的积分，即

$$F(x) = P(X \leqslant x) = \int_{-\infty}^{x} f(x) \mathrm{d}x (-\infty < x < +\infty)$$

随机变量 X 落在区间 $[a, b]$ 上的概率为

$$P(a \leqslant X \leqslant b) = \int_a^b f(x)\,\mathrm{d}x$$

随机变量 X 落在区间 $[a, b]$ 上的概率，实际就是概率密度函数曲线 $f(x)$ 与直线 $x = a$、$x = b$ 所围成的面积（见图 5-2）。

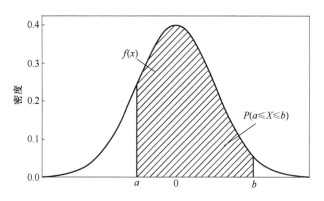

图 5-2　连续型随机变量的概率分布

常用的连续分布包括正态分布、均匀分布、指数分布。

1）正态分布。产品的质量特性值 X 的均值为 μ，标准差为 σ，若质量特性值（随机变量）$X = x$（x 为任一实数）出现的概率遵循下面的公式 $F(x)$，则称 X 服从正态分布，记为 $X \sim N(\mu, \sigma^2)$。

正态分布的概率密度函数为

$$f(x) = \frac{1}{\sigma\sqrt{2\pi}} e^{-(x-\mu)^2/2\sigma^2}$$

正态分布函数为

$$F(x) = P(X \leqslant x) = \int_{-\infty}^{x} \frac{1}{\sigma\sqrt{2\pi}} e^{-(x-\mu)^2/2\sigma^2} \mathrm{d}x$$

正态分布的概率密度函数曲线如图 5-3 所示。

正态分布的概率密度函数关于 $x = \mu$ 对称，呈对称钟形曲线形状。在正态分布中，σ 越大，分布越分散，σ 越小，分布越集中；μ 是正态分布的中心，质量特性值 X 在 μ 附近取值的概率最大。

如果固定 σ，只改变 μ，则正态分布只是位置平移，但形状不变（见图 5-4）。不同的 μ 表示正态分布的位置不同，μ 称为位置参数。

如果固定 μ，只改变 σ，正态曲线的位置相同，但形状不同。当 σ 越小时，图形变得越尖，因而质量特性值 X 落在 μ 附近的概率越大（见图 5-5，图中 $\sigma_1 < \sigma_2$）。

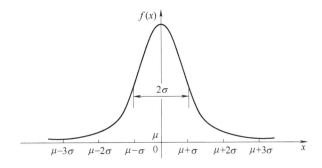

图 5-3　正态分布的概率密度函数曲线

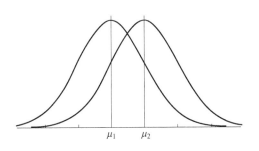

图 5-4　固定 σ，只改变 μ

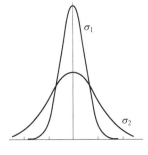

图 5-5　固定 μ，只改变 σ

如果 $\mu=0$，$\sigma=1$，则称随机变量服从标准正态分布，记为 $U \sim N(0, 1)$。标准正态分布也称 U 分布，服从标准正态分布的随机变量记为 U。标准正态分布的概率密度函数记为 $\varphi(u)$，分布函数记为 $\Phi(u)$，其公式为

$$\varphi(u) = \frac{1}{\sqrt{2\pi}}e^{-u^2/2}$$

$$\Phi(u) = P(U \leqslant u) = \int_{-\infty}^{u} \frac{1}{\sqrt{2\pi}}e^{-u^2/2}du$$

$\Phi(u)$ 的值已编制成表，称为标准正态分布表，给出了标准正态分布的分布函数 $\Phi(u)$ 与常数 u 的数值对应关系。

标准正态分布函数 $\Phi(u)$ 是对称的，针对标准正态分布函数 $\Phi(u)$，我们不难得出下列等式：

$$P(U \leqslant u) = P(U < u) = \Phi(u)$$

$$P(U = u) = 0$$

$$P(U \geqslant u) = P(U \leqslant -u) = \Phi(-u) = 1 - \Phi(u)$$

$$P(|U| \geqslant u) = 2\Phi(-u)$$

$$P(|U| < u) = 1 - 2\Phi(-u)$$

$$P(a \leqslant U \leqslant b) = \Phi(b) - \Phi(a)$$

$$P(0 \leqslant U < u) = \Phi(u) - 0.5$$

$$P(U > 0) = P(U < 0) = 0.5$$

$$P(U > u) < 0.5 \,(\text{其中 } u > 0)$$

$$P(U < u) < 0.5 \,(\text{其中 } u < 0)$$

$$\Phi(-u) = 1 - \Phi(u)$$

$$\Phi(0) = 0.5, \Phi(-\infty) = 0, \Phi(+\infty) = 1$$

一般正态分布 $X \sim N(\mu, \sigma^2)$ 可转换成标准正态分布 $U \sim N(0, 1)$，转换公式为

$$U = \frac{X - \mu}{\sigma} \sim N(0,1)$$

$$F(x) = \Phi\left(\frac{x - \mu}{\sigma}\right)$$

这样，就可以应用标准正态分布表计算所求概率的大小。设 $X \sim N(\mu, \sigma^2)$，则对任意实数 a，b 有

$$P(X \leqslant b) = \Phi\left(\frac{b - \mu}{\sigma}\right)$$

$$P(X \geqslant a) = 1 - \Phi\left(\frac{a - \mu}{\sigma}\right)$$

$$P(a \leqslant X \leqslant b) = \Phi\left(\frac{b - \mu}{\sigma}\right) - \Phi\left(\frac{a - \mu}{\sigma}\right)$$

2）不合格品率的计算。如果质量特性服从正态分布，那么可按以下方法计算不合格品率。

① 产品有上、下规范限，即上规范限 USL 和下规范限 LSL，则产品的不合格品率 p 为

$$p = p_L + p_U$$

其中，p_L 为低于下规范限的不合格品率，p_U 为高于上规范限的不合格品率，计算公式分别为

$$p_L = P(x < LSL) = \Phi\left(\frac{LSL - \mu}{\sigma}\right)$$

$$p_U = P(x > USL) = 1 - \Phi\left(\frac{USL - \mu}{\sigma}\right)$$

合格品率的计算公式为

$$\text{合格品率} = \Phi\left(\frac{USL - \mu}{\sigma}\right) - \Phi\left(\frac{LSL - \mu}{\sigma}\right)$$

② 产品只有上规范限 USL，且越小越好（望小特性）。此时产品的不合格品率 p 为

$$p = p_U = 1 - \Phi\left(\frac{USL - \mu}{\sigma}\right)$$

③ 产品只有下规范限 LSL，且越大越好（望大特性）。此时产品的不合格品率 p 为

$$p = p_L = \Phi\left(\frac{LSL - \mu}{\sigma}\right)$$

5.2.3　统计量与抽样分布

1. 统计量

所谓样本统计量，就是用样本数据计算得出的一些量值，一般用来估计随机分布的分布参数。样本统计量是观测样本 $(X_1，X_2，\cdots，X_n)$ 的一个函数，不能含有总体的任何未知参数。统计量也是一个随机变量，统计量的分布称为抽样分布。针对样本的样本值，称为观察值。

常用的统计量分为两类：一类是表示样本集中位置的量，如样本均值、样本中位数、样本众数等；另一类是表示样本分散程度的量，如样本极差、样本方差、样本标准差以及变异系数等。

此外，《质量管理方法与工具》还讲到的统计量有样本 k 阶（原点）矩、样本 k 阶中心矩。前者类似均值，后者类似方差。

1）表示集中位置/分布位置的统计量。

① 样本均值，也称平均值。计算公式为

$$\overline{X} = \frac{1}{n}\sum_{i=1}^{n} X_i$$

② 样本中位数。将一组数据按从小到大的顺序排列，位于中间位置的数称为中位数，常用符号 $\tilde{X}$ 表示。

设一组数据从小到大排列为 $(X_1，X_2，\cdots，X_n)$，其中 X_1 为最小值，X_n 为最大值，则中位数 $\tilde{X}$ 为：

a）当 n 为奇数时，则取顺序排列的中间数。

b）当 n 为偶数时，则取中间两个数的平均数。

中位数 $\tilde{X}$ 的计算公式为

$$\tilde{X} = \begin{cases} X_{\left(\frac{n+1}{2}\right)}，n \text{ 为奇数} \\ \frac{1}{2}\left[X_{\left(\frac{n}{2}\right)} + X_{\left(\frac{n}{2}+1\right)}\right]，n \text{ 为偶数} \end{cases}$$

2）表示分布分散程度的统计量。

① 样本极差。极差是指一组数据中最大值与最小值之差，用符号 R 表示。

② 样本方差。样本方差用符号 S^2 表示，计算公式为

$$S^2 = \frac{1}{n-1} \sum_{i=1}^{n} (X_i - \overline{X})^2$$

③ 样本标准差。样本标准差是样本方差的正平方根，一般用 S 表示，S 总是正数。

2. 抽样分布

统计量的分布称为抽样分布，常用的抽样分布有 χ^2 分布、t 分布、F 分布、正态总体的样本均值与样本方差的分布。

1）χ^2 分布（卡方分布）。设 $(X_1, X_2, \cdots, X_n)$ 是来自正态分布 $N(\mu, \sigma^2)$ 的一个样本，$\overline{X}$、S^2 是其样本均值和样本方差，则有

$$\chi^2 = \frac{(n-1)S^2}{\sigma^2} = \frac{\sum_{i=1}^{n} (X_i - \overline{X})^2}{\sigma^2} \sim \chi^2(n-1)$$

$\chi^2(n-1)$ 是自由度为 $(n-1)$ 的 χ^2 分布。χ^2 分布只有一个参数，即自由度。χ^2 分布的概率密度函数在正半轴上呈偏态分布（见图5-6）。

图 5-6 χ^2 分布的概率密度函数（示意图）

2）t 分布。设 $(X_1, X_2, \cdots, X_n)$ 是来自正态分布 $N(\mu, \sigma^2)$ 的一个样本，$\overline{X}$、S^2 是其样本均值和样本方差，则有

$$t = \frac{\overline{X} - \mu}{S/\sqrt{n}} \sim t(n-1)$$

$t(n-1)$ 是自由度为 $(n-1)$ 的 t 分布。t 分布也只有一个参数，即自由度。t 分布中总体的 σ^2 未知。t 分布又称学生氏（Student）分布。

自由度为 $(n-1)$ 的 t 分布的概率密度函数与标准正态分布 $N(0, 1)$ 的概率密度函数的图形大致类似（见图5-7），均为对称分布，但它的峰比 $N(0, 1)$ 的峰略低一些，且两侧尾部要比 $N(0, 1)$ 的两侧尾部略粗一点。

自由度为 $(n-1)$ 的 t 分布 $t(n-1)$ 是对称分布，故其 α 分位数 $t_\alpha(n-1)$ 与 $1-\alpha$ 分位数 $t_{1-\alpha}(n-1)$ 互为相反数，即 $t_\alpha(n-1) + t_{1-\alpha}(n-1) = 0$。

3）F 分布。设 $X_1, X_2, \cdots, X_n$ 是来自正态分布 $N(\mu_1, \sigma^2)$ 的样本，$\overline{X}, S_X^2$ 是其样本均值和样本方差；又设 $Y_1, Y_2, \cdots, Y_m$ 是来自正态分布 $N(\mu_2, \sigma^2)$ 的

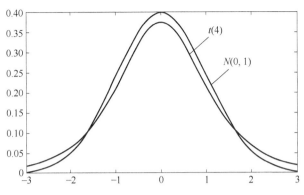

图 5-7 t 分布与 N （0，1） 的概率密度函数 （示意图）

样本，$\overline{Y}$，S_Y^2 是其样本均值和样本方差。两个样本且相互独立，则其两个样本方差比 F 为

$$F = S_X^2 / S_Y^2 \sim F(n-1, m-1)$$

$F(n-1，m-1)$ 是分子自由度为 （$n-1$）、分母自由度为 （$m-1$） 的 F 分布。F 分布有两个参数，分别称为分子自由度和分母自由度，也称为第一自由度和第二自由度。F 分布的概率密度函数在正半轴上呈偏态分布 （见图 5-8）。

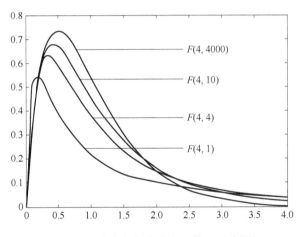

图 5-8 F 分布的概率密度函数 （示意图）

4） 正态总体的样本均值与样本方差的分布。设 X_1，X_2，$\cdots$，X_n 是来自正态总体 N （μ，σ^2） 的样本，$\overline{X}$ 与 S^2 是其样本均值和样本方差，则有

$$\overline{X} \sim N\left(\mu, \frac{\sigma^2}{n}\right) \text{或} U = \frac{\overline{X} - \mu}{\sigma / \sqrt{n}} \sim N(0,1), \frac{(n-1)S^2}{\sigma^2} \sim \chi^2(n-1), \overline{X} \text{与} S^2 \text{相互独立}$$

当总体分布不为正态分布时，只要其总体均值 μ 与总体方差 σ^2 存在，则 n

较大时，其样本均值 $\overline{X}$ 的抽样分布近似服从 $N\left(\mu, \dfrac{\sigma^2}{n}\right)$，即

$$\overline{X} \sim N\left(\mu, \frac{\sigma^2}{n}\right) \text{ 或 } U = \frac{\overline{X} - \mu}{\sigma / \sqrt{n}} \sim N(0, 1)$$

标准正态分布 $U = \dfrac{\overline{X} - \mu}{\sigma / \sqrt{n}} \sim N(0, 1)$ 是对称分布，故其 α 分位数 u_α 与 $1 - \alpha$

分位数 $u_{1-\alpha}$ 互为相反数，即 $u_\alpha + u_{1-\alpha} = 0$。

5.2.4　基础统计方法（参数估计、假设检验）

根据样本对总体进行推断是数理统计的核心。统计推断的基本内容可以分为两个，一个是参数估计，另一个是假设检验。

1. 参数估计（见工具书 2.4.1）

参数估计是统计推断的基本内容之一，它的基本形式有点估计和区间估计。

1）点估计。

① 点估计的概念。设 θ 是总体 X 的一个未知参数，X_1，X_2，$\cdots$，X_n 是从总体 X 中抽取的一个样本量为 n 的样本，根据样本构造统计量 $\hat{\theta} = \hat{\theta}(X_1$，$X_2$，$\cdots$，$X_n)$ 对 θ 进行估计，称 $\hat{\theta}$ 为 θ 的点估计。点估计的方法有多种，常用的是矩法估计和最大似然估计。矩法估计是指用样本矩估计相应的总体矩，从而获得有关总体参数的点估计。

② 无偏性的概念。由于估计量 $\hat{\theta}$ 是样本的函数，即使是从同一总体中获得的不同样本，所得到的估计值也不一定相同，因此 $\hat{\theta}$ 是一个随机变量，评价其优劣不能从一个估计值去评判，应该从其平均来评定。

设 $\hat{\theta}$ 是参数 θ 的一个估计量，如果 $E(\hat{\theta}) = \theta$，则称 $\hat{\theta}$ 是参数 θ 的无偏估计。

无偏估计的条件 $E(\hat{\theta}) = \theta$ 等价于

$$E(\hat{\theta} - \theta) = 0$$

其中 $\hat{\theta} - \theta$ 是估计量 $\hat{\theta}$ 与真值 θ 的偏差，这种偏差是随机的，它可大可小，可正可负。无偏估计的含义是：每次使用 $\hat{\theta}$ 估计 θ 是会有偏差的，但多次使用它，偏差的平均为零。无偏性是一个重要的概念，在实际中人们常选用无偏估计。

对于任何总体，样本均值 $\overline{X}$ 是总体均值 μ 的无偏估计；样本方差 S^2 是总体方差 σ^2 的无偏估计；样本标准差 S 不是总体标准差 σ 的无偏估计。

③ 正态总体参数的无偏估计。

a）正态均值 μ 常用的无偏点估计有样本均值 $\overline{X}(\hat{\mu} = \overline{X})$ 和样本中位数

$\widetilde{X}(\hat{\mu} = \widetilde{X})$。当 $n = 1$ 或 2 时，$\overline{X} = \widetilde{X}$；当 $n > 2$ 时，样本均值 $\overline{X}$ 比样本中位数 $\widetilde{X}$ 更有效。

b）样本方差 S^2 是正态总体方差 σ^2 最有效的无偏估计，即 $\hat{\sigma}^2 = S^2$。

c）正态标准差 σ 常用的无偏点估计有修正后的样本极差 $\hat{\sigma}_R = R/d_2$ 和修正后的样本标准差 $\hat{\sigma}_S = S/c_4$，其中 d_2 与 c_4 是与样本无关而与样本量 n 有关的常数，可查表得到。当 $n = 2$ 时，两者相等；当 $n > 2$ 时，$\hat{\sigma}_S$ 比 $\hat{\sigma}_R$ 更有效。

2）区间估计——置信区间。对于未知参数 θ，除了求出它的点估计 $\hat{\theta}$ 外，我们还希望估计出一个范围，并希望知道这个范围包含参数 θ 真值的可信程度。这样的范围通常以区间的形式给出，同时给出了此区间包含参数 θ 真值的可信程度。这种形式的估计称为区间估计，这样的区间即置信区间。

设 θ 是总体的一个待估参数，其一切可能取值组成的参数空间记为 Θ，从总体中获得容量为 n 的样本是 X_1，X_2，$\cdots$，X_n，对给定的 α（$0 < \alpha < 1$），确定两个统计量：

$$\hat{\theta}_L = \hat{\theta}_L(X_1, X_2, \cdots, X_n) \text{ 与 } \hat{\theta}_U = \hat{\theta}_U(X_1, X_2, \cdots, X_n)$$

若对任意 $\theta \in \Theta$ 有

$$P(\hat{\theta}_L \leq \theta \leq \hat{\theta}_U) \geq 1 - \alpha$$

则称随机区间 $[\hat{\theta}_L, \hat{\theta}_U]$ 是 θ 的置信水平为 $1 - \alpha$ 的置信区间，也简称 $[\hat{\theta}_L, \hat{\theta}_U]$ 是 θ 的 $1 - \alpha$ 置信区间。也就是说，置信水平 $1 - \alpha$ 所构造的置信区间能盖住 θ 的概率为 $1 - \alpha$。

如果 $P(\theta < \hat{\theta}_L) = P(\theta > \hat{\theta}_U) = \alpha/2$，则称这种置信区间为等尾置信区间。

$1 - \alpha$ 置信区间的含义是：所构造的一个随机区间 $[\hat{\theta}_L, \hat{\theta}_U]$ 能盖住未知参数 θ 的概率为 $1 - \alpha$。由于这个随机区间会随样本观察值的不同而不同，它有时盖住了参数 θ，有时没有盖住 θ，但是用这种方法进行区间估计时，100 次中大约有 $100(1 - \alpha)$ 个区间能盖住未知参数 θ。

α 越小，置信水平越高，置信区间长度越长，置信区间包含 θ 的概率越大。

2. 假设检验——显著性检验（见工具书 2.4.2）

1）"显著性检验"是"假设检验"的一种，显著性检验就是判断两个或多个被比较对象（如实验组与对照组）有无显著性差异的统计技术。如果经过判断，有显著性差异，则说明有本质区别；如果经过判断，无显著性差异，则说明无本质区别。

"显著性检验"的前提条件是"统计假设"，没有假设，就没有显著性检验。通俗地讲，显著性检验就是在试验前做一个假设，然后用试验来检查假设对不对。

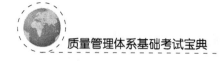

一般而言，把要检验的假设称为原假设，记为 H_0；把与 H_0 相对应（相反）的假设称为备择假设，记为 H_1。

如果原假设 H_0 为真，而检验的结论却劝你放弃原假设。此时，我们把这种错误称为第一类错误（拒真错误）。通常，把第一类错误出现的概率记 α。

也就是说，显著性水平 α 表示当原假设为真时，做出正确判断的概率为 $1-\alpha$，做出错误判断的概率为 α。

如果原假设 H_0 不真，而检验的结论却劝你不要放弃原假设。此时，我们把这种错误称为第二类错误（取伪错误）。通常，把第二类错误出现的概率记为 β。

犯第一类错误的概率 α 与犯第二类错误的概率 β 之间是相互关联的。在相同样本量下，降低 α 时，β 往往会增大；降低 β 时，α 往往会增大。要使 α、β 皆小，只有增大样本量 n 才可达到，但这在实际中有时并不可行。

通常只限定犯第一类错误的最大概率 α，而不考虑犯第二类错误的概率 β。**我们把这样的假设检验称为显著性检验。**

概率 α 称为显著性水平。显著性水平 α 表示当原假设为真时拒绝原假设的概率（即犯第一类错误的概率）的最大值。α 一般取 0.05、0.025、0.01，代表着显著性检验的结论错误率必须低于 5%、2.5%、1%（在统计学中，通常把在现实世界中发生概率小于 5% 的小概率事件称为"不可能事件"）。α 越小，拒绝的概率（可能性）越小，接受的概率越大。

统计学中广泛采用的一条原理为小概率原理。小概率原理，即如果一个事件 A 发生的可能性很小，则认为该事件一般是不会发生的。

在显著性检验中，根据样本构造检验统计量，再由检验统计量构造一个事件 A，使得当 H_0 成立时，事件 A 为小概率事件。因此，根据小概率原理，事件 A 一般不会发生；反之，如果事件 A 一旦发生，就有理由拒绝原假设 H_0。所谓显著性水平 α，就是小概率原理中衡量小概率的标准。当事件 A 发生的概率不超过 α 时，则认为事件 A 为小概率事件。

2）显著性检验有两大类。一类是总体分布已知，对未知参数的检验，这类检验称为参数性检验；另一类是非参数性检验，如总体分布的正态性检验与正态样本可疑值的判断和检验。

3）假设检验的基本步骤。假设检验的基本思想是：根据所获样本，运用统计分析方法，对总体 X 的某种原假设 H_0 做出接受或拒绝的判断。原假设是针对总体参数而言的，样本统计量作为随机变量不能作为原假设。假设检验的基本步骤如下：

① 建立假设。假设有两种，即原假设（用 H_0 表示）与备择假设（用 H_1 表示）。原假设与备择假设相互对立。原假设也称为零假设，是被检验的主体，一

般是指检验者有可能推翻，但没有充分的根据就不能轻易推翻的假设。备择假设是原假设被推翻时所接受的假设。假设检验的统计原理决定了拒绝原假设通常具有很强的说服力，而接受原假设则没有很强的说服力。

② 选择检验统计量。一旦选择了检验统计量，也就给出了拒绝域的形式。根据假设检验问题的类型选择适宜的检验统计量。常见的检验统计量有 U 统计量、t 统计量、χ^2 统计量、近似 U 统计量、F 统计量，对应的假设检验方法有 U 检验、t 检验、χ^2 检验、近似 U 检验、F 检验，见表5-1 和表5-2。

③ 给出显著性水平 α。

④ 确定临界值，给出拒绝域。首先根据原假设和备择假设的类型确定拒绝域的形式，然后根据检验统计量服从的分布、选取的显著性水平以及拒绝域的形式查出相应的分位数作为检验的临界值 c，从而建立拒绝域 W。

⑤ 进行判断。由样本数据计算检验统计量的值，并把它与检验的临界值进行比较。若落入拒绝域，则拒绝原假设 H_0，否则接受原假设 H_0。

说明：在统计软件中直接给出一个 p 值，利用 p 值进行判断（p 值是检验统计量分布的一个尾部概率）。

① 若 p 值 $\leq \alpha$，则拒绝 H_0。

② 若 p 值 $> \alpha$，则接受 H_0。

4）一个正态总体的参数检验（见表5-1）。这个就是检验一个正态总体均值 μ、方差 σ^2 是否大于等于/小于等于/等于某个值。

表5-1　一个正态总体均值 μ、方差 σ^2 的显著性检验

检验法	条件	H_0	H_1	检验统计量	拒绝域
u 检验	σ 已知	$\mu \leq \mu_0$	$\mu > \mu_0$	$u = \dfrac{\bar{x} - \mu_0}{\sigma/\sqrt{n}}$	$\{u \geq u_{1-\alpha}\}$
		$\mu \geq \mu_0$	$\mu < \mu_0$		$\{u \leq u_{\alpha}\}$
		$\mu = \mu_0$	$\mu \neq \mu_0$		$\{\,|u| \geq u_{1-\alpha/2}\,\}$
t 检验	σ 未知	$\mu \leq \mu_0$	$\mu > \mu_0$	$t = \dfrac{\bar{x} - \mu_0}{S/\sqrt{n}}$	$\{t \geq t_{1-\alpha}(n-1)\}$
		$\mu \geq \mu_0$	$\mu < \mu_0$		$\{t \leq t_{\alpha}(n-1)\}$
		$\mu = \mu_0$	$\mu \neq \mu_0$		$\{\,|t| \geq t_{1-\alpha/2}(n-1)\,\}$
χ^2 检验	μ 未知	$\sigma^2 \leq \sigma_0^2$	$\sigma^2 > \sigma_0^2$	$\chi^2 = \dfrac{(n-1)S^2}{\sigma_0^2}$	$\{\chi^2 \geq \chi_{1-\alpha}^2(n-1)\}$
		$\sigma^2 \geq \sigma_0^2$	$\sigma^2 < \sigma_0^2$		$\{\chi^2 \leq \chi_{\alpha}^2(n-1)\}$
		$\sigma^2 = \sigma_0^2$	$\sigma^2 \neq \sigma_0^2$		$\left\{\begin{array}{l}\chi^2 \leq \chi_{\alpha/2}^2(n-1) \text{ 或} \\ \chi^2 \geq \chi_{1-\alpha/2}^2(n-1)\end{array}\right\}$

5）两个正态总体的比较（见表5-2）。这个就是检验两个正态总体均值 μ、方差 σ^2 是否相等/不相等。

表 5-2　两个正态总体均值 μ、方差 σ^2 的显著性检验

检验法	条件	H_0	H_1	检验统计量	拒绝域
u 检验	σ_1,σ_2 已知	$\mu_1 \leqslant \mu_2$	$\mu_1 > \mu_2$	$u = \dfrac{\bar{x}-\bar{y}}{\sqrt{\dfrac{\sigma_1^2}{n}+\dfrac{\sigma_2^2}{m}}}$	$\{u \geqslant u_{1-\alpha}\}$
		$\mu_1 \geqslant \mu_2$	$\mu_1 < \mu_2$		$\{u \leqslant u_{\alpha}\}$
		$\mu_1 = \mu_2$	$\mu_1 \neq \mu_2$		$\{\,|u| \geqslant u_{1-\alpha/2}\}$
t 检验	$\sigma_1 = \sigma_2$ 未知	$\mu_1 \leqslant \mu_2$	$\mu_1 > \mu_2$	$t = \dfrac{\bar{x}-\bar{y}}{S_w\sqrt{\dfrac{1}{n}+\dfrac{1}{m}}}$	$\{t \geqslant t_{1-\alpha}(n+m-2)\}$
		$\mu_1 \geqslant \mu_2$	$\mu_1 < \mu_2$		$\{t \leqslant t_{\alpha}(n+m-2)\}$
		$\mu_1 = \mu_2$	$\mu_1 \neq \mu_2$		$\{\,|t| \geqslant t_{1-\alpha/2}(n+m-2)\}$
近似 u 检验	σ_1,σ_2 未知 m,n 充分大	$\mu_1 \leqslant \mu_2$	$\mu_1 > \mu_2$	$u = \dfrac{\bar{x}-\bar{y}}{\sqrt{\dfrac{S_x^2}{n}+\dfrac{S_y^2}{m}}}$	$\{u \geqslant u_{1-\alpha}\}$
		$\mu_1 \geqslant \mu_2$	$\mu_1 < \mu_2$		$\{u \leqslant u_{\alpha}\}$
		$\mu_1 = \mu_2$	$\mu_1 \neq \mu_2$		$\{\,|u| \geqslant u_{1-\alpha/2}\}$
F 检验	μ_1,μ_2 未知	$\sigma_1^2 \leqslant \sigma_2^2$	$\sigma_1^2 > \sigma_2^2$	$F = \dfrac{S_x^2}{S_y^2}$	$\{F \geqslant F_{1-\alpha}(n-1,m-1)\}$
		$\sigma_1^2 \geqslant \sigma_2^2$	$\sigma_1^2 < \sigma_2^2$		$\{F \leqslant F_{\alpha}(n-1,m-1)\}$
		$\sigma_1^2 = \sigma_2^2$	$\sigma_1^2 \neq \sigma_2^2$		$\left\{ \begin{array}{l} F \leqslant F_{\alpha/2}(n-1,m-1) \text{ 或} \\ F \geqslant F_{1-\alpha/2}(n-1,m-1) \end{array} \right\}$

注：$S_w = \sqrt{\dfrac{(n-1)S_x^2+(m-1)S_y^2}{n+m-2}}$

5.2.5　方差分析

1. 方差分析中的几个名词术语

1）指标。根据试验目的而选定的用来衡量试验效果的量称为指标，一般用 y 表示，它是一个随机变量。

2）因子（因素）。试验中影响指标 y 的因素称为因子，常用大写字母 A，B，C…表示。

3）水平。在试验中，因子所处的状态称为因子的水平，用表示因子的字母加下标来表示，如因子 A 的水平用 A_1，A_2，…表示。

举例：试验的指标是硬度（y），决定硬度的唯一因子可能是工序温度（A），温度有 3 种水平，分别为 800℃（A_1）、1000℃（A_2）、1500℃（A_3）。

4）试验条件（也称处理）。在一次试验中，每一个因子取一个特定的水平，这些特定水平的组合就称为一个试验条件，又称为一个处理。在单因子试验中，一个水平就是一个试验条件。

2. 方差分析的原理

《质量管理方法与工具》是这样表述方差分析的：方差分析（ANOVA）是通过比较可控因子（因素）的方差与试验误差（随机因素）的方差，来检验可控因子（因素）对试验指标的影响是否显著。其实质是假定多个总体方差相等

的情况下，判断它们的均值是否相等。方差分析可以判断随机因素和人为因素（被考察的可控因素）对试验结果的影响。在试验中，这两类因素通常是混杂在一起作用于试验结果的，通过方差分析就可以将这两类因素造成的差异、波动从混杂中分离开来，并分别给予定量描述，从而确定可控因素对试验指标的影响程度。

方差分析是在同方差假定下检验多个正态均值是否相等的统计方法。在这里，以单因子的方差分析为例，说明方差分析的基本假定与原理：

1）方差分析的3项基本假定。

① 在每个水平下，指标服从正态分布。

② 在不同水平下，指标的方差相等。

③ 每次试验相互独立，即每次得到的试验结果指标相互独立。

2）方差分析原理。在上述3个假定下，比较各个水平下指标的均值是否相等。如果均值不等，说明因子对指标有显著影响，否则没有显著影响。

方差分析中使用的检验方法为 F 检验法，所以方差分析又称 F 检验。

3. 单因子方差分析

单因子方差分析用于分析同一因子在不同水平下指标的差异是否显著。

设在一个试验中只考察一个因子 A，它有 r 个水平，即 A_1，A_3，…，A_r，在每一个水平下进行 m 次重复试验。

下面对单因子方差分析的符号做简单说明。

S_T：总偏差平方和（简称总平方和），$S_T = S_A + S_e$。

S_A：组间偏差平方和，又称因子 A 的偏差平方和，简称因子 A 的平方和，是由于因子 A 的水平不同引起的。

S_e：组内偏差平方和，也称误差平方和。由于试验存在随机误差，即使在同一水平下获得的数据之间也有差异，这是除了因子 A 的水平外的一切原因引起的，我们将其归结为随机误差。

MS_A：A 因子的均方，$MS_A = S_A/f_A$。它表示因子的平方和与因子的自由度之比。均方又称为平均偏差平方和。

注意：这里用 MS 表示均方，是常用的方式。《质量管理方法与工具》用 V 表示均方。

MS_e：误差的均方，$MS_e = S_e/f_e$。它表示误差的平方和与误差的自由度之比。

f_A：f_A 是 A 因子的自由度，$f_A =$ 因子水平数 $- 1 = r - 1$。

f_e：f_e 是误差的自由度，$f_e =$ 因子水平数 × （每个水平下的重复次数 $- 1$）$= r (m - 1)$。

f_T：f_T 是总偏差平方和 S_T 的自由度，$f_T =$ 因子水平数 × 每个水平下的重复次数 $- 1 =$ 总的试验数据数 $- 1 = rm - 1$。

$f_T = f_A + f_e$。

F 比：$F = MS_A/MS_e$。当 MS_A 与 MS_e 相差不大时，认为因子 A 不显著；而当 MS_A 比 MS_e 大得多时，认为 A 是显著的。当 $F \geq F_{1-\alpha}(f_A, f_e)$ 时，认为因子 A 是显著的，其中 $F_{1-\alpha}(f_A, f_e)$ 是自由度 (f_A, f_e) 的 F 分布的 $1-\alpha$ 分位数（分位数作为检验临界值）。

在 Minitab 等统计软件中，利用 p 值进行判断。

① 若 p 值 $\leq \alpha$，则因子 A 是显著的。

② 若 p 值 $> \alpha$，则因子 A 是不显著的。

单因子方差分析表见表 5-3。

表 5-3　单因子方差分析表

来　源	平 方 和	自 由 度	均　方	F 比
因子 A	S_A	$f_A = r - 1$	$MS_A = S_A/f_A$	$F = MS_A/MS_e$
误差 e	S_e	$f_e = r(m-1)$	$MS_e = S_e/f_e$	—
总计 T	S_T	$f_T = rm - 1$	—	—

4. 重复数不等情况下的单因子方差分析

因子 A 有 r 个水平，假定在 A_i 水平下进行了 m_i 次试验，$i = 1, 2, \cdots, r$，且各 m_i 不全相等，即在每一水平下的重复试验次数不等，此时总试验次数为 $n = \sum_{i=1}^{r} m_i$。总偏差平方和 S_T 的自由度 $f_T = n - 1 = \sum_{i=1}^{r} m_i - 1$，$A$ 因子的自由度 $f_A = r - 1$，误差的自由度 $f_e = f_T - f_A = \sum_{i=1}^{r} m_i - r$。

重复数不等情况下的原理和计算思路与重复数相等的情况一样。重复数不等情况下的单因子方差分析表见表 5-4。

表 5-4　重复数不等情况下的单因子方差分析表

来　源	平 方 和	自 由 度	均　方	F 比
因子 A	S_A	$f_A = r - 1$	$MS_A = S_A/f_A$	$F = MS_A/MS_e$
误差 e	S_e	$f_e = n - r$	$MS_e = S_e/f_e$	—
总计 T	S_T	$f_T = n - 1$	—	—

当 $F \geq F_{1-\alpha}(f_A, f_e)$ 时，因子 A 是有显著影响的。

5. 双因子方差分析

《质量管理方法与工具》是这样表述双因子方差分析的：多因子（因素）试验中最简单的是双因子试验。试验中有时不仅要考虑因子（因素）对响应的影响，而且还要考虑两个因子（因素）之间不同的水平搭配对响应的影响，即交互作用对响应的影响。<u>考虑交互作用是否存在是双因子（因素）试验方差分析与单因子（因素）方差分析的一个很大区别，它有助于在进行双因子（因素）试验和分析时作出更为精确的结论。</u>

1）双因子试验设置。在一个试验中需要同时考察两个因子 A 与 B，并设因子 A 有 r 个水平，因子 B 有 s 个水平，这时共有 $n = rs$ 个不同的试验条件，也就是说有 n 个总体。现在作如下假定：

每一个总体的分布是正态分布，其均值为 μ_{ij}，它与因子 A 与 B 的水平有关；其方差相同，均为 σ^2。

在双因子试验中，不仅需要分析因子 A 的不同水平对指标的均值有无显著影响，还需要分析因子 B 的不同水平对指标的均值有无显著影响，有时还需要考虑两个因子不同水平的搭配对指标的均值有无特殊影响，这种特殊影响如果存在，就称因子 A 与 B 有交互作用，记为 $A \times B$ 或 AB。

2）双因子重复试验方差分析表。设因子 A 有 r 个水平，因子 B 有 s 个水平，在因子 A 与 B 的每一种搭配下进行 m 次试验。利用双因子方差分析，不仅可以分别分析因子 A 与 B 的不同水平对指标的均值有无显著影响，而且还可以分析因子 A 与 B 的交互作用对指标的均值有无显著影响。

双因子重复试验方差分析表见表5-5。表中因子交互作用 $A \times B$ 的自由度为：
$$f_{A \times B} = f_A \times f_B = (r-1)(s-1); f_T = f_A + f_B + f_{A \times B} + f_e; S_T = S_A + S_B + S_{A \times B} + S_e。$$

表 5-5　双因子重复试验方差分析表

来　源	平　方　和	自　由　度	均　　方	F 比
因子 A	S_A	$f_A = r - 1$	$MS_A = S_A/f_A$	$F_A = MS_A/MS_e$
因子 B	S_B	$f_B = s - 1$	$MS_B = S_B/f_B$	$F_B = MS_B/MS_e$
$A \times B$	$S_{A \times B}$	$f_{A \times B} = (r-1)(s-1)$	$MS_{A \times B} = S_{A \times B}/f_{A \times B}$	$F_{A \times B} = MS_{A \times B}/MS_e$
误差 e	S_e	$f_e = rs(m-1)$	$MS_e = S_e/f_e$	—
总计 T	S_T	$f_T = rsm - 1$	—	—

当 $F_A \geqslant F_{1-\alpha}(f_A, f_e)$ 时，因子 A 有显著影响。

当 $F_B \geqslant F_{1-\alpha}(f_B, f_e)$ 时，因子 B 有显著影响。

当 $F_{A \times B} \geqslant F_{1-\alpha}(f_{A \times B}, f_e)$ 时，因子交互作用 $A \times B$ 有显著影响。

6. 双因子无重复试验的方差分析

1）双因子无重复试验的设置。设因子 A 有 r 个水平，因子 B 有 s 个水平，因子 A 与 B 不存在交互作用，此时 $S_{A \times B}$ 可以当作 S_e 使用，因此在 A 与 B 的每一种搭配下只需进行一次试验，即可分析因子 A 的不同水平对指标的均值有无显著影响，以及因子 B 的不同水平对指标的均值有无显著影响，分析方法与单因子方差分析基本相同。

2）双因子无重复试验方差分析表。双因子无重复试验方差分析表见表5-6，其中因子 A 与 B 不存在交互作用。

表5-6　双因子无重复试验方差分析表

来　　源	平　方　和	自　由　度	均　　方	F 比
因子 A	S_A	$f_A = r-1$	$MS_A = S_A/f_A$	$F_A = MS_A/MS_e$
因子 B	S_B	$f_B = s-1$	$MS_B = S_B/f_B$	$F_B = MS_B/MS_e$
误差 e	S_e	$f_e = (r-1)(s-1)$	$MS_e = S_e/f_e$	—
总计 T	S_T	$f_T = rs-1$	—	—

当 $F_A \geq F_{1-\alpha}(f_A, f_e)$ 时，因子 A 有显著影响。

当 $F_B \geq F_{1-\alpha}(f_B, f_e)$ 时，因子 B 有显著影响。

5.2.6　回归分析

回归分析是研究和处理变量之间相关关系的一个数理统计方法。回归分析通过对两个或多个变量大量观测，收集数据，建立变量间的数学模型（统计规律），利用此模型解决预测和控制问题。

1. 相关的概念

变量之间存在着一定的关系，这种关系，一般说来可分为确定性和非确定性两类。进一步细分，变量之间存在的关系有以下几种情形：

1）确定性关系（完全相关关系、函数关系）。这种关系一般可用一个不变的数学公式来表达。

2）相关关系。变量之间存在密切关系，但又不能由一个（或几个）变量的数值精确地求出另一变量的数值，这类变量之间的关系称为相关关系。这种关系不能用函数描述，但其趋势可以用函数说明。

3）不相关。事物之间没有关系。

2. 一元线性回归

1）一元回归方程。收集 n 组数据 (x_i, y_i)，$i = 1, 2, \cdots, n$，画出散布图，若 n 个点基本在一条直线附近，但不全在该直线上时，则称这两个变量间具有线性相关关系。

一元线性回归分析主要是研究两个变量 x 与 y 之间的线性相关关系，建立两者之间的定量关系表达式。回归直线的方程 $\hat{y} = a + bx$ 称为一元线性回归方程，其中 a 为常数项，b 为回归系数。针对 n 组数据 (x_i, y_i)，利用最小二乘法，估计 a、b 的值：

$$\hat{a} = \overline{y} - \hat{b}\overline{x}$$

$$\hat{b} = \frac{L_{xy}}{L_{xx}}$$

其中，L_{xy} 是 x 的偏差与 y 的偏差的乘积和，L_{xx} 是 x 的偏差平方和。此外，还有一个 L_{yy} 是 y 的偏差平方和，L_{xy}、L_{xx}、L_{yy} 的计算公式为

$$L_{xy} = \sum_{i=1}^{n} (x_i - \bar{x})(y_i - \bar{y})$$

$$L_{xx} = \sum_{i=1}^{n} (x_i - \bar{x})^2$$

$$L_{yy} = \sum_{i=1}^{n} (y_i - \bar{y})^2$$

回归直线必过 $(0, a)$ 与 $(\bar{x}, \bar{y})$ 两点。

2）回归方程的显著性检验。回归方程建立以后，必须对回归方程的有效性进行检验，通常有两种方法：其一是相关分析检验法；其二是方差分析检验法，这两种方法是等价的。

① 相关分析检验法。相关系数 r 用于表征两变量间线性相关的强弱，其计算公式为

$$r = \frac{L_{xy}}{\sqrt{L_{xx}L_{yy}}}$$

从相关系数的计算公式容易看出，r 是无量纲量，r 的取值范围为 $[-1, 1]$。

当 $r = \pm 1$ 时，n 个点在一条直线上，这时两个变量完全线性相关。

当 $r = 0$ 时，散布图上的点或杂乱无章或呈现曲线，两个变量没有线性相关关系，但可能存在某种非线性函数关系。

当 $r > 0$ 时，两个变量正相关，当 x 的值增加时，y 的值有增大的趋势。

当 $r < 0$ 时，两个变量负相关，当 x 的值增加时，y 的值有减少的趋势。

相关系数绝对值的大小度量了 x、y 之间线性相关的程度，$|r|$ 越趋近于 1，表示线性关系越密切；$|r|$ 越趋近于 0，表示线性关系越不密切。若 $|r| > r_{1-\alpha/2}(n-2)$，则有 $1-\alpha$ 的把握认为变量 x 与 y 之间具有线性相关关系。若 $|r| \leqslant r_{1-\alpha/2}(n-2)$，则在显著水平 α 下，不能认为变量 x 与 y 之间存在线性相关关系。

② 方差分析检验法。方差分析中有三类平方和。

S_T：总偏差平方和（简称总平方和）。$S_T = L_{yy} = \sum_{i=1}^{n} (y_i - \bar{y})^2$，$S_T = S_R + S_E$。

S_R：回归平方和。$S_R = \sum_{i=1}^{n} (\hat{y_i} - \bar{y})^2 = \hat{b}L_{xy}$。

S_E：残差平方和。$S_E = S_T - S_R = \sum_{i=1}^{n} (y_i - \hat{y_i})^2$。

回归直线的方差分析表见表 5-7。

表 5-7　回归直线的方差分析表

来　源	平　方　和	自　由　度	均　方	F 比
回归 R	S_R	$f_R = 1$	$MS_R = S_R/f_R$	$F = MS_R/MS_E$
残差 E	S_E	$f_E = n - 2$	$MS_E = S_E/f_E$	—
总计 T	S_T	$f_T = n - 1$	—	—

当 $F \geqslant F_{1-\alpha}(1, n-2)$ 时，认为变量 x 与 y 间存在显著的线性关系。

3）利用回归方程进行预测。在求得变量 x，y 之间的回归方程后，对于任一给定的观测点 x_0，要能推断指标 y_0 大致处于什么范围内。给定 x_0 下相应 y_0 的拟合值为 $\hat{y}_0 = \hat{a} + \hat{b} x_0$，并由此可以给出 y_0 的置信度为 $1-\alpha$ 的预测区间 $(\hat{y}_0 - \delta, \hat{y}_0 + \delta)$。$\delta$ 的计算公式为

$$\delta = \delta(x_0) = t_{1-a/2}(n-2)\hat{\sigma}\sqrt{1 + \frac{1}{n} + \frac{(x_0 - \bar{x})^2}{L_{xx}}}$$

其中，$\hat{\sigma} = \sqrt{MS_E} = \sqrt{S_E/(n-2)}$ 是误差标准差的估计。

4）利用回归方程进行控制。控制问题是预测的反问题，即要求观察值 y 在 $[y_1, y_2]$ 内取值，从而求变量 x 的范围 $[x_1, x_2]$。

同步练习强化

1. 单项选择题

1）下列质量数据中，属于计点值数据的是（　　）。

A. 出席人数　　　　　　　　　　B. 砂眼数

C. 合格品数　　　　　　　　　　D. 质量检测项目数

2）机器开动时的轻微震动是（　　）。

A. 偶然因素　　　　　　　　　　B. 异常因素

C. 系统因素　　　　　　　　　　D. 可查明因素

3）车刀严重磨损是（　　）

A. 偶然因素　　　　　　　　　　B. 异常因素

C. 随机因素　　　　　　　　　　D. 固有因素

4）随机现象的结果至少有（　　）个。

A. 0　　　　　　　　　　　　　B. 1

C. 2　　　　　　　　　　　　　D. 3

5）影响产品质量的偶然因素，其特点是（　　）。

A. 容易发现和消除　　　　　　　B. 生产过程所固有的，难以消除

C. 不值得消除　　　　　　　　　D. 不是过程固有的

6）铸件上的砂眼数服从（　　）。

A. 二项分布　　　　　　　　　　B. 正态分布

C. 超几何分布　　　　　　　　　D. 泊松分布

7）（　　）情况下会遇到超几何分布。

A. 在一定时间内或一定区域内或特定单位内的前提下进行计点

B. 从一个有限总体中进行不放回抽样

C. 重复进行某一试验

D. 进行次数无限大的不放回抽样试验

8）正态分布 $N(10, 2^2)$ 的中位数是（　　）。

A. 2　　　　　　　　　　　　　　B. 4

C. 5　　　　　　　　　　　　　　D. 10

9）设 $X \sim N(3, 0.2^2)$，则 $P(2X > 6.8) = $（　　）。

A. $\Phi(3.4)$　　　　　　　　　　B. $1 - \Phi(3.4)$

C. $1 - \Phi(2)$　　　　　　　　　D. $\Phi(2)$

10）关于正态分布函数，下列说法正确的是（　　）。

A. σ 越大，分布越集中；σ 越小，分布越分散

B. 质量特性 X 在 μ 附近取值的机会不一定最大

C. σ 越大，分布越分散；σ 越小，分布越集中

D. μ 不是正态分布的中心

11）关于正态分布曲线，下列说法错误的是（　　）。

A. $\mu = 0$ 且 $\sigma = 1$ 的正态分布称为标准正态分布

B. $P(U \le 1.34)$ 表示随机变量 U 取值不超过 1.34 的概率

C. $P(U \le 1.34)$ 在数量上恰好为 1.34 左侧的一块阴影面积

D. $P(U \le 1.34) > P(U < 1.34)$

12）某公司员工的身高服从正态分布 $N(170, 10^2)$，单位为 cm，规定高度在 (170 ± 10) cm 内的员工可参加公司的文艺表演，则某位员工可参加文艺演出的概率为（　　）。

A. $\Phi(1) - \Phi(-1)$　　　　　　B. $\Phi(2) - \Phi(-2)$

C. $\Phi(10) - \Phi(-10)$　　　　　D. $\Phi(180) - \Phi(160)$

13）机加工尺寸服从正态分布 $N(100, 5^2)$，现随机抽一个样本量为 100 的样本，则样本均值的标准差为（　　）。

A. 0.1　　　　　　　　　　　　　B. 0.5

　　C. 0.05　　　　　　　　　　　　D. 0.01

14）在一个口袋中装有 30 个球，其中有 10 个红球，其余为白球，这些球除颜色外完全相同。游戏者一次从中摸出 5 个球，摸到至少 4 个红球就中一等奖，那么可以用（　　）计算获一等奖的概率。

　　A. 二项分布　　　　　　　　　　B. 正态分布

　　C. 超几何分布　　　　　　　　　D. 泊松分布

15）生产过程的过程质量为批不合格品率 $p = 5\%$，从该批产品中抽取 30 件，其中不合格品数不超过 1 件的概率可以用（　　）计算。

　　A. 二项分布　　　　　　　　　　B. 正态分布

　　C. 超几何分布　　　　　　　　　D. 泊松分布

16）原假设是该过程产生的平均缺陷数小于或等于规定值，则第二类错误是指（　　）。

　　A. 在实际缺陷不多时认为产生了过多的缺陷

　　B. 在实际缺陷多时认为没有产生过多的缺陷

　　C. 在实际缺陷不多时认为没有产生过多的缺陷

　　D. 在实际缺陷多时认为产生过多的缺陷

17）某公司一直以来产品的平均合格品率为 95%，为此公司进行了技术攻关，从最近 15 天的情况看，发现平均合格品率达到了 97%，以下结论正确的是（　　）。

　　A. 提高了 2 个百分点，从行业现状来讲，确实算显著提高

　　B. 因为没有提供总体标准差的信息，因而不可能做出判断

　　C. 需要使用单总体 t 检验来判断改进后的平均合格品率是否比原来有显著提高

　　D. 需要使用单总体 u 检验来判断改进后的平均合格品率是否比原来有显著提高

18）原假设 H_0：某生产过程的不合格品率不大于 p_0，则第二类错误指的是（　　）。

　　A. 认为该过程生产的不合格品率大于 p_0，但实际并不大于 p_0

　　B. 认为该过程生产的不合格品率不大于 p_0，但实际大于 p_0

　　C. 认为该过程生产的不合格品率不大于 p_0，但实际也不大于 p_0

　　D. 认为该过程生产的不合格品率大于 p_0，但实际也大于 p_0

19）在假设检验中，接受原假设 H_0 时，可能（　　）错误。

　　A. 犯第一类　　　　　　　　　　B. 犯第二类

　　C. 不犯任何一类　　　　　　　　D. 既犯第一类，又犯第二类

20）已知一批电阻阻值服从 $X \sim N(100, 0.05^2)$，电阻阻值的规范限为（100 ±

0.1)Ω，则该批电阻的阻值低于下规范限的概率为（ ）。

A. $\Phi(2)$ B. $1-\Phi(2)$

C. $1-\Phi(-2)$ D. $\Phi(2)-1$

21）在单因子试验中，假定因子 A 有 r 个水平，则可以看成有 r 个总体，若符合用单因子方差分析方法分析数据的假定时，所检验的原假设是（ ）。

A. 各总体分布为正态 B. 各总体的均值相等

C. 各总体的方差相等 D. 各总体的变异系数相等

22）雪糕生产厂家希望分析现有的 5 种雪糕在市场上的销售是否有差异，他们分别从 10 家超市收集了 5 种雪糕的销售数据，如果使用方差分析，则（ ）。

A. 因子的自由度为 9 B. 因子的自由度为 4

C. 因子的自由度为 45 D. 误差平方和的自由度为 49

23）现有三台机器生产同规格的铝合金薄板，其厚度分别服从同方差的正态分布，从三台机器上各取五块板测量其厚度，并对其进行方差分析，求得 $F=32.92$。查 F 分布表可知，在 $\alpha=0.05$ 时的临界值为 3.89，则结论是（ ）。

A. 三台机器生产的薄板厚度在显著性水平 0.95 上有显著差异

B. 三台机器生产的薄板厚度在显著性水平 0.95 上无显著差异

C. 三台机器生产的薄板厚度在显著性水平 0.05 上有显著差异

D. 三台机器生产的薄板厚度在显著性水平 0.05 上无显著差异

24）收集 n 组数据 (x_i, y_i)，$i=1, 2, \cdots, n$，画出散布图，若 n 个点基本在一条直线附近，但不全在该直线上时，则称两个变量之间具有（ ）。

A. 独立的关系 B. 不相容的关系

C. 函数关系 D. 线性相关关系

25）如果随着内部直径的变小，电子管的电镀时间增加，那么电子管内部直径和电镀时间的相关系数为（ ）。

A. 0 与 1 之间 B. 0 与 -1 之间

C. >1 D. =1

26）收集 n 组数据 (x_i, y_i)，求得相关系数为 r，当（ ）时，可以在显著性水平 α 上认为两者之间存在线性负相关关系。

A. $r < -r_{1-\alpha/2}(n-2)$ B. $r > r_{1-\alpha/2}(n-2)$

C. $r < -r_{1-\alpha/2}(n-1)$ D. $|r| \leqslant r_{1-\alpha/2}(n-2)$

27）如果在 y 关于 x 的线性回归方程 $\hat{y}=a+bx$ 中，$b<0$，那么 x 和 y 两变量之间的相关系数 r 有（ ）。

A. $r=0$ B. $r=1$

C. $r<0$ D. $r>0$

28）根据两个变量的 18 组观测数据建立一元线性回归方程。在对回归方程做检验时，残差平方和的自由度为（　　）。

    A. 18　　　　　　　　　　　　B. 17

    C. 16　　　　　　　　　　　　D. 1

29）当分布在散布图上的点可能毫无规律，但也不能完全否定这些点表示的变量之间存在某种曲线的趋势时，此时的相关系数（　　）。

    A. $r=0$　　　　　　　　　　　B. $r=1$

    C. $r<0$　　　　　　　　　　　D. $r>0$

30）有人研究了汽车速度与每升汽油行驶里程之间的关系，得到的相关系数为0.35，然而发现速度表每小时快了5km，于是对速度进行了修正，重新求得的相关系数是（　　）。

    A. 0.30　　　　　　　　　　　B. 0.35

    C. 0.40　　　　　　　　　　　D. 0.45

31）若总体服从正态分布，方差已知，则检验总体均值是否大于等于某个值时，使用（　　）。

    A. u 检验　　　　　　　　　　B. t 检验

    C. F 检验　　　　　　　　　　D. H 检验

32）若两个总体均服从正态分布，则检验这两个总体的方差是否相等时，使用（　　）。

    A. u 检验　　　　　　　　　　B. t 检验

    C. F 检验　　　　　　　　　　D. H 检验

33）若总体服从正态分布，方差未知，则检验总体均值是否等于某个值时，使用（　　）。

    A. u 检验　　　　　　　　　　B. t 检验

    C. F 检验　　　　　　　　　　D. H 检验

34）用于两个或两个以上样本均值差别的显著性检验是（　　）。

    A. 参数估计　　　　　　　　　　B. 假设检验

    C. 实验设计　　　　　　　　　　D. 方差分析

35）关于相关分析中相关系数和两个变量的关系，以下说法错误的是（　　）。

    A. 当相关系数等于1时，两个变量完全线性相关

    B. 当相关系数等于0时，两个变量不相关，没有任何曲线关系

    C. 当相关系数大于0时，两个变量正相关

    D. 当相关系数小于0时，两个变量负相关

36）在一定条件下，并不总是出现相同结果的现象称为（　　）现象；表示（　　）现象结果的变量称为（　　）变量。

A. 随机   B. 模糊

C. 确定   D. 不确定

37）对于标准正态分布，下面哪一个是正确的？（   ）

A. $\mu = 0$，$\sigma = 1$ B. $\mu = 1$，$\sigma = 0$

C. $\mu = 1$，$\sigma = 1$ D. $\mu = 0$，$\sigma = 0$

38）统计量的分布称为（   ）。

A. 随机分布   B. 抽样分布

C. 正态分布   D. 二项分布

39）统计推断的基本内容可以分为两个，一个是（   ），另一个是（   ）。

A. 参数估计，假设检验   B. 假设检验，方差分析

C. 回归分析，假设检验   D. 方差分析，回归分析

40）（   ）是判断两个或多个被比较对象有无显著性差异的统计技术。

A. 参数估计   B. 显著性检验

C. 回归分析   D. 方差分析

41）显著性检验有两大类。一类是（   ），另一类是（   ）。

A. 假设检验，参数性检验   B. 参数性检验，非参数性检验

C. 参数估计，参数性检验   D. 假设检验，非参数性检验

42）只限定犯第一类错误的最大概率 α，而不考虑犯第二类错误的概率 β。我们把这样的假设检验称为（   ）。

A. 显著性检验   B. 参数性检验

C. 非参数性检验   D. 方差分析

43）方差分析是用来（   ）。（真题）

A. 确定过程是否有异常波动的

B. 检验因素对实验指标的影响是否显著

C. 确定因素之间是否具有相关关系的

D. 分析测量结果之间离差的

44）回归分析是研究和处理（   ）的一个数理统计方法。

A. 变量之间的相关关系   B. 变量之间的确定性关系

C. 变量之间的函数关系   D. 变量之间的非函数关系

45）在对铸件进行检验时，根据样本中包含的不合格铸件数和根据样本中包含的不合格砂眼数判断该批产品是否接收的判定方式属于（   ）检验。（真题）

A. 计点和计量   B. 计件和计点

C. 计数和计量   D. 计数和序贯

46）（   ）检验是根据被检样本中的不合格产品数，推断整批产品的接收

与否。（真题）

    A. 计件抽样   B. 计点抽样

    C. 计数抽样   D. 计量抽样

2. 多项选择题

1）在生产线上，同一生产条件下抽取同一产品 100 件，测定某质量特性获得 100 个数据。其数据分布一般具有（   ）重要特性。（真题）

    A. 规律性   B. 波动性

    C. 离散性   D. 统计性

2）异常因素的特点有（   ）。

    A. 异常因素不是过程固有的

    B. 异常因素有时存在，有时不存在

    C. 异常因素对过程输出的影响大

    D. 异常因素可通过采取恰当的措施消除

3）偶然因素有（   ）。

    A. 机器开动时的轻微震动   B. 检测仪器的微小差异

    C. 车刀严重磨损   D. 操作者违章操作

4）质量波动分为正常波动和异常波动，质量波动是由偶然因素或/和异常因素造成的，下列说法正确的是（   ）。

    A. 正常波动不可以避免   B. 偶然因素可以消除

    C. 采取措施可以消除异常波动   D. 异常因素可以消除

5）随机现象的特点有（   ）。

    A. 随机现象的结果至少有两个

    B. 随机现象的结果可确定

    C. 随机现象的出现我们可事先预测

    D. 随机现象中哪一个出现，事先并不知道

6）下列各项属于随机现象的是（   ）。

    A. 一天内进入商场的人数   B. 顾客在商场购买的商品数

    C. 加工某产品的误差   D. 一天之内的小时数

7）常用的离散分布有（   ）。

    A. 二项分布   B. 正态分布

    C. 超几何分布   D. 泊松分布

8）下列随机变量中是连续随机变量的有（   ）。

    A. 一页书上的错别字个数   B. 某地区的年降雨量

    C. 一个家庭在八月份的用水量   D. 网球拍上弦的强度

9）设 $X \sim N(\mu, \sigma^2)$，则以下表述正确的有（   ）。

A. μ 是分布的对称中心　　　　　B. 在 μ 附近 X 取值的机会大

C. σ 是 X 的方差　　　　　　　D. $U = \dfrac{X - \sigma}{\mu} \sim N(0,1)$

10）设 $U \sim N(0,1)$，若 $c > 0$，则有（　　）。

A. $P(U < 2c) = 2\varPhi(c)$　　　　B. $P(U = 0) = 0.5$

C. $P(U < -c) = P(U > c)$　　　　D. $P(U > c) < 0.5$

11）认识一个随机变量 X 的关键就是要知道它的分布，分布包含的内容有（　　）。

A. X 可能取哪些值　　　　　　　B. X 在哪个区间上取值

C. X 取这些值的概率各是多少　　D. X 在任一区间上取值的概率是多少

12）下列关于二项分布的论述正确的有（　　）。

A. 重复进行 n 次试验

B. 每一次试验结果不对其他次试验结果产生影响

C. 每次试验仅有两个可能的结果

D. 每次试验成功的概率均为 p，失败的概率均为 $1 - p$

13）下列关于正态分布的描述正确的有（　　）。

A. 正态分布有两个参数 μ 与 σ，其中 μ 为均值，σ 是正态分布的标准差

B. σ 越大，分布越集中；σ 越小，分布越分散

C. 标准差 σ 不变时，不同的均值对应的正态分布曲线的形状完全相同

D. 均值 μ 不变时，不同的标准差对应的正态分布曲线的位置与形状都不同

14）下列常用的统计量中，描述数据中心位置的有（　　）。

A. 样本方差　　　　　　　　　　　B. 样本中位数

C. 样本极差　　　　　　　　　　　D. 样本均值

15）设总体 X 的均值 μ 未知，方差 σ^2 已知，则以下样本函数中是统计量的有（　　）。

A. $\overline{X}$　　　　　　　　　　　B. $\widetilde{X}$

C. $\dfrac{\overline{X} - \sigma}{\mu}$　　　　　　　　　　D. $\dfrac{(n-1)\,S^2}{\sigma^2}$

16）对于正态总体的参数估计，下列叙述正确的有（　　）。

A. 样本均值 $\overline{X}$ 是总体均值 μ 的无偏估计，样本方差 S^2 是总体方差 σ^2 的无偏估计

B. 样本标准差 S 是总体标准差 σ 的无偏估计

C. 样本中位数 $\widetilde{X}$ 不是总体均值 μ 的无偏估计

D. $\hat{\sigma}_R = R/d_2$ 是总体标准差 σ 的无偏点估计，其中 R 是样本极差，d_2 是与样

本量有关的常数

17）设总体均值为 μ，方差为 σ^2，标准差为 σ，从该总体得到一个随机样本，则下面叙述中正确的有（　　）。

A. 样本均值是 μ 的无偏估计　　　　B. 样本中位数是 μ 的无偏估计

C. 样本方差是 σ^2 的无偏估计　　　D. 样本标准差是 σ 的无偏估计

18）参数估计是统计推断的基本内容之一，它的基本形式有（　　）。

A. 点估计　　　　　　　　　　B. 无偏估计

C. 区间估计　　　　　　　　　D. 有偏估计

19）电阻阻值服从 $X \sim N(100, 0.05^2)$，电阻阻值的规范限为 $(100 \pm 0.1)\Omega$，则不合格品率为（　　）。

A. $\Phi(2) + \Phi(-2)$　　　　　　B. $2\Phi(2)$

C. $2\Phi(-2)$　　　　　　　　D. $2[1 - \Phi(2)]$

20）关于假设检验的两类错误，下列描述正确的有（　　）。

A. 犯拒真错误的可能性不超过 α

B. α 取值越小，拒绝域越小，拒绝原假设的理由越充分

C. 在假设检验中，接受原假设 H_0 时，可能犯第一类错误

D. 犯第一类错误的概率 α 与犯第二类错误的概率 β 之间是相互关联的，降低 α 时，β 往往会增大

21）在假设检验中，记 H_0 为原假设，H_1 为备择假设，则第一类错误指的是（　　）。

A. H_0 为真，拒绝 H_0　　　　　B. H_1 为真，拒绝 H_0

C. H_1 不真，拒绝 H_0　　　　　D. H_0 不真，接收 H_0

22）假设检验的基本步骤包括（　　）。

A. 建立假设，选择检验统计量

B. 选择检验方法

C. 给出显著性水平 α；确定临界值，给出拒绝域

D. 根据统计量的值，作出拒绝与否的判断

23）显著性检验有两大类，包括（　　）。

A. 参数性检验　　　　　　　　B. 非参数性检验

C. 正态性检验　　　　　　　　D. 非正态性检验

24）可以作为原假设的命题有（　　）。

A. 两个总体方差相等　　　　　B. 两个样本均值相等

C. 总体不合格品率不超过5%　　D. 样本中的不合格品率不超过5%

25）使用方差分析的前提是（　　）。

A. 每一水平下总体的分布都是正态分布

B. 各总体的均值相等

C. 各总体的方差相等

D. 各数据相互独立

26）在比较三种加工方法（记为因子 A）的试验中，已知各加工方法分别进行了 6 次、5 次、4 次试验，则有（　　）。

A. 因子 A 平方和的自由度是 2

B. 因子 A 平方和的自由度是 14

C. 误差平方和的自由度是 14

D. 误差平方和的自由度是 12

27）在比较三种加工方法（记为因子 A）的试验中，已知在三个水平下各进行了 6 次、5 次、4 次试验，作为方差分析求得的因子的平方和为 155.64. 误差平方和为 85.34，取显著性水平 $a = 0.05$，查表知 $F_{0.95}$（2，12）= 3.89，则有（　　）。

A. F 比为 1.82 　　　　　　　　B. 因子 A 是显著的

C. F 比为 10.94 　　　　　　　　D. 因子 A 不显著

28）在正态方差未知时，对正态均值 μ 的检验问题 $H_0 : \mu = \mu_0, H_1 : \mu \neq \mu_0$ 的拒绝域 $W = $（　　）。

A. $\{|t| > -t_{1-\alpha/2}(n-1)\}$ 　　　　　B. $\{|t| > t_{\alpha/2}(n-1)\}$

C. $\{|t| > t_{1-\alpha/2}(n-1)\}$ 　　　　　D. $\{|t| > -t_{\alpha/2}(n-1)\}$

29）在单因子方差分析中，有（　　）。

A. 组内平方和 = 因子平方和

B. 组内平方和 = 误差平方和

C. 组间平方和 = 因子平方和

D. 总平方和 = 因子平方和 + 误差平方和

30）收集了 n 组数据 (x_i, y_i)，$i = 1, 2, \cdots, n$，为了了解变量 x 与 y 之间是否有相关关系，可以使用（　　）加以考察。

A. 直方图 　　　　　　　　　　B. 散布图

C. 回归分析 　　　　　　　　　D. 相关系数检验

31）设变量 x 与 y 的相关系数为 r，以下正确的有（　　）。

A. $|r|$ 越接近 1，x 与 y 的线性相关越强

B. 若 $r = 0$，两变量无任何关系

C. r 无量纲，取值在 −1 和 1 之间

D. 只能度量两变量之间线性相关的强弱

32）收集了 n 组数据 (x_i, y_i)，$i = 1, 2, \cdots, n$，求得两个变量的相关系数为 0，则以下说法正确的有（　　）。

A. 两个变量独立 　　　　　　　B. 两个变量间可能有函数关系

C. 两个变量间没有线性相关关系　　D. 两个变量间一定有函数关系

33）相关系数 r 是表示两个变量线性关系密切程度的统计量。比较如下四个相关系数，$r_1 = 0.5$，$r_2 = 0.37$，$r_3 = -0.37$，$r_4 = -0.95$，有（　　）。

A. r_1 表示的两变量密切程度比 r_2 表示的密切程度强

B. r_3 表示的两变量密切程度比 r_4 表示的密切程度强

C. r_2 表示的两变量密切程度与 r_3 表示的密切程度相同

D. r_2 表示的两变量密切程度比 r_4 表示的密切程度强

34）在一元线性回归方程的显著性检验中，常用的检验方法有（　　）。

A. 相关系数检验法　　　　　　　　B. 方差分析法

C. t 检验法　　　　　　　　　　　D. u 检验法

35）关于正态分布，说法正确的是（　　）。

A. 正态分布概率密度函数曲线是对称的、单峰钟形曲线

B. 一个正态分布由均值和标准偏差这两个参数完全确定；μ 确定中心位置，σ 决定分布曲线的形状

C. 正态分布概率密度函数曲线下面的面积，是随机变量在相应区间取值的概率

D. σ 越小，曲线越陡，数据离散程度越小；σ 越大，曲线越扁平，数据离散程度越大

36）随机变量的取值是随机的，但存在规律性，这个规律性可以用分布来描述，分布包含的内容包括（　　）。

A. 随机变量 X 可能取哪些值，或在哪个区间上取值

B. 随机变量 X 取这些值的概率是多少，或 X 在任一区间上取值的概率是多少

C. 随机变量 X 的取值范围

D. 随机变量 X 取值范围的规律

3. 判断题

1）在生产线上，同一生产条件下抽取同一产品100件，测定某质量特性获得100个数据，其数据分布一般具有离散性和波动性。　　　　（　　）（真题）

2）随机变量的取值是随机的，但存在规律性，这个规律性可以用抽样分布来描述。　　　　　　　　　　　　　　　　　　　　　　　　（　　）

3）F 分布是两个样本方差比的分布，构成 F 分布的两个总体方差相等，两个样本相互独立，F 分布有两个参数，F 分布的概率密度函数在正半轴上呈偏态分布。　　　　　　　　　　　　　　　　　　　　　　　　　　　（　　）

4）t 分布中总体的 σ^2 已知，t 分布只有一个参数，t 分布的概率密度函数与标准正态分布的概率密度函数的图形大致类似。　　　　　　　　（　　）

5）χ^2 分布只有一个参数，就是自由度。χ^2 分布的概率密度函数在正半轴上呈偏态分布。 （　　）

6）用分布列和分布函数描述离散随机变量的分布，用密度函数和分布函数描述连续随机变量的分布。 （　　）

7）参数估计中，α 越小，置信水平越高，置信区间长度越长，置信区间包含未知参数 θ 的概率越大。 （　　）

8）参数估计时，在作参数 θ 的置信区间中，置信水平 $1-\alpha=90\%$ 的含义是指对 100 个样本，至少有 90 个区间能覆盖 θ。 （　　）

9）设立原假设 H_0：两个样本均值相等，备择假设 H_1：两个样本均值不等。 （　　）

10）在假设检验中接受原假设 H_0 时，可能犯第一类错误。 （　　）

11）在假设检验中，H_0 为原假设，H_1 为备择假设，则第一类错误指的是 H_1 不真，拒绝 H_0。 （　　）

12）在单因子方差分析中，如果因子 A 有 r 个水平，在每一水平下进行 m 次试验，那么误差平方和的自由度为 $r(m-1)$。 （　　）

13）在单因子方差分析中，引起总偏差平方和数据波动的原因包括两类：组间偏差平方和和组内偏差平方和。组内偏差平方和等于误差平方和。 （　　）

14）在方差分析中所用的检验的拒绝域的临界值来自 F 分布。 （　　）

15）设有单因子试验，因子 A 有 r 个水平，在 A_i 水平下进行 m_i 次重复试验，则误差平方和 S_e 的自由度为 $f_e=\sum\limits_{i=1}^{r}m_i-1$。 （　　）

16）双因子无重复试验方差分析中，因子 A 有 r 个水平，因子 B 有 s 个水平，因子 A 与 B 不存在交互作用，那么误差平方和的自由度为 $f_e=rs-1$。 （　　）

17）双因子重复试验方差分析中，因子 A 有 r 个水平，因子 B 有 s 个水平，在 A 与 B 的每一种搭配下进行 m 次试验，那么 A 与 B 的交互作用 $A\times B$ 引起的偏差平方和的自由度为 $f_{A\times B}=(r-1)(s-1)$，误差平方和的自由度为 $f_e=rs(m-1)$，总偏差平方和的自由度为 $f_T=rsm-1$。 （　　）

18）收集 n 组数据 (x_i,y_i)，求得相关系数为 r，当 $|r|\leqslant r_{1-\alpha/2}(n-2)$ 时，可以在显著性水平 α 上认为之两者之间存在线性相关关系。 （　　）

19）收集了 n 组数据 (x_i,y_i)，求得相关系数为 $r=0$，说明两个变量间没有相关关系。 （　　）

20）收集了 n 组数据 (x_i,y_i)，$i=1,2,\cdots,n$，在一元线性回归中用 S_R 表示回归平方和，S_E 表示残差平方和，由此求得 F 比，则当 $F\geqslant F_{1-\alpha}(1,n-2)$ 时，在显著性水平 α 上认为所得到的回归方程是有意义的。 （　　）

21）相关系数 r 用于表征两变量之间线性相关的强弱，如果两个变量不相

关，则求出的相关系数 r 一定为零。 （　　）

22）用分布列和分布函数描述离散型随机变量的分布，用密度函数和分布函数描述连续型随机变量的分布。 （　　）

23）无偏估计的含义是：每次使用估计量 $\hat{\theta}$ 估计真值 θ 是会有偏差的，但多次使用它，偏差的平均为零。 （　　）

24）在统计学中，广泛采用的一条原理——小概率原理。小概率原理，就是如果一个事件 A 发生的可能性很小，则认为该事件一般是不会发生的。
（　　）

25）在显著性检验中，根据样本构造检验统计量，再由检验统计量构造一个事件 A，使得当原假设 H_0 成立时，事件 A 为小概率事件。因此，根据小概率原理，事件 A 一般不会发生；反之，如果事件 A 一旦发生，就有理由接受原假设 H_0。 （　　）

26）变量之间存在密切关系，但又不能由一个（或几个）变量的数值精确地求出另一变量的数值，则称这类变量的关系为相关关系。相关关系的趋势不可以用函数说明。 （　　）

27）回归分析是研究和处理变量之间的相关关系的一个数理统计方法。
（　　）

 答案点拨解析

1. 单项选择题

题号	答案	解　　析
1	B	见本书 5.2.1 节之 1
2	A	见本书 5.2.1 节之 2
3	B	见本书 5.2.1 节之 2
4	C	见本书 5.2.2 节之 1
5	B	见本书 5.2.1 节之 2
6	D	见本书 5.2.2 节之 2
7	B	见本书 5.2.2 节之 2
8	D	正态分布 $X \sim N(\mu, \sigma^2)$，其中 μ 是为正态分布的均值，它是正态分布的中心，即为正态分布的中位数。本题 $N(10, 2^2)$ 中 $\mu = 10$，所以 D 选项正确
9	C	见本书 5.2.2 节之 3。一般正态分布转化为标准正态分布 $P(2X > 6.8) = P(X > 3.4) = 1 - \Phi\left(\frac{3.4 - 3}{0.2}\right) = 1 - \Phi(2)$，所以 C 选项正确

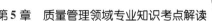

（续）

题号	答案	解 析
10	C	见本书5.2.2 节之3
11	D	直线是没有面积的，即直线的面积为 0，所以 $P(U\le u)=P(U<u)=\Phi(u)$，所以 D 选项错误
12	A	利用公式 $P(a\le X\le b)=\Phi\left(\dfrac{b-\mu}{\sigma}\right)-\Phi\left(\dfrac{a-\mu}{\sigma}\right)$ 计算，其中 $a=160$，$b=180$，$\mu=170$，$\sigma=10$，所以 A 选项正确
13	B	见本书5.2.3 节之2 之4）。当总体分布为正态分布 $N(\mu,\ \sigma^2)$ 时，其样本均值 $\overline{X}$ 的抽样分布服从 $N\left(\mu,\dfrac{\sigma^2}{n}\right)$，所以样本均值 $\overline{X}$ 的标准差 $\sigma_{\overline{X}}=\sigma/\sqrt{n}=5/\sqrt{100}=0.5$，所以 B 选项正确
14	C	见本书5.2.2 节之2
15	A	见本书5.2.2 节之2
16	B	见本书5.2.4 节之2 之1）
17	C	平均合格品率在改进前后是否有显著差异需使用假设检验进行判断，因为没有提供总体标准差，所以应使用单总体 t 检验。见本书5.2.4 节之2 之表 5-1
18	B	见本书5.2.4 节之2 之1）。第二类错误是取伪错误，即实际上原假设不真，而备择假设成立，但接受了 H_0，也就是该生产过程的不合格品率大于 p_0，却认为该过程的不合格品率不大于 p_0，所以 B 选项正确
19	B	见本书5.2.4 节之2 之1）
20	B	$P(X<99.9)=\Phi\left(\dfrac{99.9-100}{0.05}\right)=\Phi(-2)=1-\Phi(2)$，计算方法见本书5.2.2 节之3 之2）
21	B	单因子方差分析是在相同方差假定下检验多个正态总体的均值是否相等的一种统计方法。见本书5.2.5 节之2
22	B	见本书5.2.5 节之3 及表5-3。因子的水平数为 5，每个水平的试验次数为 10，则因子的自由度为因子的水平数 $-1=4$
23	C	由 $F=32.92>3.89$，因此在显著性水平 $\alpha=0.05$ 时，三台机器生产的薄板厚度有显著差异，故 C 选项正确。见本书5.2.5 节之3 及表5-3
24	D	见本书5.2.6 节之2

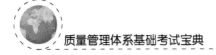
（续）

题号	答案	解　析
25	B	随着内部直径的变小，电子管的电镀时间增加，说明内部直径和电镀时间呈现负相关关系，其相关关系应在 -1 和 0 之间。见本书 5.2.6 节之 2 之 2）之①
26	A	根据本书 5.2.6 节之 2 之 2）之①，若 $|r| > r_{1-\alpha/2}\ (n-2)$，则有 $1-\alpha$ 的把握认为变量 x 与 y 之间有线性相关关系。本题给出的是负相关，只有 $r < 0$ 成立，所以 A 选项正确
27	C	当 $b < 0$ 时，y 随着 x 增大而减小，那么 x 与 y 负线性相关，所以 $r < 0$。r、b 符号一致。见本书 5.2.6 节之 2 之 2）之①
28	C	根据本书 5.2.6 节之 2 之 2）之②之表 5-7，$f_E = n - 2 = 18 - 2 = 16$
29	A	见本书 5.2.6 节之 2 之 2）之①
30	B	这类修正问题，相当于回归直线的平移，相关关系数不变。可以用公式 $r = \dfrac{L_{xy}}{\sqrt{L_{xx}L_{yy}}}$ 计算，结论是一样的
31	A	见本书 5.2.4 节之 2 之 4）之表 5-1
32	C	见本书 5.2.4 节之 2 之 5）之表 5-2
33	B	见本书 5.2.4 节之 2 之 4）之表 5-1
34	D	见本书 5.2.5 节之 2。方差分析是在同方差假定下检验多个正态均值是否相等的统计方法
35	B	见本书 5.2.6 节之 2 之 2）之①。当 $r = 0$ 时，两个变量之间没有线性相关关系，但是可能存在某种非线性函数关系
36	A	见本书 5.2.2 节之 1 之 1）、2）
37	A	见本书 5.2.2 节之 3 之 1）
38	B	见本书 5.2.3 节之 2
39	A	见本书 5.2.4 节
40	B	见本书 5.2.4 节之 2
41	B	见本书 5.2.4 节之 2 之 2）
42	A	见本书 5.2.4 节之 2 之 1）

（续）

题号	答案	解　析
43	B	见本书 5.2.5 节之 2
44	A	见本书 5.2.6 节
45	B	见本书 5.2.1 节之 1 对计件、计点的定义。计数抽样检验包括计件抽样检验和计点抽样检验。计件抽样检验是根据被检样本中不合格产品数，推断整批产品接收与否。计点抽样检验是根据被检样本中产品包含的不合格数推断整批产品接收与否
46	A	见本书 5.2.1 节之 1 对计件、计点的定义。计数抽样检验包括计件抽样检验和计点抽样检验。计件抽样检验是根据被检样本中不合格产品数，推断整批产品接收与否。计点抽样检验是根据被检样本中产品包含的不合格数推断整批产品接收与否

2. 多项选择题

题号	答案	解　析
1	AB	见本书 5.2.1 节之 1
2	ABCD	见本书 5.2.1 节之 2
3	AB	见本书 5.2.1 节之 2
4	ACD	见本书 5.2.1 节之 2
5	AD	见本书 5.2.2 节之 1
6	ABC	见本书 5.2.2 节之 1
7	ACD	见本书 5.2.2 节之 2
8	BCD	见本书 5.2.2 节之 1
9	AB	σ^2 是 X 的方差，$U = \dfrac{X-\mu}{\sigma} \sim N(0,1)$，所以 C 选项、D 选项错误
10	CD	见本书 5.2.2 节之 3 标准正态分布的计算
11	ABCD	见本书 5.2.2 节之 1
12	ABCD	见本书 5.2.2 节之 2
13	AC	见本书 5.2.2 节之 3
14	BD	见本书 5.2.3 节之 1
15	ABD	统计量不能含有总体的任何未知参数，$\dfrac{\overline{X}-\sigma}{\mu}$ 中含有未知参数 μ
16	AD	见本书 5.2.4 节之 1

（续）

题号	答案	解　　析
17	AC	见本书5.2.4节之1。对于任何总体，样本均值$\overline{X}$是总体均值μ的无偏估计，样本方差S^2是总体方差σ^2的无偏估计，但样本标准差S不是总体标准差σ的无偏估计。对于正态总体，样本中位数是μ的无偏估计，但并非所有总体都是
18	AC	见本书5.2.4节之1
19	CD	$P(X<99.9)+P(X>100.1)=\Phi\left(\dfrac{99.9-100}{0.05}\right)+\left[1-\Phi\left(\dfrac{100.1-100}{0.05}\right)\right]=$ $2-\Phi(2)$，计算方法见本书5.2.2节之3之2)
20	ABD	见本书5.2.4节之1。C选项错误，因为假设检验中，接受原假设H_0时，可能犯第二类错误，而不是第一类错误
21	AC	见本书5.2.4节之2之1)。第一类错误指的是H_0为真，拒绝H_0，也就是H_1不真，拒绝H_0
22	ACD	见本书5.2.4节之2之3)
23	AB	见本书5.2.4节之2之2)
24	AC	见本书5.2.4节之2之3)。总体参数的命题可以作为原假设，样本统计量是随机变量，不能作为原假设
25	ACD	见本书5.2.5节之2方差分析的3项基本假定
26	AD	见本书5.2.5节之4之表5-4
27	BC	根据本书5.2.5节之4之表5-4，$S_A=155.64$，$S_e=85.34$，$f_A=2$，$f_e=12$，$F=MS_A/MS_e=\dfrac{155.64/2}{85.34/12}=10.94\geq F_{1-\alpha}(f_A,f_e)=F_{0.95}(2,12)=3.89$，所以$A$因子是显著的
28	CD	根据本书5.2.4节之2之4)之表5-1，在正态方差未知时，对正态均值μ的检验问题$H_0:\mu=\mu_0$，$H_1:\mu\neq\mu_0$的拒绝域$W=\{|t|>t_{1-\alpha/2}(n-1)\}$。$t$分布是对称分布，$t_{1-\alpha/2}(n-1)=-t_{\alpha/2}(n-1)$，所以$W=\{|t|>t_{1-\alpha/2}(n-1)\}=\{|t|>-t_{\alpha/2}(n-1)\}$
29	BCD	见本书5.2.5节之3
30	BCD	可以使用散布图、回归分析和相关系数检验，了解两个变量x与y之间是否有相关关系。见本书5.2.6节之2
31	ACD	见本书5.2.6节之2之2)之①
32	BC	见本书5.2.6节之2之2)之①
33	AC	$|r|$越大，线性相关就越强

（续）

题号	答案	解　　析
34	AB	见本书 5.2.6 节之 2 之 2）
35	ABCD	见见本书 5.2.2 节之 3
36	AB	见本书 5.2.2 节之 1 之 3）

3. 判断题

题号	答案	解　　析
1	×	见本书 5.2.1 节之 1
2	×	统计量的分布才叫抽样分布，见本书 5.2.3 节之 2。随机变量的规律性可以用分布来描述，见本书 5.2.2 节之 1
3	√	见本书 5.2.3 节之 2 之 3）
4	×	t 分布中总体的 σ^2 未知。见本书 5.2.3 节之 2 之 2）
5	√	见本书 5.2.3 节之 2 之 1）
6	√	本书 5.2.2 节之 1
7	√	本书 5.2.4 节之 1
8	×	见本书 5.2.4 节之 1 之 2）。置信水平 $1 - \alpha = 90\%$ 所构造的置信区间能盖住 θ 的概率为 90%，所以只能说置信水平 $1 - \alpha = 90\%$ 的含义是指对 100 个样本，约有 90 个区间能覆盖 θ，可能是 89 个，也可能是 91 个，等等
9	×	原假设是针对总体参数的，样本统计量作为随机变量不能作为原假设。见本书 5.2.4 节之 2 之 3）
10	×	在假设检验中，接受原假设 H_0 时可能发生取伪错误，这是第二类错误。见本书 5.2.4 节之 2 之 1）
11	√	见本书 5.2.4 节之 2 之 1）。第一类错误指的是 H_0 为真，拒绝 H_0，也就是 H_1 不真，拒绝 H_0
12	√	见本书 5.2.5 节之 3 及表 5-3
13	√	见本书 5.2.5 节之 3
14	√	见本书 5.2.5 节之 2。方差分析又称 F 检验，方差分析显著性检验用 F 比值得出
15	×	见本书 5.2.5 节之 4
16	×	见本书 5.2.5 节之 6 之表 5-6。误差平方和的自由度为 $f_e = (r-1)(s-1)$
17	√	见本书 5.2.5 节之 5 之表 5-5
18	×	见本书 5.2.6 节之 2 之 2）之①

（续）

题号	答案	解　　析
19	×	见本书5.2.6节之2之2）之①。相关系数为$r=0$，说明两个变量之间没有线性相关关系，但是可能存在某种非线性函数关系（也是相关关系，但不是线性相关关系）
20	√	见本书5.2.6节之2之2）之②
21	×	见本书5.2.6节之2之2）之①。当$|r| \leqslant r_{1-\alpha/2}(n-2)$时，则在显著水平$\alpha$下，变量$x$与$y$之间不存在线性相关关系。所以说，如果两个变量不相关，求出的相关系数r不一定为零
22	√	见本书5.2.2节之1之3）
23	√	见本书5.2.4节之1之1）之②
24	√	见本书5.2.4节之2之1）
25	×	见本书5.2.4节之2之1）。该题最后一句话应该是：如果事件 A 一旦发生，就有理由拒绝原假设H_0
26	×	见本书5.2.6节之1之2）
27	√	见本书5.2.6节

5.3　质量管理的基础方法与工具

 考点知识讲解

5.3.1　质量调查的基础方法与工具

这一节主要介绍抽样调查方法、调查表法、头脑风暴法、分层法。

1. 抽样调查方法（见工具书3.1.1）

1）合格评定抽样调查的原则。为了做到合理抽样，降低抽样风险，在抽取样本时必须遵循以下原则：

① 明确抽样的对象和总体。抽样的对象和总体通常是由合格评定的内容决定，这是确定抽样数量和分层抽样的前提。

② 抽取样本要独立和随机。要确保样本反映的信息客观公正和可信。

③ 抽取的样本必须具有代表性。要做到样本具有代表性，可以考虑如下几点。

a）考虑合格评定的范围分层抽样。

b）关注合格评定的关键方面。例如，在合格评定的范围内，应关注关键的岗位、关键的设备等，并将其作为抽样的重点。

c）样本要保证一定数量。样本量的大小要根据受审对象规模的大小和允许的评定时间来确定。如果按照策划的样本量调查后发现不合格，为了减少审核或检查的风险，可考虑适当增加抽样量，以确认所发现的不合格是偶然的个别问题，还是系统性问题。因此，合格评定的调查取证活动要做到特定抽样和随机抽样相结合。

④ 抽取样本要适度均衡。应避免在一个部门或过程中抽样过多，而另一个部门或过程抽样过少。

⑤ 抽取样本方案确定后，不能随意扩大抽样。

2）合格评定抽样调查的步骤。

① 确定调查的总体。确定调查的总体，也就是明确调查的全部对象及其范围。这是抽样调查的前提和基础。

② 设计抽样调查方案。设计抽样调查方案是对调查的全过程进行策划，主要包括调查目的和要求、调查对象、调查内容、调查方法、样本抽取技术、资料的收集和整理方法等内容。

③ 实施抽样调查并进行数据的采集。选择调查样本需首先确定采用随机抽样还是非随机抽样，其次确定具体的抽样技术，如分层抽样还是系统抽样等，最后要确定样本的数量。

④ 进行数据处理与分析，并通过样本的情况推断总体的结果。

⑤ 确定调查的信度和效度。信度是指测验结果的一致性、稳定性及可靠性，一般多以内在一致性来表示该测验信度的高低。信度系数越高，表示该测验的结果越一致、稳定与可靠。系统误差对信度没什么影响，因为系统误差总是以相同的方式影响测量值的，因此不会造成不一致性。反之，随机误差可能导致不一致性，从而降低信度。信度指标多以相关系数表示，具体评价方法大致可分为三类：稳定系数（跨时间的一致性）、等值系数（跨形式的一致性）和内在一致性系数（跨项目的一致性）。

效度即有效性，是指测验的准确性、有用性，指所测量的结果反映所要考察内容的程度，测量结果与要考察的内容越吻合，效度越高；反之，效度越低。效度分为三种类型：内容效度、准则效度和结构效度。

3）抽样调查中的统计误差。统计误差是指在统计调查中，调查资料与实际情况之间的偏差，即抽样估计值与被估计的未知总体参数之差。例如，样本平均数与总体平均数之差。

① 统计误差的来源。

a）登记误差。登记误差也称调查误差或工作误差，是指在调查过程中，由于各种主观或客观的原因而引起的误差。例如，由于口径不同而造成的误差；由于被调查者提供不实的资料，或在登记、计算、抄写上有差错而出现的误差。

b）代表性误差。当抽样调查中的样本不足以代表总体时，依然用这部分样本去推断总体所产生的误差。代表性误差产生的主要原因：一是违反随机原则，如有意识多选好的样品或差的样本进行调查而造成的系统性误差，系统性误差和登记性误差一样，都是抽样组织工作造成的，应该采取措施预防误差发生或将其减小到最低程度；二是尽管遵循了随机原则，但抽到各种不同的样本而产生随机性误差。随机性误差在抽样推断中是不可避免的，是偶然的代表性误差。

c）抽样误差。抽样误差是指在遵循随机原则下，不包括登记误差和系统性误差在内的，用样本指标代表总体指标而产生的不可避免的误差。抽样误差是统计推断中无法避免的，但可以计算其数量界限，并通过抽样设计程序加以控制，因此也是可控制的误差。

抽样误差分为抽样实际误差和抽样平均误差。抽样实际误差是指在一次具体的抽样调查中，由于随机因素引起的样本指标与总体指标之间的离差，即样本平均数与总体平均数之间的绝对离差，但由于总体指标数值是未知的，因此抽样实际误差是无法计算的。同时，抽样实际误差仅仅是一系列可能出现的误差数值之一，因此抽样实际误差没有概括所有可能产生的抽样误差。

抽样平均误差是指抽样平均数的标准差。从一个总体中可能抽取很多个样本，因此样本指标（如样本平均数）将随着不同的样本而有不同的取值，它们对总体指标（如总体平均数）的离差有大有小，即抽样误差是个随机变量。而抽样平均误差则是反映抽样误差一般水平的一个指标，但由于所有可能样本平均数的平均数等于总体平均数，因此不能用简单算术平均数的方法来计算抽样平均误差，而应采取标准差的方法来计算抽样平均误差。

② 影响抽样误差的因素。

a）抽样单位的数目。在其他条件不变的情况下，样本数目越多，抽样误差越小，反之越大。

b）总体标志的变异程度。在其他条件不变的情况下，总体标志的变异程度越小，抽样误差越小，反之越大。

c）抽样方法的选择。不重复抽样比重复抽样的抽样误差小。

d）抽样组织方式不同。不同的抽样组织方式所抽中的样本，对总体的代表性不同，抽样误差也不同。

4）调查中抽样的基本方式。在合格评定调查中，抽样技术是按照随机原则从总体中抽取样本进行调查，并根据样本指标来推断总体指标的方法。下面是几种常用的抽样方法：

① 简单随机抽样。简单随机抽样是指从总体中抽取 n 个抽样单元构成样本，

并保证 n 个抽样单元所有的可能组合都有相等的被抽到的概率。为了实现随机抽样，常用以下几种方法。

a）抽签、抓阄法。

b）随机数表法。

c）随机数骰子法。

简单随机抽样的优点是方法简单，对较大件的产品，特别是已经有产品编号或有单位包装的产品等，比较适合此种方法。缺点是总体的单位数太多，抽样手续繁杂。当总体单位数无法确定时，无法编号和制作标签，不能采用这种方法。

② 系统抽样。<u>系统抽样也称机械抽样或等距抽样</u>，即将总体中要抽取的产品按某种标志排列，并按一套规则随机抽取 1 个或 1 组产品的抽样方法。常用的系统随机抽样的方法如下：

a）按时间顺序抽取。每隔一定时间抽取 1 个单位产品，直到抽足样本量。

b）按空间顺序抽取。每隔一定空间距离抽取 1 个样本单位，直到抽足样本量。

c）按产品编号顺序抽取。将产品编号，并将编号分成几段，每段用抽签或随机数表法确定 1 个样本，直到抽足样本量。

系统抽样的优点是组织工作简单，只要第一个单位产品已经确定，其余应抽单位产品也随之确定。<u>但要注意确定间隔时不要与现象本身的周期性变化相重合，避免出现系统性偏误。</u>

③ 分层抽样。分层抽样是将总体单位按某些重要标志分割成互不重叠的层，在每层中采用简单随机抽样或其他抽样方法抽取若干个样本个体，由各层的样本个体组成一个样本。

分层抽样的优点是由于分层抽样事先按科学进行分组，且按比例抽取，这样就保证了抽取样品在总体中的均匀分布，代表性强，抽样误差较小；缺点是抽样组织过程较为烦琐。

<u>分层抽样又称类型抽样。</u>

④ 整群抽样。整群抽样是将总体分成若干个互不重叠的群，每个群由若干个体组成，再从总体中抽取若干个群，由抽出的群中的所有个体组成样本。

整群抽样的优点是实施方便，容易抽取；缺点是由于样本只采自个别群体，而不能均匀地分布在总体中，因而样本的代表性差，样本量也相对较大。

2. 调查表法

1）调查表的概念。调查表又称检查表、核对表、统计分析表。它是用来系统地收集资料（数字与非数字）、确认事实并对资料进行粗略整理和分析的图表。

2）调查表的用途。为了反映过程和结果的现状，通过调查表中设置的项目，可以有目的地搜集数据和信息，用于汇总、统计、数据处理和分析，它在过程、产品和服务改进、解决问题方面直观、方便。

3）调查表的应用步骤。

① 确定收集资料的具体目的（将要解决的问题）。

② 确定为达到目的所需要搜集的资料（确定表格所需要记录的内容）。

③ 确定对资料的分析方法（如应用哪种统计技术）和负责人。

④ 编制用于记录资料的表格。

⑤ 通过收集和记录某些资料来试用表格。

⑥ 必要时，评审并修订表格。

4）调查表的类别。常用的调查表有不合格项调查表、不合格位置调查表、工序分布调查表、不合格原因调查表等。

① 不合格项调查表。当一种产品有两种或两种以上项不合格时，事先必须规定如何记录数据，按不合格分类进行统计。

② 不合格位置调查表。产品表面常有擦伤或污点等外观不合格，在产品示意图上标记不合格位置。根据调查表的结果，仔细观察不合格经常发生的位置，分析为什么不合格会集中在这些地方，从而指导采取措施，因此这种调查表对工序诊断非常有用。

③ 工序分布调查表。用于了解某一种零件尺寸的波动情况，比直方图简单。每次测量结果出来后，就在表中适当的格子里打一个"×"，数据测量结束，直方图也就完成了。如果在一张调查表上，数据要分层时，可用不同的颜色作不同的记号，便于随后识别。

④ 不合格原因调查表。设计调查表，对可能的不合格原因进行分类统计，帮助我们找出原因，优先采取措施，如按设备、操作者、日期和不合格类型等分类检查、记录等。同时，可以使用因果图识别可能的原因，设计制作调查表加以验证。

使用调查表得出的数据可以用排列图进一步形象、直观地进行描述。

3. 头脑风暴法

1）头脑风暴法的概念。头脑风暴法，又称畅谈法、集思法、脑力激荡法，是指采用会议的形式，引导每个参加会议的人围绕某个中心议题，充分解放思想，激发灵感，在自己的头脑中掀起风暴，毫无顾忌、畅所欲言地发表独立见解的一种集体创造思维的方法。

2）头脑风暴法的用途。

① 用于识别存在的质量问题，并寻找解决的办法。

② 用于识别潜在的质量改进机会。

③ 画因果图、系统图、亲和图时可运用这种方法。

3）头脑风暴法的应用步骤。

① 准备阶段。包括确定课题、确定主持人、选择参加人员（人数以 5 ~ 15 人为宜）。

② 创造性思维产生的阶段。主持人向参与者公布课题及相关内容，以便参与者明确讨论的主题和解决问题的方向；要求参与者大胆地进行自由联想，尽可能多地提出设想。

头脑风暴的会议规则：

——领导者与被领导者是平等的，无领导与被领导之分（地位平等）。

——明确头脑风暴会议的目的，始终集中注意力，围绕主题目标展开讨论（目的明确）。

——与会的每位成员依次发表一条意见、一个观点（畅所欲言）。

——成员可以互相补充各自的观点，但不能评论，更不能批驳别人的观点（暂停评判、交叉启迪、欢迎不受约束的意见）。

——当面把每个成员的观点毫无遗漏地记录下来。各种设想无论好坏，包括相反意见都要如实记录（全面记录）。

—— 将每个人的观点重复一遍（重复不遗忘）。

——会议持续到无人发表意见为止。不应谋求设想的高质量，而应追求设想的数量（多多益善）。

③ 整理阶段。将每个人的观点重述一遍，以使每个成员都知道全部的观点内容。去掉重复的、无关的观点，对各种见解进行评价、论证，最后集思广益，按问题进行归纳。

整理归纳时，可以应用亲和图法。

4. 分层法

1）分层法概念。分层法又称层别法、分类法、分组法，是整理数据的重要方法之一。所谓分层法，就是把收集的原始数据按照一定的目的和要求加以分类整理，以便进行比较分析的一种方法。通常，分层法要结合直方图、控制图等工具一起使用。

2）分层的标志。分层时，不能随意地分，而是根据分层的目的，按照一定的标志加以区分，把性质相同、在同一条件下收集的数据归结在一起。

分层的目的不同，分层的标志也不一样，通常用人、机、料、法、环、时间等作为分层的标志。

3）分层的原则。分层的原则是使同一层次内的数据波动（或意见差异）幅度尽可能小，而层与层之间差别尽可能大，否则就起不到归类汇总的作用。

4）分层法的应用步骤。

① 明确调查的对象。

② 收集数据或意见。

③ 将收集到的数据或意见根据不同的目的选择分层标志。

④ 整理数据，按层归类。

⑤ 画分层归类图表。

⑥ 比较分析与最终推论。

5.3.2 质量数据资料分析的基础工具

这一节主要讲排列图、因果图、对策表、直方图、散布图、矩阵数据分析法。其中排列图、因果图、对策表，被称为两图一表，是在解决质量问题时经常采用的方法。

1. 排列图

1）排列图的概念。排列图，又称帕累托图。排列图是为了对发生频次从最高到最低的项目进行排列而采用的一种简单图示技术，其作用是识别"关键的少数"。排列图建立在帕累托原理的基础上，主要的影响往往是由少数项目导致的，通过区分最重要的与较次要的项目，可以用最少的努力获取最佳的改进效果。

排列图最早由意大利经济学家帕累托（Pareto）用来分析社会财富分布状况，他发现少数人占有社会上大量财富，而绝大多数人则处于贫苦的状态。这少数人左右着整个社会经济发展的动向，即"关键的少数和次要的多数"。后来，美国质量管理学专家朱兰博士把它应用于质量管理。朱兰博士指出，在许多情况下，多数不合格及其引起的损失是由相对少数的原因引起的。

2）排列图的应用步骤。

① 明确分析对象，收集某时间段内的数据，如不合格项目、顾客抱怨项目。

② 将各项按频数从大到小的顺序排列，计算各自占总数的百分比（％）和累计百分比（％）。

③ 在横轴上按频数从大到小依次列出各项。将频数最小的 1 个或几个项目归并成"其他"项，放在最右端，数量可超过倒数第 2 项。

④ 左边纵轴，标上件数（频数）的刻度，最大刻度为总件数（总频数）；右边纵轴，标上比率（频率）的刻度，最大刻度为100％。左边总频数的刻度与右边总频率的刻度（100％）高度相等。

⑤ 在横轴上按各项频数大小画出矩形，矩形的高度代表各项频数的大小。

⑥ 在每个直方柱右侧上方，标上累计值（累计频数和/或累计频率），描点，用实线连接，画累计频数（频率）折线（帕累托曲线）。

3）画排列图的注意事项。

① 纵坐标的高度与横坐标的宽度之比以（1.5～2）∶1 为好，防止图形过宽或过长。

② 横坐标上的分类项目不要太多，以 4～6 项为宜。

③ 主要因素不能过多，一般找出 1～2 项主要因素即可，最多 3 项。如发现所有因素都差不多，则有必要考虑重新确定分层原则，再进行分层。

④ 不太主要的项目很多时，可以把最次要的几个项目合并为"其他"项，排列在柱形条最右边，数量可超过倒数第 2 项。如果"其他"项所占的百分比很大，则分类是不够理想的。如果出现这种情况，是因为调查的项目分类不当，把许多项目归在了一起，这时应考虑采用另外的分类方法。

⑤ 为了抓住"关键的少数"，在排列图上通常把累计比率分为三类：在 0～80% 之间的因素为 A 类因素，即主要因素；在 80%～90% 之间的因素为 B 类因素，即次要因素；在 90%～100% 之间的因素为 C 类因素，即一般因素。

⑥ 在采取措施后，为验证其效果，还要重新画出排列图，以进行比较。

图 5-9 所示为一排列图（示意图）。

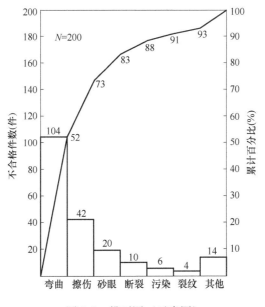

图 5-9　排列图（示意图）

4）排列图的分类。根据用途，可分为分析现象用排列图和分析原因用排列图。分析现象用排列图用来发现问题的主要类型（质量、成本、交货期、安全）；分析原因用排列图用来发现问题的主要原因（操作者、机器、原材料、作业方法）。

2. 因果图

1）因果图的概念。因果图，又称石川图（由日本专家石川馨首先提出）、特色要因图、树枝图、鱼刺图等。

因果图是一种用于分析质量特性（结果）与可能影响质量特性的因素（原因）的一种工具。因果图能简明、准确地表示事物之间的因果关系，进而识别和发现问题的原因和改进方向。因果图是一种定性分析工具。

图 5-10 所示为一个因果图（示意图）。

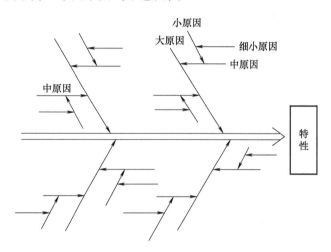

图 5-10　因果图（示意图）

2）因果图的应用步骤。

① 明确提出存在问题的结果（特性），画出主干线（背骨）和鱼头。

② 明确影响质量的大原因，画出大原因的分枝线（大骨）。对于大原因的确定，制造类问题通常按 5M1E（人员、设备、材料、方法、测量和环境）来分类，也可视具体情况而定。

③ 分析、寻找影响质量的中原因、小原因……，画出分叉线。原因之间的关系必须是因与果的关系。然后分析、寻找原因，直到可采取措施为止。可用头脑风暴法分析、寻找原因。

④ 找出影响质量问题的关键因素（要因，以 3 ~ 5 个为宜），用圆圈"○"或方框"□"框起来，作为制订质量改进措施的重点考虑对象。

⑤ 注明画图者、参加讨论分析的人员、时间等可供参考的事项。

3）画因果图的注意事项。

① 因果图只能用于单一目的研究分析，一个主要质量问题只能画一张因果图。

② 可以采用头脑风暴法进行原因与结果的分析。图中各影响因素要写得具体。

③ 因果关系的层次要分明，最末层次的原因应寻求至可以直接采取具体措施为止。

④ 要经过试验验证因果关系是否存在。

⑤ "关键因素"（要因）一定要确定在末端因素上。

⑥ 因果图在使用时要不断加以改进。

图 5-11 所示为一个因果图示例。

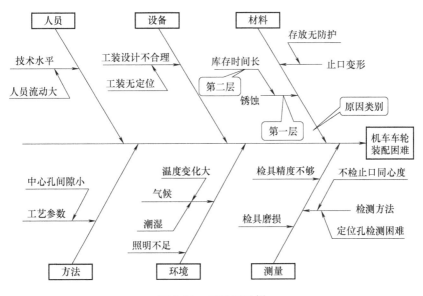

图 5-11 因果图示例

3. 对策表

1）对策表概念。对策表，又称措施计划表。其内容一般包括重要原因、现状、对策、目标、措施、完成地点、完成时间和负责人等。它既是改进措施计划实施的表格，又是检查改进措施计划是否完成的依据。

2）对策表制定时的注意事项。

① 对策表应回答 5W1H 的问题。

a）Why（为什么）：说明为什么制定对策，即项目（原因）、现状和问题。

b）What（做什么）：做到什么程度，即目标值。

c）Where（在哪里）：回答在哪里进行。

d）Who（谁）：回答谁来做，即负责人。

e）When（何时）：回答何时进行和完成，即完成期限。

f）How（怎样）：回答怎样来进行和完成，即对策措施。

② 对策和措施必须具体，并具有可操作性。

③ 目标最好用定量化数据表达，在无法量化时也应用肯定性语言表示。

表5-8 所示为一对策表示例。

表5-8 对策表示例

序号	要因	现状	目标	措施（对策）	责任部门	负责人	完成日期
1	人员未培训	从事插头焊接的作业员100%没有接受专业培训	从事插头焊接的作业员全部是培训后的合格人员	1）使现从事插头焊接人员接受技术培训 2）培训后的合格人员颁发资格认定上岗证	人事部	曹操	2021/5/8
2	检测工具不完善	插头在检测工具上通过时，未能做到180°全周确认	研究出一种真正能做到180°全周确认的工具	1）改善现有的检测工具，解决作业员旋转180°困难的现状，使之真正做到全周确认 2）改善后的理想工具在全公司内推广	工具科	刘备	2021/5/8

4. 直方图

1）直方图的概念。直方图是频数直方图的简称。所谓直方图，就是将数据按其顺序分成若干间隔相等的组，以组距为底边，以落入各组的频数为高的若干长方形排列的图。通过直方图可以观测并研究这批数据的取值范围、集中及分散等分布情况。

图5-12 所示为一直方图（示意图）。

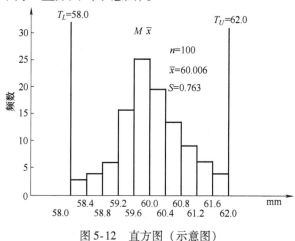

图 5-12 直方图（示意图）

2）直方图制作中的注意事项。

① 作直方图的数据至少50个以上，最好收集100～200个。

② 确定组数时要注意：组数过多或过少，都不能真实的体现数据的分布状态。组数过少时，数据集中在少数组内，将会掩盖数据分布的本质与意义；组数过多时，作出的直方图过于分散或呈缺齿状。表5-9列出了直方图分组数的确定。

表5-9　直方图分组数的确定

数据个数	分组数	数据个数	分组数
≤50	5～7	101～250	7～12
51～100	6～10	>250	10～20

③ 为便于计算平均数及标准差，组距常取2、5或10的倍数（这是《质量管理方法与工具》的表述）。通常，为避免分组出现骑墙现象，组距应是测定单位的整倍数。

④ 为避免数据落在组界上，确定组界值时，先取测定单位的1/2，然后用最小值减去测定单位的1/2，作为第一组的下界值，其余各组组界依次由前一组的上界加上组距。最后一组应包含数据的最大值。

3）直方图的观察分析。对直方图的观察分析可从形状和规格界限比较两方面入手。表5-10列出了直方图的形状分析与判断方法，表5-11列出了直方图分布与公差界限的比较。

表5-10　直方图的形状分析与判断方法

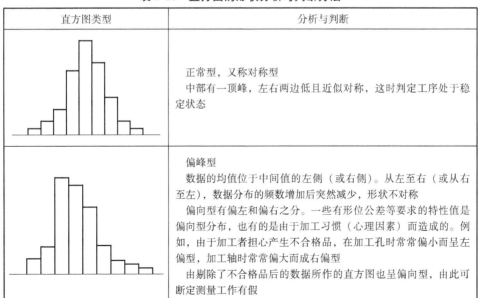

直方图类型	分析与判断
	正常型，又称对称型 中部有一顶峰，左右两边低且近似对称，这时判定工序处于稳定状态
	偏峰型 数据的均值位于中间值的左侧（或右侧）。从左至右（或从右至左），数据分布的频数增加后突然减少，形状不对称 偏向型有偏左和偏右之分。一些有形位公差等要求的特性值是偏向型分布，也有的是由于加工习惯（心理因素）而造成的。例如，由于加工者担心产生不合格品，在加工孔时常常偏小而呈左偏型，加工轴时常常偏大而成右偏型 由剔除了不合格品后的数据所作的直方图也呈偏向型，由此可断定测量工作有假

（续）

直方图类型	分析与判断
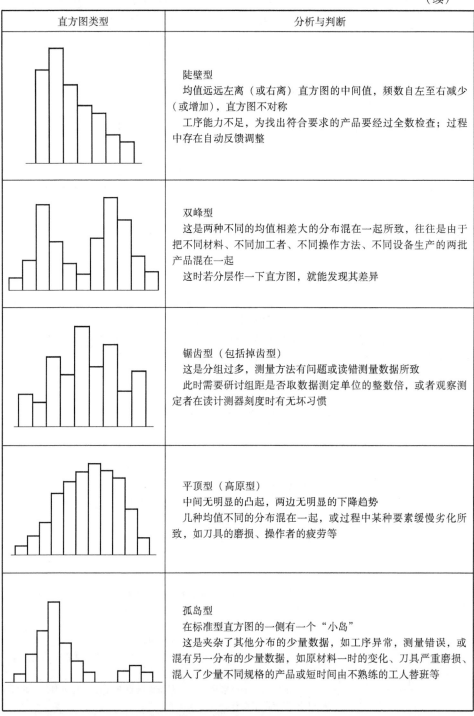	**陡壁型** 均值远远左离（或右离）直方图的中间值，频数自左至右减少（或增加），直方图不对称 工序能力不足，为找出符合要求的产品要经过全数检查；过程中存在自动反馈调整
	双峰型 这是两种不同的均值相差大的分布混在一起所致，往往是由于把不同材料、不同加工者、不同操作方法、不同设备生产的两批产品混在一起 这时若分层作一下直方图，就能发现其差异
	锯齿型（包括掉齿型） 这是分组过多，测量方法有问题或读错测量数据所致 此时需要研讨组距是否取数据测定单位的整数倍，或者观察测定者在读计测器刻度时有无坏习惯
	平顶型（高原型） 中间无明显的凸起，两边无明显的下降趋势 几种均值不同的分布混在一起，或过程中某种要素缓慢劣化所致，如刀具的磨损、操作者的疲劳等
	孤岛型 在标准型直方图的一侧有一个"小岛" 这是夹杂了其他分布的少量数据，如工序异常，测量错误，或混有另一分布的少量数据，如原材料一时的变化、刀具严重磨损、混入了少量不同规格的产品或短时间由不熟练的工人替班等

表 5-11 直方图分布与公差界限的比较分析

类 型	图形分析及控制要点
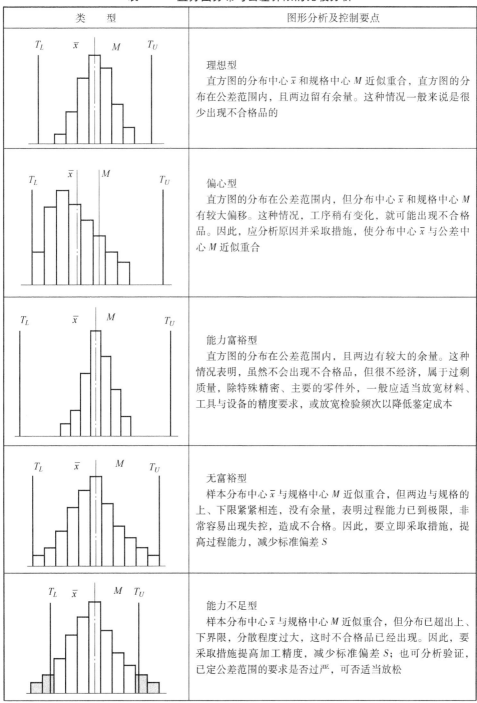	理想型 直方图的分布中心 $\bar{x}$ 和规格中心 M 近似重合,直方图的分布在公差范围内,且两边留有余量。这种情况一般来说是很少出现不合格品的
	偏心型 直方图的分布在公差范围内,但分布中心 $\bar{x}$ 和规格中心 M 有较大偏移。这种情况,工序稍有变化,就可能出现不合格品。因此,应分析原因并采取措施,使分布中心 $\bar{x}$ 与公差中心 M 近似重合
	能力富裕型 直方图的分布在公差范围内,且两边有较大的余量。这种情况表明,虽然不会出现不合格品,但很不经济,属于过剩质量,除特殊精密、主要的零件外,一般应适当放宽材料、工具与设备的精度要求,或放宽检验频次以降低鉴定成本
	无富裕型 样本分布中心 $\bar{x}$ 与规格中心 M 近似重合,但两边与规格的上、下限紧紧相连,没有余量,表明过程能力已到极限,非常容易出现失控,造成不合格。因此,要立即采取措施,提高过程能力,减少标准偏差 S
	能力不足型 样本分布中心 $\bar{x}$ 与规格中心 M 近似重合,但分布已超出上、下界限,分散程度过大,这时不合格品已经出现。因此,要采取措施提高加工精度,减少标准偏差 S;也可分析验证,已定公差范围的要求是否过严,可否适当放松

421

（续）

类　　型	图形分析及控制要点
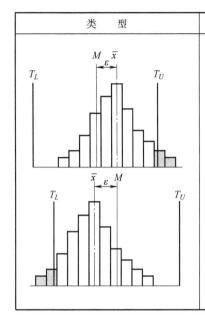	能力不足，左或右超限 样本分布中心 $\bar{x}$ 与规格中心 M 有偏移且分布有部分超出上限或下限，此时不合格品已经出现。这种情况比较复杂： ① 首先要调整分布中心 $\bar{x}$，使之与规格中心 M 近似重合，如果调整后，不合格品消失，说明不合格主要是由于某个系统原因造成的，这时再深入分析过程能力是否需要继续提升等，即是否属于无富裕型状况。 ② 如果经调整，分布中心 $\bar{x}$ 与规格中心 M 已近似重合，但仍有不合格品出现，则说明过程能力已严重不足，样本分散程度过大，要继续提高加工精度，减少标准偏差 S。

5. 散布图

1）散布图的概念。<u>散布图，又称散点图（相关图），是用来分析研究两个对应变量之间是否存在相关关系的一种作图方法</u>。它通过将两种对应变量的数据点绘在平面坐标上，来判断两组变量之间是否存在相关关系及相关的程度如何。

2）散布图的应用步骤。

① 选择可能相关的变量，成对地收集测量数据。一般要求数据量至少为30 对。

② 绘制坐标轴。通常用横轴表示自变量，纵轴表示因变量。为便于分析相关关系，两个坐标数值的最大值与最小值之间的范围应基本相等。

③ 在图上标出点子。如有重复的点子，在相应的坐标点上画一个小圈。

④ 当散布图上出现明显偏离其他数据点的异常点时，应查明原因，以便决定是否删除或校正。

⑤ 对完成的散布图进行解释。

3）散布图的定性分析。这里只对散布图做定性分析，至于相关系数、回归分析见本书 5.2.6 节。

散布图所显示的两个变量之间的关系各种各样，但大致可以分为六种模式，见表 5-12。

表5-12 散布图形状与分析

图 形	x 与 y 的关系	说 明
(强正相关散布图)	强正相关 x 变大，y 也变大；x 变小，y 也变小。点子分散程度小	x、y 之间可以用直线表示 一般只要控制住 x、y 就会得到相应控制
(强负相关散布图)	强负相关 x 变大，y 变小；x 变小，y 变大。点子分散程度小	
(弱正相关散布图)	弱正相关 x 变大，y 大致变大。点子分散程度大	除 x 因素影响 y 外，还要考虑其他因素（一般可进行分层处理，寻找 x 以外的因素）
(弱负相关散布图)	弱负相关 x 变大，y 大致变小。点子分散程度大	
(不相关散布图)	不相关 x 与 y 无明显规律，x 与 y 无任何关系	不存在相关系数 r
(非线性相关散布图)	非线性相关 变量之间可能存在某种非线性相关关系	

423

6. 矩阵数据分析法（见工具书3.2.4）

1）矩阵数据分析法的概念。矩阵数据分析法是通过矩阵图把各因素之间的关系用一定量来表达，即在其交点上可以标出数值资料，把多种质量因素或多个变量之间的对应关系，定量的加以表达，从而对大量的数据进行预测、计算整理分析的方法。它是多参量解析法的一种方法，这种方法也称为"主成分分析法"。它是一种将多个变量化为少数综合变量的一种多元统计方法，利用此法可从原始数据中获得许多有益的信息。

2）矩阵数据分析法的应用步骤。

① 确定需要分析的各个方面。

② 组成数据矩阵。

③ 确定对比分数。

3）矩阵数据分析法的用途。矩阵数据分析法可以应用于产品实现的整个过程（如产品市场调查、产品设计、工序控制）等各个方面。

① 用于预测。

② 用于工序质量分析。

③ 用于了解产品设计过程中顾客的满意程度。

5.3.3 质量非数据资料分析的基础工具

这一节主要讲关联图、系统图、过程决策程序图（PDPC）、网络图、矩阵图、亲和图、KT决策法。

1. 关联图

1）关联图的概念。所谓关联图，就是对原因—结果、目的—手段等关系复杂而又相互纠缠的问题，在逻辑上用箭头把各要素之间的因果关系连接起来，从而找出主要因素和项目的方法。

关联图适用于分析整理各种复杂因素交织在一起的问题。经多次修改、绘制，可以明确解决问题的关键，准确抓住重点。关联图不仅可以针对单一问题进行原因分析，也可以对两个及以上的问题进行原因分析。

图5-13所示为一关联图（示意图）。

2）关联图用途。

① 制订各种管理计划。

② 制订各种方针目标。

③ 制订各种改进措施。

④ 分析各方面的原因。

⑤ 改进企业的日常管理活动。

3）关联图的基本类型。

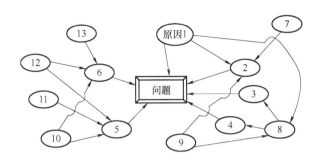

图 5-13　关联图（示意图）

① 中央集中型。其关联图如图 5-14 所示。

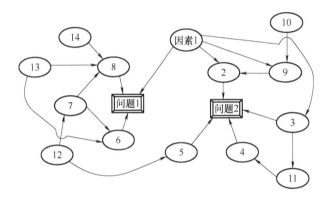

图 5-14　中央集中型关联图

② 单侧汇集型。其关联图如图 5-15 所示。

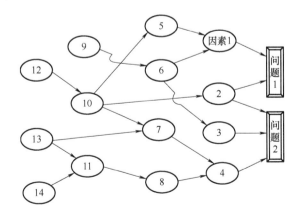

图 5-15　单侧汇集型关联图

425

4）关联图应用中要注意的问题。

① 因素之间没有互相缠绕时，不要使用关联图。

② 语言文字必须简洁。

③ 原因和问题的判别：

a）箭头只进不出——问题（最终结果）。

b）箭头有进有出——中间环节。

c）箭头只出不进——末端因素（原因的根源）。

④ 检查所有末端因素是否均已到可直接采取对策的程度，如果还不具体，还不能直接采取对策，则仍须往下展开分析。

⑤ 在所有末端因素中逐条确认（客观证据，数据说话）以识别主要原因。

因果图、系统图、关联图都能用来分析原因，他们各自的特点见表5-13。

表5-13　因果图、系统图、关联图特点比较

工　具	适　用　场　合	原因之间的联系	展　开　层　次
因果图	针对单一问题进行原因分析	原因之间没有交叉影响	一般不超过四层
系统图	针对单一问题进行原因分析	原因之间没有交叉影响	没有限制
关联图	针对单一问题进行原因分析	原因之间有交叉影响	没有限制
	对两个及以上问题进行原因分析	部分原因把两个及以上的问题纠缠在一起	

2. 系统图

1）系统图的概念。系统图，又称树图，树图就是把要实现的目的与需要采取的措施或手段，系统地展开并绘制成图，明确问题的重点，寻找最佳手段或措施。

系统图的原理如图5-16所示。为了达到目的，就要采取某种手段，而上一级的手段，就是下一级手段的目的，这种把达到某种目的所必须采取的手段按顺序层层展开的作法，就是系统图的工作原理。

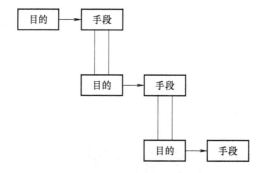

图5-16　系统图的原理

2）系统图的分类。

① 构成因素展开型系统图（见图 5-17），对组成事项进行展开。其中的因果分析系统图可与因果图互换。

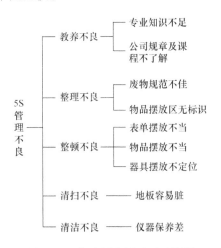

图 5-17　构成因素展开型系统图

② 措施展开型系统图（见图 5-18），对为了解决问题和达到目的或目标的手段、措施进行展开。

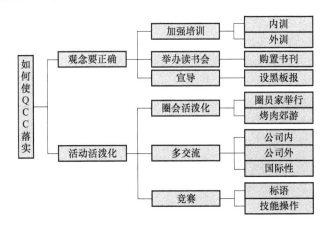

图 5-18　措施展开型系统图

3）系统图的应用步骤（以措施展开型系统图为例）。

① 确定目的（或目标）。明确应达到的最终目的（或目标），首先应论证"为什么要完成这样的目的（或目标）"。

② 提出手段（方法、措施）。一般从高一级手段（实现总目的应采取什么手段）开始，逐级展开。第一级展开的手段就成为第二级展开的目的。也可以

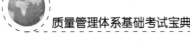

从最低一级的手段的提出开始，逐级收敛，直到认为可以实现最终目的为止。无论哪一种方法，都是为了寻求解决问题最适宜的方法。

③ 手段（方法、措施）评价。对展开到末端的（最低级的）手段，应进行评价。评价所采取的手段（方法、措施）是否恰当，以决定舍取。

④ 确定每一项实施项目应达到的目标。

⑤ 制订实施计划。将系统图最后面的手段更加具体化，可采用对策表来实施。

4）系统图的主要用途。

① 新产品研制过程中设计质量的展开。

② 制订质量保证计划，对质量保证活动进行展开。

③ 与因果图结合使用。

④ 目标、方针、实施事项的展开。

⑤ 明确部门职能、管理职能。

⑥ 对解决企业有关质量、成本、交货期等问题的创意进行展开。

3. 过程决策程序图（PDPC）

1）PDPC 法的概念。PDPC（Process Decision Program Chart）法是运筹学中的一种方法，是为了完成某个任务或达到某个目标，在制订行动计划或进行方案设计时，预测可能出现的障碍和结果，并相应地提出多种应变计划的一种方法。在计划执行过程中遇到不利情况时，仍能按第二、第三或其他计划方案进行，以便达到预定的计划目标。

图 5-19 所示为 PDPC 法的概念图。图中，A_0 表示初始状态，Z 表示最终状态。最终状态可以是期望的（理想）状态，也可以是不期望的（不理想的）状态。对于期望的理想状态 Z，如"不良品减少"，就应设法使 A_0 至 Z 的路径畅通；对于不期望的状态 Z，如"重大事故发生"，就应设法使 A_0 至 Z 的路径不通。

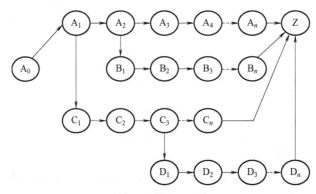

图 5-19　PDPC 法的概念图

2）PDPC 法的用途。

① 制定方针目标实施计划。

② 制定新产品开发设计的实施计划。

③ 预测系统的重大事故并制订防范措施。

④ 提出选择处理质量纠纷的方案。

⑤ 提前预测制造过程会出现的异常和误操作，制订控制工序的方案和措施。

图 5-20 所示为一 PDPC 法实例。

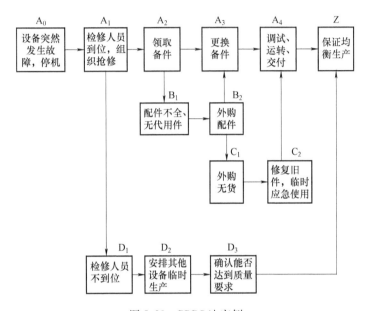

图 5-20　PDPC 法实例

3）PDPC 法的应用步骤。

① 确定所要解决的课题，提出实现目标值。

② 提出达到理想状态的手段、措施实施方案。

③ 对提出的措施，逐项进行可行性分析，充分预测可能的结果及遇到困难时应采取的新的可行性措施和方案。

④ 综合考虑时间顺序、经济性、可靠性、难易程度和效果等方面，对各种方案进行优选、排队。

⑤ 按照基本图形的模式安排过程决策程序方案。

⑥ 落实实施的保证措施，明确责任者、信息传递方式和资源配置。

⑦根据实施过程动态情况调整方案，不断修订 PDPC 图。

4. 网络图

1）网络图的概念。网络图，又称箭条图或矢线图，它是安排和编制最佳日程计划，有效地实施进度管理的一种科学管理方法。它是把推进计划所必须的各项工作，按其时间顺序和从属关系，用网络形式表示的一种"矢线图"。

2）网络图的作用。

① 制订详细的计划。

② 可以在计划阶段对方案进行推敲。

③ 在实施阶段，可以根据情况作调整。

④ 能够了解延期对总体工作的影响及采取对策。

3）网络图的组成。网络图是一张有向无环图，由节点、作业活动组成。

① 节点。在网络图中，节点是表示某一项作业的开始或结束，在图中用

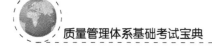表示，也称为事件。节点不消耗资源，也不占用时间，只是时间的一个"交接点"。其中 1（或 2，3…）表示节点，t_E 和 t_L 分别表示节点最早开工时间和最迟完工时间。

② 作业。在网络图中，作业活动用箭条——→表示，箭条所指的方向为作业前进的方向，箭条上方的文字表示作业名称，箭条下方的数字表示作业活动所需的时间。在网络图中，还有一种虚作业。所谓"虚作业"，系指作业时间为零的一种作业（该作业实际不存在），以虚箭条┅┅▸表示，它不占用时间，其作用是把先后的作业连接起来，表明它们之间的先后逻辑关系，指明作业进行的方向。

4）网络图的绘制规则。

① 节点编号从小到大，不能重复。

② 网络图是有向的，从左至右排列，不应有回路程（死循环、闭环），即箭头不能从某一节点出发，最后又回到该节点上去。

③ 相邻两个节点之间只能有一项作业。

④ 网络图只能有一个起点和一个终点。

⑤ 网络图绘制时，不能有缺口，否则就会出现多起点或多终点的情况。

5）网络图中时间值的计算。

① 网络图节点时间的计算方法。网络图节点时间可以根据网络图依次计算各工序的最早开工时间、最迟开工时间、最早完工时间、最迟完工时间。

a）计算节点最早开工时间，从第一节点开始依次往后逐一计算。

b）计算节点最迟完工时间值，从最后一个节点开始依次反向逐一计算。

② 关键路线的确定。

a）路线是网络图中从最初节点到最终节点的由各项作业连贯组成的一条路，从最初节点到最终节点可以有不同的路，路的长度是指完成该路上各项作业持续时间的长度和。

b）时差，就是完成工序的时间上有富裕、可以机动的时间。有时差的工序是非关键工序，没有时差的工序是关键工序。

一个作业的完工时间可允许推迟多少时间而不影响整个工程或任务的完工时间，称为作业的总时差。该时差表明作业有多大机动时间可以利用，时差越大，作业时间的潜力也越大，越可以将该作业的人力、物力暂时调去支援关键性作业。

c）关键线路。将关键工序连接起来，就是关键线路。在网络图中，关键线路是所有线路中耗时最长的线路，关键线路上的时间之和是工程所需的时间，称为总工期。关键路线决定了完成网络图上所有作业需要的最短时间。由于只有通过压缩关键路线上的活动时间，才能使整个工期缩短，因此关键路线上的活动是影响整个工程的主要因素。

图 5-21 所示为网络图实例。

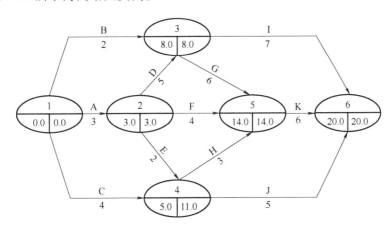

图 5-21　网络图实例

5. 矩阵图

1）矩阵图的概念。矩阵图法是通过多元思考明确问题的方法，即从作为问题的事项中找出成对的因素群，分别排成行和列，在其交点上表示成对因素间**相关程度**的图形。

矩阵图是一种寻求对应因素之间定性关系的图形，不以数据作定量分析。

2）矩阵图的类型。矩阵图按其矩阵形式，大体可分为 L 型矩阵图、T 型矩阵图、Y 型矩阵图、X 型矩阵图。

① L 型矩阵图。它是最基本的矩阵图（见图 5-22）。一般是将两个对应事项 A 因素和 B 因素，分别按行和列排列而成。适用于若干个目的和手段、原因与结果之间的关联。

② T 型矩阵图。它是由两个 L 型矩阵图组合而成的矩阵图，即 A 因素和 B

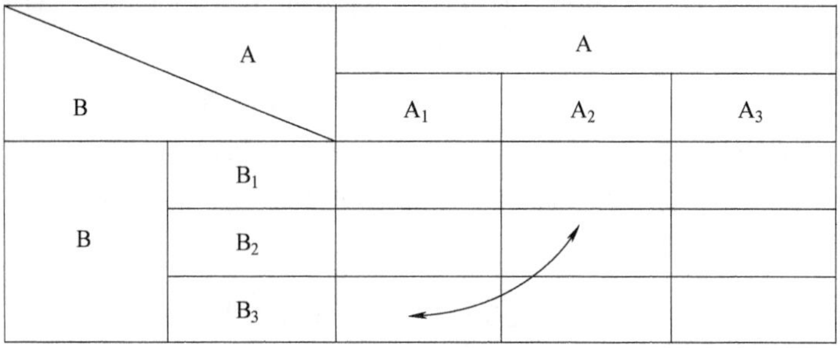

	A	A		
B		A_1	A_2	A_3
B	B_1			
	B_2			
	B_3			

图 5-22　L 型矩阵图

因素、A 因素和 C 因素分别对应的矩阵图，如成分—特性—用途、不良现象—原因—工序等（见图 5-23）。

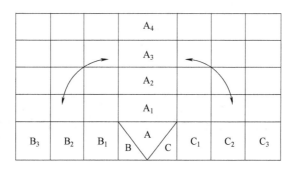

图 5-23　T 型矩阵图

③ Y 型矩阵图。Y 型矩阵图中有三个事项，其中两两相对应的事项分别构成三个 L 型矩阵图，所以 Y 型矩阵图是三个 L 型矩阵图的组合（见图 5-24）。

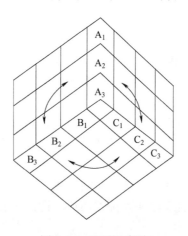

图 5-24　Y 型矩阵图

④ X 型矩阵图。它由四个 L 型矩阵图组合而成（见图 5-25）。

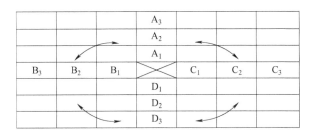

图 5-25　X 型矩阵图

3) 矩阵图的用途。

① 确定产品研制或改进的着眼点。

② 原材料、产品的质量功能展开。

③ 确定产品质量特性与负责部门的关系。

④ 调查产品实现过程的不良原因。

⑤ 了解市场与产品的关联性分析，制定市场发展战略方案。

4) 矩阵图的应用步骤。

① 确定事项。首先确定需要组合哪些事项，解决什么问题。一般来说，对于对象的单一目的或结果，其手段或原因能够逐步展开时，可用系统图法。但如果目的或结果有两种及以上，把它们的手段和原因对应起来展开时，用矩阵图则较为适宜。

② 选择对应的因素群。例如，质量问题的现象与原因，质量特征与质量因素，成分-特性-用途，测试项目-工序-测试仪器，质量现象-原因-工序等，找出与问题有关的属于同一水平的对应因素，是绘制矩阵图的关键。例如，某质量问题既与人、机、料、法、环等因素有关，又与生产工序、生产班组有关，利用质量问题-原因-工序矩阵图就可以同时找出质量原因和薄弱工序，从而明确重点，采取对策。

③ 选择适用的矩阵图。若是两个因素群，则选用 L 型矩阵图；若是三个对应因素群，则选用 T 型或 Y 型矩阵图；若是四个对应因素群，则选用 X 型矩阵图等。

④ 分析确认、评价各因素间的关联关系。根据经验，集思广益，征求意见，展开讨论，通过理性分析和经验分析的方法，用符号在对应的因素群交点上作出相应关联程度的标志。一般说来，有以下几种表示方法：

a）有关系用●表示，不相关则不标符号。

b）○表示有关系，△表示可能有关系。

c）用●（或◎）表示有密切关系（强相关），○表示有关系（弱相关），

△表示可能有关系（或不相关）。

到底采用何种方法，可根据需要确定。

⑤ 在行列的终端，对有关系或有密切关系的符号做出数据统计，以评价重要程度，并明确解决问题的着眼点和重点。

可采用打分法，即对各交叉点关联符号所表示的强弱程度分别打分。例如，◎为3分，○为2分，△为1分。按行和列统计总分，进而给予各个项目总评价。这种方法适用于根据积分来评价重要程度和优先程度。

图 5-26 所示为一矩阵图应用实例（电动机性能差原因分析）。

性能 原因	绝缘强度	耐压击穿	功率大	转速低	启动性能差	合计 △	合计 ○	合计 ◎	相关度	备 注
绝缘漆浓度低	△	○				1	1		1.3	1. ◎ 强相关
预烘时间短	△	○				1	1		1.3	△ 相关
定子性能差			△	△	△	3			3.0	○ 弱相关
转子缺陷			△	△		2			2.3	2. 相关度系数
风叶不配套			○	△	○	1	2		1.6	强相关1.0
风叶角度与电机不匹配			△	○	◎	1	1	1	1.9	相关0.6
轴承不合格			◎	○	◎		1	2	0.9	弱相关0.3
轴精加工精度低			△		△	2	1		2.3	

图 5-26 电动机性能差原因分析 L 型矩阵图

6. 亲和图

1）亲和图的概念。亲和图是日本人川喜田二郎（Kawakita Jiko）发明的，所以又称 KJ 法。亲和图是针对某一问题，充分收集各种经验、知识、创意和意见等语言文字资料，并按其相互亲和性归纳整理这些资料，使问题明确起来，求得统一认识和协调工作，以利于问题解决的一种方法。

亲和图接近关联图，但关联图用逻辑推理来明确因果关系，而亲和图按情理性归类。

2）亲和图的适用场合。亲和图常用于归纳整理收集到的意见、观点和想法等语言文字资料。亲和图适用于需要时间、慢慢解决、不容易解决而非解决不可的复杂问题，不适用于需要速战速决或简单的问题。

3）亲和图的应用步骤。

① 确定主题。小组成员最多不应超过 10 人。小组的组织者应用通俗语言（非专用术语）讲解清楚将要讨论研究的质量问题。一般选择那些处于杂乱无章的事物或处于混乱状态的思想作为研究的课题。

② 收集语言资料。收集语言资料的方法有以下几种：

a）直接观察法。指亲自到现场去看、去听，和问题直接接触，去掌握事实。

b）面谈。找知情人进行个别谈话，掌握第一手资料。

c）查阅资料。到图书馆、资料室以及专利馆查阅有关资料。

d）运用头脑风暴法。包括个人头脑风暴法和集体头脑风暴法，以便产生和澄清大量的意见、信息和反映。

③ 语言资料卡片化。将收集的语言资料，按内容进行逐个分类，并分别用独立的、简洁的语言写在一张张卡片上。

④ 整理综合卡片。把所有的卡片都汇集在一起，一张一张地去看清，反复多次，先横向再纵向，全部看过几遍以后，把内容相近的或比较接近的卡片归类在一起，编成一组并命名。对于不能归类的"孤立"的卡片依然保留，可以独立地编为一组。

⑤ 作图。把归类过程图形化，即形成亲和图。把整理好的卡片展开，安排在使人容易理解的位置上，并用适当的符号画出卡片之间的联系。

图 5-27 所示为一亲和图实例。

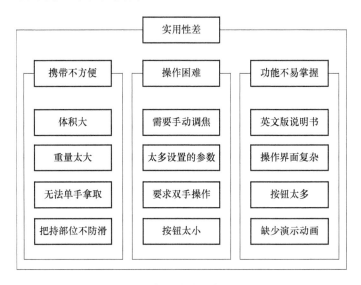

图 5-27　导航视窗实用性差亲和图

4）亲和图的用途。

①归纳思想，认识事物。对未知的事物或领域，收集实际资料，并从杂乱无章的资料中整理出事物的相互关系和脉络，就某件事情达成共识。

②打破现状和可能的束缚。通过集思广益产生新的想法，提出新的方针，并加以归纳整理。

③参谋筹划，统一思想。不同观点的人集中在一起，很难统一意见。因此，最好能由相互理解的人组成计划小组，为着共同的目标，小组成员提出自己的经验、意见和想法，然后将这些资料编成卡片并进行归纳整理。

④贯彻方针。向下级贯彻管理人员的想法和方针。通过亲和图可以帮助人们进行讨论，集思广益，从而将方针自然地贯彻下去。

7. KT 决策法

KT 决策法是一种思考系统，即就事情各自的程序，按照时间、场所等，明确区分发生问题的情形和没有发生问题的情形，由此找出原因和应该决定的办法。KT 决策法是最负盛名的决策模型，由美国人查尔斯·H·凯普纳（Charles H. Kepner）和本杰明·特雷高（Benjamin B. Tregoe）二人合创研究发明的把发现问题分为界定问题和分析原因两步的方法。

 同步练习强化

1. 单项选择题

1）合格评定的调查取证活动要做到（　　）和随机抽样相结合。

A. 系统抽样   B. 特定抽样

C. 分层抽样   D. 等距抽样

2）调查的（　　）是指测验结果的一致性、稳定性及可靠性，一般多以内在一致性来表示该调查（　　）的高低。

A. 效度   B. 信度

C. 不确定度   D. 准确度

3）调查的（　　）即有效性，是指测验的准确性、有用性，指所测量的结果反映所要考察内容的程度，测量结果与要考察的内容越吻合，（　　）越高；反之，（　　）越低。

A. 效度   B. 信度

C. 不确定度   D. 准确度

4）如果企业必须将不同生产日期的产品组成一批交检，为提高样本的代表性，适宜（　　）。

A. 按比例抽取不同生产日期的产品组成样本

B. 随机抽取某日的产品组成样本

C. 抽取最近生产日期的产品组成样本

D. 抽取最方便得到的产品组成样本

5）关于等距抽样，下列说法不正确的是（　　　）。

A. 在质量差异大的时间段减缩抽样间隔

B. 经常在对生产过程的监控抽样时应用

C. 在质量差异小的时间段扩大抽样间隔

D. 经常在总体发生周期性变化的场合采用此方法

6）企业从供应商处采购的一批元器件是在不同月份生产的，使用的抽样方法是（　　　）。

A. 简单随机抽样　　　　　　　　B. 系统抽样

C. 分层抽样　　　　　　　　　　D. 整群抽样

7）从一批产品中按不同的生产日期，在每个时期中按一定比例随机抽取单位产品构成样本，此抽样方法为（　　　）。

A. 简单随机抽样　　　　　　　　B. 分层抽样

C. 整群抽样　　　　　　　　　　D. 等距抽样

8）被广泛地运用于现场管理，用以迅速取得或整理数据的是（　　　）。

A. 直方图　　　　　　　　　　　B. 控制图

C. 排列图　　　　　　　　　　　D. 调查表

9）针对产品表面常有擦伤或污点等外观不合格，企业可通过（　　　）收集这方面的信息，进而采取措施减少这类不合格的发生。

A. 工序分布调查表　　　　　　　B. 不合格位置调查表

C. 不合格项调查表　　　　　　　D. 不合格原因调查表

10）工厂采用（　　　）对产品检验中的不合格项目进行分类统计，以便清楚地表明哪种不合格经常发生。

A. 工序分布调查表　　　　　　　B. 不合格项调查表

C. 不合格位置调查表　　　　　　D. 不合格原因调查表

11）画因果图、树图、亲和图时，可以运用（　　　）引导每个参加人员围绕某个中心议题，充分解放思想，激发灵感。

A. 排列图法　　　　　　　　　　B. 网络图法

C. PDPC 法　　　　　　　　　　D. 头脑风暴法

12）分层法是质量管理中经常使用的方法。关于分层法，下述说法正确的是（　　　）。

A. 分层法经常单独使用，一般不和其他方法一起使用

B. 分层时应尽量从主观认识的不同角度去分层

C. 分层时应尽可能使层间波动最小

D. 分层时应尽量使层间差异明显

13) 把收集来的原始数据按照一定的目的和要求加以分类整理,以便进行比较分析的一种方法是( )。

    A. 直方图   B. 调查表

    C. 分层法   D. 排列图

14) 在排列图中,矩形的高度表示( )。

    A. 频数或频率   B. 平均值

    C. 分类项   D. 概率

15) 某食品加工厂 7 月份生产的罐头产品中有 358 瓶不合格,对其不合格的类型和数量进行了统计,统计结果如表 5-14 所示。根据排列图的原理,属于 A 类因素的有( )。

表 5-14　不合格项统计结果

不合格类型	外形不合格	色泽不合格	固态物含量不足	肉质不合格	糖度不合格	其他
数量	171	82	56	26	20	10

    A. 外形不合格、色泽不合格、固态物含量不足

    B. 外形不合格、色泽不合格

    C. 外形不合格

    D. 糖度不合格

16) 作为常用的解决问题技巧,排列图最好的应用是( )。

    A. 决定何时对过程做调整   B. 估计过程的分布范围

    C. 评估其他解决问题技巧的结果   D. 区分主要和非主要问题

17) 质量分析员收集了一个月内产品检测不合格项目记录和顾客投诉数据,可以( )。

    A. 利用排列图找出主要质量问题   B. 利用因果图分析质量项目

    C. 利用控制图分析过程波动   D. 利用直方图分析分布形状

18) 排列图和因果图结合使用的好处在于( )。

    A. 减少绘制因果图的步骤   B. 使排列图更加容易判断

    C. 有利于查找主要原因   D. 有利于提出假设的原因

19) 排列图最早由意大利经济学家帕累托(Pareto)用来分析社会财富的分布状况,是( )把它应用于质量管理。

    A. 朱兰   B. 石川馨

    C. 戴明   D. 克劳士比

20) 因果图是( )首先提出的。

A. 朱兰　　　　　　　　　　　　B. 石川馨

C. 戴明　　　　　　　　　　　　D. 克劳士比

21）关于因果图的绘制，下列说法不正确的是（　　　）。

A. 通常先列出主骨，再逐层展开

B. 应在图中对可能的重要因素进行标识

C. 一张因果图可以同时解决几个具体问题

D. 绘制因果图可以与头脑风暴法结合使用

22）数据的基本信息，如分布的形状、中心位置、散布大小等，可以使用（　　　）来显示。

A. 分层法　　　　　　　　　　　B. 排列图

C. 散布图　　　　　　　　　　　D. 直方图

23）出现锯齿型直方图的原因可能是（　　　）。

A. 与数据的分组有关，数据分组过多

B. 过程中有趋势性变化的因素影响

C. 数据中混杂了少量其他过程的数据

D. 数据经过挑选，剔除了部分数据

24）直方图（见图 5-28）可以直观地看出产品质量特性的分布形态，便于判断过程是否处于控制状态，以决定是否采取相应的对策措施。直方图从分布类型上来说，可以分为正常型和异常型。常见的异常型主要有六种：双峰型、锯齿型、陡壁型、偏峰型、平台型、孤岛型，对应以下图形中顺序（　　　）。（真题）

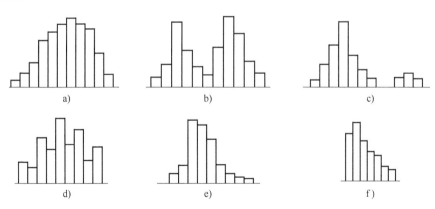

图 5-28　直方图形态

A. c-b-a-d-e-f　　　　　　　　　B. b-d-f-e-a-c

C. b-d-e-f-c-a　　　　　　　　　D. c-d-b-e-f-a

25）以下常见的相关图（又称散布图，见图 5-29）中称为强负相关和弱负相关的是（   ）。（真题）

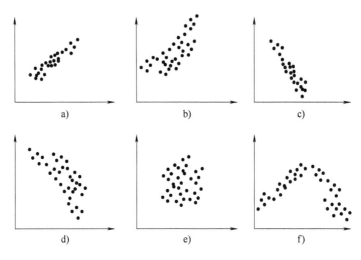

图 5-29　散布图

A. a + b

B. c + d

C. e + f

D. a + c

26）（   ）是通过矩阵图把各因素之间的关系用一定量来表达，即在其交点上可以标出数值资料，把多种质量因素或多个变量之间的对应关系，定量的加以表达，从而对大量的数据进行预测、计算整理分析的方法。

A. 矩阵图

B. 矩阵数据分析法

C. 散布图

D. 回归分析

27）（   ）就是对原因—结果、目的—手段等关系复杂而相互纠缠的问题，在逻辑上用箭头把各要素之间的因果关系连接起来，从而找出主要因素和项目的方法。（   ）适用于分析整理各种复杂因素交织在一起的问题。

A. 关联图

B. PDPC 法

C. 网络图

D. 系统图

28）系统图（树图）原理，是指系统图（树图）中上一级（   ）成为下一级手段的行动目的。

A. 目的

B. 目标

C. 手段

D. 计划

29）（   ）就是把要实现的目的与需要采取的措施或手段，系统地展开，并绘制成图，明确问题的重点，寻找最佳手段或措施。

A. 关联图

B. PDPC 法

C. 网络图　　　　　　　　　　　D. 系统图

30）树图可用于（　　　）。

A. 提出详细的质量改进计划

B. 明确管理职能

C. 在质量改进活动实施过程中，随时对实施方案进行调整

D. 认识新事物

31）制定项目实施计划可采用（　　　）。

A. PDPC 法　　　　　　　　　　B. 直方图

C. 排列图　　　　　　　　　　　D. 系统图

32）在（　　　）的情况下，可用 PDPC 法。

A. 选择适宜的作业路径

B. 确定具体的质量改进目标

C. 对可能出现的问题提前做好准备

D. 找出解决问题的主要途径

33）一项任务可以分解为许多作业，改进团队希望把各项作业进度间的依赖和制约关系清晰地表示出来，并通过适当的分析找出影响进度的关键路径，从而能进行统筹协调。此时适宜选择的工具是（　　　）。

A. PDPC（过程决策程序图）　　B. 网络图

C. 甘特图　　　　　　　　　　　D. 亲和图

34）在网络图的节点中，标出的两个时间是（　　　）。

A. 最早完工时间和最迟完工时间　B. 最早开工时间和最迟开工时间

C. 最早开工时间和最迟完工时间　D. 最晚开工时间和最迟完工时间

35）在明确一系列项目与相关技术之间的关系时，可选用的工具是（　　　）。

A. 矩阵图　　　　　　　　　　　B. 网络图

C. 排列图　　　　　　　　　　　D. 流程图

36）针对矩阵图，表示三个事项中三组要素两两之间的关系时，一般用（　　　）矩阵图。

A. L 型　　　　　　　　　　　　B. T 型

C. Y 型　　　　　　　　　　　　D. X 型

37）针对矩阵图，表示三个事项中，一组要素分别与其他组要素之间的关系时，一般用（　　　）矩阵图。

A. L 型　　　　　　　　　　　　B. T 型

C. Y 型　　　　　　　　　　　　D. X 型

38）针对矩阵图，表示两个事项中两组要素之间的关系一般用（　　　）矩阵图。

A. L 型　　　　　　　　　　　B. T 型

C. Y 型　　　　　　　　　　　D. X 型

39）对收集到的语言文字资料侧重于综合分析和分层，并按其相互亲和性归纳整理这些资料的方法是（　　　）。

A. 关联图　　　　　　　　　　B. 系统图

C. KJ 法　　　　　　　　　　D. 矩阵图

40）（　　　）是一种思考系统，即就事情各自的程序，按照时间、场所等，明确区分发生问题的情形和没有发生问题的情形，由此找出原因和应该决定的办法。

A. KT 决策法　　　　　　　　B. PDPC 法

C. KJ 法　　　　　　　　　　D. 系统图

41）对于能力富余型直方图可采取的工序调整措施是（　　　）

A. 减少标准偏差 S　　　　　B. 保持控制和监督方法

C. 改变工艺，放宽加工精度　　D. 放宽过严的公差范围

42）对照规范要求进行分析时，对于直方图出现能力不足型的情况，应采取的工序调整措施为（　　　）。

A. 调整分布中心，使其与公差中心重合

B. 减小标准偏差或放宽过严的公差范围

C. 减小检验频次

D. 维持原有的控制和监督办法

43）在寻求问题的解决手段时，若有两种及以上的目的或结果，则其展开用（　　　）法较为合适。

A. 因果图　　　　　　　　　　B. 矩阵图

C. 树图　　　　　　　　　　　D. 直方图

44）使用调查表的主要优点是（　　　）。

A. 容易发现对策的效果　　　　B. 便于收集及整理数据

C. 容易对表格的填写水平进行审查　D. 可以代替现场原始记录

45）（　　　）就是把收集的原始数据按照一定的目的和要求加以分类整理，以便进行比较分析的一种方法。

A. 矩阵图　　　　　　　　　　B. 排列图

C. 因果图　　　　　　　　　　D. 分层法

46）根据用途，排列图可分为分析现象用排列图和分析原因排列图。分析现象排列图与以下（　　　）不良结果有关，用来发现主要问题。（真题）

A. 操作者、机器、原材料　　　B. 操作者、机器、原材料、作业方法

C. 质量、成本、交货期　　　　D. 质量、成本、交货期、安全

47）出现锯齿形直方图时产生的原因主要是（　　　）。（真题）

A. 不合格品率增加　　　　　　　B. 刀具磨损严重

C. 数据分组过多　　　　　　　　D. 过程波动严重

48）（　　　）是用来分析研究两个对应变量之间是否存在相关关系的一种作图方法。

A. 矩阵图　　　　　　　　　　　B. 排列图

C. 因果图　　　　　　　　　　　D. 散布图

49）（　　　）是运筹学中的一种方法，是为了完成某个任务或达到某个目标，在制订行动计划或进行方案设计时，预测可能出现的障碍和结果，并相应地提出多种应变计划的一种方法。

A. 矩阵图　　　　　　　　　　　B. PDPC 法

C. 因果图　　　　　　　　　　　D. 网络图

50）（　　　）是安排和编制最佳日程计划，有效地实施进度管理的一种科学管理方法。

A. 矩阵图　　　　　　　　　　　B. 排列图

C. 网络图　　　　　　　　　　　D. PDPC 法

51）亲和图法可用于（　　　）。

A. 提出新的观念和方针　　　　　B. 寻求项目实施的关键路线

C. 寻找产生不良品的原因　　　　D. 制定市场产品发展战略

52）系统图又称树图，是以问题为着眼点，作分支式的思考，用以得到问题的解决方案，并明确改善对象的一种方法。其作用在于系统地将某一主问题分解成许多组成要素，以显示（　　　）之间的逻辑关系和顺序关系，改善对象的构成要素，取得可以实施的方案。（真题）

A. 事项中的具体元素和对应元素交点处

B. "原因—结果" 或 "目的—手段"

C. 主题与要素、要素与要素

D. 某一项工序或工作作业进行方向

53）在明确一系列项目与相关技术之间的关系时，可选用的工具是（　　　）。

A. 矩阵图　　　　　　　　　　　B. 网络图

C. 排列图　　　　　　　　　　　D. 流程图

54）网络图中的关键线路是指（　　　）的线路。

A. 耗费时间最长　　　　　　　　B. 质量、可靠性影响最大

C. 对最后完成工期影响最小　　　D. 对成本或利润增减影响最大

55）亲和图是日本人（　　　）发明的。

A. 石川馨　　　　　　　　　　　B. 田口玄一

C. 川喜田二郎　　　　　　　　　D. 赤尾洋二

2. 多项选择题

1）在合格评定时，为了做到合理抽样，降低抽样风险，抽取样本时必须遵循的抽样原则包括（　　　）。

A. 明确抽样的对象和总体　　　　B. 抽取样本要独立和随机

C. 抽取的样本必须具有代表性　　D. 抽取样本要适度均衡

2）调查的信度是指测验结果的一致性、稳定性及可靠性，一般多以内在一致性来表示该测验信度的高低。信度的具体评价方法大致可分为（　　　）三类。

A. 稳定系数（跨时间的一致性）

B. 等值系数（跨形式的一致性）

C. 内在一致性系数（跨项目的一致性）

D. 再现性系数（跨人员一致性）

3）调查的效度即有效性，是指测验的准确性、有用性，指所测量的结果反映所要考察内容的程度。调查的效度分为（　　　）三种类型。

A. 内容效度　　　　　　　　　　B. 准则效度

C. 结构效度　　　　　　　　　　D. 程序效度

4）抽样调查中的统计误差来源有（　　　）。

A. 登记误差　　　　　　　　　　B. 代表性误差

C. 抽样误差　　　　　　　　　　D. 随机误差

5）影响抽样误差的因素有（　　　）。

A. 抽样单位的数目　　　　　　　B. 总体标志的变异程度

C. 抽样方法的选择　　　　　　　D. 抽样组织方式不同

6）调查中抽样的基本方式有（　　　）。

A. 简单随机抽样　　　　　　　　B. 系统抽样

C. 分层抽样　　　　　　　　　　D. 整群抽样

7）头脑风暴法又叫（　　　）。

A. 畅谈法　　　　　　　　　　　B. KJ 法

C. 集思法　　　　　　　　　　　D. 旋风思维法

8）排列图的结构通常是（　　　）。

A. 左边纵轴表示不合格（或缺陷）项目的百分比和累计百分比

B. 横轴表示不合格（或缺陷）项目类型

C. 矩形的高度表示不合格（或缺陷）项目频数的大小

D. 矩形的高度从左到右依次升高

9）关于绘制因果图，正确的有（　　　）。

A. 确定"结果"时应结合具体需要，为了避免绘制过多的图，可将不同的

"结果" 放在一张图中进行分析

B. 可以结合头脑风暴法一起使用

C. 确定的原因应尽可能具体, 应细分到能采取措施为止 .

D. "关键因素"（要因）一定要确定在末端因素上

10）因果图经常被用来整理问题可能存在的影响原因, 绘制因果图时应该注意的事项包括（　　　）。

A. 图中各影响因素要写得具体

B. 应在图上注明哪个是主要问题

C. 原因必须要细分, 直至能采取措施

D. 确定原因时可以采用头脑风暴法

11）质量管理中经常使用两图一表, 两图一表是指（　　　）。

A. 排列图　　　　　　　　B. 直方图

C. 因果图　　　　　　　　D. 对策表

12）对策表也叫做措施计划表。其内容一般包括（　　　）, 以及措施、完成地点、完成时间和负责人等。

A. 重要原因　　　　　　　B. 现状

C. 对策　　　　　　　　　D. 目标

13）关于直方图, 以下正确的有（　　　）。

A. 直方图可以直观地显示数据的分布情况

B. 直方图可以显示样本数据随时间的变化情况

C. 直方图可以同时显示数据的中心位置和分散程度

D. 直方图可以帮助我们把主要精力集中在少数关键问题上

14）根据某工序加工的零件尺寸绘制的直方图和公差限如图 5-30 所示, 从图中表述的信息可知（　　　）。

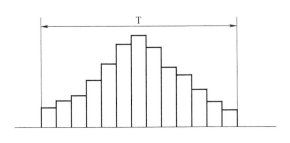

图 5-30　直方图和公差限

A. 工序满足公差要求, 不需要调整　　B. 过程能力不充分

C. 需要调整加工分布的中心值　　　　D. 可能需要提高加工精度

15）矩阵数据分析法的用途有（　　　）。

A. 用于预测

B. 用于工序质量分析

C. 用于了解产品设计过程中顾客的满意程度

D. 用于了解数据分布

16）关于关联图，正确的是（　　　）。

A. 因素之间没有互相缠绕时，不要使用关联图

B. 语言文字必须简洁

C. 箭头有进有出——中间环节

D. 箭头只出不进——末端因素（原因的根源）

17）PDPC 是（　　　）。

A. 过程决策程序图

B. 计划、实施、检查、处理的不断循环

C. 找出关键路径的一种方法

D. 一种运筹学方法

18）应用 PDPC 法的主要目的有（　　　）。

A. 对整个系统的重大事故进行预测

B. 计算项目完成时间

C. 制定控制工序的措施

D. 找出解决问题的关键路径

19）网络图的绘制规则包括（　　　）。

A. 节点的编号不能重复

B. 两个节点之间只能有一条线路

C. 不能有缺口

D. 只能有一个起点和终点

20）在网络图中，关键路线是指（　　　）。

A. 各条路线中工期最长的

B. 各条路线中工期最短的

C. 对关键路线上的作业，完成时间无富裕，无机动时间

D. 对关键路线上的作业，完成时间上有富裕，有机动时间

21）常用的矩阵图种类有（　　　）。

A. L 型
B. T 型

C. Y 型
D. X 型

22）矩阵图主要用于（　　　）。

A. 确定质量改进的着眼点

B. 发现制造过程中的不良品的原因

C. 制定质量改进方案

D. 质量功能展开

23）亲和图法可用于（　　　）。

A. 认识未知事物　　　　　　　B. 促进协调，统一思想

C. 制定项目实施计划　　　　　D. 贯彻方针

24）系统图包括（　　　）。

A. 构成因素展开型系统图　　　B. 因果分析展开型系统图

C. 措施展开型系统图　　　　　D. 目标展开型系统图

25）简单随机抽样包括（　　　）。

A. 抽签　　　　　　　　　　　B. 抓阄法

C. 随机数表法　　　　　　　　D. 随机数骰子法

26）质量改进中经常用因果图来整理问题可能的影响原因，用因果图时应该注意的事项有（　　　）。

A. 不同的质量特性最好不要共用一张因果图

B. 要经过试验验证因果关系是否存在

C. 图中各影响因素要清楚具体

D. 确定原因时应集思广益，以免遗漏

27）亲和图法可用于（　　　）。

A. 认识未知事物　　　　　　　B. 制定项目实施计划

C. 打破现状　　　　　　　　　D. 贯彻方针

3. 判断题

1）抽样调查的前提和基础是确定调查的总体，也就是明确调查的全部对象及其范围。　　　　　　　　　　　　　　　　　　　　　　　　（　　）

2）随机误差对调查的信度没什么影响，因为随机误差总是以相同的方式影响测量值的，因此不会造成不一致性。反之，系统误差可能导致不一致性，从而降低调查信度。　　　　　　　　　　　　　　　　　　　　　　　（　　）

3）抽样调查中的统计误差是指在统计调查中，调查资料与实际情况之间的偏差，即抽样估计值与被估计的未知总体参数之差。　　　　　　　　（　　）

4）亲和图接近关联图，亲和图用逻辑推理来明确因果关系，而关联图按情理性归类。　　　　　　　　　　　　　　　　　　　　　　　　　（　　）

5）如果加工过程中有缓变因素影响，或几种平均值不同的分布混杂在一起，所得到的直方图形状属于平顶型。　　　　　　　　　　　　　　（　　）

6）当过程发生原材料混杂或短时间内有不熟练操作人员替岗时，直方图形状可能呈现双峰型。　　　　　　　　　　　　　　　　　　　　　（　　）

7）根据产生数据的特征，将数据划分若干组的方法是直方图表。　　　（　　）

8）一张因果图可以同时解决几个具体问题。　　　（　　）

9）关联图只针对单一问题进行原因分析。　　　（　　）

10）在排列图中，不太主要的项目很多时，可以把最次要的几个项目合并为"其他"项，排列在柱形条最右边，数量可超过倒数第2项。　　　（　　）

11）排列图中的A类因素是0~80%之间的因素。　　　（　　）

12）陡壁型直方图，表明经过全数检查。　　　（　　）

13）分层法的分层原则是使同一层次内的数据波动（或意见差异）幅度尽可能大，而层与层之间差别尽可能小，否则就起不到归类汇总的作用。
　　　（　　）

14）因果图是一种分析质量特性（结果）与影响质量特性的因素（原因）的一种工具。因果图又称鱼骨图，是一个定量的工具，可以帮助我们找出引起问题潜在的根本原因。　　　（　　）（真题）

15）矩阵数据分析法是一种定性分析工具。　　　（　　）

16）矩阵图法是通过多元思考明确问题的方法，即从作为问题的事项中找出成对的因素群，分别排成行和列，在其交点上表示成对因素间相互关系的图形。　　　（　　）

17）亲和图接近关联图，但关联图用逻辑推理来明确因果关系，而亲和图按情理性归类。　　　（　　）

 答案点拨解析

1. 单项选择题

题号	答案	解　析
1	B	见本书5.3.1节之1之1）之③之c)
2	B	见本书5.3.1节之1之2）之⑤
3	A	见本书5.3.1节之1之2）之⑤
4	A	见本书5.3.1节之1之4）之③。采取分层抽样
5	D	见本书5.3.1节之1之4）之②。总体发生周期性变化的场合，不宜采用等距抽样，以避免出现系统性偏误
6	C	见本书5.3.1节之1之4）之③。采取分层抽样，按生产日期分别抽取样本
7	B	见本书5.3.1节之1之4）之③
8	D	见本书5.3.1节之2

（续）

题号	答案	解　　析
9	B	见本书 5.3.1 节之 2 之 4)
10	B	见本书 5.3.1 节之 2 之 4)
11	D	见本书 5.3.1 节之 3 之 2)
12	D	见本书 5.3.1 节之 4 之 3)
13	C	见本书 5.3.1 节之 4 之 1)
14	A	见本书 5.3.2 节之 1 之 2)
15	B	见本书 5.3.2 节之 1 之 3）之⑤。外形不合格的累积频率为 47.8%；外形不合格、色泽不合格的累积频率为 70.7%；外形不合格、色泽不合格、固态物含量不足的累积频率为 86.3%。所以 B 选项正确
16	D	见本书 5.3.2 节之 1 之 1)
17	A	见本书 5.3.2 节之 1 之 1)
18	C	见本书 5.3.2 节之 1 之 1)
19	A	见本书 5.3.2 节之 1 之 1)
20	B	见本书 5.3.2 节之 2 之 1)
21	C	见本书 5.3.2 节之 2 之 3）之①
22	D	见本书 5.3.2 节之 4 之 1)
23	A	见本书 5.3.2 节之 4 之 3）之表 5-10
24	B	见本书 5.3.2 节之 4 之 3）之表 5-10
25	B	见本书 5.3.2 节之 5 之 3）之表 5-12
26	B	见本书 5.3.2 节之 6 之 1)
27	A	见本书 5.3.3 节之 1 之 1)
28	C	见本书 5.3.3 节之 2 之 1)
29	D	见本书 5.3.3 节之 2 之 1)
30	B	见本书 5.3.3 节之 2 之 4)
31	A	见本书 5.3.3 节之 3 之 2)
32	C	见本书 5.3.3 节之 3 之 1)
33	B	见本书 5.3.3 节之 4 之 1)。理解题
34	C	见本书 5.3.3 节之 4 之 3)
35	A	见本书 5.3.3 节之 5 之 1)
36	C	见本书 5.3.3 节之 5 之 2)
37	B	见本书 5.3.3 节之 5 之 2)

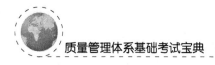

（续）

题号	答案	解　析
38	A	见本书 5.3.3 节之 5 之 2）
39	C	见本书 5.3.3 节之 6 之 1）
40	A	见本书 5.3.3 节之 7
41	C	见本书 5.3.2 节之 4 之 3）之表 5-11
42	B	见本书 5.3.2 节之 4 之 3）之表 5-11
43	B	见本书 5.3.3 节之 5 之 4）之①
44	B	见本书 5.3.1 节之 2 之 2）
45	D	见本书 5.3.1 节之 4 之 1）
46	D	见本书 5.3.2 节之 1 之 4）
47	C	见本书 5.3.2 节之 4 之 3）之表 5-10
48	D	见本书 5.3.2 节之 5 之 1）
49	B	见本书 5.3.3 节之 3 之 1）
50	C	见本书 5.3.3 节之 4 之 1）
51	A	见本书 5.3.3 节之 6 之 4）
52	C	见本书 5.3.3 节之 2。系统图的概念，结合题意，所以 C 选项正确
53	A	见本书 5.3.3 节之 5 之 1）。矩阵图的概念
54	A	见本书 5.3.3 节之 4 之 5）之②
55	C	见本书 5.3.3 节之 6 之 1）

2. 多项选择题

题号	答案	解　析
1	ABCD	见本书 5.3.1 节之 1 之 1）
2	ABC	见本书 5.3.1 节之 1 之 2）之⑤
3	ABC	见本书 5.3.1 节之 1 之 2）之⑤
4	ABC	见本书 5.3.1 节之 1 之 3）之①
5	ABCD	见本书 5.3.1 节之 1 之 3）之②
6	ABCD	见本书 5.3.1 节之 1 之 4）
7	AC	见本书 5.3.1 节之 3 之 1）
8	BC	见本书 5.3.2 节之 1 之 2）

（续）

题号	答案	解　　析
9	BCD	见本书 5.3.2 节之 2 之 3）
10	ACD	见本书 5.3.2 节之 2 之 3）。一张图上只描述一个问题，因此不会标注主要问题，所以 B 选项错误
11	ACD	见本书 5.3.2 节
12	ABCD	见本书 5.3.2 节之 3
13	AC	见本书 5.3.2 节之 4 之 1）。直方图不能反映时间的变化
14	BD	见本书 5.3.2 节之 4 之 3）之表 5-11 "无富裕型" 类型。零件尺寸的平均值接近公差的中间值，所以不需要调整加工分布的中心值，因此 C 选项错误；零件尺寸的分布基本与公差等宽，能够满足公差要求，但显然过程能力不充分，在这种情况下，应考虑通过调整减少波动，因此 A 选项错误
15	ABC	见本书 5.3.2 节之 6 之 3）
16	ABCD	见本书 5.3.3 节之 1 之 4）
17	AD	见本书 5.3.3 节之 3 之 1）
18	AC	见本书 5.3.3 节之 3 之 2）
19	ACD	见本书 5.3.3 节之 4 之 4）
20	AC	见本书 5.3.3 节之 4 之 5）之②
21	ABCD	见本书 5.3.3 节之 5 之 2）
22	ACD	见本书 5.3.3 节之 5 之 3）
23	ABD	见本书 5.3.3 节之 6 之 4）
24	AC	见本书 5.3.3 节之 2 之 2）
25	ABCD	见本书 5.3.1 节之 1 之 4）之①
26	ABCD	见本书 5.3.2 节之 2 之 3）
27	ACD	见本书 5.3.3 节之 6 之 4）

3. 判断题

题号	答案	解　　析
1	√	见本书 5.3.1 节之 1 之 2）之①
2	×	见本书 5.3.1 节之 1 之 2）之⑤。系统误差对信度没什么影响，因为系统误差总是以相同的方式影响测量值的，因此不会造成不一致性。反之，随机误差可能导致不一致性，从而降低信度
3	√	见本书 5.3.1 节之 1 之 3）

（续）

题号	答案	解　析
4	×	见本书5.3.3节之6之1)
5	√	见本书5.3.2节之4之3) 之表5-10
6	×	见本书5.3.2节之4之3) 之表5-10。此种情况，直方图形状可能呈现孤岛型
7	×	此类方法是分层法
8	×	一张因果图只能解决一个具体问题
9	×	关联图不仅针对单一问题进行原因分析，也可对两个及以上问题进行原因分析
10	√	见本书5.3.2节之1之3) 之④
11	√	见本书5.3.2节之1之3) 之⑤
12	√	见本书5.3.2节之4之3) 之表5-10
13	×	见本书5.3.1节之4之3)
14	×	见本书5.3.2节之2之1)。因果图是一个定性的分析工具
15	×	见本书5.3.2节之6之1)。矩阵数据分析法是一种定量分析工具
16	×	见本书5.3.3节之5之1)。矩阵图法是通过多元思考明确问题的方法，就是从作为问题的事项中，找出成对的因素群，分别排成行和列，在其交点上表示成对因素间相关程度的图形
17	√	见本书5.3.3节之6之1)

5.4　质量设计方法与工具

 考点知识讲解

5.4.1　任务分解法

1. 概述

1) 任务分解法的定义。任务分解法，又称工作分解结构（Work Breakdown

452

Structure，简称 WBS）。

WBS 指以可交付成果为导向，对项目团队为实现项目目标并完成规定的可交付成果而执行的工作所进行的层次分解。WBS 详细描述了项目的可交付成果和范围，即项目的具体内容，但不描述过程或进度计划，不去定义如何或何时生产可交付成果，而是专门局限于描述和细分项目成果和范围。

任务分解法能够将复杂任务分解为多个简单任务，可将项目分解为可管理的活动，可作为项目计划和跟踪的基础。

上面有些绕口，简单说明如下：

WBS 就是把一个项目，按一定的原则分解，将项目分解成任务，任务再分解成一项项工作，再把一项项工作分配到每个人的日常活动中，直到分解不下去为止。

即：项目—任务—工作—日常活动。

WBS 是以可交付成果为导向对项目要素进行的分组，它归纳和定义了项目的整个工作范围，每下降一层代表对项目工作的更详细定义。

WBS 总是处于计划过程的中心，也是制定进度计划、资源需求、成本预算、风险管理计划和采购计划等的重要基础。WBS 同时也是控制项目变更的重要基础。项目范围是由 WBS 定义的，所以 WBS 也是一个项目的综合工具。

图 5-31 所示为一工作分解结构。

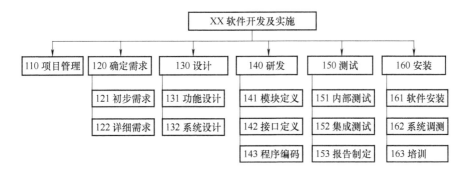

图 5-31　工作分解结构

2）任务分解法的作用。

① 便于有效地控制项目。

② 便于利益相关者之间的沟通。

③ 报告项目状况的基础框架。

④ 清晰各项目工作之间相互联系的结构设计工具。

3）任务分解法的意义。WBS 详细描述了项目工作范围。它被认为是其他项目管理过程及可交付成果的关键依据，如活动定义、项目进度网络图、项目和项目集成度计划、绩效报告、风险分析及应对等。另外，尽管 WBS 是这些项目管理过程及可交付成果的一项重要依据，但 WBS 本身不能取代它们中的任何一项。

通过工作结构分解，把项目范围分解开来，使项目相关人员对项目一目了然，能够使项目的概况和组成明确、清晰、透明和具体；项目工作结构分解能够明确项目相关各方面的工作界面，便于责任划分和落实；为建立项目沟通管理提供依据，便于把握信息重点。

4）任务分解法的组织。WBS 为把工作分配到适当的组织单位、分包商或个人提供基础。

5）任务分解法的层次。大多数 WBS 都包括多个层次，对实施组织所要完成的整个项目范围进行描述。但具体的层次数应适当，以满足对具体项目的有效管理为目的。WBS 的深度取决于项目的规模和复杂程度，以及项目计划和管理所需的细节层次。

6）任务分解法的特点。100% 原则是 WBS 的核心特点，它体现了 WBS 包括项目范围所定义的所有工作内容及所有可交付成果，包括内部的、外部的和中间要完成的，还包括项目管理。100% 原则是指导 WBS 编制、分解和评价的最重要原则之一，适用于 WBS 的所有层次："子"层次上的所有工作总和应 100% 等于"母"层次上的工作。同时，WBS 不应包括项目范围以外的任何工作，即不能超出 100% 的工作范围。100% 原则也适用于活动层次。

凡是没有出现在 WBS 中的工作都不属于项目的范围，要想完成这样的工作，就必须按变更流程进行管控。

7）任务分解法的表示方式。WBS 可以有多种表示方式，如图表、文本、表格形式。常用的两种表示方式为层次结构图、提纲或表格式结构。

层次（树型）结构图的 WBS 层次清晰，非常直观。虽然它的结构性很强，但不是很容易修改，对于大的、复杂的项目也很难表示出项目的全景。

8）任务分解法的种类。

① 纲要性工作分解结构（Summary WBS，SWBS）。SWBS 是指导性的、战略性的工作分解结构。

② 项目纲要性工作分解结构（Project SWBS，PSWBS）。PSWBS 是针对某一特定项目，对纲要性工作分解结构进行裁剪得到的工作分解结构。

③ 合同工作分解结构（Contract WBS，CWBS）。合同工作分解结构是适用于特定合同或采购活动的完整的工作分解结构。

④ 组织分解结构（Organizational Breakdown Structure，OBS）。OBS用于显示各个工作元素被分配到哪个组织单元。

⑤ 资源分解结构（Resource Breakdown Structure，RBS）。RBS是组织分解结构的一种变异，通常在将工作元素分配到个人时使用。

⑥ 材料清单（Bill of Material，BOM）。BOM表述了用于制造一个加工产品所需的实际部件、组件和构件的分级层次。

⑦ 项目分解结构（Project Breakdown Structure，PBS）。PBS与WBS的概念基本相同。

大型及复杂项目可按照组织结构、产品结构、生命周期三个角度制定分解结构。

2. 任务分解法的分解原则

1）任务分层原则。大项目—项目—阶段—任务—（子任务）—工作单元（活动）。每个任务原则上要求分解到不能再细分为止。WBS最低层次的项目可交付成果称为工作包（Work Package），工作包可以在制定项目进度计划时，进一步分解为活动。工作包的定义应考虑80小时法则（80 – Hour Rule）或2周原则（Two Week Rule），即任何工作包的完成时间应当不超过80小时。

2）最小时间原则（2周原则）。最小级别任务的工期最好控制在10~14个工作日。目的是在项目执行期内更好的检查和控制。这样可以把项目的问题暴露在两周之内或更短的时间内，更细致地跟踪项目任务。

3）责任到人原则。在任务分解过程中，最小级别的任务最好能分配到某一具体的资源。

4）风险分解原则。在任务分解过程中，如果遇到风险较大的任务，为了更好地化解风险，应将任务再次细分，必须能更好、更早地暴露风险，为风险的解决和缓解提供帮助。

5）逐步细分原则。即将开始的任务需要很精细地分解，未来的任务可以分解得粗放一些。等到执行时再进行细化分解。

6）团队合作原则。项目计划制订的主要负责人是项目经理，但这不应该是项目经理一个人的工作。

3. 任务分解的方法及过程

1）任务分解的方法。任务分解的方法包括类比方法、自上而下的方法、自下而上的方法、头脑风暴法。其中，头脑风暴法也是一种自下而上的方法。该方法存在的主要风险是思路容易发散，有可能偏离项目目标。

常常按下列三种方法创建WBS：

① 使用项目生命周期的阶段作为分解的第一层，而把项目可交付物安排在第二层。

② 把项目重要的可交付物作为分解的第一层。

③ 把子项目安排在第一层，再分解子项目的 WBS。

2）任务分解的过程。

① 得到范围说明书或工作说明书。

② 召集有关人员，集体讨论所有主要项目工作，确定项目工作分解的方式。

③ 分解项目工作。如果有现成的模板，应该尽量利用。

④ 画出 WBS 的层次结构图。WBS 较高层次上的一些工作可以定义为子项目或子生命周期阶段。

⑤ 将主要项目可交付成果细分为更小的、易于管理的组分或工作包。工作包必须详细到可以对该工作包进行估算（成本和时间）、安排进度，做出预算、分配负责人员或组织单位。

⑥ 验证上述分解的正确性。如果发现较低层次的项没有必要，则修改组成成分。

⑦ 如果有必要，建立一个编号系统。

⑧ 随着其他计划活动的进行，不断对 WBS 更新或修正，直到覆盖所有工作。

4. 任务分解法与项目管理过程的结合

任务分解法在项目管理过程中能够发挥充分的作用，将 WBS 融入项目管理过程的各个阶段能够有效地提高管理效果。

5.4.2 产品质量先期策划

1. 概述

1）APQP 的定义。AIAG（美国汽车工业行动集团）为了使产品设计和开发工作更加规范化和更具可操作性，特以参考手册《产品质量先期策划和控制计划（APQP——Advanced Product Quality Planning and Control Plan）》的形式对产品设计和开发工作进行了规定，目的是确保产品质量满足要求、提高效率和降低成本。

《质量管理方法与工具》中只针对产品质量先期策划（APQP，Advanced Product Quality Planning），其中是这样描述 APQP 的：APQP 是国际先进汽车企业集团的技术规范 IATF 16949 中的一项重要要求。APQP 的内容包括如何对产品设计和开发进行控制，确保产品质量满足要求、提高效率和降低成本。

2) APQP 的作用。APQP 方法是用以确保产品质量符合要求、增强顾客满意度的一种**结构化方法**。APQP 是一个典型的 PDCA 循环（策划—实施—检查—处置，Plan—Do—Check—Action），贯穿产品的整个生命周期。APQP 能够帮助企业建立完整的产品设计和开发系统。APQP 的目标是促进所涉及的人员之间的沟通，以确保所有要求的步骤能按时完成。

3) APQP 的阶段划分。APQP 是一种结构化的方法，包括 5 个阶段：

① 计划和确定项目阶段——从产品概念提出到项目批准阶段。

② 产品设计和开发阶段——从项目批准到样品完成阶段。

③ 过程设计和开发阶段——从样品完成到试生产阶段。

④ 产品和过程确认阶段——从试生产到正式量产阶段。

⑤ 反馈、评定和纠正措施阶段——从量产、交付到客户反馈阶段。

APQP 运用并行工程，因此各个阶段在实施时序上有时间交叉，并不是一个过程完全结束才进行下一个过程，而是根据具体过程的特点适时开展所需的活动。这样做可以大大缩短产品开发时间，同时质量和成本都能得到改善。

图 5-32 所示为 APQP 的 5 个阶段。

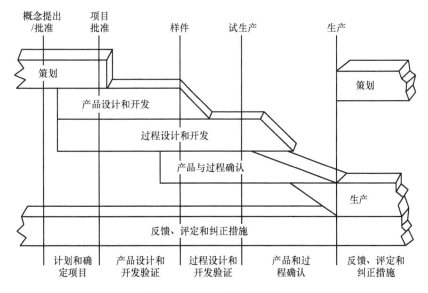

图 5-32　APQP 的 5 个阶段

2. APQP 各阶段的内容

APQP 包括 5 个阶段、49 个要素。在 APQP 中，上一阶段的输出是下一阶段的输入。5 个阶段及其 49 个要素的关系如图 5-33 所示。

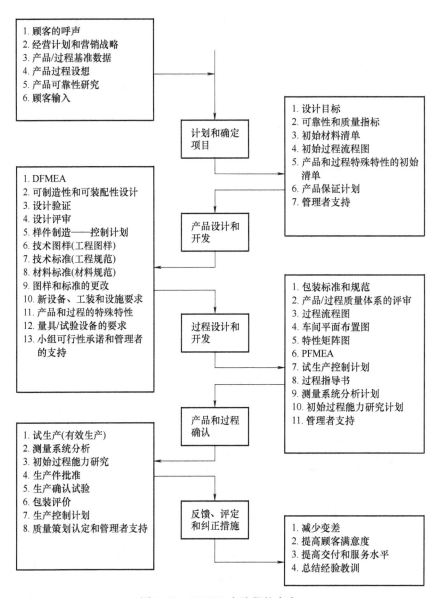

图 5-33　APQP 5 个阶段的内容

5.4.3　质量功能展开

1. 概述

1）质量功能展开的定义。质量功能展开（Quality Function Deployment，QFD）指一种把顾客或市场的要求转化为设计要求、生产制造要求、试验检验要求、售后服务要求等的多层次质量演绎分析方法。

2）质量功能展开的起源与发展。QFD 起源于 20 世纪 60 年代的日本。质量功能展开的方法是利用矩阵将各项经济技术指标对产品质量的影响进行量化分析，从而把顾客或市场的要求转化为产品质量特性要求、零部件特性要求、工艺要求、生产要求的多层次演绎分析方法。

3）质量功能展开的内容。QFD 的主要内容包括：确定目标顾客；调查顾客要求，确定顾客各项要求的重要性；根据顾客的要求，确定最终产品应具备的特性。

2. 质量功能展开的四个阶段

质量功能展开的四个阶段包括产品规划、零件配置、工艺设计和生产控制。四阶段模式是 ASI（American Supplier Institute，美国供应商协会）提倡的方法，它是对日本学者赤尾洋二提出的 QFD 工作 17 步工作步骤的简化，它以顾客需求为起点，经过四个阶段（四步展开），用四个矩阵，得出产品的工艺和生产（质量）控制参数。QFD 的四个阶段如图 5-34 所示。

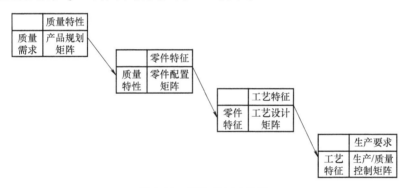

图 5-34 QFD 的四个阶段

1）产品规划阶段。通过产品规划矩阵（质量屋）将顾客的需求转化为质量特性（产品特征或工程措施）。

2）零件配置阶段。利用前一阶段定义的质量特性（产品特征或工程措施），从多个设计方案中选择一个最佳的方案，并通过零件配置矩阵将其转换为关键的零件特征。

3）工艺设计阶段。通过工艺设计矩阵，确定要实现关键的质量特性（产品特征）和零件特征所必须保证的关键工艺参数。

4）生产控制阶段。通过生产控制矩阵将关键的零件特征和工艺参数转换为具体的生产（质量）控制方法或标准。

3. 顾客需求分析

顾客需求分析是 QFD 的关键环节，必须给予充分的重视。

搜集到原始的顾客需求后，应对其加以规范，并进行确认和分级，通过调查分析，确定各顾客需求的重要度。

4. 质量屋结构与分析

QFD 是一种思想，一种产品开发和质量保证的方法论，它要求在产品开发中直接面向顾客需求，在产品设计阶段就考虑工艺和制造问题。QFD 的基本原理就是用"质量屋"（Quality of House，QOH）的形式，量化分析顾客需求与工程措施之间的关系，经数据分析处理后找出对满足顾客需求贡献最大的过程措施，即**关键措施**，从而指导设计人员抓住主要矛盾，开展稳定性优化设计，开发出满足顾客需求的产品。

QFD 的核心内容是需求转换，质量屋是一种直观的矩阵框架表达形式，它提供了在产品开发中具体实现这种需求转换的工具。质量屋将顾客需求转换成产品和零部件特征并配置到制造过程，是 QFD 方法的工具。质量屋的结构如图 5-35 所示。

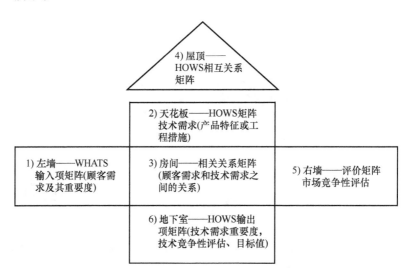

图 5-35　质量屋的结构

1）左墙——WHATS 输入项矩阵。它表示需求什么，包含顾客需求及其重要度。

2）天花板——HOWS 矩阵。它表示针对需求怎样去做，是技术需求（产品特征或工程措施）。

3）房间——相关关系矩阵。它表示顾客需求和技术需求之间的关系。

4）屋顶——HOWS 的相互关系矩阵。它表示 HOWS（技术需求）阵内各项目的关联关系。相互关系矩阵是指各项技术需求（产品特征或工程措施）间的相互关系。

5）右墙——评价矩阵（市场竞争性评估）。评价矩阵指竞争性或可竞争力或可行性分析比较，是顾客竞争性评估，从顾客的角度评价产品在市场上的竞争力。

6）地下室——HOWS 输出项矩阵（技术竞争能力评价矩阵）。它表示 HOWS 项的技术成本评价等，包括技术需求重要度、目标值的确定和技术竞争性评估等，用来确定应优先配置的项目。

通过上述组成建立质量屋的基本框架，给定输入信息，通过分析评价得到输出信息，从而实现一种需求转换。

图 5-36 所示为一质量屋分析应用的示例。

工程因素 X / 顾客需求 Y	重要度 K_i	材料的耐温性	材料的耐油性	膜片强度	机油清洁度	组装操作	市场竞争能力 M_i			
							本产品	改进后	国内对手	国际对手
耐高、低温	4	9		6	5		3	4	3	4
耐油性好	3		7		7		3	5	4	5
耐压不漏油	5		3	9	4	9	4	5	4	5
							0.68	0.93	0.73	0.93
工程因素重要度 h_j		36	36	69	61	45	市场竞争力指数 M			

图 5-36　发动机一级质量屋

5.4.4　实验设计

1. 概述（见工具书 7.4.1）

1）实验设计的定义。实验设计，又称试验设计（Design of Experiments, DOE）。实验设计是用于安排实验和分析实验数据的数理统计方法。

实验设计是以深入了解分析对象的内在运行特征为目的，预先设计一系列试验，通过对试验结果的分析，提炼出有价值信息的序贯过程。

2）实验设计中的基本术语。在实验设计中，所用到的因子、水平、交互作用、试验条件、指标等概念与 5.2.5 方差分析中的概念相同，不再重复。

这里讲一讲可控因子与不可控因子。对输出有影响的因素称为影响因子，简称因子。因子的类型分为可控因子与不可控因子。可控因子是指能够被实验者自主调节的因子。例如，化学反应过程中的反应物浓度、反应时间、催化剂

剂量等。不可控因子是指从技术、成本或主观意愿上不能够被实验者主动调节的因子。例如，不同温湿度环境下的产品性能，以及不同的顾客使用偏好。在田口方法中，可控因子被称为控制因子，不可控因子被称为噪声因子。

3）实验设计的作用。

① 筛选。从为数众多的因子中筛选出对响应值影响相对显著的因子。以尽可能少的试验次数，获取较优的实验条件。

② 优化。找到使响应值达到最优的可控因子的最佳配置。响应值的最优类型主要有三种：望大型、望小型、望目型。顾名思义，望大型指响应值越大越好；望小型指响应值越小越好；望目型指期望值越接近目标值越好。

③ 稳健性。找到可控因子的合理配置，使响应值受不可控因子的影响最小化。

4）实验设计的发展历史。实验设计起源于 20 世纪 20 年代英国统计学家费希尔（Fisher）在农业领域的先驱工作。

20 世纪 70 年代，日本质量管理大师田口玄一以提高产品在不可控环境下的性能表现为核心目标，创造性地提出了一整套有别于经典 DOE 的实验设计方法，被统称为田口方法。田口方法中最核心的部分是稳健性设计（Robust Design）。田口玄一将信噪比的概念引入实验设计。田口方法也称作正交实验设计。

20 世纪 80 年代，美国著名质量咨询师多里安·谢宁（Dorian Shainin）提出了一套独特的实验设计方法。谢宁方法改变了以往由因及果的思维方式，即先找出多种原因，再通过实验确定真正原因；而是以输出结果为起点，进行反向搜寻。

2. 实验设计的基本流程

实验设计的基本流程包括：

1）识别与界定问题。

2）选择响应变量。

3）选择因子及其水平与范围，对因子进行分类（说明：因子水平之间的跨度称为范围）。

4）选择适合的实验方法，生成实验方案。

5）实施实验。

6）数据分析。

7）结论与建议。

3. 经典方法——2^3 析因设计

2^3 表示可控因子有 3 个，每个因子有 2 个水平的实验。三个因子按两个水平全面搭配有 $2^3 = 8$ 种组合，要进行 8 次实验。

4. 田口方法——正交设计

1）正交表。正交实验设计是实验设计中常用的方法，它利用"正交表"选择实验的条件，并利用正交表的特点进行数据分析，找出最好的或满意的实验条件。

正交表的标记方法为 $L_c(a^b)$，其中 L 表示正交表，a 表示水平数，b 表示因子数，c 表示实验次数。常用的一类正交表，行数就是实验次数 c，列数就是因子数 b，表的主体有 a 个不同的数字。表 5-15 列出了一 $L_4(2^3)$ 正交表。

表 5-15　$L_4(2^3)$ 正交表

实验序号	列		
	1	2	3
1	1	1	1
2	1	2	2
3	2	1	2
4	2	2	1

正交表具有共性，即正交性，这是指它有如下两个特点：

① 均匀分散。每一列各个水平的数量是相同的（每列中每个数字重复次数相同）。

② 整齐可比。任意两列组成的水平数对是相同的（将任意两列的同行数字看成一个数对，那么一切可能数对重复次数相同）。

2）正交表的选取。田口实验设计仅考虑主效应与两因子交互作用效应，忽略高阶交互作用。因此，实验者在实验前应识别出可被忽略的交互作用，并确定自由度。自由度反映的是为了估计目标效应所需的实验数据的数量。在确定自由度后才能找到能够安排所需实验条件的正交表。

自由度的确定规则如下：

① 总均值的自由度为 1。

② 对于每个因子 A，B……，如果对应的水平数分别为 n_A，n_B……，则其自由度为水平数减 1。

③ 对于两因子交互作用，则为各自因子自由度的乘积。例如，AB 交互作用的自由度为 $(n_A - 1)(n_B - 1)$。

5. 田口方法——稳健性设计

1）质量损失函数。田口方法认为只要质量特性值偏离目标值，就会产生质量损失。此观点不同于传统的质量检验思想，仅当质量特性值落在规格线以外，即出现不合格品，才会产生质量损失。质量损失函数是指由于质量特性值偏离目标值所造成的质量损失与偏移量之间的函数关系。

质量损失函数为

$$L(y) = k(y - T)^2$$

$L(y)$ 表示产品质量特性为 y 时的损失函数，T 是其目标值，k 是质量损失系数。

针对变异源，减少质量损失的两阶段措施包括：

① 向目标值调整均值。

② 降低方差。

2）信噪比。引入信噪比的目的是用一个指标综合表示质量损失的两个来源：均值和方差。将降低质量损失的目标转化为对信噪比的优化。信噪比越大越好。

信噪比的概念为

$$S/N = \frac{Signal}{Noise} = \frac{\mu^2}{\sigma^2}$$

使信噪比最大化的设计参数水平组合即为最小化质量损失。

望目型问题的最优化可通过两个阶段优化步骤完成：

第一阶段：调整设计参数使信噪比最大化。

第二阶段：找到不影响信噪比却影响输出变量 Y 均值的设计参数，并调整参数使均值接近目标值。

3）内外表。把诸控制因子放在一张正交表（或其他设计表）上，则此表称为内表。把诸噪声因子放在另一张正交表（或其他设计表）上，则此表称为外表。

在内表中安排控制因子，在外表内安排噪声因子。计算每个实验的信噪比。某个实验的信噪比越高，则其因子组合对噪声因子的敏感性越低。

4）参数设计。望小型：基于信噪比选择输出值最大化的控制因子水平。

望目型：选择使信噪比最大化的控制因子水平。选择均值调整因子，调整均值至目标值。

望大型：基于信噪比选择输出值最小化的控制因子水平。

6. 谢宁方法

谢宁总结的新的 DOE 应用技术包括：多变异分析、部件搜索、配对比较、产品/过程搜索、变量搜索等。

Y：绿 Y，代表要解决的问题和目标；X：变量（红 X、粉红 X、浅粉红 X）。

5.4.5 可靠性设计

1. 概述

1）可靠性内涵。可靠性指产品在规定的条件下、规定的时间内完成规定功能的能力。

① 产品的可靠性与规定的条件密切相关。所谓规定的条件，包括：使用时

的环境条件，如温度、湿度、振动、冲击、辐射，使用时的应力条件、维护方法，存储时的储存条件，以及使用时对操作人员技术等级的要求等。

② 产品的可靠性与规定的时间密切相关。随着时间的增长，产品的可靠性是下降的。另外，不同的产品对应的时间指标也是不同的。在应用中，时间是一个广义的概念，可以用周期、次数、里程和其他单位代替，也可用这些单位与时间的隶属函数加以描述。

③ 产品的可靠性与规定的功能密切相关。所谓规定的功能就是产品应具备的技术性能指标。只有对规定的功能有清晰的概念，才能对产品是否发生故障进行确切的判断。

2）可靠度。<u>可靠度指产品在规定条件下和规定时间内完成规定功能的概率</u>。它是**时间的函数**，记为 $R(t)$。设 T 为产品寿命的随机变量，则

$$R(t) = P(T > t)$$

可靠度是产品寿命 T 超过规定时间 t 的概率，或产品在规定时间 t 内完成规定功能的概率。显然，$0 \leqslant R(t) \leqslant 1$；$R(0) = 1$；$R(\infty) = 0$。

产品在规定条件下和规定时间内失效的概率，称为不可靠度。它显然也是时间的函数，记为 $F(t)$。根据定义有

$$F(t) = P(T \leqslant t) = 1 - P(T > t) = 1 - R(t)$$

显然，可靠度与不可靠度之间具有关系：$F(t) + R(t) = 1$。

一般不可靠度也称为累积失效概率、失效分布函数和寿命分布函数。它的导数就是失效分布概率密度函数，记为 $f(t)$。

$f(t)$、$F(t)$、$R(t)$ 之间的关系为

$$F(t) = \int_0^t f(t)\,\mathrm{d}t$$

$$R(t) = \int_t^\infty f(t)\,\mathrm{d}t = 1 - \int_0^t f(t)\,\mathrm{d}t$$

3）失效率函数。<u>已工作到时刻 t 尚未失效的产品中，在时刻 t 后单位时间内失效的概率称为该产品在时刻 t 的失效率函数，简称失效率（故障率）</u>，记为 $\lambda(t)$。其公式为

$$\lambda(t) = \frac{f(t)}{R(t)}$$

$$R(t) = \mathrm{e}^{-\int_0^t \lambda(t)\,\mathrm{d}t}$$

失效率是一个关于时间的函数。以随时间变化的失效率描述产品生命周期的图形称为浴盆曲线，如图5-37所示。

浴盆曲线分为三段，对应着三个时期：

① 早期失效期。其特点是失效率较高，但随着工作时间的增加，失效率迅

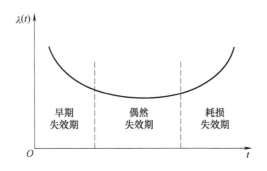

图 5-37　产品失效率曲线（浴盆曲线）

速下降。这一时期产品失效的主要原因是由于原材料不均匀和制造工艺缺陷等引起的。如果在生产过程中加强对原材料的检验，加强质量管理，提高操作人员技术水平和责任心，那就可以大幅减少早期失效的产品。

② 偶然失效期。又称随机失效期（《质量管理方法与工具》称为"恒定失效期)"，这是产品最好的工作时期。其特点是失效率低且稳定，可以看作常数。失效一般是不可预测的随机失效，在这一时期内产品失效纯属偶然。在这一阶段要尽力做好产品的维护和保养工作，使这一时期尽量用足。

③ 耗损失效期。其特点是失效率显著上升。失效的发生不再是随机的，而是与器件的使用时间和损耗程度有关。在此阶段，失效率迅速上升直至使用寿命结束。在可靠性工作中常采用预防性措施，提前更换接近耗损期的零部件或元器件，或者采用长寿命的元器件来延长产品的使用寿命。

4）平均失效前时间（Mean Time To Failure，MTTF）。平均失效前时间指不可维修的系统至发生故障为止的工作时间的平均值。

$$MTTF = \int_0^\infty tf(t)\,dt = \int_0^\infty R(t)\,dt$$

对于可修复产品，平均寿命是指相邻两次故障期的工作时间的平均值，即平均故障间隔时间（Mean Time Between Failure，MTBF）。

5）可靠性设计。可靠性设计是指为了满足可靠性定性和定量要求，根据可靠性理论与方法，结合以往产品的设计经验和教训，利用成熟的可靠性设计技术，使产品零部件以及整机的设计满足或达到可靠性指标的过程。

可靠性设计是可靠性工程中最重要的组成部分，也是提高产品固有可靠性水平的基本措施。

可靠性设计的关键流程包括识别、设计、分析、验证、确认、监控等阶段。

2. 系统可靠性

1）可靠性框图。对于复杂产品的一个或多个功能模式，用方框表示的各组成部分的故障或它们的组合如何导致产品故障的框图称为可靠性框图。

2）串联模型（串联系统）。串联系统的 n 个单元必须全部工作，系统才会正常工作，任一单元故障都会导致系统故障。其可靠性框图如图 5-38 所示。

图 5-38　串联系统的可靠性框图

串联系统的可靠性函数 $R_s(t)$ 为所有单元可靠性函数 $R_i(t)$ 的乘积，即

$$R_s(t) = \prod_{i=1}^{n} R_i(t)$$

3）并联模型（并联系统）。当构成系统的所有单元都发生故障时，系统才发生故障的系统称为并联系统。在一个并联系统中，只要有任何一个单元工作，系统就处于工作状态。其可靠性框图如图 5-39 所示。

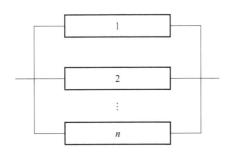

图 5-39　并联系统的可靠性框图

并联系统可靠性函数 $R_s(t)$ 为

$$R_s(t) = 1 - \prod_{i=1}^{n} \left[1 - R_i(t) \right]$$

4）表决系统。设有一个由 n 个单元组成的系统，其中任意 r 个单元正常工作时，系统就能正常工作，称为 n 中取 r 系统。

3. 可靠性分配

可靠性分配是为了将产品总的可靠性的定量要求分配到规定的产品层次。通过分配使整体和部分的可靠性定量要求协调一致。它是一个由整体到局部、由上到下的分解过程。可靠性分配有许多种方法，如等分配法、AGREE（美国电子设备可靠性咨询组）分配法、ARINC 分配法、评分分配法等。

4. 可靠性预计

可靠性预计是在设计阶段对系统可靠性进行定量的估计，是根据相似产品的可靠性数据、系统的构成和结构特点、系统的工作环境等因素估计组成系统的部件及系统的可靠性。系统的可靠性预计是一个自下而上、从局部到整体的系统综合过程。可靠性预计也有许多种方法，如数学模型法、相似预计法、元器件计数法、功能预计法、上下限法、回归模型预计法等。

5. 冗余设计

冗余设计通过多套附加的并联单元实现同一功能来达到提高可靠性的目的。冗余设计需要综合考虑增加额外部件的成本、系统的尺寸或重量、维修和预防性维护的增加等。

6. 降额设计

可靠性降额指使构成设备的组件在使用中所承受的应力值低于其设计的额定值，以达到延缓其参数退化、增加工作寿命、提高使用可靠性的目的。降额设计广泛应用于电子元器件，同时对于电控系统、机械零部件、机械结构也都有使用。

 同步练习强化

1. 单项选择题

1）WBS 是指（　　），又称工作分解结构（Work Breakdown Structure）。

A. 任务分解法　　　　　　　　　　B. 项目分解法

C. 作业分解法　　　　　　　　　　D. 工作结构法

2）（　　）原则是 WBS 的核心特点，它体现了 WBS 包括项目范围所定义的所有工作内容以及所有可交付成果，包括内部的、外部的和中间要完成的，还包括项目管理。

A. 80/20　　　　　　　　　　　　B. 100%

C. 以顾客为关注焦点　　　　　　　D. 关系管理

3）WBS 可以用多种表示方式，如图表、文本、表格形式。常用的两种表示方式为（　　）或表格式结构。

A. 系统图、矩阵图　　　　　　　　B. 层次结构图、系统图

C. 层次结构图、提纲　　　　　　　D. 层次结构图、组织结构图

4）WBS 最小时间原则是指最小级别任务的工期最好控制在（　　）个工作日。目的是在项目执行期内更好的检查和控制。

A. 18 ~ 21　　　　　　　　　　　B. 10 ~ 14

C. 5 ~ 6　　　　　　　　　　　　D. 20 ~ 30

5）产品质量先期策划（APQP）方法是用以确保产品质量符合要求、增强顾客满意度的一种（　　）方法。

A. 结构化　　　　　　　　　　　　B. 系统化

C. 组织化　　　　　　　　　　　　D. 规范化

6）按照 APQP 阶段的划分，样件制造在（　　　）。

A. 产品设计和开发阶段　　　　　　B. 过程设计和开发阶段

C. 产品和过程确认阶段　　　　　　D. 反馈、评定和纠正措施阶段

7）（　　　）指一种把顾客或市场的要求转化为设计要求、生产制造要求、试验检验要求、售后服务要求等的多层次质量演绎分析方法。

A. QFD　　　　　　　　　　　　B. 系统图

C. 矩阵图　　　　　　　　　　　D. 矩阵数据分析图

8）以下关于工作分解结构（WBS）的说法中，正确的是（　　　）。

A. 凡是出现在 WBS 中的工作都属于项目的范围，凡是没有出现在 WBS 中的工作都不属于项目的范围，要想完成这样的工作，必须遵守变更控制流。

B. WBS 最底层的工作单位叫工作包，一个项目的 WBS 应在项目早期就分解到最底层

C. 树状结构的 WBS 直观、层次清晰，适用于大型的项目

D. 业界一般把一个人 40 个小时能干完的工作称为 1 个工作包，依据分解得到的工作包能够可靠地估计出成本和进度

9）项目经理在进行大项目的 WBS 分解时，错误的是（　　　）。

A. 按照项目的组织结构编制树形结构的 WBS

B. 按照项目的产品结构编制列表式的 WBS

C. 按照项目的生命周期编制鱼刺图式 WBS

D. 按照项目风险分解结构编制树形结构的 WBS

10）以下关于工作分解结构（WBS）的叙述，错误的是（　　　）。

A. WBS 是项目各项计划和控制措施制订的基础和主要依据

B. WBS 是面向可交付物的层次型结构

C. WBS 可以不包括分包出去的工作

D. WBS 能明确项目相关各方面的工作界面，便于责任划分和落实

11）某项目工期为 1 年，项目经理对负责项目工作分解结构编制的小张提出了如下要求或建议，其中不妥当的是（　　　）。

A. 应该在 2 周内把全年工作都分解到具体工作包

B. 可根据项目生命周期的阶段进行第一层分解，而把可交付物安排在第二层

C. 可考虑以一个人 80 小时能完成的工作作为 1 个工作包

D. 可采用树形结构和列表形式相结合的方式进行分解

12）APQP 是指（　　　）。

A. 潜在失效模式及后果分析　　　　B. 产品质量先期策划

C. 测量系统分析　　　　　　　　　D. 统计过程控制

13）产品质量先期策划（APQP）第 4 阶段是（　　　　）。

A. 产品设计和开发阶段　　　　　　B. 过程设计和开发阶段

C. 产品和过程确认阶段　　　　　　D. 反馈、评定和纠正措施阶段

14）制定生产控制计划是 APQP 中（　　）阶段的任务。

A. 产品设计和开发　　　　　　　　B. 过程设计和开发

C. 产品和过程确认　　　　　　　　D. 反馈、评定和纠正措施

15）某新产品开发的过程中，（　　　　）可以用于将顾客需求有效地转化为产品特性和设计要求。

A. 质量功能展开（QFD）　　　　　B. 任务分解法

C. 试验设计　　　　　　　　　　　D. 可靠性设计

16）HOWS 矩阵是指质量屋中的（　　　　），它表示针对需求怎样去做，是技术需求（产品特征或工程措施），是质量屋的"如何"。

A. 屋顶　　　　　　　　　　　　　B. 天花板

C. 右墙　　　　　　　　　　　　　D. 地下室

17）HOWS 输出项矩阵是指质量屋中的（　　　　），它表示 HOWS 项的技术成本评价等，包括技术需求重要度、目标值的确定和技术竞争性评估等，用来确定应优先配置的项目。

A. 屋顶　　　　　　　　　　　　　B. 天花板

C. 右墙　　　　　　　　　　　　　D. 地下室

18）用正交表 L_8（2^7）安排试验时，需要做（　　　　）个不同条件的试验。

A. 2　　　　　　　　　　　　　　　B. 7

C. 8　　　　　　　　　　　　　　　D. 10

19）设因子 A 有 3 个水平，因子 B 有 4 个水平，则其交互作用 $A \times B$ 的自由度是（　　　　）。

A. 7　　　　　　　　　　　　　　　B. 6

C. 5　　　　　　　　　　　　　　　D. 4

20）DOE 是（　　　　）。

A. 实验设计　　　　　　　　　　　B. 质量功能展开

C. 亲和图　　　　　　　　　　　　D. 可靠性设计

21）参数设计中，针对（　　　　），应基于信噪比选择输出值最大化的控制因子水平。

A. 望大型　　　　　　　　　　　　B. 望目型

C. 望小型　　　　　　　　　　　　D. 目标

22）下述各参数中，（　　　　）不是度量产品可靠性的参数。

A. 平均故障间隔时间　　　　　　　B. 产品的功耗

C. 故障率　　　　　　　　　　　　　D. 可靠度

23）产品故障率浴盆曲线中，偶然故障的特征是（　　　）。

A. 故障率随时间递增　　　　　　　　B. 故障率随时间递减

C. 故障率近似为某个常数　　　　　　D. 故障率先增后恒定

24）（　　　），失效率显著上升。失效的发生不再是随机的，而是与器件的使用时间和损耗程度有关。

A. 早期失效期　　　　　　　　　　　B. 偶然失效期

C. 系统失效期　　　　　　　　　　　D. 耗损失效期

25）由 4 个单元组成串联系统，若每个单元工作 1000 小时的可靠度为 0.9，则系统工作 1000 小时的可靠度为（　　　）。

A. 0.5561　　　　　　　　　　　　B. 0.6561

C. 0.7561　　　　　　　　　　　　D. 0.9000

26）（　　　）是指组成产品的所有单元工作时，只要有一个单元不发生故障，产品就不会发生故障。

A. 并联模型　　　　　　　　　　　　B. 串联模型

C. 串并联模型　　　　　　　　　　　D. 混联模型

27）已知某种产品由 3 个部件并联而成，假定每个部件彼此独立，且工作到一年的可靠度分别为 0.6、0.8、0.5，则该产品工作到一年的可靠度是（　　　）。

A. 0.24　　　　　　　　　　　　　B. 0.3

C. 0.72　　　　　　　　　　　　　D. 0.96

28）在一个项目中帮助我们把项目分解到具体任务的工具是（　　　）。

A. 排列图　　　　　　　　　　　　　B. WBS

C. 甘特图　　　　　　　　　　　　　D. 里程碑

29）WBS 指以可交付成果为（　　　），对项目团队为实现项目目标并完成规定的可交付成果而执行的工作所进行的层次分解。

A. 目标　　　　　　　　　　　　　　B. 导向

C. 指南　　　　　　　　　　　　　　D. 工作内容

30）APQP 的内容包括对（　　　）进行控制，确保产品质量满足要求、提高效率和降低成本。

A. 产品设计和开发　　　　　　　　　B. 产品实现

C. 生产和服务提供　　　　　　　　　D. 产品和服务放行

31）DFMEA 应用在 APQP 的（　　　）阶段。（真题）

A. 计划和项目确定　　　　　　　　　B. 产品设计和开发

C. 过程的设计和开发　　　　　　　　D. 纠正措施

32) PFMEA 应用在 APQP 的 （　　　） 阶段。

A. 计划和项目确定　　　　　　　　　　B. 产品设计和开发

C. 过程的设计和开发　　　　　　　　　D. 纠正措施

33) 初始过程能力研究在 APQP 的哪个阶段进行 （　　　）。

A. 计划和项目确定　　　　　　　　　　B. 产品设计和开发

C. 过程的设计和开发　　　　　　　　　D. 产品和过程确认

34) 测量系统分析 MSA 在 APQP 的哪个阶段进行 （　　　）。

A. 计划和项目确定　　　　　　　　　　B. 产品设计和开发

C. 过程的设计和开发　　　　　　　　　D. 产品和过程确认

35) 生产件批准（PPAP）在 APQP 的哪个阶段进行 （　　　）。

A. 计划和项目确定　　　　　　　　　　B. 产品设计和开发

C. 过程的设计和开发　　　　　　　　　D. 产品和过程确认

36) QFD 起源于 20 世纪 60 年代的 （　　　）。

A. 日本　　　　　　　　　　　　　　　B. 美国

C. 德国　　　　　　　　　　　　　　　D. 英国

37) 日本学者 （　　　） 提出 QFD17 步工作步骤，（　　　） 将其简化为四阶段模式。

A. 田口玄一，ASQ 美国质量学会　　　　B. 赤尾洋二，ASI

C. 石川馨，ASI　　　　　　　　　　　　D. 田口玄一，ASQ

38) （　　　） 是 QFD 的关键环节，必须给予充分的重视。

A. 组织战略　　　　　　　　　　　　　B. 顾客需求分析

C. 相关方需求　　　　　　　　　　　　D. 顾客及其他相关方需求

39) QFD 质量屋中的 （　　　）——相关关系矩阵，表示顾客需求和技术需求之间的关系。

A. 屋顶　　　　　　　　　　　　　　　B. 天花板

C. 右墙　　　　　　　　　　　　　　　D. 房间

40) QFD 质量屋中的 （　　　）——评价矩阵，指竞争性或可竞争力或可行性分析比较，是顾客竞争性评估，从顾客的角度评价产品在市场上的竞争力。

A. 屋顶　　　　　　　　　　　　　　　B. 天花板

C. 右墙　　　　　　　　　　　　　　　D. 房间

41) （　　　） 以深入了解分析对象内在运行特征为目的，预先设计一系列试验，通过对试验结果的分析，提炼出有价值信息的序贯过程。

A. 实验设计　　　　　　　　　　　　　B. 质量功能展开

C. 亲和图　　　　　　　　　　　　　　D. 可靠性设计

42) （　　　） 指产品在规定的条件下、规定的时间内完成规定功能的能力。

A. 维修性   B. 可靠性

C. 耐久性   D. 可用性

43）MTTF 是（   ），MTBF 是（   ）。

A. 可靠性，耐久性

B. 平均失效前时间，平均故障间隔时间

C. 耐久性，维修性

D. 可用时间，维修时间

44）（   ）是指使构成设备的组件在使用中所承受的应力值低于其设计的额定值，以达到延缓其参数退化、增加工作寿命、提高使用可靠性的目的。

A. 降额设计   B. 冗余设计

C. 可靠性分配   D. 可靠性预计

2. 多项选择题

1）任务分解法的作用包括（   ）。

A. 便于有效地控制项目

B. 便于利益相关者之间的沟通

C. 报告项目状况的基础框架

D. 清晰各项目工作之间的相互联系的结构设计工具

2）任务分解法的种类包括纲要性工作分解结构、项目纲要性工作分解结构、合同工作分解结构，以及（   ）。

A. 组织分解结构   B. 资源分解结构

C. 材料清单   D. 项目分解结构

3）WBS 任务分解的方法包括（   ）。

A. 类比方法   B. 自上而下的方法

C. 自下而上的方法   D. 头脑风暴法

4）WBS 分解原则包括任务分层原则、最小时间原则，以及（   ）。

A. 责任到人原则   B. 风险分解原则

C. 逐步细分原则   D. 团队合作原则

5）APQP 包括计划和确定项目阶段、产品设计和开发阶段，以及（   ）。

A. 过程设计和开发阶段   B. 产品和过程确认阶段

C. 小批量试制阶段   D. 反馈、评定和纠正措施阶段

6）APQP 的反馈、评定和纠正措施阶段包括（   ）。

A. 减少变差   B. 生产件批准

C. 提高顾客满意度   D. 提高交付和服务水平

7）QFD 质量功能展开的四个阶段包括（   ）。

A. 产品规划   B. 零件配置

C. 工艺设计　　　　　　　　　　　D. 生产控制

8）QFD 中的质量屋六大结构要素包括左墙、天花板、房间，以及（　　）。

A. 屋顶　　　　　　　　　　　　　B. 地面

C. 右墙　　　　　　　　　　　　　D. 地下室

9）关于正交表的说法，正确的有（　　）。

A. 正交表具有正交性

B. 正交表各列中每个数字的重复次数相同

C. 将正交表中任意两列的同行数字看成一个数对，那么一切可能数对的重复次数相同

D. 利用正交表选择的试验点在试验空间中的分布是随机的

10）实验设计的作用包括（　　）。

A. 筛选　　　　　　　　　　　　　B. 优化

C. 稳健性　　　　　　　　　　　　D. 可靠性

11）根据田口稳健性设计损失函数，针对变异源，减少质量损失的两阶段措施包括（　　）。

A. 向目标值调整均值　　　　　　　B. 消除变异源

C. 降低方差　　　　　　　　　　　D. 减少变异源

12）美国人谢宁（Dorian Shainin）总结的新的 DOE 应用技术包括多变异分析，以及（　　）等。

A. 部件搜索　　　　　　　　　　　B. 配对比较

C. 产品/过程搜索　　　　　　　　　D. 变量搜索

13）一般产品浴盆曲线的三个阶段是（　　）。

A. 早期故障期　　　　　　　　　　B. 偶然故障期

C. 耗损故障期　　　　　　　　　　D. 使用故障期

14）生产部和质量技术部人员正在讨论采用哪种统计技术方法，可以帮助他们确定生产过程的三个过程参数与产品抗拉强度特性值的关系，你认为他们可以应用下列哪些方法（　　）。（真题）

A. 回归分析法　　　　　　　　　　B. 试验设计

C. 过程能力分析　　　　　　　　　D. 统计过程控制

3. 判断题

1）WBS 不仅详细描述项目的可交付成果和范围，即项目的具体内容，还描述过程或进度计划，定义如何或何时生产可交付成果。　　　　　　　　（　　）

2）SWBS 是项目纲要性工作分解结构。　　　　　　　　　　　　　　（　　）

3）WBS 最小时间原则是指 2 周原则。　　　　　　　　　　　　　　　（　　）

4）产品质量先期策划（APQP）为企业编制质量计划提供指南。　　　（　　）

5）APQP 包括 5 个阶段，上一阶段的输出是下一阶段的输入。　　　（　　）

6）QFD 中，将顾客提供的商品的信息（要求），以文字形式进行的表述称为属性数据。而原始数据是指顾客的特征（如年龄、性别等）。　　　（　　）

7）利用正交表选择的试验点在试验空间中的分布是随机的。　　　（　　）

8）实验设计中，可控因子是指能够被实验者自主调节的因子；不可控因子是指从技术、成本或主观意愿上不能够被实验者主动调节的因子。　　　（　　）

9）稳健性设计中，信噪比越大越好，使信噪比最大化的设计参数水平组合即为最小化质量损失。　　　（　　）

10）降额设计是指通过多套附加的并联单元实现同一功能来达到提高可靠性的目的。　　　（　　）

11）APQP 各个阶段在实施时序上，是一个过程完全结束后才进行下一个过程，这样做可以使工作有条不紊。　　　（　　）

 答案点拨解析

1. 单项选择题

题号	答案	解　析
1	A	见本书 5.4.1 节之 1 之 1）
2	B	见本书 5.4.1 节之 1 之 6）
3	C	见本书 5.4.1 节之 1 之 7）
4	B	见本书 5.4.1 节之 2 之 2）
5	A	见本书 5.4.2 节之 1 之 2）
6	A	见本书 5.4.2 节之 2 之图 5-33
7	A	见本书 5.4.3 节之 1 之 1）
8	A	见本书 5.4.1 节之 1 之 6）
9	D	见本书 5.4.1 节之 1 之 8）。大型及复杂项目可按照组织结构、产品结构、生命周期三个角度制定分解结构
10	C	见本书 5.4.1 节之 1 之 6）。WBS 包括分包出去的工作
11	A	见本书 5.4.1 节之 1 之 3）。进行工作分解是非常重要的工作，它在很大程度上决定项目能否成功。没有明确规定要在多久时间完成工作分解
12	B	见本书 5.4.2 节之 1 之 1）
13	C	见本书 5.4.2 节之 1 之 3）
14	C	见本书 5.4.2 节之 2 之图 5-33
15	A	见本书 5.4.3 节之 1 之 1）

（续）

题号	答案	解　析
16	B	见本书5.4.3节之4之2)
17	D	见本书5.4.3节之4之6)
18	C	见本书5.4.4节之4之1)
19	B	见本书5.4.4节之4之2)之③
20	A	见本书5.4.4节之1之1)
21	C	见本书5.4.4节之5之4)
22	B	见本书5.4.5节之1。可靠性的常用度量参数有可靠度、故障（失效）率、平均失效（故障）前时间（MTTF）、平均故障间隔时间（MTBF）
23	C	见本书5.4.5节之1之3)
24	D	见本书5.4.5节之1之3)
25	B	见本书5.4.5节之2之2)。串联系统 $R_s(t) = \prod_{i=1}^{n} R_i(t) = 0.9 \times 0.9 \times 0.9 \times 0.9 = 0.6561$
26	A	见本书5.4.5节之2之3)
27	D	见本书5.4.5节之2之3)。并联系统 $R_s(t) = 1 - \prod_{i=1}^{n} [1 - R_i(t)] = 1 - (1 - 0.6) \times (1 - 0.8) \times (1 - 0.5) = 0.96$
28	B	见本书5.4.1节之1之1)
29	B	见本书5.4.1节之1之1)
30	A	见本书5.4.2节之1之1)
31	B	见本书5.4.2节之2之图5-33
32	C	见本书5.4.2节之2之图5-33
33	D	见本书5.4.2节之2之图5-33
34	D	见本书5.4.2节之2之图5-33
35	D	见本书5.4.2节之2之图5-33
36	A	见本书5.4.3节之1之2)
37	B	见本书5.4.3节之2
38	B	见本书5.4.3节之3
39	D	见本书5.4.3节之4之3)
40	C	见本书5.4.3节之4之5)
41	A	见本书5.4.4节之1之1)
42	B	见本书5.4.5节之1之1)
43	B	见本书5.4.5节之1之4)
44	A	见本书5.4.5节之6

2. 多项选择题

题号	答案	解　析
1	ABCD	见本书 5.4.1 节之 1 之 2)
2	ABCD	见本书 5.4.1 节之 1 之 8)
3	ABCD	见本书 5.4.1 节之 3 之 1)
4	ABCD	见本书 5.4.1 节之 2
5	ABD	见本书 5.4.2 节之 1 之 3)
6	ACD	见本书 5.4.2 节之 2 之图 5-33
7	ABCD	见本书 5.4.3 节之 2
8	ACD	见本书 5.4.3 节之 4
9	ABC	见本书 5.4.4 节之 4 之 1)。正交表具有均匀分散的特点，是人为设定的，不是随机的，所以 D 选项错误
10	ABC	见本书 5.4.4 节之 1 之 3)
11	AC	见本书 5.4.4 节之 5 之 1)
12	ABCD	见本书 5.4.4 节之 6
13	ABC	见本书 5.4.5 节之 1 之 3)
14	AB	通过试验设计的优化，可以确定影响产品抗拉强度特性值的三个过程参数的最优组合。通过回归分析法，可以确定产品抗拉强度特性值与三个过程参数之间的关系

3. 判断题

题号	答案	解　析
1	×	见本书 5.4.1 节之 1 之 1)。WBS 详细描述项目的可交付成果和范围，但不描述过程或进度计划，不定义如何或何时生产可交付成果
2	×	见本书 5.4.1 节之 1 之 8)。SWBS 是纲要性工作分解结构。考生最好记住这些英文缩写
3	√	见本书 5.4.1 节之 2 之 2)
4	×	见本书 5.4.2 节之 1 之 2)。产品质量先期策划（APQP）帮助企业建立产品设计和开发系统
5	√	见本书 5.4.2 节之 2
6	×	见本书 5.4.3 节之 3。将顾客提供的商品的信息（要求），以文字形式进行的表述称为原始数据。而属性数据是指提出原始数据的顾客的特征（如年龄、性别等）
7	×	见本书 5.4.4 节之 4 之 1) 之①。正交表具有均匀分散的特点，是人为的，不是随机分布的

（续）

题号	答案	解　　析
8	√	见本书 5.4.4 节之 1 之 2)
9	√	见本书 5.4.4 节之 5 之 2)
10	×	见本书 5.4.5 节之 5。冗余设计通过多套附加的并联单元实现同一功能来达到提高可靠性的目的
11	×	见本书 5.4.2 节之 1 之 3)。APQP 运用并行工程，因此各个阶段在实施时序上具有时间交叉，并不是一个过程完全结束才进行下一个过程，而是根据具体过程特点适时开展所需的活动。这样做可大大缩短产品开发时间，同时质量和成本都得到改善

5.5　质量评价方法与工具

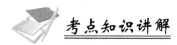

考点知识讲解

5.5.1　质量评价概述

1. 质量评价的内涵（见工具书 10.1.1）

质量评价是指应用特定的方法，确定被评价对象（包括体系、过程、产品、服务等）的固有特性满足要求的程度。所应用的方法可能是基于统计技术，也可能是基于某种结构化的评价方法。质量评价的结果可能是分级或定量的，如顾客满意的程度、管理成熟度等，也可能是定性的，如是否满足某个准则的要求对应的是符合性的评价。

2. 质量评价的目的（见工具书 10.1.2）

质量评价的直接目的是确定"满足要求的程度"，这种程度包括对特定准则的符合性以及通过其他一些定量或定性指标所表征的对满足要求的程度。质量评价的最终目的：

1）识别改进方向。

2）降低风险。

3）做出科学决策。

5.5.2　符合性评价模型

《质量管理方法与工具》介绍的符合性评价模型包括：质量管理体系审核、

过程审核、产品审核、分层审核等。

1. 质量管理体系审核

依据 ISO 9001 或/和其他行业质量管理体系标准开展质量管理体系审核。

2. 过程审核

过程审核是对产品开发和实现过程及其有效性进行的客观分析与评价。过程审核与质量管理体系审核的区别是：质量管理体系审核的对象是整个质量管理体系，而过程审核的对象主要集中在特定产品的设计开发过程及其生产过程，过程审核输出的结论是判定这些过程是否具备满足相关质量要求的能力。

一般按照德国汽车工业联合会所发布的《VDA 6.3 过程审核》（最新版本是2016 年版）进行。VDA 6.3 过程审核主要就下列七大过程要素进行提问并打分：

1）P1——潜在供应商分析。

2）P2——项目管理。

3）P3——产品和过程开发的策划。

4）P4——产品和过程开发的落实。

5）P5——供应商管理。

6）P6——过程分析/生产。

7）P7——顾客关怀、顾客满意度、服务。

过程审核是以量化打分的方式来表征符合程度，针对每个评价点进行打分。VDA 6.3 过程审核的打分标准见表 5-16。

表 5-16 VDA 6.3 的打分标准

分数	对符合要求程度的评定
10	完全符合
8	绝大部分符合，只有微小的偏差
6	部分符合，有较大的偏差
4	小部分符合，有严重的偏差
0	完全不符合

3. 产品审核（见工具书 10.2.3）

产品审核是由独立于产品开发部门和产品检验部门之外的人员，站在顾客角度，依照产品标准/技术规范、合同或供货协议等准则，对产品进行的独立质量检查和评价其适用性的活动。与体系或过程审核不同的是，产品审核主要依靠对产品的实测数据（实验室试验和感官评价）或数量化方法而非面谈或提问的方式进行评价。产品审核一般按照德国汽车工业联合会所发布的《VDA 6.5 产品审核》（最新版本是 2020 年版）进行。

1）产品审核的目的。产品审核的主要目的是通过对产品的客观审核，验证

产品是否符合所规定的要求，进而确定产品的**质量水平**（一般用质量指数 QKZ 来表达）及其变化趋势，即获得产品质量水平的信息，而非判断产品是否合格，这是产品审核与产品检验之间的主要区别之一。通过产品审核，可以提前发现产品缺陷，避免将有缺陷的产品交付给顾客，还可以及时发现质量管理体系上存在的薄弱环节及有关人员操作上的问题，以便采取纠正措施。

2）产品审核的范围。产品审核的范围主要针对产成品，包括最终检验难度大或容易漏检、发生故障可能造成严重后果的产成品或零部件等，产品审核也可以包括外购件、外协件、自制的零部件。

3）产品审核的时机。产品审核一般是在"产品包装之后，运往现场之前"这个阶段进行，也可以紧接着产成品的检验和试验之后进行，在某些情况下，还可以从市场上取得产品样本，审核其适用性和对规格的符合性。

4）产品审核的内容。产品审核主要包括对以下五个方面的检查：

① 产品质量的测试条件。

② 产品的主要质量特性。

③ 产品的结构。

④ 产品的外观质量。

⑤ 产品的包装质量。

4. 分层审核（见工具书 10.2.4）

1）分层审核的内涵。分层审核是戴姆勒·克莱斯勒（Daimler Chrysler）和通用汽车于 2005 年共同开发的一种质量管理工具，是由组织各层级（包括基层、中层和高层）的管理人员以一定频次（如基层为每天，中层为每周，高层为每月）所实施的一种标准化的审核活动。用来确定组织内相关操作对要求的符合情况，并持续推进组织实现高水平的过程控制。

2）分层审核的目的。分层审核的主要目的是在制造系统内部形成逐级审核的流程制度，使整个制造系统执行明确、有效的工艺要求并得到确认审核，从而较大程度地改善制造系统的制造质量。

3）分层审核的范围及人员分工。分层审核所涵盖范围的重点是与生产相关的过程，如装配、搬运等。与其他类型审核的不同之处在于，分层审核是由组织内不同层级的管理人员而非特定、独立的审核员实施。

4）分层审核的实施方法。分层审核的实施方法与管理体系审核类似，包括查阅文件、现场观察、面谈提问等方式。

5.5.3　成熟度的典型评价方法

《质量管理方法与工具》介绍了三种成熟度的典型评价方法：克劳士比质量管理成熟度方格、基于 ISO 9004 的成熟度评价、基于 GB/T 19580《卓越绩效评价准则》的成熟度评价。

1. 克劳士比质量管理成熟度方格（见工具书 10.3.1）

克劳士比对质量管理发展的主要贡献体现在他所提出的一些基本理念上，包括"零缺陷""第一次就把事情做对""关注质量损失成本"等，其中有关质量管理成熟度的概念为组织质量管理的发展指明了方向。克劳士比的著作《质量免费》，有力推动了世界质量管理的发展。

克劳士比将一个组织质量管理成熟度划分为五个等级，从六个维度去评价。五个等级与六个维度构成了克劳士比质量管理成熟度方格。

五个等级是：不确定期、觉醒期、启蒙期、理智期、卓越期。

六个维度是：管理层对质量的认识和态度、质量管理在组织管理中的地位、问题处理、质量成本占营业额的比例、质量改进活动、公司的质量心态。

2. 基于 ISO 9004 的成熟度评价（见工具书 10.3.2）

1）ISO 9004 成熟度模型。GB/T 19004《质量管理 组织的质量 实现持续成功指南》在其附录 A 中设置了质量管理体系成熟度自我评价工具，该工具基于 GB/T 19004 第 5～11 章的条款内容开发，设置了从低到高 1～5 个成熟度等级，GB/T 19004 从第 5 章开始，每个子条款（总则除外）在该工具中都列出了不同成熟度等级的典型特征，组织可以应用该工具逐条开展自我评价，以确定自身的成熟度水平并识别改进方向。

2）成熟度自我评价工具的应用流程。

① 根据组织拟评价的对象和评价类型，确定自我评价的范围，如：

a）关键要素的自我评价。

b）基于 GB/T 19004，对具体要素的自我评价。

c）基于 GB/T 19004 及附加准则或新的准则、新的成熟度等级，对具体要素的自我评价。

② 确定自我评价的负责人和实施时间。

③ 确定如何实施自我评价，可由团队（跨职能或其他适宜的团队）或个人实施（任命一名推进者有助于该过程的实施）。

④ 通过以下步骤，识别组织每一过程的成熟度等级：

a）比较组织现状和 GB/T 19004 附录 A 中的附表"具体要素的自我评价"中所列的情境。

b）标出组织正在应用的要素，即从等级 1 开始逐渐展开，通过结合等级 2、3 和 4 中已确定的准则，直至成熟度等级 5。

c）确定当前的成熟度等级。

⑤ 汇总结果，编写报告。这样做可提供一段时间的进展记录，能够促进组织内外的信息沟通（报告中使用图表有助于结果的沟通）。

⑥ 评价组织过程的当前绩效，确定改进和（或）创新的领域（这些机会应通过自我评价过程以及依据评价结果制定的行动计划来识别）。

3. 基于 GB/T 19580 的成熟度评价

见本章 5.8 节。

5.5.4 服务质量分析与评价的典型方法

《质量管理方法与工具》介绍的服务质量分析与评价的典型方法有 SERVQUAL 模型分析法、5GAP 模型分析法、神秘顾客。

1. SERVQUAL 模型分析法（见工具书 10.4.1）

SERVQUAL 为服务质量英文"Service Quality"的缩写，SERVQUAL 理论是 20 世纪 80 年代末由美国市场营销学家依据全面质量管理（TQM，Total Quality Management）理论在服务行业中提出的一种新的服务质量评价体系，其理论核心是"服务质量差距模型"，即服务质量取决于用户所感知的服务水平与用户所期望的服务水平之间的差别程度，因此又称为"期望-感知"模型，用户的期望是开展优质服务的先决条件，提供优质服务的关键就是要超过用户的期望值。其基本模型为：SERVQUAL 分数 = 实际感受分数 - 期望分数。

SERVQUAL 将服务质量分为五个层面：有形性、可靠性、响应性、保证性、移情性，每一层面又被细分为若干个问题，通过调查问卷的方式，让用户对每个问题的期望值、实际感受值及最低可接受值进行评分，并由其确立相关的 22 个具体因素来说明它。然后通过问卷调查、顾客打分和综合计算得出服务质量的分数，并据此识别服务质量的改进方向。SERVQUAL 服务质量表见表 5-17。

表 5-17   SERVQUAL 服务质量表

要　　素	组 成 项 目
有形性	1. 拥有现代化的设备
	2. 硬件设施很有吸引力
	3. 员工应穿着得体、整洁
	4. 制作的与服务有关的材料（如宣传小册子）很有吸引力
可靠性	5. 会在其约定时间内履行承诺
	6. 当顾客遇到困难时，能表现出关心并提供帮助
	7. 第一次就提供完善的服务
	8. 会在其承诺时间内为顾客提供服务
	9. 会保持零缺陷的工作记录

（续）

要　　素	组 成 项 目
响应性	10. 员工会告知顾客其提供服务的确切时间
	11. 员工会给顾客提供即时的服务
	12. 员工必定会乐于帮助顾客
	13. 员工不会因太忙碌而忽视顾客的要求
保证性	14. 员工的表现会使顾客对公司有信心
	15. 顾客在接受服务时感到安全
	16. 员工永远对顾客保持礼貌
	17. 员工回答顾客问题时有足够的专业知识
移情性	18. 关注每一位顾客
	19. 向顾客提供弹性的服务时间
	20. 拥有能够给予顾客所需服务的员工
	21. 对顾客所在意的事非常重视
	22. 员工了解顾客的特殊需要

2. 5GAP 模型分析法（见工具书 10.4.2）

5GAP 服务质量差距模型是 20 世纪 80 年代中期至 20 世纪 90 年代初被提出的。5GAP 模型专门用来分析服务质量问题的根源，依照 5GAP 模型理论，服务的质量问题主要源自以下五个方面的差距：

1）不了解顾客的期望（质量感知差距，差距 1）。

2）未选择正确的服务设计和标准（质量标准差距，差距 2）。

3）未按标准提供服务（服务交易差距，差距 3）。

4）服务传递与对外承诺不匹配（营销沟通差距，差距 4）。

5）顾客差距（感知服务质量差距，差距 5），即顾客期望与顾客感知的服务之间的差距，这是 5GAP 差距模型的核心，要弥合这一差距，就要对前述 4 个差距进行弥合。

3. 神秘顾客（见工具书 10.4.3）

1）神秘顾客的起源与内涵。神秘顾客调查方法是一种检查现场服务质量的调查工具。20 世纪 90 年代，神秘顾客方法在世界范围内得到了广泛的应用。

神秘顾客通常由独立第三方的人员担任，神秘顾客调查由通过实际接受服务的方式，在服务现场进行真实的体验活动。

2）神秘顾客调查方法的作用。神秘顾客调查方法的作用有评估功能、参考功能、督促功能。

3）神秘顾客调查的实施。神秘顾客调查的实施涉及外部环境检查、服务现场检查、服务过程的体验、业务测试、现场服务改进指导等。

5.5.5 顾客满意测评

1. 概述

GB/T 19039—2009《顾客满意测评通则》中这样定义顾客满意测评：顾客满意测评是指组织为了解顾客对其提供的产品的满意程度，策划和设计获取顾客满意信息的程序，实施调查，计算并分析顾客满意结果的过程。

在顾客满意度测评方面，我国于 2009 年先后出台了两个国家标准，分别是GB/T 19038—2009《顾客满意测评模型和方法指南》和 GB/T 19039—2009《顾客满意测评通则》。

2. 顾客满意测评的基本原则

为保证顾客满意测评方法、测评过程及测评结果的有效，组织应遵循以下基本原则：

1）资源。组织应配置充足的资源（包括人力资源）用于顾客满意测评，并进行有效和高效的管理。

2）职责。组织应对参与顾客满意测评的人员制定相应的职责。

3）适宜方法。组织应针对不同情况选择适宜的顾客满意测评的方法，以确保测评过程及测评结果的有效。

4）持续测评。组织应根据需要建立持续测评制度，以利于不断提高顾客满意。

3. 顾客满意测评过程

1）确定测评范围。组织应首先确定顾客满意测评的范围，如：

对组织的产品和（或）服务等方面的顾客满意全面测评。

对组织某个过程或某项活动的顾客满意测评，如对售后服务的顾客满意测评等。

2）确定测评指标。组织应根据测评范围及所识别的顾客和顾客需求确定测评指标。

3）确定测评方法。组织应根据测评的范围、预算、产品的类别，选择适宜的测评方法。

4）获得测评数据。

① 确定抽样总体和抽样方法。组织应确定抽样总体，并选择与测评方法相对应的抽样方法。对个人（家庭）顾客进行抽样时，可采用简单随机抽样、分层抽样；对组织顾客进行调查时，因顾客数量少，可采用简单随机抽样方法或全部调查。

② 确定获得数据的方法。收集数据可以使用多种方法，组织应根据测评范围、预算等选择数据收集方法，如电话调查、面访调查、邮寄调查、电子调查等。

③ 设计问卷。组织应以问卷形式将已确定的测评指标转化为调查问卷。调查问卷一般包括标题、问候语、甄别部分（填写人的信息）、顾客满意测评部分、结束语等。若条件允许，在完成问卷设计后，应进行预调查，根据预调查结果对调查问卷的信度和效度进行检验，一般而言，信度和效度系数越大，表明问卷的一致性和有效性越好。

④ 收集数据。实施数据收集，同时加强对数据收集过程的控制。

5）数据处理。

① 准备数据。组织应对获得的数据进行检验，剔除不可用数据，并根据需要进行数据分类。

② 确定数据统计分析方法。组织应根据所获得的数据类型和测评范围选择相应的数据分析方法。

③ 统计与分析。组织应根据所选的数据统计分析方法对可用数据进行统计，得出顾客满意测评结果，并可根据需要做进一步分析，如对综合测评结果或单项测评结果进行分析，识别导致顾客满意或不满意的可能的因素，以及这些因素对于顾客满意的影响程度。

6）编写测评报告。必要时，组织应对整个测评工作进行总结，并形成测评报告。报告内容至少应包括测评范围、测评过程、测评结论及改进建议等。

7）测评结果的应用。组织应将这些信息传递到相应的部门，使信息得到有效应用，以实现顾客满意的持续改进。

5.5.6　质量经济性评价方法

1. 质量成本

1）概述。质量成本是将产品质量保持在规定的水平上所需的费用。它包括预防成本、鉴定成本、内部损失成本和外部损失成本，特殊情况下，还需增加外部质量保证成本。

质量成本的概念最初是由美国质量专家菲根堡姆在20世纪50年代提出，而后克劳士比在《削减质量成本》中对质量成本进行了深入详细的阐述。

开展质量成本管理旨在衡量质量管理的有效性，完善质量管理体系，寻求经济合理的、用户满意的产品质量水平，降低产品总成本，提高经济效益和社会效益。

2）质量成本的构成。质量成本构成如图5-40所示。

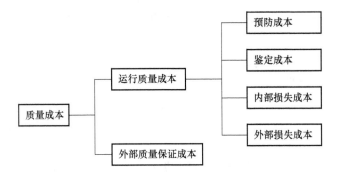

图 5-40　质量成本构成

运行质量成本是指企业为保证和提高产品质量而支付的一切费用及因质量故障所造成的损失费用之和。包括预防成本、鉴定成本、内部损失成本和外部损失成本。

① 预防成本。用于预防不合格品与故障等所需的费用。包括质量策划费用、质量教育培训费用、新产品评审费用、过程控制费用、质量改进措施费用、质量审核费用、质量管理活动费用、质量奖励费用、专职质量管理人员的工资及其附加费用等。

② 鉴定成本。评定产品是否满足规定的质量要求所支付的费用。包括进货检验费用、工序检验费用、成品检验费用、保持检验和试验设备精确性的费用、试验和检验损耗费用、存货复试复验费用、质量分级费用、检验仪器折旧费用以及计量工具购置费用等。

③ 内部损失成本。产品交货前因不满足规定的质量要求所损失的费用。主要包括废品损失费用、返修损失费用和复试复验费用、停工损失费用、处理质量缺陷费用、减产损失及产品降级损失费用等。

④ 外部损失成本。产品交货后因不满足规定的质量要求，导致索赔、修理、更换或信誉损失等所损失的费用。包括申诉受理费用、保修费用、退换产品的损失费用、折旧损失费用和产品责任损失费用等。

⑤ 外部质量保证成本。为提供顾客要求的客观证据所支付的费用。包括质量保证措施费用（为提供特殊的和附加的质量保证措施、程序、数据等支付的费用）、产品质量证实试验费用（为用户提供产品质量受控依据进行质量证实试验所支付的费用）、评定费用（应顾客特殊要求进行产品质量认证所支付的费用）。

质量成本内部构成部分之间的联系及其与总质量成本之间的关系如图 5-41 所示。

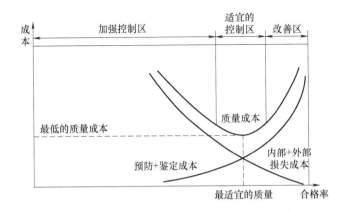

图 5-41 各类质量成本之间的联系及其与总质量成本之间的关系

从图 5-41 可以看出：

① 存在一个质量成本最低的控制区域。

② 适度增加预防成本，可以降低内外部损失。

③ 降低内外部损失是组织努力的方向。

3）质量成本的核算。在我国，质量成本核算属于管理会计范畴，质量成本核算没有正式纳入会计体系，没有统一的强制性规定。质量成本往往散布于传统会计的科目里，如原材料、工资、管理费用、制造费用等，因此需要对与质量成本相关的财务会计科目当期的发生额进行分析，找出其中可归属于质量成本的金额，经汇总，最后得出一定期间内质量成本的发生额及其明细。需要注意的是，外部损失，有些并非以现金的方式直接体现，如品牌价值的下降、声誉口碑的降低等，这些可以采用合理估计的方式加以核算。

质量成本科目的设置、质量成本费用范围归集可参考原国家标准 GB/T 13339—1991《质量成本管理导则》。

2. 田口质量损失函数

田口玄一认为，即使是合格品（输出质量特性在用户要求的公差范围内），其输出特性的波动仍可给用户和社会造成损失，输出特性越远离其目标值，造成的损失就越大。因此，输出特性应尽量接近其目标值。田口玄一用质量损失函数来度量合格品输出特性偏离目标值给用户造成的损失。

田口玄一对质量特性在一般分类的基础上做出了某些调整，分为计量特性和计数特性，对于计量型特性，分为望目型、望小型和望大型三类特性（望目型指质量特性越接近目标值越好；望小型指质量特性越小越好；望大型指质量特性越大越好），并就这些特性建立了质量损失函数。

同步练习强化

1. 单项选择题

1）（   ）是对产品开发和实现过程及其有效性进行的客观分析与评价，（   ）输出的结论是判定这些过程是否具备满足相关质量要求的能力。

  A. 过程审核   B. 质量管理审核

  C. 产品审核   D. 分层审核

2）产品审核一般是在（   ）这个阶段进行。

  A. 产品包装之后，运往现场之前   B. 进料检验

  C. 过程检验   D. 完工检验

3）分层审核所涵盖范围的重点是（   ）。

  A. 产品设计和开发过程   B. 生产过程

  C. 产品检验过程   D. 服务过程

4）汽车行业的过程审核一般按照德国汽车工业联合会所发布的（   ）标准进行。

  A. VDA 6.1   B. VDA 6.3

  C. VDA 6.5   D. VDA 6.4

5）汽车行业的产品审核一般按照德国汽车工业联合会所发布的（   ）标准进行。

  A. VDA 6.1   B. VDA 6.3

  C. VDA 6.5   D. VDA 6.4

6）"零缺陷""关注质量损失成本""第一次就把事情做对"这些质量管理的理念是（   ）提出的。

  A. 克劳士比   B. 戴明

  C. 朱兰   D. 田口玄一

7）克劳士比质量管理成熟度模型的六个维度是：管理层对质量的认识和态度、质量管理在组织管理中的地位、（   ）、质量成本占营业额的比例、质量改进活动、公司的质量心态。

  A. 质量控制   B. 问题处理

  C. 质量策划   D. 质量保证

8）SERVQUAL模型分析法的理论核心是（   ）模型，即服务质量取决于用户所感知的服务水平与用户所期望的服务水平之间的差别程度，因此又称为"期望-感知"模型。

  A. 服务质量满意   B. 服务质量差距

C. 服务质量成熟　　　　　　　　　　D. 服务质量感知

9）5GAP是（　　　）。

A. 服务质量差距模型　　　　　　　　B. 服务质量满意度模型

C. 服务质量成熟度模型　　　　　　　D. 服务质量改进模型

10）5GAP服务质量差距模型的核心是（　　　）。

A. 质量感知差距

B. 顾客差距（感知服务质量差距）

C. 质量标准差距

D. 服务交易差距

11）质量成本的概念最初是由（　　　）提出的。克劳士比在《削减质量成本》中对质量成本进行了深入详细的阐述。

A. 克劳士比　　　　　　　　　　　　B. 菲根堡姆

C. 戴明　　　　　　　　　　　　　　D. 朱兰

12）下列属于预防成本的项目是（　　　）。

A. 质量培训费用　　　　　　　　　　B. 质量投诉处理费

C. 检验仪器折旧费　　　　　　　　　D. 试验费

13）针对生产过程中不合格产品进行返工，由此产生的费用属于（　　　）。

A. 预防成本　　　　　　　　　　　　B. 鉴定成本

C. 内部损失成本　　　　　　　　　　D. 外部损失成本

14）检验仪器折旧费属于（　　　）。

A. 预防成本　　　　　　　　　　　　B. 鉴定成本

C. 内部损失成本　　　　　　　　　　D. 外部损失成本

15）田口玄一用（　　　）来度量合格品输出特性偏离目标值给用户造成的损失。

A. 鉴定成本　　　　　　　　　　　　B. 质量损失函数

C. 内部损失成本　　　　　　　　　　D. 外部损失成本

16）（　　　）是指应用特定的方法，确定被评价对象（包括体系、过程、产品、服务等）的固有特性满足要求的程度。

A. 质量审核　　　　　　　　　　　　B. 质量评价

C. 管理评审　　　　　　　　　　　　D. 卓越绩效评价

17）（　　　）主要依靠对产品的实测数据（实验室试验和感官评价）或数量化方法而非面谈或提问的方式进行评价。

A. 质量审核　　　　　　　　　　　　B. 产品审核

C. 分层审核　　　　　　　　　　　　D. 过程审核

18）产品审核的主要目的是通过对产品的客观审核，验证产品是否符合所规定的要求，进而确定产品的（　　）及其变化趋势。

A. 质量水平 　　　　　　　　　　B. 质量符合性

C. 质量满意度 　　　　　　　　　D. 质量符合程度

19）分层审核是（　　）公司于 2005 年共同开发的一种质量管理工具。

A. 戴姆勒·克莱斯勒和通用汽车 　　B. 福特和通用汽车

C. 大众汽车和通用汽车 　　　　　D. 丰田和本田汽车

20）（　　）是专门用来分析服务质量问题的根源。

A. 5GAP 模型 　　　　　　　　　B. 神秘顾客

C. GB/T 19580 　　　　　　　　D. GB/T 19012

21）质量成本是将产品质量保持在（　　）上所需的费用。

A. 规定的水平 　　　　　　　　　B. 顾客要求的水平

C. 优秀的水平 　　　　　　　　　D. 顾客满意的水平

22）质量成本是将产品质量保持在规定的水平上所需的费用。它包括预防成本、鉴定成本、内部损失成本和外部损失成本，特殊情况下，还需增加（　　）。

A. 外部质量保证成本 　　　　　　B. 内部质量保证成本

C. 运行质量成本 　　　　　　　　D. 保证质量成本

23）SERVQUAL 将服务分为五个层面，其中不包括（　　）。（真题）

A. 移情性 　　　　　　　　　　　B. 可靠性

C. 保证性 　　　　　　　　　　　D. 无形性

2. 多项选择题

1）质量评价的最终目的包括（　　）。

A. 识别改进方向 　　　　　　　　B. 降低风险

C. 提高效益 　　　　　　　　　　D. 做出科学决策

2）过程审核的内容包括（　　）。

A. 产品和过程开发的策划 　　　　B. 供应商管理

C. 过程分析/生产 　　　　　　　D. 顾客关怀、顾客满意度、服务

3）产品审核的内容包括（　　）。

A. 生产条件的检查 　　　　　　　B. 产品质量的测试条件的检查

C. 产品外观质量的检查 　　　　　D. 产品包装质量的检查

4）克劳士比质量管理成熟度模型的五个等级包括（　　）。

A. 觉醒期、启蒙期 　　　　　　　B. 理智期、卓越期

C. 不确定期 　　　　　　　　　　D. 愚昧期、成熟期

5）GB/T 19004 中，根据组织拟评价的对象和评价类型，确定的自我评价的范围可能包括（　　）。

A. 关键要素的自我评价

B. 基于 GB/T 19004，对具体要素的自我评价

C. 基于 GB/T 19004 及附加准则，对具体要素的自我评价

D. 全面质量管理体系的自我评价

6）SERVQUAL 将服务质量分为五个层面 22 个具体项目，五个层面包括（　　）。

A. 有形性、可靠性　　　　　　　　B. 响应性

C. 反馈性、控制性　　　　　　　　D. 保证性、移情性

7）5GAP 服务质量差距模型认为服务的质量问题主要源自五个方面的差距，包括（　　）。

A. 质量感知差距、质量标准差距

B. 服务交易差距、营销沟通的差距

C. 感知服务质量差距

D. 服务满意差距

8）顾客满意测评的基本原则包括（　　）。

A. 资源　　　　　　　　　　　　　B. 职责

C. 适宜方法　　　　　　　　　　　D. 持续测评

9）预防成本包括（　　）。

A. 质量策划费用　　　　　　　　　B. 新产品评审费用

C. 过程控制费用　　　　　　　　　D. 质量改进措施费用

10）在顾客满意度测评方面，出台了两个国家标准，这两个国家标准是（　　）。

A. GB/T 19038　　　　　　　　　　B. GB/T 19580

C. GB/Z 19579　　　　　　　　　　D. GB/T 19039

11）符合性评价模型有（　　）。（真题）

A. 管理体系审核　　　　　　　　　B. 自我评价

C. 分层审核　　　　　　　　　　　D. 过程审核

12）典型的成熟度评价有（　　）。

A. 克劳士比质量管理成熟度方格

B. 基于 ISO 9004 的成熟度评价

C. 打分的过程审核

D. 基于 GB/T 19580 的成熟度评价

13）服务质量分析与评价的典型方法有（　　）。

A. SERVQUAL 模型分析法　　　　　B. 5GAP 模型分析法

C. 顾客满意度调查　　　　　　　　D. 神秘顾客

14）神秘顾客调查方法的作用有（　　　）。

A. 评估功能　　　　　　　　　　　B. 参考功能

C. 检查功能　　　　　　　　　　　D. 督促功能

3. 判断题

1）产品审核是产品检验的方式之一。　　　　　　　　　　　　（　　　）

2）过程审核是由组织各层级的管理人员以一定频次所实施的一种标准化的审核活动。用来确定组织内相关操作对要求的符合情况，并持续推进组织实现高水平的过程控制。　　　　　　　　　　　　　　　　　　　　（　　　）

3）分层审核是由组织内特定、独立的审核员实施。　　　　　　（　　　）

4）产品审核主要依靠对产品的实测数据（实验室试验和感官评价）或数量化方法而非面谈或提问的方式进行评价。　　　　　　　　　　　（　　　）

5）神秘顾客通常由组织的检查人员担任，神秘顾客调查由通过实际接受服务的方式，在服务现场进行真实的体验活动。　　　　　　　　　（　　　）

6）ISO 9001 认证、卓越绩效评价都属于管理是否合格的符合性评定。

（　　　）

7）过程审核的对象主要集中在特定产品的设计开发过程及其生产过程。

（　　　）

8）过程审核是以量化打分的方式来表征成熟度，针对每个评价点进行打分。　　　　　　　　　　　　　　　　　　　　　　　　　　　　（　　　）

9）产品审核是由产品检验部门的人员，站在顾客角度，依照产品标准/技术规范、合同或供货协议等准则，对产品所进行的独立质量检查和评价其适用性的活动。　　　　　　　　　　　　　　　　　　　　　　　（　　　）

10）分层审核是由组织高中层的管理人员以一定频次所实施的一种标准化的审核活动。用来确定组织内相关操作对要求的符合情况，并持续推进组织实现高水平的过程控制。　　　　　　　　　　　　　　　　　（　　　）

答案点拨解析

1. 单项选择题

题号	答案	解　　　析
1	A	见本书 5.5.2 节之 2
2	A	见本书 5.5.2 节之 3 之 3）
3	B	见本书 5.5.2 节之 4 之 3）
4	B	见本书 5.5.2 节之 2

（续）

题号	答案	解　析
5	C	见本书 5.5.2 节之 3
6	A	见本书 5.5.3 节之 1
7	B	见本书 5.5.3 节之 1
8	B	见本书 5.5.4 节之 1
9	A	见本书 5.5.4 节之 2
10	B	见本书 5.5.4 节之 2
11	B	见本书 5.5.6 节之 1 之 1）
12	A	见本书 5.5.6 节之 1 之 2）之①
13	C	见本书 5.5.6 节之 1 之 2）之③
14	B	见本书 5.5.6 节之 1 之 2）之②
15	B	见本书 5.5.6 节之 2
16	B	见本书 5.5.1 节之 1
17	B	见本书 5.5.1 节之 3
18	A	见本书 5.5.2 节之 3 之 1）
19	A	见本书 5.5.2 节之 4 之 1）
20	A	见本书 5.5.4 节之 2
21	A	见本书 5.5.6 节之 1 之 1）
22	A	见本书 5.5.6 节之 1 之 1）
23	D	见本书 5.5.4 节之 1

2. 多项选择题

题号	答案	解　析
1	ABD	见本书 5.5.1 节之 2
2	ABCD	见本书 5.5.2 节之 2
3	BCD	见本书 5.5.2 节之 3 之 4）
4	ABC	见本书 5.5.3 节之 1
5	ABC	见本书 5.5.3 节之 2 之 2）
6	ABD	见本书 5.5.4 节之 1
7	ABC	见本书 5.5.4 节之 2
8	ABCD	见本书 5.5.5 节之 2
9	ABCD	见本书 5.5.6 节之 1 之 2）之①
10	AD	见本书 5.5.5 节之 1
11	ACD	见本书 5.5.2 节
12	ABD	见本书 5.5.3 节
13	ABD	见本书 5.5.4 节
14	ABD	见本书 5.5.4 节之 3 之 2）

3. 判断题

题号	答案	解　　析
1	×	见本书 5.5.2 节之 3 之 1)。产品审核的主要目的是获得产品质量水平的信息，而非判断产品是否合格，这是产品审核与产品检验之间的主要区别之一
2	×	见本书 5.5.2 节之 4 之 1)。应是分层审核，不是过程审核
3	×	见本书 5.5.2 节之 4 之 3)。分层审核是由组织内不同层级的管理人员而非特定、独立的审核员实施
4	√	见本书 5.5.2 节之 3
5	×	见本书 5.5.4 节之 3 之 1)。神秘顾客通常由独立第三方的人员担任
6	×	ISO 9001 认证属于管理是否合格的符合性评定，而卓越绩效评价属于管理是否卓越的成熟度评价
7	√	见本书 5.5.2 节之 2
8	×	见本书 5.5.2 节之 2。过程审核是以量化打分的方式来表征**符合程度**，针对每个评价点进行打分
9	×	见本书 5.5.2 节之 3。产品审核是由独立于产品开发部门和产品检验部门之外的人员，站在顾客角度，依照产品标准/技术规范、合同或供货协议等准则，对产品所进行的独立质量检查和评价其适用性的活动
10	×	见本书 5.5.2 节之 4 之 1)。分层审核是由组织各层级（包括基层、中层和高层）的管理人员以一定频次所实施的一种标准化的审核活动

5.6　质量改进系统方法与工具

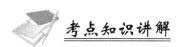
考点知识讲解

5.6.1　质量改进概述

1. 质量改进内涵的理解

"改进"是提升绩效的活动，是组织永恒的主题。改进的对象可以是产品、服务，可以是过程，也可以是整个组织。改进有诸多的类型，如渐进式的改进、突破式的改进，有涉及全局性的系统改进，也有仅限定在局部范围内实施的改进等等。

改进都是某种"变化"，任何组织在实施改进之前，都应该明确以下三个问题并找出答案：

1）要改进什么。指组织实施改进的"发力点"，是改进全部的流程、环节、产品还是聚焦在某些特定的环节上。

2）要改进成什么。"要改进成什么"指改进的目标。

3）如何促成改进的发生。"如何促成改进的发生"并非指如何实现改进，而是指如何创造促使改进发生的环境和条件，当所需的环境和条件具备且充分时，改进的发生将是自然而然的事情。

2. 质量改进方法

1）系统性的质量改进方法与工具。系统性的质量改进方法与工具的重点在于"系统性"，有如下两方面含义：

① 改进的效果具有全局性。

② 方法与工具内部活动实施之间的关联性、系统性的方法。这些方法的实施往往具有内在的关联性，即先做什么，再做什么，有着相对严格的逻辑顺序，只有这样才能达到预期的效果。这方面的方法有约束理论（TOC）、精益生产等。

2）结构化的质量改进方法与工具。结构化方法的基本思想是用系统工程的思想和工程化的方法，按照用户至上的原则，结构化、模块化、自上而下地对系统进行分析和设计，结构化的质量改进方法与工具，需要遵循特定的逻辑顺序，以实现其预期目的，如六西格玛、8D、5Why等方法。

3）质量改进的推广工具。这方面主要的方法和工具有最佳实践和Lesson Learn。

5.6.2 系统性的质量改进方法与工具

《质量管理方法与工具》介绍了两种系统性的质量改进方法与工具：约束理论（TOC）、精益生产。

1. 约束理论（TOC）

1）约束理论（TOC）概述。约束理论（Theory of Constraints，TOC），也译为"瓶颈理论"，或称为制约理论，由以色列物理学家艾利·高德拉特（Eliyahu M. Goldratt）博士在20世纪80年代创立。约束理论被业界专家誉之为"简单而有效的常识管理"。

TOC的核心观点是管理者应立足于组织全局，通过聚焦于对**制约因素**的有效管理，进而实现绩效的大幅度提升。

TOC的方法体系包括五部分：聚焦五步骤、思维流程、财力管理、运营管理、创新管理。

2）TOC的"聚焦五步骤"。

第一步，识别系统中的制约因素。识别制约因素没有一定之规，有一个相对简单有效的方法是观察当整个系统的负荷非常低的时候，哪个资源或环节仍处在非常忙碌的状态，则那个资源或环节往往就是制约因素。

第二步，挖尽制约因素的潜力。约束理论（TOC）的观点是先不着急进行制约因素的解决，而是先挖尽这个制约因素的潜力，使其发挥出自身最大的作用。

第三步，所有其他活动服从第二步的决定，即迁就制约因素。"迁就"的实施往往会带来产出与成本双方面的优化。

第四步，升级制约因素。若经过前述三个步骤的实施，系统的产出仍无法满足需求，则此时需要做的就是提升制约因素的产能。

第五步，重返第一步，别让惰性成为约束，应持续不断地改善。

2. 精益生产

1）精益生产概述。精益生产起源于日本丰田汽车，其核心思想可以用一个词来概括，即"流动性"。通过构建"在需要的时候，按需要的量，生产所需的产品"的拉动式生产方式，缩短从物料到产成品的时间周期，实现最大的流动性，从而有效提升企业的市场竞争力和盈利能力，因此有些管理专家也称精益生产为准时制生产方式（Just In Time）。

实施精益生产的效果主要体现以下 4 个方面：

① 生产周期的缩短。

② 准时交付能力的提升。

③ 对市场波动适应性的增强。

④ 成本的降低。

2）精益生产遵循的 9 个基本原则。

① 看板机制。即在生产环节，由后面的工序通过看板机制向前道工序给出生产的指令。

② 强调准时。依据顾客需求，在必要的时候，生产必要数量的产品。这也是精益生产的核心理念之一。

③ 作业标准化。

④ 努力消除浪费。努力消除过量生产、等待、搬运、库存、不当的过程（工序）、多余的动作、产品不良以及忽视员工创造力等浪费。

⑤ 消除问题的根本原因。针对生产中所发生的问题，都要重复地问为什么（Why），通过这种方式，发现和消除隐藏在问题背后的根本原因。

⑥ 生产平衡化。包括使各生产工序的节拍尽可能保持一致且与市场需求保持一致，目的是使需求与供应达成平衡，降低库存与生产浪费。

⑦ 灵活运用"人员和空间"。包括多功能工种的培养。

⑧ 自动化。这里的自动化，强调人机的最佳结合，而不是单单的用机械代替人力的自动化，自动化是让设备或系统拥有人的"智慧"。当被加工零件或产品出现不良时，设备或系统能即时判断并自动停止。"自动化"的设备或系统，

可以达到两个目的：一个是不生产不良品，另一个是可以节省监控设备运行的看护人，即异常发生时的自动停机功能。

⑨ 弹性改变生产方式。通过快速切换、单元化生产方式等工具，减少生产的批量，提升生产线的柔性，以应对市场需求的波动。

3）精益生产所应用的部分方法与工具。

① 5S与目视管理。5S是五个日语单词的缩写，即整理（Seiri）、整顿（Seiton）、清扫（Seiso）、清洁（Seiketsu）和素养（Shitsuke）。5S是创建和保持整洁高效工作场地的过程和方法，可以教育、启发员工养成良好的习惯。

目视管理可以使操作者和管理者在瞬间识别正常状态和异常状态，能够快速、正确地传递信息。

鉴于以往考试的情况，这里对5S的内容做更加详细的叙述。

a）整理。整理的定义是：区分"要"与"不要"的东西，并将不要的东西清理掉。整理的目的是：腾出空间；减少误用，误送；营造清爽的工作环境。

b）整顿。整顿的定义是：把要用的东西定量、定位地摆放整齐，并明确地标识。整顿的目的是：使工作场所一目了然；作业时，节省寻找物品的时间；消除过多的积压物品；创造整洁的工作环境。

c）清扫。清扫的定义是：清除现场的脏污，并防止污染的发生。清扫的目的是：减少对员工健康的伤害；消除不利于产品质量、环境的因素；塑造干净、明亮的工作场所。

d）清洁。清洁的定义是：清洁不单是我们平常所说的干净、清洁的意思，而是指维持整理、整顿、清扫的结果，使场区环境保持整洁美观。并通过制度化、规范化，使其长久地保持下去。清洁的目的是：通过制度化来维持成果；透过整洁美化的工作环境，显现"异常"。

e）素养。素养的定义是：通过上述4S，使员工养成遵守规则、追求完美的好习惯，增强团队意识，提高文明程度。素养的目的是：改造人性，提升人的质量；养成良好习惯；塑造守纪律的工作场所。

② 看板管理。常用的看板有两种：生产看板和运送看板。

③ 全面生产维护（Total Productive Maintenance，TPM）。TPM是以全员参与的方式，创建设计优良的设备系统，以提高现有设备的利用率、安全性，防止故障发生，从而使企业达到降低成本和全面提高生产效率的目的。

④ 价值流图。价值流图（Value Stream Mapping）是实施精益系统、消除过程浪费的基础与关键点。

⑤ 生产线平衡。

⑥ 拉动式生产。所谓拉动式生产是以看板管理为手段，采用"取料制"。

⑦ 快速切换。快速切换就是在产线切换或设备更换模具时，去除和减少所

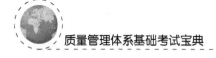

有的非增值作业，并将其转变为非停线时间，以尽可能减少停线时间的方法。

5.6.3 结构化的质量改进方法与工具

下面介绍五种结构化的质量改进方法与工具：六西格玛、8D、5Why 分析法、IS/IS NOT 分析方法、TRIZ。

1. 六西格玛

1）六西格玛概述。六西格玛管理是 20 世纪 80 年代中期由美国摩托罗拉公司创立的一种质量改进的方法。六西格玛源于统计原理，是一套系统的、集成的业务改进方法体系，是一种系统化、结构化的业务改进与创新模式，旨在通过严谨的流程和科学的方法实现组织业务流程的突破性改进和设计创新，减少变异，消除浪费，提高质量和效率，提升顾客和利益相关方的满意度。

理论上，六西格玛（6σ）质量水平是指正态分布从 -6σ 到 $+6\sigma$ 均在规范下限到规范上限范围内。实际过程输出的分布中心受到 5M1E 因素的影响会偏离目标值，分布中心一般设定向左或向右移动 1.5σ，通常所说的六西格玛质量水平对应于 3.4 ppm 缺陷率。

现在，六西格玛管理在传统的流程改进基础上，有了一些新的发展领域，包括与精益生产相结合，产生了精益六西格玛；在产品的设计开发领域，有六西格玛设计（Design For Six Sigma，DFSS）等。我国于 2018 年 3 月发布了 GB/T 36077—2018《六西格玛管理评价准则》，为我国企业在标准化方面实施六西格玛管理起到了有力的推动作用。

2）六西格玛改进的 DMAIC 五阶段。

① 界定阶段 D。确定顾客的关键需求并识别需要改进的产品或过程，将改进项目界定在合理的范围内。

② 测量阶段 M。通过对现有过程的测量，对拟改进对象（项目 Y）当前的表现水平（也称过程的基线）加以确定，进而设定改进的目标，同时对测量系统的有效性做出评价。

③ 分析阶段 A。通过数据分析确定影响输出 Y 的关键 X，即确定过程的关键影响因素。这一阶段可能用到的质量工具有因果图、相关性分析、回归分析、方差分析、假设检验、FMEA、实验设计（DOE）等。

④ 改进阶段 I。寻找优化过程输出 Y 并且消除或减小关键 X 影响的方案，使过程的缺陷或变异降低。这一阶段可能用到的质量工具有实验设计（DOE）、防差错技术、质量功能展开（QFD）等。

⑤ 控制阶段 C。使改进后的过程程序化，并通过有效的监测方法巩固和保持过程改进的成果。在这一阶段可能会涉及相关作业文件的制订或修订、统计过程控制的应用等一系列活动。

3）六西格玛的推进组织。

高层领导（执行领导）：六西格玛管理的推动者，建立六西格玛管理愿景，提供资源和环境，明确六西格玛活动的定位和战略方向。

倡导者：六西格玛组织里的关键角色，是六西格玛活动的主要管理者（类似质量管理体系中的管理者代表），负责项目立项审批、负责部署六西格玛管理、负责构建六西格玛管理基础、负责实施中的沟通协调、向执行领导报告六西格玛管理进展。

黑带大师：具有非常丰富的六西格玛专业知识和项目管理经验，为倡导者出谋划策，为黑带提供项目指导与技术支持。

黑带：是组织中实施六西格玛改进项目的中坚力量、种子选手，一般是专职实施改进项目、拥有相对丰富的六西格玛专业知识和项目管理经验的人员。负责领导项目团队，实施项目；向团队成员提供培训；为绿带提供项目指导；识别改进机会，选择有效工具与技术；向领导报告项目的进展。

绿带：具备一定程度的六西格玛专业知识，一般是兼职实施或参与黑带主持的改进项目的人员，结合本职工作完成项目。

流程所有者：六西格玛项目实施所涉及的流程负责人，在项目实施过程中起到重要的支持作用。

4）六西格玛管理中常用的度量指标的计算。

① 百万机会缺陷数（DPMO）。

机会缺陷率（DPO）的计算公式为

$$DPO = \frac{缺陷数}{产品数 \times 机会数}$$

百万机会缺陷数（DPMO）的计算公式为

$$DPMO = \frac{总的缺陷数 \times 10^6}{产品数 \times 机会数} = 10^6 \times DPO$$

其中，机会数是可能出错的机会，如某个产品有 3 个关键质量特性（CTQ），那么这个产品出错的机会数就是 3。当我们说某型号汽车达到 6σ 水平，它不是说 100 万辆汽车中约有 3 到 4 辆汽车不合格。而是，假如汽车有 500CTQ，那么一百万个机会相当于 2 000 辆汽车，所以"设汽车达到 6σ 水平"的含义是"2 000 辆汽车中约有 3 到 4 个关键质量特性不合格"。

我们经常讲的 6σ 水平 3.4ppm，是指百万机会缺陷数为 3.4。

② 流通合格率（RTY）。

$RTY = Y_1 \times Y_2 \times Y_3 \times Y_4 \times \cdots$

其中，Y_1、Y_2、Y_3……是各工序的合格率。流通合格率（RTY）旨在提高企业的"过程质量"能力。

2. 团队导向问题解决法（8D）

1）8D 方法说明。8D（8 Disciplines）又称团队导向问题解决法，是一种结构化的、利用团队分析问题和解决问题的方法。1987 年由福特公司首次提出，现已普及到很多行业，尤其是汽车制造业与电子制造业。8D 方法的实施时机一般是在发现质量问题或顾客投诉之后。

8D 由 8 个步骤（D1 ~ D8）和一个准备步骤（D0）组成。

D0：问题的反应（紧急反应措施）。

D1：小组成立。

D2：问题描述。

D3：临时措施。

D4：原因分析及要因确认。

D5：制定纠正措施。

D6：实施并验证纠正措施。

D7：制定巩固措施并实施（预防再发生）。

D8：小组祝贺（总结与表彰）。

2）8D 方法的实施。

① D0（问题的反应——紧急反应措施）。问题信息传递到主管部门后，不论问题大小，主管部门都应对问题做出反应，必要时，应采取紧急反应措施（Emergency Response Action，ERA），以保护顾客及相关的各方不受问题的影响。同时决定是否需要用 8D 方法解决问题。

紧急反应措施（ERA）包括停产（停产，意味着没有不合格品流出了，自然不会对顾客和相关的各方产生影响）、挑选（挑出不合格品，不让不合格品流出）、停止发货、更换等。

比如，顾客反映某种规格的食品吃了拉肚子，那么公司就应暂时封存该规格的食品，在问题没有弄清楚之前，不应再向顾客发出该规格的食品。

紧急反应措施（ERA）虽然不能从根本上解决问题，但能够防止问题进一步扩大，为下一步解决问题创造条件，争取时间。

紧急反应措施（ERA）是不是得到了有效地执行，执行的效果如何，需要进行验证。

D0 中的紧急反应措施（ERA）与 D3 中的临时措施（Interim Containment Actions，ICA）是有区别的。采取紧急反应措施（ERA）时，可能并没有找到真正的问题，只是看到了问题的表象，因此紧急反应措施（ERA）可能只是针对问题的表象。当进入到 D3 时，问题已经弄清楚，此时采取的临时措施（ICA）是针对问题本身。比如，顾客在装配时，发现该公司的供货中有 500 个不合格品，此时该公司采取的紧急反应措施（ERA）是给顾客更换 500 个合格品。当

500 个不合格品拉回公司后，经过分析发现，其中 400 个是外观不合格，打磨就可以解决，此时采取的临时措施（ICA）就是返工打磨，另外 100 个不合格品，采用相应的临时措施（ICA）进行处理。

必须指出的是，紧急反应措施（ERA）与临时措施（ICA）之间有关联，甚至有重叠。在很多企业，二者是以组合的形式进行的。

不是任何问题都需要用 8D 方法来解决，8D 方法一般只用来解决重要的、倾向性的、共性的问题。

② D1（小组成立）。当问题需用 8D 方法来解决时，应成立一个由 3 ~ 10 人组成的 8D 小组。8D 小组成员来自与问题相关的责任部门，这些人员必须具备解决问题的能力。8D 小组中应配置一名组长、一名技术指导，各组员的分工、权限要明确规定。

小组应为改进设立目标。

③ D2（问题描述）。用文字、图表明确地描述问题。描述问题时，要用数据说话。5W3H（或 5W2H，少一个 How feel）法有助于描述问题。

What：问题是什么——问题的性质和偏差程度。

Why：为什么是问题——问题对产品的影响及问题的严重程度。

Who：问题的发现者。

When：问题涉及的时间段。

Where：问题发生的地点。

How：问题是怎么发现的或怎么发生的。

How many/ How much：问题涉及的产品与数量。

How feel：顾客感受如何——问题对顾客造成了怎样的影响。

④ D3（临时措施）。问题发生后，寻找原因，采取纠正措施可能需要一段时间，在这段时间内，为了减少问题对顾客或相关各方的影响，需采取临时措施（ICA），如挑拣、返工、修补、更换、停止发货等，对问题进行处理。临时措施要执行到采取纠正措施为止。

临时措施（ICA）实施前，要进行可行性评审，避免拔出萝卜带出泥——旧问题解决了，新问题又出来了。临时措施（ICA）实施过程中或实施后，要对其有效性进行验证。

临时措施（ICA）是在找到根本原因前保护顾客的措施。如果根本原因已知或者 D0 阶段的紧急反应措施（ERA）能够持续可靠地保护顾客，临时措施（ICA）可以不需要。也就是说，D3 是可选择步骤。不过从现实情况来看，很多企业是将紧急反应措施（ERA）与临时措施（ICA）组合在一起执行的，都放在 D3 阶段，这样 D3 就成了必须的步骤。

临时措施（ICA）要做到准、快、全。

"准"就是解决问题的措施要合理，要恰当。

"快"就是对出现的问题要及时处理。

"全"就是对问题可能存在的范围要考虑全面。比如，在顾客处发现了很多不合格品，当采取临时措施（ICA）时，就要考虑到在制的、库存的、运输途中的、供应商控制的产品中是否有此类现象。

D3 中的临时措施（ICA）与 D5 中的纠正措施（PCA）是不同的，临时措施（ICA）针对的是问题本身——就事论事，而纠正措施（PCA）针对的是问题的原因——举一反三。

⑤ D4（原因分析及要因确认）。这一步是针对问题，寻找其产生的主要原因。在进行原因分析时，为了避免遗漏真正有影响的原因，要把有可能影响的原因都分析出来。在这些原因中，有的确实是影响问题的主要原因，有的则不是，此时就需要对这些原因进行鉴别确认，把确实影响问题的主要原因找出来，将那些对问题影响不大的原因排除掉，以便为制定纠正措施提供依据。

⑥ D5（制定纠正措施）。主要原因确定后，要针对主要原因，制定相应的纠正措施（permanent corrective action，PCA）。

制定纠正措施时，要注意纠正措施的有效性、经济成本、可操作性，不要把临时性和应急性的措施作为纠正措施。纠正措施应考虑采用防错技术与控制图。

纠正措施实施前，要进行风险、可行性评审，必要时要进行试运行，也要避免拔出萝卜带出泥——旧问题解决了，新问题又出来了。

要形成纠正措施计划表。纠正措施计划表的内容包括主要原因、纠正措施、负责人、地点、预定完成时间等。

⑦ D6（实施并验证纠正措施）。纠正措施制定完毕后，8D 小组成员就要严格按照纠正措施计划的要求执行。

要对纠正措施实施的效果进行验证，看其是否能够防止不合格继续发生。

如果纠正措施经验证是无效的或者效果不明显，则应回到 D4 阶段，重新分析原因，再往下进行，直至问题得到解决。

⑧ D7（制定巩固措施并实施——预防再发生）。对纠正措施的效果进行验证后，要把有效的措施和经验纳入到相关的标准、制度中并严格执行。同时，要把这些有用的措施和经验普及到相关的员工，要对员工进行培训，使他们掌握这些措施和经验并应用到工作中去，以确保以后不再发生同样的错误。

巩固措施可能涉及管理系统、操作系统、工作习惯的改变，需要统筹兼顾。巩固措施就是要把改进成果文件化、标准化，并在今后的工作中认真执行。控制图是巩固改进成果的有效工具之一。

⑨ D8（小组祝贺——总结与表彰）。"没有总结，就没有提高"。8D 课题完

成后，要认真进行总结，回顾 8D 活动的全过程，解决了哪些问题，哪些问题解决的不好，成功与不足之处是什么，哪些地方做得是满意的，哪些地方还不够满意。肯定成功的经验，以利于今后更好地开展 8D 活动，接受失误的教训，以使今后的 8D 活动少走弯路。

"有好报，才有好人"。为了激发大家改进的积极性，以及鼓励大家持续地参加改进活动，企业应对做出成绩的 8D 小组成员给予物质和精神上的奖励。

3. 5Why 分析法（见工具书 11.3.3）

1）5Why 分析法的实施。5Why 分析法（又称"5 问法"）是由丰田佐吉提出的。

5Why 分析法的核心目的是从结果着手，沿着因果关系链条，找到根本原因。5Why 分析法从 3 个层面来实施：

① 为什么会发生？从"制造"的角度。

② 为什么没有发现？从"检验"的角度。

③ 为什么没有从系统上预防事故？从"体系"或"流程"的角度。

每个层面连续 5 次或更多次的询问，得出最终结论。只有以上 3 个层面的问题都探寻出来，才能发现根本问题，并寻求解决。

2）应用 5Why 分析法需要遵循的基本原则。应用 5Why 分析法进行根本原因分析时，一定要把握好以下 3 个基本原则：

① 回答的理由是受控的。即对每个"为什么"的回答应基于实际，而不能简单将原因诉诸于类似不可抗力方面的因素。

② 问和回答是在限定的一定的流程范围内的，而非没有边际的猜测。

③ 从回答的结果中，能够找到行动的方向，而非抱怨或指责。

4. IS/IS NOT 分析方法（见工具书 11.3.4）

1）起源与内涵。IS/IS NOT 分析方法原本是福特汽车用于 8D 中的一个工具，该工具应用高度结构化和逻辑性的思维流程，识别问题产生的原因，是一个非常强大的分析工具。

"IS/IS NOT 分析"分析的原理是，任何问题都是对原有状况的某种"偏离"，且这种偏离一定发生在被发现之前，且任何问题的发生，背后一定存在着某种原因。

2）分析步骤。IS/IS NOT 分析方法有 7 个步骤，如图 5-42 所示。

图 5-42 IS/IS NOT 分析方法的步骤

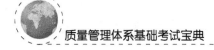

步骤1 一般用5W2H描述问题（见5.6.3节之2所讲的8D方法）。

步骤2——IS/IS NOT分析。"IS"是客观发生的事实，即5W2H中的描述；而"IS NOT"是在5W2H的每一个方面，可能发生却未发生的情况。

步骤3 就是逐一识别步骤2中对5W2H中每一个分析的不同之处。

步骤4 就是识别这些差异是何时产生的，要寻找出产生的时间恰恰在问题发生之前，该差异往往是导致这个问题的原因。其背后的逻辑是，如果某个差异是原因，那么当这个差异产生/存在时，这个问题就应该出现，很明显，那些一直以来就存在的差异不可能是这个问题的原因，否则这个问题早早就会发生。同时，那些在问题出现之后才产生的差异更不可能是造成这个问题的原因。

当原因锁定之后，剩下的事情是对原因进行验证，并采取应对措施，对措施效果进行验证以及对经验进行总结与推广。

5. TRIZ（见工具书11.3.5）

TRIZ，即创造式的解决问题的方法，由苏联学者根里奇·阿奇舒勒（Genrich S. Altshuler）及其同事于1946年最先提出。

TRIZ理论认为，现实世界可以用参数来表述，共计48个参数。依照TRIZ理论，现实世界中的问题，最终都可以归结到以下两类矛盾中的一类。

第一，技术矛盾（不同参数间的矛盾）。改善某个参数，会牺牲另外一个参数。

第二，物理矛盾（一个参数的内部矛盾）。对同一个参数提出不同的要求而引起矛盾，这就是物理矛盾。

阿奇舒勒及其同事通过数十年对申请专利的研究，提出了40个解决上述问题的方法，即40个创新原理，包括分离法、抽取法等。

阿奇舒勒归纳出"矛盾矩阵表"，只要能够准确归纳出拟解决问题的本质是哪两个参数（一类是改善的参数，一类是恶化的参数）之间的矛盾，那么通过查表，就可以得到TRIZ所给出的解，即两个参数交叉的单元格中的数字，这些数字是问题解决方法的编号，可以通过这些方法获得最终的解决方案。

应用TRIZ理论解决问题，其基本流程是将待解决的实际问题转化为参数的矛盾，通过查矛盾矩阵表，得到对应待选的解决问题方法，再通过这些方法的启示，最终确定适宜的问题解决方案。

5.6.4 质量改进的推广工具

通过改进活动取得了经验、知识，应做好这些经验、知识的固化和推广，以实现改进活动的最大价值。这方面主要的工具和方法有最佳实践和Lesson Learn。

1. 最佳实践（见工具书11.4.1）

"最佳实践"是对改进活动所获得的经验、做法进行总结和萃取，将其形成标准化的、可推广实施的操作、流程、规则等，以有效地在整个组织范围内最大化地利用改进过程所创造的价值。

需要注意的是，任何"最佳实践"都有其成立的前提。同时，也有时间上的局限性，即在一段时间内成立的最佳实践，随着环境、条件的变化，可能不再有借鉴和推广意义。因此，组织需要定期对所总结和归纳的最佳实践进行适用性的评审，并进行必要的变更和调整。

2. Lesson Learn（见工具书 11.4.2）

Lesson Learn 的中文含义是经验教训，作为一种方法，其内容与"最佳实践"正好相反，它是在问题发生后对所获得的经验和教训的总结。其目的是避免相同或类似问题的再次发生。

Lesson Learn 对应 ISO 9001 中的纠正措施，在很多企业中，更习惯将与纠正措施有关的活动称为 Lesson Learn。

Lesson Learn 实施中要注意做好以下几点：

1）经验教训的积累。

2）经验教训的"标准化"。

3）信息化手段的应用。经验教训属于知识范畴，知识价值的发挥需要有识别、存储、检索查询和应用作为支撑，因此有必要建立经验教训相关的数据库。

 同步练习强化

1. 单项选择题

1）TOC 是（　　）。

A. 约束理论　　　　　　　　　　　B. 全面质量管理

C. 全面生产维护　　　　　　　　　D. 全面质量控制

2）TOC 的"聚焦五步骤"的第三步是（　　）。

A. 识别系统中的制约因素　　　　　B. 升级制约因素

C. 挖尽制约因素的潜力　　　　　　D. 迁就制约因素

3）以下选项不属于 5S 的内容的是（　　）。（真题）

A. 整理　　　　　　　　　　　　　B. 整洁

C. 清扫　　　　　　　　　　　　　D. 清洁

4）以下关于六西格玛管理水平的描述正确的是（　　）。（真题）

A. 百万产品缺陷数为 3.4　　　　　B. 百万机会缺陷数为 3.4

C. 不合格品率为 3.4%　　　　　　 D. 单位产品的缺陷率为 3.4%

5）六西格玛改进模式分为以下哪几个阶段（　　）。（真题）

A. DMAIC——界定、测量、分析、改进、控制

B. PDCA——策划、实施、检查、改进

C. CAPD——检查、改进、策划、实施

D. DMAI——界定、测量、分析、改进

6）负责六西格玛在组织中的部署并构建六西格玛管理基础是（　　）的责任。

A. 绿带　　　　　　　　　　　　B. 黑带

C. 黑带大师　　　　　　　　　　D. 倡导者

7）某产品有 4 个特性指标，在 20000 个产品中，有 100 个产品存在 800 处缺陷。那么该产品的 DPMO 值是（　　）。

A. 20000　　　　　　　　　　　B. 10000

C. 12500　　　　　　　　　　　D. 1250

8）每张订单中有 7 处需要填写内容，在 4000 张订单中，有 200 张订单存在填写错误，错误总数为 700，则 DPMO 值是（　　）。

A. 25000　　　　　　　　　　　B. 17500

C. 350000　　　　　　　　　　D. 175000

9）某零件需要经过 3 道工序，各工序的合格率分别为 99%、96%、98%，则该零件的流通合格率 RTY 约为（　　）。

A. 93%　　　　　　　　　　　　B. 95%

C. 96%　　　　　　　　　　　　D. 98%

10）六西格玛管理是 20 世纪 80 年代中期由（　　）公司创立的一种质量改进的方法。

A. 摩托罗拉　　　　　　　　　　B. 通用电气

C. 丰田　　　　　　　　　　　　D. 西门子

11）某六西格玛团队界定某项目过程的输出时，明确某产品可能出现的缺陷有甲、乙、丙三种。经过调查统计 2 个月的数据，结果是在抽样的 200 个产品中，发现甲种的缺陷个数为 2、乙种的个数为 3、丙种的个数为 1，则 DPMO 为（　　）。

A. 600　　　　　　　　　　　　B. 30000

C. 10000　　　　　　　　　　　D. 60000

12）8D（8 Disciplines）是解决问题的标准方法，1987 年由（　　）公司首次提出。

A. 通用汽车　　　　　　　　　　B. 福特

C. 丰田　　　　　　　　　　　　D. 大众

13）8D 由 8 个步骤（D1～D8）和一个准备步骤（D0）组成，其中 D3 是（　　）。

A. 问题的反应   B. 临时措施

C. 原因分析及要因确认   D. 制定纠正措施

14) IS/IS NOT 分析时，"IS" 是客观发生的事实，而 "IS NOT" 是
(   )。

A. 可能发生却未发生的情况   B. 可能发生的情况

C. 未发生的情况   D. 重复发生的情况

15) TRIZ 是 (   )。

A. 突破式解决问题的方法   B. 创造式的解决问题的方法

C. 渐进式解决问题的方法   D. 团队式解决问题的方法

16) (   ) 是在问题发生后对所获得的经验和教训的总结，(   ) 对应
ISO 9001 标准中的纠正措施。

A. 最佳实践   B. Lesson Learn

C. 质量改进   D. 改进措施

17) 5S 中，(   ) 是区分"要"与"不要"的东西，并将不要的东西清
理掉。

A. 整理   B. 整顿

C. 清扫   D. 清洁

18) 5S 中，(   ) 是把要用的东西定量、定位地摆放整齐，并明确地
标识。

A. 整理   B. 整顿

C. 清扫   D. 清洁

19) (   ) 是系统化、结构化的业务改进与创新模式。

A. 六西格玛   B. 精益生产

C. 8D   D. 约束理论

20) 精益生产起源于日本丰田汽车，其核心思想可以用一个词来概括，即
(   )。

A. 拉动性   B. 准时性

C. 流动性   D. 即时性

21) (   ) 可以使操作者和管理者在瞬间识别正常和异常状态，能够快
速、正确地传递信息。

A. 5S   B. 目视管理

C. 流动性   D. 准时性

22) 约束理论（TOC），也译为"瓶颈理论"，由 (   ) 在 20 世纪 80 年
代创立。

A. 艾利·高德拉特   B. 菲根堡姆

C. 戴明　　　　　　　　　　　　D. 克劳士比

23）TOC 的核心观点是管理者应立足于组织全局，通过聚焦于对（　　）的有效管理，进而实现绩效的大幅度提升。

A. 关键因素　　　　　　　　　　B. 制约因素

C. 特殊因素　　　　　　　　　　D. 重要因素

24）TOC 的方法体系包括五部分：聚焦五步骤、思维流程、财力管理、运营管理、（　　）。

A. 改进管理　　　　　　　　　　B. 创新管理

C. 绩效管理　　　　　　　　　　D. 设计管理

25）精益生产起源于日本丰田汽车，（　　）是其核心思想。通过构建"在需要的时候，按需要的量，生产所需的产品"的（　　）生产方式，缩短从物料到产成品的时间周期，实现最大的流动性，从而有效提升企业的市场竞争力和盈利能力。

A. 流动性，拉动式　　　　　　　B. 自动化，推动式

C. 流动性，推动式　　　　　　　D. 自动化，拉动式

26）（　　）是以全员参与的方式，创建设计优良的设备系统，可以提高现有设备的利用率、安全性，防止故障发生，从而使企业达到降低成本和全面生产效率的提高。

A. TPM　　　　　　　　　　　　B. TQM

C. TQC　　　　　　　　　　　　D. TOC

27）业务改进及创新最适用的改进模型是（　　）。（真题）

A. TPM　　　　　　　　　　　　B. 6SIGMA

C. 5why　　　　　　　　　　　　D. 8D

28）DFSS 是（　　）。

A. 六西格玛设计　　　　　　　　B. 精益六西格玛

C. 实验设计　　　　　　　　　　D. 田口方法

29）（　　）又称团队导向问题解决法，是一种结构化的、利用团队分析问题和解决问题的方法。

A. TPM　　　　　　　　　　　　B. 6SIGMA

C. 5why　　　　　　　　　　　　D. 8D

30）5Why 分析法最初是由（　　）提出的。

A. 戴明　　　　　　　　　　　　B. 丰田佐吉

C. 石川馨　　　　　　　　　　　D. 田口玄一

31）IS/IS NOT 分析方法应用高度结构化和逻辑性的思维流程，（　　），是一个非常强大的分析工具。

A. 找出解决问题的方法 　　　　　　 B. 识别问题产生的原因

C. 确认改进措施的有效性 　　　　　 D. 对各种解决办法进行比较

32）TRIZ 理论认为，现实世界可以用参数来表述，共计（　　）个参数。依照 TRIZ 理论，现实世界中的问题，最终都可以归结到以下两类矛盾中的一类。第一类矛盾是技术矛盾（不同参数间的矛盾），第二类矛盾是（　　）。

A. 48，物理矛盾 　　　　　　　　　 B. 48，管理矛盾

C. 40，物理矛盾 　　　　　　　　　 D. 40，参数矛盾

33）TRIZ 理论中，查找"阿奇舒勒矛盾矩阵表"时需要查找"改善的参数"和（　　）。

A. 恶化的参数 　　　　　　　　　　 B. 原因的参数

C. 措施的参数 　　　　　　　　　　 D. 控制的参数

34）应用 TRIZ 理论解决问题，其基本流程是将待解决的实际问题转化为（　　）的矛盾，从而通过查矛盾矩阵表，得到对应待选的解决问题方法，再通过这些方法的启示，最终确定适宜的问题解决方案。

A. 参数 　　　　　　　　　　　　　 B. 技术

C. 管理 　　　　　　　　　　　　　 D. 方法

35）通常把组织中经过六西格玛管理方法与工具培训的、能够结合自己的本职工作完成范围较小的六西格玛项目的人员称为（　　）。

A. 黑带大师 　　　　　　　　　　　 B. 黑带

C. 绿带 　　　　　　　　　　　　　 D. 倡导者

36）DMAIC 的（　　）是使改进后的过程程序化并通过有效的监测方法巩固和保持过程改进的成果。

A. 分析阶段 　　　　　　　　　　　 B. 改进阶段

C. 测量阶段 　　　　　　　　　　　 D. 控制阶段

37）（　　）是对改进活动所获得的经验、做法进行总结和萃取，将其形成标准化的，可推广实施的操作、流程、规则等，以有效地在整个组织范围内最大化地利用改进过程所创造的价值。

A. 最佳实践 　　　　　　　　　　　 B. Lesson Learn

C. 质量改进 　　　　　　　　　　　 D. 改进措施

2. 多项选择题

1）任何组织在实施改进之前，都应该明确以下三个问题并找出答案。这三个问题是指（　　）。

A. 要改进什么 　　　　　　　　　　 B. 要改进成什么

C. 如何促成改进的发生 　　　　　　 D. 改进的措施是什么

2）系统性的质量改进方法与工具有（　　）。

A. 约束理论　　　　　　　　　　　　B. 精益生产

C. 六西格玛　　　　　　　　　　　　D. 8D

3）结构化的质量改进方法与工具有（　　　）。

A. 约束理论　　　　　　　　　　　　B. 精益生产

C. 六西格玛　　　　　　　　　　　　D. 8D

4）质量改进的推广工具有（　　　）。

A. 约束理论　　　　　　　　　　　　B. 精益生产

C. 最佳实践　　　　　　　　　　　　D. Lesson Learn

5）精益生产遵循的基本原则有（　　　）。

A. 看板管理、生产线平衡　　　　　　B. 强调准时、作业标准化

C. 努力消除浪费、生产平衡化　　　　D. 自动化、弹性改变生产方式

6）精益生产所应用的方法与工具有（　　　）。

A. 拉动式生产、快速切换　　　　　　B. 自动化、弹性改变生产方式

C. 看板管理、生产线平衡　　　　　　D. 全面生产维护、5S 与目视管理

7）5S 管理之"整顿"是对现场所需用的物品有条理地定位、定量放置，这些物品始终处于任何人随时都能方便取放的位置。整顿的目的有（　　　）。（真题）

A. 使工作场所一目了然　　　　　　　B. 作业时，节省寻找物品的时间

C. 消除过多的积压物品　　　　　　　D. 创造整洁的工作环境

8）5S 现场管理起源于日本丰田公司，5 个 S 分别代表（　　　）。（真题）

A. 整理、整顿　　　　　　　　　　　B. 清扫、清洁、素养

C. 速度、节约、素养　　　　　　　　D. 安全、服务

9）以下哪些是六西格玛改进测量阶段的主要工作（　　　）。（真题）

A. 验证测量系统的有效性

B. 通过数据分析确定过程的关键影响因素

C. 分析过程的当前绩效水平，确定过程基准

D. 寻找最优改进方案，使过程的缺陷或变异降至最低

10）六西格玛项目中测量阶段的主要活动包括（　　　）。

A. 对现有过程进行测量　　　　　　　B. 编制改进方案

C. 评价测量系统的有效性　　　　　　D. 确定过程基线

11）试验设计常用于 DMAIC 过程的（　　　）阶段。

A. D 界定　　　　　　　　　　　　　B. M 测量

C. A 分析　　　　　　　　　　　　　D. I 改进

12）5Why 从三个层面来实施，三个层面是指（　　　）。

A. 为什么会发生　　　　　　　　　　B. 为什么没有发现

C. 为什么没有从系统上预防事故　　　D. 为什么不查明原因

13）5S中，整理是区分"要"与"不要"的东西，并将不要的东西清理掉。整理的目的是（　　）。

A. 腾出空间　　　　　　　　　　　B. 减少误用

C. 节省寻找物品的时间　　　　　　D. 使工作场所一目了然

14）TOC的"聚焦五步骤"，包括（　　），以及重返第一步，持续改善。

A. 识别系统中的制约因素　　　　　B. 挖尽制约因素的潜力

C. 迁就制约因素　　　　　　　　　D. 升级制约因素

15）实施精益生产的效果主要有（　　）。

A. 生产周期的缩短　　　　　　　　B. 准时交付能力的提升

C. 对市场波动适应性的增强　　　　D. 成本的降低

16）以下职责中，属于黑带职责的是（　　）。

A. 协调和指导跨职能的六西格玛项目

B. 领导六西格玛项目团队，实施并完成六西格玛项目

C. 识别过程改进机会

D. 选择最有效的工具和技术

17）六西格玛管理中，属于倡导者职责的有（　　）。

A. 负责六西格玛管理在组织中的部署

B. 负责六西格玛管理实施中的沟通与协调

C. 向执行领导报告六西格玛管理进展

D. 构建六西格玛管理基础

18）Lesson Learn实施中要注意做好（　　）。

A. 经验教训的积累　　　　　　　　B. 经验教训的"标准化"

C. 信息化手段的应用　　　　　　　D. 批评教育员工

3. 判断题

1）改进都是某种"变化"，任何组织在实施改进之前，都应该明确三个问题并找出答案。其中一个问题是"如何促成改进的发生"，也就是指如何实现改进。　　　　　　　　　　　　　　　　　　　　　　　　（　　）

2）精益生产基本原则之一"自动化"，是指用机械代替人力的自动化。　　　　　　　　　　　　　　　　　　　　　　　　　　　　　　（　　）

3）5Why分析法也就是对同一个问题点只能以5个"为什么"来进行深入探讨，以追究其深层次的根本原因。　　　　　　　　　　　　　　（　　）

4）"IS/IS NOT分析"分析的原理是，任何问题都是对原有状况的某种"偏离"，且这种偏离一定发生在被发现之前，且任何问题的发生，背后一定存在着某种原因。　　　　　　　　　　　　　　　　　　　　　　　　（　　）

5）"Lesson Learn"是对改进活动所获得的经验、做法进行总结和萃取，将其形成标准化的，可推广实施的操作、流程、规则等。   （　　　）

6）5S中，清洁就是我们所说的干净、清洁的意思。   （　　　）

7）8D（8 Disciplines）又称团队导向问题解决法，是一种结构化的、利用团队分析问题和解决问题的方法。   （　　　）

8）5Why分析法核心目的是从结果着手，沿着因果关系链条，找到根本原因。   （　　　）

9）8D实施的时机一般是减少波动，提高产品等级时采用。（　　　）（真题）

 答案点拨解析

1. 单项选择题

题号	答案	解　　析
1	A	见本书5.6.2节之1之1）
2	D	见本书5.6.2节之1之2）
3	B	见本书5.6.2节之2之3）之①
4	B	见本书5.6.3节之1之4）
5	A	见本书5.6.3节之1之2）
6	D	见本书5.6.3节之1之3）
7	B	见本书5.6.3节之1之4）之①，$DPMO = \dfrac{总的缺陷数 \times 10^6}{产品数 \times 机会数} = \dfrac{800 \times 10^6}{20000 \times 4} = 10000$
8	A	见本书5.6.3节之1之4）之①，$DPMO = \dfrac{总的缺陷数 \times 10^6}{产品数 \times 机会数} = \dfrac{700 \times 10^6}{4000 \times 7} = 25000$
9	A	见本书5.6.3节之1之4）之②，$RTY = Y_1 \times Y_2 \times Y_3 \times Y_4 \times \cdots = 99\% \times 96\% \times 98\% = 93\%$
10	A	见本书5.6.3节之1之1）
11	C	见本书5.6.3节之1之4）之①，该产品总的缺陷数为：$2+3+1=6$，机会数为3，则 $DPMO = \dfrac{总的缺陷数 \times 10^6}{产品数 \times 机会数} = \dfrac{6 \times 10^6}{200 \times 3} = 10000$
12	B	见本书5.6.3节之2之1）
13	B	见本书5.6.3节之2之1）
14	A	见本书5.6.3节之4之2）之步骤2
15	B	见本书5.6.3节之5
16	B	见本书5.6.4节之2
17	A	见本书5.6.2节之2之3）之①

（续）

题号	答案	解　　析
18	B	见本书 5.6.2 节之 2 之 3）之①
19	A	见本书 5.6.3 之 1 之 1）
20	C	见本书 5.6.2 节之 2 之 1）
21	B	见本书 5.6.2 之 2 之 3）之①
22	A	见本书 5.6.2 节之 1 之 1）
23	B	见本书 5.6.2 节之 1 之 1）
24	B	见本书 5.6.2 节之 1 之 1）
25	A	见本书 5.6.2 节之 2 之 1）
26	A	见本书 5.6.2 节之 2 之 3）之③
27	B	见本书 5.6.3 节之 1 之 1）
28	A	见本书 5.6.3 节之 1 之 1）
29	D	见本书 5.6.3 节之 2 之 1）
30	B	见本书 5.6.3 节之 3 之 1）
31	B	见本书 5.6.3 节之 4 之 1）
32	A	见本书 5.6.3 节之 5
33	A	见本书 5.6.3 节之 5
34	A	见本书 5.6.3 节之 5
35	C	见本书 5.6.3 节之 1 之 3）
36	D	见本书 5.6.3 节之 1 之 2）之⑤
37	A	见本书 5.6.4 节之 1

2. 多项选择题

题号	答案	解　　析
1	ABC	见本书 5.6.1 节之 1
2	AB	见本书 5.6.1 节之 2
3	CD	见本书 5.6.1 节之 2
4	CD	见本书 5.6.1 节之 2
5	BCD	见本书 5.6.2 节之 2 之 2）。A 选项中，看板管理、生产线平衡是精益生产使用的工具，不是精益生产遵循的基本原则
6	ACD	见本书 5.6.2 节之 2 之 3）。B 选项是精益生产遵循的基本原则，不是精益生产使用的工具
7	ABCD	见本书 5.6.2 节之 2 之 3）之①

（续）

题号	答案	解　析
8	AB	见本书5.6.2节之2之3）之①
9	AC	见本书5.6.3节之1之2）之②
10	ACD	见本书5.6.3节之1之2）之②
11	CD	试验设计常用于分析、改进阶段
12	ABC	见本书5.6.3节之3之1）
13	AB	见本书5.6.2节之2之3）之①
14	ABCD	见本书5.6.2节之1之2）
15	ABCD	见本书5.6.2节之2之1）
16	BCD	见本书5.6.3节之1之3）
17	ABCD	见本书5.6.3节之1之3）
18	ABC	见本书5.6.4节之2

3. 判断题

题号	答案	解　析
1	×	第1题，见本书5.6.1节之1。"如何促成改进的发生"并非指如何实现改进，而指的是如何创造促使改进发生的环境和条件
2	×	见本书5.6.2节之2之2）之⑧。精益生产自动化原则，强调人机的最佳结合，而不是单单的用机械代替人力的自动化
3	×	见本书5.6.3节之3之1）。5Why分析法并非仅限定于5次问为什么
4	√	见本书5.6.3节之4之1）
5	×	见本书5.6.4节之1。"最佳实践"是对改进活动所获得的经验、做法进行总结和萃取，将其形成标准化的，可推广实施的操作、流程、规则等
6	×	见本书5.6.2节之2之3）之①。清洁主要是通过制度化、规范化，维持整理、整顿、清扫的成果
7	√	见本书5.6.3之2之1）
8	√	见本书5.6.3节之3之1）
9	×	见本书5.6.3节之2之1）。8D是一种结构化的、利用团队分析问题和解决问题的方法。不仅仅针对减少波动，提高产品等级

5.7　风险管理基础知识

5.7.1　风险管理概述

风险管理是指导和控制组织与风险相关的协调活动。国家发布的风险管理方面的主要标准有 GB/T 23694—2013/ISO Guide 73：2009《风险管理　术语》、GB/T 27921—2011《风险管理　风险评估技术》（参考 IEC/ISO 31010：2009）、GB/T 24353/ISO 31000：2018《风险管理　指南》。这些标准由全国风险管理标准化技术委员会（SAC/TC 310）提出并归口。

1. GB/T 24353/ISO 31000：2018 的作用

1）GB/T 24353/ISO 31000：2018 的作用。GB/T 24353《风险管理　指南》"引言"表明，GB/T 24353 帮助组织在制定决策、设定和实现目标以及提升绩效的过程中管理风险，来创造和保护价值。

2）风险管理的作用。（根据 GB/T 24353 "引言"）

① 风险管理旨在保证组织恰当地应对风险，提高风险应对的效率和效果，增强行动的合理性，有效地配置资源。

② 管理风险是一个反复迭代/循环提升的过程，有助于组织制定战略、实现目标和做出合理的决策。

③ 管理风险是治理和领导力的一部分，是对组织所有层级进行管理的基础，有助于管理体系的改善。

④ 管理风险是组织所有相关活动的有机组成部分，包括与利益相关者的沟通。

⑤ 管理风险时要考虑组织的内、外部环境，包括人的行为和文化因素。使风险管理意识成为整个组织文化的一部分。

2. GB/T 24353 的适用范围

1）GB/T 24353 标准第 1 章 "范围"：

① GB/T 24353 为组织管理其所面临的风险提供指南。这些指南可根据各种组织及其环境进行具体的应用。

② GB/T 24353 为管理各种类型的风险提供了一种通用方法，而非仅针对某特定行业或领域。

③ GB/T 24353 可用于组织全生命周期的任何活动，包括所有层级的决策

制定。

2）GB/T 24353"引言"：风险管理适用于组织的全生命周期及其任何阶段，其适用范围包括整个组织的所有领域和层次，也包括组织的具体部门和活动。

3. GB/T 24353 的结构

1）管理风险所依据的原则、框架和过程如图 5-43 所示（三轮车图）。风险管理的原则、框架和过程可能已全部或部分地存在于组织内，但可根据需要进行调整或改善，从而使风险管理效果好、效率高并且具有一致性。

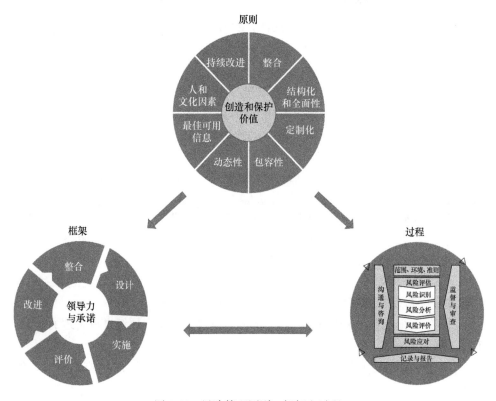

图 5-43　风险管理原则、框架和过程

2）GB/T 24353 的结构见表 5-18。GB/T 24353 主要包括风险管理原则、风险管理框架、风险管理过程三个部分。

表 5-18　GB/T 24353 的结构

一级条款（章）	二级条款	三级条款
前言		
引言		
1 范围		

（续）

一级条款（章）	二级条款	三级条款
2 规范性引用文件		
3 术语和定义		
4 原则		
5 框架	5.1 总则	
	5.2 领导力和承诺	
	5.3 整合	
	5.4 设计	5.4.1 审视组织及其环境
		5.4.2 明确表达风险管理承诺
		5.4.3 明确组织角色、权限、职责和责任
		5.4.4 资源配置
		5.4.5 沟通和咨询
	5.5 实施	
	5.6 评价	
	5.7 改进	5.7.1 调整
		5.7.2 持续改进
6 过程	6.1 总则	
	6.2 沟通和咨询	
	6.3 范围、环境和准则	6.3.1 总则
		6.3.2 界定范围
		6.3.3 内外部环境
		6.3.4 界定风险准则
	6.4 风险评估	6.4.1 总则
		6.4.2 风险识别
		6.4.3 风险分析
		6.4.4 风险评价
	6.5 风险应对	6.5.1 总则
		6.5.2 选择风险应对方案
		6.5.3 编制和实施风险应对计划
	6.6 监督和检查	
	6.7 记录和报告	

4. 与风险管理有关的术语和定义

1) 风险（方框中是 GB/T 24353 中的条款）。

3.1　风险 risk

不确定性对目标的影响。

注1：影响是指偏离预期，可以是正面的和（或）负面的，可能带来机会和威胁。

注2：目标可有不同维度和类型，可应用在不同层级。

注3：通常风险可以用风险源、潜在事件及其后果和可能性来描述。

---

2) 风险源（方框中是 GB/T 24353 中的条款）

3.4　风险源 risk source

可能单独或共同引发风险的要素。

---

3) 事件（方框中是 GB/T 24353 中的条款）

3.5　事件 event

某些特定情形的产生或变化。

注1：一个事件可以包括一个或多个情形，并且可以由多个原因导致。

注2：事件可以包括预期会发生但没发生的事情，也可能是预期不会发生但却发生的事情。

注3：事件有可能是一个风险源。

---

4) 后果（方框中是 GB/T 24353 中的条款）

3.6　后果 consequence

某事件对目标影响的结果。

注1：后果可以是确定的，也可以是不确定的；对目标的影响可以是正面的，也可以是负面的；可以是直接的，也可以是间接的。

注2：后果可以定性或定量表述。

注3：通过连锁反应和积累效应，最初的后果可能升级。

5.7.2　风险管理原则

风险管理的目的是**创造和保护价值**。风险管理能够改善绩效、鼓励创新、支持组织目标的实现。

GB/T 24353 第4章描述了风险管理原则。风险管理八项原则为风险管理的有效性和高效性提供指导，表达了风险管理的价值并解释了风险管理的意图和目的。这些原则是风险管理的基础，应当在确立组织风险管理框架和过程时认真考虑。这些原则有助于组织管理不确定性对目标的影响。

风险管理八项原则包括整合、结构化和全面性、定制化、包容性、动态性、最佳可用信息、人和文化因素、持续改进。

1. 整合

风险管理是组织所有活动的有机组成部分。要把风险管理整合到组织的其他各项业务活动中去。

2. 结构化和全面性

采用结构化和全面性的方法开展风险管理，有助于获得一致的和可比较的结果。

3. 定制化

组织根据自身目标所对应的内外部环境，定制设计风险管理框架和过程。

4. 包容性

利益相关者适当、及时的参与，可以使他们的知识、观点和认知得到充分考虑，这样有助于提高组织的风险意识和促进风险管理的合理性/知情性。

5. 动态性

随着组织内外部环境的变化，组织面临的风险可能会出现、变化或消失。风险管理能以适当、及时的方式预测、发现、确认这些变化和事件，并做出响应。

6. 最佳可用信息

风险管理的信息输入要基于历史信息、当前信息以及未来预期。在风险管理过程中应明确考虑与这些信息和预期相关的限制条件和不确定性。信息应当及时、清晰，并且是有关利益相关者可获得的。

7. 人和文化因素

人的行为和文化在各个层级和阶段显著影响着风险管理的各个方面。

8. 持续改进

通过学习和实践，风险管理可以得到不断改进。

5.7.3　风险管理框架

GB/T 24353 标准第 5 章描述了风险管理框架。风险管理框架包括六个方面：领导力与承诺、整合、设计、实施、评价和改进。风险管理框架的目的是协助组织将风险管理纳入重要的活动和职能中。风险管理的有效性取决于其与组织治理以及决策制定的整合情况。这需要利益相关者尤其是最高管理层的支持。

框架制定包含整个组织整合、设计、实施、评价和改进风险管理。

1. 领导力与承诺

最高管理层和监督机构应确保将风险管理融入所有组织活动中。最高管理

层负责管理风险，监督机构负责监督风险管理。

2. 整合

风险管理的整合有赖于于对组织结构及内外部环境的理解。在组织结构的每一部分都需要进行风险管理。组织内部的所有人都有管理风险的责任。

治理结构主导组织的营运过程、内外部关系以及实现目标所需采取的规章制度、过程和实务。管理结构将治理方向转化为策略和相应目标以达到可持续发展所需要的绩效水平。确定组织内部的风险管理职责和监督角色是组织治理不可或缺的部分。

风险管理应该是组织目的、治理、领导力和承诺、战略、目标和运营的一部分，而不是相互分割的。

3. 设计

设计包括五个方面的内容：

1）审视组织及其环境。在设计风险管理框架时，组织应当检查并了解其内外部环境。

2）明确表达风险管理承诺。最高领导层和监督机构应当通过政策、声明或其他形式，表达并展现自身对风险管理的持续承诺，以明确传达组织有关风险管理的目标和承诺。

3）明确组织角色、权限、职责和责任。最高领导层和监督机构应当明确相关角色的风险管理责任、职责和权限，并与组织所有层级沟通。要指定有责任和权限应对风险的个人（风险责任人）。

4）资源配置。最高领导层和监管机构应确保为风险管理分配适当资源。

5）沟通和咨询。为支持风险管理框架和促进风险管理的有效运用，组织应当建立一个一致认可的沟通和咨询方法。沟通和咨询必须及时，确保相关信息得到适当的收集、整理、汇总和分享，并提供反馈和做出改进。

4. 实施

组织应通过以下工作实施风险管理框架：

1）制定适当的实施计划，包括时间和资源等要素。

2）识别组织内各类决策由何人、于何处、在何时、如何制定。

3）必要时，对适用的决策程序进行调整。

4）确保组织开展风险管理的工作安排得到清晰的理解和执行。

风险管理框架的成功实施，需要利益相关者的参与和重视。这样能够使组织明确地处理决策中的不确定性。

5. 评价

为了评价风险管理框架的有效性，组织应当：

1）根据组织设计实施风险管理框架的目的、实施计划、绩效指标和预期表现，定期衡量风险管理框架的实施情况。

2）确定风险管理框架是否仍适用于支持组织目标的实现。

6. 改进

1）调整。组织应当持续监督和调整风险管理框架，以适应内外部环境的变化。这样做可以提升组织价值。

2）持续改进。组织应当持续改进风险管理框架的适用性、充分性、有效性以及风险管理流程的整合方式。当识别出相关差距或改进空间后，组织应当制定改进计划和任务，并分配给相关负责人实施。这些改进计划和任务一旦实施，将有助于加强组织的风险管理。

5.7.4 风险管理过程

1. 风险管理过程概述

GB/T 24353 第 6 章描述了风险管理过程。风险管理过程是将政策、程序和实践系统地应用于沟通和咨询、建立环境，以及风险的评估、应对、监督、检查、记录和报告等活动。风险管理过程如图 5-44 所示。

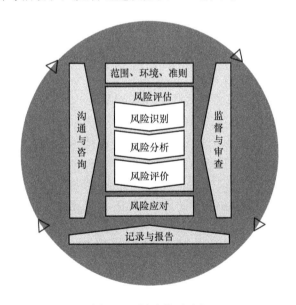

图 5-44 风险管理过程

风险管理过程由六个活动构成：沟通与咨询，范围、环境、准则，风险评估，风险应对，记录与报告，监督与审查。

风险管理过程的"主循环流程"由"范围、环境、准则→风险评估→

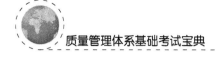

风险应对→监督与审查"构成。循环起点为"范围、环境、准则",终点为"监督与审查"。组织依据"监督与审查"的结果,决定是否开始下一轮循环。

"风险评估"由风险识别、风险分析、风险评价三个步骤组成,是风险管理过程的核心内容。

"范围、环境、准则,风险评估,风险应对"三个过程要经常与"沟通与咨询"和"监督与审查"保持联系。

2. 沟通与咨询

沟通和咨询的目的是帮助有关利益相关者理解风险、明确制定决策的依据以及需要采取特定行动的原因。沟通是为了促进对风险的认识和理解,咨询则是为了获取反馈和信息,以支持决策制定。两者的密切协调将促进信息交换的真实性、及时性、相关性、准确性和可理解性,并能兼顾到信息的保密性、完整性和个人隐私权。

3. 范围、环境、准则

确定范围、环境和准则的目的在于有针对性的设计风险管理过程,以实现有效的风险评估和恰当的风险应对。范围、环境和准则包括界定过程范围、了解内外部环境和界定评定准则。

4. 风险评估

风险评估是指风险识别、风险分析和风险评价的整个过程。风险评估应当系统地、循环地、协作性地开展,并获取利益相关者的知识和观点。风险评估应使用最佳可用信息,并在必要时作进一步调查。

1) 风险识别。风险识别的目的是发现、识别和描述可能有助于或者妨碍组织实现目标的风险。风险识别是发现、确认和描述风险的过程。风险识别包括对风险源、事件及其原因和潜在后果的识别。

不管风险源是否在组织控制范围内,都应对风险进行识别。识别可能会有多种结果,这些结果也可能导致各种有形或无形后果,这些都应予以考虑。

2) 风险分析。风险分析的目的是了解风险性质及其特征,适当时还可给出风险等级。风险分析包括对不确定性、风险源、后果、可能性、事件、情境、控制措施及有效性进行详尽考虑。

风险分析应当考虑以下因素:

① 事件的可能性及后果。

② 后果的性质及重大程度。

③ 复杂性和关联性。

④ 时间相关因素及波动性。

⑤ 现有控制措施的有效性。

⑥ 敏感性和置信水平。

风险分析为风险评价以及决定是否需要及如何应对风险并采取最合适的风险应对策略和方法提供输入信息。当需要做出选择且选择涉及不同类别和等级风险时，风险分析结果可为决策提供依据。

3）风险评价。风险评价的目的是支持决策。风险评价是将风险分析结果和既定风险准则相比较，以确定是否需要采取进一步行动。风险评价是对比风险分析结果和风险准则，以确定风险和（或）其大小是否可以接受或容忍的过程。风险评价有助于风险应对决策。

风险评价可能促成以下决定：

① 不采取进一步行动。

② 考虑风险应对方案。

③ 开展进一步分析，以更全面地了解风险。

④ 维持现有的控制措施。

⑤ 重新考虑目标。

决策应考虑到更广泛的环境以及对内外部利益相关者的实际和预期影响。风险评价的结果应予以记录、沟通，然后在组织适当层面进行验证。

5. 风险应对

1）风险应对总则。风险应对是处理风险的过程。风险应对的目的是选择和实施风险处理方案。

风险应对是一个反复性过程，包括：

① 制定和选择风险应对方案。

② 计划和实施风险应对措施。

③ 评估风险应对的成效。

④ 确定剩余风险是否可接受。

⑤ 若不可接受，采取进一步应对措施。

2）选择风险应对方案。选择最合适的风险应对方案，应该将实现目标获得的潜在收益和付出的成本、努力或由此引发的不利后果进行权衡。

风险应对方案之间不一定是相互排斥的，也不一定适用于所有情形。风险应对方案涉及以下一个或多个方面：

① 决定不开始或退出会导致风险的活动，来规避风险。

② 承担或增加风险，以寻求机会。

③ 消除风险源。

④ 改变可能性。

⑤ 改变后果。

⑥ 分担风险（如通过签订合同，购买保险）。

⑦ 慎重考虑后决定保留风险。

采取风险应对的理由不仅考虑经济因素，还应当考虑所有的组织义务、自愿性承诺和利益相关者的观点。选择风险应对方案应依据组织目标、风险准则和可用资源做出。

虽然经过谨慎的设计和实施，风险应对可能不会产生预期结果，甚至可能产生意外的后果。监测和审核应作为风险应对实施的一部分，以确保不同形式的风险应对变得有效且持续有效。

风险应对还可能产生需要加以管理的新风险。

如果没有可用的应对方案或者应对方案不足以改变风险，组织应将这些风险记录下来，并持续审核。

决策者和其他利益相关者应当了解经风险应对后残余风险的性质和程度。组织应记录残余风险，对其进行持续监测和审核，并于适当时采取进一步应对措施。

3）编制和实施风险应对计划。风险应对计划的目的是明确将如何实施所选定的应对方案，以便相关人员了解应对计划，并监测计划实施进度。应对计划应当明确指明实施风险应对的顺序。

应对计划应嵌入管理计划和组织运营过程中，并征询利益相关者意见。

应对计划中提供的信息应包括：

① 选择应对方案的理由，包括可获得的预期收益。

② 批准和实施计划的责任人。

③ 拟采取的措施行动。

④ 所需要的资源，包括风险储备。

⑤ 绩效考核的标准和方法。

⑥ 限制因素。

⑦ 必要的报告和监测。

⑧ 行动预期开展和完成的时间。

一般而言，风险控制措施的优先顺序是消除、替代（用其他低危险的材料、设备等替代风险较高的材料、设备等）、工程控制措施（隔离、机械防护等）、管理控制措施（安全规程、作业许可等）、个人防护装备、应急。通俗地讲就是消除—替代—隔离—防护—应急。

6. 监督和检查

风险监督和检查的目的是确保和提升风险管理过程设计、实施和结果的质量和成效。应将对风险管理过程及其结果的持续监督和定期检查作为风险管理过程有计划开展的一部分，并明确界定责任。

监督和检查应贯穿于风险管理过程的所有阶段。监督和检查包括计划、收集和分析信息、记录结果和提供反馈。

监督和检查的结果应纳入组织绩效管理、考核和报告活动中。

7. 记录和报告

应通过适当的机制记录和报告风险管理过程及其结果。记录和报告旨在：

① 在组织上下通报风险管理活动及成果。

② 为决策制定提供信息。

③ 改进风险管理活动。

④ 促进与利益相关者的互动，包括负责开展风险管理活动的人。

在决定创建、留存和处理记录信息时，应考虑（但不限于）信息的用途、敏感性及内外部环境。

报告是组织治理不可或缺的一部分，应提升与利益相关者的沟通质量，并为最高领导层和监督机构履行职责提供支持。报告的考虑因素包括但不限于：

① 区分利益相关者及其具体信息需求和要求。

② 报告成本、频率和及时性。

③ 报告方式。

④ 信息与组织目标和决策的相关性。

5.7.5　风险评估技术

GB/T 27921—2011《风险管理　风险评估技术》（参考 ISO/IEC 31010：2009）用于指导组织选择和应用风险评估技术。风险评估提供了一种结构化的过程以识别目标如何受各类不确定性因素的影响，并从后果和可能性两个方面来进行风险分析，然后确定是否需要进一步应对。

风险评估工作试图回答以下基本问题：

——会发生什么以及为什么发生？

——后果是什么？

——这些后果发生的可能性有多大？

——是否存在一些可以减轻风险后果或者降低风险可能性的因素？

——风险等级是否可容许或可接受？是否要求进一步的应对？

GB/T 27921 标准在附录 A 中推荐了多种风险评估技术（参见 GB/T 27921 标准中的表 A.1 和表 A.2）。常见的风险评估技术包括失效模式及影响分析（FMEA）、故障模式、影响及危害性分析（FMECA）、危害分析及关键控制点（HACCP）、头脑风暴法、结构化假设分析技术（SWIFT）和后果/可能性矩阵（风险矩阵）等。

同步练习强化

1. 单项选择题

1）（　　）《风险管理　指南》标准帮助组织在制定决策、设定和实现目标以及提升绩效的过程中管理风险，来创造和保护价值。

A. GB/T 24353　　　　　　　　B. GB/T 23694

C. GB/T 27921　　　　　　　　D. GB/T 19017

2）GB/T 24353 标准中，风险管理的目的是（　　）。风险管理能够改善绩效、鼓励创新、支持组织目标的实现。

A. 创造和保护价值　　　　　　B. 预防不合格

C. 增强顾客满意　　　　　　　D. 实现组织目标

3）风险管理框架制定包含整个组织（　　）、实施、评价和改进风险管理。

A. 策划、设计　　　　　　　　B. 整合、设计

C. 策划、整合　　　　　　　　D. 策划、建立

4）风险评估包括风险识别、风险分析和（　　）三个步骤。（真题）

A. 风险处置　　　　　　　　　B. 风险评价

C. 规避风险　　　　　　　　　D. 风险应对

5）（　　）的目的是了解风险性质及其特征，适当时还可给出风险等级。

A. 风险识别　　　　　　　　　B. 风险评价

C. 风险分析　　　　　　　　　D. 风险应对

6）（　　）是将风险分析结果和既定风险准则相比较，以确定是否需要采取进一步行动。

A. 风险识别　　　　　　　　　B. 风险评价

C. 风险分析　　　　　　　　　D. 风险应对

7）风险分析应当考虑以下哪个因素？（　　）

A. 事件的可能性及后果

B. 后果的性质及重大程度；

C. 现有控制措施的有效性

D. A + B + C

8）（　　）的目的是选择和实施风险处理方案。

A. 风险识别　　　　　　　　　B. 风险评价

C. 风险分析　　　　　　　　　D. 风险应对

9）下面关于风险应对方案描述错误的是（　　）。

A. 规避风险

B. 承担或增加风险，以寻求机会

C. 分担风险

D. 慎重考虑后决定维持风险

10）（   ）的目的是协助组织将风险管理纳入重要的活动和职能中。风险管理的有效性取决于其与组织治理以及决策制定的整合情况。

A. 风险管理原则　　　　　　　　　B. 风险管理框架

C. 风险管理过程　　　　　　　　　D. 风险评估技术

11）ISO 31000：2018 的风险管理框架包括（   ）。

A. 整合、计划、实施、评价和改进风险管理

B. 整合、设计、实施、监测和改进风险管理

C. 整合、设计、实施、评价和改进风险管理

D. 整合、理解、实施、评价和改进风险管理

12）采取风险控制措施，按优先级由高到低的顺序是（   ）。

A. 消除、隔离、替代、防护、应急

B. 消除、替代、防护、隔离、应急

C. 消除、替代、隔离、防护、应急

D. 消除、隔离、防护、替代、应急

13）ISO 31000 标准的风险评估的过程顺序为（   ）。（真题）

A. 风险识别、风险分析、风险评价

B. 风险评价、风险识别、风险分析

C. 风险识别、风险处理、风险衡量、风险评价

D. 风险识别、风险衡量、风险处理、风险评价

14）在 ISO 31000 风险管理标准中，处于风险管理框架环居中的是（   ）。

A. 改进　　　　　　　　　　　　　B. 领导力与承诺

C. 评价　　　　　　　　　　　　　D. 整合

15）在 ISO 31000 风险管理标准中，处于风险管理原则环居中的是（   ）。

A. 保护和创造价值　　　　　　　　B. 人和文化因素

C. 结构化和全面性　　　　　　　　D. 持续改进

16）风险管理是组织活动的一部分，（   ）标准为管理风险提供了通用方法。（真题）

A. ISO 31000　　　　　　　　　　B. GB/T 19580

C. ISO 9011　　　　　　　　　　 D. ISO 9004

2. 多项选择题

1）风险管理八项原则包括（   ）。

A. 整合、结构化和全面性、定制化

B. 以顾客为关注焦点、领导作用、改进

C. 包容性、动态性、最佳可用信息

D. 人和文化因素、持续改进

2）风险管理框架中的"设计"包括（   ）。

A. 审视组织及其环境

B. 明确表达风险管理承诺

C. 明确组织角色、权限、职责和责任

D. 资源配置、沟通和咨询

3）风险应对是一个反复性过程，包括（   ）。

A. 制定和选择风险应对方案

B. 计划和实施风险应对措施

C. 评估风险应对的成效

D. 确定剩余风险是否可接受；若不可接受，采取进一步应对措施

4）风险管理过程包括（   ）。

A. 沟通与咨询，范围、环境、准则

B. 风险评估，风险应对

C. 记录与报告

D. 监督与审查

5）GB/T 27921《风险管理　风险评估技术》用于指导组织选择和应用风险评估技术。风险评估提供了一种结构化的过程以识别目标如何受各类不确定性因素的影响，并从（   ）两个方面来进行风险分析，然后确定是否需要进一步应对。

A. 后果   B. 可能性

C. 严重性   D. 发现难度

3. 判断题

1）GB/T 24353 为管理各种类型的风险提供了一种通用方法，而非仅针对某特定行业或领域。　　　　　　　　　　　　　　　　　　　（   ）

2）GB/T 24353 规定，只针对组织控制范围内的风险源，进行风险识别。识别可能会有多种结果，这些结果也可能导致各种有形或无形后果，这些都应予以考虑。　　　　　　　　　　　　　　　　　　　　　　　　（   ）

3）风险评估提供了一种结构化的过程以识别目标如何受各类不确定性因素的影响，并从后果、可能性、可发现性三个方面来进行风险分析，然后确定是否需要进一步应对。　　　　　　　　　　　　　　　　　　（   ）

4）风险管理是指导和控制组织与风险相关的协调活动。　　　（   ）

答案点拨解析

1. 单项选择题

题号	答案	解　析
1	A	见本书 5.7.1 节之 1 之 1)
2	A	见本书 5.7.2 节
3	B	见本书 5.7.3 节
4	B	见本书 5.7.4 节之 1。"风险评估"由风险识别、风险分析、风险评价三个步骤组成，是风险管理过程的核心内容
5	C	见本书 5.7.4 节之 4 之 2)
6	B	见本书 5.7.4 节之 4 之 3)
7	D	见本书 5.7.4 节之 4 之 2)
8	D	见本书 5.7.4 节之 5 之 1)
9	D	见本书 5.7.4 节之 5 之 2) 之⑦。应该是慎重考虑后决定保留风险
10	B	见本书 5.7.3 节
11	C	见本书 5.7.3 节
12	C	见本书 5.7.4 节之 5 之 3)
13	A	见本书 5.7.4 节之 1
14	B	见本书 5.7.1 节之 3 图 5-43
15	A	见本书 5.7.1 节之 3 图 5-43
16	A	见本书 5.7.1 节之 2 之 1)，或 GB/T 24353/ISO 31000 第 1 章 "范围"

2. 多项选择题

题号	答案	解　析
1	ACD	见本书 5.7.2 节
2	ABCD	见本书 5.7.3 节之 3
3	ABCD	见本书 5.7.4 节之 5 之 1)
4	ABCD	见本书 5.7.4 节之 1
5	AB	见本书 5.7.5 节

3. 判断题

题号	答案	解　　析
1	√	见本书5.7.1节之2之1）之②
2	×	见本书5.7.4节之4之1）。不管风险源是否在组织控制范围内，都应对风险进行识别
3	×	见本书5.7.4节。风险评估提供了一种结构化的过程以识别目标如何受各类不确定性因素的影响，并从后果和可能性两个方面来进行风险分析，然后确定是否需要进一步应对
4	√	见本书5.7.1节第一句话

5.8　卓越绩效评价准则

考点知识讲解

5.8.1　卓越绩效评价准则概述

为了引导组织追求卓越，提高产品、服务和发展质量，增强竞争优势，促进组织持续发展，依据《中华人民共和国产品质量法》《质量发展纲要（2011—2020年)》，国家发布了两个卓越绩效评价准则方面的标准——GB/T 19580—2012《卓越绩效评价准则》、GB/Z 19579—2012《卓越绩效评价准则实施指南》。这两个标准由全国质量管理和质量保证标准化技术委员会（SAC/TC 151）提出并归口。两项标准的基本内容体现了世界上许多国家质量奖评价所依据的卓越绩效管理模式的要求。

卓越绩效评价属于管理是否卓越的成熟度评价，常见的 ISO 9001 认证属于管理是否合格的符合性评定。

1. GB/T 19580 制定的目的

GB/T 19580"引言"：

1）为组织追求卓越提供了自我评价的准则。

2）作为质量奖的评价依据。

2. GB/T 19580 的适用范围

GB/T 19580 第1章"范围"：

1）GB/T 19580 规定了组织卓越绩效的评价要求。

2）GB/T 19580 适用于追求卓越的各类组织，为组织提供了自我评价的准则，也可作为质量奖的评价依据。

3. 卓越绩效评价准则的基本理念

GB/T 19580 建立在以下 9 个基本理念的基础上，高层领导可运用这些基本理念引导组织追求卓越（见 GB/T 19580 标准"引言"）。

1）远见卓识的领导。以前瞻性的视野、敏锐的洞察力，确立组织的使命、愿景和价值观，带领全体员工实现组织的发展战略和目标。

2）战略导向。以战略统领组织的管理活动，获得持续发展和成功。

3）顾客驱动。将顾客当前和未来的需求、期望和偏好作为改进产品和服务质量，提高管理水平及不断创新的动力，以提高顾客的满意和忠诚程度。

4）社会责任。为组织的决策和经营活动对社会的影响承担责任，促进社会的全面协调可持续发展。

5）以人为本。员工是组织之本，一切管理活动应以激发和调动员工的主动性、积极性为中心，促进员工的发展，保障员工的权益，提高员工的满意程度。

6）合作共赢。与顾客、关键的供方及其他相关方建立长期伙伴关系，互相为对方创造价值，实现共同发展。

7）重视过程与关注结果。组织的绩效源于过程，体现于结果。因此，既要重视过程，更要关注结果；要通过有效的过程管理，实现卓越的结果。

8）学习、改进与创新。培育学习型组织和个人是组织追求卓越的基础，传承、改进和创新是组织持续发展的关键。

9）系统管理。将组织视为一个整体，以科学、有效的方法，实现组织经营管理的统筹规划、协调一致，提高组织管理的有效性和效率。

4. 卓越绩效评价准则的结构

卓越绩效评价准则从七个方面（也称七个**类目**）规定了组织卓越绩效的评价要求：领导，战略，顾客与市场，资源，过程管理，测量、分析与改进，以及结果。其中前六个方面是有关过程的要求，称为过程类条款，第七个方面是有关结果的，称为结果类条款。过程的输出就是结果，结果通过过程取得。

在 GB/Z 19579—2012《卓越绩效评价准则实施指南》的附录 A（资料性附录）"卓越绩效评价准则框架图与评分条款分值表"中，提出了卓越绩效评价准则框架图（见图 5-45）。该框架图形象而清楚地反映了组织概述、卓越绩效评价准则中 4.1～4.7 七个方面评价要求之间的关系。

在图的左侧：由"4.1 领导""4.2 战略"和"4.3 顾客与市场"三部分构成了"领导作用"三角，是驱动性的，旨在强调"领导"对"战略"和"顾客与市场"的关注。在图的右侧：由"4.4 资源""4.5 过程管理"和"4.7 结果"三部分构成了"资源、过程和结果"三角，是从动性的，显示利用资源，通过过程管理取得结果。在图的下部："4.6 测量、分析与改进"构成了组织运作的

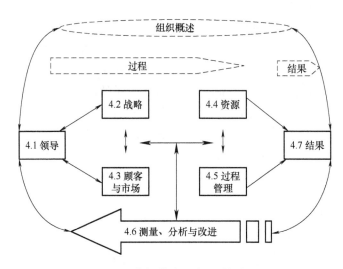

图 5-45　卓越绩效评价准则框架图

基础，是连接两个三角的"链条"，推动着组织的改进和创新。图中正上方的"组织概述"框图，包括组织的环境、关系和挑战，显示了组织运营的关键因素和背景状况（因为不是 GB/T 19580 的正式条款，所以用虚线描绘）。

图中，用"过程"和"结果"两个虚线的箭头框图，以及"4.6 测量、分析与改进"的实线箭头框图，表明了"过程"类条款（4.1~4.6）和"结果"类条款（4.7）的逻辑关系。**卓越绩效模式旨在通过卓越的过程获得卓越的结果**，并基于结果的测量、分析，驱动过程的改进和创新，即应对评价准则的要求、确定、展开组织的方法，并定期评价、改进、创新和分享，使之达到一致、整合，从而不断提升组织的整体结果，赶超竞争对手和标杆，获得卓越的绩效，实现组织的持续发展和成功。

5. 与卓越绩效评价准则有关的术语

说明：方框里面的内容是 GB/T 19580 中的术语和定义条款。

3.1　卓越绩效 performance excellence

　　通过综合的组织绩效管理方法，为顾客、员工和其他相关方不断创造价值，提高组织整体的绩效和能力，促进组织获得持续发展和成功。

3.2　使命 mission

　　组织存在的价值，是组织所应承担并努力实现的责任。

3.3　愿景 vision

　　组织对未来的展望，是组织实现整体发展方向和目的的理想状态。

3.4　价值观 values

组织所崇尚文化的核心，是组织行为的基本原则。

3.5　治理 governance

在组织的监管中实行的管理和控制系统。包括批准战略方向、监视和评价高层领导绩效、财务审计、风险管理、信息披露等活动。

3.6　标杆 benchmarks

针对相似的活动，其过程和结果代表组织所在行业的内部或外部最佳的经营实践和绩效。

3.7　关键过程 key processes

为组织、顾客和其他相关方创造重要价值或做出重要贡献的过程。

5.8.2　卓越绩效评价准则的内容

GB/T 19580 的第 1 章为"范围"，第 2 章为"规范性引用文件"，第 3 章为"术语和定义"，第 4 章"评价要求"是标准的主体内容，共包括 7 个方面条款（4.1～4.7），其中过程类条款 4.1～4.6 含有 17 个评分条款，结果类条款 4.7 含有 6 个评分条款（共 23 个评分条款）。下面介绍 GB/T 19580 第 4 章"评价要求"7 个方面条款的内容概要。

1. 领导（GB/T 19580 4.1 条款）

评价组织高层领导的作用、组织治理及组织履行社会责任的情况。包括 3 个评分条款——4.1.2 高层领导的作用、4.1.3 组织治理、4.1.4 社会责任。

2. 战略（GB/T 19580 4.2 条款）

评价组织的战略及其目标的制定、部署及进展情况。包括 2 个评分条款——4.2.2 战略制定、4.2.3 战略部署。

3. 顾客与市场（GB/T 19580 4.3 条款）

评价组织确定顾客和市场的需求、期望和偏好以及建立顾客关系、确定影响顾客满意程度关键因素的方法。包括 2 个评分条款——4.3.2 顾客和市场的了解、4.3.3 顾客关系与顾客满意。

4. 资源（GB/T 19580 4.4 条款）

评价组织的人力、财务、信息和知识、技术、基础设施和相关方关系等资源管理的情况。包括 6 个评分条款——4.4.2 人力资源、4.4.3 财务资源、4.4.4 信息和知识资源、4.4.5 技术资源、4.4.6 基础设施、4.4.7 相关方关系。

5. 过程管理（GB/T 19580 4.5 条款）

评价组织的过程识别、设计、实施与改进的情况。适用时，鼓励将组织的过程分为价值创造过程和支持过程。包括 2 个评分条款——4.5.2 过程的识别与

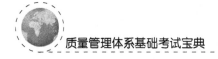

设计、4.5.3 过程的实施与改进。

6. 测量、分析与改进（GB/T 19580 4.6 条款）

评价组织测量、分析和评价绩效的方法及改进和创新的情况。包括 2 个评分条款——4.6.2 测量、分析和评价、4.6.3 改进与创新。

7. 结果（GB/T 19580 4.7 条款）

评价组织在主要经营方面的绩效和改进，包括产品和服务、顾客与市场、财务、资源、过程有效性和领导等方面的绩效。绩效水平应与竞争对手和（或）标杆对比并进行评价。包括 6 个评分条款——4.7.2 产品和服务结果、4.7.3 顾客与市场结果、4.7.4 财务结果、4.7.5 资源结果、4.7.6 过程有效性结果、4.7.7 领导方面的结果。

5.8.3 卓越绩效评价准则的评价方法

应用 GB/T 19580《卓越绩效评价准则》进行自我评价，其实质是对组织的各相关过程的成熟度及其结果进行评价。在 GB/Z 19579《卓越绩效评价准则实施指南》中，给出了基于量化打分形式（满分为 1000 分，其中"结果"条款占 400 分）的过程成熟度评价方法。过程、结果的成熟度都是六个等级。

组织的卓越绩效评价包括定性评价和定量评分，具体的评价指南参见 GB/Z 19579《卓越绩效评价准则实施指南》附录 A、附录 B 和附录 C。

GB/Z 19579《卓越绩效评价准则实施指南》的附录 A 是讲"卓越绩效评价准则框架图与评分条款分值表"。卓越绩效评价准则框架图已在前面 5.8.1 节之 4 介绍，此处不再赘述，评分条款分值表主要讲各条款所占的分值。

1. 卓越绩效评价——从组织概述开始

GB/Z 19579—2012《卓越绩效评价准则实施指南》附录 B：卓越绩效评价——从组织概述开始。

组织概述是组织的一幅快照，显示了组织运营的关键因素和背景状况。将组织概述作为卓越绩效评价的开始的重要性体现在：

1）是组织自我评价和编写质量奖申报材料时最恰当的开始点。

2）有助于组织关注其关键过程和结果，识别关键的潜在差距，以制订改进计划。

3）有助于评审员在材料评审、现场评审中，了解组织及组织认为重要的方面。

组织概述包括组织描述（含组织的环境、组织的关系）、组织面临的挑战（含竞争环境、战略挑战和优势、绩效改进系统）。

2. 评价方法

GB/Z 19579—2012《卓越绩效评价准则实施指南》附录 C：卓越绩效评价

要素和评分指南。

根据《卓越绩效评价准则》的评价要求和被评价组织的信息，按过程条款（4.1~4.6）的四个评价要素和结果条款（4.7）的四个评价要素，分别对过程、结果进行定性评价和定量评分。

1）对"过程"的评价。用方法—展开—学习—整合（Approach—Deployment—Learning—Integration，A—D—L—I）的四个要素评价组织过程的成熟度。

"方法"评价要点：

① 方法的适宜性，包括对标准评分条款要求和对组织实际的适宜程度。

② 方法的有效性，是否导致了好的结果。

③ 方法的系统性，包括可重复性以及基于可靠数据和信息的程度。

"展开"评价要点：

① 方法是否持续应用。

② 方法是否在所有适用的部门应用。

"学习"评价要点：

① 通过循环评价和改进，对方法进行不断完善。

② 鼓励通过创新对方法进行突破性的变革。

③ 在各相关部门、过程中分享方法的改进和创新。

"整合"评价要点：

① 方法与在组织概述和其他评分条款中确定的组织需要协调一致。

② 各过程、部门的方法协调一致、融合互补，支持组织使命、愿景和战略目标的实现。

2）对"结果"的评价。《卓越绩效评价准则》有六个方面的结果：产品和服务结果、顾客与市场结果、财务结果、资源结果、过程有效性结果、领导方面的结果。

用水平—趋势—对比—整合（Levels—Trends—Comparisons—Integration，Le—T—C—I）的四个要素评价组织结果的成熟度。

"水平"评价要点：

组织绩效的当前水平。

"趋势"评价要点：

① 组织绩效改进的速度（趋势数据的斜率）。

② 组织绩效改进的广度（展开的程度）。

"对比"评价要点：

① 与适宜的竞争对手或类似组织的对比绩效。

② 与标杆或行业领先者的对比绩效。

"整合"评价要点：

① 组织结果的测量指标与在"组织概述"和"过程"评分条款中确定的关键绩效要求及指标相呼应。

② 组织各过程、部门的结果协调一致，支持组织使命、愿景和战略目标的实现。

3）评分过程概要。依照评价准则对各条款的要求，逐条写下定性评语，再对照有关过程和结果的两类成熟度评分指南（可查询 GB/Z 19579《卓越绩效评价准则实施指南》附录 C）评定评分条款的得分百分比，与该评分条款的分值相乘，即为该评分条款的得分。最后，编写综合评价报告，并将所有评分条款的得分相加得出被评价组织的经营管理成熟度总分。在满分 1000 分的定量评分系统中，500 分是一个基本成熟的等级。

 同步练习强化

1. 单项选择题

1）GB/T 19580《卓越绩效评价准则》为组织追求卓越绩效提供了自我评价的准则，同时也可用于（　　）。

A. 认证审核
B. 质量奖评价
C. 合格评定
D. 产品评价

2）下列可用于评价组织管理成熟度的标准是（　　）。

A. GB/T 19001
B. GB/T 19011
C. GB/T 19580
D. GB/T 10015

3）《卓越绩效评价准则》标准中，"结果"关注的重点是组织的（　　）。

A. 过程有效性结果
B. 产品和服务结果
C. 综合绩效
D. 质量管理体系的有效性

4）依据 GB/T 19580《卓越绩效评价准则》，自我评价从（　　）开始。（真题）

A. 组织环境
B. 领导作用
C. 战略
D. 组织概述

5）卓越绩效评价准则对"过程"的评价，应按（　　）四个要素评价组织的过程成熟程度。（真题）

A. 方法—展开—学习—整合
B. 方法—学习—展开—整合
C. 方法—展开—整合—学习
D. 整合—展开—学习—方法

6）《卓越绩效评价准则》对"过程"成熟度评价的四个要素是方法—展开—学习—（　　）。

A. 改进   B. 检查

C. 整合   D. 反馈

7）下列标准中，（　　　）规定了组织卓越绩效的评价要求。

A. GB/T 19001   B. GB/T 19580

C. GB/Z 19579   D. GB/T 19004

8）《卓越绩效评价准则》中，"社会责任"评分条款属于（　　　）方面。

A. 领导   B. 顾客与市场

C. 资源   D. 结果

9）《卓越绩效评价准则》国家标准主体内容，共包括 7 个方面和（　　　）个评分条款。

A. 21   B. 22

C. 23   D. 24

10）《卓越绩效评价准则》对"结果"的评价，应按（　　　）四个要素评价组织的结果成熟程度。

A. 水平—趋势—对比—整合   B. 方法—展开—学习—整合

C. 水平—对比—趋势—整合   D. 对比—水平—趋势—整合

11）标杆是指针对相似的活动，其过程和结果（　　　）最佳的运作实践和绩效。

A. 代表组织所在行业的内部和外部

B. 仅代表组织所在行业内部

C. 仅代表组织所在行业外部

D. 代表组织所在行业的内部或外部

12）《卓越绩效评价准则》过程管理中的过程可分为（　　　）。

A. 一般过程与特殊过程   B. 一般过程与关键过程

C. 价值创造过程与支持过程   D. 生产过程与服务过程

13）同 1SO 9001 质量管理体系审核相比，依据《卓越绩效评价准则》对企业的管理进行评价属于（　　　）。

A. 合格评定   B. 第三方审核

C. 符合性评价   D. 成熟度评价

14）按照 GB/T 19580 的描述，（　　　）是组织的一幅快照，显示了组织运营的关键因素和背景状况。

A. 组织概述   B. 组织治理

C 组织概况   D. 组织环境

2. 多项选择题

1）卓越绩效评价准则的基本理念包括（　　　）。

A. 远见卓识的领导、战略导向　　　B. 顾客驱动、社会责任

C. 以人为本、合作共赢　　　　　　D. 系统管理、关系管理

2）《卓越绩效评价准则》从七个方面规定了组织卓越绩效的评价要求，包括（　　）。

A. 领导，战略　　　　　　　　　　B. 顾客与市场，资源

C. 过程管理，测量、分析与改进　　D. 结果

3）《卓越绩效评价准则》从七个方面规定了组织卓越绩效的评价要求，其中"结果"的评价要求包括（　　）。

A. 产品和服务结果、顾客与市场结果

B. 财务结果、资源结果

C. 过程有效性结果、领导方面的结果

D. 顾客满意度结果、相关方满意度结果

4）下列关于《卓越绩效评价准则》的说法中，正确的是（　　）。

A. 所谓结果，主要是指组织的财务绩效

B. 用于评价过程成熟度的四个要素是：方法、展开、学习和整合

C. 卓越绩效模式旨在通过卓越的过程获得卓越的结果

D. 在"领导"类目中，具体规定了对组织战略制定和部署的要求

5）卓越绩效评价，从组织概述开始。组织概述包括（　　）。

A. 组织的环境　　　　　　　　　　B. 组织的关系

C. 战略挑战和优势　　　　　　　　D. 绩效改进系统

6）《卓越绩效评价准则》国家标准主要用途是（　　）。

A. 为组织追求卓越提供自我评价的准则

B. 作为管理体系符合性评价的依据

C. 用于绿色产品认证

D. 用于质量奖的评价

7）《卓越绩效评价准则》国家标准中，有关过程的条款包括（　　）。

A. 领导，战略，顾客与市场　　　　B. 测量、分析和改进

C. 运行，绩效评价　　　　　　　　D. 资源，过程管理

8）将组织概述作为卓越绩效评价的开始的重要性体现在（　　）。

A. 是组织自我评价时最恰当的开始点

B. 有助于组织关注其关键过程和结果，识别关键的潜在差距，以制订改进计划

C. 有助于减少自评报告的篇幅

D. 有助于评审员了解组织及组织认为重要的方面

9）《卓越绩效评价准则》框架图中，由（　　）三部分构成了"领导作

用"三角，是驱动性的。

A. 领导   B. 战略

C. 资源   D. 顾客与市场

10)《卓越绩效评价准则》框架图中，（ ）构成了从动性的取得最终结果的三角形。

A. 领导   B. 过程管理

C. 资源   D. 结果

3. 判断题

1)《卓越绩效评价准则》仅适用于质量奖的评审。 （ ）

2)《卓越绩效评价准则》中，用方法—展开—学习—整合四个要素评价组织的结果成熟程度。 （ ）

3)《卓越绩效评价准则》对"过程"的评价，应按"方法—展开—学习—整合"四个要素评价组织的过程成熟程度。 （ ）

4)《卓越绩效评价准则》中，关键过程是为组织创造重要价值或做出重要贡献的过程。 （ ）

5)批准战略方向、监视和评价高层领导的绩效、财务审计、信息披露等活动都是组织治理的内容。（真题） （ ）

6)价值观是指组织所崇尚文化的核心，是组织行为的基本原则。 （ ）

7)《卓越绩效评价准则》中，组织的使命是指组织对未来的展望，是组织实现整体发展方向和目的的理想状态。 （ ）

 答案点拨解析

1. 单项选择题

题号	答案	解　析
1	B	见本书5.8.1节之1
2	C	见本书5.8.1节。卓越绩效评价属于管理是否卓越的成熟度评价，我们常见的ISO 9001认证属于管理是否合格的符合性评定
3	C	见本书5.8.2节之7。GB/T 19580标准"4.7结果"条款是评价组织在主要经营方面的绩效和改进，包括产品和服务、顾客与市场、财务、资源、过程有效性和领导等方面的绩效。是评价组织的综合绩效
4	D	见本书5.8.3节之1
5	A	见本书5.8.3节之2之1)

（续）

题号	答案	解　析
6	C	见本书5.8.3节之2之1)
7	B	见本书5.8.1节
8	A	见本书5.8.2节之1
9	C	见本书5.8.2节
10	A	见本书5.8.3节之2之2)
11	D	见本书5.8.1节之5（GB/T 19580标准之3.6条款）
12	C	见本书5.8.2节之5（GB/T 19580标准之4.5.1条款）
13	D	见本书5.8.3节
14	A	见本书5.8.3节之1

2. 多项选择题

题号	答案	解　析
1	ABC	见本书5.8.1节之3
2	ABCD	见本书5.8.1节之4
3	ABC	见本书5.8.2节之7
4	BC	对组织战略制定和部署的要求，属于"战略"类目，所以D选项错误。结果有6个方面，所以A选项错误
5	ABCD	见本书5.8.3节之1
6	AD	见本书5.8.1节之1
7	ABD	见本书5.8.1节之4
8	ABD	见本书5.8.3节之1
9	ABD	见本书5.8.1节之4
10	BCD	见本书5.8.1节之4

3. 判断题

题号	答案	解　析
1	×	见本书5.8.1节之2。卓越绩效评价准则适用于质量奖的评审以及组织的自我评价
2	×	见本书5.8.3节之2之1)。用方法—展开—学习—整合四个要素评价组织的过程成熟程度
3	√	见本书5.8.3节之2之1)
4	×	见本书5.8.1节之5（GB/T 19580之3.7条款），关键过程是指为组织、顾客和其他相关方创造重要价值或做出重要贡献的过程

（续）

题号	答案	解 析
5	√	见本书 5.8.1 节之 5（GB/T 19580 之 3.5 条款），治理：在组织的监管中实行的管理和控制系统。包括批准战略方向、监视和评价高层领导绩效、财务审计、风险管理、信息披露等活动
6	√	见本书 5.8.1 节之 5（GB/T 19580 之 3.4 条款）
7	×	见本书 5.8.1 节之 5（GB/T 19580 之 3.2 条款），使命是组织存在的价值，是组织所应承担并努力实现的责任。GB/T 19580 之 3.3 条款：愿景是组织对未来的展望，是组织实现整体发展方向和目的的理想状态

第 3 部分

法律法规和其他要求

第 6 章
法律法规和其他要求考点解读

考试大纲要求

法律法规和其他要求包括：

1) 《中华人民共和国民法典》第三编合同。

2) 《中华人民共和国消费者权益保护法》。

3) 《中华人民共和国产品质量法》。

4) 中国认证认可协会相关人员注册与管理要求。

6.1 法律法规基础知识

考点知识讲解

说明：法律法规基础知识不是考试大纲的要求，但了解这些基础知识有利于了解具体的法律法规。

6.1.1 法的特征与分类

1. 法的特征

1) 法是由特定的国家机关制定的。

2) 法是依照特定程序制定的。

3) 法具有国家强制性。

4) 法是调整人们行为的社会规范。

2. 法的分类

1) 按照法的创立和表现**形式**进行分类：成文法和不成文法（如判例、习惯法）。

2) 按照其法律地位和法律效力的**层级**进行分类：宪法、法律、行政法规、地方性法规和行政规章。

3）按照法律规定**内容**的不同进行分类：实体法和程序法。

4）按照法律的内容和效力**强弱**进行分类：宪法性法律和普通法律。

5）按照法律效力**范围**进行分类：特别法和一般法（普通法）。

6.1.2　法的制定主体和表现形式

表6-1列出了法的制定主体和表现形式。

表6-1　法的制定主体和表现形式

法 的 形 式	制 定 主 体	表 现 形 式
宪法	全国人民代表大会	宪法
法律	全国人民代表大会及其常委会	《×××法》
行政法规	国务院	《×××条例》
地方性法规、自治条例、单行条例	省、自治区、直辖市、设区的市的人民代表大会及其常委会	《地名×××条例》
部门规章	国务院各部委	《×××规定/办法/细则》
地方政府规章	省、自治区、直辖市、设区的市、自治州人民政府	《地名×××规定/办法/细则》

6.1.3　法的效力层级

1. 法的纵向关系

法的纵向关系是宪法至上、上位法高于下位法，如图6-1所示。

图6-1　法的纵向关系

宪法具有最高法律权威，是制定普通法的依据，普通法的内容必须符合宪法的规定，与宪法内容相抵触的法律无效。法律是产品质量法律体系中的上位法，居于整个体系的最高层级，其法律地位和效力高于行政法规、地方性法规、部门规章、地方政府规章等下位法。

2. 法的横向关系（法的横向冲突）

法的横向关系（法的横向冲突）见表6-2。同一层级的法律文件在同一问题上有不同规定时，在法律适用上是单行法优于综合法、特别法优于一般法（普通法）。

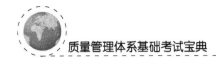

表 6-2　法的横向关系（法的横向冲突）

制定机关	冲突类别	处理方式
同一机关制定	特别的与一般的冲突	按特别的
	新的与旧的冲突	按新的
	新的一般与旧的特别冲突	不按新的也不按特别的，谁制定谁裁决
不同机关制定	地方法规与部门规章冲突	国务院认为应适用地方法规，国务院裁决
		国务院认为应当适用部门规章，提请全国人民代表大会常委会裁决
	A 部门规章与 B 部门规章冲突	国务院裁决
	部门规章与地方政府规章冲突	

 同步练习强化

1. 单项选择题

1）下列关于我国产品质量法律体系的基本框架和效力的说法，正确的是（　　）。

A. 产品质量立法可分为上位法和下位法，法律是产品质量法律体系中的上位法

B. 产品质量法规可分为行政法规、部门法规和地方性法规

C. 产品质量行政法规可分为国务院行政法规、部门行政法规和地方行政法规

D. 产品质量行政规章可分为国务院规章、部门规章和地方政府规章

2）某省人民代表大会常委会公布实施了《某省产品质量条例》，随后省政府公布实施了《某省生产经营单位产品质量主体责任规定》。下列关于两者法律地位和效力的说法，正确的是（　　）。

A. 《某省产品质量条例》属于行政法规

B. 《某省生产经营单位产品质量主体责任规定》属于地方性法规

C. 《某省产品质量条例》和《某省生产经营单位产品质量主体责任规定》具有同等法律效力

D. 《某省生产经营单位产品质量主体责任规定》可以对《某省产品质量条例》没有规定的内容做出规定

3）《建设工程质量管理条例》属于（　　）。

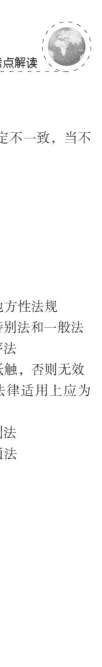

A. 法律　　　　　　　　　　　B. 行政法规

C. 部门规章　　　　　　　　　D. 司法解释

4）行政法规之间对同一事项的新的一般规定与旧的特别规定不一致，当不能确定如何适用时，由（　　　）裁决。

A. 最高人民法院

B. 国务院

C. 全国人民代表大会

D. 全国人民代表大会常务委员会

2. 多项选择题

1）下列关于法的分类和效力的说法，正确的有（　　　）。

A. 行政规章可以分为部门规章和地方政府规章，效力高于地方性法规

B. 按照法律的内容和效力强弱进行分类，可以将法律分为特别法和一般法

C. 按照法律规定的内容不同，可以将法律分为实体法和程序法

D. 宪法在我国具有最高的法律效力，任何法律都不能与其抵触，否则无效

2）同一层级的法律文件在同一问题上有不同规定时，在法律适用上应为（　　　）。

A. 上位法优于下位法　　　　　B. 普通法优于特别法

C. 单行法优于综合法　　　　　D. 特别法优于普通法

3）下列国家机关中，有权制定地方性法规的有（　　　）。

A. 省、自治区、直辖市的人民代表大会及其常委会

B. 省、自治区、直辖市的人民政府

C. 省级人民政府所在地的市级人民代表大会及其常委会

D. 省级人民政府所在地的市级人民政府

4）关于法的效力层级，下列表述正确的是（　　　）。

A. 宪法至上

B. 上位法优于下位法

C. 特别法优于普通法

D. 新法优于旧法

3. 判断题

1）产品质量行政法规可分为国务院行政法规、部门行政法规和地方行政法规。　　　　　　　　　　　　　　　　　　　　　　　　　　（　　　）

2）按照法律的内容和效力强弱分类，可以将法律分为特别法和一般法。　　　　　　　　　　　　　　　　　　　　　　　　　　　　（　　　）

3）行政法规的法律地位和法律效力次于宪法和法律，但高于部门规章、地方性法规。　　　　　　　　　　　　　　　　　　　　　　　（　　　）

 答案点拨解析

1. 单项选择题

题号	答案	解　析
1	A	见本书6.1.2节。只有部门规章，没有部门法规，所以 B 选项、C 选项错误；没有国务院规章，所以 D 选项错误
2	D	见本书6.1.2节、6.1.3节。行政法规是国务院制定的，所以 A 选项错误；《地名×××规定》是地方政府规章，不是地方性法规，所以 B 选项错误；《某省产品质量条例》是地方性法规，《某省生产经营单位产品质量主体责任规定》是地方政府规章，前者效力大于后者，所以 C 选项错误
3	B	见本书6.1.2节
4	B	见本书6.1.3节之2之表6-2。当新的一般与旧的特别冲突时，不按新的也不按特别的，而是谁制定谁裁决。行政法规是国务院制定的，所以新的一般与旧的特别冲突时，由国务院裁决

2. 多项选择题

题号	答案	解　析
1	CD	见本书6.1.1节之2、6.1.3节之1
2	CD	见本书6.1.3节之2。上位法、下位法不属于同一层级，所以 A 选项排除
3	AC	见本书6.1.2节
4	ABCD	见本书6.1.3节

3. 判断题

题号	答案	解　析
1	×	见本书6.1.2节。只有部门规章，没有部门行政法规
2	×	见本书6.1.1节之2之4）。按照法律的内容和效力强弱进行分类，可将法律分为宪法性法律和普通法律
3	√	见本书6.1.3节之1

6.2 《中华人民共和国民法典》第三编　合同

6.2.1　通则——一般规定、合同的订立、合同的效力

 考点知识讲解

说明：方框里面的内容是法律条款摘选。

第一分编　通则
第一章　一般规定
第四百六十四条　合同是民事主体之间设立、变更、终止民事法律关系的协议。

婚姻、收养、监护等有关身份关系的协议，适用有关该身份关系的法律规定；没有规定的，可以根据其性质参照适用本编规定。

第四百六十七条　本法或者其他法律没有明文规定的合同，适用本编通则的规定，并可以参照适用本编或者其他法律最相类似合同的规定。

在中华人民共和国境内履行的中外合资经营企业合同、中外合作经营企业合同、中外合作勘探开发自然资源合同，适用中华人民共和国法律。

第二章　合同的订立
第四百六十九条　当事人订立合同，可以采用书面形式、口头形式或者其他形式。

书面形式是合同书、信件、电报、电传、传真等可以有形地表现所载内容的形式。

以电子数据交换、电子邮件等方式能够有形地表现所载内容，并可以随时调取查用的数据电文，视为书面形式。

第四百七十一条　当事人订立合同，可以采取要约、承诺方式或者其他方式。

第四百七十二条　要约是希望与他人订立合同的意思表示，该意思表示应当符合下列条件：

（一）内容具体确定；

（二）表明经受要约人承诺，要约人即受该意思表示约束。

第四百七十三条　要约邀请是希望他人向自己发出要约的表示。拍卖公告、招标公告、招股说明书、债券募集办法、基金招募说明书、商业广告和宣传、寄送的价目表等为要约邀请。

商业广告和宣传的内容符合要约条件的，构成要约。

第四百七十五条　要约可以撤回。要约的撤回适用本法第一百四十一条的规定。

第四百七十六条　要约可以撤销，但是有下列情形之一的除外：

（一）要约人以确定承诺期限或者其他形式明示要约不可撤销；

（二）受要约人有理由认为要约是不可撤销的，并已经为履行合同做了合理准备工作。

第四百七十七条　撤销要约的意思表示以对话方式做出的，该意思表示的内容应当在受要约人做出承诺之前为受要约人所知道；撤销要约的意思表示以非对话方式做出的，应当在受要约人做出承诺之前到达受要约人。

第四百七十八条　有下列情形之一的，要约失效：

（一）要约被拒绝；

（二）要约被依法撤销；

（三）承诺期限届满，受要约人未做出承诺；

（四）受要约人对要约的内容做出实质性变更。

第四百七十九条　承诺是受要约人同意要约的意思表示。

第四百八十条　承诺应当以通知的方式做出；但是，根据交易习惯或者要约表明可以通过行为做出承诺的除外。

第四百八十五条　承诺可以撤回。承诺的撤回适用本法第一百四十一条的规定。

第四百八十六条　受要约人超过承诺期限发出承诺，或者在承诺期限内发出承诺，按照通常情形不能及时到达要约人的，为新要约；但是，要约人及时通知受要约人该承诺有效的除外。

第四百八十八条　承诺的内容应当与要约的内容一致。受要约人对要约的内容做出实质性变更的，为新要约。有关合同标的、数量、质量、价款或者报酬、履行期限、履行地点和方式、违约责任和解决争议方法等的变更，是对要约内容的实质性变更。

第四百九十一条　当事人采用信件、数据电文等形式订立合同要求签订确认书的，签订确认书时合同成立。

当事人一方通过互联网等信息网络发布的商品或者服务信息符合要约条件的，对方选择该商品或者服务并提交订单成功时合同成立，但是当事人另有约定的除外。

第四百九十二条　承诺生效的地点为合同成立的地点。

采用数据电文形式订立合同的，收件人的主营业地为合同成立的地点；没有主营业地的，其住所地为合同成立的地点。当事人另有约定的，按照其约定。

第四百九十三条 当事人采用合同书形式订立合同的，最后签名、盖章或者按指印的地点为合同成立的地点，但是当事人另有约定的除外。

第四百九十五条 当事人约定在将来一定期限内订立合同的认购书、订购书、预订书等，构成预约合同。

当事人一方不履行预约合同约定的订立合同义务的，对方可以请求其承担预约合同的违约责任。

第四百九十六条 格式条款是当事人为了重复使用而预先拟定，并在订立合同时未与对方协商的条款。

采用格式条款订立合同的，提供格式条款的一方应当遵循公平原则确定当事人之间的权利和义务，并采取合理的方式提示对方注意免除或者减轻其责任等与对方有重大利害关系的条款，按照对方的要求，对该条款予以说明。提供格式条款的一方未履行提示或者说明义务，致使对方没有注意或者理解与其有重大利害关系的条款的，对方可以主张该条款不成为合同的内容。

第四百九十七条 有下列情形之一的，该格式条款无效：

（一）具有本法第一编第六章第三节和本法第五百零六条规定的无效情形；

（二）提供格式条款一方不合理地免除或者减轻其责任、加重对方责任、限制对方主要权利；

（三）提供格式条款一方排除对方主要权利。

第四百九十八条 对格式条款的理解发生争议的，应当按照通常理解予以解释。对格式条款有两种以上解释的，应当做出不利于提供格式条款一方的解释。格式条款和非格式条款不一致的，应当采用非格式条款。

第五百条 当事人在订立合同过程中有下列情形之一，造成对方损失的，应当承担赔偿责任：

（一）假借订立合同，恶意进行磋商；

（二）故意隐瞒与订立合同有关的重要事实或者提供虚假情况；

（三）有其他违背诚信原则的行为。

第三章 合同的效力

第五百零三条 无权代理人以被代理人的名义订立合同，被代理人已经开始履行合同义务或者接受相对人履行的，视为对合同的追认。

第五百零四条　法人的法定代表人或者非法人组织的负责人超越权限订立的合同，除相对人知道或者应当知道其超越权限外，该代表行为有效，订立的合同对法人或者非法人组织发生效力。

第五百零六条　合同中的下列免责条款无效：

（一）造成对方人身损害的；

（二）因故意或者重大过失造成对方财产损失的。

第五百零七条　合同不生效、无效、被撤销或者终止的，不影响合同中有关解决争议方法的条款的效力。

 同步练习强化

1. 单项选择题

1）合同是民事主体之间设立、变更、终止民事法律关系的（　　）。

A. 约定　　　　　　　　　　　　B. 意见

C. 协议　　　　　　　　　　　　D. 承诺

2）下列说法错误的是（　　）。

A. 当事人订立合同可以采用书面形式，口头形式或者其他形式

B. 当事人订立合同可以采用要约、承诺方式或者其他方式

C. 要约不可以撤回

D. 承诺是受要约人同意要约的意思表示

3）下列行为属于要约的是（　　）。

A. 患有严重精神病的贾某向王某声明家里有一台电视，并以500元的价格出售

B. 甲公司在某报纸上发布招标说明书

C. 甲在电视上做广告，出售一台二手洗衣机，广告中注明："本广告所载商品售予最先支付现金的人"

D. 小明对小王说："我打算卖掉祖母传下来的一对手镯"

4）合同订立过程中，下列行为属于要约的是（　　）。

A. 招标　　　　　　　　　　　　B. 授标

C. 竞标　　　　　　　　　　　　D. 评标

5）（　　）是受要约人同意要约的意思表示。

A. 承诺　　　　　　　　　　　　B. 答应

C. 应承　　　　　　　　　　　　D. 同意

6）关于承诺的正确表述为（　　）。

A. 承诺不得撤回，但可以反撤销

B. 受要约人超过承诺期限发出承诺的，除要约人及时通知受要约人该承诺失效的以外，为有效

C. 承诺可以撤销，撤销承诺的通知应当在承诺通知到达要约人之前或者与承诺通知同时到达要约人

D. 受要约人超过承诺期限发出承诺的，除要约人及时通知受要约人该承诺有效的以外，为新要约

7) 当事人采用信件、数据电文等形式订立合同要求签订确认书的，（　　）时合同成立。

A. 签订确认书　　　　　　　　　　B. 签收

C. 寄出　　　　　　　　　　　　　D. 到达特定系统

8) 承诺生效的地点为（　　）的地点。

A. 合同成立　　　　　　　　　　　B. 合同生效

C. 合同履行　　　　　　　　　　　D. 合同变更

9) 采用数据电文形式订立合同的，收件人的（　　）为合同成立的地点。

A. 家庭住址　　　　　　　　　　　B. 主营业地

C. 公司地址　　　　　　　　　　　D. IP 地址

10) 当事人采用合同书形式订立合同的，最后（　　）为合同成立的地点，但是当事人另有约定的除外。

A. 签收邮件的地点　　　　　　　　B. 签名、盖章或者按指印的地点

C. 打印合同的地点　　　　　　　　D. 达成签约意向的地点

11) 当事人约定在将来一定期限内订立合同的认购书、订购书、预订书等，构成（　　）合同。

A. 正式　　　　　　　　　　　　　B. 预备

C. 预约　　　　　　　　　　　　　D. 要约

12) 关于格式条款发生争议应如何处理：（　　）。

A. 对格式条款的理解发生争议的，应当按照通常理解予以解释

B. 对格式条款有两种以上解释的，应当做出有利于提供格式条款一方的解释

C. 格式条款和非格式条款不一致的，应当采用格式条款

D. 合同当事人可以主张该条款无效

13) 甲欲将其房屋出售给乙，双方准备签约，丙与甲素有怨仇，为破坏其卖房计划，丙找到乙表示有条件更好的房屋出售给乙，乙于是放弃购买甲的房屋。此后，由于根本没有房屋，丙借故终止与乙磋商。不料此时房屋价格大涨，乙因此遭受重大损失。丙的行为属于（　　）。

A. 违约应承担相应民事责任

B. 恶意磋商，应当承担缔约过失责任

C. 阻碍他人交易，应承担刑事责任

D. 不当商业行为，但不承担民事责任

14）某公司章程规定：公司的法人代表为王某，公司签订 200 万元以上的合同必须经过董事会共同决议。后王某擅自以公司名义与第三人李某签订一份金额为 300 万元的合同。王某的行为（   ）。

A. 有效   B. 无效

C. 可撤销   D. 效力待定

15）关于合同的效力，下列说法正确的是（   ）。

A. 无权代理人以被代理人的名义订立的合同可撤销

B. 法人的法定代表人或者非法人组织的负责人超越权限订立的合同，除相对人知道或者应当知道其超越权限外，该代表行为有效

C. 当事人超越经营范围订立的合同必然无效

D. 合同无效，其中有关解决争议方法的条款亦无效

2. 多项选择题

1）在中华人民共和国境内履行的（   ）适用中华人民共和国法律。

A. 中外合资经营企业合同

B. 中外合作经营企业合同

C. 中外合作勘探开发自然资源合同

D. 没有明文规定的合同

2）下列行为不属于要约的是（   ）。

A. 患有严重精神病的贾某向王某声明家里有一台电视，并以 500 元的价格出售

B. 甲公司在某报纸上发布招标说明书

C. 甲在电视上做广告，出售一台二手洗衣机，广告中注明："本广告所载商品售予最先支付现金的人"

D. 小明对小王说："我打算卖掉祖母传下来的一对手镯"

3）下列属于要约邀请的是（   ）。

A. 拍卖公告   B. 招标公告

C. 招股说明书   D. 债券募集办法

4）有关合同（   ）等的变更，是对要约内容的实质性变更。

A. 标的   B. 数量

C. 价款方式   D. 解决争议方式

5）采用数据电文形式订立合同的，收件人的下列地址中哪些地点可以成为

合同成立地点。（　　）

    A. 主营业地   B. 住所地

    C. 家庭住址   D. 当事人约定的地址

6）关于格式条款，下列说法正确的是（　　）。

    A. 提供格式条款一方应当遵循公平原则确定当事人之间的权利和义务

    B. 提供格式条款一方应采取合理方式提示对方

    C. 提供格式条款一方排除对方主要权利的，格式条款无效

    D. 提供格式条款一方不合理的免除其责任，加重对方责任的，格式条款无效

7）当事人在订立合同过程中有下列（　　）情形之一，造成对方损失的，应当承担赔偿责任。

    A. 假借订立合同，恶意进行磋商

    B. 故意隐瞒与订立合同有关的重要事实或者提供虚假情况

    C. 有其他违背诚信原则的行为

    D. 因不可抗力造成的

8）合同中下列哪些免责条款无效？（　　）

    A. 造成对方人身损害的

    B. 故意造成对方财产损失

    C. 重大过失造成对方财产损失

    D. 排除对方主要权利

9）合同（　　）的，不影响合同中有关解决争议方法的条款的效力。

    A. 不生效   B. 无效

    C. 被撤销   D. 终止

3. 判断题

1）合同不生效、无效、被撤销或者终止的，影响合同中有关解决争议方法的条款的效力。（　　）

2）法人的法定代表人或者非法人组织的负责人超越权限订立的合同，该代表行为无效，订立的合同对法人或者非法人组织不发生效力。（　　）

3）承诺必须以通知的方式做出。（　　）

4）当事人一方通过互联网等信息网络发布的商品或者服务信息符合要约条件的，对方选择该商品或者服务并提交订单成功时合同成立，但是当事人另有约定的除外。（　　）

5）无权代理人以被代理人的名义订立合同，被代理人已经开始履行合同义务或者接受相对人履行的，视为对合同的追认。（　　）

6）承诺可以撤回但不能撤销。（　　）

 答案点拨解析

1. 单项选择题

题号	答案	解　析
1	C	第四百六十四条
2	C	第四百七十五条　要约可以撤回
3	C	要约是希望和他人订立合同的意思表示；要约邀请是希望他人向自己发出要约的意思表示。要约对要约人具有约束力，受要约人的承诺送达，合同即成立。要约邀请可以撤回
4	C	同第3题，第四百七十三条
5	A	第四百七十九条　承诺是受要约人同意要约的意思表示
6	D	第四百八十六条、第四百八十五条　承诺可以撤回。没有承诺可以撤销条款
7	A	第四百九十一条
8	A	第四百九十二条
9	B	第四百九十二条
10	B	第四百九十三条
11	C	第四百九十五条
12	A	第四百九十八条
13	B	第五百条　（一）假借订立合同，恶意进行磋商
14	A	第五百零四条
15	B	第五百零四条

2. 多项选择题

题号	答案	解　析
1	ABC	第四百六十七条
2	ABD	根据第四百七十三条，B选项是要约邀请；A选项、D选项均不能成为要约
3	ABCD	第四百七十三条
4	ABD	第四百八十八条
5	ABD	第四百九十二条
6	ABCD	第四百九十六条、第四百九十七条
7	ABC	第五百条
8	ABC	第五百零六条
9	ABCD	第五百零七条

3. 判断题

题号	答案	解　　　　析
1	×	第五百零七条　合同不生效、无效、被撤销或者终止的，不影响合同中有关解决争议方法的条款的效力
2	×	第五百零四条　法人的法定代表人或者非法人组织的负责人超越权限订立的合同，除相对人知道或者应当知道其超越权限外，该代表行为有效，订立的合同对法人或者非法人组织发生效力
3	×	第四百八十条　承诺应当以通知的方式做出；但是，根据交易习惯或者要约表明可以通过行为做出承诺的除外
4	√	第四百九十一条
5	√	第五百零三条
6	√	第四百八十五条　没有承诺可以撤销的条款

6.2.2　通则——合同的履行、合同的保全、合同的变更和转让

 考点知识讲解

说明：方框里面的内容是法律条款摘选。

第四章　合同的履行

第五百零九条　当事人应当按照约定全面履行自己的义务。

当事人应当遵循诚信原则，根据合同的性质、目的和交易习惯履行通知、协助、保密等义务。

当事人在履行合同过程中，应当避免浪费资源、污染环境和破坏生态。

第五百一十条　合同生效后，当事人就质量、价款或者报酬、履行地点等内容没有约定或者约定不明确的，可以协议补充；不能达成补充协议的，按照合同相关条款或者交易习惯确定。

第五百一十一条　当事人就有关合同内容约定不明确，依据前条规定仍不能确定的，适用下列规定：

（一）质量要求不明确的，按照强制性国家标准履行；没有强制性国家标准的，按照推荐性国家标准履行；没有推荐性国家标准的，按照行业标准履行；没有国家标准、行业标准的，按照通常标准或者符合合同目的的特定标准履行。

（二）价款或者报酬不明确的，按照订立合同时履行地的市场价格履行；依法应当执行政府定价或者政府指导价的，依照规定履行。

（三）履行地点不明确，给付货币的，在接受货币一方所在地履行；交付不动产的，在不动产所在地履行；其他标的，在履行义务一方所在地履行。

（四）履行期限不明确的，债务人可以随时履行，债权人也可以随时请求履行，但是应当给对方必要的准备时间。

（五）履行方式不明确的，按照有利于实现合同目的的方式履行。

（六）履行费用的负担不明确的，由履行义务一方负担；因债权人原因增加的履行费用，由债权人负担。

第五百一十二条　通过互联网等信息网络订立的电子合同的标的为交付商品并采用快递物流方式交付的，收货人的签收时间为交付时间。电子合同的标的为提供服务的，生成的电子凭证或者实物凭证中载明的时间为提供服务时间；前述凭证没有载明时间或者载明时间与实际提供服务时间不一致的，以实际提供服务的时间为准。

电子合同的标的物为采用在线传输方式交付的，合同标的物进入对方当事人指定的特定系统且能够检索识别的时间为交付时间。

电子合同当事人对交付商品或者提供服务的方式、时间另有约定的，按照其约定。

第五百一十三条　执行政府定价或者政府指导价的，在合同约定的交付期限内政府价格调整时，按照交付时的价格计价。逾期交付标的物的，遇价格上涨时，按照原价格执行；价格下降时，按照新价格执行。逾期提取标的物或者逾期付款的，遇价格上涨时，按照新价格执行；价格下降时，按照原价格执行。

第五百一十四条　以支付金钱为内容的债，除法律另有规定或者当事人另有约定外，债权人可以请求债务人以实际履行地的法定货币履行。

第五百一十八条　债权人为二人以上，部分或者全部债权人均可以请求债务人履行债务的，为连带债权；债务人为二人以上，债权人可以请求部分或者全部债务人履行全部债务的，为连带债务。

连带债权或者连带债务，由法律规定或者当事人约定。

第五百一十九条　连带债务人之间的份额难以确定的，视为份额相同。

实际承担债务超过自己份额的连带债务人，有权就超出部分在其他连带债务人未履行的份额范围内向其追偿，并相应地享有债权人的权利，但是不得损害债权人的利益。其他连带债务人对债权人的抗辩，可以向该债务人主张。

被追偿的连带债务人不能履行其应分担份额的，其他连带债务人应当在相应范围内按比例分担。

第五百二十一条　连带债权人之间的份额难以确定的，视为份额相同。

实际受领债权的连带债权人，应当按比例向其他连带债权人返还。

连带债权参照适用本章连带债务的有关规定。

第五百二十三条　当事人约定由第三人向债权人履行债务，第三人不履行债务或者履行债务不符合约定的，债务人应当向债权人承担违约责任。

第五百二十五条　当事人互负债务，没有先后履行顺序的，应当同时履行。一方在对方履行之前有权拒绝其履行请求。一方在对方履行债务不符合约定时，有权拒绝其相应的履行请求。

第五百二十六条　当事人互负债务，有先后履行顺序，应当先履行债务一方未履行的，后履行一方有权拒绝其履行请求。先履行一方履行债务不符合约定的，后履行一方有权拒绝其相应的履行请求。

第五百二十七条　应当先履行债务的当事人，有确切证据证明对方有下列情形之一的，可以中止履行：

（一）经营状况严重恶化；

（二）转移财产、抽逃资金，以逃避债务；

（三）丧失商业信誉；

（四）有丧失或者可能丧失履行债务能力的其他情形。

当事人没有确切证据中止履行的，应当承担违约责任。

第五百三十二条　合同生效后，当事人不得因姓名、名称的变更或者法定代表人、负责人、承办人的变动而不履行合同义务。

第五章　合同的保全

第五百三十五条　因债务人怠于行使其债权或者与该债权有关的从权利，影响债权人的到期债权实现的，债权人可以向人民法院请求以自己的名义代位行使债务人对相对人的权利，但是该权利专属于债务人自身的除外。

代位权的行使范围以债权人的到期债权为限。债权人行使代位权的必要费用，由债务人负担。

相对人对债务人的抗辩，可以向债权人主张。

第五百三十八条　债务人以放弃其债权、放弃债权担保、无偿转让财产等方式无偿处分财产权益，或者恶意延长其到期债权的履行期限，影响债权人的债权实现的，债权人可以请求人民法院撤销债务人的行为。

第五百三十九条　债务人以明显不合理的低价转让财产、以明显不合理的高价受让他人财产或者为他人的债务提供担保，影响债权人的债权实现，债务人的相对人知道或者应当知道该情形的，债权人可以请求人民法院撤销债务人的行为。

第五百四十条　撤销权的行使范围以债权人的债权为限。债权人行使撤销权的必要费用，由债务人负担。

第五百四十一条　撤销权自债权人知道或者应当知道撤销事由之日起一年内行使。自债务人的行为发生之日起五年内没有行使撤销权的，该撤销权消灭。

第六章　合同的变更和转让

第五百四十三条　当事人协商一致，可以变更合同。

第五百四十四条　当事人对合同变更的内容约定不明确的，推定为未变更。

第五百四十五条　债权人可以将债权的全部或者部分转让给第三人，但是有下列情形之一的除外：

（一）根据债权性质不得转让；

（二）按照当事人约定不得转让；

（三）依照法律规定不得转让。

当事人约定非金钱债权不得转让的，不得对抗善意第三人。当事人约定金钱债权不得转让的，不得对抗第三人。

第五百四十六条　债权人转让债权，未通知债务人的，该转让对债务人不发生效力。

债权转让的通知不得撤销，但是经受让人同意的除外。

第五百五十一条　债务人将债务的全部或者部分转移给第三人的，应当经债权人同意。

债务人或者第三人可以催告债权人在合理期限内予以同意，债权人未作表示的，视为不同意。

第五百五十四条　债务人转移债务的，新债务人应当承担与主债务有关的从债务，但是该从债务专属于原债务人自身的除外。

第五百五十五条　当事人一方经对方同意，可以将自己在合同中的权利和义务一并转让给第三人。

第五百五十六条　合同的权利和义务一并转让的，适用债权转让、债务转移的有关规定。

同步练习强化

1. 单项选择题

1）甲买受人发现物有瑕疵后，即通知出卖人乙。乙表示愿与甲协商，但拖延两年后即以甲在法定期限内未主张物的瑕疵，而拒绝甲的请求。乙的行为（   ）

A. 无可责难，因甲未及时行使其权利

B. 出尔反尔，违背诚信原则

C. 有违道德和公序良俗原则

D. 违背自愿原则

2）合同生效后，当事人就质量要求不明确又不能达成补充协议的，应按照国家标准履行；没有国家标准、行业标准的，应按照（   ）履行。

A. 地区标准

B. 企业标准

C. 通常标准或符合合同目的的特定标准

D. 所有者标准

3）通过互联网等信息网络订立的电子合同的标的为交付商品并采用快递物流方式交付的，（   ）为交付时间。

A. 快递员的收件时间   B. 发货人的发货时间

C. 快递员的送货时间   D. 收件人的签收时间

4）《中华人民共和国民法典》规定，执行政府定价或者政府指导价的，在合同约定的交付期限内政府价格调整时，按照交付时的价格计价。逾期提取标的物或者逾期付款的，遇价格上涨时，按照（   ）。

A. 原价格执行   B. 双方当事人协商的价格执行

C. 新价格执行   D. 交付一方决定的价格执行

5）以支付金钱为内容的债，除法律另有规定或当事人另有约定外，债权人可以请求债务人以（   ）的法定货币履行。

A. 实际履行地   B. 合同签订地

C. 债权人住所地   D. 债务人住所地

6）连带债权人之间的份额难以确认的，视为份额（   ）。

A. 相同   B. 不相同

C. 不确定   D. 不清

7）事人约定由第三人向债权人履行债务，第三人不履行债务或者履行债务不符合约定的，（   ）应当向债权人承担违约责任。

A. 第三人 B. 债务人

C. 由第三人、债务人协商确定 D. 第三人、债务人共同

8）甲与乙签订了一份合同，约定由丙向甲履行债务，现丙履行债务的行为不符合合同的约定，甲有权（　　）。

A. 请求乙承担违约责任

B. 请求乙和丙共同承担违约责任

C. 请求丙承担违约责任

D. 请求乙或丙承担违约责任

9）企业法人代表发生了变更，但未到登记主管部门进行变更登记，原法人代表甲以公司名义与善意第三人乙签订了一买卖合同。下列表述正确的是（　　）。

A. 该合同无效，因甲已不是法人代表

B. 该合同有效，该企业应受合同约束

C. 该合同有效，但当事人是甲和乙

D. 该合同属效力未定，有待该企业的追认

10）甲为了能够出国深造，与乙中介公司签订了出国留学协议，支付了报名费、学费等费用15万余元。后甲发现被骗，找乙公司讨要说法，却发现乙公司已变更为丙公司。对此，下列说法正确的是（　　）。

A. 乙公司应承担侵权责任

B. 乙公司与丙公司无任何关系

C. 甲有权要求丙公司承担法律责任

D. 因乙公司已不存在，甲只能自认倒霉

11）债权人行使撤销权，自债务人的行为发生之日起（　　）年内没有行使的，该撤销权消灭。

A. 2 B. 3

C. 5 D. 6

12）撤销权自债权人知道或者应当知道撤销事由之日起（　　）行使。自债务人的行为发生之日起（　　）没有行使撤销权的，该撤销权消灭。

A. 一年内，三年内 B. 一年内，五年内

C. 90日内，三年内 D. 90日内，五年内

13）当事人对合同的变更的内容约定不明确的，推定为（　　）。

A. 变更 B. 未变更

C. 不明确变更 D. 未知变更

14）下列关于合同变更和转让的说法中，正确的是（　　）。

A. 当事人可以将自己在合同中的权利和义务一并转让给第三人，然后通知

对方即可

B. 合同转让是变更合同中规定的权利义务

C. 债权人可以将合同的权利全部转让给第三人

D. 债务人转让债务的，应当通知债权人

15）下列关于合同转让的说法，错误的是（   ）。

A. 债权人转让债权的，应当征得债务人同意

B. 债务人转让债务的，应当经债权人同意

C. 当事人一方经对方同意，可以将自己在合同中的权利和义务一并转让给第三人

D. 债务人转移义务的，新债务人应当承担与债务有关的从债务

16）债权人转让债权，未通知债务人的，该转让的效力（   ）。

A. 无效   B. 有效

C. 对债务人不发生效力   D. 待定

17）若债权人想要把合同的权利转移给合同外第三人，则需要（   ）。

A. 不必通知债务人   B. 应当通知债务人

C. 应当取得债务人同意   D. 以上均不对

18）债务人将债务的全部或者部分转移给第三人的，（   ）。

A. 应当通知债权人   B. 应当经债权人同意

C. 无须通知债权人   D. 无须经债权人同意

19）债务人将债务的全部或者部分转移给第三人的，应当经债权人同意。债务人或者第三人可以催告债权人在合理期限内予以同意，债权人未作表示的，视为（   ）。

A. 默认   B. 同意

C. 不同意   D. 拒绝

20）当事人应当遵循诚信原则，根据合同的性质、目的和（   ）履行通知、协助、保密等义务。

A. 交易习惯   B. 交易原则

C. 要求   D. 范围

2. 多项选择题

1）根据《中华人民共和国民法典》，当事人在履行合同过程中，应当避免（   ）。

A. 浪费资源   B. 污染环境

C. 破坏生态   D. 双方争议

2）下列关于合同履行说法正确的是（   ）。

A. 当事人应当按照约定全面履行自己的义务

B. 当事人应遵循诚信原则，根据合同的性质、目的和交易习惯履行通知、协助、保密等义务

C. 当事人在履行合同过程中，应当避免浪费资源、污染环境和破坏生态

D. 当事人在履行合同过程中，对履行地没有约定的，合同签订地为履行地

3）应当先履行债务的当事人，有确切证据证明对方有下列哪些情形的，可以中止履行？（　　）

A. 经营状况严重恶化

B. 丧失商业信誉

C. 转移财产、抽逃资金，以逃避债务

D. 有丧失或者可能丧失履行债务能力

4）甲欠乙 5 万元，到还款期后，甲多次称自己没钱而不归还，甲曾借给丙 6 万元，也已到期，但是甲未主动要求丙归还欠款，下列说法正确的有（　　）。

A. 乙可以通过法院代甲主张甲对丙的债权

B. 乙可以代位主张的债权为 6 万元

C. 乙可以代位主张的债权为 5 万元

D. 乙不能通过法院主张代位权

5）甲公司欠税 40 万元，税务局要查封其相应价值产品。甲公司经理说："乙公司欠我公司 60 万元货款，贵局不如行使代位权直接去乙公司收取现金。"该局遂通知乙公司缴纳甲公司的欠税，乙公司不配合。该局责令其限期缴纳，乙公司逾期未缴纳；该局随即采取了税收强制执行措施。关于税务局的行为，下列哪些选项是错误的？（　　）

A. 只要甲公司欠税，乙公司又欠甲公司货款，该局就有权行使代位权

B. 如代位权成立，即使乙公司不配合，该局也有权直接向乙公司行使

C. 本案中，该局有权责令乙公司限期缴纳

D. 本案中，该局有权向乙公司采取税收强制执行措施

6）债务人以（　　）等方式无偿处分财产权益，或者恶意延长其到期债权的履行期限，影响债权人的债权实现的，债权人可以请求人民法院撤销债务人的行为。

A. 放弃其债权　　　　　　　　　　B. 放弃债权担保

C. 无偿转让财产　　　　　　　　　D. 行使代位权

7）债务人的以下哪些行为影响债权人的债权实现，债权人可以请求人民法院撤销债务人的行为（　　）。

A. 债务人以明显不合理的低价转让财产

B. 债务人以明显不合理的高价受让他人财产

C. 债务人为他人的债务提供担保

D. 债务人归还其信用卡债务

8）债权人可以将债权的全部或者部分转让给第三人，但是有下列情形之一的除外（　　）。

　A. 根据债权性质不得转让　　　　　B. 按照当事人约定不得转让

　C. 未通知债务人的不得转让　　　　D. 依照法律规定不得转让

9）以下关于债权人及债务人的权责相关描述正确的有（　　）。（真题）

　A. 债权人行使代位权的费用，由债务人负担

　B. 债权人以放弃其债权、放弃债权担保，影响债权人的债权实现的，债权人可以请求人民法院撤销债权人的行为

　C. 撤销权的行使范围以债权人的债权为限，债权人行使撤销权的必要费用，由债务人负担

　D. 债务人影响债权人的债权实现的行为被撤销的，具有法律约束力

3. 判断题

1）当事人约定由第三人向债权人履行债务，第三人不履行债务或者履行债务不符合约定的，第三人应当向债权人承担违约责任。　　　　　　　　　　（　　）

2）当事人约定非金钱债权不得转让的，不得对抗第三人。当事人约定金钱债权不得转让的，不得对抗善意第三人。　　　　　　　　　　　　　　　（　　）

3）债权人转让债权的，应当征得债务人同意。　　　　　　　　　　（　　）

4）债务人将债务的全部或者部分转移给第三人的，应当经债权人同意。债务人或者第三人可以催告债权人在合理期限内予以同意，债权人未作表示的，视为默认。　　　　　　　　　　　　　　　　　　　　　　　　　　（　　）

 答案点拨解析

1. 单项选择题

题号	答案	解　　析
1	B	第五百零九条　当事人应当遵循诚信原则，根据合同的性质、目的和交易习惯履行通知、协助、保密等义务
2	C	第五百一十一条　（一）
3	D	第五百一十二条
4	C	第五百一十三条
5	A	第五百一十四条
6	A	第五百二十一条

（续）

题号	答案	解　析
7	B	第五百二十三条
8	A	第五百二十三条
9	B	第五百三十二条
10	C	第五百三十二条
11	C	第五百四十一条
12	B	第五百四十一条
13	B	第五百四十四条
14	C	根据第五百五十五条，A 选项错误；根据第五百四十三条，B 选项错误；根据第五百五十一条，D 选项错误；根据第五百五十六条、第五百四十五条，C 选项正确
15	A	根据第五百四十五条，债权人转让债权的，只须通知债务人，无须征得债务人同意
16	C	第五百四十六条
17	B	第五百五十六、第五百四十五条、第五百四十六条
18	B	第五百五十一条
19	C	第五百五十一条
20	A	第五百零九条

2. 多项选择题

题号	答案	解　析
1	ABC	第五百零九条
2	ABC	根据第五百一十一条（三），D 选项错误；根据第五百零九条，A 选项、B 选项、C 选项正确
3	ABCD	第五百二十七条
4	AC	第五百三十五条
5	ABCD	第五百三十五条，代位权需向人民法院请求
6	ABC	第五百三十八条
7	ABC	第五百三十九条
8	ABD	第五百四十五条
9	AC	根据第五百三十五条，可知 A 选项正确，根据第五百三十八条，可知 B 选项错误，根据第五百四十条，可知 C 选项正确，D 选项明显不符合逻辑

3. 判断题

题号	答案	解　　析
1	×	第五百二十三条　当事人约定由第三人向债权人履行债务，第三人不履行债务或者履行债务不符合约定的，债务人应当向债权人承担违约责任
2	×	第五百四十五条　当事人约定非金钱债权不得转让的，不得对抗善意第三人。当事人约定金钱债权不得转让的，不得对抗第三人
3	×	第五百四十五条、第五百四十六条　债权人转让债权的，无须征得债务人同意，但要通知债务人，否则对债务人不发生效力
4	×	第五百五十一条　债务人或者第三人可以催告债权人在合理期限内予以同意，债权人未作表示的，视为不同意

6.2.3 通则——合同的权利义务终止、违约责任

考点知识讲解

说明：方框里面的内容是法律条款摘选。

第七章　合同的权利义务终止

第五百五十七条　有下列情形之一的，债权债务终止：

（一）债务已经履行；

（二）债务相互抵销；

（三）债务人依法将标的物提存；

（四）债权人免除债务；

（五）债权债务同归于一人；

（六）法律规定或者当事人约定终止的其他情形。

合同解除的，该合同的权利义务关系终止。

第五百六十一条　债务人在履行主债务外还应当支付利息和实现债权的有关费用，其给付不足以清偿全部债务的，除当事人另有约定外，应当按照下列顺序履行：

（一）实现债权的有关费用；

（二）利息；

（三）主债务。

第五百六十二条　当事人协商一致，可以解除合同。

当事人可以约定一方解除合同的事由。解除合同的事由发生时，解除权人可以解除合同。

第五百六十三条　有下列情形之一的，当事人可以解除合同：

（一）因不可抗力致使不能实现合同目的；

（二）在履行期限届满前，当事人一方明确表示或者以自己的行为表明不履行主要债务；

（三）当事人一方迟延履行主要债务，经催告后在合理期限内仍未履行；

（四）当事人一方迟延履行债务或者有其他违约行为致使不能实现合同目的；

（五）法律规定的其他情形。

以持续履行的债务为内容的不定期合同，当事人可以随时解除合同，但是应当在合理期限之前通知对方。

第五百六十四条　法律规定或者当事人约定解除权行使期限，期限届满当事人不行使的，该权利消灭。

法律没有规定或者当事人没有约定解除权行使期限，自解除权人知道或者应当知道解除事由之日起一年内不行使，或者经对方催告后在合理期限内不行使的，该权利消灭。

第五百六十五条　当事人一方依法主张解除合同的，应当通知对方。合同自通知到达对方时解除；通知载明债务人在一定期限内不履行债务则合同自动解除，债务人在该期限内未履行债务的，合同自通知载明的期限届满时解除。对方对解除合同有异议的，任何一方当事人均可以请求人民法院或者仲裁机构确认解除行为的效力。

当事人一方未通知对方，直接以提起诉讼或者申请仲裁的方式依法主张解除合同，人民法院或者仲裁机构确认该主张的，合同自起诉状副本或者仲裁申请书副本送达对方时解除。

第五百六十六条　合同解除后，尚未履行的，终止履行；已经履行的，根据履行情况和合同性质，当事人可以请求恢复原状或者采取其他补救措施，并有权请求赔偿损失。

合同因违约解除的，解除权人可以请求违约方承担违约责任，但是当事人另有约定的除外。

主合同解除后，担保人对债务人应当承担的民事责任仍应当承担担保责任，但是担保合同另有约定的除外。

第五百六十七条　合同的权利义务关系终止，不影响合同中结算和清理条款的效力。

第五百六十八条 当事人互负债务，该债务的标的物种类、品质相同的，任何一方可以将自己的债务与对方的到期债务抵销；但是，根据债务性质、按照当事人约定或者依照法律规定不得抵销的除外。

当事人主张抵销的，应当通知对方。通知自到达对方时生效。抵销不得附条件或者附期限。

第五百六十九条 当事人互负债务，标的物种类、品质不相同的，经协商一致，也可以抵销。

第五百七十条 有下列情形之一，难以履行债务的，债务人可以将标的物提存：

（一）债权人无正当理由拒绝受领；

（二）债权人下落不明；

（三）债权人死亡未确定继承人、遗产管理人，或者丧失民事行为能力未确定监护人；

（四）法律规定的其他情形。

标的物不适于提存或者提存费用过高的，债务人依法可以拍卖或者变卖标的物，提存所得的价款。

第五百七十四条 债权人可以随时领取提存物。但是，债权人对债务人负有到期债务的，在债权人未履行债务或者提供担保之前，提存部门根据债务人的要求应当拒绝其领取提存物。

债权人领取提存物的权利，自提存之日起五年内不行使而消灭，提存物扣除提存费用后归国家所有。但是，债权人未履行对债务人的到期债务，或者债权人向提存部门书面表示放弃领取提存物权利的，债务人负担提存费用后有权取回提存物。

第八章 违约责任

第五百七十七条 当事人一方不履行合同义务或者履行合同义务不符合约定的，应当承担继续履行、采取补救措施或者赔偿损失等违约责任。

第五百八十条 当事人一方不履行非金钱债务或者履行非金钱债务不符合约定的，对方可以请求履行，但是有下列情形之一的除外：

（一）法律上或者事实上不能履行；

（二）债务的标的不适于强制履行或者履行费用过高；

（三）债权人在合理期限内未请求履行。

有前款规定的除外情形之一，致使不能实现合同目的的，人民法院或者仲裁机构可以根据当事人的请求终止合同权利义务关系，但是不影响违约责任的承担。

第五百八十二条　履行不符合约定的，应当按照当事人的约定承担违约责任。对违约责任没有约定或者约定不明确，依据本法第五百一十条的规定仍不能确定的，受损害方根据标的的性质以及损失的大小，可以合理选择请求对方承担修理、重作、更换、退货、减少价款或者报酬等违约责任。

第五百八十六条　当事人可以约定一方向对方给付定金作为债权的担保。定金合同自实际交付定金时成立。

定金的数额由当事人约定；但是，不得超过主合同标的额的百分之二十，超过部分不产生定金的效力。实际交付的定金数额多于或者少于约定数额的，视为变更约定的定金数额。

第五百八十七条　债务人履行债务的，定金应当抵作价款或者收回。给付定金的一方不履行债务或者履行债务不符合约定，致使不能实现合同目的的，无权请求返还定金；收受定金的一方不履行债务或者履行债务不符合约定，致使不能实现合同目的的，应当双倍返还定金。

第五百八十八条　当事人既约定违约金，又约定定金的，一方违约时，对方可以选择适用违约金或者定金条款。

定金不足以弥补一方违约造成的损失的，对方可以请求赔偿超过定金数额的损失。

第五百八十九条　债务人按照约定履行债务，债权人无正当理由拒绝受领的，债务人可以请求债权人赔偿增加的费用。

在债权人受领迟延期间，债务人无须支付利息。

第五百九十四条　因国际货物买卖合同和技术进出口合同争议提起诉讼或者申请仲裁的时效期间为四年。

 同步练习强化

1. 单项选择题

1）法律没有规定或者当事人没有约定解除权行使期限，自解除权人知道或者应当知道解除事由之日起（　　　）内不行使，或者经对方催告后在合理期限内不行使的，该权利消灭。

A. 六个月　　　　　　　　　　　　B. 九个月

C. 一年　　　　　　　　　　　　　D. 十八个月

2）当事人互负债务，标的物种类、品质不相同的，经协商一致，（　　　）。

A. 可以抵销　　　　　　　　　　　B. 不能抵销

C. 另行结算　　　　　　　　　　　D. 以上都可以

3）甲向乙借了 1 万元钱，合同约定半年后还款。半年后乙下落不明，甲无法按合同还钱。为履行合同，甲可以（　　）。

A. 解除合同　　　　　　　　　　　B. 终止履行合同

C. 撤销合同　　　　　　　　　　　D. 将该款项提存

4）债权人领取提存物的权利，自提存之日起（　　）内不行使而消灭，提存物扣除提存费用后归国家所有。

A. 二年　　　　　　　　　　　　　B. 三年

C. 五年　　　　　　　　　　　　　D. 十年

5）下列合同中一方违约，对方可以要求继续履行的是（　　）。

A. 某歌星不愿意履行到某地开个人演唱会的演出合同

B. 委托代理人不履行委托合同

C. 王某欠银行贷款 10 万元不还

D. 某博物馆从刘某处购买一古瓶，并支付了钱款，刘某在将古瓶送往博物馆途中不慎将其打碎，无法复原

6）甲公司在与乙公司协商购买某种零件时，由于该零件的工艺要求高，只有乙公司先行制造出符合要求的样品后，才能考虑批量购买。乙公司完成样品后，甲公司经营战略发生重大调整，遂通知乙公司，本公司已不需要此种零件，终止谈判。对此，下列哪项是正确的？（　　）

A. 甲公司不需要赔偿乙公司的任何损失

B. 甲公司的行为构成缔约过失，应当赔偿乙公司的损失

C. 甲公司的行为构成侵权行为，应当赔偿乙公司的损失

D. 甲公司构成违约，应该赔偿乙公司的损失

7）定金合同何时成立？（　　）

A. 合同签订时　　　　　　　　　　B. 签字

C. 登记　　　　　　　　　　　　　D. 实际交付定金时

8）陈某看中某一套住房，应销售方要求先付款 3 万元，销售出出具"收定金叁万元"的收据。后陈某放弃购买，销售方认为是陈某的原因导致房屋买卖合同不能订立，故已收取的 3 万元不予退还。对这一纠纷的处理，下列说法正确的是（　　）。

A. 该 3 万元是合同订立的担保，卖方可不予退还

B. 该 3 万元就是定金。卖方可不予退还

C. 该 3 万元只是预付款，卖方应当退还

D. 该 3 万元是定金，陈某应赔偿卖方 3 万元

9）定金的数额由当事人约定；但是不得超过主合同标的额的（　　），超过部分不产生定金的效力。实际交付的定金数额多于或者少于约定数额的，视

为变更约定的定金数额。

    A. 百分十五   B. 百分之二十

    C. 百分之三十   D. 百分之十

10）关于定金合同，下列说法正确的是（   ）。

    A. 定金合同自合同签订时生效

    B. 定金的数额由当事人约定，但不得超过主合同标的的百分之二十五

    C. 给付定金的一方不履行债务或者履行债务不符合约定，致使不能实现合同目的的，可以请求返还定金，但不能全额返还

    D. 收受定金的一方不履行债务或者履行债务不符合约定，致使不能实现合同目的的，应当双倍返还定金

11）小王在某楼盘看中了一套总价为100万元的房子，为表示诚意，他向开发商交付了10万元定金。同时，双方在购房合同中规定一旦出现违约，须赔偿给对方20万元违约金。后来，开发商私自将房子转卖给了出价更高的张某，并且办理了不动产登记手续。关于该案例，以下说法正确的是（   ）。

    A. 10万元定金数额超过了国家法定的定金限度

    B. 小王选择对方赔付违约金最多可以获得20万元

    C. 张某的购房行为是合法有效的

    D. 针对开发商的侵权行为，小王可以让对方同时赔偿违约金和定金

12）我国《中华人民共和国民法典》规定，当事人既约定违约金，又约定定金的，一方违约时，对方（   ）。（真题）

    A. 只能请求适用定金条款

    B. 只能请求适用违约金条款

    C. 可以请求同时适用定金条款和违约金条款

    D. 可以选择适用违约金或者定金条款

13）下列说法正确的是？（   ）

    A. 债务人按照约定展行债务，债权人无正当理由拒绝受领的，债务人无权请求债权人赔偿增加的费用

    B. 在债权人受领迟延期间，债务人无须支付利息

    C. 当事人都违反合同的，都无须承担责任

    D. 因国际货物买卖合同和技术进出口合同争议提起诉讼或者申请仲裁的时效期间为五年

14）根据《中华人民共和国民法典》的规定，因国际货物买卖合同和技术进出口合同争议提起诉讼或者申请仲裁的时效期间为（   ）。

    A. 两年   B. 三年

    C. 四年   D. 五年

15）根据《中华人民共和国民法典》，当事人一方不履行合同义务或者履行合同义务不符合约定的，应当承担继续履行、采取补救措施或者（　　　）等违约责任。

A. 解除合同　　　　　　　　　　B. 修订合同

C. 赔偿损失　　　　　　　　　　D. 终止合同

2. 多项选择题

1）合同解除的功能有（　　　）。

A. 非违约方合同义务的解除　　　B. 违约的补救手段

C. 违约方合同利益的剥夺　　　　D. 非违约方交易自由的恢复

2）债权债务终止的情形有哪些？（　　　）

A. 债务已经履行　　　　　　　　B. 债务相互抵销

C. 债权人依法将标的物提存　　　D. 债权债务同归于一人

3）有下列情形之一的，债权债务终止。请问是哪些情形？（　　　）

A. 债务已经履行　　　　　　　　B. 债务相互抵销

C. 债权债务同归于一人　　　　　D. 债务人依法将标的物提存

4）有下列情形之一的，当事人可以解除合同。请问是哪些情形？（　　　）

A. 因不可抗力致使不能实现合同目的

B. 在履行期限届满前，当事人一方明确表示或者以自己的行为表明不履行主要债务

C. 当事人一方迟延履行主要债务，经催告后在合理期限内仍未履行

D. 当事人一方迟延履行债务或者有其他违约行为致使不能实现合同目的

5）下列哪些情形难以履行债务的，债务人可以将标的物提存。（　　　）

A. 债权人无正当理由拒绝受领

B. 债权人下落不明

C. 债权人死亡未确定继承人、遗产管理人

D. 丧失民事行为能力未确定监护人

6）甲商城与乙月饼厂家签订了200公斤月饼的买卖合同，合同约定签订后10日内甲将货款支付给乙，乙于中秋节前30天将月饼交付给甲。由于乙订单过多，导致中秋节当天才把月饼交付给甲。因时间紧迫，甲商城购买的这些月饼销售情况极差。下列说法正确的是（　　　）。

A. 甲可以要求乙承担迟延履行合同的违约责任

B. 甲只能要求乙承担违约责任而不能解除合同

C. 甲可以行使法定解除权，解除该月饼买卖合同

D. 乙的行为属于违约行为

7）甲在乙健身中心办了一张为期一年的健身卡，并签下会员协议，支付了

一年的费用 3000 元，2 个月后，甲接到公司通知要调往外地工作，对此下列说法中正确的是（　　）。

    A. 甲可以单方面解除合同

    B. 甲与乙协商一致可以解除合同

    C. 若解除合同，甲应承担相应违约责任

    D. 若解除合同，乙可扣除甲已消费的费用

8）当事人一方不履行非金钱债务或者履行非金钱债务不符合约定的，对方可以请求履行，但是下列哪些情形除外？（　　）

    A. 法律上或者事实上不能履行

    B. 债务的标的不适于强制履行或者履行费用过高

    C. 债权人在合理期限内未请求履行

    D 当事人拒绝履行

3. 判断题

1）以持续履行的债务为内容的不定期合同，当事人可以随时解除合同，但是应当在合理期限之前通知对方。　　　　　　　　　　　　　（　　）

2）债权人领取提存物的权利，自提存之日起三年内不行使而消灭，提存物扣除提存费用后归国家所有。　　　　　　　　　　　　　（　　）

3）因国际货物买卖合同和技术进出口合同争议提起诉讼或者申请仲裁的时效期间为五年。　　　　　　　　　　　　　　　　　　（　　）

 答案点拨解析

1. 单项选择题

题号	答案	解析
1	C	第五百六十四条
2	A	第五百六十九条
3	D	第五百七十条
4	C	第五百七十四条
5	C	见第五百八十条。所谓债务的标的不适于强制履行，指债务的性质不宜强制履行，如委托合同、技术开发合同、演出合同、出版合同等。这些合同通常具有人身专属性，不能够由其他人代替履行，在性质上决定了不适于强制履行，所以 A 选项、B 选项排除。所谓履行费用过高，是指对标的物若要强制履行，代价太大，所以 D 选项排除。故本题答案为 C 选项

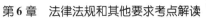

（续）

题号	答案	解　析
6	A	本案中甲、乙之间最终没有订立关于零件的买卖合同，因此符合缔约过失责任要求的没有合同的要件，然而本案中甲公司之所以拒绝和乙签约是因为自己的经营战略发生了重大调整，这对于乙的损失来说并没有过失，因此不符合缔约过失要求的有过错的要件，故甲不承担乙公司造成的损失。如果甲在经营战略调整之后没有及时通知乙，并因此造成乙的损失时，则应当承担赔偿责任
7	D	第五百八十六条
8	C	陈某只是先付款 3 万元，并不是约定的定金。因此，如果买卖合同不能订立，陈某是可以要求卖方退还的，也即卖方应当退还
9	B	第五百八十六条
10	D	第五百八十七条
11	C	张某的购房行为是合法有效的。根据第五百八十六条，可知 A 选项错误；开发商赔偿 20 万元违约金，还要退还 10 万元定金，所以 B 选项错误；根据第五百八十八条，赔偿只能二选一，所以 D 选项错
12	D	第五百八十八条
13	B	第五百八十九条
14	C	第五百九十四条
15	C	第五百七十七条

2. 多项选择题

题号	答案	解　析
1	ABCD	第五百六十六条　合同解除后，尚未履行的，终止履行；已经履行的，根据履行情况和合同性质，当事人可以请求恢复原状或者采取其他补救措施，并有权请求赔偿损失
2	ABD	第五百五十七条
3	ABCD	第五百五十七条
4	ABCD	第五百六十三条
5	ABCD	第五百七十条
6	ACD	第五百六十三条、第五百七十七条、第五百八十二条
7	BCD	甲不存在单方解除合同的情形；如果与乙协商一致，甲可以解除合同；否则，甲解除合同应当承担相应的违约责任；乙可扣除甲已消费的费用
8	ABC	第五百八十条

3. 判断题

题号	答案	解 析
1	√	第五百六十三条
2	×	第五百七十四条 债权人领取提存物的权利，自提存之日起五年内不行使而消灭，提存物扣除提存费后归国家所有
3	×	第五百九十四条 因国际货物买卖合同和技术进出口合同争议提起诉讼或者申请仲裁的时效期间为四年

6.2.4 典型合同——买卖合同，供用电、水、气、热力合同，借款合同，保证合同

 考点知识讲解

说明：方框里面的内容是法律条款摘选。

第二分编 典型合同

第九章 买卖合同

第五百九十五条 买卖合同是出卖人转移标的物的所有权于买受人，买受人支付价款的合同。

第五百九十七条 因出卖人未取得处分权致使标的物所有权不能转移的，买受人可以解除合同并请求出卖人承担违约责任。

法律、行政法规禁止或者限制转让的标的物，依照其规定。

第六百条 出卖具有知识产权的标的物的，除法律另有规定或者当事人另有约定外，该标的物的知识产权不属于买受人。

第六百零一条 出卖人应当按照约定的时间交付标的物。约定交付期限的，出卖人可以在该交付期限内的任何时间交付。

第六百零四条 标的物毁损、灭失的风险，在标的物交付之前由出卖人承担，交付之后由买受人承担，但是法律另有规定或者当事人另有约定的除外。

第六百零五条 因买受人的原因致使标的物未按照约定的期限交付的，买受人应当自违反约定时起承担标的物毁损、灭失的风险。

第六百零六条 出卖人出卖交由承运人运输的在途标的物，除当事人另有约定外，毁损、灭失的风险自合同成立时起由买受人承担。

第六百零七条　出卖人按照约定将标的物运送至买受人指定地点并交付给承运人后，标的物毁损、灭失的风险由买受人承担。

当事人没有约定交付地点或者约定不明确，依据本法第六百零三条第二款第一项的规定标的物需要运输的，出卖人将标的物交付给第一承运人后，标的物毁损、灭失的风险由买受人承担。

第六百零八条　出卖人按照约定或者依据本法第六百零三条第二款第二项的规定将标的物置于交付地点，买受人违反约定没有收取的，标的物毁损、灭失的风险自违反约定时起由买受人承担。

第六百一十条　因标的物不符合质量要求，致使不能实现合同目的的，买受人可以拒绝接受标的物或者解除合同。买受人拒绝接受标的物或者解除合同的，标的物毁损、灭失的风险由出卖人承担。

第六百三十一条　因标的物的主物不符合约定而解除合同的，解除合同的效力及于从物。因标的物的从物不符合约定被解除的，解除的效力不及于主物。

第六百三十三条　出卖人分批交付标的物的，出卖人对其中一批标的物不交付或者交付不符合约定，致使该批标的物不能实现合同目的的，买受人可以就该批标的物解除。

出卖人不交付其中一批标的物或者交付不符合约定，致使之后其他各批标的物的交付不能实现合同目的的，买受人可以就该批以及之后其他各批标的物解除。

买受人如果就其中一批标的物解除，该批标的物与其他各批标的物相互依存的，可以就已经交付和未交付的各批标的物解除。

第六百三十四条　分期付款的买受人未支付到期价款的数额达到全部价款的五分之一，经催告后在合理期限内仍未支付到期价款的，出卖人可以请求买受人支付全部价款或者解除合同。

出卖人解除合同的，可以向买受人请求支付该标的物的使用费。

第六百三十七条　试用买卖的当事人可以约定标的物的试用期限。对试用期限没有约定或者约定不明确，依据本法第五百一十条的规定仍不能确定的，由出卖人确定。

第六百三十八条　试用买卖的买受人在试用期内可以购买标的物，也可以拒绝购买。试用期限届满，买受人对是否购买标的物未作表示的，视为购买。

试用买卖的买受人在试用期内已经支付部分价款或者对标的物实施出卖、出租、设立担保物权等行为的，视为同意购买。

第六百四十条 标的物在试用期内毁损、灭失的风险由出卖人承担。

第六百四十二条 当事人约定出卖人保留合同标的物的所有权，在标的物所有权转移前，买受人有下列情形之一，造成出卖人损害的，除当事人另有约定外，出卖人有权取回标的物：

（一）未按照约定支付价款，经催告后在合理期限内仍未支付；

（二）未按照约定完成特定条件；

（三）将标的物出卖、出质或者做出其他不当处分。

出卖人可以与买受人协商取回标的物；协商不成的，可以参照适用担保物权的实现程序。

第十章 供用电、水、气、热力合同

第六百四十八条 供用电合同是供电人向用电人供电，用电人支付电费的合同。

向社会公众供电的供电人，不得拒绝用电人合理的订立合同要求。

第六百四十九条 供用电合同的内容一般包括供电的方式、质量、时间，用电容量、地址、性质，计量方式，电价、电费的结算方式，供用电设施的维护责任等条款。

第六百五十条 供用电合同的履行地点，按照当事人约定；当事人没有约定或者约定不明确的，供电设施的产权分界处为履行地点。

第六百五十一条 供电人应当按照国家规定的供电质量标准和约定安全供电。供电人未按照国家规定的供电质量标准和约定安全供电，造成用电人损失的，应当承担赔偿责任。

第六百五十二条 供电人因供电设施计划检修、临时检修、依法限电或者用电人违法用电等原因，需要中断供电时，应当按照国家有关规定事先通知用电人；未事先通知用电人中断供电，造成用电人损失的，应当承担赔偿责任。

第六百五十四条 用电人应当按照国家有关规定和当事人的约定及时支付电费。用电人逾期不支付电费的，应当按照约定支付违约金。经催告用电人在合理期限内仍不支付电费和违约金的，供电人可以按照国家规定的程序中止供电。

供电人依据前款规定中止供电的，应当事先通知用电人。

第六百五十五条 用电人应当按照国家有关规定和当事人的约定安全、节约和计划用电。用电人未按照国家有关规定和当事人的约定用电，造成供电人损失的，应当承担赔偿责任。

第六百五十六条 供用水、供用气、供用热力合同，参照适用供用电合同的有关规定。

第十二章　借款合同

第六百六十七条　借款合同是借款人向贷款人借款，到期返还借款并支付利息的合同。

第六百六十八条　借款合同应当采用书面形式，但是自然人之间借款另有约定的除外。

借款合同的内容一般包括借款种类、币种、用途、数额、利率、期限和还款方式等条款。

第六百七十条　借款的利息不得预先在本金中扣除。利息预先在本金中扣除的，应当按照实际借款数额返还借款并计算利息。

第六百七十一条　贷款人未按照约定的日期、数额提供借款，造成借款人损失的，应当赔偿损失。

借款人未按照约定的日期、数额收取借款的，应当按照约定的日期、数额支付利息。

第六百七十二条　贷款人按照约定可以检查、监督借款的使用情况。借款人应当按照约定向贷款人定期提供有关财务会计报表或者其他资料。

第六百七十三条　借款人未按照约定的借款用途使用借款的，贷款人可以停止发放借款、提前收回借款或者解除合同。

第六百七十四条　借款人应当按照约定的期限支付利息。对支付利息的期限没有约定或者约定不明确，依据本法第五百一十条的规定仍不能确定，借款期间不满一年的，应当在返还借款时一并支付；借款期间一年以上的，应当在每届满一年时支付，剩余期间不满一年的，应当在返还借款时一并支付。

第六百七十五条　借款人应当按照约定的期限返还借款。对借款期限没有约定或者约定不明确，依据本法第五百一十条的规定仍不能确定的，借款人可以随时返还；贷款人可以催告借款人在合理期限内返还。

第六百七十六条　借款人未按照约定的期限返还借款的，应当按照约定或者国家有关规定支付逾期利息。

第六百七十七条　借款人提前返还借款的，除当事人另有约定外，应当按照实际借款的期间计算利息。

第六百七十八条　借款人可以在还款期限届满前向贷款人申请展期；贷款人同意的，可以展期。

第六百七十九条　自然人之间的借款合同，自贷款人提供借款时成立。

第六百八十条　禁止高利放贷，借款的利率不得违反国家有关规定。

借款合同对支付利息没有约定的，视为没有利息。

借款合同对支付利息约定不明确，当事人不能达成补充协议的，按照当地或者当事人的交易方式、交易习惯、市场利率等因素确定利息；自然人之间借款的，视为没有利息。

第十三章　保证合同

第一节　一般规定

第六百八十一条　保证合同是为保障债权的实现，保证人和债权人约定，当债务人不履行到期债务或者发生当事人约定的情形时，保证人履行债务或者承担责任的合同。

第六百八十二条　保证合同是主债权债务合同的从合同。主债权债务合同无效的，保证合同无效，但是法律另有规定的除外。

保证合同被确认无效后，债务人、保证人、债权人有过错的，应当根据其过错各自承担相应的民事责任。

第六百八十四条　保证合同的内容一般包括被保证的主债权的种类、数额，债务人履行债务的期限，保证的方式、范围和期间等条款。

第六百八十五条　保证合同可以是单独订立的书面合同，也可以是主债权债务合同中的保证条款。

第三人单方以书面形式向债权人做出保证，债权人接收且未提出异议的，保证合同成立。

第六百八十六条　保证的方式包括一般保证和连带责任保证。

当事人在保证合同中对保证方式没有约定或者约定不明确的，按照一般保证承担保证责任。

第六百九十条　保证人与债权人可以协商订立最高额保证的合同，约定在最高债权额限度内就一定期间连续发生的债权提供保证。

最高额保证除适用本章规定外，参照适用本法第二编最高额抵押权的有关规定。

第二节　保证责任

第六百九十一条　保证的范围包括主债权及其利息、违约金、损害赔偿金和实现债权的费用。当事人另有约定的，按照其约定。

第六百九十二条　保证期间是确定保证人承担保证责任的期间，不发生中止、中断和延长。

债权人与保证人可以约定保证期间，但是约定的保证期间早于主债务履行期限或者与主债务履行期限同时届满的，视为没有约定；没有约定或者约定不明确的，保证期间为主债务履行期限届满之日起六个月。

债权人与债务人对主债务履行期限没有约定或者约定不明确的，保证期间自债权人请求债务人履行债务的宽限期届满之日起计算。

第六百九十三条　一般保证的债权人未在保证期间对债务人提起诉讼或者申请仲裁的，保证人不再承担保证责任。

连带责任保证的债权人未在保证期间请求保证人承担保证责任的，保证人不再承担保证责任。

第六百九十九条　同一债务有两个以上保证人的，保证人应当按照保证合同约定的保证份额，承担保证责任；没有约定保证份额的，债权人可以请求任何一个保证人在其保证范围内承担保证责任。

 同步练习强化

1. 单项选择题

1）买卖合同是出卖人转移标的物的（　　）于买受人，买受人支付价款的合同。

A. 占用权 　　　　　　　　　　B. 所有权

C. 物权 　　　　　　　　　　　D. 使用权

2）2021 年 3 月，甲将登记在自己名下的商品房卖给乙，双方签署了《二手房买卖合同》。2021 年 4 月，乙将该房转卖给丙，并收取丙交来的定金 1 万元。2021 年 7 月，甲、乙办理了房屋过户手续。下列说法正确的是（　　）。

A. 甲、乙签署的《二手房买卖合同》的最终生效日期是 2021 年 7 月

B. 2021 年 4 月，因为乙尚未取得商品房的所有权，故乙、丙之间的房屋买卖合同效力待定

C. 如乙、丙之间的房屋买卖合同因乙的原因无法履行，则乙应双倍返还定金

D. 如甲最终未将房子卖给乙，导致乙无法履行与丙的买卖合同，则丙可以追究甲的责任

3）出卖人应当按照约定的时间交付标的物。约定交付期限的，出卖人可以在该交付期限内的（　　）交付。

A. 任何时间 　　　　　　　　　B. 开始之日

C. 结束之日 　　　　　　　　　D. 三日内

4）甲、乙订立了一家猪肉买卖合同，合同约定甲向乙交付 5 头家猪，分别为家猪 1、家猪 2、家猪 3、家猪 4、家猪 5，总价款为 1 万元。乙向甲交付定金 3000 元，余下款项由乙在半年内付清。双方还约定，在乙向甲付清家猪款项之前，甲保留该 5 头家猪的所有权。甲向乙交付了该 5 头家猪。假如在家猪款项付

清之前，家猪 1 被雷电击死，该损失的承担者是（　　）。

    A. 甲   B. 乙

    C. 甲和乙   D. 都不是

5）出卖人按照约定将标的物运送至买受人指定地点交付给承运人后，标的物毁损、灭失的风险由（　　）承担。

    A. 出卖人   B. 买受人

    C. 承运人   D. 视情况酌情

6）因买受人的原因致使标的物未按照约定的期限交付的，（　　）应当自违反约定时起承担标的物毁损、灭失的风险。

    A. 出卖人   B. 承运人

    C. 当事人   D. 买受人

7）分期付款的买受人未支付到期价款的数额达到全部价款的（　　），经催告后在合理期限内仍未支付到期价款的，出卖人可以请求买受人支付全部价款或者解除合同。

    A. 三分之一   B. 四分之一

    C. 五分之一   D. 六分之一

8）试用买卖的买受人在试用期内已经支付部分价款或者对标的物实施出卖、出租、设立担保物权等行为的，视为（　　）。

    A. 同意购买   B. 同意担保

    C. 同意出租   D. 同意出卖

9）标的物在试用期内毁损、灭失的风险由（　　）承担。

    A. 出卖人   B. 买受人

    C. 所有人   D. 使用人

10）《中华人民共和国民法典》中关于供用电、水、气、热力合同的法律条文，表述错误的是（　　）。

    A. 向社会公众供电的供电人，可以拒绝用电人合理的订立合同要求

    B. 供电人应当按照国家规定的供电质量标准和约定安全供电

    C. 用电人应当按照国家有关规定和当事人的约定安全、节约和计划用电

    D. 供用电合同的履行地点，按照当事人约定；当事人没有约定或者约定不明确的，供电设施的产权分界处为履行地点

11）（　　）是供电人向用电人供电，用电人支付电费的合同。

    A. 供用电合同   B. 用电合同

    C. 电力合同   D. 安全供电合同

12）供用电合同的内容一般包括（　　）的结算方式，供用电设施的维护责任等条款。

A. 供电的方式、质量、时间，用电容量、地址，电价、电费

B. 供电的方式、质量、时间，用电容量，电价、电费

C. 供电的方式、质量、时间，用电容量、地址、性质，计量方式，电价、电费

D. 供电的方式、质量、时间，用电容量

13）用电人应当按照国家有关规定和当事人的约定及时支付电费。用电人逾期不支付电费的，应当按照约定支付（　　　）。经催告用电人在合理期限内仍不支付电费和违约金的，供电人可以按照国家规定的程序（　　　）。

A. 滞纳金，中断供电　　　　　　　　　B. 违约金，中止供电

C. 违约金，终止供电　　　　　　　　　D. 滞纳金，终止供电

14）（　　　）是借款人向贷款人借款，到期返还借款并支付利息的合同。

A. 贷款合同　　　　　　　　　　　　　B. 保证合同

C. 借款合同　　　　　　　　　　　　　D. 租借合同

15）以下不属于借款合同的内容包括条款的是（　　　）。

A. 数额　　　　　　　　　　　　　　　B. 期限

C. 利息　　　　　　　　　　　　　　　D. 用途

16）借款的利息（　　　）预先在本金中扣除。

A. 不得　　　　　　　　　　　　　　　B. 可以

C. 允许　　　　　　　　　　　　　　　D. 适当

17）借款人应当按照约定的期限返还借款。对借款期限没有约定或者约定不明确，贷款人可以催告借款人在（　　　）内返还。

A. 合理期限　　　　　　　　　　　　　B. 三个月

C. 六个月　　　　　　　　　　　　　　D. 一年

18）甲借了乙2万元，并写下借条约定一年后偿还。到期后，乙多次催要，甲都以无钱推脱。对此，下列说法正确的是（　　　）。

A. 甲只需归还本金即可

B. 因双方未约定利息，甲不必支付任何利息

C. 甲应当承担从还款期满之日起到实际还钱之日的违约利息

D. 甲应当承担从借钱之日起到实际还钱之日的全部利息

19）下列哪一说法是错误的？（　　　）

A. 借款人未按照约定的借款用途使用借款的，贷款人可以停止发放借款、提前收回借款或者解除合同

B. 借款人提前返还借款的，除当事人另有约定外，应当按照约定借款的期间计算利息

C. 借款人可以在还款期限届满前向贷款人申请展期，贷款人同意的，可以

展期

D. 自然人之间的借款合同，自贷款人提供借款时成立

20）借款人提前返还借款的，除当事人另有约定外，应当按照（   ）的期间计算利息。

A. 实际借款

B. 约定借款

C. 无法确定

D. 贷款人确定

21）借款合同对支付利息没有约定时，（   ）。

A. 支付利息

B. 不支付利息

C. 按照法律规定

D. 无效

22）保证合同是主债权债务合同的从合同。主债权债务合同无效的，（   ），但是法律另有规定的除外。

A. 保证合同无效

B. 保证合同有效

C. 部分保证合同无效

D. 部分保证合同有效

23）当事人在保证合同中对保证方式没有约定或者约定不明确的，按照（   ）承担保证责任。

A. 一般保证

B. 连带保证

C. 连带和一般保证均可

D. 法院裁决

24）保证人与债权人可以协商订立最高额保证的合同，约定在最高债权额限度内就一定期间连续发生的债权提供保证。下列不符合最高额保证的是（   ）。

A. 甲向乙签订在 1 年内连续多次借款的合同，丙为甲在这 1 年内的借款提供 100 万元最高额保证，1 年期满后，甲还有 80 万元欠款，丙应承担保证责任

B. 甲向乙签订在 1 年内连续多次借款的合同，丙为甲在这 1 年内的借款提供 100 万元最高额保证，1 年期满后，甲还有 100 万元欠款，丙应承担保证责任

C. 甲向乙签订在 1 年内连续多次借款的合同，丙为甲在这 1 年内的借款提供 100 万元最高额保证，1 年期满后，甲还有 150 万元欠款，丙应承担全部欠款的保证责任

D. 甲向乙签订在 1 年内连续多次借款的合同，丙为甲在这 1 年内的借款提供 100 万元最高额保证，1 年期满后，甲还有 150 万元欠款，丙应承担 100 万元的保证责任

25）债权人与保证人可以约定保证期间，没有约定或者约定不明确的，保证期间为主债务履行期限届满之日起（   ）。

A. 六个月

B. 九个月

C. 十二个月

D. 十八个月

26）一般保证的债权人未在（   ）对债务人提起诉讼或者申请仲裁的，

保证人不再承担保证责任。

  A. 诉讼时效　　　　　　　　　　　B. 两年内

  C. 三年内　　　　　　　　　　　　D. 保证期间

2. 多项选择题

1）下列哪些情形中，应由买受人承担标的物毁损、灭失的风险？（　　　）

  A. 买受人下落不明，出卖人将标的物提存的

  B. 标的物已运抵交付地点，买受人因标的物质量瑕疵而拒收货物的

  C. 合同约定在标的物所在地交货，买受人违反约定未前往提货的

  D. 出卖人出卖交由承运人运输的在途标的物，买卖双方未就标的物毁损、灭失的风险做特别约定的

2）当事人约定出卖人保留合同标的物的所有权，在标的物所有权转移前，买受人有下列哪些情形，造成出卖人损害的，除当事人有约定外，出卖人有权取回标的物。（　　　）

  A. 未按照约定支付价款

  B. 未按照约定完成特定条件

  C. 将标的物出卖

  D. 将标的物出质或者做出其他不当处分

3）供电人因供电设施（　　　）等原因，需要中断供电时，应当按照国家有关规定事先通知用电人；未事先通知用电人中断供电，造成用电人损失的，应当承担赔偿责任。

  A. 计划检修　　　　　　　　　　　B. 临时检修

  C. 依法限电　　　　　　　　　　　D. 用电人违法用电

4）借款合同，以下哪些选项是正确的？（　　　）

  A. 自然人之间借款，借款合同对支付利息约定不明确的，视为没有利息

  B. 贷款人未按照约定时间足额提供借款，造成借款人损失的，应赔偿损失

  C. 借款人未按照约定期限返还借款的，应当按照约定或者国家有关规定支付逾期利息

  D. 自然人之间的借款合同，自合同签订之日起成立

5）关于保证合同，下列说法正确的有哪些？（　　　）

  A. 保证合同可以是单独订立的书面合同，也可以是主债权债务合同中的保证条款

  B. 第三人单方以书面形式向债权人做出保证，债权人接受且未提出异议的，保证合同成立

  C. 保证的方式包括一般保证和连带责任保证

  D. 当事人在保证合同中对保证方式没有约定或者约定不明确的，按照一般

保证承担保证责任

6）保证的范围包括（　　　）。

A. 主债权及其利息 　　　　　　　　 B. 违约金

C. 损害赔偿金 　　　　　　　　　　 D. 实现债权的费用

7）保证期间是确定保证人承担保证责任的期间，不发生（　　　）。

A. 中断 　　　　　　　　　　　　　 B. 中止

C. 延长 　　　　　　　　　　　　　 D. 终止

8）同一债务有两个以上保证人的，以下选项错误的是？（　　　）

A. 保证人按照合同约定的保证份额承担保证责任

B. 债权人不得仅向其中部分保证人主张权利

C. 债权人可向任何一个保证人请求在其保证范围内承担保证责任

D. 债权人仅可按照保证人数向部分保证人主张其应承担的责任份额

3. 判断题

1）因标的物的主物不符合约定而解除合同的，解除合同的效力及于从物。因标的物的从物不符合约定被解除的，解除的效力及于主物。 （　　　）

2）保证期间是确定保证人承担保证责任的期间，不发生中止、中断和延长。 （　　　）

3）同一债务有两个以上保证人的，保证人应当按照保证合同约定的保证份额，承担保证责任；没有约定保证份额的，债权人可以请求这些保证人平均承担保证责任。 （　　　）

4）出卖人分批交付标的物的，出卖人对其中一批标的物不交付或者交付不符合约定，致使该批标的物不能实现合同目的的，买受人可以就该批标的物解除。 （　　　）

5）标的物在试用期内毁损、灭失的风险由试用人承担。 （　　　）

6）一般保证的债权人未在保证期间请求保证人承担保证责任的，保证人不再承担保证责任。 （　　　）

 答案点拨解析

1. 单项选择题

题号	答案	解　　析
1	B	第五百九十五条
2	C	第五百八十七条　违约责任（见6.2.3节）
3	A	第六百零一条

（续）

题号	答案	解 析
4	B	第六百零四条
5	B	第六百零七条
6	D	第六百零五条
7	C	第六百三十四条
8	A	第六百三十八条
9	A	第六百四十条
10	A	第六百四十八条
11	A	第六百四十八条
12	C	第六百四十九条
13	B	第六百五十四条
14	C	第六百六十七条
15	C	第六百六十八条
16	A	第六百七十条
17	A	第六百七十五条
18	C	第六百七十六条
19	B	第六百七十七条
20	A	第六百七十七条
21	B	第六百八十条
22	A	第六百八十二条
23	A	第六百八十六条
24	C	根据第四百二十条、第六百九十条，丙只须在最高债权额限度内承担保证责任，所以丙只须承担100万元的保证责任
25	A	第六百九十二条
26	D	第六百九十三条

2. 多项选择题

题号	答案	解 析
1	ACD	第六百零四条、第六百零六条、第六百零八条、第六百一十条
2	ABCD	第六百四十二条
3	ABCD	第六百五十二条
4	ABC	第六百七十一条、第六百七十六条、第六百七十九条、第六百八十条
5	ABCD	第六百八十五条、第六百八十六条

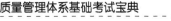

（续）

题号	答案	解　析
6	ABCD	第六百九十一条
7	ABC	第六百九十二条
8	BD	第六百九十九条

3. 判断题

题号	答案	解　析
1	×	第六百三十一条　因标的物的主物不符合约定而解除合同的，解除合同的效力及于从物。因标的物的从物不符合约定被解除的，解除的效力不及于主物
2	√	第六百九十二条
3	×	第六百九十九条　同一债务有两个以上保证人的，保证人应当按照保证合同约定的保证份额，承担保证责任；没有约定保证份额的，债权人可以请求任何一个保证人在其保证范围内承担保证责任
4	√	第六百三十三条
5	×	第六百四十条　标的物在试用期内毁损、灭失的风险由出卖人承担
6	×	第六百九十三条　一般保证的债权人未在保证期间对债务人提起诉讼或者申请仲裁的，保证人不再承担保证责任。连带责任保证的债权人未在保证期间请求保证人承担保证责任的，保证人不再承担保证责任

6.2.5　典型合同——租赁合同、承揽合同、建设工程合同、运输合同

考点知识讲解

说明：方框里面的内容是法律条款摘选。

第十四章　租赁合同

第七百零五条　租赁期限不得超过二十年。超过二十年的，超过部分无效。

租赁期限届满，当事人可以续订租赁合同；但是，约定的租赁期限自续订之日起不得超过二十年。

第七百零六条　当事人未依照法律、行政法规规定办理租赁合同登记备案手续的，不影响合同的效力。

第七百零七条　租赁期限六个月以上的，应当采用书面形式。当事人未采用书面形式，无法确定租赁期限的，视为不定期租赁。

第七百一十六条　承租人经出租人同意，可以将租赁物转租给第三人。承租人转租的，承租人与出租人之间的租赁合同继续有效；第三人造成租赁物损失的，承租人应当赔偿损失。

承租人未经出租人同意转租的，出租人可以解除合同。

第七百一十八条　出租人知道或者应当知道承租人转租，但是在六个月内未提出异议的，视为出租人同意转租。

第七百二十二条　承租人无正当理由未支付或者迟延支付租金的，出租人可以请求承租人在合理期限内支付；承租人逾期不支付的，出租人可以解除合同。

第七百二十五条　租赁物在承租人按照租赁合同占有期限内发生所有权变动的，不影响租赁合同的效力。

第七百二十六条　出租人出卖租赁房屋的，应当在出卖之前的合理期限内通知承租人，承租人享有以同等条件优先购买的权利；但是，房屋按份共有人行使优先购买权或者出租人将房屋出卖给近亲属的除外。

出租人履行通知义务后，承租人在十五日内未明确表示购买的，视为承租人放弃优先购买权。

第十七章　承揽合同

第七百七十条　承揽合同是承揽人按照定作人的要求完成工作，交付工作成果，定作人支付报酬的合同。

承揽包括加工、定作、修理、复制、测试、检验等工作。

第七百七十二条　承揽人应当以自己的设备、技术和劳力，完成主要工作，但是当事人另有约定的除外。

承揽人将其承揽的主要工作交由第三人完成的，应当就该第三人完成的工作成果向定作人负责；未经定作人同意的，定作人也可以解除合同。

第七百七十八条　承揽工作需要定作人协助的，定作人有协助的义务。定作人不履行协助义务致使承揽工作不能完成的，承揽人可以催告定作人在合理期限内履行义务，并可以顺延履行期限；定作人逾期不履行的，承揽人可以解除合同。

第七百八十一条　承揽人交付的工作成果不符合质量要求的，定作人可以合理选择请求承揽人承担修理、重作、减少报酬、赔偿损失等违约责任。

第七百八十三条　定作人未向承揽人支付报酬或者材料费等价款的，承揽人对完成的工作成果享有留置权或者有权拒绝交付，但是当事人另有约定的除外。

第七百八十七条　定作人在承揽人完成工作前可以随时解除合同，造成承揽人损失的，应当赔偿损失。

第十八章　建设工程合同

第七百八十八条　建设工程合同是承包人进行工程建设，发包人支付价款的合同。

建设工程合同包括工程勘察、设计、施工合同。

第七百九十一条　发包人可以与总承包人订立建设工程合同，也可以分别与勘察人、设计人、施工人订立勘察、设计、施工承包合同。发包人不得将应当由一个承包人完成的建设工程支解成若干部分发包给数个承包人。

总承包人或者勘察、设计、施工承包人经发包人同意，可以将自己承包的部分工作交由第三人完成。第三人就其完成的工作成果与总承包人或者勘察、设计、施工承包人向发包人承担连带责任。承包人不得将其承包的全部建设工程转包给第三人或者将其承包的全部建设工程支解以后以分包的名义分别转包给第三人。

禁止承包人将工程分包给不具备相应资质条件的单位。禁止分包单位将其承包的工程再分包。建设工程主体结构的施工必须由承包人自行完成。

第七百九十三条　建设工程施工合同无效，但是建设工程经验收合格的，可以参照合同关于工程价款的约定折价补偿承包人。

建设工程施工合同无效，且建设工程经验收不合格的，按照以下情形处理：

（一）修复后的建设工程经验收合格的，发包人可以请求承包人承担修复费用；

（二）修复后的建设工程经验收不合格的，承包人无权请求参照合同关于工程价款的约定折价补偿。

发包人对因建设工程不合格造成的损失有过错的，应当承担相应的责任。

第八百零二条　因承包人的原因致使建设工程在合理使用期限内造成人身损害和财产损失的，承包人应当承担赔偿责任。

第八百零七条　发包人未按照约定支付价款的，承包人可以催告发包人在合理期限内支付价款。发包人逾期不支付的，除根据建设工程的性质不宜折价、拍卖外，承包人可以与发包人协议将该工程折价，也可以请求人民法院将该工程依法拍卖。建设工程的价款就该工程折价或者拍卖的价款优先受偿。

第十九章　运输合同

第一节　一般规定

第八百零九条　运输合同是承运人将旅客或者货物从起运地点运输到约定地点，旅客、托运人或者收货人支付票款或者运输费用的合同。

第八百一十条　从事公共运输的承运人不得拒绝旅客、托运人通常、合理的运输要求。

第八百一十一条　承运人应当在约定期限或者合理期限内将旅客、货物安全运输到约定地点。

第八百二十三条　承运人应当对运输过程中旅客的伤亡承担赔偿责任；但是，伤亡是旅客自身健康原因造成的或者承运人证明伤亡是旅客故意、重大过失造成的除外。

前款规定适用于按照规定免票、持优待票或者经承运人许可搭乘的无票旅客。

第八百二十四条　在运输过程中旅客随身携带物品毁损、灭失，承运人有过错的，应当承担赔偿责任。

旅客托运的行李毁损、灭失的，适用货物运输的有关规定。

第八百三十四条　两个以上承运人以同一运输方式联运的，与托运人订立合同的承运人应当对全程运输承担责任；损失发生在某一运输区段的，与托运人订立合同的承运人和该区段的承运人承担连带责任。

 同步练习强化

1. 单项选择题

1）租赁的期限不得超过（　　），超过部分无效。

A. 五年　　　　　　　　　　　　B. 十年

C. 二十年　　　　　　　　　　　D. 三十年

2）当事人未依照法律、行政法规规定办理租赁合同登记备案手续的，（　　）。

A. 合同无效　　　　　　　　　　B. 不影响合同的效力

C. 合同有效　　　　　　　　　　D. 效力待定

3）租赁期限（　　）以上的，应当采用书面形式。

A. 三个月　　　　　　　　　　　B. 六个月

C. 九个月　　　　　　　　　　　D. 十二个月

4）小张将租来的房子转租给自己的同事，且并未告知房东，小张的行为属于（   ）。

    A. 无效民事法律行为   B. 可撤销民事法律行为

    C. 有效民事法律行为   D. 效力待定民事法律行为

5）承租人未经出租人同意转租的（   ）。

    A. 转租合同无效   B. 转租合同效力待定

    C. 出租人可以解除合同   D. 出租人不能解除合同

6）出租人知道或者应当知道承租人转租，但是在六个月内未提出异议的，（   ）。

    A. 对出租人不具有法律约束力   B. 视为出租人不同意转租

    C. 视为出租人同意转租   D. 对次承租人不具有法律约束力

7）下列不属于买卖不破租赁原则的条件的是（   ）。

    A. 租赁合同已成立并生效   B. 买受人知道该租赁合同存在

    C. 租赁物已交付承租人   D. 所有权发生变动是在租赁期间

8）甲先将一套商品房租赁给乙，后又将这套房屋卖给丙，丙办理了过户登记手续，现丙要求乙搬出房屋，下列说法错误的是（   ）。

    A. 房屋所有权的转移不影响甲与乙的租赁合同效力

    B. 甲将房屋卖给丙侵犯了承租人乙的优先购买权

    C. 甲与丙的房屋买卖合同是有效的

    D. 丙要求乙搬出房屋是合法的

9）陈某、李某各以40%和60%的份额共有一间房屋，出租给王某。现陈某欲将自己的份额转让，下列选项中正确的是（   ）。

    A. 李某有优先购买权，王某没有优先购买权

    B. 王某有优先购买权，李某没有优先购买权

    C. 李某，王某都有优先购买权，两人处于平等地位

    D. 李某，王某都有优先购买权，李某的优先购买权优先于王某的优先购买权

10）出租人出卖租赁房屋的，应当在出卖之前的合理期限内通知承租人，承租人享有以同等条件优先购买的权利；出租人履行通知义务后，承租人在（   ）内未明确表示购买的，视为承租人放弃优先购买权。

    A. 十日   B. 十五日

    C. 二十日   D. 三十日

11）K公司委托N公司加工一批服装，由N公司提供布料，双方签订合同，约定了加工报酬、数量等事项。该合同属于（   ）。

    A. 买卖合同   B. 融资租赁合同

    C. 承揽合同   D. 居间合同

12）承揽人将其承揽的主要工作交由第三人完成的，应当就该第三人完成的工作成果向定作人负责；未经定作人同意的，定作人（　　）。

A. 可以寻求第三人要求修改合同

B. 可以与承揽人商量是否解除合同

C. 不可以解除合同

D. 也可以解除合同

13）承揽工作需要定作人协助的，定作人有协助的义务。定作人不履行协助义务致使承揽工作不能完成的，承揽人（　　）定作人在合理期限内履行义务，并可以顺延履行期限；定作人逾期不履行的，承揽人可以解除合同。

A. 可以催告　　　　　　　　　　　　B. 可以要求

C. 可以强制　　　　　　　　　　　　D. 应当要求

14）甲将汽车送到 4S 店维修，后来甲拒付维修费，4S 店为维护自己的权益，可以（　　）。

A. 行使留置权　　　　　　　　　　　B. 行使质权

C. 行使抵押权　　　　　　　　　　　D. 将车据为本店所有

15）定作人在承揽人（　　）可以随时解除合同，造成承揽人损失的，应当赔偿损失。

A. 承揽合同成立后　　　　　　　　　B. 完成工作前

C. 完成工作中　　　　　　　　　　　D. 完成工作后

16）（　　）是承包人进行工程建设，发包人支付价款的合同。

A. 承包合同　　　　　　　　　　　　B. 施工承包合同

C. 承包建设合同　　　　　　　　　　D. 建设工程合同

17）建设工程施工合同无效，但（　　），可以参照合同关于工程价款的约定折价补偿承包人。

A. 建设工程已经交付的　　　　　　　B. 建设工程已经结算的

C. 建设工程经验收合格的　　　　　　D. 建设工程已经完工的

18）甲将新房装修一揽子承包给乙，约定装修好后费用一次性支付。不料乙在安装灯具时，不慎从架子上掉了下来，摔伤胳膊，花去医疗费 3000 元。这 3000 元应由（　　）来承担？

A. 甲　　　　　　　　　　　　　　　B. 乙

C. 甲和乙　　　　　　　　　　　　　D. 甲或乙

19）发包人未按照约定支付价款的，承包人（　　）发包人在合理期限内支付价款。

A. 可以催告　　　　　　　　　　　　B. 应当要求

C. 可以强制　　　　　　　　　　　　D. 应当催告

20）75 岁的王大爷乘公交车，当前面一辆车急停时，司机紧急刹车把王大爷摔倒在车上，造成骨折，谁承担王大爷的医疗费等损失（　　　）。

A. 王大爷自己承担，因为他没有坐稳扶好，怨不得别人

B. 公交公司承担，因为公司没提供足够安全的服务

C. 公交司机承担，因司机开车遇到紧急情况处置不当

D. 前面的车辆，因牵扯急停所发的事故

21）两个以上承运人以同一运输方式联运的，损失发生在某一运输段时，应由谁承担责任？（　　　）

A. 托运人

B. 该区段的承运人

C 与托运人订立合同的承运人

D. 与托运人订立合同的承运人与该区段的承运人承担连带责任

2. 多项选择题

1）出租人出卖租赁房屋的，应当在出卖之前的合理期限内通知承租人，承租人享有以同等条件优先购买的权利，但（　　　）除外。

A. 房屋按份共有人行使优先购买权

B. 出租人将房屋出卖给近亲属

C. 房屋共同共有人行使优先购买权

D. 房屋共有人将房屋出卖给近亲属

2）下列哪些属于承揽工作内容？（　　　）

A. 加工　　　　　　　　　　　　　　B. 复制

C. 检验　　　　　　　　　　　　　　D. 测试

3）关于承揽合同，下列哪些是正确的？（　　　）

A. 承揽人将其承揽的主要工作交由第三人完成的，应当就第三人完成的工作成果向定作人负责

B. 承揽人未经定作人同意，将其承揽的主要工作交由第三人的，定作人可以解除合同

C. 定作人在承揽人完成工作前可以随时解除合同

D. 承揽人交付的工作成果不符合质量要求的，定作人不得要求重作，仅可向其请求减少报酬、赔偿损失等违约责任

4）以下属于建设工程合同的禁止行为的有（　　　）。

A. 发包人支解分包

B. 分包单位再分包

C. 承包人分包给不具备相应资质条件的单位

D. 承包人全部转包和支解后全部分包

3. 判断题

1）当事人未依照法律、行政法规规定办理租赁合同登记备案手续的，不影响合同的效力。 （　　）

2）租赁物在承租人按照租赁合同占有期限内发生所有权变动的，租赁合同可以失效。 （　　）

 答案点拨解析

1. 单项选择题

题号	答案	解　　析
1	C	第七百零五条
2	B	第七百零六条
3	B	第七百零七条
4	D	第七百一十六条　是否有效需待房东确定
5	C	第七百一十六条
6	C	第七百一十八条
7	B	第七百二十五条　买卖不破租赁，即在租赁关系存续期间，即使出租人将租赁物让与他人，对租赁关系也不产生任何影响，承租人仍有权使用租赁物
8	D	第七百二十五条
9	D	第七百二十六条
10	B	第七百二十六条
11	C	第七百七十条
12	D	第七百七十二条
13	A	第七百七十八条
14	A	第七百八十三条
15	B	第七百八十七条
16	D	第七百八十八条
17	C	第七百九十三条
18	B	第八百零二条
19	A	第八百零七条
20	B	第八百二十三条
21	D	第八百三十四条

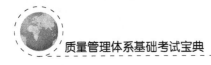
2. 多项选择题

题号	答案	解　析
1	AB	第七百二十六条
2	ABCD	第七百七十条
3	ABC	第七百七十二条、第七百八十七条、第七百八十一条
4	ABCD	第七百九十一条

3. 判断题

题号	答案	解　析
1	√	第七百零六条　当事人未依照法律、行政法规规定办理租赁合同登记备案手续的，不影响合同的效力
2	×	第七百二十五条　租赁物在承租人按照租赁合同占有期限内发生所有权变动的，不影响租赁合同的效力

6.2.6　典型合同——技术合同、保管合同、仓储合同、委托合同

 考点知识讲解

说明： 方框里面的内容是法律条款摘选。

> **第二十章　技术合同**
>
> 第一节　一般规定
>
> 第八百四十三条　技术合同是当事人就技术开发、转让、许可、咨询或者服务订立的确立相互之间权利和义务的合同。
>
> 第八百四十六条　技术合同价款、报酬或者使用费的支付方式由当事人约定，可以采取一次总算、一次总付或者一次总算、分期支付，也可以采取提成支付或者提成支付附加预付入门费的方式。
>
> 约定提成支付的，可以按照产品价格、实施专利和使用技术秘密后新增的产值、利润或者产品销售额的一定比例提成，也可以按照约定的其他方式计算。提成支付的比例可以采取固定比例、逐年递增比例或者逐年递减比例。
>
> 约定提成支付的，当事人可以约定查阅有关会计账目的办法。
>
> 第八百四十七条　职务技术成果的使用权、转让权属于法人或者非法人组织的，法人或者非法人组织可以就该项职务技术成果订立技术合同。法人

或者非法人组织订立技术合同转让职务技术成果时，职务技术成果的完成人享有以同等条件优先受让的权利。

职务技术成果是执行法人或者非法人组织的工作任务，或者主要是利用法人或者非法人组织的物质技术条件所完成的技术成果。

第八百四十九条 完成技术成果的个人享有在有关技术成果文件上写明自己是技术成果完成者的权利和取得荣誉证书、奖励的权利。

第八百五十八条 技术开发合同履行过程中，因出现无法克服的技术困难，致使研究开发失败或者部分失败的，该风险由当事人约定；没有约定或者约定不明确，依据本法第五百一十条的规定仍不能确定的，风险由当事人合理分担。

当事人一方发现前款规定的可能致使研究开发失败或者部分失败的情形时，应当及时通知另一方并采取适当措施减少损失；没有及时通知并采取适当措施，致使损失扩大的，应当就扩大的损失承担责任。

第八百五十九条 委托开发完成的发明创造，除法律另有规定或者当事人另有约定外，申请专利的权利属于研究开发人。研究开发人取得专利权的，委托人可以依法实施该专利。

研究开发人转让专利申请权的，委托人享有以同等条件优先受让的权利。

第八百六十一条 委托开发或者合作开发完成的技术秘密成果的使用权、转让权以及收益的分配办法，由当事人约定；没有约定或者约定不明确，依据本法第五百一十条的规定仍不能确定的，在没有相同技术方案被授予专利权前，当事人均有使用和转让的权利。但是，委托开发的研究开发人不得在向委托人交付研究开发成果之前，将研究开发成果转让给第三人。

第八百八十一条 技术咨询合同的委托人未按照约定提供必要的资料，影响工作进度和质量，不接受或者逾期接受工作成果的，支付的报酬不得追回，未支付的报酬应当支付。

技术咨询合同的受托人未按期提出咨询报告或者提出的咨询报告不符合约定的，应当承担减收或者免收报酬等违约责任。

技术咨询合同的委托人按照受托人符合约定要求的咨询报告和意见做出决策所造成的损失，由委托人承担，但是当事人另有约定的除外。

第八百八十四条 技术服务合同的委托人不履行合同义务或者履行合同义务不符合约定，影响工作进度和质量，不接受或者逾期接受工作成果的，支付的报酬不得追回，未支付的报酬应当支付。

技术服务合同的受托人未按照约定完成服务工作的，应当承担免收报酬等违约责任。

第八百八十五条　技术咨询合同、技术服务合同履行过程中，受托人利用委托人提供的技术资料和工作条件完成的新的技术成果，属于受托人。委托人利用受托人的工作成果完成的新的技术成果，属于委托人。当事人另有约定的，按照其约定。

第八百八十六条　技术咨询合同和技术服务合同对受托人正常开展工作所需费用的负担没有约定或者约定不明确的，由受托人负担。

第二十一章　保管合同

第八百八十八条　保管合同是保管人保管寄存人交付的保管物，并返还该物的合同。

寄存人到保管人处从事购物、就餐、住宿等活动，将物品存放在指定场所的，视为保管，但是当事人另有约定或者另有交易习惯的除外。

第八百八十九条　寄存人应当按照约定向保管人支付保管费。

当事人对保管费没有约定或者约定不明确，依据本法第五百一十条的规定仍不能确定的，视为无偿保管。

第八百九十条　保管合同自保管物交付时成立，但是当事人另有约定的除外。

第八百九十七条　保管期内，因保管人保管不善造成保管物毁损、灭失的，保管人应当承担赔偿责任。但是，无偿保管人证明自己没有故意或者重大过失的，不承担赔偿责任。

第八百九十八条　寄存人寄存货币、有价证券或者其他贵重物品的，应当向保管人声明，由保管人验收或者封存；寄存人未声明的，该物品毁损、灭失后，保管人可以按照一般物品予以赔偿。

第八百九十九条　寄存人可以随时领取保管物。

当事人对保管期限没有约定或者约定不明确的，保管人可以随时请求寄存人领取保管物；约定保管期限的，保管人无特别事由，不得请求寄存人提前领取保管物。

第二十二章　仓储合同

第九百零四条　仓储合同是保管人储存存货人交付的仓储物，存货人支付仓储费的合同。

第九百零七条　保管人应当按照约定对入库仓储物进行验收。保管人验收时发现入库仓储物与约定不符合的，应当及时通知存货人。保管人验收后，发生仓储物的品种、数量、质量不符合约定的，保管人应当承担赔偿责任。

第九百零八条　存货人交付仓储物的，保管人应当出具仓单、入库单等凭证。

第九百一十四条　当事人对储存期限没有约定或者约定不明确的，存货人或者仓单持有人可以随时提取仓储物，保管人也可以随时请求存货人或者仓单持有人提取仓储物，但是应当给予必要的准备时间。

第九百一十七条　储存期内，因保管不善造成仓储物毁损、灭失的，保管人应当承担赔偿责任。因仓储物本身的自然性质、包装不符合约定或者超过有效储存期造成仓储物变质、损坏的，保管人不承担赔偿责任。

第二十三章　委托合同

第九百一十九条　委托合同是委托人和受托人约定，由受托人处理委托人事务的合同。

第九百二十条　委托人可以特别委托受托人处理一项或者数项事务，也可以概括委托受托人处理一切事务。

第九百二十二条　受托人应当按照委托人的指示处理委托事务。需要变更委托人指示的，应当经委托人同意；因情况紧急，难以和委托人取得联系的，受托人应当妥善处理委托事务，但是事后应当将该情况及时报告委托人。

第九百二十五条　受托人以自己的名义，在委托人的授权范围内与第三人订立的合同，第三人在订立合同时知道受托人与委托人之间的代理关系的，该合同直接约束委托人和第三人；但是，有确切证据证明该合同只约束受托人和第三人的除外。

第九百二十六条　受托人以自己的名义与第三人订立合同时，第三人不知道受托人与委托人之间的代理关系的，受托人因第三人的原因对委托人不履行义务，受托人应当向委托人披露第三人，委托人因此可以行使受托人对第三人的权利。但是，第三人与受托人订立合同时如果知道该委托人就不会订立合同的除外。

受托人因委托人的原因对第三人不履行义务，受托人应当向第三人披露委托人，第三人因此可以选择受托人或者委托人作为相对人主张其权利，但是第三人不得变更选定的相对人。

委托人行使受托人对第三人的权利的，第三人可以向委托人主张其对受托人的抗辩。第三人选定委托人作为其相对人的，委托人可以向第三人主张其对受托人的抗辩以及受托人对第三人的抗辩。

第九百二十七条　受托人处理委托事务取得的财产，应当转交给委托人。

同步练习强化

1. 单项选择题

1）在技术开发合同中，因出现无法克服的技术困难，致使研究开发失败或者部分失败的，应合理分担风险。下列关于风险分担的说法不正确的是（   ）。

A. 风险责任可以由当事人约定

B. 当事人不能约定的由当事人合理分担

C. 一方出现前述问题时，应当及时通知另一方当事人并采取适当措施减少损失

D. 没有及时通知并采取适当措施，致使损失扩大的，应就全部损失承担责任

2）甲公司与乙公司签订了一份技术开发合同，未约定技术秘密成果的归属。甲公司按约支付了研究开发经费和报酬后，乙公司交付了全部的技术成果资料。后甲公司在未告知乙公司的情况下，以普通使用许可的方式许可丙公司使用该技术，乙公司在未告知甲公司的情况下，以独占使用许可的方式许可丁公司使用该技术。下列哪一说法是正确的（   ）。

A. 该技术成果的使用权仅属于甲公司

B. 该技术成果的转让权仅属于乙公司

C. 甲公司与丙公司签订的许可使用合同无效

D. 乙公司与丁公司签订的许可使用合同无效

3）下列关于保管合同和仓储合同区别的说法中，错误的是（   ）。

A. 保管合同是无偿合同，仓储合同是有偿合同

B. 无约定的保管合同是实践性合同，仓储合同是诺成合同

C. 保管合同中的保管人无验收义务，仓储合同中的仓储人有验收义务

D. 保管合同中的保管凭证一般不得转让，仓储合同中的仓单一般可以转让

4）周某因出国留学，把自己的几幅贵重字画交给朋友吴某保管，吴某将字画放于卧室，一日，卧室的暖气管道突然破裂，字画浸水受损，下列说法正确的是（   ）。

A. 吴某存在过失，应负部分赔偿责任

B. 吴某存在过失，应负全部赔偿责任

C. 吴某系无偿保管且无重大过失或故意，不应赔偿

D. 暖气管道突然破裂属于不可抗力，吴某不应赔偿

5）某日晚，张某拾得熟人王某的自行车，就给王某打电话告诉了他，因天

已经很晚，张某想将自行车放在小区的车棚里，但车棚已上锁，张某只得将自行车推到自己住的单元楼下。第二天一早，王某来取自行车，发现车被盗，王某要求张某赔偿。下列处理方法正确的是（   ）。

A. 由王某自行承担损失

B. 由张某赔偿

C. 由张某承担主要责任，王某承担次要责任

D. 由王某承担主要责任，张某承担次要责任

6）寄存人寄存货币、有价证券或者其他贵重物品的，应当向保管人声明，由保管人验收或者封存；寄存人未声明的，该物品毁损、灭失后，保管人可以（   ）赔偿。

A. 不予   B. 按照一般物品予以

C. 按照市场物价予以   D. 在合理的赔偿范围内予以

7）（   ）是保管人储存存货人交付的仓储物，存货人支付仓储费的合同。

A. 仓储合同   B. 保管合同

C. 存贮合同   D. 存储合同

8）储存期内，因保管不善造成仓储物毁损、灭失的，保管人（   ）。

A. 应当承担赔偿责任

B. 可以承担赔偿责任

C. 需要承担赔偿责任

D. 不应当承担赔偿责任

9）委托代理中，代理人取得代理权的依据是（   ）。

A. 双方当事人协商一致   B. 被代理人授权

C. 代理人的同意   D. 公证机关的公证

10）受托人以自己的名义，在委托人的授权范围内与第三人订立的合同，第三人在订立合同时知道受托人与委托人之间的代理关系的，该合同（   ）。

A. 直接约束委托人

B. 直接约束委托人和第三人

C. 直接约束受托人

D. 直接约束受托人和第三人

11）甲委托乙销售一批首饰并交付，乙经甲同意转委托给丙。丙以其名义与丁签订买卖合同，丙依约向丁交付首饰，但丁拒绝向丙支付首饰款。根据合同法律制度的规定，下列表述中，正确的是（   ）。

A. 乙的转委托行为无效

B. 丙与丁签订的买卖合同直接约束甲和丁

C. 丙应向甲披露丁，甲可以行使丙对丁的权利

D. 丙应向丁披露甲，丁可以行使丙对甲的权利

12）在委托合同中，受托人以自己的名义与第三人订立合同，第三人不知道委托人和受托人之间的代理关系。如果受托人因委托人或第三人的原因不履行义务，则下面有关当事人权利和义务的表述，不正确的是（　　）。

A. 受托人有披露义务　　　　　　B. 委托人有介入权

C. 第三人有选择权　　　　　　　D. 第三人有变更权

13）受托人处理委托事务取得的财产归谁所有（　　）。

A. 委托人　　　　　　　　　　　B. 受托人

C. 共同所有　　　　　　　　　　D. 双方约定

2. 多项选择题

1）技术合同是当事人就（　　）或者服务订立的确立相互之间权利和义务的合同。

A. 技术开发　　　　　　　　　　B. 转让

C. 许可　　　　　　　　　　　　D. 咨询

2）技术合同价款、报酬或者使用费的支付方式由当事人约定，可以采取（　　）的方式。

A. 一次总算

B. 一次总付

C. 一次总算、分期支付

D. 提成支付或者提成支付附加预付入门费

3）职务技术成果的（　　）属于法人或者非法人组织的，法人或者非法人组织可以就该项职务技术成果订立技术合同。

A. 使用权　　　　　　　　　　　B. 转让权

C. 处分权　　　　　　　　　　　D. 收益权

4）无偿保管合同中，在什么情况下不承担责任（　　）。

A. 没有故意　　　　　　　　　　B. 没有重大过失

C. 没有签订合同　　　　　　　　D. 没有约定

3. 判断题

1）职务技术成果是执行法人或者非法人组织的工作任务，或者主要是利用法人或者非法人组织的物质技术条件所完成的技术成果。（　　）

2）委托开发完成的发明创造，除法律另有规定或者当事人另有约定外，申请专利的权利属于委托人。（　　）

3）技术咨询合同和技术服务合同对受托人正常开展工作所需费用的负担没有约定或者约定不明确的，由受托人负担。（　　）

答案点拨解析

1. 单项选择题

题号	答案	解　　析
1	D	第八百五十八条　没有及时通知并采取适当措施，致使损失扩大的，应当就扩大的损失承担责任
2	D	由第八百六十一条可知，A选项、B选项错误。根据《最高人民法院关于审理技术合同纠纷案件适用法律若干问题的解释》，当事人均有不经对方同意而自己使用或者以普通使用许可的方式许可他人使用技术秘密，并独占由此所获利益的权利。当事人一方将技术秘密成果的转让权让与他人，或者以独占或者排他使用许可的方式许可他人使用技术秘密，未经对方当事人同意或者追认的，应当认定该让与或者许可行为无效，所以C选项错误，D选项正确
3	A	保管合同既可以是无偿合同，也可以是有偿合同，仓储合同是有偿合同，所以A选项错误。保管合同如无约定，为实践性合同，仓储合同是诺成合同，所以B选项正确。C选项、D选项符合保管合同和仓储合同的特征 诺成合同，又称不要物合同，是实践合同的对称，指仅以当事人意思表示一致为成立要件的合同。在实践中，大多数合同均为诺成合同，实践合同仅限于法律规定的少数合同，如保管合同、自然人之间的借款合同
4	C	第八百九十七条
5	A	第八百九十七条
6	B	第八百九十八条
7	A	第九百零四条
8	A	第九百一十七条
9	B	第九百一十九条、第九百二十条
10	B	第九百二十五条
11	C	第九百二十六条
12	D	第九百二十六条
13	A	第九百二十七条

2. 多项选择题

题号	答案	解　　析
1	ABCD	第八百四十三条
2	ABCD	第八百四十六条
3	AB	第八百四十七条
4	AB	第八百九十七条

3. 判断题

题号	答案	解　　析
1	√	第八百四十七条
2	×	第八百五十九条　委托开发完成的发明创造，除法律另有规定或者当事人另有约定外，申请专利的权利属于研究开发人
3	√	第八百八十六条

6.2.7　典型合同——物业服务合同、中介合同、合伙合同

 考点知识讲解

说明：方框里面的内容是法律条款摘选。

> **第二十四章　物业服务合同**
>
> 第九百三十八条　物业服务合同的内容一般包括服务事项、服务质量、服务费用的标准和收取办法、维修资金的使用、服务用房的管理和使用、服务期限、服务交接等条款。
>
> 物业服务人公开做出的有利于业主的服务承诺，为物业服务合同的组成部分。
>
> 物业服务合同应当采用书面形式。
>
> 第九百四十三条　物业服务人应当定期将服务的事项、负责人员、质量要求、收费项目、收费标准、履行情况，以及维修资金使用情况、业主共有部分的经营与收益情况等以合理方式向业主公开并向业主大会、业主委员会报告。
>
> 第九百四十四条　业主应当按照约定向物业服务人支付物业费。物业服务人已经按照约定和有关规定提供服务的，业主不得以未接受或者无需接受相关物业服务为由拒绝支付物业费。
>
> 业主违反约定逾期不支付物业费的，物业服务人可以催告其在合理期限内支付；合理期限届满仍不支付的，物业服务人可以提起诉讼或者申请仲裁。
>
> 物业服务人不得采取停止供电、供水、供热、供燃气等方式催交物业费。
>
> 第九百四十六条　业主依照法定程序共同决定解聘物业服务人的，可以解除物业服务合同。决定解聘的，应当提前六十日书面通知物业服务人，但是合同对通知期限另有约定的除外。

依据前款规定解除合同造成物业服务人损失的，除不可归责于业主的事由外，业主应当赔偿损失。

第九百四十七条 物业服务期限届满前，业主依法共同决定续聘的，应当与原物业服务人在合同期限届满前续订物业服务合同。

物业服务期限届满前，物业服务人不同意续聘的，应当在合同期限届满前九十日书面通知业主或者业主委员会，但是合同对通知期限另有约定的除外。

第九百四十八条 物业服务期限届满后，业主没有依法做出续聘或者另聘物业服务人的决定，物业服务人继续提供物业服务的，原物业服务合同继续有效，但是服务期限为不定期。

当事人可以随时解除不定期物业服务合同，但是应当提前六十日书面通知对方。

第九百五十条 物业服务合同终止后，在业主或者业主大会选聘的新物业服务人或者决定自行管理的业主接管之前，原物业服务人应当继续处理物业服务事项，并可以请求业主支付该期间的物业费。

第二十六章 中介合同

第九百六十一条 中介合同是中介人向委托人报告订立合同的机会或者提供订立合同的媒介服务，委托人支付报酬的合同。

第九百六十三条 中介人促成合同成立的，委托人应当按照约定支付报酬。对中介人的报酬没有约定或者约定不明确，依据本法第五百一十条的规定仍不能确定的，根据中介人的劳务合理确定。因中介人提供订立合同的媒介服务而促成合同成立的，由该合同的当事人平均负担中介人的报酬。

中介人促成合同成立的，中介活动的费用，由中介人负担。

第九百六十四条 中介人未促成合同成立的，不得请求支付报酬；但是，可以按照约定请求委托人支付从事中介活动支出的必要费用。

第九百六十五条 委托人在接受中介人的服务后，利用中介人提供的交易机会或者媒介服务，绕开中介人直接订立合同的，应当向中介人支付报酬。

第二十七章 合伙合同

第九百六十七条 合伙合同是两个以上合伙人为了共同的事业目的，订立的共享利益、共担风险的协议。

第九百六十九条 合伙人的出资、因合伙事务依法取得的收益和其他财产，属于合伙财产。

合伙合同终止前，合伙人不得请求分割合伙财产。

第九百七十条　合伙人就合伙事务做出决定的，除合伙合同另有约定外，应当经全体合伙人一致同意。

合伙事务由全体合伙人共同执行。按照合伙合同的约定或者全体合伙人的决定，可以委托一个或者数个合伙人执行合伙事务；其他合伙人不再执行合伙事务，但是有权监督执行情况。

合伙人分别执行合伙事务的，执行事务合伙人可以对其他合伙人执行的事务提出异议；提出异议后，其他合伙人应当暂停该项事务的执行。

第九百七十一条　合伙人不得因执行合伙事务而请求支付报酬，但是合伙合同另有约定的除外。

第九百七十二条　合伙的利润分配和亏损分担，按照合伙合同的约定办理；合伙合同没有约定或者约定不明确的，由合伙人协商决定；协商不成的，由合伙人按照实缴出资比例分配、分担；无法确定出资比例的，由合伙人平均分配、分担。

第九百七十三条　合伙人对合伙债务承担连带责任。清偿合伙债务超过自己应当承担份额的合伙人，有权向其他合伙人追偿。

第九百七十四条　除合伙合同另有约定外，合伙人向合伙人以外的人转让其全部或者部分财产份额的，须经其他合伙人一致同意。

第九百七十五条　合伙人的债权人不得代位行使合伙人依照本章规定和合伙合同享有的权利，但是合伙人享有的利益分配请求权除外。

第九百七十六条　合伙人对合伙期限没有约定或者约定不明确，依据本法第五百一十条的规定仍不能确定的，视为不定期合伙。

合伙期限届满，合伙人继续执行合伙事务，其他合伙人没有提出异议的，原合伙合同继续有效，但是合伙期限为不定期。

合伙人可以随时解除不定期合伙合同，但是应当在合理期限之前通知其他合伙人。

 同步练习强化

1. 单项选择题

1）物业服务合同应当采用（　　）形式。

A. 口头　　　　　　　　　　B. 书面

C. 电子　　　　　　　　　　D. 公证

2）业主应当按照约定向物业服务人支付物业费，若业主不交物业费，物业可以（　　）。

A. 催告业主在合理期限内支付

B. 合理期限属满仍不交的，可以提起诉讼

C. 采取停止供电的方式催交

D. 采取停止供水的方式催交

3）业主依照法定程序共同决定解聘物业服务人的，可以解除物业服务合同。决定解聘的，应当提前（　　）书面通知物业服务人，但是合同对通知期限另有约定的除外。

A. 30 日

B. 40 日

C. 50 日

D. 60 日

4）物业服务期限届满前，物业服务人不同意续聘的，应当在合同期限届满前（　　）日书面通知业主或者业主委员会，但是合同对通知期限另有约定的除外。

A. 三十

B. 六十

C. 九十

D. 一百二十

5）物业服务期限届满后，业主没有依法做出续聘或者另聘物业服务人的决定，物业服务人继续提供物业服务的，原物业服务合同继续有效，但是服务期限为（　　）。

A. 一年

B. 两年

C. 五年

D. 不定期

6）当事人可以随时解除不定期物业服务合同，但是应当提前（　　）书面通知对方。

A. 十五日

B. 三十日

C. 六十日

D. 九十日

7）物业服务合同终止后，在业主或者业主大会选聘的新物业服务人或者决定自行管理的业主接管之前，原物业服务人应当继续处理物业服务事项，并（　　）业主支付该期间的物业费。

A. 应当要求

B. 可以请求

C. 需要

D. 不需要

8）因中介人提供订立合同的媒介服务而促成合同成立的，（　　）。

A. 由委托人负担中介人的报酬

B. 由该合同的当事人平均负担中介人的报酬

C. 由委托人支付从事中介活动支出的必要费用

D. 由委托人支付从事中介人的全部费用

9）刘某通过中介公司与马某签订了一份购房协议，约定刘某购买马某的房子，后刘某没能从银行获得贷款，双方解除了买卖合同。对此，下列说法中正

确的是（   ）。

　　A. 刘某不用向中介公司支付佣金，因为房屋买卖合同没有生效

　　B. 刘某不用向中介公司支付佣金，因为房屋买卖合同已经解除

　　C. 刘某必须向中介公司支付佣金，因为房屋买卖合同已经签订

　　D. 刘某必须向中介公司支付佣金，因为房屋买卖合同已经履行

　　10）中介人促成合同成立，中介活动的费用，由（   ）负担。

　　A. 委托人　　　　　　　　　　　　B. 中介人

　　C. 合同对方　　　　　　　　　　　D. 各方协商

　　11）中介人未促成合同成立的，不得请求支付报酬；但是，（   ）。

　　A. 可以按照约定请求委托人支付从事中介活动支出的必要费用

　　B. 委托人需要支付从事中介活动支出的全部费用

　　C. 委托人应当支付中介人相关报酬

　　D. 合同的当事人平均负担中介人的报酬

　　12）刘某与甲房屋中介公司签订合同，委托甲公司帮助出售房屋一套。关于甲公司的权利和义务，下列哪一说法是错误的？（   ）

　　A. 如有顾客要求上门看房时，甲公司应及时通知刘某

　　B. 甲公司可代刘某签订房屋买卖合同

　　C. 如促成房屋买卖合同成立，甲公司可向刘某收取报酬

　　D. 如促成房屋买卖合同成立，甲公司自行承担居间活动费用

　　13）委托人在接受中介人的服务后，利用中介人提供的交易机会或者媒介服务，绕开中介人直接订立合同的，（   ）向中介人支付报酬。

　　A. 无须　　　　　　　　　　　　　B. 不应当

　　C. 应当　　　　　　　　　　　　　D. 可以

　　14）合伙合同有效期间，合伙人以外的第三人要求入伙，关于法律是否允许的问题，下列表达正确的是（   ）。

　　A. 依合伙的约定决定是否允许

　　B. 不允许，因为合伙合同是基于合伙人之间的信任关系而存在的

　　C. 合伙合同有约定的，依合同处理，无约定的，应当经全体合伙人一致同意

　　D. 合同有约定的依约定处理，无约定的，须经全体合伙人过半数同意

　　15）除合伙合同另有约定外，合伙人向合伙人以外的人转让其全部或者部分财产份额的，须经其他合伙人（   ）同意。

　　A. 三分之二　　　　　　　　　　　B. 五分之四

　　C. 半数　　　　　　　　　　　　　D. 一致

　　16）合伙人不得因（   ）而请求支付报酬，但是合伙合同另有约定的除外。

A. 执行合伙事务

B. 合伙期限届满

C. 转让其全部或者部分财产份额

D. 死亡、丧失民事行为能力或者终止

17）合伙人对合伙债务承担（　　　）责任。

A. 共同　　　　　　　　　　　　　B. 连带

C. 补充清偿　　　　　　　　　　　D. 无责任

18）合伙期限届满，合伙人继续执行合伙事务，其他合伙人没有提出异议的，原合伙合同继续有效，但是合伙期限为（　　　）。

A. 定期　　　　　　　　　　　　　B. 永久

C. 60 年　　　　　　　　　　　　 D. 不定期

19）中介（居间）人未促成合同成立的，中介活动的费用（　　　）。

A. 可按照约定请求委托人支付从事中介活动支出的必要费用

B. 由委托人支付报酬

C. 由合同双方均摊

D. 由中介当事人承担已产生的费用

2. 多项选择题

1）物业服务合同的内容一般包括（　　　）、服务用房的管理和使用、服务期限、服务交接等条款。

A. 服务事项　　　　　　　　　　　B. 服务质量

C. 服务费用的标准和收取办法　　　D. 维修资金的使用

2）物业服务人应当定期将服务的事项、负责人员、质量要求、收费项目、收费标准、履行情况，以及维修资金使用情况、业主共有部分的经营与收益情况等以合理方式向业主公开并向（　　　）报告。

A. 业主大会　　　　　　　　　　　B. 居委会

C. 业主个人　　　　　　　　　　　D. 业主委员会

3）业主违反约定逾期不支付物业费的，物业服务人可以催告其在合理期限内支付；合理期限届满仍不支付的，物业服务人（　　　）。

A. 可以提起诉讼

B. 申请仲裁

C. 可以进行催缴物业费

D. 可以采取停止供电等相关措施催交物业费

4）合伙的利润分配和亏损分担，可以按照下列哪些方式进行处理（　　　）。

A. 按照合伙合同的约定　　　　　　B. 合伙人共同协商

C. 按照实缴出资比例分配、分担　　D. 合伙人平均分配、分担

5）符合不定期合伙的情形有（　　　）。

A. 合伙人对合伙期限没有约定或者约定不明确，依法仍不能确定的

B. 合伙期限届满，合伙人继续执行合伙事务，其他合伙人未提出异议的

C. 约定有合伙期限，但未签订书面合伙协议的

D. 合伙合同终止后，部分合伙人继续执行合伙事务

3. 判断题

1）委托人在接受中介人的服务后，利用中介人提供的交易机会或者媒介服务，绕开中介人直接订立合同的，应当向中介人支付报酬。　　　（　　）

2）合伙合同终止前，合伙人可以请求分割合伙财产。　　　　　（　　）

3）合伙人分别执行合伙事务的，执行事务合伙人可以对其他合伙人执行的事务提出异议；提出异议后，其他合伙人应当暂停该项事务的执行。　（　　）

4）合伙人可以随时解除不定期合伙合同，但是应当在合理期限之前通知其他合伙人。　　　　（　　）

 答案点拨解析

1. 单项选择题

题号	答案	解　　析
1	B	第九百三十八条
2	A	第九百四十四条
3	D	第九百四十六条
4	C	第九百四十七条
5	D	第九百四十八条
6	C	第九百四十八条
7	B	第九百五十条
8	B	第九百六十三条
9	C	第九百六十三条　中介人促成合同成立的，委托人应当按照约定支付报酬
10	B	第九百六十三条
11	A	第九百六十四条
12	B	答案是 B 选项。通过题目看不出刘某授权甲公司代其签订房屋买卖合同，甲公司不可代刘某签订房屋买卖合同
13	C	第九百六十五条
14	C	第九百七十条
15	D	第九百七十四条

（续）

题号	答案	解　　析
16	A	第九百七十一条
17	B	第九百七十三条
18	D	第九百七十六条
19	A	第九百六十四条

2. 多项选择题

题号	答案	解　　析
1	ABCD	第九百三十八条
2	AD	第九百四十三条
3	AB	第九百四十四条
4	ABCD	第九百七十二条
5	AB	第九百七十六条

3. 判断题

题号	答案	解　　析
1	√	第九百六十五条
2	×	第九百六十九条　合伙合同终止前，合伙人不得请求分割合伙财产
3	√	第九百七十条
4	√	第九百七十六条

6.2.8　准合同——无因管理、不当得利

考点知识讲解

说明：方框里面的内容是法律条款摘选。

第三分编　准合同

第二十八章　无因管理

第九百七十九条　管理人没有法定的或者约定的义务，为避免他人利益受损失而管理他人事务的，可以请求受益人偿还因管理事务而支出的必要费用；管理人因管理事务受到损失的，可以请求受益人给予适当补偿。

管理事务不符合受益人真实意思的，管理人不享有前款规定的权利；但是，受益人的真实意思违反法律或者违背公序良俗的除外。

第九百八十一条　管理人管理他人事务，应当采取有利于受益人的方法。中断管理对受益人不利的，无正当理由不得中断。

第二十九章　不当得利

第九百八十五条　得利人没有法律根据取得不当利益的，受损失的人可以请求得利人返还取得的利益，但是有下列情形之一的除外：

（一）为履行道德义务进行的给付；

（二）债务到期之前的清偿；

（三）明知无给付义务而进行的债务清偿。

第九百八十七条　得利人知道或者应当知道取得的利益没有法律根据的，受损失的人可以请求得利人返还其取得的利益并依法赔偿损失。

第九百八十八条　得利人已经将取得的利益无偿转让给第三人的，受损失的人可以请求第三人在相应范围内承担返还义务。

 同步练习强化

1. 单项选择题

1）下列哪种情形中，当事人之间产生合同法律关系？（　　　）

A. 甲拾得乙遗失的一块手表

B. 甲邀请乙看球赛，乙因为有事没有前去赴约

C. 甲因出差，将一台电脑放入乙家

D. 甲把乙打伤，赔偿乙医疗费 1000 元

2）甲、乙二人同在市场销售服装，收摊时乙的一箱衬衣不小心混入了甲的衣物内，甲不知，将衬衣带回家中，甲的行为属于（　　　）。

A. 拾得遗失物　　　　　　　　　　B. 获取不当得利

C. 无因管理　　　　　　　　　　　D. 授权行为

3）得利人已经将取得的利益无偿转让给第三人的，受损失的人可以请求第三人在（　　　）内承担返还义务。

A. 全部范围　　　　　　　　　　　B. 相应范围

C. 已取得利益的范围　　　　　　　D. 全面利益范围

2. 多项选择题

1）下列事实中，构成无因管理的是（　　　）。

A. 未受委托，雇人为邻居的危险房屋加固，以免遭台风袭击而损毁

B. 受委托，雇人为他人照看病人

C. 抢救溺水儿童

D. 饲养他人失散的动物并寻找其主人

2) 无因管理的构成要件包括（ ）。

A. 有管理他人事务的行为

B. 有为他人谋取利益的意思

C. 无法定或约定的义务

D. 符合受益人真实意思，但受益人真实意思违反法律或公序良俗的除外

3) 得利人没有法律根据取得不当利益的，受损失的人可以请求得利人返还取得的利益，但是有些情形除外。请问是哪些情形？（ ）

A. 为履行道德义务进行的给付

B. 债务到期之前的清偿

C. 明知无给付义务而进行的债务清偿

D. 得利人无返还能力

4) 甲遗失其为乙保管的迪亚手表，为偿还乙，甲窃取丙的美茄手表和4000元现金。甲将美茄手表交还给乙，因美茄手表比迪亚手表便宜1000元，甲又从4000元中补偿乙1000元。乙不知甲盗窃情节。乙将美茄手表赠予丁，又用该1000元的一半支付某自来水公司水费，另一半购得某商场一件衬衣。下列哪些说法是正确的？（ ）

A. 丙可请求丁返还手表

B. 丙可请求甲返还3000元，请求自来水公司和商场各返还500元

C. 丙可请求乙返还1000元不当得利

D. 丙可请求甲返还4000元不当得利

3. 判断题

明知无给付义务而进行的债务清偿，可以依据不当得利请求得利人返还。

（ ）

 答案点拨解析

1. 单项选择题

题号	答案	解析
1	C	合同是一种民事法律行为，以双方当事人的意思表示为要素，并且按意思表示的内容赋予法律效果，因而与事实行为不同
2	B	第九百八十五条
3	B	第九百八十八条

2. 多项选择题

题号	答案	解　析
1	ACD	第九百七十九条
2	ABCD	第九百七十九条
3	ABC	第九百八十五条
4	AD	根据第九百八十五条，手表为赃物，丙可请求丁返还手表，所以 A 选项正确；货币适用"占有即所有规则"，所以 B 选项、C 选项说法错误；4000 元是甲窃取丙的，所以丙可请求甲返还，所以 D 选项正确

3. 判断题

答案	解　析
×	第九百八十五条

6.3　《中华人民共和国消费者权益保护法》

　　1993 年 10 月 31 日第八届全国人民代表大会常务委员会第四次会议通过，自 1994 年 1 月 1 日起施行。根据 2009 年 8 月 27 日第十一届全国人民代表大会常务委员会第十次会议《关于修改部分法律的规定》第一次修正。根据 2013 年 10 月 25 日第十二届全国人民代表大会常务委员会第五次会议《关于修改〈中华人民共和国消费者权益保护法〉的决定》第二次修正。2013 年 10 月 25 日中华人民共和国主席令第七号公布，自 2014 年 3 月 15 日起施行。

6.3.1　总则、消费者的权利、经营者的义务

考点知识讲解

　　说明：方框里面的内容是法律条款摘选。

　　第一章　总则

　　第二条　消费者为生活消费需要购买、使用商品或者接受服务，其权益受本法保护；本法未作规定的，受其他有关法律、法规保护。

　　第四条　经营者与消费者进行交易，应当遵循自愿、平等、公平、诚实信用的原则。

第六条　保护消费者的合法权益是全社会的共同责任。

国家鼓励、支持一切组织和个人对损害消费者合法权益的行为进行社会监督。

大众传播媒介应当做好维护消费者合法权益的宣传，对损害消费者合法权益的行为进行舆论监督。

第二章　消费者的权利

第七条　消费者在购买、使用商品和接受服务时享有人身、财产安全不受损害的权利。

消费者有权要求经营者提供的商品和服务，符合保障人身、财产安全的要求。

第八条　消费者享有知悉其购买、使用的商品或者接受的服务的真实情况的权利。

消费者有权根据商品或者服务的不同情况，要求经营者提供商品的价格、产地、生产者、用途、性能、规格、等级、主要成分、生产日期、有效期限、检验合格证明、使用方法说明书、售后服务，或者服务的内容、规格、费用等有关情况。

第九条　消费者享有自主选择商品或者服务的权利。

消费者有权自主选择提供商品或者服务的经营者，自主选择商品品种或者服务方式，自主决定购买或者不购买任何一种商品、接受或者不接受任何一项服务。

消费者在自主选择商品或者服务时，有权进行比较、鉴别和挑选。

第十条　消费者享有公平交易的权利。

消费者在购买商品或者接受服务时，有权获得质量保障、价格合理、计量正确等公平交易条件，有权拒绝经营者的强制交易行为。

第十一条　消费者因购买、使用商品或者接受服务受到人身、财产损害的，享有依法获得赔偿的权利。

第十四条　消费者在购买、使用商品和接受服务时，享有人格尊严、民族风俗习惯得到尊重的权利，享有个人信息依法得到保护的权利。

第三章　经营者的义务

第十八条　经营者应当保证其提供的商品或者服务符合保障人身、财产安全的要求。对可能危及人身、财产安全的商品和服务，应当向消费者做出真实的说明和明确的警示，并说明和标明正确使用商品或者接受服务的方法以及防止危害发生的方法。

宾馆、商场、餐馆、银行、机场、车站、港口、影剧院等经营场所的经营者，应当对消费者尽到安全保障义务。

第十九条　经营者发现其提供的商品或者服务存在缺陷，有危及人身、财产安全危险的，应当立即向有关行政部门报告和告知消费者，并采取停止销售、警示、召回、无害化处理、销毁、停止生产或者服务等措施。采取召回措施的，经营者应当承担消费者因商品被召回支出的必要费用。

第二十条　经营者向消费者提供有关商品或者服务的质量、性能、用途、有效期限等信息，应当真实、全面，不得作虚假或者引人误解的宣传。

经营者对消费者就其提供的商品或者服务的质量和使用方法等问题提出的询问，应当做出真实、明确的答复。

经营者提供商品或者服务应当明码标价。

第二十一条　经营者应当标明其真实名称和标记。

租赁他人柜台或者场地的经营者，应当标明其真实名称和标记。

第二十二条　经营者提供商品或者服务，应当按照国家有关规定或者商业惯例向消费者出具发票等购货凭证或者服务单据；消费者索要发票等购货凭证或者服务单据的，经营者必须出具。

第二十三条　经营者应当保证在正常使用商品或者接受服务的情况下其提供的商品或者服务应当具有的质量、性能、用途和有效期限；但消费者在购买该商品或者接受该服务前已经知道其存在瑕疵，且存在该瑕疵不违反法律强制性规定的除外。

经营者以广告、产品说明、实物样品或者其他方式表明商品或者服务的质量状况的，应当保证其提供的商品或者服务的实际质量与表明的质量状况相符。

经营者提供的机动车、计算机、电视机、电冰箱、空调器、洗衣机等耐用商品或者装饰装修等服务，消费者自接受商品或者服务之日起六个月内发现瑕疵，发生争议的，由经营者承担有关瑕疵的举证责任。

第二十四条　经营者提供的商品或者服务不符合质量要求的，消费者可以依照国家规定、当事人约定退货，或者要求经营者履行更换、修理等义务。没有国家规定和当事人约定的，消费者可以自收到商品之日起七日内退货；七日后符合法定解除合同条件的，消费者可以及时退货，不符合法定解除合同条件的，可以要求经营者履行更换、修理等义务。

依照前款规定进行退货、更换、修理的，经营者应当承担运输等必要费用。

第二十五条　经营者采用网络、电视、电话、邮购等方式销售商品，消费者有权自收到商品之日起七日内退货，且无需说明理由，但下列商品除外：

（一）消费者定作的；

（二）鲜活易腐的；

（三）在线下载或者消费者拆封的音像制品、计算机软件等数字化商品；

（四）交付的报纸、期刊。

除前款所列商品外，其他根据商品性质并经消费者在购买时确认不宜退货的商品，不适用无理由退货。

消费者退货的商品应当完好。经营者应当自收到退回商品之日起七日内返还消费者支付的商品价款。退回商品的运费由消费者承担；经营者和消费者另有约定的，按照约定。

第二十六条　经营者在经营活动中使用格式条款的，应当以显著方式提请消费者注意商品或者服务的数量和质量、价款或者费用、履行期限和方式、安全注意事项和风险警示、售后服务、民事责任等与消费者有重大利害关系的内容，并按照消费者的要求予以说明。

经营者不得以格式条款、通知、声明、店堂告示等方式，做出排除或者限制消费者权利、减轻或者免除经营者责任、加重消费者责任等对消费者不公平、不合理的规定，不得利用格式条款并借助技术手段强制交易。

格式条款、通知、声明、店堂告示等含有前款所列内容的，其内容无效。

第二十七条　经营者不得对消费者进行侮辱、诽谤，不得搜查消费者的身体及其携带的物品，不得侵犯消费者的人身自由。

第二十九条　经营者收集、使用消费者个人信息，应当遵循合法、正当、必要的原则，明示收集、使用信息的目的、方式和范围，并经消费者同意。经营者收集、使用消费者个人信息，应当公开其收集、使用规则，不得违反法律、法规的规定和双方的约定收集、使用信息。

经营者及其工作人员对收集的消费者个人信息必须严格保密，不得泄露、出售或者非法向他人提供。经营者应当采取技术措施和其他必要措施，确保信息安全，防止消费者个人信息泄露、丢失。在发生或者可能发生信息泄露、丢失的情况时，应当立即采取补救措施。

经营者未经消费者同意或者请求，或者消费者明确表示拒绝的，不得向其发送商业性信息。

 同步练习强化

1. 单项选择题

1）最新修订的《中华人民共和国消费者权益保护法》的正式实施时间是

（   ）。

   A. 2013 年 12 月 4 日　　　　　　B. 2013 年 10 月 25 日

   C. 2014 年 3 月 15 日　　　　　　 D. 2014 年 1 月 1 日

2）大众传播媒介应当做好维护消费者合法权益的宣传，对损害消费者合法权益的行为进行（   ）。

   A. 社会监督　　　　　　　　　　B. 行政监督

   C. 司法监督　　　　　　　　　　D. 舆论监督

3）消费者在购买商品或者接受服务时，有权获得质量保障、价格合理、计量正确等（   ）条件，有权拒绝经营者的强制交易行为。

   A. 公平交易　　　　　　　　　　B. 自主选择

   C. 相互协商　　　　　　　　　　D. 知情权

4）甲消费者到某 4S 店购买一辆小轿车，在购车时登记了其姓名、住址、电话等个人信息，4S 店为宣传该款车的销量，在对外广告时擅自使用了甲消费者的个人信息，该 4S 店侵犯了消费者的（   ）。

   A. 公平交易的权利

   B. 在购买、使用商品和接受服务时享有人身、财产安全不受损害的权利

   C. 自主选择商品或服务的权利

   D. 个人信息依法得到保护的权利

5）小王在某手机店挑选手机，挑选了将近一个小时，但最后觉得没有一款适合自己的，打算离开，但该手机店店员拦住他，要求其购买一部。问该店员的行为侵犯了小王的（   ）。

   A. 公平交易权　　　　　　　　　B. 自主选择权

   C. 安全权　　　　　　　　　　　D. 知情权

6）经营者应当保证其提供的商品或者服务符合保障人身、财产安全的要求。对（   ）的商品和服务，应当向消费者做出真实的说明和明确的警示，并说明和标明正确使用商品或者接受服务的方法以及防止危害发生的方法。

   A. 不合格　　　　　　　　　　　B. 未经检验

   C. 数量不足　　　　　　　　　　D. 可能危及人身、财产安全

7）某商场发现其销售的一款高压锅存在缺陷，有可能危及人身、财产安全，其正确的做法是（   ）。

   A. 继续降价销售

   B. 由消费者承担必要费用的则予以召回

   C. 只是在商场门口贴出告示，要求消费者注意

   D. 立即向有关行政部门报告和告知消费者，并采取停止销售、警示、召回、无害化处理、销毁等措施

8）某大型商场销售的 A 品牌电视机在市场上流通一个月后发现存在安全隐患，故该商场经理发出召回商品的通知，在召回途中，下列哪个是正确的（　　）。

A. 召回商品的额外费用由消费者承担

B. 该商场承担消费者因商品被召回的必要费用

C. 私下召回该电视机

D. 该电视机被召回后不作任何处理

9）某消费者装修商品房，与甲装修公司签订了装修合同，装修完工后消费者搬入，发现装修存在瑕疵，根据新消费者权益保护法的规定，在消费者接受该装修好的商品房之日起（　　）内由甲装修公司承担有关举证责任。

A. 3 个月　　　　　　　　　　　B. 6 个月

C. 一年　　　　　　　　　　　　D. 2 年

10）三包不包括（　　）。（真题）

A. 包修　　　　　　　　　　　　B. 包退

C. 包换　　　　　　　　　　　　D. 包赔

11）经营者提供的商品或者服务不符合质量要求，没有国家规定和当事人约定的，消费者可以自收到商品之日起（　　）退货。

A. 3 日　　　　　　　　　　　　B. 7 日

C. 15 日　　　　　　　　　　　　D. 30 日

12）经营者采用网络、电视、电话、邮购等方式销售除消费者定作的、鲜活易腐的、在线下载或者消费者拆封的音像制品、计算机软件等数字化商品、交付的报纸、期刊及其他根据商品性质并经消费者在购买时确认不宜退货的商品除外，消费者有权自收到商品之日起（　　）内退货，且无需说明理由。

A. 3 日　　　　　　　　　　　　B. 7 日

C. 15 日　　　　　　　　　　　　D. 30 日

2. 多项选择题

1）根据《中华人民共和国消费者权益保护法》的规定，消费者的下列哪些行为受到法律的保护（　　）。

A. 为生活消费需要购买、使用商品　　B. 为生活消费需要接受服务

C. 为生产消费需要购买、使用商品　　D. 为生产消费需要接受服务

2）经营者与消费者进行交易，应当遵循（　　）的原则。（真题）

A. 自愿　　　　　　　　　　　　B. 平等

C. 公平　　　　　　　　　　　　D. 诚实信用

3）某公司生产销售一款新车，该车在有些新设计上不够成熟，导致部分车

辆在驾驶中出现故障，甚至因此造成交通事故。事后，该公司拒绝就故障原因做出说明，也拒绝对受害人提供赔偿。该公司的行为侵犯了消费者的哪些权利？（　　　）

A. 安全保障权　　　　　　　　B. 知悉真情权

C. 信息保护权　　　　　　　　D. 获取赔偿权

4）消费者与经营者进行交易，享有（　　　）的权利。

A. 知悉真实情况　　　　　　　B. 自主选择

C. 公平交易　　　　　　　　　D. 依法获得赔偿

5）"三包"具体包括（　　　）。

A. 包换　　　　　　　　　　　B. 包修

C. 包退　　　　　　　　　　　D. 包赔损失

6）经营者的下列哪些行为违反了《中华人民共和国消费者权益保护法》的规定（　　　）。

A. 商家在商场内多处设置监控录像设备，其中包括服装销售区的试衣间

B. 商场的出租柜台更换了承租商户，新商户进场后，未更换原商户设置的名称标牌

C. 顾客以所购商品的价格高于同城其他商店同类商品的售价为由要求退货，商家予以拒绝

D. 餐馆规定，顾客用餐结账时，餐费低于 5 元的不开具发票

7）经营者应当保证在正常使用商品或者接受服务的情况下其提供的商品或者服务应当具有的（　　　）。

A. 质量　　　　　　　　　　　B. 性能

C. 用途　　　　　　　　　　　D. 有效期限

8）经营者向消费者提供有关商品或者服务的（　　　）等信息，应当真实、全面，不得作虚假或者引人误解的宣传。

A. 质量　　　　　　　　　　　B. 性能

C. 用途　　　　　　　　　　　D. 有效期限

3. 判断题

1）国家鼓励、支持一切组织和个人对损害消费者合法权益的行为进行社会监督。　　　　　　　　　　　　　　　　　　　　　　　　　　（　　　）

2）经营者不得销售缺陷商品和瑕疵商品。　　　　　　　　　（　　　）

3）对于三包的大件商品，经营者对于修理中的运输等合理费用应当承担，但退货、更换的可以不承担。　　　　　　　　　　　　　　　　（　　　）

4）消费者通过电话等方式购买了经营者销售的衣服，有权自收到商品之日起七日内退货，且无需说明理由。　　　　　　　　　　　　　　（　　　）

5）经营者不得对消费者进行侮辱、诽谤，不得搜查消费者的身体及其携带的物品，不得侵犯消费者的人身自由。（真题）　　　　　　　（　　）

6）经营者未经消费者同意或者请求，或者消费者明确表示拒绝的，不得向其发送商业性信息。　　　　　　　　　　　　　　　　　　　　　（　　）

7）经营者应当保证其提供的商品或者服务符合保障人身、财产安全的要求，不能提供可能危及人身、财产安全的商品和服务。　　　　　　　（　　）

 ## 答案点拨解析

1. 单项选择题

题号	答案	解　　　析
1	C	《中华人民共和国消费者权益保护法》第二次修正后，于2014年3月15日施行
2	D	第六条
3	A	第十条
4	D	第十四条
5	B	第九条
6	D	第十八条
7	D	第十九条
8	B	第十九条
9	B	第二十三条
10	D	三包是指包修、包换、包退
11	B	第二十四条
12	B	第二十五条

2. 多项选择题

题号	答案	解　　　析
1	AB	第二条
2	ABCD	第四条
3	ABD	第七条、第八条、第十一条
4	ABCD	第八条、第九条、第十条、第十一条
5	ABC	三包是指包修、包换、包退
6	ABD	第二十一条、第二十二条、第二十九条
7	ABCD	第二十三条
8	ABCD	第二十条

3. 判断题

题号	答案	解　析
1	√	第六条
2	×	第二十三条　经营者应当保证在正常使用商品或者接受服务的情况下其提供的商品或者服务应当具有的质量、性能、用途和有效期限；但消费者在购买该商品或者接受该服务前已经知道其存在瑕疵，且存在该瑕疵不违反法律强制性规定的除外。瑕疵品可以卖，但应该告知顾客
3	×	第二十四条　依照前款规定进行退货、更换、修理的，经营者应当承担运输等必要费用
4	√	第二十五条
5	√	第二十七条
6	√	第二十九条
7	×	第十八条　经营者应当保证其提供的商品或者服务符合保障人身、财产安全的要求。对可能危及人身、财产安全的商品和服务，应当向消费者做出真实的说明和明确的警示，并说明和标明正确使用商品或者接受服务的方法以及防止危害发生的方法

6.3.2　国家对消费者合法权益的保护、消费者组织、争议的解决

考点知识讲解

说明：方框里面的内容是法律条款摘选。

第四章　国家对消费者合法权益的保护

第三十条　国家制定有关消费者权益的法律、法规、规章和强制性标准，应当听取消费者和消费者协会等组织的意见。

第三十一条　各级人民政府应当加强领导，组织、协调、督促有关行政部门做好保护消费者合法权益的工作，落实保护消费者合法权益的职责。

各级人民政府应当加强监督，预防危害消费者人身、财产安全行为的发生，及时制止危害消费者人身、财产安全的行为。

第三十二条　各级人民政府工商行政管理部门和其他有关行政部门应当依照法律、法规的规定，在各自的职责范围内，采取措施，保护消费者的合法权益。

有关行政部门应当听取消费者和消费者协会等组织对经营者交易行为、商品和服务质量问题的意见，及时调查处理。

第三十三条 有关行政部门在各自的职责范围内，应当定期或者不定期对经营者提供的商品和服务进行抽查检验，并及时向社会公布抽查检验结果。

有关行政部门发现并认定经营者提供的商品或者服务存在缺陷，有危及人身、财产安全危险的，应当立即责令经营者采取停止销售、警示、召回、无害化处理、销毁、停止生产或者服务等措施。

第三十四条 有关国家机关应当依照法律、法规的规定，惩处经营者在提供商品和服务中侵害消费者合法权益的违法犯罪行为。

第三十五条 人民法院应当采取措施，方便消费者提起诉讼。对符合《中华人民共和国民事诉讼法》起诉条件的消费者权益争议，必须受理，及时审理。

第五章 消费者组织

第三十六条 消费者协会和其他消费者组织是依法成立的对商品和服务进行社会监督的保护消费者合法权益的社会组织。

第三十七条 消费者协会履行下列公益性职责：

（一）向消费者提供消费信息和咨询服务，提高消费者维护自身合法权益的能力，引导文明、健康、节约资源和保护环境的消费方式；

（二）参与制定有关消费者权益的法律、法规、规章和强制性标准；

（三）参与有关行政部门对商品和服务的监督、检查；

（四）就有关消费者合法权益的问题，向有关部门反映、查询，提出建议；

（五）受理消费者的投诉，并对投诉事项进行调查、调解；

（六）投诉事项涉及商品和服务质量问题的，可以委托具备资格的鉴定人鉴定，鉴定人应当告知鉴定意见；

（七）就损害消费者合法权益的行为，支持受损害的消费者提起诉讼或者依照本法提起诉讼；

（八）对损害消费者合法权益的行为，通过大众传播媒介予以揭露、批评。

各级人民政府对消费者协会履行职责应当予以必要的经费等支持。

消费者协会应当认真履行保护消费者合法权益的职责，听取消费者的意见和建议，接受社会监督。

依法成立的其他消费者组织依照法律、法规及其章程的规定，开展保护消费者合法权益的活动。

第三十八条　消费者组织不得从事商品经营和营利性服务，不得以收取费用或者其他牟取利益的方式向消费者推荐商品和服务。

第六章　争议的解决

第三十九条　消费者和经营者发生消费者权益争议的，可以通过下列途径解决：

（一）与经营者协商和解；

（二）请求消费者协会或者依法成立的其他调解组织调解；

（三）向有关行政部门投诉；

（四）根据与经营者达成的仲裁协议提请仲裁机构仲裁；

（五）向人民法院提起诉讼。

第四十条　消费者在购买、使用商品时，其合法权益受到损害的，可以向销售者要求赔偿。销售者赔偿后，属于生产者的责任或者属于向销售者提供商品的其他销售者的责任的，销售者有权向生产者或者其他销售者追偿。

消费者或者其他受害人因商品缺陷造成人身、财产损害的，可以向销售者要求赔偿，也可以向生产者要求赔偿。属于生产者责任的，销售者赔偿后，有权向生产者追偿。属于销售者责任的，生产者赔偿后，有权向销售者追偿。

消费者在接受服务时，其合法权益受到损害的，可以向服务者要求赔偿。

第四十一条　消费者在购买、使用商品或者接受服务时，其合法权益受到损害，因原企业分立、合并的，可以向变更后承受其权利义务的企业要求赔偿。

第四十二条　使用他人营业执照的违法经营者提供商品或者服务，损害消费者合法权益的，消费者可以向其要求赔偿，也可以向营业执照的持有人要求赔偿。

第四十三条　消费者在展销会、租赁柜台购买商品或者接受服务，其合法权益受到损害的，可以向销售者或者服务者要求赔偿。展销会结束或者柜台租赁期满后，也可以向展销会的举办者、柜台的出租者要求赔偿。展销会的举办者、柜台的出租者赔偿后，有权向销售者或者服务者追偿。

第四十四条　消费者通过网络交易平台购买商品或者接受服务，其合法权益受到损害的，可以向销售者或者服务者要求赔偿。网络交易平台提供者不能提供销售者或者服务者的真实名称、地址和有效联系方式的，消费者也可以向网络交易平台提供者要求赔偿；网络交易平台提供者做出更有利于消费者的承诺的，应当履行承诺。网络交易平台提供者赔偿后，有权向销售者或者服务者追偿。

网络交易平台提供者明知或者应知销售者或者服务者利用其平台侵害消费者合法权益，未采取必要措施的，依法与该销售者或者服务者承担连带责任。

第四十五条 消费者因经营者利用虚假广告或者其他虚假宣传方式提供商品或者服务，其合法权益受到损害的，可以向经营者要求赔偿。广告经营者、发布者发布虚假广告的，消费者可以请求行政主管部门予以惩处。广告经营者、发布者不能提供经营者的真实名称、地址和有效联系方式的，应当承担赔偿责任。

广告经营者、发布者设计、制作、发布关系消费者生命健康商品或者服务的虚假广告，造成消费者损害的，应当与提供该商品或者服务的经营者承担连带责任。

社会团体或者其他组织、个人在关系消费者生命健康商品或者服务的虚假广告或者其他虚假宣传中向消费者推荐商品或者服务，造成消费者损害的，应当与提供该商品或者服务的经营者承担连带责任。

第四十六条 消费者向有关行政部门投诉的，该部门应当自收到投诉之日起七个工作日内，予以处理并告知消费者。

第四十七条 对侵害众多消费者合法权益的行为，中国消费者协会以及在省、自治区、直辖市设立的消费者协会，可以向人民法院提起诉讼。

 同步练习强化

1. 单项选择题

1）消费者协会和其他消费者组织在保护消费者合法权益时对商品和服务实施的是（　　　）。

A. 行政监督 　　　　　　　　　　B. 司法监督

C. 舆论监督 　　　　　　　　　　D. 社会监督

2）下列关于消费者组织说法正确的是（　　　）。

A. 消费者组织为了筹集保护消费者权益的经费，可以从事一定的商品经营和营利性活动

B. 消费者组织通过抽查检验，可以收取一定费用向社会推荐优质的商品和服务

C. 消费者组织可以收取必要的咨询费用

D. 依法成立的消费者组织依照法律、法规及其章程的规定，开展保护消费者合法权益的活动

3）下列各项中不属于消费者权益争议解决方式的是（　　）。

A. 请求消费者协会调解

B. 与经营者协商和解

C. 向人民法院提起诉讼

D. 向有关行政部门申请仲裁

4）某甲消费者从某乙商场购得丙厂家生产的彩电一台，某甲消费者在观看过程中发生爆炸，致使某甲消费者家中发生火灾，造成损失，经鉴定，此事故系产品缺陷。请问下列哪个说法是正确的（　　）。

A. 因为是产品缺陷，某甲只能向丙厂家要求赔偿

B. 因为某甲跟某乙商场是买卖合同关系，只能向某乙商场要求赔偿

C. 某甲可以向某乙商场要求赔偿，也可以向丙厂家要求赔偿

D. 某丙商场赔偿后只能向其供货商要求赔偿，而不能向丙厂家赔偿

5）甲厂是某品牌啤酒的生产厂家，消费者乙从丙商场购入，乙在开启瓶盖时酒瓶炸裂，致使与乙共同饮酒的丁眼部受伤，经鉴定属于啤酒瓶质量问题。下列答案中正确的是（　　）。

A. 丁不是消费者，只能向乙赔偿

B. 因为是丙商场销售的，所以丁只能向丙商场赔偿

C. 因为该啤酒是甲厂生产的，所以丁只能向甲厂赔偿

D. 丁可以向甲厂，也可以向丙商场要求赔偿

6）消费者甲从乙公司开设的大型商场中的柜台租赁者张三处购得电脑一台，后乙公司由于股东之间的矛盾，原大型商场倒闭，乙公司分立为丁公司和戊公司，丁公司承接原大型商场的一切债权债务，并向社会发布了告示。分立后，消费者甲的电脑因质量问题产生损失，下列哪个说法是正确的（　　）。

A. 可以向丁公司要求赔偿，也可以向戊公司要求赔偿

B. 只能向张三要求赔偿

C. 可以向丁公司、戊公司或者张三要求赔偿

D. 可以向张三、丁公司或者生产厂家要求赔偿

7）甲公司借用乙房地产公司的营业执照从事商品房销售，消费者丙从甲公司雇佣的促销员丁处购买了一套商品房时合法权益受损，消费者丙就其损失请求赔偿的对象是（　　）。

A. 只能是甲　　　　　　　　　B. 只能是乙

C. 只能是丁　　　　　　　　　D. 可以是甲，也可以是乙

8）消费者向有关行政部门投诉的，该部门应当自收到投诉之日起（　　）工作日内，予以处理并告知消费者。

A. 十个　　　　　　　　　　　B. 七个

C. 三个   D. 十五个

9）各级人民政府应当加强（　　），预防危害消费者人身、财产安全行为的发生，及时制止危害消费者人身、财产安全的行为。

A. 检查   B. 监督

C. 控制   D. 管理

2. 多项选择题

1）国家对消费者权益的保护，主要体现在（　　）。（真题）

A. 工商行政管理部门依法保护消费者的合法权益

B. 对符合法定起诉条件的消费者权益争议，人民法院必须受理

C. 消费者可以直接制定有关消费者权益的法律、法规的工作

D. 各级人民政府应当制止危害消费者人身、财产安全行为的发生

2）各级人民政府应当加强领导，（　　）有关行政部门做好保护消费者合法权益工作。

A. 组织   B. 协调

C. 督促   D. 检查

3）有关行政部门应当听取消费者及其社会团体对经营者（　　）问题的意见，及时调查处理。

A. 交易行为   B. 商品质量

C. 服务质量   D. 服务态度

4）消费者协会是对（　　）进行社会监督的保护消费者合法权益的社会团体。

A. 生产   B. 环境

C. 商品   D. 服务

5）消费者协会履行以下职责（　　）。

A. 受理消费者的投诉，并对投诉进行调查、调解

B. 就损害消费者合法权益的行为，支持受损害的消费者提起诉讼

C. 参与有关行政部门对商品和服务的监督、检查

D. 对损害消费者合法权益的行为，通过大众传播媒介予以揭露、批评

6）消费者协会可以就有关消费者合法权益问题，向有关行政部门（　　）。

A. 了解   B. 反映

C. 查询   D. 提出建议

7）消费者协会对损害消费者权益的行为，通过大众传媒予以（　　）。

A. 通报   B. 警告

C. 揭露   D. 批评

8）消费者协会应受理消费者的投诉，并对投诉事项进行（　　）。

A. 分析   B. 调查

C. 调解   D. 行政处罚

9）消费者和经营者发生消费者权益争议的，可以通过下列哪几种途径解决（   ）。

A. 与经营者协商和解

B. 请求消费者协会或者依法成立的其他调解组织调解

C. 根据与经营者达成的仲裁协议提请仲裁机构仲裁

D. 向有关行政部门投诉、向人民法院提起诉讼

3. 判断题

1）有关国家行政机关应当依照法律、法规的规定，惩处经营者在提供商品和服务中的侵权行为、违法行为和犯罪行为。   （   ）

2）有关行政部门在各自的职责范围内，应当定期或者不定期对经营者提供的商品和服务进行抽查检验，并及时向社会公布抽查检验结果。   （   ）

3）保护消费者合法权益的责任应由国家机关来承担。   （   ）

4）消费者协会有权受理消费者的申诉，并可责令经营者履行其法定的义务。   （   ）

5）消费者协会可以提请鉴定部门对有关商品和服务质量进行鉴定。（   ）

6）借用他人营业执照的经营者对消费者造成损害的，消费者有权要求营业执照的持有人赔偿。   （   ）

7）消费者在租赁柜台购买商品，其合法权益受到损害的，租赁柜台的经营者和柜台出租者应承担赔偿责任。   （   ）

8）网络交易平台提供者明知或者应知销售者或者服务者利用其平台侵害消费者合法权益，未采取必要措施的，依法与该销售者或者服务者承担连带责任。   （   ）

9）网络交易平台提供者做出更有利于消费者的承诺的，销售者或服务者应当履行承诺。   （   ）

10）广告经营者、发布者发布虚假广告的，消费者可以请求行政主管部门予以惩处。广告经营者、发布者应当承担赔偿责任。   （   ）

11）广告经营者、发布者设计、制作、发布关系消费者生命健康商品或者服务的虚假广告，造成消费者损害的，应当与提供该商品或者服务的经营者承担连带责任。   （   ）

12）影视明星在关系消费者生命健康商品或者服务的虚假广告或者其他虚假宣传中向消费者推荐商品或者服务，造成消费者损害的，应当与提供该商品或者服务的经营者承担连带责任。   （   ）

答案点拨解析

1. 单项选择题

题号	答案	解　析
1	D	第三十六条
2	D	根据第三十八条，A 选项、B 选项、C 选项错误
3	D	第三十九条　应是提请仲裁机构仲裁，所以 D 选项不属于消费者权益争议解决方式
4	C	第四十条　消费者或者其他受害人因商品缺陷造成人身、财产损害的，可以向销售者要求赔偿，也可以向生产者要求赔偿
5	D	第四十条　消费者或者其他受害人因商品缺陷造成人身、财产损害的，可以向销售者要求赔偿，也可以向生产者要求赔偿
6	D	第四十一条、第四十三条
7	D	第四十二条
8	B	第四十六条
9	B	第三十一条

2. 多项选择题

题号	答案	解　析
1	ABD	根据第三十二条、第三十五条、第三十一条，答案应是 A 选项、B 选项、D 选项。第三十条至第三十五条都是国家对消费者合法权益的保护，考生最好记住其中的核心内容
2	ABC	第三十一条
3	ABC	第三十二条
4	CD	第三十六条
5	ABCD	第三十七条（一）~（八）是消费者协会应履行的公益性职责，考生最好记住其中的核心内容
6	BCD	第三十七条（四）
7	CD	第三十七条（八）
8	BC	第三十七条（五）
9	ABCD	第三十九条

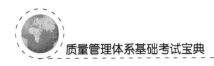

3. 判断题

题号	答案	解　析
1	×	第三十四条　有关国家机关应当依照法律、法规的规定，惩处经营者在提供商品和服务中侵害消费者合法权益的违法犯罪行为
2	√	第三十三条　有关行政部门在各自的职责范围内，应当定期或者不定期对经营者提供的商品和服务进行抽查检验，并及时向社会公布抽查检验结果
3	×	第三十六条　消费者协会和其他消费者组织是依法成立的对商品和服务进行社会监督的保护消费者合法权益的社会组织。消费者协会属于社会组织，也能保护消费者合法权益
4	×	第三十七条　（五）受理消费者的投诉，并对投诉事项进行调查、调解
5	√	第三十七条（六）
6	√	第四十二条
7	√	第四十三条
8	√	第四十四条
9	×	第四十四条　网络交易平台提供者做出更有利于消费者的承诺的，应当履行承诺
10	×	第四十五条　广告经营者、发布者发布虚假广告的，消费者可以请求行政主管部门予以惩处。广告经营者、发布者不能提供经营者的真实名称、地址和有效联系方式的，应当承担赔偿责任
11	√	第四十五条
12	√	第四十五条

6.3.3　法律责任、附则

　考点知识讲解

说明：方框里面的内容是法律条款摘选。

> **第七章　法律责任**
>
> 第四十八条　经营者提供商品或者服务有下列情形之一的，除本法另有规定外，应当依照其他有关法律、法规的规定，承担民事责任：
>
> （一）商品或者服务存在缺陷的；
>
> （二）不具备商品应当具备的使用性能而出售时未作说明的；
>
> （三）不符合在商品或者其包装上注明采用的商品标准的；
>
> （四）不符合商品说明、实物样品等方式表明的质量状况的；

（五）生产国家明令淘汰的商品或者销售失效、变质的商品的；

（六）销售的商品数量不足的；

（七）服务的内容和费用违反约定的；

（八）对消费者提出的修理、重作、更换、退货、补足商品数量、退还货款和服务费用或者赔偿损失的要求，故意拖延或者无理拒绝的；

（九）法律、法规规定的其他损害消费者权益的情形。

经营者对消费者未尽到安全保障义务，造成消费者损害的，应当承担侵权责任。

第四十九条　经营者提供商品或者服务，造成消费者或者其他受害人人身伤害的，应当赔偿医疗费、护理费、交通费等为治疗和康复支出的合理费用，以及因误工减少的收入。造成残疾的，还应当赔偿残疾生活辅助具费和残疾赔偿金。造成死亡的，还应当赔偿丧葬费和死亡赔偿金。

第五十条　经营者侵害消费者的人格尊严、侵犯消费者人身自由或者侵害消费者个人信息依法得到保护的权利的，应当停止侵害、恢复名誉、消除影响、赔礼道歉，并赔偿损失。

第五十一条　经营者有侮辱诽谤、搜查身体、侵犯人身自由等侵害消费者或者其他受害人人身权益的行为，造成严重精神损害的，受害人可以要求精神损害赔偿。

第五十二条　经营者提供商品或者服务，造成消费者财产损害的，应当依照法律规定或者当事人约定承担修理、重作、更换、退货、补足商品数量、退还货款和服务费用或者赔偿损失等民事责任。

第五十三条　经营者以预收款方式提供商品或者服务的，应当按照约定提供。未按照约定提供的，应当按照消费者的要求履行约定或者退回预付款；并应当承担预付款的利息、消费者必须支付的合理费用。

第五十四条　依法经有关行政部门认定为不合格的商品，消费者要求退货的，经营者应当负责退货。

第五十五条　经营者提供商品或者服务有欺诈行为的，应当按照消费者的要求增加赔偿其受到的损失，增加赔偿的金额为消费者购买商品的价款或者接受服务的费用的三倍；增加赔偿的金额不足五百元的，为五百元。法律另有规定的，依照其规定。

经营者明知商品或者服务存在缺陷，仍然向消费者提供，造成消费者或者其他受害人死亡或者健康严重损害的，受害人有权要求经营者依照本法第四十九条、第五十一条等法律规定赔偿损失，并有权要求所受损失二倍以下的惩罚性赔偿。

第五十六条　经营者有下列情形之一，除承担相应的民事责任外，其他有关法律、法规对处罚机关和处罚方式有规定的，依照法律、法规的规定执行；法律、法规未作规定的，由工商行政管理部门或者其他有关行政部门责令改正，可以根据情节单处或者并处警告、没收违法所得、处以违法所得一倍以上十倍以下的罚款，没有违法所得的，处以五十万元以下的罚款；情节严重的，责令停业整顿、吊销营业执照：

（一）提供的商品或者服务不符合保障人身、财产安全要求的；

（二）在商品中掺杂、掺假，以假充真，以次充好，或者以不合格商品冒充合格商品的；

（三）生产国家明令淘汰的商品或者销售失效、变质的商品的；

（四）伪造商品的产地，伪造或者冒用他人的厂名、厂址，篡改生产日期，伪造或者冒用认证标志等质量标志的；

（五）销售的商品应当检验、检疫而未检验、检疫或者伪造检验、检疫结果的；

（六）对商品或者服务作虚假或者引人误解的宣传的；

（七）拒绝或者拖延有关行政部门责令对缺陷商品或者服务采取停止销售、警示、召回、无害化处理、销毁、停止生产或者服务等措施的；

（八）对消费者提出的修理、重作、更换、退货、补足商品数量、退还货款和服务费用或者赔偿损失的要求，故意拖延或者无理拒绝的；

（九）侵害消费者人格尊严、侵犯消费者人身自由或者侵害消费者个人信息依法得到保护的权利的；

（十）法律、法规规定的对损害消费者权益应当予以处罚的其他情形。

经营者有前款规定情形的，除依照法律、法规规定予以处罚外，处罚机关应当记入信用档案，向社会公布。

第五十七条　经营者违反本法规定提供商品或者服务，侵害消费者合法权益，构成犯罪的，依法追究刑事责任。

第五十八条　经营者违反本法规定，应当承担民事赔偿责任和缴纳罚款、罚金，其财产不足以同时支付的，先承担民事赔偿责任。

第五十九条　经营者对行政处罚决定不服的，可以依法申请行政复议或者提起行政诉讼。

第六十条　以暴力、威胁等方法阻碍有关行政部门工作人员依法执行职务的，依法追究刑事责任；拒绝、阻碍有关行政部门工作人员依法执行职务，未使用暴力、威胁方法的，由公安机关依照《中华人民共和国治安管理处罚法》的规定处罚。

第六十一条 国家机关工作人员玩忽职守或者包庇经营者侵害消费者合法权益的行为的，由其所在单位或者上级机关给予行政处分；情节严重，构成犯罪的，依法追究刑事责任。

第八章 附则

第六十二条 农民购买、使用直接用于农业生产的生产资料，参照本法执行。

 同步练习强化

1. 单项选择题

1）依法经（　　）认定为不合格的商品，消费者要求退货的，经营者应当负责退货。（真题）

 A. 法院   B. 消费者协会

 C. 行业协会   D. 有关行政部门

2）甲从 A 商场购买了一台假冒产地的电吹风，价格为 100 元，甲要求该商场赔偿，根据新消费者权益保护法的规定，甲依法可以获得增加的赔偿金额为（　　）。

 A. 100 元   B. 200 元

 C. 300 元   D. 500 元

3）某甲从 A 商场购得某品牌高压锅一个，A 商场明知该高压锅在 1 个月前发生了爆炸事故，但由于未有人员伤亡，后由厂家予以赔偿了事，但 A 商场仍然继续销售给某甲，后某甲在使用过程中，又发生爆炸事故，造成某甲邻居家小孩炸伤。下列哪个说法是正确的（　　）。

 A. 某甲邻居小孩不是消费者，不适用新消费者权益保护法

 B. 对邻居小孩的赔偿，应当由某甲、A 商场或生产商共同赔偿

 C. 对某甲及邻居小孩，应由 A 商场或生产商按照新消费者权益保护法赔偿实际损失，某甲和邻居小孩还有权要求赔偿损失的二倍以下的惩罚性赔偿

 D. 对某甲及邻居小孩，应由 A 商场或生产商按照新消费者权益保护法赔偿实际损失，某甲和邻居小孩还有权要求赔偿损失的一倍以下的惩罚性赔偿

4）经营者违反最新《中华人民共和国消费者权益保护法》的规定，应当承担民事赔偿责任和缴纳罚款、罚金，其财产不足以同时支付的，优先承担（　　）。

 A. 民事赔偿责任   B. 违约责任

 C. 刑事责任   D. 罚款、罚金

5）下列属于消费者权益保护法调整的是（　　）。

A. 某服装厂为生产加工服装需要向中国轻纺城市场经营户采购布匹产生的纠纷

B. 某甲消费者为了经营需要向 A 批发市场经营户采购一批窗帘发生的纠纷

C. 某淘宝店主与快递公司产生的纠纷

D. 某农户从生产资料商店购得化肥 2 包产生的纠纷

2. 多项选择题

1）经营者提供商品或者服务，造成消费者或者其他受害人人身伤害的，应当（   ）。

　A. 赔偿医疗费　　　　　　　　B. 赔偿护理费

　C. 因赔偿误工减少的收入　　　D. 抚养费

2）经营者侵害消费者人格尊严者，侵犯消费者人身自由的，应当（   ），并赔偿损失。

　A. 停止侵害　　　　　　　　　B. 恢复名誉

　C. 清除影响　　　　　　　　　D. 赔礼道歉

3）经营者提供商品或者服务，造成消费者财产损害的，应当依照法律规定或者当事人约定承担（   ）等民事责任。

　A. 修理、重作

　B. 更换、退货

　C. 补足商品数量

　D. 退还货款和服务费用或者赔偿损失

4）经营者以预收款方式提供商品或者服务的，应当按照约定提供。未按照约定提供的，应当按照消费者的要求（   ）。

　A. 履行约定或者退回预付款　　B. 承担预付款的利息

　C. 承担消费者必须支付的合理费用　D. 赔偿消费者二倍损失

5）下列说法中哪些是正确的（   ）。

　A. 经营者提供商品或者服务有欺诈行为的，应当按照消费者的要求增加赔偿其受到的损失，增加赔偿金额为消费者购买商品的价款或者接受服务的费用的 2 倍

　B. 经营者对行政处罚决定不服的，可以自收到处罚决定之日起 30 日内向人民法院提起诉讼

　C. 对包修、包换、包退的大件商品，消费者要求经营者修理、更换、退货的，经营者应当承担运输等合理费用

　D. 拒绝、阻碍有关行政部门工作人员依法执行职务，未使用暴力、威胁方法的，由公安机关依照《中华人民共和国治安管理处罚法》的规定处罚

6）经营者提供的商品或者服务不符合保障人身、财产安全要求的，除承担相应的民事责任外，其他有关法律、法规对处罚机关和处罚方式有规定的，依

照法律、法规的规定执行；法律、法规未作规定的，由工商行政管理部门或者其他有关行政部门责令改正，可以根据情节单处或者并处（　　）、处以违法所得一倍以上十倍以下的罚款，没有违法所得的，处以五十万元以下的罚款；情节严重的，责令停业整顿、吊销营业执照。

A. 警告   B. 没收违法所得

C. 批评教育   D. 吊销营业执照

3. 判断题

1）经营者有侮辱诽谤、搜查身体、侵犯人身自由等侵害消费者或者其他受害人人身权益的行为，造成严重精神损害的，受害人可以要求民事赔偿，但无权要求精神损害赔偿。　　　　　　　　　　　　　　　　　　　　　（　　）

2）经营者以预收款方式提供商品的，若未按约定提供，应退回预付款，并应承担消费者必须支付的各种合理费用。　　　　　　　　　　　　　（　　）

3）依法被有关行政部门认定为不合格商品的，即使已过三包退货期，消费者也可以要求退货。　　　　　　　　　　　　　　　　　　　（　　）

4）经营者提供商品或者服务，造成消费者财产损害的，应当依照法律规定或者当事人约定承担修理、重作、更换、退货、补足商品数量、退还货款和服务费用或者赔偿损失等民事责任。　　　　　　　　　　　　　（　　）

5）经营者提供商品或者服务有欺诈行为的，应当按照消费者的要求增加赔偿其受到的损失，增加赔偿的金额为消费者购买商品的价款或者接受服务的费用的三倍；增加赔偿的金额不足五百元的，为五百元。法律另有规定的，依照其规定。　　　　　　　　　　　　　　　　　　　　　　（　　）

6）经营者明知商品或者服务存在缺陷，仍然向消费者提供，造成消费者或者其他受害人死亡或者健康严重损害的，受害人有权要求经营者依照《中华人民共和国消费者权益保护法》第四十九条、第五十一条等法律规定赔偿损失，并有权要求所受损失三倍以下的惩罚性赔偿。　　　　　　　　（　　）

7）经营者对依照《中华人民共和国消费者权益保护法》进行的行政处罚决定不服的，可以依法申请行政复议或者提起行政诉讼。　　　　　（　　）

 答案点拨解析

1. 单项选择题

题号	答案	解　析
1	D	第五十四条
2	D	第五十五条

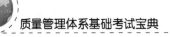

（续）

题号	答案	解　析
3	C	第五十五条
4	A	第五十八条
5	D	第六十二条

2. 多项选择题

题号	答案	解　析
1	ABC	第四十九条
2	ABCD	第五十条
3	ABCD	第五十二条
4	ABC	第五十三条
5	CD	根据第五十五条，A 选项错误；根据第五十九条，B 选项错误；根据前面第二十四条，C 选项正确；根据第六十条，D 选项正确
6	AB	第五十六条

3. 判断题

题号	答案	解　析
1	×	第五十一条　经营者有侮辱诽谤、搜查身体、侵犯人身自由等侵害消费者或者其他受害人人身权益的行为，造成严重精神损害的，受害人可以要求精神损害赔偿
2	√	第五十三条
3	√	第五十四条
4	√	第五十二条
5	√	第五十五条
6	×	第五十五条　最后一句应该是：并有权要求所受损失二倍以下的惩罚性赔偿
7	√	第五十九条

6.4　《中华人民共和国产品质量法》

　　《中华人民共和国产品质量法》于 1993 年 2 月 22 日第七届全国人民代表大会常务委员会第三十次会议通过。根据 2018 年 12 月 29 日第十三届全国人民代表大会常务委员会第七次会议《关于修改〈中华人民共和国产品质量法〉等五部法律的决定》，对《中华人民共和国产品质量法》进行了第三次修正。

6.4.1 总则、产品质量的监督、生产者、销售者的产品质量责任和义务

 考点知识讲解

说明：方框里面的内容是法律条款摘选。

第一章 总则

第一条 为了加强对产品质量的监督管理，提高产品质量水平，明确产品质量责任，保护消费者的合法权益，维护社会经济秩序，制定本法。

第二条 在中华人民共和国境内从事产品生产、销售活动，必须遵守本法。

本法所称产品是指经过加工、制作，用于销售的产品。

建设工程不适用本法规定；但是，建设工程使用的建筑材料、建筑构配件和设备，属于前款规定的产品范围的，适用本法规定。

第三条 生产者、销售者应当建立健全内部产品质量管理制度，严格实施岗位质量规范、质量责任以及相应的考核办法。

第四条 生产者、销售者依照本法规定承担产品质量责任。

第五条 禁止伪造或者冒用认证标志等质量标志；禁止伪造产品的产地，伪造或者冒用他人的厂名、厂址；禁止在生产、销售的产品中掺杂、掺假，以假充真，以次充好。

第八条 国务院市场监督管理部门主管全国产品质量监督工作。国务院有关部门在各自的职责范围内负责产品质量监督工作。

县级以上地方市场监督管理部门主管本行政区域内的产品质量监督工作。县级以上地方人民政府有关部门在各自的职责范围内负责产品质量监督工作。

法律对产品质量的监督部门另有规定的，依照有关法律的规定执行。

第十条 任何单位和个人有权对违反本法规定的行为，向市场监督管理部门或者其他有关部门检举。

市场监督管理部门和有关部门应当为检举人保密，并按照省、自治区、直辖市人民政府的规定给予奖励

第二章 产品质量的监督

第十三条 可能危及人体健康和人身、财产安全的工业产品，必须符合保障人体健康和人身、财产安全的国家标准、行业标准；未制定国家标准、行业标准的，必须符合保障人体健康和人身、财产安全的要求。

禁止生产、销售不符合保障人体健康和人身、财产安全的标准和要求的工业产品。具体管理办法由国务院规定。

第十四条　国家根据国际通用的质量管理标准，推行企业质量体系认证制度。企业根据自愿原则可以向国务院市场监督管理部门认可的或者国务院市场监督管理部门授权的部门认可的认证机构申请企业质量体系认证。经认证合格的，由认证机构颁发企业质量体系认证证书。

国家参照国际先进的产品标准和技术要求，推行产品质量认证制度。企业根据自愿原则可以向国务院市场监督管理部门认可的或者国务院市场监督管理部门授权的部门认可的认证机构申请产品质量认证。经认证合格的，由认证机构颁发产品质量认证证书，准许企业在产品或者其包装上使用产品质量认证标志。

第十五条　国家对产品质量实行以抽查为主要方式的监督检查制度，对可能危及人体健康和人身、财产安全的产品，影响国计民生的重要工业产品以及消费者、有关组织反映有质量问题的产品进行抽查。抽查的样品应当在市场上或者企业成品仓库内的待销产品中随机抽取。监督抽查工作由国务院市场监督管理部门规划和组织。县级以上地方市场监督管理部门在本行政区域内也可以组织监督抽查。法律对产品质量的监督检查另有规定的，依照有关法律的规定执行。

国家监督抽查的产品，地方不得另行重复抽查；上级监督抽查的产品，下级不得另行重复抽查。

根据监督抽查的需要，可以对产品进行检验。检验抽取样品的数量不得超过检验的合理需要，并不得向被检查人收取检验费用。监督抽查所需检验费用按照国务院规定列支。

生产者、销售者对抽查检验的结果有异议的，可以自收到检验结果之日起十五日内向实施监督抽查的市场监督管理部门或者其上级市场监督管理部门申请复检，由受理复检的市场监督管理部门做出复检结论。

第十六条　对依法进行的产品质量监督检查，生产者、销售者不得拒绝。

第十七条　依照本法规定进行监督抽查的产品质量不合格的，由实施监督抽查的市场监督管理部门责令其生产者、销售者限期改正。逾期不改正的，由省级以上人民政府市场监督管理部门予以公告；公告后经复查仍不合格的，责令停业，限期整顿；整顿期满后经复查产品质量仍不合格的，吊销营业执照。

监督抽查的产品有严重质量问题的，依照本法第五章的有关规定处罚。

第十八条 县级以上市场监督管理部门根据已经取得的违法嫌疑证据或者举报，对涉嫌违反本法规定的行为进行查处时，可以行使下列职权：

（一）对当事人涉嫌从事违反本法的生产、销售活动的场所实施现场检查；

（二）向当事人的法定代表人、主要负责人和其他有关人员调查、了解与涉嫌从事违反本法的生产、销售活动有关的情况；

（三）查阅、复制当事人有关的合同、发票、账簿以及其他有关资料；

（四）对有根据认为不符合保障人体健康和人身、财产安全的国家标准、行业标准的产品或者有其他严重质量问题的产品，以及直接用于生产、销售该项产品的原辅材料、包装物、生产工具，予以查封或者扣押。

第二十条 从事产品质量检验、认证的社会中介机构必须依法设立，不得与行政机关和其他国家机关存在隶属关系或者其他利益关系。

第二十一条 产品质量检验机构、认证机构必须依法按照有关标准，客观、公正地出具检验结果或者认证证明。

产品质量认证机构应当依照国家规定对准许使用认证标志的产品进行认证后的跟踪检查；对不符合认证标准而使用认证标志的，要求其改正；情节严重的，取消其使用认证标志的资格。

第二十二条 消费者有权就产品质量问题，向产品的生产者、销售者查询；向市场监督管理部门及有关部门申诉，接受申诉的部门应当负责处理。

第二十三条 保护消费者权益的社会组织可以就消费者反映的产品质量问题建议有关部门负责处理，支持消费者对因产品质量造成的损害向人民法院起诉。

第三章 生产者、销售者的产品质量责任和义务

第一节 生产者的产品质量责任和义务

第二十六条 生产者应当对其生产的产品质量负责。

产品质量应当符合下列要求：

（一）不存在危及人身、财产安全的不合理的危险，有保障人体健康和人身、财产安全的国家标准、行业标准的，应当符合该标准；

（二）具备产品应当具备的使用性能，但是，对产品存在使用性能的瑕疵做出说明的除外；

（三）符合在产品或者其包装上注明采用的产品标准，符合以产品说明、实物样品等方式表明的质量状况。

第二十七条 产品或者其包装上的标识必须真实，并符合下列要求：

（一）有产品质量检验合格证明；

（二）有中文标明的产品名称、生产厂厂名和厂址；

（三）根据产品的特点和使用要求，需要标明产品规格、等级、所含主要成分的名称和含量的，用中文相应予以标明；需要事先让消费者知晓的，应当在外包装上标明，或者预先向消费者提供有关资料；

（四）限期使用的产品，应当在显著位置清晰地标明生产日期和安全使用期或者失效日期；

（五）使用不当，容易造成产品本身损坏或者可能危及人身、财产安全的产品，应当有警示标志或者中文警示说明。

裸装的食品和其他根据产品的特点难以附加标识的裸装产品，可以不附加产品标识。

第二十八条　易碎、易燃、易爆、有毒、有腐蚀性、有放射性等危险物品以及储运中不能倒置和其他有特殊要求的产品，其包装质量必须符合相应要求，依照国家有关规定做出警示标志或者中文警示说明，标明储运注意事项。

第二十九条　生产者不得生产国家明令淘汰的产品。

第三十条　生产者不得伪造产地，不得伪造或者冒用他人的厂名、厂址。

第三十一条　生产者不得伪造或者冒用认证标志等质量标志。

第三十二条　生产者生产产品，不得掺杂、掺假，不得以假充真、以次充好，不得以不合格产品冒充合格产品。

第二节　销售者的产品质量责任和义务

第三十三条　销售者应当建立并执行进货检查验收制度，验明产品合格证明和其他标识。

第三十四条　销售者应当采取措施，保持销售产品的质量。

第三十五条　销售者不得销售国家明令淘汰并停止销售的产品和失效、变质的产品。

第三十六条　销售者销售的产品的标识应当符合本法第二十七条的规定。

第三十七条　销售者不得伪造产地，不得伪造或者冒用他人的厂名、厂址。

第三十八条　销售者不得伪造或者冒用认证标志等质量标志。

第三十九条　销售者销售产品，不得掺杂、掺假，不得以假充真、以次充好，不得以不合格产品冒充合格产品。

同步练习强化

1. 单项选择题

1）我国已颁布的有关产品质量的法律是（   ）。（真题）

A. 标准化法   B. 计量法

C. 产品质量法   D. 公司法

2）下列产品中那种产品质量适用《中华人民共和国产品质量法》调整（   ）。

A. 原煤   B. 电视机

C. 收获的籽棉   D. 饲养的鱼

3）下列产品中，不适用《中华人民共和国产品质量法》的是（   ）。

A. 机床   B. 建筑工程

C. 经加工的农产品   D. 手工业产品

4）以下不属于《中华人民共和国产品质量法》中所指"产品"的是（   ）。（真题）

A. 加工和制作的产品   B. 销售的产品

C. 建筑工程   D. 建筑材料、建筑构配件和设备

5）《中华人民共和国产品质量法》不适用于下列哪项（   ）。（真题）

A. 农田里收获的小麦   B. 粮店销售的大米

C. 商场出售的电器   D. 建筑材料

6）生产者、销售者应当建立健全内部产品质量管理制度，严格实施（   ）、质量责任以及相应的考核办法。（真题）

A. 岗位质量规范   B. 图纸

C. 领导指示   D. 产品标准

7）根据《中华人民共和国产品质量法》，以下（   ）是错误的。（真题）

A. 国家根据国际通用的质量管理标准，推行企业质量体系认证制度

B. 国家参照国际先进的产品标准和技术要求，强制实行产品质量认证制度

C. 国家对产品质量实行以抽查为主要方式的监督检查制度

D. 产品质量检验机构必须依法按照有关标准，客观、公正地出具检验结果

8）生产者、销售者对抽查检验的结果有异议的，可以自收到检验结果之日起（   ）日内向实施监督抽查的产品质量监督部门或者其上级产品质量监督部门申请复检。

A. 七   B. 十

C. 十五   D. 三十

9）对依法进行的产品质量监督检查，（   ）不得拒绝。

A. 生产者   B. 销售者

C. 生产者、销售者   D. 任何人

10）依照本法规定进行监督抽查的产品质量不合格的，由实施监督抽查的产品质量监督部门责令其生产者、销售者限期改正。逾期不改正的，由（   ）产品质量监督部门予以公告。

A. 省级以上人民政府   B. 市级以上人民政府

C. 县级以上人民政府   D. 乡政府

11）根据《中华人民共和国产品质量法》，产品质量认证机构应当依照国家规定对准许使用认证标志的产品进行认证后的（   ）；对不符合认证标准而使用认证标志的，要求其改正；情节严重的，取消其使用认证标志的资格。

A. 监察   B. 跟踪检查

C. 抽查   D. 核查

12）需依照国家有关规定需做出警示标志或者中文警示说明的产品有（   ）。

A. 金属衣钩   B. 易碎、易燃、易爆物品

C. 塑料水桶   D. 菜刀

13）使用不当，容易造成产品本身损坏或者可能危及人身、财产安全的产品，应当有（   ）或者中文警示说明。

A. 警示标志   B. 质量标识

C. 质量合格证明   D. 失效日期

14）裸装的食品和其他根据产品的特点难以附加标识的裸装产品，（   ）附加产品标识

A. 可以   B. 必须

C. 应当   D. 可以不

15）（   ）可以不附加产品标识。

A. 瓶装白酒   B. 罐装饮料

C. 散装月饼   D. 皮鞋

16）易碎、易燃等危险物品以及储运中不能倒置和其他有特殊要求的产品，其包装质量必须符合相应要求，依照国家有关规定做出（   ）或者中文警示说明，标明储运注意事项。

A. 警示标志   B. 警示说明

C. 详细说明   D. 介绍

17）销售者应该建立并执行进货检查验收制度，验明（   ）和其他标识。（真题）

A. 产品合格证明   B. 进货发票

C. 安全使用期   D. 生产许可证

18) 销售者不得销售国家明令淘汰并（　　）的产品和失效、变质的产品。

A. 限制使用   B. 未经检验

C. 停止销售   D. 未经认证

19) 根据《中华人民共和国产品质量法》，国家对产品质量实行以（　　）为主要方式的（　　）。

A. 产品认证，产品认证制度

B. 抽查，监督检查制度

C. 监督抽查，定期监督检查制度

D. 认证 + 监督检查，产品认证制度

2. 多项选择题

1) 下列哪些产品适用《中华人民共和国产品质量法》的规定（　　）。

A. 建筑工程   B. 服装

C. 建筑构配件   D. 原煤

2)《中华人民共和国产品质量法》对企业质量管理提出了法定的基本要求，包括（　　）。

A. 健全内部产品质量管理制度

B. 严格实施岗位质量规范、质量责任

C. 制定企业质量管理标准

D. 严格实施相应的考核办法

3) 根据《中华人民共和国产品质量法》，国家进行质量监督抽查时，抽查的样品应当在（　　）的待销产品中随机抽取。

A. 市场上   B. 生产线上

C. 企业成品仓库内   D. 生产者成品仓库内

4) 县级以上市场监督管理部门根据已经取得的违法嫌疑证据或者举报，对涉嫌违反《中华人民共和国产品质量法》规定的行为进行查处时，可以行使下列哪些职权（　　）。

A. 对当事人涉嫌从事违反《中华人民共和国产品质量法》的生产、销售活动的场所实施现场检查

B. 查阅、复制当事人有关的合同、发票、账簿以及其他有关资料

C. 向当事人的法定代表人、主要负责人和其他有关人员调查了解与涉嫌从事违反《中华人民共和国产品质量法》的生产销售活动有关情况

D. 对全部产品进行查封和扣押

5) 县级以上市场监督管理部门根据已经取得的违法嫌疑证据或者举报，对

涉嫌违反《中华人民共和国产品质量法》规定的行为进行查处时，可以行使下列哪些职权（　　　）。

A. 对当事人涉嫌从事违反《中华人民共和国产品质量法》的生产、销售活动的场所实施现场检查

B. 向当事人的法定代表人、主要负责人和其他有关人员调查了解与涉嫌从事违反《中华人民共和国产品质量法》的生产、销售活动有关情况

C. 对有证据认为不符合保障人体健康和人身、财产安全的国家标准、行业标准的产品，予以查封或者扣押

D. 查阅、复制当事人有关的合同、发票、账簿以及其他有关资料

6）从事产品质量检验、认证的社会中介机构必须依法设立，不得与（　　　）存在隶属关系或者其他利益关系。

A. 国家机关　　　　　　　　　　B. 行政机关

C. 事业单位　　　　　　　　　　D. 社会团体

7）根据《中华人民共和国产品质量法》，就产品质量问题，消费者有权（　　　）。

A. 向产品的生产者查询

B. 向产品的销售者查询

C. 向市场监督管理部门及有关部门申诉

D. 强行要求销售者退款

8）《中华人民共和国产品质量法》规定合格产品应具备的条件包括（　　　）。（真题）

A. 不存在危及人身、财产安全的不合理危险

B. 具备产品应当具备的使用性能

C. 符合在产品或其包装上注明采用的产品标准

D. 有保障人体健康和人身、财产安全的国家标准、行业标准的，应该符合该标准

9）下面关于产品或者其包装上的标识的表述，正确的有（　　　）。

A. 限期使用的产品，应当在显著位置清晰标明生产日期和安全使用期或者失效日期

B. 应有中文标明产品名称

C. 应有中文标明生产厂厂名和厂址

D. 使用不当，容易造成产品本身损坏或者危及人身、财产安全的，应有警示标志或中文警示说明

10）产品或者包装上的标识必须真实，请问应符合下列哪些要求（　　　）。

A. 有产品质量检验合格证明

B. 有中文标明的产品名称、生产厂厂名和厂址

C. 限期使用的产品，应当在显著位置清晰地标明生产日期和安全使用期限或失效日期

D. 标明产品规格、等级、成分含量等

11）限期使用的产品应当在其产品标识的显著位置上标明（　　）。

A. 生产日期　　　　　　　　　　　B. 安全使用期或者失效日期

C. "限期使用"字样　　　　　　　　D. "过期不得使用"字样

12）关于产品或者其包装上的标识，下面哪些是正确的（　　）。

A. 产品检验合格证明

B. 有中文标明的产品名称、生产厂厂名和厂址

C. 限期使用的产品，应当在显著位置清晰地标明生产日期和安全使用期或者失效日期

D. 裸装的食品，可以不附加产品标识

13）下列哪些情况违反了产品质量法关于产品或其包装上的标识的有关规定？（　　）。（真题）

A. 没有产品质量检验合格证明

B. 内销产品只有英文标明的产品名称、生产厂名称和地址

C. 所标注的产品执行标准为现行有效的标准

D. 在化妆品包装上标明生产日期和失效日期

14）下列产品中，哪些产品的包装上应有警示标志或中文警示说明（　　）。

A. 有副作用的药品　　　　　　　　B. 需稀释方可使用的农药

C. 易燃、易爆物　　　　　　　　　D. 书籍

15）《中华人民共和国产品质量法》规定销售者的产品质量责任和义务包括（　　）。

A. 保持销售产品的质量

B. 产品包装必须符合规定的要求

C. 严格执行进货检查验收制度

D. 销售的产品的标识符合法律法规要求

16）《中华人民共和国产品质量法》适用的范围是（　　）。

A. 在中华人民共和国境内从事产品生产、销售活动

B. 经过加工、制作，用于销售的产品

C. 建设工程

D. 建设工程使用的建筑材料、建筑构配件和设备

17）产品质量监督抽查的重点产品有（　　）。

A. 可能危及人体健康和人身、财产安全的产品

B. 影响国计民生的重要工业产品

C. 消费者反映有质量问题的产品

D. 有关组织反映有质量问题的产品

18) 销售者应当建立并执行进货检查验收制度，验明（　　　）。

A. 产品合格证明　　　　　　　　　　B. 其他标识

C. 生产厂址　　　　　　　　　　　　D. 规格、型号

3. 判断题

1)《中华人民共和国产品质量法》所称的产品是指经过加工、制作的产品。
（　　　）

2) 根据《中华人民共和国产品质量法》，国务院市场监督管理部门主管全国产品质量监督工作。国务院有关部门在各自的职责范围内负责产品质量监督工作。（　　　）

3) 任何单位和个人有权对违反《中华人民共和国产品质量法》规定的行为，向市场监督管理部门或者其他有关部门检举。（　　　）

4) 根据《中华人民共和国产品质量法》，禁止生产、销售不符合产品标准和要求的工业产品。（　　　）

5) 国家监督抽查的产品，地方不得另行重复抽查；上级监督抽查的产品，下级不得另行重复抽查。（　　　）

6) 根据《中华人民共和国产品质量法》，国家对产品质量实行以抽查为主要方式的监督检查制度。（　　　）

7) 根据《中华人民共和国产品质量法》，销售者对抽查检验的结果有异议的，可以自收到检验结果之日起 60 日内向实施监督抽查的市场监督管理部门或者其上级市场监督管理部门申请复检，由受理复检的市场监督管理部门做出复检结论。（　　　）

8) 依照《中华人民共和国产品质量法》规定进行监督抽查的产品质量不合格的，由实施监督抽查的市场监督管理部门责令其生产者、销售者限期改正，并直接予以公告。（　　　）

9) 根据《中华人民共和国产品质量法》，对有根据认为不符合保障人体健康和人身、财产安全的国家标准、行业标准的产品或者有其他严重质量问题的产品，以及直接用于生产、销售该项产品的原辅材料、包装物、生产工具，予以查封或者扣押。（　　　）

10) 根据《中华人民共和国产品质量法》，保护消费者权益的社会组织可以就消费者反映的产品质量问题建议有关部门负责处理，支持消费者对因产品质量造成的损害向人民法院起诉。（　　　）

11）根据《中华人民共和国产品质量法》，产品质量应具备产品应当具备的使用性能，但是对产品存在使用性能的瑕疵做出说明的除外。　　　　（　　）

12）根据《中华人民共和国产品质量法》，产品应该用中文标明产品规格、等级、所含主要成分的名称和含量。　　　　　　　　　　　　　（　　）

13）《中华人民共和国产品质量法》规定，内销产品或者其包装上的标识可以只用英文标明产品名称、生产厂厂名和厂址。（真题）　　　　（　　）

14）销售者应当建立并执行进货检查验收制度，验明产品合格证明、生产厂家以及其他标识。　　　　　　　　　　　　　　　　　　　　（　　）

 答案点拨解析

1. 单项选择题

题号	答案	解　　析
1	C	《中华人民共和国产品质量法》
2	B	第二条　本法所称产品是指经过加工、制作，用于销售的产品
3	B	第二条
4	C	第二条
5	A	第二条
6	A	第三条
7	B	第十四条　国家参照国际先进的产品标准和技术要求，推行产品质量认证制度。企业根据自愿原则可以向国务院市场监督管理部门认可的或者国务院市场监督管理部门授权的部门认可的认证机构申请产品质量认证。所以 B 选项错误 根据第十四条、第十五条、第二十一条，可知 A 选项、C 选项、D 选项正确
8	C	第十五条
9	C	第十六条
10	A	第十七条
11	B	第二十一条
12	B	考生注意，要求做出警示标志或者中文警示说明的涉及两个条款：1）第二十七条（五），使用不当，容易造成产品本身损坏或者可能危及人身、财产安全的产品，应当有警示标志或者中文警示说明。2）第二十八条，易碎、易燃、易爆、有毒、有腐蚀性、有放射性等危险物品以及储运中不能倒置和其他有特殊要求的产品，其包装质量必须符合相应要求，依照国家有关规定做出警示标志或者中文警示说明，标明储运注意事项
13	A	第二十七条（五）
14	D	第二十七条

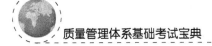

（续）

题号	答案	解　　析
15	C	第二十七条
16	A	第二十八条
17	A	第三十三条
18	C	第三十五条
19	B	第十五条

2. 多项选择题

题号	答案	解　　析
1	BC	第二条
2	ABD	第三条
3	AC	第十五条
4	ABC	第十八条
5	ABCD	第十八条
6	AB	第二十条
7	ABC	第二十二条
8	ABCD	第二十六条
9	ABCD	第二十七条
10	ABC	第二十七条　产品规格、等级、成分含量，不是所有产品都需标识，需根据产品的特点和使用要求而定
11	AB	第二十七条（四）
12	ABCD	第二十七条
13	AB	第二十七条
14	ABC	第二十八条
15	ACD	第三十四条、第三十三条、第三十六条　B选项是生产者的责任和义务
16	ABD	第二条
17	ABCD	第十五条
18	AB	第三十三条

3. 判断题

题号	答案	解　　析
1	×	第二条　本法所称产品是指经过加工、制作，用于销售的产品
2	√	第八条

（续）

题号	答案	解 析
3	√	第十条
4	×	第十三条 禁止生产、销售不符合保障人体健康和人身、财产安全的标准和要求的工业产品
5	√	第十五条
6	√	第十五条
7	×	第十五条 不是60日内，是十五日内
8	×	第十七条 依照本法规定进行监督抽查的产品质量不合格的，由实施监督抽查的市场监督管理部门责令其生产者、销售者限期改正。逾期不改正的，由省级以上人民政府市场监督管理部门予以公告；公告后经复查仍不合格的，责令停业，限期整顿；整顿期满后经复查产品质量仍不合格的，吊销营业执照
9	√	第十八条（四）
10	√	第二十三条。保护消费者权益的社会组织，如消费者协会，可以就消费者反映的产品质量问题建议有关部门负责处理，而不能直接处理。消费者协会的工作方法主要是调解
11	√	第二十六条（二）：具备产品应当具备的使用性能，但是，对产品存在使用性能的瑕疵做出说明的除外
12	×	第二十七条（三）：根据产品的特点和使用要求，需要标明产品规格、等级、所含主要成分的名称和含的，用中文相应予以标明。也就是说，不是所有产品都需要这样做
13	×	第二十七条
14	×	第三十三条：销售者应当建立并执行进货检查验收制度，验明产品合格证明和其他标识

6.4.2 损害赔偿、罚则、附则

 考点知识讲解

说明：方框里面的内容是法律条款摘选。

> **第四章 损害赔偿**
>
> 第四十条 售出的产品有下列情形之一的，销售者应当负责修理、更换、退货；给购买产品的消费者造成损失的，销售者应当赔偿损失：

（一）不具备产品应当具备的使用性能而事先未作说明的；

（二）不符合在产品或者其包装上注明采用的产品标准的；

（三）不符合以产品说明、实物样品等方式表明的质量状况的。

销售者依照前款规定负责修理、更换、退货、赔偿损失后，属于生产者的责任或者属于向销售者提供产品的其他销售者（以下简称供货者）的责任的，销售者有权向生产者、供货者追偿。

销售者未按照第一款规定给予修理、更换、退货或者赔偿损失的，由市场监督管理部门责令改正。

生产者之间，销售者之间，生产者与销售者之间订立的买卖合同、承揽合同有不同约定的，合同当事人按照合同约定执行。

第四十一条　因产品存在缺陷造成人身、缺陷产品以外的其他财产（以下简称他人财产）损害的，生产者应当承担赔偿责任。

生产者能够证明有下列情形之一的，不承担赔偿责任：

（一）未将产品投入流通的；

（二）产品投入流通时，引起损害的缺陷尚不存在的；

（三）将产品投入流通时的科学技术水平尚不能发现缺陷的存在的。

第四十二条　由于销售者的过错使产品存在缺陷，造成人身、他人财产损害的，销售者应当承担赔偿责任。

销售者不能指明缺陷产品的生产者也不能指明缺陷产品的供货者的，销售者应当承担赔偿责任。

第四十三条　因产品存在缺陷造成人身、他人财产损害的，受害人可以向产品的生产者要求赔偿，也可以向产品的销售者要求赔偿。属于产品的生产者的责任，产品的销售者赔偿的，产品的销售者有权向产品的生产者追偿。属于产品的销售者的责任，产品的生产者赔偿的，产品的生产者有权向产品的销售者追偿。

第四十四条　因产品存在缺陷造成受害人人身伤害的，侵害人应当赔偿医疗费、治疗期间的护理费、因误工减少的收入等费用；造成残疾的，还应当支付残疾者生活自助具费、生活补助费、残疾赔偿金以及由其扶养的人所必需的生活费等费用；造成受害人死亡的，并应当支付丧葬费、死亡赔偿金以及由死者生前扶养的人所必需的生活费等费用。

因产品存在缺陷造成受害人财产损失的，侵害人应当恢复原状或者折价赔偿。受害人因此遭受其他重大损失的，侵害人应当赔偿损失。

第四十五条　因产品存在缺陷造成损害要求赔偿的诉讼时效期间为二年，自当事人知道或者应当知道其权益受到损害时起计算。

因产品存在缺陷造成损害要求赔偿的请求权，在造成损害的缺陷产品交付最初消费者满十年丧失；但是，尚未超过明示的安全使用期的除外。

第四十六条　<u>本法所称缺陷，是指产品存在危及人身、他人财产安全的不合理的危险；产品有保障人体健康和人身、财产安全的国家标准、行业标准的，是指不符合该标准。</u>

第四十七条　因产品质量发生民事纠纷时，当事人可以通过协商或者调解解决。当事人不愿通过协商、调解解决或者协商、调解不成的，可以根据当事人各方的协议向仲裁机构申请仲裁；当事人各方没有达成仲裁协议或者仲裁协议无效的，可以直接向人民法院起诉。

第五章　罚则

第四十九条　生产、销售不符合保障人体健康和人身、财产安全的国家标准、行业标准的产品的，责令停止生产、销售，没收违法生产、销售的产品，并处违法生产、销售产品（包括已售出和未售出的产品，下同）货值金额等值以上三倍以下的罚款；有违法所得的，并处没收违法所得；情节严重的，吊销营业执照；构成犯罪的，依法追究刑事责任。

第五十条　在产品中掺杂、掺假，以假充真，以次充好，或者以不合格产品冒充合格产品的，责令停止生产、销售，没收违法生产、销售的产品，并处违法生产、销售产品货值金额百分之五十以上三倍以下的罚款；有违法所得的，并处没收违法所得；情节严重的，吊销营业执照；构成犯罪的，依法追究刑事责任。

第五十一条　生产国家明令淘汰的产品的，销售国家明令淘汰并停止销售的产品的，责令停止生产、销售，没收违法生产、销售的产品，并处违法生产、销售产品货值金额等值以下的罚款；有违法所得的，并处没收违法所得；情节严重的，吊销营业执照。

第五十二条　销售失效、变质的产品的，责令停止销售，没收违法销售的产品，并处违法销售产品货值金额二倍以下的罚款；有违法所得的，并处没收违法所得；情节严重的，吊销营业执照；构成犯罪的，依法追究刑事责任。

第五十三条　伪造产品产地的，伪造或者冒用他人厂名、厂址的，伪造或者冒用认证标志等质量标志的，责令改正，没收违法生产、销售的产品，并处违法生产、销售产品货值金额等值以下的罚款；有违法所得的，并处没收违法所得；情节严重的，吊销营业执照。

第五十四条　产品标识不符合本法第二十七条规定的，责令改正；有包装的产品标识不符合本法第二十七条第（四）项、第（五）项规定，情节严重的，责令停止生产、销售，并处违法生产、销售产品货值金额百分之三十以下的罚款；有违法所得的，并处没收违法所得。

第五十五条　销售者销售本法第四十九条至第五十三条规定禁止销售的产品，有充分证据证明其不知道该产品为禁止销售的产品并如实说明其进货来源的，可以从轻或者减轻处罚。

第五十六条　拒绝接受依法进行的产品质量监督检查的，给予警告，责令改正；拒不改正的，责令停业整顿；情节特别严重的，吊销营业执照。

第五十七条　产品质量检验机构、认证机构伪造检验结果或者出具虚假证明的，责令改正，对单位处五万元以上十万元以下的罚款，对直接负责的主管人员和其他直接责任人员处一万元以上五万元以下的罚款；有违法所得的，并处没收违法所得；情节严重的，取消其检验资格、认证资格；构成犯罪的，依法追究刑事责任。

产品质量检验机构、认证机构出具的检验结果或者证明不实，造成损失的，应当承担相应的赔偿责任；造成重大损失的，撤销其检验资格、认证资格。

产品质量认证机构违反本法第二十一条第二款的规定，对不符合认证标准而使用认证标志的产品，未依法要求其改正或者取消其使用认证标志资格的，对因产品不符合认证标准给消费者造成的损失，与产品的生产者、销售者承担连带责任；情节严重的，撤销其认证资格。

第五十八条　社会团体、社会中介机构对产品质量做出承诺、保证，而该产品又不符合其承诺、保证的质量要求，给消费者造成损失的，与产品的生产者、销售者承担连带责任。

第五十九条　在广告中对产品质量作虚假宣传，欺骗和误导消费者的，依照《中华人民共和国广告法》的规定追究法律责任。

第六十条　对生产者专门用于生产本法第四十九条、第五十一条所列的产品或者以假充真的产品的原辅材料、包装物、生产工具，应当予以没收。

第六十一条　知道或者应当知道属于本法规定禁止生产、销售的产品而为其提供运输、保管、仓储等便利条件的，或者为以假充真的产品提供制假生产技术的，没收全部运输、保管、仓储或者提供制假生产技术的收入，并处违法收入百分之五十以上三倍以下的罚款；构成犯罪的，依法追究刑事责任。

第六十二条　服务业的经营者将本法第四十九条至第五十二条规定禁止销售的产品用于经营性服务的，责令停止使用；对知道或者应当知道所使用的产品属于本法规定禁止销售的产品的，按照违法使用的产品（包括已使用和尚未使用的产品）的货值金额，依照本法对销售者的处罚规定处罚。

第六十三条 隐匿、转移、变卖、损毁被市场监督管理部门查封、扣押的物品的，处被隐匿、转移、变卖、损毁物品货值金额等值以上三倍以下的罚款；有违法所得的，并处没收违法所得。

第六十四条 违反本法规定，应当承担民事赔偿责任和缴纳罚款、罚金，其财产不足以同时支付时，先承担民事赔偿责任。

第六十七条 市场监督管理部门或者其他国家机关违反本法第二十五条的规定，向社会推荐生产者的产品或者以监制、监销等方式参与产品经营活动的，由其上级机关或者监察机关责令改正，消除影响，有违法收入的予以没收；情节严重的，对直接负责的主管人员和其他直接责任人员依法给予行政处分。

产品质量检验机构有前款所列违法行为的，由市场监督管理部门责令改正，消除影响，有违法收入的予以没收，可以并处违法收入一倍以下的罚款；情节严重的，撤销其质量检验资格。

第六十九条 以暴力、威胁方法阻碍市场监督管理部门的工作人员依法执行职务的，依法追究刑事责任；拒绝、阻碍未使用暴力、威胁方法的，由公安机关依照治安管理处罚法的规定处罚。

第七十一条 对依照本法规定没收的产品，依照国家有关规定进行销毁或者采取其他方式处理。

第七十二条 本法第四十九条至第五十四条、第六十二条、第六十三条所规定的货值金额以违法生产、销售产品的标价计算；没有标价的，按照同类产品的市场价格计算。

第六章 附则

第七十三条 军工产品质量监督管理办法，由国务院、中央军事委员会另行制定。

因核设施、核产品造成损害的赔偿责任，法律、行政法规另有规定的，依照其规定。

第七十四条 本法自1993年9月1日起施行。

 同步练习强化

1. 单项选择题

1）一日，李女士在家中做饭时高压锅突然爆炸，李女士被炸飞的锅盖击中头部，抢救无效死亡。后据质量检测专家鉴定，高压锅发生爆炸的直接原因是设计不尽合理，使用时造成排气孔堵塞而发生爆炸。本案中，可以用下列何种依据判定生产者应承担责任（　　）。

A. 产品存在的缺陷　　　　　　B. 产品买卖合同约定

C. 产品默认担保条件　　　　　D. 产品明示担保条件

2）某厂开发一种新型节能炉具，先后制造出 10 件样品，后样品有 6 件丢失。2021 年某户居民的燃气罐发生爆炸，查明原因是使用了某厂丢失的 6 件样品炉具中的一件，而该炉具存在重大缺陷。该户居民要求某厂赔偿损失，某厂不同意赔偿，下列理由中哪一个最能支持某厂立场（　　）。

A. 该炉具尚未投入流通

B. 该户居民如何得到炉具的事实不清

C. 该户居民偷盗样品，由此造成的损失应由其自负

D. 该户居民应向提供给其炉具的人索赔

3）某厂 2021 年生产了一种治疗腰肌劳损的频谱治疗仪投放市场，消费者甲购买了一部，用后腰肌劳损减轻，但却患上了偏头疼症，甲询问了使用这种治疗仪的其他用户，很多人都有类似反应。甲向某厂要求索赔。某厂对此十分重视，专门找专家作了鉴定，结论是目前的科学技术无法断定治疗仪与偏头疼之间的关系。以下哪种观点是正确的（　　）。

A. 本着公平原则，某厂应予适当赔偿

B. 因出现不良反应的用户众多，应将争议搁置，待科技发展到能够做出明确结论时再处理

C. 该治疗仪的功能是治疗腰肌劳损，该功能完全具备，至于其他副作用是治疗中不可避免的，该厂可不负责任

D. 由于治疗仪投入流通时的科学技术水平不能发现缺陷的存在，某厂不用承担赔偿责任

4）根据《中华人民共和国产品质量法》，由于销售者的（　　）使产品存在缺陷，造成人身、他人财产损害的，销售者应当承担赔偿责任。

A. 故意　　　　　　　　　　　B. 过失

C. 过错　　　　　　　　　　　D. 破坏

5）根据《中华人民共和国产品质量法》，因产品存在缺陷造成损害要求赔偿的请求权，在造成损害的缺陷产品交付最初消费者满（　　）丧失；但是，尚未超过明示的安全使用期的除外。

A. 二年　　　　　　　　　　　B. 十年

C. 五年　　　　　　　　　　　D. 一年

6）产品质量法规定因产品存在缺陷造成损害要求赔偿的诉讼时效期间为（　　），自当事人知道或者应当知道其权益受到损害时起计算。（真题）

A. 五年　　　　　　　　　　　B. 二年

C. 三年 D. 十年

7）根据《中华人民共和国产品质量法》，生产、销售不符合保障人体健康和人身、财产安全的国家标准、行业标准的产品的，责令停止生产、销售，没收违法生产、销售的产品，并处违法生产、销售产品（　　）的罚款。

A. 货值金额50％以上三倍以下　　　　B. 货值金额等值以下

C. 货值金额等值以上三倍以下　　　　D. 货值金额等值以上五倍以下

8）根据《中华人民共和国产品质量法》，销售失效、变质的产品的，责令停止销售，没收违法销售的产品，并处违法销售产品（　　）的罚款；有违法所得的，并处没收违法所得；情节严重的，吊销营业执照；构成犯罪的，依法追究刑事责任。

A. 货值金额二倍以下　　　　　　　　B. 货值金额等值以上三倍以下

C. 货值金额百分之五十以上三倍以下　D. 货值金额等值以下

9）根据《中华人民共和国产品质量法》，伪造产品产地的，伪造或者冒用他人厂名、厂址的，伪造或者冒用认证标志等质量标志的，责令改正，没收违法生产、销售的产品，并处违法生产、销售产品（　　）的罚款；有违法所得的，（　　）；情节严重的，吊销营业执照。

A. 货值金额二倍以下，没收违法所得

B. 货值金额等值以下，没收违法所得

C. 货值金额三倍以下，没收违法所得

D. 货值金额50％以下，没收违法所得

10）根据《中华人民共和国产品质量法》，拒绝接受依法进行的产品质量监督检查的，给予（　　），责令改正；拒不改正的，责令（　　）；情节特别严重的，（　　）。

A. 警告，停业整顿，吊销营业执照

B. 罚款，停业培训，吊销营业执照

C. 警告，停业整顿，没收非法所得

D. 罚款，停业整顿，吊销营业执照

11）根据《中华人民共和国产品质量法》，产品质量检验机构、认证机构伪造检验结果或者出具假证明的，责令改正，对单位处五万元以上十万元以下的罚款，对直接负责的主管人员和其他直接责任人员处（　　）的罚款。有违法所得的，并处没收违法所得；情节严重的，取消其检验资格、认证资格；构成犯罪的，依法追究刑事责任。

A. 五万元以上十万元以下　　　　　　B. 一万元以上五万元以下

C. 一万以上二万元以下　　　　　　　D. 二万以上五万元以下

12）根据《中华人民共和国产品质量法》，在广告中对产品质量作虚假宣传，欺骗和误导消费者的，依照（　　）的规定追究法律责任。

  A.《中华人民共和国产品质量法》

  B.《中华人民共和国广告法》

  C.《中华人民共和国消费者权益保护法》

  D.《中华人民共和国反不正当竞争法》

  13）知道或者应当知道属于《中华人民共和国产品质量法》规定禁止生产、销售的产品而为其提供运输、保管、仓储等便利条件的，没收全部收入，并处违法收入（　　）的罚款；构成犯罪的，依法追究刑事责任。

  A. 50%以上三倍以下   B. 三倍以下

  C. 两倍以上   D. 一倍以上三倍以下

  14）服务业的经营者将失效、变质的产品用于经营性服务的，责令停止使用；对知道或应当知道所使用的产品属《中华人民共和国产品质量法》规定禁止销售的产品的，按照违法销售产品的（　　）进行罚款。

  A. 货值金额二倍以下   B. 货值金额等值以上二倍以下

  C. 货值金额二倍以上   D. 货值金额一倍以上三倍以下

  15）根据《中华人民共和国产品质量法》，隐匿、转移、变卖、损毁被市场监督管理部门查封、扣押的物品的，处被隐匿、转移、变卖、损毁物品货值金额（　　）的罚款；有违法所得的，并处没收违法所得。

  A. 三倍以下   B. 等值以上三倍以下

  C. 50%以上三倍以下   D. 等值以下

  16）违反《中华人民共和国产品质量法》规定，应当承担民事赔偿责任或缴纳罚款、罚金，其财产不足以同时支付的，先承担（　　）。

  A. 民事赔偿责任   B. 罚款

  C. 罚金   D. 平均支付各种费用

  17）根据《中华人民共和国产品质量法》，产品质量检验机构向社会推荐生产者的产品或者以监制、监销等方式参加产品经营活动的，由（　　）责令改正，消除影响，有违法收入的予以没收，可以并处违法收入（　　）的罚款。情节严重的，撤销其质量检验资格。

  A. 市场监督管理部门，一倍以下 B. 政府机关，一倍以下

  C. 上级监管机构，三倍以下   D. 上级监管机构，一倍以下

  18）以暴力、威胁方法阻碍市场监督管理部门的工作人员依法执行职务的，依法追究（　　）责任。拒绝、阻碍未使用暴力、威胁方法的，由公安机关依照治安管理处罚法的规定处罚。

  A. 行政   B. 民事

  C. 刑事   D. 连带

19）生产国家明令淘汰的产品的、销售国家明令淘汰并停止销售的产品的，责令停止生产、销售，没收违法生产、销售的产品，并处违法生产、销售产品货值金额（　　　）以下的罚款。

A. 2 倍

B. 3 倍

C. 5 倍

D. 等值

20）知道或者应当知道属于产品质量法规定禁止生产、销售的产品而为其提供运输的，没收全部运输的收入，并处违法收入（　　　）的罚款。

A. 50% 以上 3 倍以下

B. 等值

C. 20% 以上 3 倍以下

D. 3 倍

21）销售者在销售中的过错，承担的行政责任是（　　　）。

A. 退货

B. 更换

C. 赔偿

D. 罚金

2. 多项选择题

1）根据《中华人民共和国产品质量法》，售出的产品有下列哪些情形的，销售者应当负责修理、更换、退货；给购买产品的消费者造成损失的，销售者应当赔偿损失（　　　）。

A. 不具备产品应当具备的使用性能而事先未作说明的

B. 不符合在产品或者其包装上注明采用的产品标准的

C. 不符合以产品说明、实物样品等方式表明的质量状况的

D. 不具备同类产品的性能

2）根据《中华人民共和国产品质量法》，售出的产品如果不符合以产品说明方式表明的质量状况的，销售者应当负责（　　　）。

A. 更换

B. 修理

C. 退货

D. 赔偿损失

3）销售者在产品质量方面承担民事责任的具体形式有下列哪些方面（　　　）。

A. 更换

B. 修理

C. 退货

D. 赔偿损失

4）根据《中华人民共和国产品质量法》，生产者承担缺陷产品的民事责任须同时具备以下（　　　）条件。

A. 产品存在缺陷

B. 不能证明自身无损害责任

C. 损害事实与产品缺陷有直接因果关系

D. 存在损害事实

5）根据《中华人民共和国产品质量法》，销售者承担的产品缺陷造成损害

的赔偿责任的条件是（　　）。

    A. 不能指明缺陷产品的生产者和供货者

    B. 由于销售者过错使产品存在缺陷

    C. 销售者不能证明自己无责任

    D. 销售者不能证明自己有法定的免责情形

    6）根据《中华人民共和国产品质量法》，以下说法正确的是（　　）。

    A. 销售者不能指明缺陷产品的生产者和供货者的，销售者应当承担赔偿责任

    B. 鞭炮的包装上可以不加警示标志

    C. 因产品存在缺陷造成损害要求赔偿的诉讼时效期间为三年

    D. 国家对产品质量实行以抽查为主要方式的监督检查制度

    7）根据《中华人民共和国产品质量法》，因产品存在缺陷造成受害人人身伤害的，侵害人应当赔偿（　　）等费用；造成残疾的，还应当支付残疾者生活自助具费、生活补助费、残疾赔偿金以及由其扶养的人所必需的生活费等费用。

    A. 生活费　　　　　　　　　　B. 医疗费

    C. 治疗期间的护理费　　　　　D. 因误工减少的收入

    8）以下产品中，哪些不是《产品质量法》中所称的有"缺陷的产品"（　　）。（真题）

    A. 损伤皮肤的化妆品　　　　　B. 制冷效果不好的空调机

    C. 图像效果不佳的电视机　　　D. 保温效果不良的暖水瓶

    9）《中华人民共和国产品质量法》中所称"缺陷"是指以下哪些情况（　　）。（真题）

    A. 产品存在危及人身、他人财产安全的不合理的危险

    B. 产品有保障人体健康和人身、财产安全的国家标准、行业标准的，是指不符合该标准

    C. 不符合国家推荐标准要求

    D. 不符合顾客要求

    10）根据《中华人民共和国产品质量法》，因产品质量发生民事纠纷时，当事人可以通过下列哪些方法去解决（　　）。

    A. 协商解决

    B. 经调解解决

    C. 根据当事人各方的协议向仲裁机构申请仲裁

    D. 直接向人民法院起诉

    11）根据《中华人民共和国产品质量法》，对生产、销售不符合保障人体健

康和人身、财产安全的国家标准、行业标准的产品的，在责令停止生产、销售，没收违法生产、销售的产品的同时，还会给予下列哪些处罚（　　）。

A. 处违法生产、销售产品货值金额等值以上三倍以下的罚款

B. 有违法所得的，没收违法所得

C. 情节严重的，吊销营业执照

D. 构成犯罪的，依法追究刑事责任

12）根据《中华人民共和国产品质量法》，在产品中掺杂、掺假，以假充真，以次充好，或者以不合格产品冒充合格产品的，在责令停止生产、销售，没收违法生产、销售的产品的同时，还会给予下列哪些处罚（　　）。

A. 处违法生产、销售产品货值金额百分之五十以上三倍以下的罚款

B. 有违法所得的，没收违法所得

C. 情节严重的，吊销营业执照

D. 构成犯罪的，依法追究刑事责任

13）某个体户为扩大销售，擅自在其生产的冷饮食品外包装袋上印刷免检图案，对上述行为，依据《中华人民共和国产品质量法》应如何处理（　　）。

A. 责令改正

B. 没收违法生产的产品

C. 处违法生产产品货值金额二倍以下的罚款

D. 有违法所得的，没收违法所得

14）根据《中华人民共和国产品质量法》，销售者销售《中华人民共和国产品质量法》禁止销售的产品，在哪些情况下，可以对销售者减轻或从轻处罚（　　）。

A. 销售者不知道产品是《中华人民共和国产品质量法》禁止销售的产品

B. 举报同行的类似行为

C. 举报类似产品的进货渠道

D. 销售者如实说明产品的进货来源

15）根据《中华人民共和国产品质量法》，对生产者专门用于生产以假充真的产品的（　　）应当予以没收。

A. 原辅材料

B. 运输工具

C. 生产工具

D. 包装物

3. 判断题

1）产品不符合包装上注明的产品标准，销售者认为是生产者的责任，所以消费者应向生产者要求赔偿损失。　　　　　　　　　　　　　（　　）

2）根据《中华人民共和国产品质量法》，由于销售者的过错使产品存在缺陷，造成人身、他人财产损害的，销售者和生产者应当承担赔偿责任。（　　）

3）产品质量法中所述的产品上有瑕疵就是有缺陷的产品。（真题）（　　）

4）根据《中华人民共和国产品质量法》，有包装的产品标识不符合《中华人民共和国产品质量法》第二十七条第（四）项、第（五）项规定，情节严重的，责令停止生产、销售，并处违法生产、销售产品货值金额百分之三十以下的罚款；有违法所得的，并处没收违法所得。（　　）

5）根据《中华人民共和国产品质量法》，拒绝接受依法进行的产品质量监督检查的，吊销营业执照。（　　）

6）根据《中华人民共和国产品质量法》，因产品存在缺陷造成人身、他人财产损害的，受害人可以向产品的生产者要求赔偿，也可以向产品的销售者要求赔偿。（　　）

 答案点拨解析

1. 单项选择题

题号	答案	解　析
1	A	见第四十一条　考生请注意，《中华人民共和国产品质量法》中对"缺陷"有特别的定义（见第四十六条）：《中华人民共和国产品质量法》所称缺陷，是指产品存在危及人身、他人财产安全的不合理的危险；产品有保障人体健康和人身、财产安全的国家标准、行业标准的，是指不符合该标准
2	A	第四十一条（一）
3	D	第四十一条（三）
4	C	见第四十二条。根据《中华人民共和国产品质量法》的规定，违反《中华人民共和国产品质量法》应当承担的法律责任包括民事责任、行政责任或刑事责任。民事责任是指修理、更换、退货、赔偿损失；行政责任是指由有关行政管理部门，视情节轻重分别给予责令更正、责令停止生产、没收违法所得、没收违法产品、罚款、吊销营业执照等行政处罚；刑事责任是指根据《中华人民共和国产品质量法》和《中华人民共和国刑法》中关于生产、销售伪劣商品犯罪的规定，如果生产者、销售者的行为触犯刑律的，应当承担刑事责任
5	B	第四十五条
6	B	第四十五条
7	C	见第四十九条　《中华人民共和国产品质量法》第七十二条对"货值金额"有定义：货值金额以违法生产、销售产品的标价计算；没有标价的，按照同类产品的市场价格计算
8	A	第五十二条
9	B	第五十三条

（续）

题号	答案	解　　析
10	A	第五十六条
11	B	第五十七条
12	B	第五十九条
13	A	第六十一条
14	A	要结合第六十二条、第五十二条做出判断
15	B	第六十三条
16	A	第六十四条
17	A	第六十七条
18	C	第六十九条
19	D	第五十一条
20	A	第六十一条
21	D	行政责任的要求必须是出自国家行政管理部门，是指由有关行政管理部门，视情节轻重分别给予责令更正、责令停止生产、没收违法所得、没收违法产品、罚款、吊销营业执照等行政处罚。更换、退货、赔偿损失是民事责任

2. 多项选择题

题号	答案	解　　析
1	ABC	第四十条
2	ABCD	第四十条（三）
3	ABCD	第四十条
4	AC	结合第四十条、第四十一条理解
5	AB	第四十二条
6	AD	见第四十二条、第二十七条、第四十五条、第十五条
7	BCD	第四十四条
8	BCD	《中华人民共和国产品质量法》第四十六条，对"缺陷"有特别的定义。《中华人民共和国产品质量法》所称缺陷，是指产品存在危及人身、他人财产安全的不合理的危险；产品有保障人体健康和人身、财产安全的国家标准、行业标准的，是指不符合该标准
9	AB	第四十六条
10	ABCD	第四十七条
11	ABCD	第四十九条
12	ABCD	第五十条

（续）

题号	答案	解　析
13	ABD	第五十三条
14	AD	第五十五条
15	ACD	第六十条

3. 判断题

题号	答案	解　析
1	×	第四十条　销售者先赔偿消费者，然后可以要求生产者赔偿自己
2	×	第四十二条　由于销售者的过错使产品存在缺陷，造成人身、他人财产损害的，销售者应当承担赔偿责任
3	×	《中华人民共和国产品质量法》第四十六条，对"缺陷"有特别的定义。《中华人民共和国产品质量法》所称缺陷，是指产品存在危及人身、他人财产安全的不合理的危险；产品有保障人体健康和人身、财产安全的国家标准、行业标准的，是指不符合该标准
4	√	第五十四条
5	×	第五十六条
6	√	第四十三条

6.5　中国认证认可协会相关人员注册与管理要求

 考点知识讲解

6.5.1　管理体系审核员注册要求

　　中国认证认可协会 2021 年 2 月 25 日发布了第 1 版第 3 次修订的 CCAA-101《管理体系审核员注册准则》，并于 2021 年 4 月 1 日起实施。《管理体系审核员注册准则》对管理体系审核员的注册提出了明确要求。

　　下面方框中的内容是《管理体系审核员注册准则》的条款摘录。

> **前言**
> 　　中国认证认可协会（CCAA）是经国家认证认可监督管理委员会授权，依法从事认证人员注册的机构，开展管理体系审核员、产品认证检查员、服务认证审查员等注册工作。CCAA 是国际人员认证协会（IPC）的全权成员。

CCAA 管理体系审核员注册仅表明注册人员具备了从事相应认证领域管理体系审核的个人素质、知识和技能。审核员是否具备相应认证领域特定专业能力，由聘用其执业的认证机构做出评定，以保证满足实施相应认证领域管理体系认证活动的需要。CCAA 保证注册制度和评价过程的科学性、有效性和完整性，认证机构负有认证人员选择、聘用、监督和管理的主体责任。

第一章　总则

1.1　引言

　　1.1.1　本准则由中国认证认可协会（CCAA）制定，以此建立管理体系审核员注册制度，目的是确认管理体系审核员具备相应的个人素质、知识和技能，保证管理体系认证工作的质量。

　　1.1.2　本准则采用了 GB/T 27024《合格评定　人员认证机构通用要求》规定的以能力为基础的人员评价考核方法，引用了 GB/T 19011《管理体系审核指南》关于审核员能力的概念和水平提示，并结合 GB/T 27021.1、GB/T 27021.2、GB/T 27021.3 等标准的相关要求，规定了管理体系审核员的注册要求。

1.3　引用文件

　　GB/T 27024《合格评定　人员认证机构通用要求》

　　GB/T 19011《管理体系审核指南》

　　GB/T 27021.1《合格评定　管理体系审核认证机构的要求　第 1 部分：要求》

　　GB/T 27021.2《合格评定　管理体系审核认证机构的要求　第 2 部分：环境管理体系审核认证能力要求》

　　GB/T 27021.3《合格评定　管理体系审核认证机构的要求　第 3 部分：质量管理体系审核认证的能力要求》

　　CCAA《注册认证人员资格处置规则》

　　CCAA《认证人员注册、培训收费规则》

　　CCAA《人员注册申诉、投诉与争议处理程序规则》

1.4　术语与定义

　　1.4.3　审核员

　　经证实具有实施审核的个人素质和能力的人员。

　　1.4.4　审核组

　　实施审核的一名或多名审核员，需要时，由技术专家提供支持。

　　注 1：审核组中的一名审核员被指定作为审核组长。

　　注 2：审核组可包括实习审核员。

1.4.5 能力

应用知识和技能实现预期结果的本领。

1.4.8 CCAA 注册担保人

具有良好的个人声誉和 CCAA 认证人员注册资格（不含实习注册资格），了解申请人专业状况、主要工作经历和基本个人素质的人员。

1.4.9 注册资格扩展

当申请某领域审核员级别注册资格时，如果申请人具有 CCAA 指定领域审核员、检查员或审查员（含）以上级别注册资格的，可以减少一定的完整体系审核经历次数要求和现场审核天数要求。

1.5 注册级别

1.5.1 CCAA 管理体系审核员注册分为实习审核员和审核员两个级别。

——实习审核员

根据本人申请，经 CCAA 考核评价，确认符合本准则相应注册要求并具备审核所需的基础知识和技能的申请人，授予实习审核员资格。实习审核员可以作为审核组成员参与审核活动，但不能独立实施审核。

——审核员

根据本人申请，经聘用机构推荐，CCAA 考核评价，确认符合本准则相应注册要求，具备审核所需的知识和技能，并在实施审核活动方面有一定实践经验，能够独立完成审核的申请人，授予审核员资格。

1.5.2 CCAA 管理体系审核员注册原则上遵循逐级晋升原则。

第二章 注册要求

2.1 总则

本章规定了管理体系审核员注册申请人应满足的通用要求，相应认证领域审核员注册特定要求详见附录 A。

2.3 资格经历要求

2.3.1 教育经历

申请人应具有大学专科（含）以上高等教育经历，各认证领域有特定要求的详见附录 A 相关条款。

2.3.2 工作经历

2.3.2.1 实习审核员申请人无工作经历要求。

2.3.2.2 大学专科学历审核员申请人应至少具有 8 年全职工作经历并取得中级（含）以上技术职称；大学本科（含）以上学历审核员申请人应至少具有 4 年全职工作经历。

2.3.2.3 满足 CCAA 注册要求的工作经历应在取得相应学历后，在负有判定责任的技术、专业或管理岗位获得。研究生学习经历可按50%计算工作经历。

2.3.3 专业工作经历

2.3.3.1 实习审核员申请人无专业工作经历要求。

2.3.3.2 大学专科学历审核员申请人应至少具有6年全职专业工作经历；大学本科（含）以上学历审核员申请人应至少具有2年全职专业工作经历。

2.3.3.3 申请人应提交专业工作经历证明，相应领域专业工作经历要求见附录A。

2.3.3.4 专业工作经历可与工作经历同时产生。

2.3.4 审核经历

2.3.4.1 实习审核员申请人无审核经历要求。

2.3.4.2 审核员申请人审核经历要求

以实习审核员的身份，作为审核组成员在审核员级别注册人员的指导和帮助下完成至少4次相应领域完整体系审核，现场审核经历不少于15天。现场审核应覆盖相应领域认证标准所有条款。

注：相应领域注册资格扩展要求详见附录A。

2.3.4.3 所有审核经历应在申请注册前3年内获得，并取得覆盖审核依据标准的全条款和GB/T 19011标准7.2.3.2 a）条款合格的现场见证结论。

2.4 个人素质和审核原则要求

2.4.1 各级别审核员应具备下列个人素质：

——有道德，即公正、可靠、忠诚、诚信和谨慎；

——思想开明，即愿意考虑不同意见或观点；

——善于交往，即灵活地与人交往；

——善于观察，即主动地认识周围环境和活动；

——有感知力，即能了解和理解环境；

——适应力强，即容易适应不同处境；

——坚定不移，即对实现目标坚持不懈；

——明断，即能够根据逻辑推理和分析及时得出结论；

——自立，即能够在同其他人有效交往中独立工作并发挥作用；

——坚韧不拔，即能够采取负责任的及合理的行动，即使这些行动可能是非常规的和有时可能导致分歧和冲突；

——与时俱进，即愿意学习，并力争获得更好的审核结果；

——文化敏感，即善于观察和尊重受审核方的文化；

——协同力，即有效地与其他人互动，包括审核组成员和受审核方人员；

——有条理，即有效地管理时间、区分优先次序、策划，以及高效；

——信息技术及其工具应用能力，即能够熟练使用计算机、手持终端设备及其应用软件等实施认证工作；

——文字表达能力，即能够以足够的速度、准确度和理解力阅读和记录，并形成报告；

——健康，即身体健康状况良好。

2.4.2　各级别审核员应按照下列原则进行工作：

——诚实正直：职业的基础

对审核而言，诚信、正直、保守秘密和谨慎应是最基本的。

——公正表达：真实、准确地报告的义务

审核发现、审核结论和审核报告应真实和准确地反映审核活动。报告在审核过程中遇到的重大障碍以及在审核组和受审核方之间没有解决的分歧意见。

——职业素养：在审核中勤奋并具有判断力

审核员应珍视他们所执行的任务的重要性以及审核委托方和其他相关方对自己的信任。具有必要的能力是一个重要的因素。

——保密性：信息安全

审核员应审慎使用和保护在审核过程中获得的信息。

——独立性：审核的公正性和审核结论的客观性的基础

审核员应独立于受审核的活动，并且不带偏见，没有利益上的冲突。审核员在审核过程中应保持客观的心态，以保证审核发现和结论仅建立在审核证据的基础上。

——基于证据的方法：在一个系统的审核过程中，得出可信的和可重现的审核结论的合理方法

审核证据应是可证实的。由于审核是在有限的时间内并在有限的资源条件下进行的，因此审核证据是建立在可获得的信息样本的基础上。抽样的合理性与审核结论的可信性密切相关。

——基于风险的方法：考虑风险和机遇的审核方法

基于风险的方法应对审核的策划、实施和报告具有实质性影响，以确保审核关注于对审核委托方和实现审核方案目标重要的事项。

2.5　知识和技能要求

2.5.1　实习审核员的知识与技能要求

2.5.1.1　实习审核员通用的知识与技能要求

a）掌握合格评定基础知识；

b）理解审核通用知识和技术；

c）理解 GB/T 27021.1 标准的目的、意图及第 9 章的相关内容；

d）了解认证行业的法律法规及规范性文件知识。

2.5.1.2　相应领域实习审核员特定的知识与技能要求详见附录 A 相关条款。

2.5.2　审核员的知识与技能要求

2.5.2.1　审核员通用的知识与技能要求

a）掌握合格评定基础知识；

b）掌握审核通用知识和技术，并能熟练地运用到审核活动中；

c）掌握质量管理方法与工具知识；

d）掌握 GB/T 19011、GB/T 27021.1 标准知识，并能结合审核所依据的标准有效地运用到审核活动中；

e）理解认证行业的法律法规及规范性文件知识，并能熟练地运用到审核活动中；

f）掌握管理体系认证相关基础知识。

g）了解客户业务领域、产品、过程和组织的知识。

2.5.2.2　相应领域审核员特定的知识与技能要求详见附录 A 相关条款。

2.6　考试要求

2.6.1　实习审核员申请人考试

实习审核员申请人应在申请注册前 5 年内通过 CCAA 统一组织的"认证通用基础"考试，且在申请注册前 3 年内通过 CCAA 统一组织的"相应认证领域基础"考试。

2.6.2　审核员申请人考试

审核员申请人应在申请注册前 3 年内通过 CCAA 统一组织的"管理体系认证基础"考试。

2.6.3　考试内容和方式见 CCAA 相应考试大纲。

2.7　行为规范要求

各级别审核员均应遵守 CCAA 审核员行为规范。申请人应签署声明，承诺遵守以下行为规范：

——遵纪守法、敬业诚信、客观公正；

——遵守行业规范及 CCAA 注册/确认制度的相关规定；

——努力提高个人的专业能力和声誉；

——帮助所管理的人员拓展其专业能力；

——不承担本人不能胜任的任务；

——不介入冲突或利益竞争，不向任何委托方或聘用机构隐瞒任何可能影响公正判断的关系；

——不讨论或透露任何与工作任务相关的信息，除非应法律要求或得到委托方和聘用单位的书面授权；

——不接受受审核方及其员工或任何利益相关方的任何贿赂、佣金、礼物或任何其他利益，也不应在知情时允许同事接受；

——不有意传播可能损害审核工作或人员注册过程的信誉的虚假或误导性信息；

——不以任何方式损害 CCAA 及其人员注册过程的声誉，与针对违背本准则的行为而进行的调查进行充分的合作；

——不向受审核方提供相关咨询。

2.8　年度确认要求

2.8.1　实习审核员无年度确认要求，但每年应至少完成 16 学时的继续教育培训（不限领域）。继续教育培训至少包括 8 学时 CCAA 组织的课程，另外 8 学时可由认证机构组织开展或参加 CCAA 组织的课程。CCAA 将在再注册或升级时进行验证。

2.8.2　在注册证书有效期内，审核员应在每个注册年度应完成下列活动，表明其持续符合本准则的相关要求：

a）完成至少 1 次管理体系审核经历和 16 学时相应领域的继续教育培训。继续教育培训至少包括 8 学时 CCAA 组织的专业课程，另外 8 学时可由认证机构组织开展或参加 CCAA 组织的课程；当不能满足审核经历要求时，申请人应完成 24 学时相应领域的继续教育培训，其中至少包括 12 学时 CCAA 组织的专业课程，另外 12 学时可由认证机构组织开展或参加 CCAA 组织的课程；

b）持续遵守行为规范要求；

c）已妥善解决任何针对其审核表现的投诉；

d）当 CCAA 有指定的专业发展活动时，已按要求完成。

2.8.3　审核员应保留与完成年度确认有关记录和证明，在 CCAA 有要求时提交 CCAA。

2.8.4　年度确认从注册次年开始实施，在注册日期的对应月份申报。

2.9　再注册要求

2.9.1　各级别审核员应每 3 年进行一次再注册，以确保持续符合本准则相应级别审核员的各项要求。

2.9.2　实习审核员再注册要求

a）注册证书到期前 90 天内，向 CCAA 提出再注册申请；

b）注册证书有效期内持续遵守审核员行为规范；

c）已妥善解决任何针对其审核表现的投诉；

d）完成历年继续教育培训；

e）完成 CCAA 指定专业发展活动（适用时）。

2.9.3　审核员再注册要求

a）注册证书到期前 90 天内，向 CCAA 提出再注册申请；

b）注册证书有效期内持续遵守审核员行为规范；

c）已妥善解决任何针对其审核表现的投诉；

d）完成 CCAA 指定专业发展活动（适用时）；

e）完成历年的年度确认；

f）注册证书有效期内，完成至少 4 次完整体系审核或等效的部分体系审核，其中至少包括 2 次相应领域完整体系审核或等效的部分体系审核；

g）当不能满足再注册审核经历要求时，申请人应在证书到期前 3 年内通过 CCAA 统一组织的"管理体系认证基础"考试或降级为实习审核员。

注：3 次部分体系审核可视为 1 次完整体系审核。本注释仅适用于再注册时审核经历的计算。

2.10　担保要求

2.10.1　实习审核员申请人无担保要求。

2.10.2　审核员申请人应由一名担保人员对其个人素质的适宜性和专业工作经历的真实性做出担保。

2.11　机构推荐要求

2.11.1　推荐机构应为合法的认证机构，具有在相关认证领域开展认证活动的能力，并向 CCAA 提交国家认证认可监督管理委员会行政审批证明。推荐机构应在国家认证认可监督管理委员会批准的认证业务范围内推荐申请人注册。

2.11.2　实习审核员申请人无机构推荐要求。

2.11.3　审核员申请人应由所在认证机构推荐，推荐机构应对申请人资格经历的真实性进行核实，并对申请人个人素质、知识和技能符合本准则注册要求提出推荐意见。

第三章　注册决定与申诉、投诉处理

3.1　注册决定

CCAA 评价人员根据评价考核过程中收集的信息形成评价考核结论，给出申请人是否适宜注册的意见。

CCAA 注册管理人员对评价考核结论、注册意见进行审定，做出是否予以注册的决定。注册管理人员应未参与过对申请人的评价考核与培训。

CCAA 秘书长审核注册意见和注册决定，批准注册决定。

3.2 注册公告及注册证书

3.2.1 对已被批准注册/再注册的申请人，CCAA 将予以公告并颁发/换发注册证书，证书有效期 3 年。对不予注册的申请人，CCAA 将通知推荐机构或本人。

3.2.2 CCAA 秘书长负责批准注册公告和签发注册证书。

3.2.6 CCAA 拥有颁发的各类注册证书的所有权。注册人员资格被暂停期间或撤销后，不得使用相应证书。

3.3 注册时限

对于符合要求的注册申请，CCAA 将在 30 个工作日内完成注册批准。因申报信息和资料不真实、不完整或不符合要求，造成注册过程延迟的时间，不计入注册时限。

3.5 申诉

3.5.1 CCAA 依据《人员注册申诉、投诉与争议处理程序规则》，处理注册人员的申诉，包括：

——申请人或注册人员对 CCAA 做出的不予注册、资格处置等决定提出的申诉；

——申诉人因不同意 CCAA 的投诉处理决定提出的申诉。

3.5.2 申诉应在相关决定做出后 30 天内，以书面形式向 CCAA 提交。

3.5.3 申诉人可从 CCAA 网站下载《人员注册申诉、投诉与争议处理程序规则》，CCAA 也可应申诉人的请求提供该规则。

第四章 监督与资格处置

4.1 推荐机构认证人员管理要求

4.1.1 推荐机构应建立相应认证人员管理制度并有效实施。

4.3 资格处置

4.3.1 推荐机构应对申请人申报的有关资格经历的信息、资料的完整性和真实性负责。若推荐机构隐瞒申请人的虚假信息或提供误导性信息，推荐出现失实，造成严重后果的，CCAA 将按照《注册认证人员资格处置规则》，对推荐机构的推荐资格进行处置。

4.3.4 注册人员因个人原因不再保持注册资格的，按照《注册认证人员资格处置规则》相关条款，可以书面形式向 CCAA 申请注销。

附录 A（规范性附录）

管理体系审核员特定要求

A.1　质量管理体系审核员特定要求

1　教育经历要求

质量管理体系审核员注册无特定教育经历要求。

2　专业工作经历要求

适宜的质量管理专业工作经历包括：

产品和服务的设计、生产、技术、检测、质量管理、教学、科研及相关标准制修订等工作经历。

3　知识与技能要求

3.1　实习审核员应具备的知识与技能

3.1.1　质量管理体系相关标准

a）了解 ISO 9000 系列标准发展概况；

b）掌握 GB/T 19000《质量管理体系　基础和术语》的部分术语，理解质量、产品、过程等重要概念；

c）理解质量管理原则的核心思想；

d）理解 GB/T 19000 标准给出的质量管理体系基础的部分内容；

e）理解 GB/T 19001《质量管理体系　要求》的要求；

f）了解 GB/T 19004《追求组织的持续成功　质量管理方法》的结构、适用范围及与 GB/T 19000、GB/T 19001 标准的关系；

g）了解 IS0 9000 系列标准的部分规范性文件和指南，如：

——GB/T 19022《质量管理体系测量过程和测量设备的要求》；

——GB/T 19024《质量管理实现财务和经济效益的指南》；

——GB/T 19027《GB/T 19001—2000 的统计技术指南》。

——GB/T 19015《质量管理体系　质量计划指南》；

——GB/T 19016《质量管理体系　项目质量管理指南》；

——GB/T 19017《质量管理体系　技术状态管理指南》。

3.1.2　质量管理专业知识

质量管理相关知识、方法和技术：

a）掌握常用统计技术基础知识；

b）掌握测量/计量基础知识以及对测量过程和测量设备的管理要求；

c）了解标准化基础知识；

d）掌握顾客满意的监视和测量、投诉处理、行为规范、争议解决的基础知识；

e) 掌握质量计划基础知识；

f) 了解风险管理基础知识；

g) 了解质量管理自我评价基础知识（GB/T 19004、GB/T 19024、GB/T 19580《卓越绩效评价准则》中自我评价方法）。

3.1.3 法律法规及其他相关要求

理解质量管理相关法律、法规要求其他相关要求。

3.2 审核员应具备的知识与技能

3.2.1 质量管理体系相关标准

理解 ISO 9000 系列标准的部分规范性文件和指南，如：

a) GB/T 19022《测量管理体系 测量过程和测量设备的要求》；

b) GB/T 19024《质量管理体系 实现财务和经济效益的指南》；

c) GB/T 19027《GB/T 19001—2000 的统计技术指南》；

d) GB/T 19015《质量管理体系 质量计划指南》；

e) GB/T 19016《质量管理体系 项目质量管理指南》；

f) GB/T 19017《质量管理体系 技术状态管理指南》。

3.2.2 质量管理专业知识

掌握以下质量管理相关工具、方法、技术：

a) 常用统计技术方法和应用；

b) 测量/计量知识以及对测量过程和测量设备的管理要求；

c) 标准化知识——标准的结构和编写等；

d) 顾客满意的监视和测量、投诉处理、行为规范、争议解决的知识；

e) 质量计划；

f) 质量管理体系自我评价方法；

g) 标准化知识；

h) 卓越绩效模式；

i) 持续成功（GB/T 19004）；

j) 风险管理知识和方法。

3.2.3 法律法规其他相关要求

掌握质量管理相关的法律、法规要求其他相关要求。

3.2.4 综合应用技能

掌握质量管理体系要求性标准、规范性文件、专业知识和相关法律法规在审核实践中的综合应用技能。

4 注册资格扩展

当申请质量管理体系审核员注册时，申请人具有 CCAA 其他管理体系审核员级别注册资格的，可在本准则第二章 2.3.4.2 条款要求基础上减少 1 次完整体系审核和 5 天现场审核经历。

6.5.2　管理体系审核员管理要求

1. 《中华人民共和国认证认可条例》对认证人员的管理要求

《中华人民共和国认证认可条例》修订了两次，第二次修订是根据 2020 年 11 月 29 日《国务院关于修改和废止部分行政法规的决定》进行的。

下面方框中的内容是《中华人民共和国认证认可条例》中与认证人员有关的条款摘录。

第二条　本条例所称认证，是指由认证机构证明产品、服务、管理体系符合相关技术规范、相关技术规范的强制性要求或者标准的合格评定活动。

本条例所称认可，是指由认可机构对认证机构、检查机构、实验室以及从事评审、审核等认证活动人员的能力和执业资格，予以承认的合格评定活动。

第四条　国家实行统一的认证认可监督管理制度。

国家对认证认可工作实行在国务院认证认可监督管理部门统一管理、监督和综合协调下，各有关方面共同实施的工作机制。

第五条　国务院认证认可监督管理部门应当依法对认证培训机构、认证咨询机构的活动加强监督管理。

第六条　认证认可活动应当遵循客观独立、公开公正、诚实信用的原则。

第十三条　认证机构不得与行政机关存在利益关系。

第十四条　认证人员从事认证活动，应当在一个认证机构执业，不得同时在两个以上认证机构执业。

第二十二条　认证机构及其认证人员应当及时做出认证结论，并保证认证结论的客观、真实。认证结论经认证人员签字后，由认证机构负责人签署。

认证机构及其认证人员对认证结果负责。

第三十八条　从事评审、审核等认证活动的人员，应当经认可机构注册后，方可从事相应的认证活动。

第四十四条　认可机构应当按照国家标准和国务院认证认可监督管理部门的规定，对从事评审、审核等认证活动的人员进行考核，考核合格的，予以注册。

第四十七条　认可机构应当对取得认可的机构和人员实施有效的跟踪监督，定期对取得认可的机构进行复评审，以验证其是否持续符合认可条件。取得认可的机构和人员不再符合认可条件的，认可机构应当撤销认可证书，并予公布。

取得认可的机构的从业人员和主要负责人、设施、自行制定的认证规则等与认可条件相关的情况发生变化的，应当及时告知认可机构。

第六十一条　认证机构出具虚假的认证结论，或者出具的认证结论严重失实的，撤销批准文件，并予公布；对直接负责的主管人员和负有直接责任的认证人员，撤销其执业资格；构成犯罪的，依法追究刑事责任；造成损害的，认证机构应当承担相应的赔偿责任。

指定的认证机构有前款规定的违法行为的，同时撤销指定。

第六十二条　认证人员从事认证活动，不在认证机构执业或者同时在两个以上认证机构执业的，责令改正，给予停止执业6个月以上2年以下的处罚，仍不改正的，撤销其执业资格。

第七十二条　认证人员自被撤销执业资格之日起5年内，认可机构不再受理其注册申请。

第七十四条　药品生产、经营企业质量管理规范认证，实验动物质量合格认证，军工产品的认证，以及从事军工产品校准、检测的实验室及其人员的认可，不适用本条例。

依照本条例经批准的认证机构从事矿山、危险化学品、烟花爆竹生产经营单位管理体系认证，由国务院安全生产监督管理部门结合安全生产的特殊要求组织；从事矿山、危险化学品、烟花爆竹生产经营单位安全生产综合评价的认证机构，经国务院安全生产监督管理部门推荐，方可取得认可机构的认可。

2.《注册认证人员资格处置规则》对认证人员的管理要求

CCAA-209-6《注册认证人员资格处置规则》现行有效的是第6版，于2022年6月30日实施。

下面方框中的内容是《注册认证人员资格处置规则》中的条款摘录。

---

1. 目的和适用范围

本文件的目的是规范注册认证人员资格处置工作，确保CCAA人员注册工作有效性。

本文件适用于所有依据CCAA注册（确认）规范取得CCAA注册资格或确认资格的注册认证人员（包括管理体系审核员、产品认证检查员、服务认证审查员、认证咨询师等）的资格处置。

---

3. 定义

3.1 警告

以书面方式，对具有性质轻微违规行为的注册认证人员给予告诫，并责令改正。

3.2 暂停

因违反注册（确认）规范要求或认证认可相关法律法规要求，在规定的期限内禁止注册认证人员使用已有的注册资格。

3.3 撤销

因违反注册（确认）规范要求或认证认可相关法律法规要求，在注册期满前取消注册认证人员已有的注册资格。

3.4 注销

注册期内根据注册认证人员本人的申请，终止原有的注册资格；或在注册期满前因不再符合注册条件，由CCAA终止原有注册资格。

3.5 冻结

对机构的认证人员注册资格状态实施特殊措施，禁止推荐机构、注册认证人员使用注册认证人员已有的注册资格。

4. 注册认证人员资格处置

4.1 警告

注册认证人员违反注册（确认）规范要求或认证认可相关法律法规要求，情节轻微的，给予警告处置。

4.2 暂停

4.2.1 注册认证人员有下列情况之一的，给予**暂停注册资格**处置：

1）出具的认证及相关工作记录、报告等出现明显疏漏、错误和误判，或明显违反规定程序从事相关工作，尚未造成严重后果的，暂停**相应领域**注册资格 3 ~ 6 个月；

2）**违反认证认可相关法律法规要求**，情节一般，尚未造成严重后果的，暂停**所有领域**注册资格 6 ~ 12 个月（多家机构执业，但未实质在两家机构同时实施审核，情节轻微的，适用本条款；因注册认证人员原因导致认证机构被行政监管部门认定为增加、减少、遗漏认证基本规范、基本规则的，适用本条款）；

3）注册认证人员参与**存在利益冲突和认证公正性**的审核任务，情节一般，尚未造成严重后果的，暂停**所有领域** 6 ~ 12 个月；

4）注册认证人员**未严格遵守经确认的计划时间**，现场缩减时间超过总人天1/2（含）不足1/2的，暂停**所有领域**注册资格 6 ~ 12 个月，不足1/3的按 4.2.1 条1）条款规定处理；

5）所担保的注册申请人的专业状况、主要工作经历或基本个人素质方面的注册信息失实（以下简称担保信息失实），暂停注册担保人**相应领域**注册资格 3 个月；累计发生 3 人次及以上担保信息失实的，暂停注册担保人**所有领域**注册资格 6 个月；

6）错误使用、宣传注册证书及注册资格的，暂停**相应领域**注册资格 3 个月，并责令改正；

7）其他违反 CCAA 注册（确认）规范中认证人员行为要求，情节一般的，暂停**所有领域**注册资格 3 ~ 6 个月；

8）构成上述暂停注册资格条件，认证注册人员不予配合调查的，依据违规情况暂停**所有领域**注册资格 6 ~ 12 个月；

9）被行政机关依法**暂停认证人员执业资格的**，按照行政处罚决定规定的时间段暂停**所有领域**注册资格。

4.2.2 在暂停期内，注册认证人员不得使用相关注册资格，不得从事相关的认证活动，违反者将适用 4.3.1 条 5）款，撤销相应领域注册资格。

4.2.3 对于首次暂停注册资格的人员，应在暂停期内采取相应纠正、整改措施，适用时报 CCAA 验证合格，暂停期满注册资格自动恢复；对于非首次暂停注册资格的人员，应在暂停期内采取相应纠正、整改措施，并报 CCAA 验证合格后，恢复注册资格；如验证不合格，则延长暂停期且一年内不得进行恢复注册资格的申请。

4.3 撤销

4.3.1 注册认证人员有下列情况之一的，给予**撤销注册资格**处置：

1）出具的认证及相关工作记录、报告等虚假、失实或违反规定程序从事相关工作，造成严重后果的，撤销所有领域注册资格；

2）违反认证认可相关法律法规要求、认证基本规则，情节恶劣或造成严重后果的，撤销所有领域注册资格（多家机构执业，情节严重的适用此条款）；被国家认证认可行政主管部门撤销执业资格的，撤销所有领域注册资格且 **5 年内**不再受理其所有领域注册申请；

3）冒用他人名义从事相关工作或签署相关文件，或未实际参与相关工作而编造现场记录、报告或签署相关文件，撤销所有领域注册资格；被冒用人知情不报（默许或有意配合）的，撤销所有领域注册资格；

4）提供虚假信息（包括但不限于：本人身份、学历、工作经历、审核经历、培训经历、考试成绩及认证活动经历等），伪造他人担保签署，伪造推荐机构签署，以骗取注册资格、保持注册资格、扩展专业领域的，撤销所有领域注册资格（公务人员隐瞒身份注册认证人员资格或身份变更为公务人员未及时注销资格的适用该条款；对替考人员处置适用该条款；使用非全日制工作经历/兼职经历充当工作经历的适用该条款）；

5）经 CCAA 验证，被暂停注册资格的人员未能按要求采取有效的纠正、整改措施的，撤销相应领域注册资格；

6）注册认证人员参与存在利益冲突和认证公正性的审核任务，情节恶劣或造成严重后果的，撤销领域所有注册资格（受审核/检查/审查方为两年内本人或家庭主要成员的受聘单位或关联组织高级管理人员，认证咨询、认证相关培训对象的；兼职人员与受审核/审查/检查方存在同行业竞争关系的适用该条款）；

7）注册认证人员未严格遵守经确认的计划时间，现场实施缩减时间超过总人天 1/2（含）的，撤销所有领域注册资格；

8）3 年内，累计 6 次受到警告处置的，撤销所有领域注册资格；3 年内，累计 3 次受到暂停处置的，撤销所有领域注册资格；

9）其他违反 CCAA 注册（确认）规范中人员行为要求、认证基本规则，情节恶劣或造成严重后果的，撤销所有领域注册资格。

4.3.2　人员资格撤销后，注册资格不再有效，相关人员不得声称具有资格并从事认证活动。

4.3.3　被 CCAA 撤销注册资格的人员，**3 年内不再受理其所有领域注册申请**。

4.4　注销

4.4.1　注册期内根据注册认证人员本人的意愿，机构代为提交申请终止原有的注册资格。

4.4.2　注册期内根据注册认证人员本人的意愿，本人提交申请终止原有的注册资格。

4.4.3　注册期内经 CCAA 复核，学历、经历年限、专业背景等不再符合注册条件要求的（不包括伪造学历、工作经历、审核经历等主观违规行为），在注册期满前终止原有注册资格。

4.5　冻结

4.5.1　行政监管部门对机构做出行政处罚后向 CCAA 移交人员违规信息，CCAA 核实确认过程中，冻结涉事人员所有注册资格，正式处理后变更相应状态。

4.5.2　注册期内因推荐机构在认证人员注册、认证活动实施过程中存在系统性违规行为，冻结涉事人员所有注册资格，正式处理后变更相应状态。

4.5.3　冻结期限原则上不超过 90 天，因情况复杂或者其他原因不能在规定期限内正式处理的，经批准后可适当延长；如处理结果为暂停注册资格，则冻结时间段计入暂停注册资格时间内。

5. 推荐机构/从业机构责任

推荐机构应对申请人资格经历的真实性进行核实。推荐机构推荐的注册申请人的注册信息失实，半年内累计超过 3 人次，或超过当年累计申报数量 1% 时，对推荐机构予以警告，机构应进行整改；警告后半年内再次发生推荐失实的，暂停该机构推荐注册权限，该机构应对推荐失实情况采取必要纠正措施后方可申请恢复推荐资格。

6. 工作程序及信息通报

6.1 确认反馈

基于掌握的客观证据，CCAA 向执业机构及当事人发放告知通知，要求 10 个工作日内核实确认并就异议提交答辩证据，如有特殊情况无法按期完成，应向 CCAA 申请延期，延期原则不超过 10 个工作日。

6.2 质证及证据认定

6.2.1 非客观性证据、间接证据（补充证言、证明、录音、通话记录、即时交流软件聊天记录），需对真实性、合法性、关联性以及证明力的有无、大小进行质证，质证包括书面交换或现场质证。

6.2.2 告知通知发放视为书面质证过程。对于告知通知中描述违规行为不正面回应，或以不知道、不知情、记不清为由不予反馈，或仅否认却无证据证实或证伪，以及反馈超期的，均认定为放弃质证。

6.2.3 现场质证需至少包含 2 名工作人员，当事人可以向协会要求质证过程中包含 3 名以下行业自律与诚信建设工作委员会委员。

6.2.4 可通过公共客观证据（包括但不限于认证业务信息系统信息、人员注册信息、证书信息、职业资格信息、学历查询信息、第三方公共渠道可验证的航空、铁路、住宿等信息）或直接证据证实或证伪的，无需质证。非客观性证据、间接证据经质证后形成的认定结果，可以作为认定违规的事实依据。

6.2.5 认证行政监管部门在案件调查过程中获得的笔录、记录、材料等证据信息，CCAA 直接采信。

6.2.6 认证行政监管部门做出的撤销、暂停执业资格的处罚，CCAA 不再对相关违规事实进行重复调查，直接根据认证行政监管部门处置决定对当事人进行对等的注册资格处置。

6.2.7 认证行政监管部门及 CCAA 认定的在调查过程中配合调查、对案件处理有立功表现的，酌情从轻处置或减轻处置。**从轻处置**是指在对应的处置规则**同档限度内**降低或减少处置幅度而做出处置决定。**减轻处置**是指在对应的处置规则档次下，**降档**做出处置决定。

6.3 处置结果的通报及公开

经对违规事实及处置意见审批确认，CCAA 对认证人员注册资格做出正式处置。CCAA 将以通知、内部通报、公开通报、公告、信函等适当的方式对注册认证人员资格处置、推荐机构处置、执业机构处置情况向相关方进行通报。

7. 申诉

注册认证人员对 CCAA 的相关决定有异议或不满的，可依据《注册认证人员申诉处理规则》提出申诉，CCAA 将依据规则规定进行调查处理。

3. 其他对认证人员提出管理要求的部门规章

1）《认证及认证培训、咨询人员管理办法》的要求。2004 年 5 月 24 日公布的《认证及认证培训、咨询人员管理办法》对认证人员提出了管理要求，这些管理要求与《中华人民共和国认证认可条例》《注册认证人员资格处置规则》中的要求有些是重叠的，有些已经过时。正在征求意见的《认证人员管理办法》即将取代《认证及认证培训、咨询人员管理办法》。

《认证及认证培训、咨询人员管理办法》第八条要求认证人员从事认证活动应当在 1 个认证机构执业，不得同时在 2 个或者 2 个以上认证机构执业。在认证机构执业的专职或者兼职认证人员，具备相关认证培训教员资格的，经所在认证机构与认证培训机构签订合同后，可以在 1 个认证培训机构从事认证培训活动。认证人员不得受聘于认证咨询机构或者以任何方式，从事认证咨询活动。

2）《认证人员执业信用管理规范》的要求。2015 年 4 月 30 号，CCAA 发布了《认证人员执业信用管理规范》，以加强认证人员执业信用。该规范自 2015 年 6 月 1 日起实施。

下面方框中的内容是《认证人员执业信用管理规范》中的条款摘录。

第二章　要求和实施

第六条　认证机构负责本机构认证人员的信用管理，制定信用管理制度，建立认证人员信用档案，使用信用信息。

第七条　认证人员日常发生的失信行为，由认证机构调查、核实，经认证机构负责人审核批准，录入认证人员信用信息系统。

第八条　认证机构年底计算当年认证人员信用分值，在次年三月底前，将信用分值录入协会认证人员信用信息系统。认证人员信用分值计分周期为一个自然年度，从认证人员初次获得级别注册证书当年开始计算；当年不足一年的，仍在年底进行初次计算；上一年度的信用分值不转入下一年度。

第九条　认证人员年度信用分值以基准分减去失信行为扣分后得出。每个认证人员基准分为 10 分。

第十条　信用分值应得到认证人员本人的确认，保留记录。

第三章　失信行为及管理

第十二条　认证人员发生如下失信行为，经查证属实的，应将事实记录

入个人信用档案，在信用计分时直接记为零分：

（一）申报注册资格时，存在弄虚作假（如提供虚假学历、工作经历和认证经历等）的；

（二）冒名顶替为其他人员完成认证任务的；

（三）编造虚假文件，提供虚假认证记录和报告，导致认证结论失实的；

（四）未到现场审核/检查的；

（五）认证人员没有得到受审核/检查方书面许可，故意泄露受审核/检查方商业和技术秘密的。

第十三条 认证人员发生如下失信行为，经查证属实的，应将事实录入个人信用档案，在信用计分时减去相应分值：

（一）认证人员编造虚假的文件，提供虚假认证记录和报告，情节较轻微的，每次扣8分；

（二）认证人员认证过程中发生影响认证公正性和有效性行为的，每次扣8分；

（三）接受受审核/检查方的礼金、礼品及其他任何形式的好处的；在受审核/检查方报销不合理的费用，提出不合理的食宿要求的；参加或暗示参加娱乐性活动及其他违反认证认可要求及注册准则规定的情况的，每次扣8分；

（四）参与近两年内咨询、培训、服务过的受审核/检查方的认证工作，或兼职认证人员从业单位与受审核/检查方存在同行竞争关系，引起争议的，每次扣5分；

（五）在认证期间不遵守计划时间，迟到、早退的，每次扣3分；

（六）担保人员为其他注册申请人提供担保时，未了解申请人的实际情况，作虚假担保的，每次扣3分；

（七）未如实介绍个人背景（注册级别和专兼职状况，兼职应说明实际工作的处所），引起争议的，每次扣2分；

（八）其他未尽事项涉及的处分或处罚记录，参照上述标准酌情扣分。

第四章 信用信息的查询和使用

第十五条 认证人员可以查询自己的信用信息；因工作需要，认证机构领导和上级主管部门也可以查询。

第十七条 信用分值计为零分的，由协会撤销其注册资格；连续三年年度信用分值8分以下的认证人员，列入重点监管检查名单，由认证机构、相关认证监管部门进行重点监管。

第十八条 年度信用分值6分以下的认证人员，下一年度不能担任审核组长，直到其年度信用分值达到10分，才可以继续担任审核组长。

第十九条　信用档案管理人员应当保证认证人员信用信息的真实性和完整性，不得遗漏、擅自修改、有选择性地记录。

3）《认证机构和认证人员失信管理规范》的要求。2018年11月12号，CCAA发布了《认证机构和认证人员失信管理规范》，以加强认证机构和认证人员信用管理，推动认证机构和认证人员执业信用建设，持续提升认证质量，树立认证公信力。

下面方框中的内容是《认证机构和认证人员失信管理规范》中的条款摘录。

第三条　中国认证认可协会（以下简称协会）负责组织实施认证机构和认证人员失信行为管理工作。

第四条　认证机构和认证人员的失信行为，是指认证机构及认证人员发生违反法律法规、认证认可标准规范、行业自律规范的行为，并经有关部门正式确认的失信行为。包括：

（一）信用管理部门确认的失信行为；

（二）受到认证认可行政监管部门处罚的失信行为；

（三）受到认可机构处理的失信行为；

（四）受到行业协会处理的失信行为。

第八条　认证机构和认证人员失信信息录入平台后原则上不能修改或删除。如在特殊情况下需要修改或删除，协会应当建立程序进行管理，全程记录、留痕、可追溯。

第九条　认证机构和认证人员失信信息向社会公开。

第十一条　认证机构及认证人员对公布的失信名录有异议的，可以向协会提出书面申请并提交相关证明材料。协会应当在收到申请后20个工作日内进行核实，并将核实结果告知申请人。

协会通过核实发现失信名录信息存在错误的，应当自查实之日起5个工作日内予以更正。

第十五条　对发生失信行为的认证机构和认证人员在被列入失信名单期间可采取如下惩戒措施：

（一）所涉及认证机构转入其他认证机构的认证证书时，进行风险警示；

（二）所涉及认证机构转入其他认证机构的认证人员时，进行风险警示；

（三）列入重点监督管理对象。

第十六条　失信信息的修复与退出。发生失信行为的认证机构和认证人员，可以向协会提出信用修复申请：

（一）认证机构和认证人员被国家有关部门从失信主体名录中移出的，可以及时提出信用修复申请；

（二）认证机构和认证人员对导致列入失信名单的有关原因已经进行整改的，可以在列入失信名单一年后提出信用修复。

协会在十五个工作日内对信用修复申请及相关证据材料进行核查后，确认后对失信信息予以调整。

 同步练习强化

1. 单项选择题

1）《中华人民共和国认证认可条例》所称认可，是指由认可机构对认证机构、检查机构、实验室以及从事评审、审核等认证活动人员的能力和执行资格，予以承认的（　　）活动。（真题）

A. 认可 　　　　　　　　　　B. 认证

C. 合格评定 　　　　　　　　D. 标准化

2）根据《中华人民共和国认证认可条例》，认证人员从事认证活动，应当在一个（　　）执业。（真题）

A. 认证机构 　　　　　　　　B. 行政机关

C. 事业单位 　　　　　　　　D. 社会团体

3）认证人员自撤销执业资格之日起（　　　），CCAA 不再受理其注册申请。（真题）

A. 5 年内 　　　　　　　　　B. 6 个月内

C. 3 年内 　　　　　　　　　D. 1 年内

4）认证人员从事认证活动，应该满足以下（　　　）要求。（真题）

A. 可在两个以上认证机构执业 　　B. 不可兼任认证活动管理人员

C. 只在一个认证机构执业 　　　　D. 可为受审核方提供咨询服务

5）《管理体系审核员注册准则》中，审核员能力是指"应用知识和技能实现（　　）的本领"。

A. 目标 　　　　　　　　　　B. 目的

C. 要求 　　　　　　　　　　D. 预期结果

6）依据《管理体系审核员注册准则》，以下哪一项不属于与审核原则（　　）。（真题改进）

A. 有道德 　　　　　　　　　B. 公正表达

C. 独立性 　　　　　　　　　D. 职业素养

7）受审核方在审核中因以下理由提出申请更换审核组的具体成员，其中哪一项不是合理理由（　　）。（真题）

A. 该审核员审核中太认真

B. 该审核员曾为本公司提供过咨询

C. 该审核员一年前是本公司雇员

D. 该审核员有缺乏职业道德的行为

8）依据《管理体系审核员注册准则》，审核原则（　　），是审核公正性和审核结论的客观性的基础。（真题改进）

A. 诚实正直　　　　　　　　　　B. 明断自立

C. 独立性　　　　　　　　　　　D. 基于证据的方法

9）《管理体系审核员注册准则》审核原则中的"保密性"指的是（　　）安全。（真题改进）

A. 信息　　　　　　　　　　　　B. 产品

C. 人身　　　　　　　　　　　　D. 管理体系

10）《管理体系审核员注册准则》中的审核原则包括（　　）。（真题改进）

A. 三项　　　　　　　　　　　　B. 四项

C. 七项　　　　　　　　　　　　D. 六项

11）以下行为中，未违反审核员行为规范要求的是（　　）。（真题改进）

A. 为获取审核证据，雇他人窃取受审核方文件资料

B. 在现场审核时，指出受审核方管理体系存在的不符合并指导其在审核结束前改正

C. 审核完成后，接受受审核方给予的表彰锦旗

D. 审核完成后，与未参加本次审核的审核员讨论受审核方的产品工艺配方

12）审核员应在从事审核活动时展现职业素养，以下哪项是不正确的（　　）。（真题）

A. 能了解和理解处境，容易适应不同处境

B. 灵活地与人交往，并与受审核方打成一片

C. 能够采取负责的及合理的行动，即使这些行动可能是非常规的和有时可能导致分歧或冲突

D. 有效地与其他人互动，包括审核组成员和受审核方人员

13）在一个系统的审核过程中，得出可信的和可重现的审核结论的合理方法是（　　）。（真题）

A. 审核发现　　　　　　　　　　B. 基于客观事实的方法

C. 收集审核证据的方法　　　　　D. 基于证据的方法

14）确定审核发现的原则是（　　）。（真题改进）

A. 应以可以预见的分析结果为依据

B. 审核发现和结论仅建立在审核证据的基础上

C. 应获得审核方认可

D. 应符合认证机构的要求

15）根据《管理体系审核员注册准则》审核原则"基于证据的方法"，即在一个系统的审核过程中，得出可信的和可重现的审核结论的合理的方法，审核证据应（　　）。（真题改进）

A. 是可证实的

B. 是能够再现的

C. 是建立在可获得的信息样本的基础上

D. A＋C

16）《管理体系审核员注册准则》中审核原则（　　）应对审核的策划、实施和报告具有实质性影响，以确保审核关注于对审核委托方和实现审核方案目标重要的事项。

A. 基于风险的方法　　　　　　　　B. 基于证据的方法

C. 职业素养　　　　　　　　　　　D. 公正表达

17）一个印染专业大学本科毕业生在印染车间工作了 5 年，因此当其成为质量管理体系审核员时应（　　）从事印染企业质量管理体系审核的专业能力。

A. 一定具备

B. 不具备

C. 经过聘用其执业的认证机构评定才能决定是否具备

D. 无法确定是否具备

18）根据《管理体系审核员注册准则》，关于工作经历不正确的是（　　）。（真题改进）

A. 实习审核员申请人无工作经历要求

B. 本科以上学历审核员申请人应具有至少 4 年全职工作经历

C. 大专学历审核员申请人应具有至少 15 年工作经历

D. 工作经历应在取得相应学历后，在负有判定责任的技术、专业或管理岗位获得

19）以下哪项不是《管理体系审核员注册准则》中要求的各级审核员的个人素质（　　）。（真题改进）

A. 有道德，即公正、可靠、忠诚、诚信和谨慎

B. 思想开明，即愿意考虑不同意见或观点

C. 健康，即身体健康状况良好

D. 好学，即积极学习相关知识，提高个人能力

20）（ ）规定了对管理体系审核和认证机构的要求。它对从事质量、环境及其他管理体系审核与认证的机构提出了通用要求。贯彻这些要求旨在确保认证机构以有能力、一致和公正的方式实施管理体系认证，以促进国际和国内承认这些机构并接受它们的认证。（ ）包含了所有类型管理体系审核与认证机构的能力、一致性和公正性的原则与要求。

A. GB/T 27021.1　　　　　　　　　　B. GB/T 19011

C. GB/T 27021.2　　　　　　　　　　D. GB/T 27024

21）《管理体系审核员注册准则》中规定，实习审核员申请人应在申请注册前 5 年内通过 CCAA 统一组织的"认证通用基础"考试，且在申请注册前（ ）内通过 CCAA 统一组织的"相应认证领域基础"考试。

A. 3 年　　　　　　　　　　　　　　B. 5 年

C. 1 年　　　　　　　　　　　　　　D. 2 年

22）根据《管理体系审核员注册准则》，各级别审核员应每（ ）进行一次再注册；对于审核员再注册，要求注册证书到期前（ ）内，向 CCAA 提出再注册申请。

A. 3 年，90 天　　　　　　　　　　　B. 5 年，90 天

C. 3 年，30 天　　　　　　　　　　　D. 5 年，30 天

23）根据《管理体系审核员注册准则》，对于审核员再注册，要求注册证书有效期内，完成至少（ ）完整体系审核或等效的部分体系审核，其中至少包括（ ）相应领域完整体系审核或等效的部分体系审核。

A. 4 次，2 次　　　　　　　　　　　B. 3 次，2 次

C. 5 次，2 次　　　　　　　　　　　D. 5 次，3 次

24）（ ）拥有颁发的各类注册证书的所有权。注册人员资格被暂停期间或撤销后，不得使用相应证书。

A. 注册人员　　　　　　　　　　　　B. CCAA

C. 认证机构　　　　　　　　　　　　D. CNAS

25）《中华人民共和国认证认可条例》所称认证，是指由认证机构证明产品、服务、管理体系符合相关技术规范、相关技术规范的强制性要求或者标准的（ ）活动。

A. 认可　　　　　　　　　　　　　　B. 认证

C. 合格评定　　　　　　　　　　　　D. 标准化

26）根据《中华人民共和国认证认可条例》，取得认可的机构和人员不再符合认可条件的，认可机构应当（ ）认可证书，并予公布。

A. 撤销　　　　　　　　　　　　　　B. 注销

C. 收回　　　　　　　　　　　　　　D. 宣布作废

27）根据《注册认证人员资格处置规则》，对于首次暂停注册资格的人员，应在暂停期内采取相应纠正、整改措施，适用时报 CCAA 验证合格，暂停期满注册资格（　　）。

A. 验收后恢复　　　　　　　　　B. 自动恢复

C. 待重新确认　　　　　　　　　D. 重新注册

28）根据《注册认证人员资格处置规则》，注册认证人员未严格遵守经确认的计划时间，现场实施缩减时间超过总人天 1/2（含）的，（　　）所有领域注册资格。

A. 暂停　　　　　　　　　　　　B. 撤销

C. 注销　　　　　　　　　　　　D. 冻结

29）根据《注册认证人员资格处置规则》，行政监管部门对机构做出行政处罚后向 CCAA 移交人员违规信息，CCAA 核实确认过程中，（　　）涉事人员所有注册资格，正式处理后变更相应状态。

A. 暂停　　　　　　　　　　　　B. 撤销

C. 注销　　　　　　　　　　　　D. 冻结

30）根据《认证人员执业信用管理规范》，认证人员年度信用分值以基准分减去失信行为扣分后得出。每个认证人员基准分为（　　）。

A. 100 分　　　　　　　　　　　B. 10 分

C. 1000 分　　　　　　　　　　 D. 60 分

31）根据《认证人员执业信用管理规范》，年度信用分值（　　）以下的认证人员，下一年度不能担任审核组长，直到其年度信用分值达到 10 分，才可以继续担任审核组长。

A. 8 分　　　　　　　　　　　　B. 6 分

C. 5 分　　　　　　　　　　　　D. 9 分

32）我国认证人员注册工作目前归口管理部门为（　　）。（真题）

A. 中国合格评定国家认可委员会（CNAS）

B. 中国认证认可协会（CCAA）

C. 中国国家认证认可监督管理委员会（CNCA）

D. 中国认证人员与培训机构国家认可委员会（CNAT）

2. 多项选择题

1）根据《管理体系审核员注册准则》要求，授予审核员资格，需要下列哪些手续？（　　）

A. 本人申请　　　　　　　　　　B. 聘用机构推荐

C. CCAA 考核评价　　　　　　　D. 面试

2）下面关于审核员的注册要求，哪些是正确的（　　）。

A. 大学本科（含）以上学历审核员申请人应至少具有4年全职工作经历

B. 大学本科（含）以上学历审核员申请人应至少具有2年全职专业工作经历

C. 以实习审核员的身份，作为审核组成员在审核员级别注册人员的指导和帮助下完成至少4次相应领域完整体系审核，现场审核经历不少于15天

D. 审核员申请人应在申请注册前3年内通过CCAA统一组织的"管理体系认证基础"考试

3）按照《管理体系审核员注册准则》的要求，审核员应坚持的审核原则包括（　　　）。（真题改进）

A. 有道德，坚定不移

B. 诚实正直，公正表达，职业素养

C. 保密性，独立性，基于证据的方法

D. 基于风险的方法

4）根据《管理体系审核员注册准则》，以下哪些体现了"基于证据的方法"的审核原则？（　　　）（真题改进）

A. 审核证据应是可证实的

B. 审核员独立于受审核的活动

C. 审核证据是建立在可获得的信息样本的基础上

D. 抽样的合理性与审核结论的可信性密切相关

5）根据《管理体系审核员注册准则》，下列关于年度确认的说法，哪些是正确的（　　　）。

A. 实习审核员无年度确认要求

B. 在注册证书有效期内，审核员应在每个注册年度应完成至少1次管理体系审核经历和16学时相应领域的继续教育培训

C. 审核员应保留与完成年度确认有关记录和证明，在CCAA有要求时提交CCAA

D. 年度确认从注册次年开始实施，在注册日期的对应月份申报

6）根据《中华人民共和国认证认可条例》，认证认可活动应当遵循（　　　）的原则。

A. 客观独立　　　　　　　　　B. 公开公正

C. 诚实信用　　　　　　　　　D. 实事求是

7）对注册认证人员的资格处置包括（　　　）。

A. 警告　　　　　　　　　　　B. 暂停

C. 撤销　　　　　　　　　　　D. 冻结

8）下列哪些情形，撤销认证人员所有领域注册资格（　　　）。

A. 出具的认证及相关工作记录、报告等虚假、失实或违反规定程序从事相关工作，造成严重后果的

B. 多家机构执业，被国家认证认可行政主管部门撤销执业资格的

C. 提供虚假学历信息

D. 受审核方刚接受过认证人员的认证咨询

9）认证人员发生哪些失信行为，信用直接记为零分（　　）。

A. 申报注册资格时，存在弄虚作假（如提供虚假学历等）的

B. 冒名顶替为其他人员完成认证任务的

C. 编造虚假文件，提供虚假认证记录和报告，导致认证结论失实的

D. 未到现场审核/检查的

10）根据《认证机构和认证人员失信管理规范》，认证机构和认证人员的失信行为，包括（　　）。

A. 信用管理部门确认的失信行为

B. 受到认证认可行政监管部门处罚的失信行为

C. 受到认可机构处理的失信行为

D. 受到行业协会处理的失信行为

11）认证认可活动应当遵循（　　）的原则。（真题）

A. 客观独立　　　　　　　　　　B. 互惠互利

C. 公开公正　　　　　　　　　　D. 诚实信用

12）质量管理体系审核员应该具备的知识包括（　　）。（真题）

A. 理解 GB/T 19001 标准每项条款的内容和要求

B. 理解质量管理体系在不同组织中的应用

C. 理解 GB/T 19000 标准中的术语

D. 理解质量管理原则及其运用

3. 判断题

1）认可是指由认可机构对认证机构、检查机构、实验室以及从事评审、审核等认证活动人员的能力和执业资格，予以承认的合格评定活动。（真题）

（　　）

2）《中华人民共和国认证认可条例》的适用范围包括所有行业和类别的认证活动。（真题）　　　　　　　　　　　　　　　　　（　　）

3）实习审核员可以作为审核组成员参与审核活动，并能独立实施审核。

（　　）

4）审核员应独立于受审核的活动，并且不带偏见，没有利益上的冲突。审核员在审核过程中应保持客观的心态，以保证审核发现和结论仅建立在审核证据的基础上。　　　　　　　　　　　　　　　　　　　　　（　　）

5) 根据《注册认证人员资格处置规则》，冻结是指对机构的认证人员注册资格状态实施特殊措施，禁止推荐机构、注册认证人员使用注册认证人员已有的注册资格。　　　　　　　　　　　　　　　　　　　　　　（　　）

6) 根据《认证人员执业信用管理规范》，认证人员没有得到受审核/检查方书面许可，故意泄露受审核/检查方商业和技术秘密的，认证人员信用直接记为零分。CCAA 撤销认证人员注册资格。　　　　　　　　　　　　（　　）

7) 根据《认证人员执业信用管理规范》，信用分值计为零分的认证人员，由协会撤销其注册资格；连续三年年度信用分值 8 分以下的认证人员，列入重点监管检查名单，由认证机构、相关认证监管部门进行重点监管。　　　（　　）

8) 根据《认证机构和认证人员失信管理规范》，认证机构和认证人员失信信息向社会公开。　　　　　　　　　　　　　　　　　　　　　　　（　　）

9) 认证机构和认证人员的失信行为，是指认证机构及认证人员发生违反法律法规、认证认可标准规范、行业自律规范的行为，并经有关部门正式确认的失信行为。　　　　　　　　　　　　　　　　　　　　　　　　　（　　）

 答案点拨解析

1. 单项选择题

题号	答案	解　　　析
1	C	见本书 6.5.2 节之 1，《中华人民共和国认证认可条例》第二条
2	A	见本书 6.5.2 节之 1，《中华人民共和国认证认可条例》第十四条
3	A	见本书 6.5.2 节之 1，《中华人民共和国认证认可条例》第七十二条
4	C	见本书 6.5.2 节之 1，《中华人民共和国认证认可条例》第十四条。见本书 6.5.2 节之 3 之 1)，《认证及认证培训、咨询人员管理办法》第八条
5	D	见本书 6.5.1 节，《管理体系审核员注册准则》1.4.5 条款
6	A	见本书 6.5.1 节，《管理体系审核员注册准则》2.4.2、2.4.1 条款。"有道德"属于个人素质，不属于审核原则
7	A	认真工作不违背对审核员的个人素质要求，不违背审核原则，因此这个理由不合理
8	C	见本书 6.5.1 节，《管理体系审核员注册准则》2.4.2
9	A	见本书 6.5.1 节，《管理体系审核员注册准则》2.4.2
10	C	见本书 6.5.1 节，《管理体系审核员注册准则》2.4.2
11	C	见本书 6.5.1 节，《管理体系审核员注册准则》2.7
12	B	见本书 6.5.1 节，《管理体系审核员注册准则》2.4.1
13	D	见本书 6.5.1 节，《管理体系审核员注册准则》2.4.2

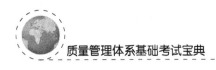

（续）

题号	答案	解　析
14	B	见本书 6.5.1 节，《管理体系审核员注册准则》2.4.2 之独立性
15	D	见本书 6.5.1 节，《管理体系审核员注册准则》2.4.2 之基于证据的方法
16	A	见本书 6.5.1 节，《管理体系审核员注册准则》2.4.2 之基于风险的方法
17	C	见本书 6.5.1 节，《管理体系审核员注册准则》前言　审核员是否具备相应认证领域特定专业能力，由聘用其执业的认证机构做出评定，以保证满足实施相应认证领域管理体系认证活动的需要
18	C	见本书 6.5.1 节，《管理体系审核员注册准则》2.3.2
19	D	见本书 6.5.1 节，《管理体系审核员注册准则》2.4.1
20	A	GB/T 27021.1《合格评定　管理体系审核认证机构的要求　第 1 部分：要求》《管理体系审核员注册准则》2.5.1.1 要求实习审核员理解 GB/T 27021.1 标准的目的、意图
21	A	见本书 6.5.1 节，《管理体系审核员注册准则》2.6.1
22	A	见本书 6.5.1 节，《管理体系审核员注册准则》2.9
23	A	见本书 6.5.1 节，《管理体系审核员注册准则》2.9.3
24	B	见本书 6.5.1 节，《管理体系审核员注册准则》3.2.6
25	C	见本书 6.5.2 节之 1，《中华人民共和国认证认可条例》第二条
26	A	见本书 6.5.2 节之 1，《中华人民共和国认证认可条例》第四十七条
27	B	见本书 6.5.2 节之 2，《注册认证人员资格处置规则》4.2.3 条款
28	B	见本书 6.5.2 节之 2，《注册认证人员资格处置规则》4.3.1 之 7）条款。考生要注意撤销、注销之间的区别。注销，是认证人员没有犯错误，但因某种原因不再保持注册资格或终止资格；撤销，一定是认证人员犯了错误
29	D	见本书 6.5.2 节之 2，《注册认证人员资格处置规则》4.5.1 条款。冻结是一种临时处理措施，核实确认后给出正式处理结论
30	B	见本书 6.5.2 节之 3 之 2），《认证人员执业信用管理规范》第九条
31	B	见本书 6.5.2 节之 3 之 2），《认证人员执业信用管理规范》第十八条
32	B	见本书 6.5.1 节，《管理体系审核员注册准则》前言　中国认证认可协会（CCAA）是经国家认证认可监督管理委员会授权，依法从事认证人员注册的机构，开展管理体系审核员、产品认证检查员、服务认证审查员等注册工作

2. 多项选择题

题号	答案	解　析
1	ABC	见本书 6.5.1 节，《管理体系审核员注册准则》1.5.1 条款。请注意实习审核员、审核员的注册手续是不一样的
2	ABCD	见本书 6.5.1 节，《管理体系审核员注册准则》2.3.2.2、2.3.3.2、2.3.4.2、2.6.2 条款。请注意实习审核员、审核员注册要求的区别

（续）

题号	答案	解　析
3	BCD	见本书6.5.1节，《管理体系审核员注册准则》2.4.2条款。七大审核原则，这是与最新版 ISO 9001：2018《管理体系审核指南》保持一致
4	ACD	见本书6.5.1节，《管理体系审核员注册准则》2.4.2条款
5	ABCD	见本书6.5.1节，《管理体系审核员注册准则》2.8条款
6	ABC	见本书6.5.2节之1，《中华人民共和国认证认可条例》第六条
7	ABCD	见本书6.5.2节之2，《注册认证人员资格处置规则》4条款
8	ABCD	见本书6.5.2节之2，《注册认证人员资格处置规则》4.3.1之1）、2）、4）、6）条款
9	ABCD	见本书6.5.2节之3之2），《认证人员执业信用管理规范》第十二条
10	ABCD	见本书6.5.2节之3之3），《认证机构和认证人员失信管理规范》第四条
11	ACD	见本书6.5.2节之1，《中华人民共和国认证认可条例》第六条
12	ABCD	理解题。见本书6.5.1节，《管理体系审核员注册准则》附录 A.1 "质量管理体系审核员特定要求"

3. 判断题

题号	答案	解　析
1	√	见本书6.5.2节之1，《中华人民共和国认证认可条例》第二条
2	×	见本书6.5.2节之1，《中华人民共和国认证认可条例》第七十四条　药品生产、经营企业质量管理规范认证，实验动物质量合格认证，军工产品的认证，以及从事军工产品校准、检测的实验室及其人员的认可，不适用本条例
3	×	见本书6.5.1节，《管理体系审核员注册准则》1.5.1条款。实习审核员可以作为审核组成员参与审核活动，但不能独立实施审核
4	√	见本书6.5.1节，《管理体系审核员注册准则》2.4.2条款之独立性
5	√	见本书6.5.2节之2，《注册认证人员资格处置规则》3.5条款
6	√	见本书6.5.2节之3之2），《认证人员执业信用管理规范》第十二条（五）、第十七条
7	√	见本书6.5.2节之3之2），《认证人员执业信用管理规范》第十七条
8	√	见本书6.5.2节之3之3），《认证机构和认证人员失信管理规范》第九条　失信信息向社会公开，在这里的失信信息要按《认证机构和认证人员失信管理规范》的要求界定。须注意的是，信用信息不是完全公开的
9	√	见本书6.5.2节之3之3），《认证机构和认证人员失信管理规范》第四条

参 考 文 献

[1] 中国认证认可协会. 质量管理方法与工具 [M]. 北京：高等教育出版社，2019.

[2] 中国认证认可协会，等. 2016 版质量管理体系国家标准理解与实施 [M]. 北京：中国质检出版社，2017.

[3] 中国船级社质量认证公司. ISO 9001：2015 质量管理体系培训教程 [M]. 北京：中国标准出版社，2016.

[4] 上海市质量协会，等. 质量专业技术人员职业资格应试指南 [M]. 北京：中国标准出版社，2013.

[5] 全国质量专业技术人员职业资格考试辅导用书编写组. 质量专业理论与实务（中级）辅导与训练 [M]. 北京：中国人事出版社，2012.

[6] 全国质量专业技术人员职业资格考试辅导用书编写组. 质量专业基础知识与实务（初级）辅导与训练 [M]. 北京：中国人事出版社，2012.

[7] 李在卿. 质量、环境、职业健康安全管理体系内部审核员最新培训教程 [M]. 北京：中国标准出版社，2016.

[8] 全国质量专业技术人员职业资格考试办公室. 质量专业理论与实务：中级 [M]. 北京：中国人事出版社，2012.

[9] 全国质量专业技术人员职业资格考试办公室. 质量专业基础知识与实务：初级 [M]. 北京：中国人事出版社，2012.

[10] 张智勇. 基础质量管理工具 [M]. 广州：广东科技出版社，2004.

[11] 张智勇. IATF 16949 质量管理体系五大工具最新版一本通 [M]. 北京：机械工业出版社，2017.

[12] 张智勇. 品管部工作指南 [M]. 北京：机械工业出版社，2012.

[13] 周纪芗，茆诗松. 质量管理统计方法 [M]. 北京：中国统计出版社，2008.

[14] 上海质量管理科学研究院. 六西格玛核心教程：黑带读本 [M]. 北京：中国标准出版社，2006.

[15] 二级建造师执业资格考试命题研究组. 建设工程法规及相关知识 [M]. 成都：电子科技大学出版社，2017.

[16] 王丽春. 失效模式和影响分析（FMEA）实用指南. 北京：机械工业出版社，2021.

[17] 张智勇. IATF 16949：2016 内审员实战通用教程 [M]. 北京：机械工业出版社，2018.